Inteligência Artificial e *Scoring* no Crédito ao Consumo

Inteligência Artificial e *Scoring* no Crédito ao Consumo

2023

Diogo Morgado Rebelo
Mestre em Direito e Informática
Investigador Integrado Não Doutorado do Departamento E.Tec
Centro de Investigação JusGov da Escola de Direito da Universidade do Minho

ALMEDINA

INTELIGÊNCIA ARTIFICIAL E *SCORING* NO CRÉDITO AO CONSUMO

AUTOR
Diogo Morgado Rebelo

EDITOR
EDIÇÕES ALMEDINA, S.A.
Avenida Emídio Navarro, 81, 3D
3000-151 Coimbra
Tel.: 239 851 904 · Fax: 239 851 901
www.almedina.net · editora@almedina.net

DESIGN DE CAPA
EDIÇÕES ALMEDINA, S.A.

PRÉ-IMPRESSÃO
João Jegundo

IMPRESSÃO E ACABAMENTO

Março, 2023

ISBN
978-989-40-1107-1

DEPÓSITO LEGAL

ALMEDINA | GRUPOALMEDINA

«Olhe, vossa mercê (...), que aqueles que ali se mostram não são gigantes, mas sim moinhos de vento, e o que neles parecem braços são aspas, que, volteadas pelo vento, fazem andar a pedra do moinho».

Miguel de Cervantes Saavedra – Dom Quixote de la Mancha,
Alfragide, Grupo Leya, 2021, pp. 116.

PREFÁCIO

Cabe-nos o gosto e a honra de expressar algumas palavras prévias à publicação da obra "Inteligência Artificial e *Scoring* no crédito ao consumo". Este trabalho é o resultado da investigação levada a cabo pelo Dr. Diogo Morgado Rebelo para sujeição a provas públicas de dissertação do Curso de Mestrado em Direito e Informática.

Desde o início deste Curso de Mestrado, no já distante ano de 2011, sempre foi nossa ambição incentivar os alunos a repensar o direito a partir de uma realidade informática cada vez mais omnipresente nas nossas vidas. A ideia dos promotores do Curso sempre foi a de sensibilizar os alunos (juristas) para a realidade informática subjacente a tudo o que fazemos e, a partir dessa realidade, repensar criativamente o direito.

Temos tido, felizmente, muitos exemplos de alunos que conseguiram operar este salto metodológico e incorporar os conceitos e ideias que nos chegam do campo científico das ciências da computação nos seus trabalhos de investigação jurídica.

O Dr. Diogo Morgado Rebelo, desde os seus primeiros momentos no Curso de Mestrado em Direito e Informática, mostrou uma indiscutível curiosidade académica no verdadeiro sentido do que deve ser a vida em Universidade: o conhecimento global, o conhecimento que parte de uma inquietação que leva à descoberta de aspetos interligados de diferentes áreas do saber. A sua sede de aquisição de conhecimento, nas mais diferentes matérias, revelou-se de imediato. Por vezes, diga-se, com uma insaciável sede de saber, que ia necessitando de ser direcionada. Foi essa, talvez, a maior dificuldade dos seus orientadores. E de quantos contribuíram positivamente para o feliz sucesso deste trabalho. E a este respeito, cabe uma particular palavra de agradecimento ao Prof. Cesar Analide, que muito contribuiu também para este sucesso. Uma palavra especial também de apreço ao Prof. Fábio Silva pela investigação que inspirou parte deste trabalho. E assim, apesar de alguns percalços e atrasos em relação ao que seria inicialmente expectável, o trabalho chegou a um excelente porto, que muito orgulha quem se dedicou à nobre tarefa de orientação de um tal trabalho.

No seu trabalho "Inteligência Artificial e *Scoring* no crédito ao consumo", o Dr. Diogo Morgado Rebelo revela uma excelente articulação entre os conhecimentos da matéria informática (a realidade subjacente à análise jurídica) e a matéria jurídica propriamente dita que domina com mestria. Este é um trabalho que contempla as questões técnicas daquilo que vem sendo utilizado em amplos domínios de atividade, que reflete sobre as necessidades económicas, sobre as instituições financeiras e sobre quem necessita de recurso ao crédito e, obviamente, analisa criticamente as possíveis soluções jurídicas. Tendo ainda, o que se aplaude, a ousadia de criticar, quando necessário, disposições jurídicas em vigor, apelando a uma interpretação do direito que, tendo em conta a realidade informática, vá de encontro às necessidades da economia. Só por este razão, já seria muito útil a leitura deste trabalho. Acresce que apresenta ainda uma visão muito interessante sobre a adequação (ou não) do artigo 22º do Regulamento Geral de Proteção de Dados, às necessidades das empresas financeiras que concedem crédito. De modo que, a obra que aqui se apresenta, contém uma desenvolvida e correta abordagem das matérias informáticas subjacentes à aplicação dos sistemas de scoring, uma análise muito interessante das necessidades das empresas financeiras, uma abordagem das questões jurídicas associadas à concessão de crédito e ao regime de proteção dos dados pessoais. Ou seja, este trabalho tem a grande virtude da inter-disciplinariedade, inovação, e total inexistência de momentos de monotonia ou desinteresse. O mérito é inteiramente do Dr. Diogo Morgado Rebelo.

É assim com todo o gosto que convidamos os juristas e os informáticos (e não só) a lerem com a devida atenção as páginas que seguem.

Braga, 10 de Janeiro 2023

FRANCISCO ANDRADE
PAULO NOVAIS

AGRADECIMENTOS

Esta obra científica versa, grosso modo, a reprodução – com inúmeros acrescentos, ajustes e adaptações – da investigação por mim efetuada, conducente à conclusão do Curso de Mestrado em Direito e Informática na Escola de Direito da Universidade do Minho (EDUM). O resultado desta – aqui plasmado – fica a dever-se a muito investimento, traduzido em obstinação e persistência, mas também, em grande parte, ao contributo de todos aqueles colegas e amigos do corpo docente e discente, e até mesmo auxiliares das bibliotecas, nas várias localidades que marcaram o meu percurso académico.

Impõe-se, portanto, em primeiro lugar, em termos académicos e profissionais, uma palavra de profundo agradecimento aos Srs. Professores Doutores Francisco Pacheco de Andrade e Paulo Jorge Novais, docentes, respetivamente, de Direito e de Informática, das Escolas de Direito e Engenharia da UM – ambos Doutorados, com especialização na área da Inteligência Artificial -, que realizaram com a mestria que lhes é própria a orientação da presente dissertação, tecendo críticas, fazendo sugestões e pugnando pela adoção de correções que aprimoraram decerto o teor reflexivo de todo o ensaio. Ensejo igualmente demostrar a minha enorme gratidão ao Sr. Professor Doutor Cesar Analide Rodrigues (Escola de Engenharia na UM) em razão dos prestimosos contributos científicos, pela amizade e pelas críticas construtivas realizadas na delonga de anteriores investigações, publicadas em coautoria. Também dirijo o meu muito obrigado, em especial, à arguente da prova pública, douta Sra. Professora Doutora Filipa Urbano Calvão (Universidade Católica Portuguesa, Escola de Direito, Porto), também à Sra. Professora Doutora Graça Canto Moniz (Faculdade de Direito da Universidade Lusófona, Lisboa) e ao Sr. Professor

Doutor Jorge Morais Carvalho (NOVA School of Law), docentes que marcaram pela positiva a minha formação académica, primando por ministrar as suas aulas ou sessões de formação num estilo 'oficina', tendo, portanto, contribuído (e muito) para consolidar muitas das teorias aqui notadas.

Todavia, sobretudo, antes de tudo e acima de tudo, devo esta desenvoltura na escrita e pensamento à minha família, em especial aos meus queridos pais Carla e Alberto, irmão gémeo Luís Rafael, madrinha Manuela, padrinho Rui, avó Conceição, sem nunca poder esquecer o prestimoso contributo da restante família mais próxima, aos quais agradeço os sacrifícios, a paciência e todas as palavras de estímulo que sempre demonstraram para comigo, mesmo diante a minha irreverência ou rebeldia.

Agradeço ainda, em particular, a título pessoal ou profissional, à Dra. Marisa Monteiro Borsboom (*European Legal Tech Association* & *Humanity of Things*), ao Dr. Pedro Ribeiro e Silva (MAPFRE Seguros) e ao Dr. João de Sousa Guimarães (Teixeira & Sousa Guimarães – Sociedade de Advogados, SP, RL), por me terem aconselhado e proporcionado aprendizagens que contribuíram em grande medida para consolidar os conhecimentos teórico-práticos adquiridos recentemente.

Endereço também, por último, umas palavras de grande respeito e especial estima às minhas colegas e amigas Ana Chaves, Ana Rita, Filipa, Francisca Santos, Francisca Lopes, Inês Ferreira, Inês Rodrigues, Isabel, Maria, Mafalda, Rita Meira, ao Duarte, João Coutinho, Pedro, Rafael, aos meus amigos do ensino secundário, do Mestrado em Direito e Informática da EDUM, da NOVA School of Law, assim como, *last, but never least,* aos restantes membros do 'grupo de estudo' do Instituto Superior Técnico e dos cursos de Informática, História e Psicologia da Universidade do Minho, por me terem presenteado com o seu incondicional suporte anímico nas horas de maior complexidade, algum desalento e falta de autoconfiança.

Sem o contributo de todas estas pessoas não teria hoje a perseverança e irreverência que inculcaram no meu ser um homem pensante, mais responsável, mais senciente do seu papel social (para-transversal à *poiesis* jurídica) e, clarividente, pelos detalhes no jargão informático que fazem de mim um ser mais completo e, até certo ponto, um pouco – dentro das minhas grandes limitações – polímato.

Trancoso, 9 de novembro de 2022,

DIOGO JOSÉ MORGADO REBELO

RESUMO

Em plena revolução digital, seria inconcebível que o crescendo na procura de crédito ao consumo não fosse acompanhado pela maior preponderância que mecanismos como o *scoring* baseado em técnicas de Inteligência Artificial representa para uma melhor avaliação da solvabilidade em sede de decisões automatizadas. Vislumbra-se o começo de um mundo novo em que a aceitação ou rejeição no pedido de empréstimo já não é tão-só conatural a decisões de puro julgamento dos analistas. E se, por um lado, a possível integração de megadados de crédito em modelos analíticos pode, até certo ponto, minorar o esforço das análises preditivas, em contramão, maiores serão os riscos de preterição do âmbito de tutela do bem jurídico proteção de dados, tal-qual prescrito no (ou pelo) Direito dos Livros.

De facto, tópicas como esta exibem uma complexidade tal que é impossível olvidar debruçar-se sobre as mesmas tendo por base uma única lente jurígena, sem se ampliar o pendor multidisciplinar que a uma investigação desta índole deve subjazer. Como tal, principiara-se o presente ensaio com o discorrer da temática em contexto histórico e sociotécnico. E porque a concessão de crédito ao consumo é, no atual estado de arte *scoring*, não só comandada pelos modelos de exploração e aprendizagem automática, mas antes, e sobretudo, pela qualidade dos conjuntos de dados que os alimentam, ainda em contexto prolegómeno, epitomou-se os elementos-chave que concorrerão para um *scoring* de crédito mais exato e, espera-se, cada vez mais transparente.

Foi, portanto, a partir destas premissas técnico-científicas que se abordou a figura jurídica dos contratos de crédito ao consumo, com especial enfoque na contratação rápida em linha e nas diligências pré-contratuais concernentes à injuntividade da avaliação de solvabilidade. Em última instância, porquanto o objeto de estudo suscita uma energética (ou antes, idiossincrática) tutela sobre a proteção de dados pessoais, foi à luz do emaranhado axiológico-normativo do regime das decisões individuais e exclusivamente automatizadas, incluindo a definição de perfis, bem como das quiméricas salvaguardas adequadas (ou antes, ilusórias) consagradas e sugeridas pelo legislador europeu, tanto no Regulamento Geral sobre Proteção de Dados Pessoais, como na Proposta de Diretiva, relativa aos créditos aos consumidores, de 30 de junho de 2021, que se conclui a necessária adoção de políticas setoriais que primem por uma lhana infoliteracia financeira e digital dos (ciber)consumidores.

ABREVIATURAS, SIGLAS E ACRÓNIMOS

Leitura

AAVV	–	Autores Vários
A.C.	–	Antes de Cristo
Al(s).	–	Alínea(s)
Art(s).	–	Artigo ou Artigos, sob Arts.
Cf.	–	Confrontação direta
Cit.	–	Citação direta
Cit. in.	–	Citação indireta (*apud* ou *ex vi*)
Ibidem	–	Da mesma obra, capítulo ou artigo científico
Idem	–	Do mesmo autor
nº(s)	–	Número ou números, sob "nºs", respetivamente.
p./pp.	–	Página ou páginas, respetivamente.
s.p.	–	Sem paginação.
ss.	–	Seguintes
Ult. loc. cit.	–	Autor, obra e página correspondente à última citação
v.	–	Verificar (desenvoltura da obra)
Vide	–	"Veja-se", genericamente

Tópica

ACH	–	Autoridade de Controlo Helénica/Grega
AD	–	Árvores de Decisão
ADI	–	Análise Discriminante
ADFUE	–	Agência de Direitos Fundamentais da União Europeia
AEPD	–	*Agencia Española de Protección de Datos* (Autoridade de Controlo Espanhola)
AG	–	Algoritmos Genéticos
AR	–	Assembleia da República
ASFAC	–	Associação de Instituições de Crédito Especializado

B2C – *Business-to-Consumer*
BDs – Base(s) de Dados
BEUC – *Bureau Européen des Unions de Consommateurs*
BGH – *Bundesgerichtshof* (Tribunal de Justiça Federal Alemão)
BI – *Business Intelligence*
BP – Banco de Portugal
CBSB – Comité de Basileia para a Supervisão Bancária
CEDH – Convenção Europeia dos Direitos do Homem
CEPD – Comité Europeu para a Proteção de Dados
CINC – Conselho Internacional de Normas de Contabilidade
CNIL – *Commission Nationale de l'Informatique et des Libertés* (Autoridade de Controlo Francesa)
CNPD – Comissão Nacional de Proteção de Dados
CPDHED – Carta Portuguesa de Direitos Humanos na Era Digital
CRC – Central de Responsabilidades de Crédito
CRP – Constituição da República Portuguesa
CVM – Código dos Valores Mobiliários
DM – *Data Mining*
DIKW – Fluxo de informação *Data-Information-Knowledge-Wisdom*
DPC – *Data Protection Comission* (Autoridade de Controlo Irlandesa)
EBA – Autoridade Bancária Europeia (*European Banking Authority*)
EDI – Transferência Eletrónica de Dados (*Electronic Data Interchange*)
EEE – Espaço Económico Europeu
EUA – Estados Unidos da América
FINE – Ficha de Identificação Normalizada Europeia
FinTech – Tecnologia Financeira (*Financial Technologies*)
GPAN IA – Grupo de Peritos de Alto Nível sobre a Inteligência Artificial
GT Art. 29º – Grupo de Trabalho do Art. 29º
IA – Inteligência Artificial
ICO – *Information Commissioner's Office* (Autoridade de Controlo Britânica)
IT – *Information Technologies*
ML – *Machine Learning*
MLE – Máxima verosimilhança (*Maximum Likelihood Estimation*)
NIRF – Normas Internacionais de Relato Financeiro
OCDE – Organização para a Cooperação e Desenvolvimento Económico
PLA – Programação Linear Aplicada
P2P – Crédito *Peer-to-Peer*
RGICSF – Regime Geral das Instituições de Crédito e Sociedades Financeiras
RGIMOS – Regime Geral do Ilícito de Mera Ordenação Social
RGPD – Regulamento Geral sobre a Proteção de Dados
RJCC – Regime Jurídicos do Crédito ao Consumo
RJCCG – Regime Jurídico das Cláusulas Contratuais Gerais
RJCDSF – Regime Jurídico dos Contratos à Distância relativamente a Serviços Financeiros

RJCDFEC – Regime Jurídico dos Contratos à Distância e Fora do Estabelecimento Comercial
RJCE – Regime Jurídico do Comércio Eletrónico
RLI – Regressão Linear
RLO – Regressão Logística
RNA – Redes Neuronais Artificiais
ROA – Revista da Ordem dos Advogados
RPA – Algoritmos de Partição Repetida (*Repetitive Partitioning Algorithm*)
SSD – Sistemas de Suporte à Decisão
TAEG – Taxa anual de encargos efetiva global
TC – Tribunal Constitucional
TFUE – Tratado sobre o Funcionamento da União Europeia
TRL – Nível de Maturação Tecnológica (*Technology Readiness Level*)
UCI – UC Irvine (Repositório de Aprendizagem Automática)
UE – União Europeia
Web – *World Wide Web*
XAI – Explicabilidade da IA (*Explainable AI*)

INTRODUÇÃO

1. O *scoring*[1] tem assumido uma preponderância crescente na qualidade de mecanismo de gestão das políticas bancárias e financeiras no mercado do crédito ao consumo. São cada vez mais os consumidores, mesmo no período pós-pandémico e com a subida abrupta da taxa de inflação, que se socorrem de produtos de crédito para finalidades várias. Em fevereiro de 2022, o Banco de Portugal (BP) registou um aumento record de 43,4% no número de novos contratos de crédito ao consumo firmados face ao período homólogo do ano anterior. À data de 30 de junho de 2022, os montantes mutuados rondavam já a casa dos 624,3 milhões de euros, valores estes que traduziram um aumento anual de 61,2%[2]. Só no mês de julho do mesmo ano, foram concedidos 126.556 novos créditos a consumidores, sendo este número representativo de um aumento de 6,0% face ao mesmo mês do ano anterior[3].

[1] Para efeitos de maior rigor científico, a opção pelo emprego do termo *scoring* nesta obra fundamenta-se no facto de se ter verificado ser esta a terminologia comumente utilizada na revisão de toda literatura efetuada. Com efeito, considerou-se que a tradução deste objeto de estudo para os vocábulos 'pontuação' ou 'classificação' enfermava de alguma imprecisão, sendo, por conseguinte, indutora de alguns equívocos que se intentam evitar. A melhor ver, como se perceberá melhor na desenvoltura do corpo do texto, enquanto a primeira – a pontuação – corresponde ao resultado final (i.e., o *output, score*) das operações de prospeção e previsão executados em talhas como o *scoring*, por sua vez, o segundo – a classificação – em jargão informático, diz respeito mais às funcionalidades gerais que subjazem ao desempenho computacional de tarefas com esta índole, ou seja, a segregação da (potencial) clientela na qualidade de solvente ou não solvente, alternativamente.

[2] Cf. BP – Evolução dos novos créditos, 2022. Disponível em https://clientebancario.bportugal.pt/evolucao-dos-novos-creditos. Consultado a 30 de junho de 2022.

[3] Cf. *ult. loc. cit.* Consultado a 7 de outubro de 2022.

Pode, portanto, reputar-se que, atualmente, a melhor avaliação de solvabilidade da propensão ao cumprimento dos (potenciais) beneficiários expõe um trunfo concorrencial das instituições bancárias ou das *FinTech* e, consequentemente, os seus maiores níveis de liquidez e rentabilidade. Ao mesmo tempo que estas práticas se vivificam exponencialmente, é premente a necessidade de se pugnar pela concessão responsável de crédito, não se podendo olvidar a adoção de políticas legiferantes que visem adversar o sobre-endividamento das pessoas singulares e também dos seus agregados familiares.

Face a esta conjuntura e à relevância atual da tópica, o presente estudo debruça-se sobre a energética simbiose de entre o Direito ao Consumo e a Proteção de Dados Pessoais diante a cada vez mais provável colocação em serviço de sistemas de *scoring* baseado em tecnologias como a Inteligência Artificial (IA)[4].

[4] *Vide,* críticas acerca da tendência monodisciplinar de atos normativos europeus em matérias de Direito e Tecnologia, refletida na definição de IA, tal-qual plasmada no art. 3º, nº 1 da versão originária da Proposta de Regulamento do Parlamento Europeu e do Conselho que estabelece regras harmonizadas em matéria de Inteligência Artificial (Regulamento Inteligência Artificial) e altera determinados atos legislativos da União, de 21 de abril de 2021 (doravante, Proposta de Regulamento relativo à IA), Diogo Morgado Rebelo – Parábola inconstitucional para o "ser" artificial, Jornal Eletrónico Observador, 3 de agosto de 2021, §§ 1-10. Para os devidos efeitos, a Proposta de Regulamento relativo à IA, datada de 21 de abril de 2021, principiara logo, no seu art. 3º, nº 1, à luz do seu considerando 6 – ambos na versão originária – por circunscrever concetualmente os "sistemas de inteligência artificial" na qualidade de "programa informático desenvolvido com uma ou várias das técnicas e abordagens enumeradas no Anexo I, capaz de, tendo em vista um determinado conjunto de objetivos definidos por seres humanos, criar resultados, tais como conteúdos, previsões, recomendações ou decisões, que influenciam os ambientes com os quais interage". Assim, ter-se-ão por compreendidos dentro do cômputo semiológico da definição legal em voga: (a) a variedade de técnicas supervisionadas, de reforço ou não supervisionadas, caraterísticas da área micro da Aprendizagem Automática (*Machine Learning*), incluindo as redes de aprendizagem profunda (*Deep Learning*); (b) os mecanismos de representação (dedutiva ou indutiva) do conhecimento e raciocínio (simbólico) em lógica, bem como Sistemas Periciais (*Expert Systems*); e, por último, (c) os métodos estatísticos de estimativa Bayesiana, de pesquisa e de otimização. Para efeitos da presente dissertação, melhor se considera adotar a definição do Grupo de Peritos de Alto Nível sobre a Inteligência Artificial (GPAN IA), no documento intitulado "Uma definição de IA: principais capacidades e disciplinas científicas", de 8 de abril de 2019. Neste escrito de investigação melhor – se assim se pode ou concede a ousadia de adjetivar – se substantifica a macro ciência IA como um conjunto de sistemas de *software* (e eventualmente também de *hardware,* integrados) concebidos por seres humanos, que, tendo recebido uma tarefa complexa, atuam na dimensão física ou digital envolvente, percecionando

2. Assim, na primeira unidade capitular, efetuar-se-á um primeiro enquadramento acerca da utilização destes mecanismos em contexto histórico e sociotécnico. Volvidas cerca de sete décadas, verifica-se hoje que a avaliação do perfil de risco através de juízos opinativos tem sido tendencialmente substituída pela exclusiva automatização. Em causa estão processos de análise aplicacionais e comportamentais que projetam no presente, em alusão a padronizações passadas ou atuais de outros clientes, a propensão de um determinado candidato em cumprir integral e tempestivamente as obrigações decorrentes da celebração de um contrato de crédito ao consumo. Espera-se que, em períodos vindouros, os consumidores possam usufruir cada vez mais do acesso a serviços de crédito *on time*. Sucede que o atual contexto deste setor em particular, assente em modelos de negócio *Business-to-Consumer*, baseados no arquétipo omnipresente das novas tecnologias de ponta, não mais se compagina tão-somente com a realidade *web*, antes sobretudo com suplementares fontes tecnológicas disruptivas que prenunciam a tomada de decisões individuais e exclusivamente automatizadas, também elas, artificialmente inteligentes. A curto ou médio prazo, a aceitação ou rejeição de um pedido de empréstimo com escopo de consumo exteriorizará desideratos alheios, parcial ou até totalmente, ao desempenho de funções por parte dos analistas de crédito. A revolução da tecnologia financeira corporiza um estímulo acrescido a que este tipo de operações prescinda da necessária deslocação física aos balcões, passando assim o crédito a ser disponibilizado online no 'bolso' dos consumidores, a todo o momento, através das plataformas virtuais.

o seu ambiente mediante a aquisição de dados, interpretando estes sob a forma estruturada ou não estruturada aquando da recolha, raciocinando sobre o conhecimento adquirido ou processando as informações daí resultantes, subsequentemente, executando as melhores operações para consecução do[s] objetivo[s] pré-estabelecido[s]". Cit. GPAN IA – A Definition of AI: Main Capabilities and Scientific Disciplines, European Commission, of 8 April 2019, p. 1, com as devidas adaptações linguísticas. *Vide*, Francisco Pacheco de Andrade – "Análise Crítica de alguns aspetos da Proposta de Regulamento Europeu para a Inteligência Artificial". In: *Inteligência Artificial e Robótica: Desafios para o Direito do Século XXI* (coord. Eva Sónia Moreira da Silva e Pedro Miguel Freitas), Coimbra, GESTLEGAL, 2022, pp. 329-337. A título de acrescento, importa referir que, em termos históricos, a IA reporta ao verão de 1956, na conferência de *Darthmouth College*, o 'laboratório' do *brainstorming* seminal. Os pais fundadores desta ciência ou engenharia são John McCarthy, Marvin Minsky, Herbert Simon e Allan Newell. Cf. Remo Pareschi & Stefano Palma – *Inteligência artificial. Poderá a tecnologia substituir o pensamento humano?* (trad.), Lisboa, Atlântico Press, 2019, pp. 15-17; e Clara Delpas [*Et al.*] – *O mundo digital* (trad.), Lisboa, Círculo de Leitores, 2005, p. 104.

3. É, então, no sentido de minimizar os custos que as tradicionais análises de julgamento convolam, que o *scoring* de particulares, desenvolvido com informação suficiente em quantidade e qualidade, poderá ter o propósito de automatizar a 100% decisões mais objetivas, racionais – e quiçá, tendencialmente mais inclusivas e esclarecidas – antes de ser firmado qualquer acordo sinalagmático. Assim se epitomiza o cerne do conteúdo sobre a qual versará o segundo capítulo, no essencial, substantificado na resposta – caso exista – ao seguinte repto: quais as variáveis preditoras que circunscrevem, tanto em número como em espécie, a mais precisa categorização de um candidato como 'bom' ou 'mau' pagador? Atualmente, os dados comandam a concessão de empréstimo ao consumo. Já não são só os analistas de crédito e muito menos os programadores (ou os sistemas de *scoring* por estes concebidos), mas os dados em si mesmo, que decidem a quem é concedido ou recusado crédito. As valências da modelização[5] preditiva para distinguir com maior exatidão os potenciais clientes cumpridores dos faltosos depende, portanto, não só do algoritmo utilizado, como também, nomeadamente, da maior transparência, quantidade e qualidade da informação de crédito passível de ser (licitamente) utilizada. E ainda que neste circunstancialismo revolucionário sejam também os próprios consumidores que figuram como a primeira e melhor fonte de informação, verifica-se que deste estado de arte no conhecimento monetizado faz-se uso gradativo crescente de fontes alternativas de recolha, algumas das quais que tomam mesmo a ousadia de seguir a atividade dos ciberconsumidores nas redes sociais ou até mesmo nas pesquisas por estes efetuadas nos motores de busca.

Em todo o caso, organizada que seja a informação em 'grandes armazéns' de dados, importa descrever o processo que se segue, correspondente ao estágio de modelização de análise multivariada. Como se coligirá ainda nesta segunda unidade capitular, as técnicas de modelização alocadas a tarefas computacionais como o *scoring* de crédito acolhem vários modelos de classificação e segmentação. Apurada que seja a fiabilidade das saídas, há que optar por um desses ou pela combinação de alguns. Com efeito, resulta da investigação operacional nesta matéria que a quantidade

[5] Para os devidos efeitos, nesta obra, o emprego do termo modelização representa o ato ou efeito resultante da geração de um modelo ou esquema de aprendizagem automática. Com efeito, crê-se que esta notação não se presta a quaisquer equívocos científicos, relacionados com a modelagem ou modelação nas artes plásticas.

de métodos de previsão, impregnados dentro do espectro operante das ciências micro *Data Mining* (DM) e *Machine Learning* (ML)[6], tem crescido consideravelmente nos últimos tempos. Desde as aproximações paramétricas mais simples até outras analiticamente mais complexas, existe uma panóplia de alternativas – cada qual com as suas vantagens e desvantagens – habilitadas a executar recomendações (ou melhor, determinações *machine-made*) quanto influenciam a decisão final a tomar.

4. Por razões de coerência metodológica face ao objeto em estudo, no terceiro capítulo abordar-se-á, grosso modo, além do enquadramento jurídico vigente em matéria de contratos no crédito ao consumo e daquele que decorre da Proposta de Diretiva, datada de 30 de junho de 2021, a finalidade prevista que preside à institucionalização de um regime próprio e injuntivo em matéria de avaliação da solvabilidade dos proponentes que aderem ao clausulado pré-determinado pelas instituições credoras. Neste sentido, para uma singela compreensão do *iter* formativo, far-se-á uma breve incursão em domínios civilisticos relacionados com o processo de manifes-

[6] Cf. Federico Ferretti – The Never-Ending European Credit Data Mess, BEUC Position Paper, Brunel University London, 2017, p. 16. Não se ajuíze como indubitável a asserção que justapõe as técnicas de DM às abordagens de ML ou vice-versa. Ao invés, ainda que ambas possam por vezes sobrepor-se no treino, validação e ulterior teste dos algoritmos ou modelos, diferem decerto nas funcionalidades que lhes subjazem e em razão dos prismas (sequenciais ou concomitantes) exploração ou prospeção e previsão sobre os quais executam os seus desideratos. Assim, se por um lado, é verdade que o ML depende do DM para a consecução mais precisa das tarefas preditivas, nele se integrando na qualidade de subcampo, não menos verosímil será balizar a conjetura diferenciada das valências que cada uma proporciona, independentizada e sequencialmente. Por conseguinte, enquanto as técnicas da primeira – as de DM– se debruçam sobre a depuração descritiva de padrões ou regularidades em megadados de forma a extrair destes *insights* ou informações relevantes – as segundas, as técnicas de ML– executam os seus desígnios preditivos com recurso aos *insights* explorados pelo DM em modelos de autoaprendizagem, os quais ajustam as regras de execução em função de *targets* específicos e dos métodos de supervisão, não supervisão e reforço sobre os quais operam. Em relação a esta última, a ciência do ML, a peculiaridade reporta ao facto de a modelização ser efetuada a partir dos padrões e regularidades estandardizados em experiências passadas. Cf. Cesar Analide & Diogo Morgado Rebelo – "A Inteligência Artificial na era *data-driven*: a lógica fuzzy das aproximações soft computing e a proibição de sujeição a decisões tomadas exclusivamente com base na exploração e prospeção de dados pessoais". In: *Forum de Proteção de Dados*, nº 6, 2019, pp. 76-77; e Alfonso Palmer; Rafael Jiménez & Elena Gervilla – "Data mining: Machine learning and statistical techniques". In: *Knowledge-Oriented Applications in Data Mining* (ed. Prof. Kimito Funatsu), 2011, p. 373.

tação e encontro de vontades. Também tendo presente a ideia de que, nos dias de hoje, a concretização de um contrato de crédito ao consumo pode dar-se tanto presencialmente como em linha, crê-se ser de sumo interesse tecer algumas considerações alusivas à temática da contratação eletrónica híbrida, para os devidos efeitos, subsumível ao clausulado de um empréstimo contraído na Internet através do recurso interativo a mecanismos de avaliação de solvabilidade baseados em técnicas de IA.

5. Neste diapasão, porque o recurso ao *scoring* pressupõe o tratamento (exclusivamente automatizado) de informações de crédito pessoais, algumas ou a maioria (senão mesmo todas) das quais de feição sensível, não poderia de modo algum descurar-se a perscrutação da adequação do atual regime sobre a proteção de dados face a fenómenos como os da previsão de (in)cumprimento que operam mormente em ambientes *Big Data*[7].

In ictu oculi, integradas as coordenadas gerais que balizam a operação *scoring* dentro do cômputo material e subjetivo de aplicação do Regulamento

[7] Acerca da concetualização do fenómeno Big Data: "*(...) es un término que alude al enorme crecimiento en el acceso y uso de información automatizada. Se refiere a las gigantescas cantidades de información digital controlada por compañías, autoridades y otras organizaciones, y que están sujetas a un análisis extenso basado en el uso de algoritmos. No es una tecnología en sí misma, sino más bien un planteamiento de trabajo para la obtención de valor y de beneficios como consecuencia del tratamiento de los grandes volúmenes de datos que se están generando día a día*". Cit. Elena Gil, *Big data, privacidad y protección de datos*, Accésit en el Premio de Investigación de 2015, Protección de Datos Personales, Madrid, Agencia Española de Protección de Datos, 2016, p. 17. Cf. Diogo Morgado Rebelo; Cesar Analide & Joana Covelo De Abreu – "O Mercado Único Digital e a '(leigo)ritmia' da pontuação de crédito na era da Inteligência Artificial". In: *Revista de Direito e Tecnologia*, vol. 2, no. 1, 2020, p. 14, anotação em rodapé nº 25; Manuel David Masseno – "Como a União Europeia procura proteger os cidadãos-consumidores em ambiente de Big Data". In: *Revista Eletrónica do Curso de Direito da UFSM*. v. 14, nº 3, 2019, pp. 2-4; Comunicação da Comissão ao Parlamento Europeu, ao Conselho, ao Comité Económico e Social Europeu e ao Comité das Regiões, Para uma economia dos dados próspera [COM(2014) 442 final, de 2 de julho de 2014, p. 5; e GT Art. 29º – Parecer 3/2013, sobre a limitação da finalidade, adotado em 2 de abril de 2013 [WP 203], p. 43. Ora, no atual estado de arte, o *Big Data* é valorado de acordo com cinco postulados 'V', como sejam: a volumetria; a velocidade; a variedade; o valor; e a variabilidade. Cf. Cesar Analide & Diogo Morgado Rebelo – "A Inteligência Artificial na era *data-driven ... supra*, pp. 62-63. *Vide*, para mais desenvolvimentos sobre o fenómeno Big Data, Vishnu Pendyala – *Veracity of Big Data: Machine Learning and Other Approaches to Verifying Truthfulness*, Berkeley, CA: Apress, 2018, pp. 1-15.

Geral sobre a Proteção de Dados (RGPD)[8], releva analisar em particular – tanto num perspetivar axiológico-normativo, como engenheirístico – a exequibilidade das normas vertidas, tanto no art. 22º deste Regulamento, como no art. 18º, nº 6 da recente Proposta de Diretiva, relativa aos créditos aos consumidores, de 30 de junho de 2021.

Certo é que uma avaliação *machine-made* da solvabilidade creditícia via *scoring* surte – pela influência na aceitação ou recusa subsequente – reflexos patrimoniais na esfera jurídica do titular dos dados, o (ciber)consumidor. Por isso, apurada que seja a licitude das operações de tratamento – tanto das variáveis explicativas (as entradas), como das endógenas correspondentes (as saídas) – a instituição de crédito, sociedade financeira ou até o *bureau* de crédito – investidos na posição de responsável (conjunto)– não ficarão destituídos de adotarem todo um conjunto de (quiméricas) medidas adequadas para salvaguarda dos direitos e interesses legítimos que o legislador europeu idealizara. Assim sendo, será à luz da ilusória intervenção humana, da querela acerca de um direito à explicação *ex post*, assim como da subsequente contestabilidade da decisão, que se pelejará, *in fine*, pela adoção de soluções pragmáticas nem tanto ao 'mar' da regulação nem tanto à 'terra' da engenharia.

Ainda no Capítulo IV, porque os candidatos a crédito ao consumo, são comummente submetidos a processos de análise indutores de tratamentos significativamente desiguais, far-se-á uma breve incursão sobre a tópica da discriminação algorítmica.

Por último, perspetivada a inconstitucionalidade por omissão parcial das "condições aplicáveis ao tratamento automatizado" e, a montante, atenta a preterição do princípio do sentido restritivo do regime face à liberdade de iniciativa privada, propor-se-á a revogação e alteração do regime obsolescente do RGPD e, no caso do crédito ao consumo em particular, a subsequente adoção de regras mais exequíveis na corrente *praxis* engenheirística.

6. Face ao exposto, a presente obra visa, grosso modo, proporcionar a um leque alargado de profissionais de várias áreas uma reflexão multidiscipli-

[8] *Vide*, Regulamento (UE) 2016/679 do Parlamento e do Conselho, de 27 de abril de 2016, relativo à proteção das pessoas singulares no que diz respeito ao tratamento de dados pessoais e à livre circulação desses dados.

nar e aprimorada acerca de quais os desafios regulatórios que a implementação no mercado ou colocação em serviço de sistemas de *scoring* baseado na IA despoleta. O propósito deste tenteio – para os devidos efeitos, também imbricável, direta ou indiretamente, em setores como a gestão para o crédito ao consumo, a informática e a psicologia da tomada de decisão – é o de dotar, em particular, as pessoas que laboram neste setor (ou aquelas que nele têm interesse) com orientações técnico-jurídicas relacionadas com políticas regulatórias alternativas ao enquadramento do regime em vigor (ou daquele proposto), tanto no ordenamento jurídico interno como ao nível da União Europeia (UE).

Capítulo I
Objeto de Estudo em Contexto Sociotécnico

1. Uma Primeira Aproximação Ecuménica
1.1. Conceito

7. O *scoring* no crédito ao consumo representa um dos processos mais proeminentes no cômputo decisório das políticas de gestão bancária. Este procedimento circunscreve-se no tempo quase como que uma 'industrialização ampla' do valor confiança, o passo lógico que trilha uma maior subjetividade dos *ratings* que as agências de notação internacionais como a Moody's, a S&P e a Fitch ainda hoje proporcionam a grandes estruturas empresariais ou a bancos, *et alii,* algumas mesmo com balanços negativos ou até mesmo em situações de falência[9].

Operações desta índole epitomizam a recolha, a análise e ulterior pontuação classificativa, de feição preditiva e bipartida por de entre diferentes elementos e variáveis creditícias dos destinatários tendo em vista a tomada de decisão final quanto à concessão de empréstimos ao consumo. Nos dias de hoje, a melhor qualidade dos produtos ou serviços de crédito e da avaliação de risco prestados ao consumidor final expõem cada vez mais a vantagem concorrencial de uma instituição de crédito e, consequentemente, os seus maiores níveis de liquidez e rentabilidade[10]. Desde a capacidade

[9] Cf. Raymond Anderson – *The Credit Scoring Toolkit: Theory and Practice for Retail Credit Risk Management and Decision Automation*, New York, Oxford University Press, 2007, p. 3.

[10] Cf. Hussein Abdou & John Pointon – "Credit scoring, statistical techniques and evaluation criteria: a review of the literature". In: *Intelligent Systems in Accounting and Management*, vol. 18, 2011, p. 64; e Paulo Viegas de Carvalho – *Fundamentos da Gestão de Crédito,* 1º ed. Lisboa, Edições Sílabo, 2009, p. 39.

de decidir quanto à atribuição do crédito ou não, os montantes objeto de empréstimo, até às estratégias de cobrança que deverão ser aplicadas para maximizar o lucro a partir dos juros, todas estas faculdades financeiras exteriorizam tratos de uma maior competitividade[11]. Quanto maior for o rigor na apuração do risco e, por conseguinte, do modelo de gestão a esta tarefa alocado, maior será o contributo para a tomada de decisão e, em última instância, o valor da organização[12].

Dir-se-á mesmo que um dos 'kits' mais importantes para reportar um (potencial) cliente do banco como parte integrante de um processo de classificação mais exato e para uma redução global, a curto ou médio prazo, do risco relativo ao passivo malparado, mas sobretudo, para a maximização do lucro corporativo, é a avaliação do seu perfil quanto à solvabilidade no crédito ao consumo[13]. Ora, esta avaliação efetua-se, há já algum tempo, através de mecanismos de *scoring* baseados em fundamentos estatísticos de IA[14].

[11] Cf. Gang Wang [*Et al.*] – "Two credit scoring models based on dual strategy ensemble trees": In: *Knowledge-Based Systems*, vol. 26, 2012, p. 61; Martin Rezác & Frantisek Rezác – "How to measure the quality of credit scoring models". In: *Czech Journal of Economics and Finance*, vol. 61, 2011, p. 486; e Geert Verstraeten & Dirk van den Poel – "Quantifying Credit Scoring Performance". In: *Conference Working Paper*, Belgium: Ghent University, 2003, p. 325.

[12] Cf. José Vasconcelos – *Credit Scoring: O Risco de Crédito e o seu Impacto nos Custos de Financiamento* – O Caso Português, Dissertação de Mestrado, Lisboa, ISCAL, 2017, p. 38.

[13] Cf. Ethem Alpaydin – *Machine Learning: the new AI*, Cambridge, MA, The MIT Press Essential Knowledge Series, 2016, p. 45.

[14] São três os riscos associados a um produto de crédito: (a) o primeiro, mais intuitivo, é o risco de incumprimento do cliente, determinado pela definição do seu perfil solvente; (b) o segundo, tem que ver com o risco de exposição, correspondente ao montante que deve estar disponível na pendência do não cumprimento; e, por último, haverá que considerar (c) o risco determinado pelo nível de cobertura ousegurança, relativo à eficácia de todo o processo de recuperação das taxas de juro e ao bom funcionamento do ciclo de crédito em si. Cf. Barbara Casu; Claudia Girardone & Philip Molyneux – *Introduction to Banking*, Edinburgh, UK, Pearson Education Limited, 2006, p. 90. No mundo dos mercados financeiros, os gestores bancários devem minimizar as perdas de crédito através da adoção de modelos corporativos para as carteiras respetivas (incluindo, empréstimos e títulos) que possibilitem ao banco diversificar o grau de risco em função dos serviços proporcionados, tanto a consumidores, como a empresas. Tamanha necessidade deve-se ao facto de os ativos catalogados com um risco baixo estarem normalmente associados a um baixo retorno esperado. Já quando as expetativas de retornas são mais elevadas, como sucede, com as grandes carteiras de clientes V.I.P. ou sociedades, verifica-se muitas vezes uma probabilidade de incumprimento maior. Cf. José Vasconcelos – *op. cit.*, 2017, p. 41; e Barbara Casu; Claudia Girardone &

8. O ponto crítico na gestão de risco de concessão de crédito consiste precisamente na etapa em que é efetuado um pedido de acesso por parte de um potencial ou de um já cliente fidelizado à instituição bancária.

Volvidos cerca de 76 anos, verifica-se já hoje que a obsoleta e inconsistente avaliação do perfil solvente através da emissão pura de juízos opinativos (*pure judgement* ou *judgemental scoring systems*) fora substituída pela tendencial automatização quase exclusiva das aplicações[15]. Hoje, o procedimento em si carateriza-se pelas sequenciais etapas de recolha ou organização e subsequente tomada decisão quanto ao pedido de aplicação.

Primeiramente, as fases de recolha ou organização materializam-se na aquisição, sob a forma de papel ou de um documento eletrónico[16], e preparação ulterior de toda a informação passível de ser recolhida e relativa à pessoa do candidato, o consumidor-final. Esta etapa pode ser concretizada segundo ou com recurso a várias vias. As mais das vezes, o mote principiológico deste trato ainda resulta da assistência ou do contacto direto com a pessoa do analista de crédito, funcionário da instituição. Não obstante, atualmente, os pedidos de crédito logram resultar também de um impulso próprio do pretenso beneficiário, este que, por vezes, se encontra já munido dos meios tecnológicos e *know-how* suficiente para recorrer a serviços no crédito via aplicações *web* ou plataformas online[17].

PHILIP MOLYNEUX – *op. cit.*, 2006, p. 259. V. desenvolvimentos, *infra*, na presente unidade capitular, acerca das políticas de *hedging*.

[15] Cf. RAYMOND ANDERSON – *op. cit.*, 2007, p. 39; e LYN THOMAS, DAVID EDELMAN & JONATHAN CROCK – *Credit Scoring and Its Applications: Monographs on Mathematical Modeling and Computation*, 2nd ed., Philadelphia PA: Society for Industrial and Applied Mathematics, 2002, p. 6.

[16] A prestação de informações em papel por parte do 'quem' que pretenda aceder a um serviço de crédito coloca desafios acrescidos concernentes à exatidão e atualidade dos *sets* introduzidos nas camadas das entradas. Tal sucede na medida em que, quando a aplicação redunda no preenchimento físico de formulários, terá de se proceder posteriormente à transcrição das informações nele inscritas em suporte eletrónico. Ora, considerando que instituições há que recebem centenas ou milhares de pedidos de acesso ao crédito (ao consumo) diariamente, apesar de este ser um passo simples de concretizar, no conjunto, cristaliza, pela sua própria natureza, um fator que pode introduzir alguma inexatidão. Cf. RAYMOND ANDERSON – *op. cit.*, 2007, p. 540.

[17] Cf. DIOGO MORGADO REBELO; CESAR ANALIDE & JOANA COVELO DE ABREU – "O Mercado Único Digital e a '(leigo)ritmia' da pontuação de crédito na era da Inteligência Artificial ... *supra*, p. 23.

A findar, uma apreciação casuística redunda(rá), no atual estado de arte concretizado com recurso a procedimentos matemáticos e estatísticos baseados em tecnologias avançadas, alternativamente, na aceitação ou rejeição do pedido, clausulados que sejam também previamente todos os termos do negócio, incluindo taxas de juro correspondentes e respetivo prazo(s) estipulado(s) para o empréstimo. Defronte as saídas indeterminadas destes sistemas resultante, em algumas modalidades de crédito que envolvem a transferência de quantias avultadas, como veremos, *infra*, justificar-se-á uma intervenção manual e adicional por parte do analista de crédito[18]. Tal sucede porquanto, muitas vezes, aquando da vigência do contrato, o próprio beneficiário pode reportar à instituição de crédito um problema com pagamentos e, sendo o caso, as condições do empréstimo podem até mesmo ter de ser renegociadas[19].

9. Pragmática à parte, a modelização preditiva de esquemas estatísticos para estimar a solvabilidade da clientela predica então o escopo substancial da operação *scoring* de um pedido de crédito ao consumo[20]. Grosso modo, esta operação pode ser definida como um "método de avaliação utilizado

[18] A operação de decisão engloba tanto a comunicação da rejeição como a entrega do duplicado do contrato, este último, aplicável nos casos em que o cliente aceita o produto de crédito. Importa, para os devidos efeitos, fazer menção do quão árdua é a tarefa de um *middle man* no *front-office* da instituição bancária quando confrontado com a necessidade de expor a um candidato rejeitado os motivos da recusa, assim como a lógica subjacente ao funcionamento do sistema, pressupostos estes que antecedem a cristalização na sua esfera jurídica dos direitos a manifestar o seu ponto de vista e de fazer uso dos mecanismos de recurso que se encontram à sua disposição. Diante uma interface de prospeção com teor positivo relativo ao cumprimento futuro das obrigações, o próprio consumidor terá a possibilidade de desistência, desde logo, por ineptidão do pedido atendendo a que já não se verifica a causa que subjazeu à candidatura ou até mesmo em razão de a oferta prestada pela instituição de crédito não ser competitiva o suficiente. Nestas circunstâncias, deverão ainda de ser meditadas as possibilidades de interferência numa comunicação eficaz, sobretudo quando o contrato de crédito ao consumo seja celebrado à distância, ou de perda dos documentos originais. Os representantes da instituição – esta última, (potencial) credora – podem realizar ainda um *up-sell* ou *cross-sell*, caso mantenham a intenção de concluírem ou firmarem o acordo, ou *down-sell*, quando confrontados como informações adicionais que comprometem a credibilidade do resultado. Cf. Raymond Anderson – *op. cit.*, 2007, pp. 546-551.

[19] Cf. Shelag Heffernan – *Modern Banking*, West Sussex, John Wiley & Sons, Inc.., 2005, p. 161.

[20] Cf. David Hand & Saul Jacka – *Statistics in Finance*, 1st. ed., New York: Wiley, 1998, p. 106.

para quantificar o risco de um determinado cliente ou subscritor, através de uma fórmula ou conjunto de regras, aplicados a vários fatores relevantes para estimar a probabilidade de (in)cumprimento"[21].

1.2. Etimologia

10. Inobstante ser inteligível a dedução da funcionalidade intrínseca a esta tipologia de procedimento – crescentemente automatizado -, no ano de 2007, o analista e especialista na matéria Raymond Anderson sugeriu uma decomposição dos termos 'crédito' e 'avaliação', respetivamente, numa proposição conjunta de análise independentizada, intentando uma compreensão mais singela e holística dos correlatos em causa. Feições jus-concetuais à parte, em primeiro lugar, o instituto do crédito figurará no senso comum do brocardo 'comprar agora, pagar mais tarde ("*buy now, pay later*"), pois que a sua génese latina radica da expressão *credo*, palavra esta que denota o acreditar ("*I believe*") ou confiar ("*I trust in*") algo a outrem[22]. E porque o termo avaliação pressupõe hoje, *in casu* e *per si*, o recurso a ferramentas numéricas (ou matemáticas) que graduam (em alguns ou na maioria dos casos, em contornos automatizados) casos-tipo em função da real ou potencial qualidade de solvente, o propósito de tarefas (computacionais) como esta não pode de modo algum deixar de estar associado à diferenciação dicotómica da clientela em hiatos decisórios, atualizados em tempo real, que demandem cada vez mais objetividade, mais rapidez, mais exatidão e mais consistência tecnológica[23].

1.3. *Scoring* baseado na IA

11. A "quantificação do risco constitui o núcleo do desenvolvimento das técnicas de *credit scoring* (...). No crédito ao consumo o pressuposto fundamental é que o futuro próximo seja semelhante ao passado recente"[24]. Aliás, na medida em que combinam megadados históricos – à escala *Big Data* – e neles detetam, descrevem ou preveem padrões e regularidades comportamentais experienciadas no passado por parte de antigos ou dos

[21] Cit. Paulo Viegas De Carvalho – *op. cit.*, 2009, p. 202.

[22] Cf. Raymond Anderson – *op. cit.*, 2007, p. 3.

[23] Cf. *idem, ibidem*, p. 6; e Hussein Abdou & John Pointon – "Credit scoring, statistical techniques and evaluation criteria .... *supra*, p. 60.

[24] Cit. António Sarmento Batista – *Credit Scoring – Uma Ferramenta de Gestão Financeira*, 1ª ed., Porto, Vida Económica Grupo Editorial, 2012, p. 27.

atuais beneficiários no crédito[25], de modo a inferir, prescritiva ou indutivamente, aquando do *iter* prévio ao acordo de vontades, o cumprimento futuro e personalizado das obrigações, tais operações supõem (ou antes, não podem olvidar) hoje também a sua inter-relação diante o uso sistemas de IA – e, bem assim, de alguns dos seus sub-ramos conexos, como sejam, o DM e o ML.

A lógica inferencial subjacente a estas operações bancárias, ainda que possa ser caraterizada como complexa e difusa (*fuzzy*)[26], é relativamente simples e intuitiva na *praxis* corrente para um cidadão comum. "Está em causa 'descobrir' a relação entre o cumprimento e o incumprimento atual

[25] Cf. Diogo Morgado Rebelo – "On the way to look at Big Data as an asset for CWA 4.0 – EU Right to Suggestion of an IDSS MAS-based Scoring Case Study in Consumer Credit". In: *JusGov Research Paper Series*, no. 3, 2021, p. 8; Federico Ferretti & Daniela Vandone – *Personal Debt in Europe: the EU financial market and consumer insolvency*, Cambridge, UK: Cambridge University Press, 2019, p. 114; Thomas Stanton – Credit and Loan Scoring Tools for Improved Management of Federal Credit Programs, The PricewaterhouseCoopers Endowment for The Business of Government, Grant Report, 2019, p. 8; Federico Ferretti – The Never-Ending European Credit Data Mess ... *supra*, p. 15; Maria Rocha Sousa; João Gama & Elísio Brandão – "Introducing Time-Changing Economies into Credit Scoring". In: *FEP Working Papers*, no. 503, November 2013, p. 2; Raymond Anderson – *op. cit.*, 2007, p. 55; Barbara Casu; Claudia Girardone & Philip Molyneux – *op. cit.*, 2006, pp. 288-289; e Loretta Mester – "What's the point of credit scoring?". In: *Business Review*, Federal Reserve Bank of Philadelphia, 1997, p. 4.

[26] Para a personagem Alice, em o "Diabo do mundo Quântico", de Luís Alcácer: "a verdade não levanta grandes dúvidas, se pensar usando a lógica clássica, a lógica do senso comum". Cit. Luís Alcácer – *O Diabo no Mundo Quântico*, 1ª ed, Lisboa: Gradiva, Publicações, S.A., 2013, p. 67. A citação de Aristóteles é clara e convincente: difundir a verdade corresponde "dizer que é o que é (...) dizer que não é", cit. Aristóteles, Metafísica, IV, 7, 1011b, pp. 26-28, *cit. in.* Luís Alcácer – *op. cit.*, 2013, p. 66. "Por sua vez, na teoria da informação, a verdade está associada à possibilidade de atribuir o valor 1- verdadeiro, – ou 0 – falso – a uma proposição. Na matemática, e também na lógica formal, os axiomas são considerados verdadeiros, por hipótese, e os teoremas são proposições cuja verdade é estabelecida por demonstração formal. Na física, os factos observados são verdadeiros. Na mecânica quântica, há propriedades (...) consideradas verdadeiras que podem não ser diretamente observadas, mas que são uma consequência das observáveis". Cit. *idem, ibidem*, p. 67. Contudo, "há muitas lógicas e há lógicas não aristotélicas e lógicas polivalentes, que vão além do *verdadeiro* e do *falso*. Há até a lógica difusa, ou *fuzzy logic*, para a qual há infinitos graus de verdade, representados pelos números reais entre o 0 e 1.". Cit. *idem, ibidem*, p. 67. Ao introduzir a noção de grau na verificação de uma condição, a lógica difusa das técnicas de IA proporciona uma valiosa flexibilidade na formalização do raciocínio humano, porquanto viabiliza representar regras lógico-inferenciais em linguagem natural, imprecisões e incertezas. Cf. Frank Dermoncourt – Introduction to Fuzzy Logic, Lecture Notes, Department of Informatics, Cambridge MA: MIT, 2013, p. 1.

de um conjunto de clientes e a informação passada que [os] caraterizou, bem como as respetivas operações de crédito. Identificada essa relação, a mesma é utilizável para inferir, prever e vigiar o comportamento da generalidade dos clientes ao longo do tempo"[27].

Ora, importa outrossim referir, para os devidos efeitos, que os algoritmos ou os modelos de aprendizagem[28] implementados em tarefas como o

[27] Cit. PAULO VIEGAS DE CARVALHO – *op. cit.*, 2009, p. 136. Cf. IFC – Credit Reporting Knowledge Guide, World Bank, Washington DC, 2012, p. 4.

[28] Ora, o propósito taxinómico do ciclo de vida de um algoritmo de ML – em última instância, dito modelo de aprendizagem – tem que ver não só com as funcionalidades, mas também com o fluxo sequencial a partir do qual o desenvolvimento do sistema de IA opera. Grosso modo, um ciclo de vida resume os principais passos de desenvolvimento de um modelo ML, a melhor ver: (1º) primeiramente, a recolha de dados provindos das bases internas ou de fontes externas indexadas à clientela; (2º) a limpeza, fase esta correspondente à identificação e correção de valores errados que possam ter impacto negativo no desempenho do algoritmo; (3º) o pré-processamento, que visa aperfeiçoar a qualidade dos dados através da seleção de informação relevante; (4º) a conceção e implementação dos modelos, através da opção de um paradigma de aprendizagem e da determinação dos parâmetros a analisar (p.ex., redução, redimensionamento, *clustering, feature engineering, data augementation*); (5º) o treino do modelo, que pode resultar de uma combinação (*ensemble/hybrid*) de vários algoritmos para realizar a tarefa específica de classificação no crédito; (6º) o teste deste em variáveis ou dados desconhecidos; (7º) a fase de otimização, na qual são aplicadas algumas técnicas de conversão de hiperparâmetros para assegurar a melhor performance do algoritmo; (8º) seguidamente, são determinadas um conjunto de métricas técnicas para mensurar a performance; e para finalizar, os modelos de aprendizagem automática são (9º) implementados de modo a cumprirem determinados *goals* em ambientes de interação com o utilizador (*Application Programming Interface*, API). Há ainda que considerar o estágio de monitorização das inferências, este que traduz uma exploração adicional do modelo original, via observação e supervisão documentada da sua utilização. É importante notar que vários passos poderiam aqui ter sido acrescentados, tais como a criação e análise de dados (por exemplo, para averiguar se existem alguns dados pessoais ou vieses nas entradas). Cf. ENISA – Securing Machine Learning Algorithms, December 2021, p. 12. Com efeito, o emprego da expressão "modelos analíticos", em contraponto com a expressão "algoritmos", posiciona-se, neste contexto sociotécnico, no hiato temporal posterior às fases de treino, validação e teste do ciclo de conceção ou maturação de um sistema de IA para a classificação no crédito, caso em que a notação "algoritmos" – alusiva ao conjunto de instruções *soft computing* impregnadas no código-fonte, *ab initio* –, salvo melhor entendimento, deve ser reportada aos estágios primários dos ciclos de conceção dos sistemas com traços de aprendizagem automática. Para os devidos efeitos, a terminologia "modelos" é aqui considerada, em especial, enquanto método quantitativo ou abordagem computacional que faz uso de dados históricos previamente treinados em saberes plúrimos provindos da área da estatística, de teorias económico--financeiros ou até de matemática pura, para processar os *sets* das entradas (ou antes, os *inputs*) de dados em estimações prospetivas e preditivas quanto à propensão ao cumprimento de uma determinada aplicação de crédito já

scoring – assim como os dados ou os paradigmas de IA neste aspeito subjacentes[29] – suportam, em alguns casos, a tomada de decisões multíplices.

treinada, validada e testada. Cf. FRS – Supervisory Guidance on Model Risk Management, Board of Governors of the Federal Reserve System Office of the Comptroller of the Currency [SL Letter 11-7], April 2011, p. 3. Pelo mais, um modelo avançado de classificação no crédito pode ser decomposto em três componentes: (1) em primeiro lugar, os *inputs* de informação conferem à tarefa os pressupostos lógico-inferenciais de indução preditiva; (2) em segundo lugar, haverá de se considerar a componente de processamento, esta que é responsável por processar em grande escala as entradas em estimativas ou previsões; (3) em terceiro lugar, os modelos de aprendizagem exteriorizam tratos organizacionais à escala BI, porquanto as estimações deles extraídas traduzem informações úteis, comummente sob a forma de recomendações, auxiliares ou substitutivas, do processo de tomada de decisão com base nos riscos pontuados. Clarividente, quando impregnados métodos à escala ciência dos dados, a tarefa quantitativa pode computar – a título adicional, parcial ou até totalmente – alguns contributos qualitativos baseados em juízos *judgemental* rotulados segundo ou a partir da experiência dos analistas de crédito, peritos na matéria. Cf. *ult. loc. cit.* Quanto à tipologia, "no *big data* (...) são geralmente utilizados três modelos de análise: análise descritiva (*descriptive analytics*), análise preditiva (*predictive analytics*) e análise prescritiva (*prescriptive analytics*). O que essencialmente os distingue são as questões a que visam dar resposta: na análise descritiva [típica do DM], a questão central é a de saber *o que aconteceu e por que razão aconteceu;* na análise preditiva [coadunável com os propósitos do ML], visa-se dar resposta à questão sobre *o que irá ou poderá acontecer*; na análise prescritiva, tendo presente os resultados da análise preditiva ou descritiva, o que se pretende é dar resposta à questão sobre *o que se deverá fazer.* Por isso, ainda que possam reportar-se ao mesmo universo de dados, o resultado obtido por estes processos será necessariamente distinto". Cit. ANA ALVES LEAL, "Aspetos jurídicos da análise de dados na Internet (*big data analytics*) nos setores bancário e financeiro: proteção de dados pessoais e deveres de informação". In: *Fintech: desafios da tecnologia financeira* (coord. António Meneses Cordeiro, Ana Perestrelo de Oliveira & Diogo Pereira Duarte), 2º ed., Coimbra, Almedina, 2019, p. 95, § 6.

[29] São várias as metáforas que balizam a rota de investigação sobre as quais a IA opera, como sejam – embora aqui descritas de forma genérica e sucinta – a metáfora simbólica, a conexionista e a evolucionária. A metáfora simbólica – também conhecida por computacional – conjetura a habilidade inteligência como resultado de processos formais em estruturas que firmam uma relação de correspondência entre os vários objetos do mundo. Por seu turno, a metáfora conexionista reconduz as operações inteligentes ao conjunto de iterações entre um número elevado de unidades elementares de processamento paralelo, em alusão à técnica das redes neuronais artificiais – v. desenvolvimentos, *infra,* Capítulo II. Já a metáfora biológica pugna pela configuração de sistemas nos quais se verifica a sobrevivência de grupos ou indivíduos dominantes em função do cruzamento e mutação do material genético reveladas durante o processo de reprodução. Tais operações computacionais executam-se via geração aleatória de um elevado número de soluções alternativas que se mantêm em disputa num determinado *problem-solving.* V. desenvolvimentos, *infra,* acerca dos algoritmos genéticos, Capítulo II. Cf. CESAR ANALIDE & DIOGO MORGADO REBELO – "A Inteligência Artificial na era *data-driven*

Tal sucede na medida em que, além de determinarem subjetivamente a quem e se será concedido o empréstimo, influenciam, em maior ou menor medida automatizada, a operação em causa, intuindo orientações acerca dos montantes envolvidos, encargos correspondentes, e dos respetivos planos prestacionais aplicáveis[30].

> Em causa estão, portanto, "situações de *adptative pricing*, ou seja, uma forma de variação dos preços em função do perfil do consumidor, de tal modo que [o convite a contratar] apresentaria um preço mais elevado aos (...) quer se [mostrem] aptos a aceitar aquela oferta por um preço maior"[31].

Assim, do atual estado de arte, propalar-se-á serem estes os lhanos 'algoritmos-mestre' do crédito dotados de 'artilectos' multifacetados[32]. Tal sucede na medida em que estes modelos aprendizes encontram-se capacitados para:

- estimar a rentabilidade de um empréstimo durante o seu ciclo de vida em termos de cobertura;

... *supra*, pp. 64-65; Tiago Sérgio Cabral – *AI Regulation in the European Union: Democratic Trends, Current Instruments and Future Iniciatives*, Master's Thesis, Braga, University of Minho, 2019, pp. 18-21; e Ernesto Costa & Anabela Simões – *Inteligência Artificial: Fundamentos e Aplicações*, 3ª ed., Lisboa, FCA, Editora de Informática, 2011, pp. 5-9.

30 Cf. Diogo Morgado Rebelo – "On the way to look at Big Data as an asset for CWA 4.0. ... *supra*, p. 9; e Lyn Thomas, David Edelman & Jonathan Crock – *op. cit.*, 2002, p. 1.

31 Cit. Mafalda Miranda Barbosa – "Proteção e comercialização de dados: comentário às reflexões de Henrique Sousa Antunes sobre o tema". In: *Católika Talks | 2, Direito e Tecnologia* [em linha] (coord. Elsa Vaz Sequeira, Lisboa, Universidade Católica Editora, 2021, p. 63.

32 Da original, *artilect*, significa "intelecto artificial". Cf. Henry Kissinger; Eric Schmidt & Daniel Huttenlocher – *A Era da Inteligência Artificial*, 1ª ed. (trad.), Alfragide Publicações Dom Quixote, 2021, p. 18, p- 207 e anotação nº 5, Capítulo I, *in fine*. Sobretudo em domínios como a utilização de sistemas IA para o *scoring* de crédito, a razão humana deixou há muito de ser a única via de conhecimento e exploração da realidade. Clarividente, o emprego da expressão no texto principal denota o que é ser-se inteligente num mundo plúrimo de agentes, demarcado pela coevolução das espécies, tanto naturais como artificiais. No caso da IA e, seguindo a linha de pensamento adotada por Luís Moniz Pereira e António Lopes, a palavra artificial é decisiva, porque não se intenta somente imitar a inteligência humana, antes construir artefactos inteligentes no domínio do engenheirístico, aquele que alude a novas criações. Na prática, pretende--se é uma aproximação minimamente mais ecuménica sobre o que é ser-se inteligente em geral (numa perspetiva não antropocêntrica, *hoc sensu*). Cf. Luís Moniz Pereira & António Lopes – *Máquinas Éticas: Da Moral da Máquina à Maquinaria Moral*, 1ª ed., Caparica, NOVA.FCT Editorial, 2020, pp. 61-62.

- antecipar a probabilidade de incumprimento durante a vigência do contrato, possibilitando aos gestores provisionar as dívidas emergentes;
- auxiliar ou substituir o decisor humano na tomada de decisão acerca da concessão de empréstimo; e, por último,
- o comportamento global dos consumidores no crédito constitui(rá) uma variável macroeconómica importante a ter em consideração pelas instituições aquando da avaliação do seu impacto e subsequente implementação de novas políticas de gestão para o crédito ao consumo[33].

12. Face ao antedito, o *scoring* sumula nos dias de hoje o recurso a modelos estatísticos de IA que processam dados subsequentemente transformados em indicadores numéricos que agregam informação e conhecimento orientados à tomada de decisões tendencialmente *data-driven*[34]. E fazem-no já com o aprumo nominal e quantitativo dos meandros contratuais que subjazem à formalização dos contratos de crédito ao consumo. As saídas combinadas exteriorizar-se-ão, alternativamente, na 'aceitação' ou 'rejeição' de um pedido, e cujos montantes (mutuados) envolvidos ou planos de pagamento correspondentes são ainda, em alguns casos, suputados no todo da equação aplicacional. Métodos como este têm viabilizado a efetiva expansão do mercado do crédito ao consumo desde há cerca de sete décadas, dinâmica esta que fora vivificada pela maior exatidão concretizada via operacionalização crescentemente automatizada e inteligente (enquanto topos de um novel artilecto) de tarefas como o *scoring*[35]. Enquanto ferramenta

[33] Cf. Natasa Sarlija; Mirta Bensic & Marijana Zekic-Susac – "Comparison procedure of predicting the time default in behavioural scoring". In: *Expert Systems with Applications*, vol. 36, no. 3, 2009, p. 8778.

[34] Cf. Cesar Analide & Joana Covelo De Abreu – "O Mercado Único Digital e a '(leigo)ritmia' da pontuação de crédito na era da Inteligência Artificial ... *supra*, p. 17; Foster Provost & Tom Fawcett – "Data Science and its relationship to Big Data and Data-Driven Decision-Making". In: *Big Data*, vol. 1, no. 1, 2013, p. 54. A tomada de uma decisão baseada em dados (*data-driven decision-making*, DDD) traduz, em particular, o conjunto de políticas de gestão bancárias fundamentadas em técnicas de conversão de grandes fluxos de dados num conhecimento altamente específico (*data-intensive knowledge*), não intuitivo e com níveis de *insights* diferenciados. Cf. *idem*, *ibidem*, p. 53; e, com as devidas adaptações temáticas, Julie Cohen – "What Privacy is for?". In: *Harvard Law Review*, vol. 126, n. º 7, 2013, pp. 1920-1921.

[35] Cf. Lyn Thomas, David Edelman & Jonathan Crock – *op. cit.*, 2002, p. xiii.

utilizada para avaliar o risco de crédito, a sua popularidade tem vindo a beneficiar "todos os setores de consumo (...) que prestam serviços a largos milhares de clientes (...) abrangendo o bancário e restante setor financeiro (...) bem como o de telecomunicações, de seguros e o de distribuição"[36]. Nas últimas décadas, um pedido de crédito efetuado por via eletrónica é uma das ferramentas operacionais mais preponderantes desencadeadas à escala da Banca 4.0[37]. A curto ou médio prazo, mais pessoas terão acesso a serviços bancários básicos através do seu telemóvel. Os elementos fundacionais físicos que caraterizavam as dinâmicas de um Banco convencional já hoje não têm a mesma expressão de outrora[38].

1.4. Elementos Constitutivos

1.4.1. *Cutoff*

13. Genericamente, o procedimento é passível de ser sumariado num asserto: a cada candidato é-lhe atribuído um *score* posteriormente comparado com o 'ponto ou linha de corte' (*cutoff*) pré-definido pela instituição de crédito. Eis que, a partir daqui 'bom' cliente será aquele cuja prospeção preditiva de desempenho representa um risco baixo (*high score*), ao passo que 'mau' perfilhar-se-á aquele outro de cujo somatório de pontuação sobressai um risco de incumprimento aquém do limiar previamente definido e tolerável pela instituição de crédito (*low score*)[39]. Se a pontuação obtida corresponder a um valor intermédio, traduzindo situações prospetivas dúbias (ou melhor, indeterminadas) quanto à solvabilidade futura do pretenso devedor, o analista efetuará um *referral score,* reavaliando o cliente com base nas suas reais necessidades – dentro do espectro de flexibilidade que lhe é permitido pela instituição – ou, em alternativa, obterá informa-

[36] Cit. PAULO VIEGAS DE CARVALHO – *op. cit.*, 2009, p. 202 e p. 204. Cf. HUSSEIN ABDOU & JOHN POINTON – "Credit scoring, statistical techniques and evaluation criteria .... *supra*, pp. 64-66.

[37] Cf. *idem, ibidem*, p. 63.

[38] A expressão "Banca 4.0." alude ao conjunto de mudanças simples e dramáticas que transforma(rão), quer o escopo empresarial, quer a relação que a clientela tem para com as instituições bancárias – *omnichannel,* portanto. Cf. BRETT KING – *Bank 4.0, Banking Everywhere, Never at a Bank,* New Jersey, John Wiley & Sons, Inc., 2018, p. 333.

[39] Cf. RAYMOND ANDERSON – *op. cit.*, 2007, p. 55; FDIC – Credit Card Mannual, Scoring and Modelling, Section VIII, last updated on 30 April, 2007, p. 61; LORETTA MESTER – "What's the point of credit scoring ... *supra*, p. 4; e NOEL CAPON – "Credit Scoring Systems: A Critical Analysis". In: *Journal of Marketing*, vol. 46, no. 2, 1982, p. 83.

ções adicionais concernentes ao seu histórico de crédito tal-qual constam do formulário de candidatura (ou caso dele não constem, sendo-lhe licitamente prestadas)[40]. Como resultado desta nova abordagem, às classificações cuja pontuação de risco revelam estar acima do novo limite estabelecido, será concedido o crédito. Caso contrário, mesmo numa segunda análise optar-se-á pela não aprovação do empréstimo[41].

Conforme referido anteriormente, o propósito geral visa cotejar as caraterísticas perfilhadas para um determinado cliente com o comportamento verificado em anteriores[42]. O pressuposto é o de que as "relações históricas entre as caraterísticas dos clientes e o tipo de pagamentos efetuados (...) irão perdurar para o futuro[43]. Ora, se as particularidades de um potencial cliente são adequadamente semelhantes às daqueles a quem foi concedido crédito e, por conseguinte, estes últimos não fizeram jus às obrigações contratuais, então a candidatura será rejeitada *a priori*. O mesmo sucede se das combinações resultarem inexoravelmente caraterísticas-tipo de candidatos anteriormente rejeitados. Em correspetiva, caso os atributos do cliente, satisfatoriamente semelhantes às de um outro grupo que historicamente cumprira integral e tempestivamente o crédito concedido, nessora o pedido será geralmente aceite[44].

A título exemplificativo, embora que hipotético: um cliente X, que apresente as características a, b, e c, poderá ser sujeito a uma decisão de recusa com recurso ao *scoring* no crédito que indique, com probabilidade superior a Y%, o não cumprimento das obrigações a que se encontra ou que passa(rá) a estar adstrito[45].

[40] Cf. Paulo Viegas De Carvalho – *op. cit.*, 2009, p. 134 e p. 138; e António Sarmento Batista – *Credit Scoring: Uma Metodologia de Gestão para a Prevenção e Redução do Crédito Malparado*, Tese de Doutoramento, Lisboa, ISCTE, 2009, p. 28; Raymond Anderson – *op. cit.*, 2007, pp. 460-462; e José Cruz – Crédito *Scoring*, InforBanca, Revista do IFB, 1996, p. 4.

[41] Cf. Noel Capon – "Credit Scoring Systems: A Critical Analysis... *supra*, p. 83.

[42] Cf. Hussein Abdou & John Pointon – "Credit scoring, statistical techniques and evaluation criteria .... *supra*, p. 63.

[43] Cit. Paulo Viegas De Carvalho – *op. cit.*, 2009, p. 202.

[44] Cf. Hussein Abdou & John Pointon – "Credit scoring, statistical techniques and evaluation criteria .... *supra*, p. 60-61.

[45] Cf. Cesar Analide & Diogo Morgado Rebelo – "A Inteligência Artificial na era *data-driven* ... *supra*, p. 74.

1.4.2. *Scorecard*

14. O modelo ou quadro de pontuação de desempenho no crédito (i.e., um *scorecard*) traduz, nos dias de hoje, não mais do que inferências não tradicionais e indutivas com traços descritivos e preditivos (e em algumas aplicações, prescritivas) extraídas de Sistemas de Suporte à Decisão (SSD)[46]. Expressam variáveis rotuladas ou catalogadas a uma ou a várias qualidades preditoras que os candidatos, direta ou indiretamente, evidenciam, designadamente quanto à sua capacidade e propensão para o cumprimento das obrigações[47]. O grupo de caraterísticas estatisticamente determinadas pro-

[46] Os Sistemas de Suporte à Decisão Inteligentes (*Decision Support Systems*, SSD), hoje sob denominação mais comum de sistemas *Business Intelligence* (BI), materializam estruturas lógicas de programação que compilam informação útil e conhecimentos especializados em sistemas de bases de dados (BDs), recorrendo, entre outras, a técnicas de IA para emitir recomendações auxiliares (senão mesmo substitutivas) da tomada de decisão, *in casu*, relativas à concessão de crédito. Cf. Maribel Yasmina Santos & Isabel Ramos – *Business Intelligence: da Informação ao Conhecimento*, Lisboa, FCA – Editora de Informática, Lisboa, 2017, pp. 78-79. Em particular, o objetivo central de um SSD aplicado a instituições financeiras é melhorar a qualidade, a rapidez e a eficácia das operações, especialmente no que diz respeito à tomada de decisões sobre aceitações ou recusas no crédito ao consumo.

[47] Preditores, (co-)variáveis ou caraterísticas são notações sinonímicas empregues em alusão ao conjunto de dados introduzidos nas entradas dos algoritmos ou dos modelos de aprendizagem automática. Cf. GIOVANNI SARTOR – The impact of the General Data Protection Regulation (GDPR) on artificial intelligence, EPRS Study, June 2020, p. 15; e Francisco Louzada; Anderson Ara & Guilherme Fernandes – "Classification methods applied to credit scoring: Systematic review and overall comparison". In: *Surveys in Operations Research and Management Science*, vol. 21, no. 2, 2016, p. 122. Acerca das variáveis comumente utilizadas no *scoring* de crédito, cf. Melissa Knutson – Credit Scoring Approaches, Guidelines Credit Scoring Approaches, Guidelines, World Bank Group, 2019, p. 3; Federico Ferretti – The Never-Ending European Credit Data Mess ... *supra*, pp. 15-16; Francisco Louzada; Anderson Ara & Guilherme Fernandes – "Classification methods applied to credit scoring ... *supra*, p. 118; Maria Rocha Sousa; João Gama & Elísio Brandão – "Introducing Time-Changing Economies into Credit Scoring ... *supra*, p. 1; Hussein Abdou & John Pointon – "Credit scoring, statistical techniques and evaluation criteria .... *supra*, pp. 60-61; Natasa Sarlija; Mirta Bensic & Marijana Zekic-Susac – "Comparison procedure of predicting the time default ... *supra*, p. 8779; Raymond Anderson – *op. cit.*, 2007, pp. 55-56; e Benton Gup, James Kolari & Donald Fraser – *Commercial banking: the management of risk*, New York, John Wiley & Sons, Inc., 2005, p. 508. Para efeitos do *scoring* no crédito ao consumo, importa, desde logo, diferenciar a variável endógena ou dependente – o *output*, aquela que se pretende explicar ou prever – das demais variáveis preditoras (ou explicativas). Estas, processadas que são nas entradas dos algoritmos ou dos modelos de aprendizagem, não só permitem prever acontecimento futuros, como também, em alguns casos, explicam a variação da propriedade endógena, a dependente. Cf. Paulo Viegas De Carvalho – *op.*

cit., 2009, p. 143. As propriedades atributivas, tanto explicativas como endógenas, podem apresentar-se em diferentes tipos, sendo a distinção mais clarividente aquela que as decompõe entre números e texto. Segundo António Sarmento Batista, seguindo a linha de raciocínio Raymond Anderson, cada caraterística explicativa é processada de acordo com as várias formas que comummente lhe são acopladas. Normalmente, as classificações aparecem quase sempre associadas a escalas, datas, variáveis ou caraterísticas. Assim, importa, numa primeira fase, destrinçar as variáveis categóricas (qualitativas) das numéricas (quantitativas). Como se intui da própria nomenclatura empregue, as primeiras correspondem àquelas que se encontram agrupadas por uma qualidade, tais como o género (masculino, feminino) ou nacionalidade (portuguesa, espanhola, americana, etc.), ao passo que as segundas exprimem quantificações estatísticas e podem ser usadas em cálculos matemáticos. As primeiras, de matriz categórica, subdividem-se ainda em binárias, ordinais e nominais. As variáveis binárias, ou dicotómicas, apresentam duas categorias possíveis, tais como, aceitação/rejeição, bom/mau. As de pendor ordinal indicam a posição relativa numa sequência, encontrando-se indexadas normalmente a vários graus de avaliação, como sejam, muito bom, bom, suficiente, negativo e fraco. Já as nominais representam tão-só categorias distintas, como nomes, situação profissional, estado civil, entre outros códigos (em formato de letras ou números), delas não se intuindo quaisquer relações de ordem ou prioridade. Por seu turno, também as variáveis numéricas podem ser decompostas quanto aos seus tratos contínuos, discretos ou cardinais, respetivamente. As contínuas ocorrem em séries ininterruptas com um número infinito de valores. Expressam números reais ou medidas, tais como pesos, tempo, distâncias ou temperatura. As discretas, diferentemente, expõem variáveis numéricas não contínuas. Estão associadas a números inteiros apresentados normalmente em sequência. As variáveis numéricas podem ainda ser representadas de forma cardinal, correspondendo a valores que se referem especificamente a contagens dentro de um conjunto. Cf. António Sarmento Batista – *op. cit.*, 2012, p. 148-149; e Raymond Anderson – *op. cit.*, 2007, pp. 269-270. Em áreas como o *scoring* de crédito, estes indicadores ajustam as classificações inerentes ao universo de discurso em que a operação se desenvolve, tais como: (a) o código – nominal -, ou seja, caracteres e números utilizados para designar categorias específicas; (b) a moeda – próxima de contínua – para quaisquer valores monetários; (c) a contagem – discreta – do número de ocorrências; (d) a rácio -contínua – enquanto resultado do quociente entre dois números; (e.) o tempo – discreta – a melhor ver, correspondente ao período que decorreu desde a última ocorrência de um dado evento, normalmente expresso em dias ou meses; (f), o *score* – próximo das contínuas – que, conforme de depreende, traduz um valor que indica a probabilidade futura de (in)cumprimento; e, por último, (g.) o grau na qualidade de pontuação, à exceção dos intervalos de *score*. Cf. António Sarmento Batista – *op. cit.*, 2012, p. 149-150; e Raymond Anderson – *op. cit.*, 2007, p. 270. Edward Lewis, na sua obra *Introduction to Credit Scoring*, publicada em 1992, diferencia ainda as caraterísticas convertidas das geradas. As primeiras resultam de uma única caraterística que seria inapropriada utilizá-la num *scorecard*, tal como a idade, talha esta passível de ser obtida pela diferença entre a data de referência e a data de nascimento. Já as caraterísticas geradas são aquelas obtidas pela combinação de duas ou mais caraterísticas, através de correlações via operações lógicas conjuntivas ('∩') ou disjuntivas ('∪'). Cf. António Sarmento Batista – *op. cit.*, 2012, p. 150.

porcionará, então, a segmentação das contas 'boas' e 'más'[48]. A intenção tem que ver, portanto, com a necessidade de definir e indexar um perfil de risco à clientela candidata, pois que deste entendimento basilar sobressairão as premissas para a modelização de *scorecards* com maior e melhor capacidade preditiva, também mais voláteis e menos vulneráveis a quaisquer mudanças que possam ocorrer[49].

No estágio preliminar de um *scorecard* individualizado, a cada atributo (ou melhor, a cada conjunto de caraterísticas iniciais individuais) é alocado um número de pontos, tomando em consideração vários fatores, tais como a robustez preditiva e a correlação[50]. A pontuação total do candidato traduzirá a soma das pontuações de cada propriedade presente na tabela de *scoring*. Os relatórios daqui derivados, consubstanciarão um auxílio à tomada de decisão, determinando, a título exemplificativo, que todas as candidaturas cujo *score* seja inferior a 150 pontos não serão aceites ou, alternativamente, aos candidatos com uma margem de 20 valores inferiores ao limiar de corte pré-definido, ser-lhes-á aplicada uma taxa de comissão mais elevada[51]. A informação plasmada nas tabelas de *scoring* de risco, quando concertada com outros fatores, tais como a taxa esperada de aprovação e o potencial de receitas geradas em cada nível, será numa fase ulterior aproveitada para a implementação de novas estratégias de gestão do risco de crédito, maximizadoras do lucro e minimizadoras dos custos fixos operacionais, *hoc sensu*[52].

Um *scorecard* primitivo, mais tradicional, pode ser aduzido a qualquer leigo enquanto série de declarações, como exemplificado abaixo, na Tabela1, *infra*, composta por um conjunto de características (apresentadas em linhas) e de atributos (apresentados em colunas). Assuma-se, portanto, que no preenchimento de um formulário de candidatura, as notações caraterísticas e atributos diferem. As caraterísticas correspondem a perguntas

[48] Cf. *idem, ibidem*, p. 52; e RAYMOND ANDERSON – *op. cit.*, 2007, p. 699.

[49] Cf. ANTÓNIO SARMENTO BATISTA – *op. cit.*, 2012, p. 172

[50] Para os devidos efeitos, em consonância com o considerando 50 da Proposta de Regulamento nrelativo à IA, a robusteza ou solidez técnica de um sistema de IA dita que estes "devem ser resistentes aos riscos associados às suas limitações (por exemplo, erros, falhas, incoerências, situações inesperadas), bem como a ações maliciosas suscetíveis de pôr em causa a segurança do sistema de IA e dar origem a comportamentos prejudiciais ou indesejáveis".

[51] Cf. ANTÓNIO SARMENTO BATISTA – *op. cit.*, 2012, p. 53.

[52] Cf. *ult. loc., cit.*

que apresentam um número finito de atributos assumidos como respostas correspondentes[53]. Nela, cada atributo corresponderá a um intervalo não sobreposto de números, ou conjunto de valores, e os pontos que se encontram indexados a esse atributo são considerados para cada evento verdadeiro. Os pontos serão então totalizados. Quanto maior for o total, menor é o risco de não cumprimento.

Tabela 1. Exemplo de um *scorecard* tradicional

Preditores	Atributos					Pontos
Período de residência no domicílio	< 3 anos 30	[1-6] anos 36	> 6 anos **38**		Em banco 38	**38**
Duração no último emprego	< 2 anos 30	[2-8] anos 39	[9-20] anos **43**	> 20 anos 64	Em branco	**43**
Contato telefónico	Sim 41				Não **30**	**30**
Conta bancária	Própria **41**				Outras 36	**41**
Instituição credora	Fidelização **49**	Outras 42				**49**
Cartão de Crédito	Viagens 75	Retalho 43			Em branco **43**	**43**
Infrações	Nenhuma **20**	1 -16	2 -30	3 -54		**20**
Créditos Anteriores	Nenhum **3**			Dívida saldada 36	Atrasos nos pagamentos -1	**3**

No exemplo da aplicação mais tradicional de um *scorecard, supra*, os atributos de um candidato hipotético encontram-se sinalizados a destacado, assim como os pontos concedidos em cada atributo. O somatório da pontuação final resultou num *score* de 267. O *cutoff* exato utilizado neste *scorecard* é desconhecido. Todavia, comumente, para os *scorecards* tradicionais o limiar convencionado é de 200, daqui se deduzindo que

[53] Cf. *idem, ibidem*, p. 72.

a candidatura em apreço teria sido aceite. Os *scorecards* mais tradicionais apresentam a vantagem de serem transparentes. Outros formatos, nomeadamente aqueles que se socorrem de técnicas de IA, têm sido impregnados em tarefas como o *scoring* de crédito, embora o seu êxito varie casuisticamente. Igualmente válidos, também eles denotam as suas vantagens e desvantagens[54].

2. Um 'Nada' da História Micro no *Scoring* do Crédito ao Consumo

2.1. Génese (1936-1959)

15. Enquanto a primeira instância do crédito remonta a cerca de 2000 A.C. e provém da antiga civilização babilónica, época na qual os agricultores já contraíam empréstimos para custear as plantações, restituindo, a título de contraprestação, a troca direta dos produtos das colheitas e juros sob a forma de sementes ou outras conveniências[55], a génesis do *scoring* de crédito só posiciona a sua existência *in vitro* no século XX, sobretudo a partir das décadas de 1930 e 1940[56]. Inobstante, desde as primeiras três décadas seculares anteriores que os gestores procuravam reconduzir os riscos destas operações a uma qualquer expressão numérica. Todavia, a ausência de utensílios computacionais habilitados para a análise de grandes quantidades de dados fizera com que todas estas tentativas fossem reputadas como inconclusivas[57]. Daí que o *background* científico ou seminal da avaliação no crédito tal-qual conjeturado nos tempos modernos reporte, primeiramente, a um estudo conduzido pelo pluridisciplinar matemático Ronald Aylmer Fisher, no ano de 1936[58]. Apesar de esta investigação primeira ser um tanto ou quanto dissonante da temática *scoring* prospetivo no crédito e de se ter debruçado na aplicação da função linear discriminante enquanto método de classificação de tarefas taxonómicas com base

[54] Cf. Raymond Anderson – *op. cit.*, 2007, p. 57.

[55] Cf. Raymond Anderson – *op. cit.*, 2007, p. 29; e Lyn Thomas, David Edelman & Jonathan Crock – *op. cit.*, 2002, p. 1.

[56] Cf. António Sarmento Batista – *op. cit.*, 2012, p. 24; e Lyn Thomas, David Edelman & Jonathan Crock – *op. cit.*, 2002, pp. 2-3.

[57] Cf. Hussein Abdou – *Credit scoring models for Egyptian banks: neural nets and genetic programming versus conventional techniques*, PhD Thesis, UK, University of Plymouth, 2009, p. 29.

[58] *Vide*, Ronald Fisher – "The use of multiple measurements in taxonomic problems". In: *Annals of eugenics*, vol. 7, n.º 2, 1936, pp. 179-188, *cit. in.* Melissa Knutson – Credit Scoring Approaches ... *supra*, p. 1; Raymond Anderson – *op. cit.*, 2007, p. 39; e Lyn Thomas, David Edelman & Jonathan Crock – *op. cit.*, 2002, p. 3.

em 150 amostras e 50 observações de três espécies da flor "*íris*"[59], só em 1941 o economista David Durand – a quem ainda hoje lhe é reconhecido o impulso terminológico principal do *scoring* estatístico para o crédito[60] – através de um estudo observacional profundo e pioneiro da tópica, se apercebera que esta mesma metodologia podia ser empregue em talhas como a categorização dos pretensos beneficiários do crédito quanto à sua 'boa' ou 'má' propensão para o cumprimento[61].

16. Durante o auge da Segunda Guerra Mundial, período este em que os analistas de crédito integraram as recrutas do serviço militar, Henry Wells, executivo da Spiegel Inc., configurara um primeiro método estatístico no *scoring* de crédito. Sem se poder socorrer do poder computacional e das técnicas de processamento hoje disponíveis, concebeu-o tão-só para facilitar a execução desta tarefa por parte dos quadros interinos de trabalhadores não tão experientes que não integraram as recrutas durante

[59] Essas observações consistiam, sucintamente, em registar o comprimento e largura das sépalas e das pétalas de cada uma das três espécies. Pois bem, este conjunto de dados permitiu a Fisher desenvolver a taxinomia baseada na função discriminante linear – v. desenvolvimentos, *infra* – esta que sinalizava a que espécie pertenceria uma determinada flor em função das caraterísticas que esta exibia. Cf. António Sarmento Batista – *op. cit.*, 2012, p. 24; e *idem* – *op. cit.*, 2009, pp. 29-30.

[60] Cf. Richard William Johnson – "Legal, social and economic issues in implementing scoring in the United States". In: *Readings in Credit Scoring: Foundations, developments, and aims* (cord. Lyn Thomas, David Edelman & Jonathan Crook), New York, Oxford University Press, 2004, p. 5.

[61] Cf. Melissa Knutson – Credit Scoring Approaches ... *supra*, p. 1; e Raymond Anderson – *op. cit.*, 2007, p. 39. O seu estudo examinou 7200 aplicações de crédito qualificadas pelo bom ou mau desempenho quanto ao cumprimento ou não cumprimento das prestações em 37 instituições bancárias, fazendo uso do teste do *Chi-quadrado* para sinalizar as categorias de dados utilizadas, relativas à idade, sexo, condições habitacionais e laborais, bem como principais ativos (ora reportando-se a informações acerca do estado das contas bancárias, bens imóveis, padrões de consumo, entre outros). Cf. David Durand – *Risk Elements in Consumer Instalment Financing: Technical Edition*, New York, National Bureau of Economy Research, 1941, pp. 19-20. A partir daqui, desenvolveu um "Índice de Eficiência", mostrando como os preditores elencados se encontravam habilitados a diferenciar os 'Bons' dos 'Maus' pagadores. Numa fase subsequente, fez uso da função discriminante para derivar modelos de *scoring* no crédito, cujas utilizações, à data, ainda não se destinavam à avaliação da clientela das instituições financeiras, antes a clientes do comércio retalhista. *Vide*, acerca do índice de Eficiência em especial, *idem, ibidem*, pp. 125-142, *ex vi* António Sarmento Batista – *op. cit.*, 2012, p. 24; e *idem* – *op. cit.*, 2009, p. 30.

o período de conflito[62]. Consubstanciado em técnicas estatísticas sólidas, este trabalho operacional constituiu a exceção ao infrutífero esforço aplicado até então em tarefas como a avaliação do perfil de risco da clientela[63].

17. Pese embora os constrangimentos geopolíticos e circunstanciais de conflito subjacentes, foi no período pós-II guerra mundial que o recurso a *scorecards* de apreciação subjetiva no crédito – o *scoring* de opinião – baseados sobretudo na experiência e no senso comum dos funcionários, abonou a alguma consistência destas operações, nesta que passara já a ser uma fase que prosperava indicar algum crescimento económico[64].

Findo o período de conflito, não demorou muito a que a clientela começasse a associar a automatização das decisões na concessão ou reavaliação de crédito ao conjunto de técnicas e modelos estatísticos derivados[65]. Em 1946, Eldon Wonderlic – presidente da Household Finance Corporation – fizera uso dos seus conhecimentos de estatística (granjeados até então através da sua formação prévia em psicologia), para desenvolver um guia com orientações práticas – o "*Credit Score Guide*" – tentativa esta que não vingaria tão--só porque não aceite pela empresa de serviços financeiros, embora tivessem sido provadas a sua adequação e eficácia[66]. Ora, neste período, surgiria a primeira agência de informações de crédito (doravante, sob referenciação *bureau* de crédito). Com escopo único direcionado para o *scoring* – na aceção automatizada que à época lhe podia ser consignada – foi fundada em São Francisco, nas pessoas do engenheiro Robert Bill Fair e do matemático Earl Isaac, em 1956, tendo-lhe sido atribuído o nome Fair, Isaac, Corporation (myFICO, inicialmente sob abreviação encurtada, FI)[67].

[62] Cf. António Sarmento Batista – *op. cit.*, 2012, pp. 24-25; e Hussein Abdou – *op. cit.*, 2009, p. 29.

[63] Cf. António Sarmento Batista – *op. cit.*, 2012, p. 25.

[64] Cf. Edwards Lewis – *An Introduction to Credit Scoring*, 2nd ed., San Rafael, CA, Athena Press, 1992, *cit. in.* Raymond Anderson – op. cit., 2007, p. 39.

[65] *Vide*, Eldon Wonderlic – "An analysis of factors in granting credit". In: *Indiana University Bulletin*, vol. 50, pp. 163-176, *cit. in* Lyn Thomas, David Edelman & Jonathan Crock – op. cit., 2002, p. 3.

[66] Cf. Richard William Johnson – "Legal, social and economic issues in implementing scoring in the United States ... *supra*, p. 6.

[67] Cf. *ult. loc. cit.*

2.2. Era da Automação (1960-1979)

18. Na era da automação, que compreendeu sensivelmente os anos de 1960 a 1979, o advento da computação não propiciara logo o sucesso almejado do *scoring* no crédito ao consumo. Por um lado, as pessoas exibiam uma tendencial aversão à introdução de modelos computadorizados no processo de concessão de crédito[68]. Aliada a esta resistência por parte da população, também os *scorecards* desenvolvidos até então evidenciavam já à data uma opacidade tal a ponto de os seus próprios criadores não entenderem as combinações intermédias que favoreciam a maior predominação de determinadas caraterísticas preditivas em detrimento de outras[69]. Apesar destas adversidades, a institucionalização de políticas mais garantes do emprego para os analistas de crédito – mormente através da aprovação do *Fair Credit Reporting Act* (FCRA), em 1970, e do *Equal Credit Opportunity Act* (ECOA), em 1974, ambos nos Estados Unidos da América (EUA) -, contribuíram para a adoção generalizada da estatística enquanto ferramenta de *scoring* no crédito bancário[70].

Sucede então que na conjuntura desta micro época o entrave que obstaculizava a introdução no mercado destes mecanismos não eram mais (ou melhor, não foram sempre) as pessoas, antes também o escasso poder de processamento dos computadores de grande porte. À data de 1963, o nível de maturação TRL da tecnologia de ponta IBM 7090 *mainframe* apenas se encontrava habilitado a correlacionar 25 variáveis de 600 candidatos, estimação esta que se afigura(va) ser manifestamente insuficiente para uma correta exatidão nos *scores* ainda maioritariamente descritivos[71].

Entretanto, a diminuição dos custos fixos operacionais, alicerçada na maior velocidade de processamento do *hardware* e no 'boom' concernente à maior procura dos cartões de crédito (como sejam, os produtos ou serviços Carte Blanche® e Master Change®, hoje, Mastercard, e o

[68] Cf. Noel Capon – "Credit scoring systems: A critical analysis ... *supra*, p. 90.

[69] Cf. James Myers & Edward Forot – "The development of numerical credit evaluation systems". In: *Journal of the American Statistical Association*, vol. 58, n.º 303, 1963, p. 800.

[70] Cf. Raymond Anderson – *op. cit.*, 2007, p. 41. Em particular, também nos EUA, importa realçar o papel que as políticas de recuperação económica do *New Deal*, implementadas pelo Presidente Franklin Roosevelt, entre 1933 e 1937, após a grande depressão da crise de 1929, tiveram quanto ao escalar da confiança dos cidadãos na procura exponencial de serviços de crédito ao consumo. Cf. António Sarmento Batista – *op. cit.*, 2012, p. 26.

[71] Cf. James Myers & Edward Forot – "The development of numerical credit evaluation systems" ... *supra*, pp. 802-803.

BankAmericard®, atualmente Visa), assentira uma oferta mais diversificada destes produtos de retalho, caso em que ao crédito automatizado passara a ser-lhe reconhecida a sua devida preponderância[72].

A partir da década de 70, "estavam lançadas as pistas por onde caminhariam novos desenvolvimentos, atingindo [o *scoring* de crédito] uma fase de rápida expansão, tanto nos EUA como na Europa"[73]. Em muito devido à exponencial procura destes serviços da banca de retalho, as técnicas de *scoring* automatizado – cujo processo decisório pressupunha ainda uma forte componente de intervenção humana, tanto *ex ante,* como *ex post* – alargaram o seu escopo material, integrando nessora em diante as modalidades de empréstimo pessoal, de facilidade a descoberto (quando do tipo renovável) ou de crédito automóvel[74].

Nesta altura, os empréstimos de consumo passaram, cada vez mais, a assumir a modalidade de crédito rotativo, sendo limitados por um determinado valor e concedidos por períodos indeterminados, substituindo, assim, a forma mais tradicional de pagamento faseado em prestações[75]. Por outro lado, também começava a esboçar-se um novo modelo de empréstimos *revolving,* materializado no recurso crescente aos cartões de crédito[76]. A amortização da dívida era feita mensalmente, dando lugar à faculdade de os devedores acederem a novos débitos, ao longo do mês, até um determinado limite previamente convencionado. Para o efeito, na época, prescindia-se da apresentação de dados pessoais, pelo que os modelos de *scoring* não continham informação atualizada. Assim, os limites de crédito eram fixados em função de (ou com base) no comportamento dos clientes aquando do vencimento das obrigações e de outras ilações opinativas[77].

Em todo o caso, os primeiros processos de *scoring* automatizados datam só do ano de 1972. Concebida pela prestigiada consultora de crédito internacional FICO, o *software*™ foi, numa fase inicial, encomendado e destinado diretamente às operações de crédito levadas a cabo por uma companhia norte-americana de capital aberto, a Wells Fargo[78], passando

[72] Cf. Hussein Abdou – *op. cit.*, 2009, p. 30; e Lyn Thomas, David Edelman & Jonathan Crock – op. cit., 2002, p. 3.

[73] Cit. António Sarmento Batista – *op. cit.*, 2012, p. 25.

[74] Cf. Raymond Anderson – *op. cit.*, 2007, p. 41.

[75] Cf. António Sarmento Batista – *op. cit.*, 2012, p. 25.

[76] Cf. *ult. loc. cit.*

[77] Cf. *ult. loc. cit.*

[78] Cf. Raymond Anderson – *op. cit.*, 2007, p. 41.

a operar enquanto *bureau* com capital próprio e um objeto social tão-só direcionado para a previsão da solvabilidade numa fase ulterior.

2.3. Período de Expansão (1980-1990)

19. Já a década que engloba os anos de 1980 a 1990 enceta um período de transição expansionista das práticas no crédito ao consumo. Neste mercado, em especial, verificou-se ainda uma maior massificação da procura dos cartões de crédito[79]. A rápida vulgarização e a disseminação destes substituíra as formas convencionais de apuramento do risco por métodos de análise estatística mais sofisticados. Estes tornaram-se disponíveis através dos progressos acelerados ocorridos em mecanismos computacionais, assim se fomentando a melhor monitorização e controlo do crédito por processos de 'robotização industrial'[80]. Em termos técnicos, o aumento do poder computacional, compaginado com as novas opções de conceção de *software* disponíveis, premeditara uma alteração das práticas ou das técnicas estatísticas impregnadas nos sistemas de *scoring*. Assim sendo, a opção pelos tradicionais métodos paramétricos como a Regressão Linear ou a Análise Discriminante Linear foram deixados para segundo plano, tendo passado a ser concedida primazia à aplicação de aproximações como a Regressão Logística, bem como de outras quatro de feição não paramétrica – v. desenvolvimentos, *infra* – como sejam, as Árvores de Decisão, as Redes Neuronais Artificiais, os Algoritmos Genéticos ou a Programação Linear Aplicada[81]. Face a este cenário, empresas tecnológicas começaram a investir no desenvolvimento de *software in--house* para a classificação dos beneficiários no crédito. Fizeram-no em busca do potencial maior lucro esperado.

Quanto à dinâmica do mercado empresarial, em 1987, sete analistas abandonaram os seus cargos no banco TSB (hoje, sociedade que integra a *holding* Lloyds, TSB) para constituírem a sociedade Scorelink, o 'braço' da avaliação de crédito no grupo Infolink. Infelizmente, esta parceria viria a desmoronar-se. Três dos parceiros inicialmente envolvidos abraçaram a visão estratégica da empresa Scorex UK, esta que viria a afirmar-se no mercado de crédito europeu e internacional, inicialmente em países como

[79] Cf. *idem, ibidem*, p. 42.

[80] Cf. António Sarmento Batista – *op. cit.*, 2012, pp. 27-28.

[81] Cf. Hussein Abdou – *op. cit.*, 2009, p. 29; e Raymond Anderson – *op. cit.*, 2007, p. 42.

a Grécia, a Itália e a França, expandindo o seu volume de negócios numa fase posterior para o mercado de crédito espanhol, da África do Sul e do Canadá. No ano de 1996, uma das maiores agências *bureau* ainda hoje a operar nos EUA, a Equifax, vendeu a totalidade da sua participação social no Scorex UK à CCN, celebrando um *joint-venture* de 50/50 para as sucursais dos outros países com um *timing* ou *deadline* de seis meses[82].

2.4. IA e *Scoring* (1990-1995)

20. De entre os anos de 1990 a 1995, o *scoring* de crédito foi introduzido em áreas outrora reservadas aos tradicionais sistemas de *scoring* de opinião. Este foi o período da história micro da avaliação no crédito que radicara na introdução de sistemas de IA[83].

Não obstante, neste intervalo de tempo, embora estes programas exteriorizassem uma maior rapidez e consistência no processo de subscrição, os seus níveis de exatidão ficavam ainda aquém do expetável. A automatização das práticas de apoio à decisão estagnara, porque desprovida de eficácia. Poucos eram ainda os *insights* quantitativos das classes iniciais a computar além do histórico de crédito. Neste aspeto, ajuíza-se que a qualidade dos *inputs* era insuficiente para traçar o caráter solvente a perfilhar, consecutivamente, influindo na maior imprecisão antecipatória da sua capacidade de reembolso[84]. Portanto, as técnicas de *scoring* dos anos 90 ainda desguarneciam os pretensos beneficiários com a intuição, qualidade humanística (sobre)valorada e que uma avaliação de pendor *judgemental* ocasionava. Com efeito, o potencial cliente apenas se dirigia a uma instituição de crédito ou sociedade financeira se os seus padrões de consumo fossem relativamente comedidos ou na hipótese de ter indexado à sua pessoa um histórico considerável, na maioria dos casos, devido à sua fidelização anterior e duradoura para com a própria instituição credora[85].

Ora, um dinamismo como este, vivificado pela dual inovação tecnológica e maior competitividade dos preços praticados, permitiu, mesmo assim, cristalizar a ousadia estratégica traduzida na densificação e amplia-

[82] Cf. *idem, ibidem*, pp. 42-43.

[83] Cf. Lyn Thomas, David Edelman & Jonathan Crock – *op. cit.*, 2002, p. 3; e William Makuch – "Scoring Applications". In: *Handbook of Credit Scoring* (cord. Elizabeth Mays), Chicago, Glenlake Publishing, 2001, p. 10.

[84] Cf. William Makuch – "Scoring Applications" ... *supra*, p. 10.

[85] Cf. Lyn Thomas, David Edelman & Jonathan Crock – *op. cit.*, 2002, p. 9.

ção da oferta de produtos ou linhas de crédito. Esta cresceu e passou a envolver o empréstimo de quantias baixas que ainda hoje são aprovados com o propósito de financiarem o fornecimento de bens e serviços pessoais, como viagens, a aquisição de computadores, eletrodomésticos, automóveis, o fornecimento de produtos de *stock*, entre outros[86].

2.5. Período antes- e pós-Basileia II (1996-2014)

21. Desde o começo da micro-história secular que a utilização de tecnologias de IA em tarefas como o *scoring* no crédito (ao consumo) tem proporcionado aos analistas das instituições financeiras classificar um maior número de aplicações ou pedidos de crédito em espaços de tempo encurtados.

Num inquérito realizado em 1996, o Sistema de Reserva Federal dos EUA indagara que cerca de 97% dos bancos faziam já uso dos métodos automatizados para a classificação dos pedidos de empréstimos em cartões de crédito[87]. Já o cenário europeu, ainda nos inícios do século XX, enquadrava-se num contexto mais procrastinado. Nos países-membros da OCDE (incluindo, Portugal e tantos outros Estados-Membros da UE), os bancos viriam a seguir uma abordagem proposta pelo Comité de Basileia, segundo a qual cada banco era encorajado a desenvolver o seu próprio modelo de pontuação interna[88].

22. A partir do ano de 2004, através do regulamento instituído no (ou pelo) convencionado como Acordo de Basileia II, que regula a atividade bancária, emitido pelo Comitê de Basileia para a Supervisão Bancária (CBSB), as instituições bancárias reforçaram os seus modelos internos de modo a se compaginarem com o Método Padrão e com os critérios de certificação *Internal Rating-Based* (IRB)[89].

[86] Cf. Raymond Anderson – *op. cit.*, 2007, p. 43.

[87] Cf. David West – "Neural network credit scoring models". In: *Computers & Operations Research*, vol. 27, no. 11-12, 2000, p. 1132; e Loretta Mester -"What's the point of credit scoring?" ... *supra*, p. 6

[88] Cf. Daniela Oliveira – *A Credit Scoring Model for the Portuguese Private Clients*, MSc. Internship Report, Porto: Faculty of Economics, University of Porto, 2018, p. 3.

[89] Cf. Maria Rocha Sousa; João Gama & Elísio Brandão, "Introducing Time-Changing Economies into Credit Scoring ... *supra*, p. 2. Em especial, o ponto 444 do Acordo de Basileia II dispõe que as notações internas e as estimativas de incumprimento ou de perdas devem desempenhar um papel essencial em operações bancárias como a aprovação

- Quanto ao primeiro, o Método Padrão, baseado em notações divulgadas por agências de *rating* externas competentes, dir-se-á que consiste, de um modo geral, na ponderação dos riscos em função do tipo de beneficiário e do grau de exposição[90].
- O segundo critério, concretizável em duas vertentes, concilia, por um lado – se relativo à IRB *Foundation* – a utilização de metodologias próprias relativas ao risco de incumprimento (*Probability of Default, PD*) e, quanto ao outro – relativo à IRB *Advanced* – assinte o recurso a estimativas de perdas relativas à não recuperação das dívidas (*Loss Given Default*). Para o efeito, as instituições bancárias teriam só de fazer prova em como cumpriam os mecanismos internos adotados, sendo, necessariamente, *compliants* com os três pilares do Acordo de Basileia II[91].

de crédito, na gestão de risco, na alocação interna de capital e na seleção dos modelos de governação empresarial que recorram à abordagem IRB. Todavia, sistemas de *scoring* concebidos e implementados exclusivamente para fins de certificação IRB não são reconhecidos enquanto tal para efeitos de certificação. Nesta cláusula em especial, admite-se, por certo, que os bancos não façam necessariamente uso das mesmas estimativas IRB ao nível interno. Por exemplo, quanto à fixação de preços, os modelos são suscetíveis de utilizar Probabilidades de Incumprimento ou Estimativas de Perdas relevantes para o ciclo de vida do produto de crédito. Verificando-se diferenças de entre os critérios estabelecidos nas políticas internas e os parâmetros de certificação, a instituição deverá documentá-las e fazer prova da sua razoabilidade ao respetivo supervisor macroeconómico. Cf. CBSB – International Convergence of Capital Measurement and Capital Standards: A Revised Framework, Basel, Switzerland Bank for International Settlements, 2004. Este ponto, em especial, concretiza o "teste de uso" do Acordo Basileia II. Nele se constata a exigência de os modelos de classificação do perfil solvente dos pretensos beneficiários do crédito serem utilizados na tomada de decisões quotidianas, e não consignados apenas para fins de certificação IRB.

[90] Cf. Paulo Alcarva- *Banca 4.0. Revolução Digital: Fintechs, blockchain, criptomoedas, robo-advisors e crowdfunding*, Coimbra, Actual Editora, 2018, p. 150.

[91] O Acordo Basileia II assenta, grosso modo em três pilares. O primeiro pilar (§§ 40-718) institui os requisitos mínimos de capital, neles se incluindo, além daqueles estabelecidos no Acordo Basileia I, os riscos de mercado e os riscos operacionais utilizados para o cálculo da rácio de solvabilidade dos bancos. Cf. Melissa Knutson – Credit Scoring Approaches, Guidelines ... *supra*, p. 5; e Patrícia Alves Pereira – *O Acordo de Basileia II – Gestão do Risco Operacional*, Dissertação de Mestrado, Porto: Instituto Superior de Contabilidade e Administração do Porto, 2015, p. 6. Os requisitos de capital mínimo baseados no Risco de Crédito, Risco de Mercado e Risco Operacional têm o propósito de: (1) reduzir o risco de insucesso através de uma maior proteção contra perdas; (2) permitir o acesso continuado aos mercados financeiros para satisfação das necessidades dos bancos; (3) proporcionar incentivos para a implementação de políticas de gestão de crédito prudentes. Cf. António Sarmento

Em particular, relativamente às operações de *scoring*, o Comitê de Basileia apenas recomenda, na seção 402 do Acordo, que os Bancos considerem três condutores de risco. Com efeito, além da definição do perfil de quem solicita empréstimo, importa considerar as caraterísticas de risco da transação – relativas ao produto ou a colaterais -, assim como a exposição ao risco de incumprimento[92]. Os Bancos encontram-se, desta forma, habilitados a avaliar, com os níveis de exatidão, solidez e transparência requeridos, os riscos globais de não cumprimento[93].

BATISTA – *op. cit.*, 2012, p. 365. "Os requisitos de capital são de extrema importância para a estabilidade financeira uma vez que, a um custo razoável, minimizam a possibilidade de falência no sistema bancário (...). Atuam essencialmente em duas vertentes: como uma plataforma de absorção de perdas para situações inesperadas e, quando devidamente concebidos, como um incentivo para a limitação do risco da atividade bancária". Cit. PAULO ANTÃO & ANA LACERDA – "Avaliação dos Requisitos de Capital sob Basileia II: o caso português". In: *Relatório de Estabilidade Financeira*, Banco de Portugal, Parte II, 2008, p. 207. O segundo pilar (§§ 719-807), por seu turno, contém regras relativas aos processos de revisão e supervisão qualitativa da adequação do capital, bem como provisões relativas aos processos de avaliação interna. Esta segunda componente permite aos supervisores a tomada de medidas precoces para evitarem que o capital da instituição fique aquém dos mínimos estabelecidos, caso em que na esfera dos corretores impenderá a obrigação de adotarem as medidas corretivas rápidas para restabelecer situações de exposição à inadimplência. O terceiro pilar (§§ 808-822) diz respeito ao uso eficaz da divulgação enquanto método de alavancagem e reforço da disciplina de mercado. Reconhece que a disciplina de mercado se encontra munida do potencial para reforçar os padrões mínimos de capital (Pilar 1) e efetivar processos de revisão e supervisão (Pilar 2). Cf. MELISSA KNUTSON – Credit Scoring Approaches, Guidelines ... *supra*, p. 5; PATRÍCIA ALVES PEREIRA – *op. cit.*, 2015, p. 6, e ANTÓNIO SARMENTO BATISTA – *op. cit.*, 2012, p. 365. Em suma, o Acordo de Basileia II promove o desenvolvimento de modelos internos de pontuação do risco na concessão de crédito (ao consumo) em três vertentes, a saber: (i) o cumprimento de requisitos mínimos para utilização da abordagem IRB; (ii) a validação do risco parâmetros; e (iii) a utilização de modelos-padrão para a carteira de (potenciais) clientes. Cf. NATASA SARLIJA; MIRTA BENSIC & MARIJANA ZEKIC-SUSAC – "Comparison procedure of predicting the time default ... *supra*, p. 8779

[92] Cf. ANTÓNIO SARMENTO BATISTA – *op. cit.*, 2012, p. 369.

[93] Cf. CBSB- Implementation of Basel II: Practical Considerations, Basel, Switzerland: Bank for International Settlements, 2004, p. 6. O cumprimento integral do Acordo Basileia II vem acrescido de desafios contemporâneos. Em primeiro lugar, espera-se que os modelos das instituições de crédito forneçam poder de previsão com elevados níveis de acuidade. Em segundo lugar, estes modelos de estimação deverão de coexistir com processos de revisão e supervisão, sendo, por isso, alvo de operações de controlo e documentação regulares. Com isto, anteveem-se melhorias contínuas nos processos de *scoring* do risco de crédito malparado. Além disto, estes processos deverão ser modificados de modo a proporcionarem uma maior granularidade e transparência, sendo certo que não poucos foram, são ou serão os casos em

Importa ainda clarificar que às instituições bancárias portadoras da acreditação IRB é-lhes reconhecida uma dupla vantagem competitiva. Eis que, além de beneficiarem de requisitos de capital mais baixos, é-lhes concedida a faculdade de utilizarem coeficientes mínimos para mensuração da exposição ao risco de crédito[94]. Por esse motivo, ainda hoje, mesmo os prestadores de serviço de crédito (ao consumo) que não se encontram adstritos a fazer jus às obrigações decorrentes do Acordo de Basileia II, porque não o subscreveram, começaram a optar pela utilização *in-house* de modelos analíticos para a *scoring* conformes aos requisitos IRB. E ainda hoje fazem-no por forma a melhorar a consistência e eficiência destes procedimentos, consecutivamente, reduzindo os custos operacionais e as perdas[95]. Pode, nesse sentido, asseverar-se que desde 2004, é crescendo e generalizado o uso de mecanismos de *scoring* automatizado, formal e materialmente conformes à creditação IRB, quer no âmbito da tomada de decisão de concessão dos empréstimos a particulares, como em termos das políticas internas de gestão do risco[96].

23. Entretanto, a conjuntura favorecera melhorias nos modelos *scorecard*, alargando o espectro das técnicas de DM e de ML passíveis de serem implementadas. Contudo, na altura, alguma era ainda a relutância concernente à aceitação dos modelos preditivos avançados que exteriorizavam já à data recomendações não-padrão (ou melhor, não intuitivas e não rastreáveis), como sucede, a título exemplificativo, com as soluções que eram proporcionadas pela FICO®[97], pelo Experian, pela Equifax, pela TransUnion, pela PwC ou até pela KPMG[98]. Também a recente crise económico-financeira

que os bancos exteriorizarão dificuldades em compaginarem-se com os critérios relativos à Probabilidade de Incumprimento ou com as Perdas de Exposição. Cf. RAYMOND ANDERSON – *op. cit.*, 2007, p. 648.

[94] Cf. MARIA ROCHA SOUSA; JOÃO GAMA & ELÍSIO BRANDÃO – "Introducing Time-Changing Economies into Credit Scoring ... *supra*, p. 2.

[95] Cf. MELISSA KNUTSON – Credit Scoring Approaches, Guidelines ... *supra*, p. 5.

[96] Cf. FRANCISCO LOUZADA; ANDERSON ARA & GUILHERME FERNANDES – "Classification methods applied to credit scoring ... *supra*, p. 118.

[97] Nos EUA, em 2018, cerca de 90% das decisões de crédito são tomadas com recurso ao modelo FICO® Score. Cf. FICO – Frequently asked questions about FICO® score: FICO® score, The score lender use, Open Access Credit Education, FICO® Score, 2013-2018, p. 2.

[98] Cf. MARIA ROCHA SOUSA; JOÃO GAMA & ELÍSIO BRANDÃO – "Introducing Time-Changing Economies into Credit Scoring ... *supra*, p. 2.

reforçara a resistência à adoção destas técnicas[99]. Nos anos de 2007 e 2008, a utilização de *scorecards* tradicionais, com recurso a modelos de prospeção estacionários e não talhados para a previsão, ainda era uma realidade causadora de verdadeiros entraves ao desenvolvimento e implementação de modelos de negócio *data-driven* no setor do crédito (ao consumo)[100].

24. Em Julho de 2014, a versão 9 das Normas Internacionais de Relato Financeiro (NIRF), convencionadas pelo Conselho Internacional de Normas de Contabilidade (CINC), estabeleceu um conjunto de disposições relativas ao uso de estimações de incumprimento quanto ao comportamento esperado no crédito e às abordagens a adotar diante perdas incorridas. Estes *standards* foram concebidos para fornecer uma abordagem de pontuação e medição do risco através da adoção de um modelo único prospetivo de imparidade para a área financeira, proporcionando uma simbiose aperfeiçoada entre contabilidade e risco de cobertura. De acordo com a NIRF 9, a abordagem prospetiva na concessão de crédito (ao consumo) revela-se fulcral para o cálculo da probabilidade de incumprimento, das perdas associadas e da exposição-padrão ao risco, parâmetros estes dos quais derivam as perdas totais relativas à concessão de crédito de uma instituição[101].

2.6. Era dos Dados (2014-idade contemporânea)

25. Desde meados de 2015 até aos dias de hoje, a indústria do crédito tem evoluído à medida que a sociedade adquire novos hábitos de consumo em ambiente eletrónico, exigindo novas e digitais respostas às suas reais necessidades. Atualmente, o estado da arte decisão no crédito ao consumo baseada em dados e em tecnologias de IA – portanto, figurado em contornos sociotécnicos também pela indústria 4.0.[102] -, demarca a junção dos méto-

[99] Cf. *idem, ibidem,* p. 3; e MARIA ROCHA SOUSA, JOÃO GAMA & ELÍSIO BRANDÃO – "A new dynamic modeling framework for credit risk assessment". In: *Expert Systems with Applications,* vol. 45, 2016, p. 341.

[100] Cf. MARIA ROCHA SOUSA; JOÃO GAMA & ELÍSIO BRANDÃO – "Introducing Time-Changing Economies into Credit Scoring ... *supra*, pp. 2-3.

[101] Cf. MELISSA KNUTSON – Credit Scoring Approaches, Guidelines ... *supra*, p. 5.

[102] A idiossincrasia associada à Quarta Revolução Industrial, promovida em 2011 como forma de modernizar as *smart factories* alemãs, num projeto que envolvia tanto indústrias, como universidades e a própria administração pública, é um fenómeno que alude mais propriamente a uma transformação revolucionária de paradigma sociotécnico do que a uma simples etapa

dos correntes de gestão (bancária) com os mais recentes desenvolvimentos das tecnologias de informação e comunicação[103], bem como a intromissão no mercado de novéis agentes económicos interessados – i.e., as *FinTech*[104].

No setor do crédito ao consumo, em especial, empresas como FriendlyScore, Lenddo, Tiaxa, Trusting Social, Lending Club, Prosper, SoFi, Zopa, Funding Circle, Alibaba (Credit Sesame), Prêt d'Union, Upstart, underwrite.ai, James – Credit Risk AI, ZestAI e Enova International têm assumido o *avant-gard* na disponibilização de produtos e serviços *data-driven* ao consumidor final[105]. Ora, este dinamismo vivificou recentemente a grande transformação que se tem vindo a registar nos serviços financeiros de crédito, sendo este mais um estímulo ou desafio que a banca

do progresso tecnológico: "não é definida por um conjunto de tecnologias emergentes em si mesmas, mas a transição em direção a novos sistemas que foram construídos sobre a infraestrutura das revoluções anteriores (...). Na essência, esta nova era rompe com o arquétipo de produção a que estamos habituados. Focando-se em novos processos e produtos proporcionados pela convergência crescente entre as Tecnologias da Informação e Comunicação, a Robótica (automação e sistemas autónomos) e a Biologia. Naturalmente as empresas, as pessoas e a sociedade carecem de se adaptar a um mundo que se pretende interligado, ágil, eficiente e (espera-se) mais inteligente", cit. PAULO NOVAIS & PEDRO MIGUEL FREITAS – Inteligência Artificial e regulação de algoritmos, Diálogos União Europeia, Brasil, 30 de maio de 2018, p. 12. Hoje, vivencia-se uma realidade tendente à "evolução para uma 'Sociedade XXI' que perfilha a Indústria 4.0. na interação constante pessoa-máquina em ambientes ubíquos e IoT. À falta de alma, um grande número de objetos 'nutrirá' uma inteligência própria, a dos agentes de *software*. E estes objetos estarão munidos da capacidade de comunicar entre si e de interagir com os agentes naturais, os seres humanos". Cit. CESAR ANALIDE & DIOGO MORGADO REBELO – "A Inteligência Artificial na era *data-driven* ... *supra*, p. 69.

[103] Cf. PAULO ALCARVA – *op. cit.*, 2018, cit., p. 15.

[104] Cf. The World Bank Group – Disruptive Technologies in the Credit Information Sharing Industry: Developments and Implications, Finance Competitiveness & Innovation Global Practice, FinTech Note: no. 3, 2019, pp. 19-20. A abreviação FinTech (*Financial Technologies*) refere-se ao conjunto de estruturas empresariais indutoras de inovações no setor financeiro, para os devidos efeitos, encontrando-se habilitadas à geração de novos modelos, aplicações ou produtos que impactuem materialmente nos mercados ou na prestação de serviços conexos. Cf. Comunicação da Comissão ao Parlamento Europeu, ao Conselho, ao Banco Central Europeu, ao Comité Económico e Social Europeu e ao Comité das Regiões – Plano de Ação para a Tecnologia Financeira: rumo a um setor financeiro europeu mais competitivo e inovador [COM(2018) 109 final], de 8 de agosto de 2018, p. 2.

[105] Cf. The World Bank Group – Disruptive Technologies in the Credit Information Sharing Industry ... *supra*, p. 20; FEDERICO FERRETTI & DANIELA VANDONE – *op. cit.*, 2019, p. 34; e MATTHEW BRUCKNER – "The Promise and Perils of Algorithmic Lenders". In: *Chicago-kent Law Review*, vol. 93, no. 1, 2018, p. 13.

de retalho enfrenta para se autorregenerar[106]. Neste que é considerado o "Momento Uber do setor financeiro"[107], só o desenvolvimento integrado de políticas bancárias de investimento em inovações assentes no arquétipo *in house management* ou o *outsourcing* de serviços tecnológicos[108] permitirá a criação de alternativas de negócio capazes de competir com as tendências de financiamento colaborativo *Peer-to-Peer Lending* (P2P), sobretudo na modalidade de empréstimo com escopo para consumo (*Peer-to-Consumer loan crowdfunding*)[109], ou até fazer face ao poderio das *FinTech Giants* – como a JP Morgan Chase, a Goldman Sachs, o Barclays, e até a *startup* Revolut[110]. Veja-se, a este propósito, o surgimento das alternativas de negócio Neobanking e Challenger banking, com os exemplos BNEXT, N26 e Wonga, respetivamente, os quais já oferecem uma experiência 100% digital à sua clientela[111].

Em Portugal, os produtos de crédito ao consumo em linha que são proporcionados ao consumidor final pelo Cetelem[112], pela Cofidis[113], pelo Banco

[106] Cf. PAULO ALCARVA – *op. cit.*, 2018, p. 35; FEDERICO FERRETTI & DANIELA VANDONE – *op. cit.*, 2019, p. 34; e MATTHEW BRUCKNER – "The Promise and Perils of Algorithmic Lenders ... *supra*, p. 13.

[107] Cit. expressão empregue por MADALENA PERESTRELO DE OLIVEIRA – "As recentes tendências da FinTech: disruptivas e colaborativas". In: *Fintech: desafios da tecnologia financeira* (coord. António Meneses Cordeiro, Ana Perestrelo de Oliveira & Diogo Pereira Duarte), 2º ed., Coimbra, Almedina, 2019, p. 73.

[108] Cf. DIOGO MORGADO REBELO; CESAR ANALIDE & JOANA COVELO DE ABREU – "O Mercado Único Digital e a '(leigo)ritmia' da pontuação de crédito na era da Inteligência Artificial ... *supra*, pp. 12-13.

[109] O *crowdfunding*, regulado pela Lei nº 102/2015, de 25 de agosto, que estabelece o Regime Jurídico do Financiamento Colaborativo, pode ser definido como "o processo de angariação de fundos, em pequenas tranches, junto de uma pluralidade de pessoas – singulares ou coletivas –, para financiamento ou refinanciamento de um projeto ou atividade comercial, através da internet". Cit. LUÍS ROQUETTE GERALDES & FRANCISCA SEARA CARDOSO – "Uma revolução chamada *crowdfunding*". In: *IV Congresso de Direito das Sociedades em Revista*, Lisboa, Almedina, 2016, p. 493.

[110] *Vide*, DIOGO MORGADO REBELO; CESAR ANALIDE & JOANA COVELO DE ABREU – "O Mercado Único Digital e a '(leigo)ritmia' da pontuação de crédito na era da Inteligência Artificial ... *supra*, pp. 6-13; e FEDERICO FERRETTI & DANIELA VANDONE – *op. cit.*, 2019, p. 142.

[111] Cf. PAULO ALCARVA – *op. cit.*, 2018, p. 8; e CARLOS MOURA – "FinTech e regulação no mercado bancário". In: *Fintech: desafios da tecnologia financeira* (coord. António Meneses Cordeiro, Ana Perestrelo de Oliveira & Diogo Pereira Duarte), 2º ed., Coimbra, Almedina, 2019, p. 23.

[112] *Vide*, Cetelem – A Marca do BNP Paribas Personal Finance. Disponível em https://www.cetelem.pt/sobre-o-cetelem. Consultado a 17 de janeiro de 2022.

[113] *Vide*, Cofidis Portugal – Conheça a Cofidis. Disponível em https://www.cofidis.pt/quem-somos/cofidis-portugal. Consultado a 17 de janeiro de 2022.

Credibom[114], pelo Unibanco[115], pelo WiZink Portugal[116], pelo Younited Credit[117], pelo Universo™[118], entre outros, parecem começar a mostrar os sinais de conformação dos seus modelos de negócio nesta que é uma dinâmica empresarial de constante transformação digital do Direito do Consumo.

Portanto, a atual conjuntura geradora de um mercado financeiro para o setor do crédito em especial, assente no modelo de negócio *Business to Consumer* (B2C)[119], aquele no qual a tecnologia se encontra omnipresente no quotidiano dos consumidores que, com a banca e as *FinTech*, firmam relações jurídico-comerciais, não mais se compagina tão-só com a realidade *web* ou Internet das Coisas (*Internet of Things*, IoT)[120], antes ainda com

[114] *Vide*, Banco Credibom, S.A. – Querm somos. Disponível em https://www.credibom.pt/institucional/quem-somos/. Consultado a 17 de janeiro de 2022.

[115] *Vide*, UNIBANCO – Unicre, Instituição Financeira de Crédito, S.A. – Cartões de Crédito e Soluções de Crédito. Disponível em https://www.unibanco.pt. Consultado a 17 de janeiro de 2022.

[116] *Vide*, WiZink Bank, S.A.U. Portugal – Sobre nós. Disponível em https://www.wizink.pt/public/sobre-nos. Consultado a 29 de janeiro de 2022.

[117] *Vide*, Younited Credit – Quem somos?. Disponível em https://pt.younited-credit.com/quem-somos. Consultado a 23 de março de 2022.

[118] *Vide*, Universo™ – Perguntas Frequentes. Disponível em https://universo.pt/perguntas-frequentes/?cat=financiamento&sub=credito-universo#o-que-e-o-credito-universo. Consultado a 26 de maio de 2022.

[119] No comércio eletrónico com escopo B2C, as empresas fazem uso da *World Wide Web* (*Web*) para fornecerem à sua clientela bens e serviços através de websites ou aplicações móveis. Cf. Zheng Qin – *Introduction to E-commerce*, New York, Springer-Verlag Berlin Heidelberg, 2009, p. 27. Ora, afigura-se que mercado do comércio eletrónico B2C expandiu-se rapidamente nos últimos tempos. Verifica-se cada vez mais que os internautas-consumidores pretendem efetuar compras em ambiente eletrónico financiadas por pedidos de empréstimo. Segundo um relatório conduzido pela consultora Deloitte em 2019, 16% das vendas a retalho no Reino Unido eram concretizadas através da Internet, enquanto em outros países europeus, como a Alemanha, a França e a Itália, a aquisição de bens e serviços online ficaram aquém das expetativas. Em todo o caso, à medida que se verifica um acréscimo do consumo em ambiente online, novas são oportunidades que propiciam uma simbiose destas duas experiências, uma vez que os consumidores abandonam a 'rua principal física' a favor de uma maior conveniência do comércio à distância através do telemóvel ou de outros canais digitais de venda. Assim se proporciona a institucionalização de vias inovadoras e a menor custo no mercado do crédito. Cf. Monitor Deloitte – The Future of Credit: a European perspective, 2019, p. 16.

[120] "A economia virtual não é apenas uma Internet das Coisas, mas antes uma fonte de ação inteligente externa aos trabalhadores humanos", cit. Paulo Alcarva – *op. cit.*, 2018, p. 32. A Internet das Coisas (*Internet of Things, IoT*) representa o processo de implementação conjunta de infraestruturas de rede ou equipamentos com capacidade de interligação de milhares ou até milhões de sensores em utensílios e locais comuns dos quais as pessoas fazem uso cor-

complementares fontes tecnológicas disruptivas que evidenciam cada vez mais a tomada de decisões (exclusivamente) automatizadas e, também elas, inteligentes.

Crê-se ser de realçar que o setor do crédito agregará, a curto ou médio prazo, desideratos decisórios alheios (quiçá, por completo) ao desempenho de funções por parte de trabalhadores humanos, também ábsonos da existência centralizada e funcional de pontos de venda a retalho e, em especial, contrários ao armazenamento em suporte manual das informações relativas aos clientes[121]. Hoje, as operações de financiamento no crédito ao

rente para finalidades várias. Estes engenhos físicos – dotados de programas eletrónicos ou informáticos interrelacionados – são concebidos para registar, tratar, armazenar e transferir megadados em ambientes dinâmicos. Cf., GT Art. 29º- Parecer 8/2014, sobre os recentes desenvolvimentos na Internet das Coisas, adotado em 16 de setembro de 2014 [WP 223], pp. 4-5. A tecnologia IoT transforma o dia-a-dia das pessoas no processamento de dados a velocidades incomensuráveis. Fazendo uso de mecanismos de deteção, transmissão e armazenamento inteligente via computação em nuvem (*cloud computing*), os sistemas IoT diferem dos mecanismos convencionais de ligação à rede, porquanto os equipamentos que os integram são configurados para a perceção, cognição, influência e controlo do mundo físico através de uma conexão isomérica entre um núcleo central e as redes terminais. Ora, na medida em que indexados a identificadores únicos, esta tecnologia encontra-se habilitada a interagir em tempo real com outros equipamentos (*Machine to Machine communication, M2M*) ou até mesmo com utilizadores humanos (*Man to Machine* ou *Machine to Human communication, M2H*). Estes mecanismos, grosso modo, unificam o mundo físico com a realidade virtual, tal qual percecionada pelo ser humano. Possuem capacidades amplas de ligação e de transmissão de bits de informação em tempo real, razão da sua associação defronte a terminologia "computação ubíqua" (*ubiquitous computing*). Cf. MIN CHEN; YIMING MIAO & IZTOK HUMAR – *OPNET IoT Simulation*, Singapore, Springer Nature, 2019, pp. 1-2. Ora, é unânime o entendimento de que tal tecnologia "constitui uma ameaça importante à privacidade, devido ao posicionamento de dispositivos conectados com espaços tradicionalmente protegidos e íntimos, com capacidade de extrair informações relativas a dados pessoais e de os transmitir". Cit. ALESSANDRA SILVEIRA & PEDRO FROUFE – "Do mercado interno à cidadania de direitos: a proteção de dados pessoais como a questão jusfundamental identittária dos nossos tempos". In: *Unio – EU Law Journal*, vol. 4, no. 2, 2018, p. 6. Ainda a propósito das tecnologias IoT: "um mercado e uma sociedade intensamente conectados são mais vulneráveis a ciberataques – o que prejudica a empresas de todas as dimensões e compromete a confiança na economia digital e nas instituições democráticas. Cit. *ult. loc. cit.*

121 "Não é surpreendente que esteja a ocorrer uma diminuição da presença física dos bancos, tanto em número de balcões, como de colaboradores. No conjunto dos países da União Europeia observou-se uma redução de cerca de 40 mil agências nos últimos cinco anos. No caso de colaboradores essa redução foi de 250 mil. No entanto, este processo (...) está longe de estar terminado, na medida em que têm sido anunciados pela generalidade dos bancos novos e expressivos ajustamentos nos próximos anos, em grande parte como resultado da evolução

consumo deixam cada vez mais o balcão físico e passam a estar online no 'bolso' dos consumidores a todo o momento, através das respetivas plataformas virtuais – i.e., nas *Apps* ou em *sítios web* –, sendo este o desiderato das novas linhas de crédito, envolvendo geralmente o empréstimo de quantias baixas e que descreve o epílogo do fenómeno *customer onboarding*[122].

3. Fundamentos do *Scoring*

26. Realidades como o crédito ao consumo pateteiam uma complexidade tal que é impossível serem perspetivadas tendo como base apenas uma lente. A avaliação de solvabilidade no crédito "é como o trabalho de um detetive policial, no qual existem muitas pistas, umas relevantes, outras não, que necessitam de ser devidamente ponderadas para se chegar a uma conclusão"[123]. Parece já ser intuível e poder adiantar-se que as informações concernentes à integridade e à situação patrimonial de cada cliente devam ser sempre suputadas na lista de potenciais variáveis explicativas que contribuam para inferir o risco de crédito. O que já não resulta tão claro é a forma como essas mesmas informações serão processadas. Atualmente, as inferências acerca da propensão e da capacidade de contrair empréstimos podem resultar tanto de indagações pessoais casuísticas como automáticas, caso em que, na última hipótese, tendo surgido nas últimas décadas do século XX, deva notar-se cada vez mais reportarem a técnicas dentro do espectro científico da IA. Ambas perscrutações comungam um

digital em curso". Cit. CARLOS MOURA – "FinTech e regulação no mercado bancário ... *supra*, p. 23. Cf. MATTHEW BRUCKNER – "The Promise and Perils of Algorithmic Lenders ... *supra*, pp. 11-12. "As tecnologias digitais criaram uma espécie de 'segunda economia' (para não lhe chamar impudicamente 'paralela'), virtual e autónoma, não assente em trabalhadores humanos auxiliados por meios tecnológicos, mas em algoritmos e máquinas da economia virtual. Os processos empresariais e financeiros estão a transformar-se em enormes bibliotecas de dados e funções inteligentes, que aumentam constantemente a produtividade e, pouco a pouco, estão a tornar as atividades humanas obsoletas". Cit. PAULO ALCARVA – *op. cit.*, 2018, p. 30. "Tudo isto é concretizado através da desmaterialização da banca convencional de balcão e suporte físico, que crescentemente passará a ser complementada pelas plataformas digitais", cit. *idem, ibidem*, p. 35. Cf. DIOGO MORGADO REBELO; CESAR ANALIDE & JOANA COVELO DE ABREU – "O Mercado Único Digital e a '(leigo)ritmia' da pontuação de crédito na era da Inteligência Artificial ... *supra*, p. 7.

[122] Cf. *idem, ibidem*, p. 16.

[123] Cit. PAULO VIEGAS DE CARVALHO – *op. cit.* 2009, p. 127, citando e traduzindo RICHARD BREALEY & STWART MYERS – *Principles of Corporate Finance*, 1st ed., New York, McGraw-Hill/Irwin, 1988, p. 729.

trato comum, ao qual já se aludiu anteriormente: "seja a avaliação do risco feita por processos tradicionais de julgamento humano, seja com base no *scoring*, as previsões futuras baseiam-se no conhecimento passado (...) [e] comparam os candidatos a crédito de hoje com a experiência obtida com os (...) precedentes"[124].

3.1. *Scoring* de 'Faro' (do Tipo *Judgemental*)

27. Ora, a conceção de um modelo de avaliação no crédito pode ser dada ao subjetivismo, típico das aproximações de *scoring* de opinião. Estas combinam "um conjunto de fatores selecionados e ponderados com base na experiência dos gestores de crédito, usando alguma arbitrariedade para traduzir em regras a política de crédito e os processos de decisão pretendidos"[125].

A maturação da tecnologia não ocasionara, pelo menos até então, o sumiço total das apreciações de tipo *judgemental*, nem tão-pouco daquelas outras *override*. Este tipo de decisão ocorre ainda hoje nos países em desenvolvimento ou até mesmo diante o surgimento de um novo credor no mercado do crédito, este que se vê confrontado com a inexistência de BDs próprias que lhe permitam induzir, com alguma exatidão, os perfis de risco[126]. Um processo do tipo *judgemental* (ou seja, de apreciação subjetiva, de opinião ou de 'puro faro') baseia-se, *lato sensu*, nas regras de experiência e no senso comum de um analista de crédito[127]. Nestas aproximações de avaliação pessoal, o analista pondera o candidato com base na experiência anterior. Se a candidatura se lhe afigura semelhante com outra(s) que obtiveram outrora um parecer favorável, então este considerá-la-á segundo os mesmos critérios[128]. Aqui, todas as informações deverão ser consideradas potencialmente valiosas, embora, pragmaticamente, se verifique que nem todas têm o mesmo poder preditivo[129].

[124] Cit. António Sarmento Batista – *op. cit.*, 2012, p. 27.

[125] Cit. Paulo Viegas De Carvalho – *op. cit.*, 2009, p. 204.

[126] Cf. Paulo Viegas De Carvalho – *op. cit.*, 2009, pp. 215-216.

[127] Cf. Hussein Abdou & John Pointon – "Credit scoring, statistical techniques and evaluation criteria .... *supra*, pp. 63-64.

[128] Cf. António Sarmento Batista – *op. cit.*, p. 27 e p. 40.

[129] Cf. *idem, ibidem*, p. 41. Neste tipo de abordagem, o analista parte comummente, ainda que inconscientemente, de pressuposições minimamente universais, nem sempre casuisticamente verificadas. Daí a necessidade de se verificar o preenchimento dos formulários – os quais devem ser o mais completo possíveis – e da veracidade das informações neles constantes, trâmite procedimental este que acarreta uma maior morosidade. A título exemplificativo,

A *praxis* tem optado pela utilização de critérios indutores de uma quantificação *subjetiva* em alusão aos fatores gerais 5 C's do *scoring* de crédito, como sejam:[130]

(1) Em primeiro lugar, os juízos subjetivos emitidos acerca do 'Carácter' exprimem a idoneidade e reputação acerca da intenção do cliente em fazer face aos compromissos assumidos. Com recurso a dados históricos, sobressairão experiências passadas de pagamento, quer junto do próprio credor ou até diante entidades terceiras. Também nestes termos, para tal avaliação, importará atestar a veracidade das informações prestadas, em caraterísticas como a situação profissional, a residência, o nível de educação ou até mesmo a estabilidade no emprego;

(2) A 'Capacidade' expõe a taxa de esforço potencial que o cliente exterioriza em cumprir as obrigações. Revela, de certa forma, o potencial do cliente em gerar meios financeiros que lhe permitam liquidar o crédito do qual pretende beneficiar, caso em que indicadores como rendimentos atuais ou potenciais, ou até as despesas revelam aqui ser de suma preponderância;

(3) O reduto do 'Capital', em terceiro lugar, intenta ponderar se o património líquido e outros recursos do consumidor se encontram disponíveis ou são suficientes para fazer jus à modalidade de crédito ao consumo;

(4) Pelo mais, a 'Colateralidade' visa intensificar a segurança quanto ao recebimento da dívida por parte do devedor, recorrendo a garantias como a fiança ou a outros fatores de redução de risco;

(5) Em quinto e último lugar, a categoria do 'Controlo' reporta às condições de adaptabilidade que o cliente exprime, do ponto de vista financeiro, perante alterações conjunturais macroeconómicas, estas que não lhe dizem diretamente respeito, mas que poderão influenciar o cumprimento futuro. A propósito deste postulado princi-

considera-se *a priori* que: (a) as pessoas solteiras terão, em princípio, menos dependentes do que as pessoas casadas; (b) os idosos têm uma maior estabilidade e duração no emprego do que a faixa etária dos jovens adultos; e, também, de entre outras, (c) que as pessoas que têm habitação própria, seguindo a lógica mundana, possuem rendimentos mais elevados do que os consumidores que residem em habitações arrendadas. Cf. *ult. loc. cit.*

130 Cf. Diogo Morgado Rebelo – "'On the way to look at Big Data as an asset for CWA 4.0. ... *supra*, p. 15.

piológico, o candidato deverá transparecer níveis de agilidade e flexibilidade suficientes, apresentando indícios em como é capaz de gerir potenciais aumentos nas taxas de juro ou eventuais reduções do seu nível salarial[131].

A maior limitação de todos os analistas de crédito que procurem apreciar subjetivamente um pedido de acesso ao crédito tem que ver com o facto de a sua avaliação ser circunscrita à informação de que dispõem sobre um novo candidato. Estas constam das propostas de adesão enquanto questionário respondido pelos consumidores, corroboradas numa fase ulterior pela comparação dos dados detidos (ou até fornecidos) pela instituição de crédito ou sociedade financeira à qual estes se encontram fidelizados ou mesmo através de outras fontes, nomeadamente as agências *bureau*[132]. Técnicas de apreciação mais tradicionais como esta, quando aplicadas exclusivamente, sobejam grande subjetividade, inconsistência ou até incoerência e, aliás, uma inconcebível arbitrariedade subjacente como base ou motivação para a tomada de decisão, ora bem, com potenciais discriminatórios (sub)conscientes acrescidos[133]. Portanto, não é concorde a ideia de os analis-

[131] Cf. Diogo Morgado Rebelo; Cesar Analide & Joana Covelo De Abreu – "O Mercado Único Digital e a '(leigo)ritmia' da pontuação de crédito na era da Inteligência Artificial ... *supra*, p. 22; Paulo Alcarva – *op. cit.*, 2018, cit., p. 15; FÁBIO SILVA – *Credit Scoring as an Asset for Decision Making in Intelligent Decision Support Systems*, Master's Thesis, Braga, University of Minho, School of Engineering, 2011, p. 14; Paulo Viegas De Carvalho – *op. cit.*, 2009, pp. 131-132; e Raymond Anderson – *op. cit.*, 2007, p. 7. *Vide*, Paul Bears, Richard Beck & Susan Spiegel – *Consumer Lending*, 7th ed., USA: American Bankers Association, 2013, pp. 244-253.

[132] Estas análises são efetuadas manualmente, caso a caso, pelo que a respetiva decisão deverá constar de uma ficha de crédito mantida num arquivo ou em BDs próprias. Desta ficha deverão constar: (i.) o nome do analista que apreciou o risco de crédito; (ii.) a identificação do consumidor; (iii.) uma sumária descrição da avaliação em causa; a decisão tomada; (iv.) bem como uma súmula dos fundamentos que subjazeram à tomada de posição quanto à concessão, designadamente os critérios informacionais atendidos. Tal sucede na medida em que o registo destas motivações, além de promover uma maior responsabilização dos analistas de crédito, revela-se indispensável para fundamentar, sempre que necessário ou solicitado em auditorias, cada decisão tomada. Cf. *idem, ibidem*, p. 40; e Paulo Viegas De Carvalho – *op. cit.*, 2009, p. 130.

[133] Cf. Diogo Morgado Rebelo – "On the way to look at Big Data as an asset for CWA 4.0'... *supra*, p. 8; Michelle Lee & Luciano Floridi – "Algorithmic fairness in mortgage lending: from absolute conditions to relational trade-offs". In: *Minds and Machines*, vol. 31, 2021, p. 168; Nizan Geslevich Packin & Yafit Lev-Aretz – "Learning algorithms and

tas averiguarem a informação recolhida na proposta de adesão em função da sua experiência individual ou função. Seguindo a linha de raciocínio desta abordagem, um analista atribuiria maior preponderância ao vencimento mensal do que à uração do vínculo laboral emprego atual. Outros adotariam opiniões e critérios distintos, pelo que, no *scoring* de opinião, a importância relativa que cada avaliação representava, para cada analista, também era de difícil explicação[134]. Mesmo as decisões de um analista, aquando tomadas em momentos diferentes, são deveras condicionadas pelos diferentes estados de espírito que, em cada circunstância, este profissional externe[135]. Aliás, em processos de *scoring* de opinião existem sempre condicionalismos externos que se sobreporão à decisão final, como sejam, o surgimento de um novo palpite ou pressentimento, o facto de o

discrimination". *In: Research Handbook on the Law of Artificial Intelligence* (eds. Woodrow Barfield and Ugo Pagallo), Massachusetts: Edward Elgar Publishing Limited, 2018, p. 100; FILIPPO RASO [*Et al.*] – Artificial Intelligence & Human Rights: Opportunities and risks, Berkman Klein Center for Internet & Society, Harvard University: Cambridge, MA, 2018, p. 27; MATTHEW BRUCKNER – "The Promise and Perils of Algorithmic Lenders ... *supra*, p. 23; FRED CATE [*Et al.*] – "Machine Learning with personal data: is data protection law smart enough to meet the challenge?". In: *International Data Privacy Law*, vol. 17, no 1, 2017, p. 2; Executive Office of the President Obama – Big Data: A Report on Algorithmic Systems, Opportunity, and Civil Rights, May 2016, p. 4; HUSSEIN ABDOU & JOHN POINTON – "Credit scoring, statistical techniques and evaluation criteria .... *supra*, pp. 61-62; DAVID HSIA – "Credit Scoring and the Equal Credit Opportunity Act". In: *Hastings Law Journal*, vol. 30. no. 2, 1978, p. 374; e GARY CHANDLER & JOHN COFFMAN – "A comparative analysis of empirical vs. judgmental credit evaluation". In: *Financial Review*, vol. 14, no. 4, 1979, pp. 15-26, *apud* ALI AMARI – *The credit evaluation process and the role of credit scoring: a case study of Qatar*, PhD Thesis, Dublin: University College Dublin, 2002, *cit. in.* HUSSEIN ABDOU & JOHN POINTON – "Credit scoring, statistical techniques and evaluation criteria .... *supra*, p. 61.

[134] Constituiu fonte de grande discordância e acesa controvérsia o facto de cada analista pelejar pelo seu ponto de vista subjetivo, fundamentado as análises em experiências anteriores, individualmente, diferentes. Aliás, estas diferenças perpetuavam-se e eram tão mais evidentes e óbvias quanto maior fosse a sua experiência profissional. Por exemplo, um analista que tenha trabalhado numa caixa de crédito agrícola, habituado a conceder crédito a pessoas que laboram no setor primário, terá uma experiência muito dissonante de um outro colega que exercera as mesmas funções num banco especializado em empréstimos ao consumo ou até para grandes empresas. Cf. ANTÓNIO SARMENTO BATISTA – *op. cit.*, 2012, p. 41.

[135] "É próprio do ser humano recorrer, muitas vezes, a componentes subjetivas para a tomada de decisões, o que é manifestado por palpites que dependem da visão periférica da mente em cada momento, mesmo quando se procuram adotar decisões inteiramente racionais, baseadas na compilação de dados acerca do assunto em questão". Cit. PAULO VIEGAS DE CARVALHO – *op. cit.*, 2009, p. 132.

tempo para a tomada de decisão estar a esgotar-se ou até numa suposta situação em que uma reflexão mais ponderada pode conduzir a uma solução dissonante da refletida inicialmente[136]. E mesmo na medida em que estas classificações de crédito tradicionais, *tout court,* possam encontrar-se dependentes do conjunto de informações prestadas pelos *bureau* de crédito, não raras eram as situações em que candidatos com ficheiros ou perfis menos completos – maioritariamente, pertencentes a grupos minoritários ou marginalizados – recebiam um *score* não indicativo do seu verdadeiro risco de incumprimento, sendo-lhes, consequentemente, totalmente vedado o acesso aos empréstimos[137].

Então, estes procedimentos de análise, com um pendor um tanto ou quanto manual, subjetivista, ainda que eventualmente pudessem beneficiar da experiência dos analistas de crédito, fazendo uso de diretrizes e orientações institucionais previamente maturadas num cogito meramente hipotético, padeciam (ou padecem) *per si* de falhas estruturantes, que inviabilizam muito a sua opção. Além da falta de exatidão na identificação dos candidatos aos quais lhe deveriam ser indexados rótulos de 'solvência' ou de 'não solvência', as políticas do *scoring* de opinião as mais das vezes eram (ou são) adotadas sem qualquer verificação empírica, sendo, por esse mesmo motivo, não fiáveis quanto aos resultados alcançados[138].

3.2. *Scoring* Automatizado (baseado em Tecnologias de IA)

28. Quanto à automatização das tarefas de *scoring* no crédito – sobretudo aquelas baseadas em tecnologias de IA – é unânime o entendimento das vantagens diante um cotejo com os métodos tradicionais do *scoring* de opinião:

- Primeiramente, pode afiançar-se que o processamento automático relativo à classificação dos (pretensos) beneficiários é mais rápido,

[136] Cf. *ult. loc. cit.*

[137] Cf. Filippo Raso [*Et al.*] – Artificial Intelligence & Human Rights ... *supra*, p. 27.

[138] Cf. Diogo Morgado Rebelo – "On the way to look at Big Data as an asset for CWA 4.0'... *supra*, pp. 7-8; Lyn Thomas, David Edelman & Jonathan Crock – *op. cit.*, 2002, p. 3; Naem Siddiqi – *Intelligent Credit Scoring: Building and Implementing Better Credit Risk Scorecards*, 2nd ed., New Jersey: John Wiley & Sons, Inc., 2017, pp. 251-252 e p. 314; e David Hsia – "Credit Scoring and the Equal Credit Opportunity Act ... *supra*, pp. 372-375.

menos dispendioso e mais eficaz do que as apreciações (ou decisões) totalmente subjetivas, consecutivamente, mitigando os riscos de perdas[139]. No caso do crédito ao consumo, os métodos de avaliação automática "permitem expressar, inequivocamente e em frações de segundo, o risco, por meio de um processo de conversão algébrica da pontuação atribuída a vários fatores explicativos num único indicador numérico"[140]. Com tudo isto, as instituições bancárias podem proporcionar a mais consumidores finais produtos e serviços de crédito com melhor qualidade[141];

- Em segundo lugar, e porque particularmente vocacionada para credores que tenham que gerir uma carteira composta por um elevado número de contrapartes, cujas dívidas correspondam tipicamente a montantes baixos, nas palavras de Paulo Viegas de Carvalho, "torna-se possível evitar encargos com pesadas estruturas de recursos humanos, em virtude de serem necessários menos analistas para avaliar o crédito e tomar decisões"[142]. No prisma do consumidor(-internauta), a implementação das técnicas automáticas escamoteia a necessidade de criação manual de uma ficha individual de crédito[143]. Também o aumento exponencial da informação que é disponibilizada em ambiente *web,* até mesmo via *mobile apps,* permitirá aos consumidores tomar decisões mais esclarecidas e infor-

[139] Cf. Diogo Morgado Rebelo – "On the way to look at Big Data as an asset for CWA 4.0. ... *supra*, p. 13; The World Bank Group – Disruptive Technologies in the Credit Information Sharing Industry ... *supra*, p. 11; BPI & Convington & Burling LLP – The Future of Credit Underwriting: Artificial Intelligence and its role in consumer credit, Artificial Intelligence White Paper, September 2019, p. 4; Hussein Abdou & John Pointon – "Credit scoring, statistical techniques and evaluation criteria .... *supra*, p. 63; Paulo Viegas De Carvalho – *op. cit.*, 2009, p. 133; Robert Avery [*Et al.*] – "Credit Scoring: Statistical Issues and Evidence from Credit-Bureau files". In: *Real Estate Economics*, vol. 28, no. 3, 2003, p. 546; e José Cruz – Crédito *Scoring*, ... *supra*, p. 6. *Vide*, no mesmo sentido, Paul Thompson – "Bank lending and environment: policies and opportunities". In: International Journal of Bank Marketing, vol. 16, no. 6, 1998, pp. 243-252.

[140] Cit. Paulo Viegas De Carvalho – *op. cit.*, 2009, p. 133.

[141] Cf. Matthew Bruckner – "The Promise and Perils of Algorithmic Lenders ... *supra*, p. 16; Hussein Abdou & John Pointon – "Credit scoring, statistical techniques and evaluation criteria .... *supra*, p. 61 e p. 64.

[142] Cit. Paulo Viegas De Carvalho – *op. cit.*, 2009, p. 133.

[143] Cf. *idem, ibidem*, p. 134.

madas acerca da instituição e do produto de crédito que melhor se adequa às suas reais necessidades e expetativas[144];

- Em terceiro lugar, em termos operacionais, enquanto o *scoring* automatizado requer o processamento de informação qualitativa ou nominal não tão detalhada para a tomada de decisão – na medida em que os paradigmas de programação são pré-definidos para suputar variáveis objetiváveis e correlacionadas, em maior ou menor medida, com o bom e mau desempenho no reembolso[145]- os *scores* de opinião não traduzem qualquer significância estatística e, portanto, em relação a estas metodologias não lhes são passíveis de serem aplicadas quaisquer técnicas de redução de caraterísticas em termos de dimensionalidade[146]. Também as amostras ou a variedade de *sets* processados de informação em tempo real são maiores e mais completos quando a classificação da solvabilidade no crédito é artificialmente inteligente e automatizada[147]. As apreciações subjetivas, por seu turno, não operam, *in toto,* à escala *big data,* contanto a complexidade dos correlatos envolvidos e a enorme amplitude das informações manipuladas em simultâneo, as mais das vezes certificadas por vários operadores, tornam insuscetível a qualquer cérebro humano estimar a probabilidade de incumprimento, pelo menos, nas mesmas circunstâncias de tempo, modo e acuidade[148]. Aliás, enquanto o *scoring* automatizado diz respeito ao histórico lícito reportado ou obtido tanto de clientes cumpridores como dos faltosos, nas apreciações puras ou subjetivas as ilações assumptivas são maioritaria-

[144] Cf. Ed Mierzwinski & Jeff Chester – "Selling Customers, Not Lists: The New World of Digital Decision-Making and the role of the Fair Credit Reporting Act". In: *Suffolk UL Rev.,* vol. 46, 2013, p. 850.

[145] Cf. Loretta Mester – "What's the point of credit scoring?" ... *supra,* p. 8.

[146] Cf. Hussein Abdou & John Pointon – "Credit scoring, statistical techniques and evaluation criteria .... *supra,* p. 61, referindo-se a Jonathan Crook – "Credit Scoring. an overview". In: *European Journal of Operational Research,* vol. 95, 1996, pp. 24-37.

[147] Cf. BPI & Convington & Burling LLP – The Future of Credit Underwriting ... *supra,* p. 5; Matthew Bruckner – "The Promise and Perils of Algorithmic Lenders ... *supra,* p. 11, anotação em rodapé nº 64; e Hussein Abdou & John Pointon – "Credit scoring, statistical techniques and evaluation criteria .... *supra,* p. 61

[148] Cf. *idem, ibidem,* p. 62. "Enquanto a mente humana é eficaz a descobrir variáveis importantes, já não é tão eficaz a identificar o modo como integrar de forma ótima a panóplia de informações avaliadas, situação que não acontece com a avaliação automática". Cit. Paulo Viegas De Carvalho – *op. cit.,* p. 134.

mente retiradas tão-só da clientela não cumpridora e anteriormente rotulada na qualidade de solvente[149]. Quando atualizados, os sistemas mais completos de classificação no crédito, baseados em técnicas de IA, na medida em que se socorram de dados alternativos, guarnecem o consumidor final com saídas mais exatas[150]. Estudos de caso noticiados recentemente de empresas tecnológicas que operam em mercados emergentes dos países em desenvolvimento têm revelado que aproximações baseadas na recolha de dados alternativos – alguns dos quais pressupondo mesmo o rastreamento da atividade por estas desencadeada *online* nas redes sociais – proporcionariam sugerir, até certo ponto, classificações mais inclusivas de grupos até então desfavorecidos no acesso ao crédito, afirmação esta que carece de ser corroborada por parte da comunidade académica. Esta até agora, tem sinalizado serem maiores os efeitos de exclusão do que propriamente o contrário[151].

[149] Cf. Hussein Abdou & John Pointon – "Credit scoring, statistical techniques and evaluation criteria .... *supra*, p. 61.

[150] Cf. Diogo Morgado Rebelo; Cesar Analide & Joana Covelo De Abreu – "O Mercado Único Digital e a '(leigo)ritmia' da pontuação de crédito na era da Inteligência Artificial ... *supra*, p. 29; BPI & Convington & Burling LLP, The Future of Credit Underwriting ... *supra*, p. 6; Matthew Bruckner – "The Promise and Perils of Algorithmic Lenders" ... *supra*, p. 18; e José Cruz – Crédito *Scoring* ... *supra*, p. 7.

[151] Para o The World Bank Group, o princípio da inclusão financeira apresenta a pragmática em como aos indivíduos lhes deve ser proporcionado o acesso a produtos e serviços financeiros úteis que satisfaçam as suas necessidades – ao nível de transações, pagamentos, poupanças, crédito e seguros – e que estes sejam entregues (ou prestados) de uma forma responsável e sustentável. Cf. The World Bank Group – Financial Inclusion, Overview, Context. Disponível em https://www.worldbank.org/en/topic/financialinclusion/overview-1. Consultado a 18 de janeiro de 2022. "As decisões da IA são frequentemente tão ou mais rigorosas que as dos humanos, e, com as devidas ressalvas, podem até ser menos preconceituosas (...). A IA pode ser mais eficaz na distribuição de recursos, na previsão de resultados e na recomendação de soluções" Cit. Henry Kissinger; Eric Schmidt & Daniel Huttenlocher – *op. cit.*, 2021, p. 184; e Diogo Morgado Rebelo; Cesar Analide & Joana Covelo De Abreu – "O Mercado Único Digital e a '(leigo)ritmia' da pontuação de crédito na era da Inteligência Artificial ... *supra*, p. 19. Por exemplo, na Índia, nas Filipinas, no Zimbabué e em Myanmar, a aplicação MyBucks Haraka faz uso de dados pessoais recolhidos dos telemóveis dos candidatos (como sejam, registos de chamadas, informações acerca da geolocalização, etc.), e rastreia a atividade destes utilizadores nas redes sociais para gerar a sua classificação de solvabilidade relativamente a produtos de crédito. Esta abordagem baseada na IA pode auxiliar os membros de grupos historicamente marginalizados, tais como mulheres e minorias étnicas, a ter acesso ao crédito, promovendo assim – aprioristicamente – a inclusão financeira

29. Como qualquer tecnologia ou ferramenta tecnológica, também os sistemas de *scoring* no crédito ao consumo, baseados em técnicas de IA, além das valências que potenciam – sobretudo no prisma da maior lucratividade e da melhor gestão do risco – despoletam, como contraponto, alguns óbices (in)transponíveis[152].

- Primeiramente, engane-se quem abispa que a avaliação de solvabilidade através do *scoring*, até pela sua incompletude científica típica do universo das probabilidades, almeja assegurar a qualidade e a correção plena da informação inferida (*misclassification effect*)[153]. Tanto que seria quase utópico afiançar-se que os cientistas dos dados manipulam inicialmente, sem qualquer margem de erro, todos os fatores que influenciam o cumprimento futuro das obrigações a que um candidato passará a estar adstrito. De qualquer forma, certo é que sempre melhor será o modelo preditivo cuja acuidade implique riscos minorados de perdas para a instituição financeira. Além do mais, muitas vezes, mecanismos como estes não suputam na equação classificativa, quer variáveis macroeconómicas – como sejam, impostos ou taxas – e muitos menos mensurarão indicadores imprevisíveis ou riscos morais, tais como, ganhos na lotaria, perdas de emprego, situações de divórcio, doenças ou falecimento de familiares, fatores estes passíveis de, por vezes, influenciarem em grande monta o cumprimento integral e tempestivo das obrigações[154];

e uma tutela reforçada do direito à igualdade. Cf. Penny Crosman – This lender is using AI to make loans through social media, American Banker, December 28, 2017. Também os primeiros resultados da Atikus Insurance sugerem que estas tecnologias avançadas podem potenciar uma maior inclusão financeira, sobretudo nos países em desenvolvimento, da região da África subsariana. Cf. Geri Stengel – How One Woman is Changing Business Lending in Africa, Forbes, January 14, 2015.

[152] Cf. Diogo Morgado Rebelo; Cesar Analide & Joana Covelo De Abreu – "O Mercado Único Digital e a '(leigo)ritmia' da pontuação de crédito na era da Inteligência Artificial ... *supra*, pp. 39-42; Filippo Raso [*Et al.*] – Artificial Intelligence & Human Rights ... *supra*, p. 29; e Comunicação da Comissão ao Parlamento Europeu, ao Conselho Europeu, ao Conselho, ao Comité Económico e Social Europeu e ao Comité das Regiões, Inteligência Artificial para a Europa [COM(2018) 237 final], de 25 de agosto de 2018, pp. 16-17.

[153] Cf. Ana Alves Leal – "Aspetos jurídicos da análise de dados na Internet (*big data analytics*) ... *supra*, p. 113, § 15; e Ethem Alpaydin – *op. cit.*, 2016, p. 48

[154] Cf. Diogo Morgado Rebelo – "On the way to look at Big Data as an asset for CWA 4.0. ... *supra*, pp. 12-13; Federico Ferretti & Daniela Vandone – *op. cit.*, 2019, p. 171 e

- Em segundo lugar, nem sempre as configurações algorítmicas impregnadas no treino e subsequentes validação e teste dos modelos de aprendizagem se encontram habilitadas ao tratamento neutro e objetivo das entradas[155], podendo, em última análise, a indução das saídas obedecer a critérios falaciosos, parciais e discriminatórios[156];

pp. 172-173; Iain Ramsay- *Consumer Law and Policy: Text and Materials on Regulating Consumer Markets*, 2nd ed., UK, Hart Publishing, 2012, pp. 578-580; e Nigel Balmer [*Et al.*] - "Worried sick: the experience of debt problems and their relationship with health, illness, and disability". In: *Social Policy and Society*, vol. 5, no. 1, pp. 39-51.

155 A Proposta de Regulamento relativo à IA define, no seu art. 3º, nº 32, dados de entrada como aqueles conjuntos "fornecidos a um sistema de IA, ou por eles obtidos diretamente, com base nos quais o sistema produz um resultado".

156 A rotulagem dos dados nas entradas, na delonga das simulações e aquando da fase de treino dos sistemas, por parte da equipa de programadores, consubstancia decisões-tipo indutoras da discriminação indireta refletida nas saídas, mesmo após a implementação final e colocação em serviço do sistema de *scoring* no mercado. Com efeito, daqui deduz-se que, não só os sistemas da IA efetivamente não se imunizam, *in toto,* da subjetividade humana – porque, *at least* – reproduzem os seus enviesamentos em larga escala, como as instituições de crédito e sociedades financeiras correm o risco de levarem a cabo modelizações erradas e abusivas, portanto, geradoras de inferências inexoravelmente (também elas) tendenciosas, consequentemente, daí advindo resultados discriminatórios em relação a determinados grupos sociais, mesmo aqueles não protegidos, *a priori.* Cf. Nizan Geslevich Packin & Yafit Lev-Aretz – "Learning algorithms and discrimination" ... *supra*, p. 101. Por exemplo, a prestadora de serviços de crédito ZestFinance (ou ZestAI) traduz certas variáveis contínuas (tais como o período de tempo médio despendido na leitura dos termos e condições dos seus *websites*) em valores categóricos inteiros (como sejam, 0, 1, ou 2). Ora, sendo este um processo intrinsecamente subjetivo, pode contribuir para introduzir preconceitos ou tendências explícitas ou implícitas – não intuitivas, por sinal – nos dados e consequentemente interferir nas saídas geradas, traduzíveis em recomendações quanto à "aceitação" ou "não aceitação". Cf. Filippo Raso [*Et al.*] – Artificial Intelligence & Human Rights ... *supra*, p. 30; Melissa Knutson – Credit Scoring Approaches, Guidelines ... *supra*, p. 27; e Mikella Hurley & Julius Adebayo – "Credit Scoring in the Era of Big Data". In: *Yale Journal of Law & Technology*, vol. 148, 2016, p. 178. Posto isto: "é necessária extrema prudência para evitar a discriminação ilegal e evitar visar uma pessoa ou um grupo de pessoas definido por referência à raça, cor, ou origem étnica ou social, características genéticas, língua, religião ou crença, opiniões políticas, nascimento, deficiência, idade, género, expressão de género, identidade de género, orientação sexual, estatuto de residente, saúde, pertença a uma minoria nacional, ou outras, que são muitas vezes alvo de definição de perfis". Cit. Parlamento Europeu – Relatório sobre as implicações dos grandes volumes de dados nos direitos fundamentais: privacidade, proteção de dados, não discriminação, segurança e aplicação da lei [2016/2225(INI)], de 20 de fevereiro de 2017, 13, designadamente, ponto 31. Cf. Ana Alves Leal -"Aspetos jurídicos da análise de dados na Internet (*big data analytics*) ... *supra*, p. 113, § 15; Frank Pasquale – *The Black Box Society: The Secret Algorithms that Control Money and Information*, Cambridge, MA,

Harvard University Press, 2015, p. 23; e Cathy O'Neil – *Weapons of Math Destruction, How Big Data Increases Inequality and Threatens Democracy*, 1st ed., New York, Crown Publishers, 2016, pp. 179-202. Recentemente, também o cartão de crédito AppleCard, fornecido ao consumidor final em parceria com a Goldman Sachs, foi alvo de uma investigação por parte do Departamento de Serviços Financeiros do Estado de Nova Iorque. Tamanhas suspeições surgiram após terem sido tecidas alegações na rede social Twitter, em novembro de 2019, indiciando que o sistema de concessão de crédito discriminava, de forma intencional e ilícita, os candidatos em razão do género, não só quanto à decisão, mas relativamente aos menores montantes mutuados, acusação esta que não viria a ser comprovada. Cf. NYSFS, Report on Apple Card Investigation, March 2021, p. 1 e p. 6. Na senda das políticas anti discriminatórias propugnadas pelo Código de Regulamentos Federais relativas à avaliação dos candidatos a crédito no ECOA, nos EUA, são duas as tipologias de diferenciação, de feição discriminatória ou descritiva, alternativamente, passíveis de serem verificadas para apuramento de responsabilidades no ato de classificação dos pedidos de crédito, a melhor ver: o tratamento diferencial (*disparate-treatment*) e o impacto diferenciado(*disparate-impact*). Quanto à primeira categoria, aquela que pressupõe o tratamento desigual, refere-se à utilização intencionalmente discriminatória de variáveis (tais como, o sexo ou a nacionalidade, *et alii*) nas decisões de empréstimo, sendo, consequentemente, ilícito. Cf. 12 CFR Part 1002 Supp. I Sec. 1002.4(a)-1; 12 CFR Part 1002 Supp. I Sec. 1002.4(a)-1. Já o impacto diferenciado, por seu turno, alude ao conjunto de políticas ou às práticas de empréstimo tendencialmente neutras que, em razão das contingências objetiváveis associadas, redundam em resultados um tanto ou quanto desfavoráveis para determinados membros pertencentes a classes sociais ou grupos etários desfavorecidos, ainda que a prática contestada não faça qualquer menção das caraterísticas sensíveis e mesmo que o impacto adverso não tenha sido intencional. Para legitimar e tornar lícitos estes procedimentos, importa é que a política implementada satisfaça uma necessidade comercial legítima que não pudesse ser razoavelmente alcançada por meios menos desproporcionais. Cf. 12 CFR Part 1002 Supp. I Sec. 1002.6(a)-2. Cf. Andrew Sandler & Kirk Jensen – "Disparate Impact in Fair Lending: A Theory without a Basis & the Law of Unintended Consequences". In: *Banking & Financial Services*, 2014; e NAMIC – Credit-Based Insurance Scoring: Separating Facts From Fallacies, Policy Briefing, 2009, p. 3. Ora, tendo levado a cabo auditorias, revisto e supervisionado tanto as políticas como as práticas conduzidas pelo sistema integrado no cartão de crédito da Apple, o Departamento de Serviços Financeiros do Estado de Nova Iorque concluíra que tanto os indivíduos do sexo masculino como os do sexo feminino beneficiavam de resultados equiparados, pelo que se julgou infundada a acusação. Cf. NYSFS – Report on Apple Card Investigation ... *supra*, pp. 5-6; e Leila Methnani [*Et al.*] – "Let Me Take Over: Variable Autonomy for Meaningful Human Control". In: *Frontiers in Artificial Intelligence*, vol. 4, article no. 737072, 2021 p. 6. Um exemplo ainda mais flagrante e gritante destes efeitos é o sistema de "classificação de crédito social" da China. Este mecanismo público gera um índice numérico que indexa a fiabilidade de um indivíduo com base num incomensurável número de *sets*, incluindo dados recolhidos dos meios de comunicação social, registos de detenções ou infrações, voluntariado, registos relativos à residência e hábitos quotidianos, entre tantos outros. Aqueles titulares com *scorings* de crédito social elevados usufruirão de regalias em termos de tributação e de condições de empréstimo mais favoráveis. Já aqueles com pontuações desfavoráveis serão interditos, a título exempli-

- Em terceiro, ajuizar-se-á que a classificação pontuada na qualidade de solvente de um pretenso ou de um atual beneficiário do crédito poderá ainda surtir um efeito descontextualizado do seu perfil[157]. Tal sucede na medida em que a aceitação reconduzir-se-á à necessária estandardização de padrões e hábitos de consumo, a tal ponto que às pessoas singulares lhes pode ser, ainda que indiretamente, imposta uma identidade heteroconstituída ou expropriada[158]. Adicionalmente, o processo lógico-inferencial à escala da IA em que a avaliação da solvabilidade no *credit scoring* opera vaticina tantas

ficativo, para aquisição bilhetes de avião ou títulos de comboio de alta velocidade. Embora relatórios pouco credíveis assinalem que a implementação de sistemas desta índole pode contribuir para a diminuição de práticas de corrupção e incentivar a adoção de boas práticas comportamentais quotidianas, não é difícil de apontar os efeitos discriminatórios daqui avindos, assim como a preterição da autodeterminação que na esfera de cada cidadão deve estar consagrada, pelo menos, em sociedades democráticas. Cf. Filippo Raso [*Et al.*] – Artificial Intelligence & Human Rights ... *supra*, pp. 30-31. Aliás, esta é a *ratio* para que, nos termos do art. 5º, nº 1, al. c) da Proposta de Regulamento relativo à IA, à luz do seu considerando 17, seja expressamente proibida "a colocação no mercado, a colocação em serviço ou a utilização de sistemas de IA por autoridades públicas ou em seu nome para efeitos de avaliação ou classificação da credibilidade de pessoas singulares durante um certo período com base no seu comportamento social ou em características de personalidade ou pessoais, conhecidas ou previsíveis, em que a classificação social conduz a uma das seguintes situações ou a ambas: i) tratamento prejudicial ou desfavorável de certas pessoas singulares ou grupos inteiros das mesmas em contextos sociais não relacionados com os contextos nos quais os dados foram originalmente gerados ou recolhidos; ii) tratamento prejudicial ou desfavorável de certas pessoas singulares ou grupos inteiros das mesmas que é injustificado e desproporcionado face ao seu comportamento social ou à gravidade do mesmo".

157 "O *homo digitalis* está cada vez mais presente em todos nós. Envolve-nos, captura-nos. O nosso quotidiano digitaliza-se rapidamente. Impõe-nos uma reorganização do padrão habitual de vida – ou a digitalização dos nossos processos de vida. Vivemos na realidade e em medida significativa, uma existência virtual (...). O real e o virtual embrincam-se na nossa vida corrente e as fronteiras entre uma e outra dimensão da nossa existência esbatem-se". Cit. Alessandra Silveira & Pedro Froufe – "Do mercado interno à cidadania de direitos: ... *supra*, p. 7 e p. 15.

158 "Porque qualquer um, sabendo-se vigiado, tem tendência a alterar o seu comportamento, os seus hábitos, refreia o seu discurso e opiniões (...)". Cit. Filipa Urbano Calvão – "O direito fundamental à proteção dos dados pessoais e a privacidade 40 anos depois". In: *Jornadas nos Quarenta anos da Constituição da República Portuguesa* (coord. Manuel Afonso Vaz, Catarina Sarmento, Luís Heleno Terrinha e Pedro Coutinho, Impacto e Evolução), Porto, Universidade Católica Editora, 2017, p. 96. Cf., também nesse sentido, Ed Mierzwinski & Jeff Chester – "Selling Customers, Not Lists ... *supra*, p. 850.

vezes análises preditivas *black-box*[159] radicadas num imbróglio de fraca transparência e de colossal opacidade decisória[160]. Nestas,

[159] Em termos técnicos, a terminologia caixa negra na IA reporta ao conjunto de cenários nos quais se verifica não ser possível rastrear os *data points* (ou antes, identificar a razão ou correlação causa-efeito) que esteve na origem da tomada de uma decisão (exclusivamente) automatizada, incluindo mesmo a inexistência de qualquer previsão antecipatória dos possíveis *outputs*. Cf. The World Bank Group, Disruptive Technologies in the Credit Information Sharing Industry ... *supra*, p. 11; GPAN IA – A Definition of AI: Main Capabilities and Scientific Disciplines ... *supra*, p. 6; Yavar Bathaee – "The Artificial Intelligence Black Box and The Failure of Intent and Causation". In: *Harvard Journal of Law & Technology*, vol. 31, no 2, 2018, p. 905; e Cédric Villani – For a Meaningful Artificial Intelligence: Towards a French and European Strategy, 2018, p. 114. A génesis da expressão remonta ao ano de 1991, na pessoa de Dean Pomerleau, ex professor de Robótica na universidade de Carnegie Mellon. Este cientista, à data investido na posição de aluno, aventurara-se a ensinar um computador a conduzir. Tamanho desafio a que se propôs consistia em fazer uso integrado de volantes incorporados em Veículos Automóveis Multifunção de Alta Mobilidade – a melhor ver, os HUMVEE, utilizados em missões militares americanas – e, consecutivamente, guiá-lo na cidade de Pittsburgh, estado americano da Pensilvânia. Com Pomerleau a assumir o controlo e a direção efetiva do veículo, o sistema ciberfísico encontrava-se habilitado a armazenar, a interpretar, a registar e a responder de acordo com os estímulos provenientes do meio estradal circundante, incluindo movimentos empreendidos por transeuntes, velocípedes e a posição geoespacial de outros veículos em circulação. Fazia-o com recurso a *hardware* próprio, como sejam, câmaras, sensores, dispositivos egomotion, LIDAR, etc. Pomerleau cristalizara em si (e bem) a expetativa de a máquina executar associações multíplices suficientes para concretizar uma lhana operação de condução quase autónoma. Em cada viagem, Pomerleau treinava o sistema durante alguns minutos, primando em fases ulteriores pela autonomização crescenda deste objeto. Um dia, aproximando-se de uma ponte – e tendo transitado o veículo já para um estado de condução automática – Pomerleau evitara por pouco a ocorrência de um sinistro, manuseando com astúcia o volante e retomando o controlo. Para compreender o que naquele *iter* temporal em especial falhara, o estudante teria de rastrear (ou melhor, 'abrir') a caixa negra previamente programada com recurso a técnicas de retro engenharia nas RNAs – v. *infra*, Capítulo II – um tipo de IA modelada por referência personificada ao processo neuro-sináptico do cérebro humano. Embora estes algoritmos de DM e ML se encontrem capacitados para lidarem melhor com tarefas computacionais em ambientes dinâmicos, não determinísticos e não estáticos – como sucede, com o universo de discurso na condução autónoma -, o processo era em si mesmo extremamente opaco. Cf. Davide Castelvecchi – "The Black Boxes of AI". In: *Nature*, vol. 538, October 2016, p. 21. Ora, os modelos *black-box* têm vindo cada vez mais a serem implementados em tarefas preditivas de contextos críticos (*high-stake*), como o do pedido de acesso ao crédito ao consumo. O perigo iminente destas aproximações tem que ver precisamente com a tomada, auxiliar ou substitutiva, de decisões automatizadas, que interferem na esfera jurídica do particular-cidadão, em algumas circunstâncias sem qualquer justificação ou legitimidade para o efeito. Cf. Alejandro Arrieta [*Et al.*] – "Explainable Artificial Intelligence (XAI): Concepts, taxonomies, opportunities and challenges toward responsible AI". In: *Fusion*, vol. 58, 2020, p. 83. Yavar Bathaee procede à distinção entre

"a maneira exata como [os] itens interagem não é nem rapidamente visível nem compreensível e é muito complexo determinar as suas

aproximações *Strong* e *Weak black-box*. Enquanto as primeiras – as caixas-pretas fortes- dizem respeito a processos de tomada de decisão ininteligíveis aos seres humanos na íntegra, em relação às segundas – a relativas às caixas pretas fracas – a ininteligibilidade graduar-se-á em alusão à sua parcial opacidade. Nas primeiras, a opacidade diz respeito, genericamente: (a) à não compreensão dos procedimentos de descrição, previsão ou prescrição; (b) à não determinação das caraterísticas relevantes para a tarefa computacional; e, por último, (c) à difícil consideração da preponderância destas na determinação das saídas correspondentes. Importa, para os devidos efeitos, fazer a ressalva de que a implementação de modelos de aprendizagem *Strong black-box*, como sucede com os métodos de *Deep Learning*, particularmente, não logra no todo a concretização de análises de engenharia reversa (*reverse-engineering*). Já as caixas pretas fracas beneficiam das aproximações de retro-engenharia, embora proporcionem débeis explicações acerca: (i.) da lógica subjacente e funcionalidade do sistema em concreto, numa perspetiva *ex post*; bem como sobre os (ii.) critérios e ponderações tidos em consideração numa concreta decisão. Ainda assim, as caixas negras fracas encontram-se sujeitas a consideráveis margens de erro. Cf. Diogo Morgado Rebelo; Cesar Analide & Joana Covelo De Abreu – "O Mercado Único Digital e a '(leigo)ritmia' da pontuação de crédito na era da Inteligência Artificial ... *supra*, p. 47, anotação em rodapé nº 125; e Yavar Bathaee, "The Artificial Intelligence Black Box ... *supra*, p. 906. Inobstante, a opacidade entendida tão-somente enquanto trato incompreensível consignado ao desempenho não previsível dos algoritmos ou dos modelos de aprendizagem reduz aquela que deve ser a semiologia que lhe deve estar relacionada, quer relativa à *praxis* empresarial, quer à forma como a tecnologia se relaciona com um individuo-médio (i.e., munido dos mínimos conhecimentos tecnológicos). Já, no ano de 2016, Jenna Burrel reconduzia a expressão *black-box* numa abordagem mais ampla, de feição social e ética mais completa, *hoc sensu*. Assim, primeiramente, a opacidade *black-box* traduziria a ocultação intencional dos modelos impregnados nas estruturas empresariais enquanto salvaguarda do seu segredo de negócio. Cf. Jenna Burrel – "How the machine 'thinks': Understanding opacity in machine learning algorithms". In: *Big Data & Society*, vol. 3, no. 1, 2016, p. 3. Num segundo plano, é irrefutável que a iliteracia digital corporiza um obstáculo para que o cidadão-médio entenda a lógica subjacente e as consequências passíveis de serem despoletadas por causa da implementação no mercado de um sistema de IA. Cf. *idem, ibidem*, p. 4. "*Today, the average consumer would need a Ph.D. in data mining and psychology to effectively navigate the financial landscape in the digital era*". Cit. Ed Mierzwinski & Jeff Chester – "Selling Customers, Not Lists: ... *supra*, p. 850-851. Por último, a opacidade, imbuída no funcionamento difuso das aplicações de IA, reconduz-se ao desajuste cognitivo entre as complexas operações matemáticas executadas pelas configurações algorítmico-modelares e o tipo de raciocínio desencadeado (ou tangível) pelos seres humanos. Cf. Jenna Burrel – "How the machine 'thinks': Understanding opacity in machine learning algorithms ... *supra*, p. 5. *Vide*, também no mesmo sentido, Manuel Carabantes – "Black-box artificial intelligence: an epistemological and critical analysis". In: *AI & Society*, vol. 35, no. 2, 2019, pp. 311.314.

160 "Os sistemas complexos de [IA] que estão a ser forjados não são apenas máquinas, pois aprendem a reconhecer padrões e a adotar estratégias que escapam à compreensão humana".

correlações"[161]. A melhor ver, não se concebe exequível estabelecer uma relação causa-efeito entre as entradas e as saídas dos algoritmos ou dos modelos de aprendizagem, nem sequer se perceciona a representação da informação (ou conhecimento) nas camadas intermédias (as *hidden layers*). Também o mote de aferição da lógica que subjaz à decisão concretamente inferida (os *outputs*) é ininteligível, tanto à equipa de programadores – algumas vezes, em função da insusceptibilidade de aplicação de técnicas de engenharia reversa -, como aos próprios utilizadores finais munidos de conhecimentos mínimos de literacia digital[162];

- Em domínios como a segurança é possível malparar-se a utilização criminosa de informações em ciberataques – relativos quer às entradas, quer aos modelos utilizados, ou até relativamente às saídas inferenciais – conduzidos por entidades terceiras sem legitimidade para tal, os intrusos[163];
- Por último, como seria expetável no âmbito da conceção, a implementação de mecanismos de avaliação automática no *scoring* de crédito não é destituída da necessidade de sobrepensar que o desenvolvimento e a configuração dos modelos de análise que lhes estão subjacentes não são imediatos nem gratuitos, pois requerem o dispêndio de

Cit. ALESSANDRA SILVEIRA & PEDRO FROUFE – "Do mercado interno à cidadania de direitos: ... *supra*, p. 13.

[161] Cf. ANTÓNIO SARMENTO BATISTA – *op. cit.*, 2012, p. 41.

[162] Cf. DIOGO MORGADO REBELO – "On the way to look at Big Data as an asset for CWA 4.0. ... *supra*, p. 17; DIOGO MORGADO REBELO; CESAR ANALIDE & JOANA COVELO DE ABREU – "O Mercado Único Digital e a '(leigo)ritmia' da pontuação de crédito na era da Inteligência Artificial ... *supra*, pp. 47-48; MELISSA KNUTSON – Credit Scoring Approaches, Guidelines ... *supra*, p. 21; e FRANK PASQUALE – *op. cit.*, 2015, p. 41.

[163] *Vide*, ALEJANDRO ARRIETA [*Et al.*] – "Explainable Artificial Intelligence (XAI): Concepts, taxonomies, opportunities and challenges toward responsible AI ... *supra*, p. 101; EMILIANO DE CRISTOFARO – An Overview of Privacy in Machine Learning, Alan Turing Institute, 2020, pp. 1-12; e MOHAMMAD AL-RUBAIE & MORRIS CHANG – "Privacy Preserving Machine Learning: Threats and Solutions": In: *IEEE*, 2018, pp. 1-17. Quanto às vantagens e desvantagens da implementação de técnicas de cifragem homomórfica nas RNA em tarefas como o *scoring* de crédito multi-agentício, *vide*, DIOGO MORGADO REBELO – "Do Cripto-esquema Homomórfico para a Classificação de Solvabilidade no Crédito ao Consumo à Engenharia do Direito, não Artificial: Homomorfismo Criptográfico num (ou para um) Sistema Multi-Agentício: Quid Juris? (From Homomorphic Crypto-Schema for Solvency Rating in Consumer Credit to the Engineering of Law, Not Artificial: Cryptographic Homomorphism in (or for) a Multi-Agent System: Quid Juris?)". In: *SSRN*, 2021, pp. 9-15.

tempo e de recursos[164]. Não sendo o seu desempenho também constante, deverá igualmente priorizar-se a implementação de um plano de monitorização para evitar a degradação do mesmo[165].

30. A fim ao cabo, por mais que lhes sejam os desafios ou as contrapartidas consignadas, as opções por tecnologias preditivas de IA no acesso ao crédito ao consumo continuam a ser as ferramentas de eleição dos prestadores de serviços. Já em 1996 o economista português José Cruz asseverara, num pequeno artigo publicado na revista InforBanca, que "o crédito *scoring* substitui com vantagem (...) os métodos tidos como tradicionais e denominados de 'julgamento' ou de 'faro' por parte de um banqueiro por um método baseado em análise estatística"[166]. Porque é "no sentido de minimizar os custos operacionais com as análises de crédito [que], o *scoring* de particulares, desenvolvido com informação suficiente em quantidade e qualidade, poderá ter como objetivo automatizar a 100% as decisões de concessão de crédito, especialmente quando o valor solicitado for baixo"[167]. Na perspetiva da clientela, o tratamento das suas informações com recurso a técnicas de IA, além de poder promover, até certo ponto, tratamentos mais neutros e igualitários por de entre determinados grupos de consumidores e uma aceleração do processo de tomada de decisão, conduz também a uma redução dos custos operacionais associados à análise das aplicações (*inclusive*, através da não cristalização nas suas esferas jurídicas da obrigação de custear, em acréscimo, as comissões de *dossier*)[168]. Com

[164] Cf. Maria Rocha Sousa; João Gama & Elísio Brandão – "Introducing Time--Changing Economies into Credit Scoring ... *supra*, p. 2; e Paulo Viegas De Carvalho – *op. cit.*, 2009, p. 134.

[165] Cf. *ult. loc. cit.*

[166] Cit. José Cruz – Crédito *Scoring* ... *supra*, p. 5.

[167] Cit. Paulo Viegas De Carvalho – *op. cit.*, 2009, p. 206. Note-se, para os devidos efeitos, em conformidade com o antedito, que as percentagens de intervenção adicional dos analistas de crédito tendem a ser maiores quanto mais expressivos forem os montantes abrangidos pelo empréstimo. Ora, é precisamente no crédito ao consumo, cuja contraparte se encontra investida na posição de pessoa singular e em que os valores de crédito são relativamente baixos, que os modelos de *scoring* têm registado maior êxito. Cf. *idem, ibidem*, p. 206, anotação em rodapé nº 2.

[168] Cf. Diogo Morgado Rebelo; Cesar Analide & Joana Covelo De Abreu – "O Mercado Único Digital e a '(leigo)ritmia' da pontuação de crédito na era da Inteligência Artificial ... *supra*, p. 27.

efeito, o emprego de métodos de classificação automática, também se pode revelar benéfico para as instituições de crédito e determinadas sociedades financeiras. Dir-se-á, por um lado, se o recurso a técnicas de IA no crédito viabiliza um decréscimo dos custos associados à classificação tendencialmente automatizada, por outro, estes métodos também consubstanciam a possibilidade de as instituições responsáveis pelos empréstimos tomarem decisões mais objetivas, mais racionais, tendencialmente mais inclusivas e mais esclarecidas antes de firmarem qualquer acordo[169].

3.3. Ser Humano e 'Números' num *Scoring* de Dois Mundos: as Decisões *Override*

31. Mais uma vez, reitera-se o facto de a maturação dos procedimentos matemáticos e estatísticos no *scoring* não ter ocasionado – pelo menos, até então – o desaparecimento total, pelo menos em termos formais, das avaliações baseadas na experiência e no senso comum, mesmo que adotadas sejam sobretudo a título complementar em decisões *override*, a melhor ver, de sobreposição ou prevalência de puro julgamento[170].

Quando conjugada a avaliação automática com a casuística, considerando que tipicamente a intervenção dos analistas de crédito sucede às recomendações extraídas dos SSD, algumas situações ocorrerão em que a indagação humana será contrária à apreciação automática, sobrepondo-se-lhe[171]. Hodiernamente, esta intervenção (suplementar, pelo menos, formalmente) dos analistas de crédito resume-se à revisão do histórico de crédito e à validação do *score* indexado ao candidato, procurando evitar que as quantias mutuadas sejam destinadas à prática de qualquer atividade fraudulenta[172]. A *ratio* desta interferência pode também basear-se tanto em *sets* de informação adicional não refletida nos modelos – como sucede, a título exemplificativo, com a aquisição de direitos sucessórios numa herança, o ganho de prémios na lotaria, ou até num último contato físico estabelecido com o cliente em que este forneça extratos financeiros

[169] Cf. *ult. loc. cit.*; e Hussein Abdou & John Pointon – "Credit scoring, statistical techniques and evaluation criteria .... *supra*, p. 62.

[170] Cf. José Vasconcelos – *op. cit.*, 2017, p. 48.

[171] Cf. António Sarmento Batista – *op. cit.*, 2012, p. 227. e Paulo Viegas De Carvalho – *op. cit.*, 2009, p. 134.

[172] Cf. Hussein Abdou – *op. cit.*, 2009, pp. 45-46.

mais detalhados – mas também pode ter como fundamento intuições simplesmente arbitrárias dos analistas[173].

Neste seguimento, são vários os fatores que, considerando os valores próximos acima (*high-score override*) ou aquém (*low-score overrirde*) do *cutoff* previamente determinado pela administração, poderão justificar uma atitude arbitrária, nem sempre legitimada, *a priori*, por parte do analista. Ainda assim, poucos serão os casos em que, apesar do modelo registar um *score* satisfatório, o analista opta por indeferir o pedido[174]. Sucede que a maioria das decisões *override* "atuam no sentido de se aceitarem candidaturas que tenham sido recusadas quando estas tiveram apenas como suporte a informação dada pelo *score*"[175]. Nestas situações prevalecentes, apesar de o *score* obtido pender para a não aceitação, o analista toma a decisão de contrariar a saída (o *output*), atribuindo o crédito (o *outcome*). Aqui, efetivamente, a aplicação de métodos subjetivos pode revelar-se vantajosa em termos qualitativos, sobretudo nas escassas situações em que o histórico de crédito é curto e a avaliação de solvabilidade apresenta um *score* muito próximo do *cutoff*[176]. Em 2007, Raymond Anderson asseverara que as aproximações de *judgemental scoring* podem, mesmo assim, ainda revelar ser de suma utilidade aquando da existência de relações de proximidade ou de confiança entre o credor e a clientela ou até mesmo em mercados de crédito *sub-prime* nos quais se verifica uma escassez de dados históricos, e consequentemente, de informação útil para a tomada de decisão[177]. O mesmo asserto se pode aplicar, *mutatis mutandis*, a determinados candidatos que possam usufruir de pontos adicionais durante um certo período

[173] Cf. Raymond Anderson – *op. cit.*, 2007, p. 459.

[174] Tal poderá eventualmente suceder: (a) quando o histórico de crédito evidencie maus indicadores de *performance* quanto ao cumprimento; (b) em razão de uma desacreditação da avaliação *bureau*, tão-só ou na medida em que o analista ajuíze e fundamente devidamente que determinados parâmetros de risco não hajam sido adequadamente mensurados casuisticamente; (c) quando o interveniente considere que a concessão de novos empréstimos acarreta taxas de esforço para o consumidor próximos de níveis de sustentabilidade reduzidos; ou ainda, (d) em termos colaterais, mesmo que prestadas garantias, o analista repute que o ativo subjacente será de difícil alienação e consequente irrealização por falta de liquidez. Cf. José Vasconcelos – *op. cit.*, 2017, p. 50; e Raymond Anderson – *op. cit.*, 2007, pp. 459-460.

[175] Cit. António Sarmento Batista – *op. cit.*, 2012, p. 228.

[176] Cf. Hussein Abdou & John Pointon – "Credit scoring, statistical techniques and evaluation criteria .... *supra*, p. 61.

[177] Cit. *idem, ibidem*, p. 64; e Raymond Anderson – *op. cit.*, 2007, p. 105.

promocional[178], a clientes 'V.I.P'[179]. ou até mesmo a colaboradores da instituição. Estes dois últimos, regra geral, usufruem de condições especiais de acesso, beneficiando por vezes de aprovações excecionais[180].

Face ao exposto, "as prevalências decisórias não deverão ser automáticas [i.e., nem dadas à discricionariedade, quanto mais à arbitrariedade], mas sim enquadradas em políticas escritas, devidamente explícitas, e não num recurso que possa ser aplicado subjetivamente por qualquer analista de crédito. (...) O importante a reter é o facto de se evitar que estas decisões sejam (...) tomadas sem o fundamento necessário"[181]. Até porque estas políticas institucionais traduzem, na *praxis* – e sem quaisquer rodeios – antes de tudo, acima de tudo e sobretudo, mais do que benesses a grupos desfavoráveis, estratégias de fidelização de clientes cujo estatuto peculiar expetável no futuro é do interesse '(i)legítimo' da instituição de crédito ou sociedade financeira[182].

Portanto, em última análise as subscrições mistas com familiaridades subjetivas podem lograr, ainda hoje, amparar melhores tratos preditivos em situações decisórias dúbias, mormente em tarefas computacionais aplicadas em ambientes não determinísticos e não estáticos, nos quais alguns indexantes primários não intuitivos (porventura, relevantes) ainda não são – ou antes, ainda não podem, por via legal– refletidos no treino dos algoritmos ou na validação e teste dos modelos de aprendizagem automática[183]. De qualquer das formas, pelas contraindicações acima referidas, ainda que

[178] A título exemplificativo, suponha-se que a administração admite que os estudantes de uma determinada instituição de ensino superior poderão trazer, num futuro próximo, bons resultados para o potencial credor, ainda que no hiato em que se processa a aplicação o seu *score* não o permita. Cf. António Sarmento Batista – *op. cit.*, 2012, p. 229.

[179] Dizem as práticas que um consumidor, investido na posição jurídica de gerente ou administrador de uma empresa que detenha uma conta naquela instituição bancária, movimentando quantias muito elevadas, ainda que os seus extratos de conta apresentem um saldo baixo ou até negativo, não será muito prudente a recusa de um crédito. Nestas circunstâncias, por regra, o bom senso imperará, ainda que o seu *score* se situe abaixo do *cutoff.* Cf. *ult. loc. cit.*

[180] Cf. José Vasconcelos – *op. cit.*, 2017, pp. 50-51; e Raymond Anderson – *op. cit.*, 2007, p. 460.

[181] Cit. António Sarmento Batista – *op. cit.*, 2012, p. 229 e p. 230, respetivamente.

[182] Cf. *idem, ibidem*, p. 229.

[183] Cf. Melissa Knutson – Credit Scoring Approaches, Guidelines ... supra, p. 16; Raymond Anderson – *op. cit.*, 2007 pp. 105-106; e Derek Bunn & George Wright – "Interaction of Judgmental and Statistical Forecasting Methods: issues & Analysis". In: *Management Science*, vol. 37, no. 5, 1991, p. 506. V. desenvolvimentos, *infra*, Capítulo II.

não devam ser totalmente abolidas – apesar de ser essa a tendência que a revolução digital parece convolar – estas prevalências antropocêntricas deverão ser cautelosamente controladas, caso em que pugnar-se-á, nesta senda, cada vez mais pela redução otimizada do excedente da arbitrariedade (ou melhor, dito de outra, da discricionariedade) disponível na esfera de atuação do analista de crédito[184].

4. Tipos

32. São vários os usos que a um produto de crédito podem ser consignados na delonga do seu ciclo de vida, embora, para os efeitos jusconsumeristas, nos detenhamos sobretudo nas práticas que subjazem a um pedido (de aumento) e subsequente classificação do pretenso beneficiário quanto ao seu perfil solvente ou não. Estes procedimentos, como vimos anteriormente, são elucidados enquanto "medida da capacidade de uma pessoa singular (...) traduzida por uma pontuação final (*score*) resultante da soma de pontuações parcelares dadas aos atributos de cada [indivíduo] que se candidata a crédito pela primeira vez (*scoring* de atribuição) ou a clientes com crédito rotativo (*scoring* comportamental)"[185].

4.1. *Scoring* de Atribuição

33. Os pedidos de acesso ao crédito com matriz de atribuição ou aceitação (*application scoring*), cuja génese remonta sensivelmente aos anos 60 do século XX, na sua essência estática, procuram ponderar informações de pedidos consentâneos em função do risco de incumprimento esperado[186]. Esta dirige-se a candidatos cujo histórico de crédito na instituição é muitas vezes inexistente, ou até nulo, e que pretendem recorrer a crédito pela primeira vez[187]. Assim, o *scoring* de atribuição revela ser um primeiro método auxiliar tão-só para (potenciais) credores que depositem mais confiança

[184] Cf. António Sarmento Batista – *op. cit.*, 2012, p. 229; e Raymond Anderson – *op. cit.*, 2007, p. 459.

[185] Cit. António Sarmento Batista – *op. cit.*, 2012, p. 16.

[186] Cf. Lyn Thomas; Joseph Ho & William Scherer – "Time will tell: behavioural scoring and the dynamics of consumer credit assessment". In: *IMA Journal of Management Mathematics*, vol. 12, no. 1, 2001, p. 89; e David Hand – "Modelling consumer credit risk". In: *IMA Journal of Management Mathematics*, vol. 12, no. 2, 2001, pp. 141-142.

[187] Cf. Lai Hui; Shuai Li & Zhou Zougfang – "The Model and Empirical Research of Application Scoring based on Data Mining Methods". In: *Procedia Computer Science*, vol. 17, 2013, p. 911 e p. 913; e António Sarmento Batista – *op. cit.*, 2012, p. 39.

numas candidaturas em detrimento doutras, atribuição esta que carece da obtenção de *scores* elevados, portanto, elucidativos da real capacidade do beneficiário em cobrir as despesas advindas do crédito[188]. Tal como a própria nomenclatura indica, a determinação do risco reporta a um momento único que precede a decisão de aceitação ou de recusa, caso em que esta tipologia deverá, sempre que possível, ser complementada com outras. De qualquer forma, as variáveis sociodemográficas, profissionais e financeiras que integram o cômputo da equação aplicacional possibilitam quantificar, desde logo, o risco de incumprimento e tomar decisões que influenciarão a assunção de algumas obrigações a cumprir durante a vigência do crédito[189]. Aqui, compreender-se-ão tanto as opções de *pricing* como a determinação dos valores das prestações e do bem a financiar, a montante da entrada inicial, assim como o respetivo prazo a clausular. Nesta modalidade também se define o segmento do risco e estabelecem-se os limites aplicáveis ao crédito[190].

4.2. *Scoring* Comportamental

34. Nos finais da década de 60, a *Fair Isac Coorporation* desenvolveu a metodologia de *scoring* comportamental (*Behavioural*) que permite "a monitorização periódica [e, consequentemente, mais atualizada] do risco de carteiras de crédito compostas por milhares de clientes"[191].

Esta aproximação abrange os mesmos princípios que o *scoring* de atribuição, com a particularidade de o analista passar a ter em sua posse mais evidências históricas sobre o cumprimento do devedor após a tomada do produto de empréstimo[192]. O objetivo é "determinar, a partir dos dados conhecidos num certo período de tempo, qual é o risco de um indivíduo entrar em incumprimento num período posterior"[193]. Verifica-se uma

[188] Cf. Robert Avery [*Et al.*] – "Credit risk, credit scoring and the performance of home mortgages". In: *Fed. Res. Bull*, vol. 82, 1996, p. 629.

[189] V. desenvolvimentos, *infra*, Capítulo II.

[190] Cf. Paulo Viegas De Carvalho – *op. cit.*, 2009, pp. 208- 211.

[191] Cit. *idem, ibidem*, p. 212. Cf. António Sarmento Batista – *op. cit.*, 2012, p. 237.

[192] Cf. *ult. loc. cit.*; Xiao-Lin Li & Yu Zhang – "An overview of personal credit scoring: techniques and future work". In: *International Journal of Intelligence Science*, vol. 2, 2012, p. 187; Jonathan Crook; David Edelman & Lyn Thomas – "Recent developments in consumer credit risk assessment ... *supra*, p. 1463; e Lyn Thomas; Joseph Ho & William Scherer -"Time will tell: behavioural scoring and the dynamics of consumer credit assessment ... *supra*, p. 89.

[193] Cit. António Sarmento Batista – *op. cit.*, 2012, p. 237.

padronização mais dinâmica dos hábitos financeiros, no âmbito da reavaliação do risco de crédito rotativo, e também, designadamente, aquando de eventuais pedidos de aumento das quantias emprestadas[194]. Esta abordagem pode ser enquadrada em processos puros ou mais latos de apreciação. Enquanto um sistema de *scoring* comportamental puro somente terá em consideração a *performance* do devedor quanto ao cumprimento das obrigações a que este se encontra adstrito na sequência do acordo (*inclusive*, através da verificação dos relatórios mensais provindos das agências *bureau*), outros há, *lato sensu*, que computam na avaliação variáveis pessoais como a idade, duração do contrato, tempo de fidelização, código postal, assim como outros traços comportamentais[195].

Como contrapartida, um dos maiores problemas que se verificam na construção de modelos de *scoring* comportamental tem que ver o facto de apenas as contas aceites no passado possuírem dados de desempenho[196]. Da inferência de recusados só se possuirão – caso se assuma o exercício do direito ao apagamento por parte dos titulares dos dados, v. desenvolvimento, *infra*, Capítulo IV[197] – *maxime*, as caraterísticas que estes hajam preenchido nos formulários de adesão, o que conduz a enviesamentos ou *missings* observacionais consideráveis na amostra – v. desenvolvimentos, *infra*, Capítulo II[198]. David Hand e William Henley, num estudo publicado em 1993, concluíram que esta dilemática é inultrapassável[199]. Poderia, contudo, ser parcialmente colmatada na hipótese de as instituições de crédito ou determinadas sociedades financeiras aceitarem qualquer candidato inicialmente, por um determinado período, de forma a conceberem um *scorecard* por referência a uma amostra não tão enviesada[200]. Esta

194 Cf. *ult. loc. cit*; e Paulo Viegas De Carvalho – *op. cit.*, 2009, p. 208; e Xiao-Lin Li & Yu Zhang – "An overview of personal credit scoring ... *supra*, p. 187.

195 Cf. *idem, ibidem*, p. 91. Cf. Paulo Viegas De Carvalho – *op. cit.*, 2009, p. 213.

196 Cf. Holger Kraft; Gerald Kroisandt & Marlene Müller – Assessing the discriminatory power of credit scores, SFB 373 Discussion Paper, 2002, p. 4.

197 V. desenvolvimentos, *infra*, Capítulo IV.

198 Cf. António Sarmento Batista – *op. cit.*, 2012, p. 175; Lyn Thomas, David Edelman & Jonathan Crock – *op. cit.*, 2002, pp. 141-144.

199 Cf. António Sarmento Batista – *op. cit.*, 2012, p. 71; e David Hand & William Henley – "Can reject inference ever work?". In: *IMA Journal of Management Mathematics*, vol. 5, no. 1, 1993, p. 55.

200 Cf. António Sarmento Batista – *op. cit.*, 2012, p. 71; e David Hand & William Henley – "Can reject inference ever work?" ... *supra*, pp. 51-52.

possibilidade acarretaria com certeza custos operacionais irrecuperáveis, desde logo, porque alguns clientes seriam aceites na pressuposição do não cumprimento integral. Trata-se, a fim ao cabo, de um *trade-off* a perscrutar devidamente entre o custo associado à aceitação de maus candidatos e a maior fiabilidade dos modelos de *scoring* comportamental.

De qualquer forma, as aproximações comportamentais evidenciam *performances* preditivas mais eficazes e com maiores níveis de acuidade do que aquelas conseguidas pelo *scoring* de aceitação, tanto que, por exemplo, a agregação das transações tal-qual plasmadas nos extratos das contas bancárias dos clientes traduz, a primeiro perspetivar, um acréscimo informacional valioso e, consequentemente, uma otimização da tarefa (automatizada) à medida do consumidor (*Customer Score*)[201].

Dir-se-á ser este um estágio ulterior e complementar àquele que transige uma primeira iniciativa do potencial cliente, não a substituindo, *in toto,* embora melhor considere "a dinâmica da relação (...) do cliente com o credor, em particular, a intensidade do comportamento recente"[202]. Assim, o *scoring comportamental,* além de funcionalizar uma configuração mais atualizada e credível da avaliação preditiva do risco, possibilita ainda efetuar adaptações mais corretas, robustas e complementares nos modelos de aprovação *ante* executados na fase pré-contratual[203]. Com um âmbito operacional mais extenso e dinâmico, a instituição redistribuirá melhor os seus clientes em função dos segmentos de risco, do tipo de crédito ao consumo e do valor (ou objeto negocial) em causa, figurando todos estes parâmetros na qualidade de *insights* a atender nas estratégias a implementar pelos departamentos de cobrança e de *marketing.* É de realçar ainda que a compleição mais fidedigna da informação comportamental deve prevalecer, contudo, sobre quaisquer outras indicações externas adicionais que, direta ou indiretamente, possam interferir no reafirmar do acordo de vontades[204]. E na medida em que a utilização de mecanismos de *scoring* comportamental pressupõe o processamento e a compilação de informação sobre a relação recente do cliente com a entidade credora, o horizonte temporal (*outcome period*) a que esta avaliação (combinada) se reporta desde o momento zero

[201] Cf. Raymond Anderson – *op. cit.*, 2007, p. 8.

[202] Cf. Paulo Viegas De Carvalho – *op. cit.*, 2009, p. 212.

[203] Cf. David Hand – "Modelling consumer credit risk ... *supra*, p. 141.

[204] Cf. Paulo Viegas De Carvalho – *op. cit.*, 2009, pp. 212-213.

compreende "um período mínimo, geralmente não inferior a 3 meses e não superior a 24 meses"[205].

4.3. *Bureau Scoring*

35. Muitas são as vezes em que a disponibilidade das informações sobre o crédito é insatisfatória. Nestas circunstâncias, requer-se uma consulta complementar de bases externas, via *bureau scoring,* para "aumentar a eficácia das análises às solicitações de crédito"[206]. Estas agências de informação recolhem históricos de pagamentos, priorizando-os, sinalizam compromissos financeiros para aferir as despesas do consumidor *(inclusive,* retendo informações acerca do tipo de crédito contratado, histórico de incumprimentos, bem como extensão das dívidas) e validam alguns conjuntos de dados, como sejam, a título exemplificativo, a determinação do número de consultas aos dados, o número de elementos positivos, a localização geográfica, *et alii*[207].

Para Fábio Silva, estas são agências de referência externas que procedem à recolha de informações pessoais dos clientes, segundo ou a partir de diferentes fontes, no propósito de identificarem preditores de mau comportamento ou até, em *ultima ratio,* de sinalizarem ou preverem ocorrências de insolvência pessoal[208]. Entre 1986 e 1991, o primeiro e mais conhecido *bureau* a ser comercializado em grande escala foi o modelo da FICO™ *score,* nos Estados Unidos da América (EUA)[209]. As suas estimações derivavam do peso diferente que era atribuído a 5 variáveis distintas, como sejam: a história creditícia, em termos de pagamentos (35%); os montantes atuais em dívida (30%); a duração do crédito desde a primeira avaliação *scoring* (15%); o número de pedidos efetuados para a concessão

[205] Cf. *idem, ibidem,* p. 212. Clarividente, embora seja necessária uma flexibilização temporal em função do setor em causa e dos objetivos do modelo *scoring,* o *outcome period,* em termos médios (ou melhor, geralmente) é de 12 meses. Cf. Lyn Thomas; Joseph Ho & William Scherer – "Time will tell: behavioural scoring and the dynamics of consumer credit assessment ... *supra,* p. 91.

[206] Cit. José Vasconcelos – *op. cit.,* 2017, p. 45.

[207] Cf. Paulo Viegas De Carvalho – *op. cit.,* 2009, p. 120.

[208] Cf. Fábio Silva – *op. cit.,* 2011, p. 10.

[209] Cf. Rajadep Senguapta & Geetesh Bhardwag – "Credit Scoring and Loan Default". In: *The International Review of Finance,* vol. 15, no. 2, 2015, p.144; Paulo Viegas De Carvalho – *op. cit.,* 2009, p. 215, e Richard Brealey; Stwart Myers & Franklin ALLEN – *Principles of Corporate Finance,* 10th ed., New York, McGraw-Hill/Irwin, 2011, p. 588.

de novo(s) crédito(s) (10%); e as contas bancárias, na mesma ou em diferentes instituições (10%)[210].

Quanto a esta modalidade em particular, a inclusão de indicadores de mercado e a pluralização da partilha recíproca de informações da clientela de entre diversos credores nos *bureaus* transparece a sua natureza mais plural, mais consistente e mais transparente, mormente em condições nas quais a informação disponibilizada pela clientela é diminuta[211]. O recurso de *bureau scores* facilita tal-qualmente, quer em termos de eficácia, quer em termos financeiros, a segmentação de clientes por nível de risco[212]. Além disso, a sua relativa facilidade de implementação impulsiona o desenvolvimento menos dispendioso de modelos internos[213]. Ora, ajuizar-se-á que a utilização de um único modelo é mais simples e mais facilmente interpretável. Mais ou menos inteligível seria outrossim, neste sentido, proceder ao cotejo monitorizável dos resultados alcançados com as outras aproximações. Não obstante, esta opção denota a exiguidade na captação de todas as caraterísticas dos clientes que influenciam, em maior ou menor medida, a propensão ao cumprimento integral e tempestivo das obrigações[214].

4.3. Modelos Duais e Matriciais

36. Os *scoring* de aceitação e comportamental, associados à avaliação a que são submetidos os diferentes tipos de clientes, nos diferentes ciclos de maturação do crédito, culminam na tomada de decisões que não só a aceitação ou rejeição do (aumento) do empréstimo. Numa fase preliminar, ou até mesmo quando efetuado o pedido de aumento do crédito durante a vigência do contrato, são várias as soluções e ações de cobrança passíveis de serem tomadas e que podem passar desde a gestão dos limites de crédito até à maior adequação das estratégias de relacionamento com o cliente[215].

[210] Cf. Domingos Ferreira – *Finanças Tóxicas e Crises,* Sintra, Rei dos Livros, 2014, p. 226; Fábio Silva, op. cit., 2011, pp. 15 e 16; e myFICO – Understanding Your Fico® Score, 2010, pp. 8-12.

[211] Cf. Federico Ferretti & Daniela Vandone – *op. cit.*, 2019, p. 130; José Vasconcelos – *op. cit.*, 2017, p. 46; e Paulo Viegas De Carvalho – *op. cit.*, 2009, p. 121 e p. 215.

[212] Cf. José Vasconcelos – *op. cit.*, 2017, p. 46.

[213] Cf. FDIC – Credit Card Mannual, Scoring and Modelling ... *supra*, p. 53.

[214] Cf. José Vasconcelos – op. cit., 2017, p. 46; e Paulo Viegas De Carvalho – *op. cit.*, 2009, pp. 233-234.

[215] Cf. Paulo Viegas De Carvalho – *op. cit.*, 2009, p. 214.

Tabela 2. Do *scoring* de atribuição ao *scoring* comportamental

<table>
<tr><td colspan="3"></td><td colspan="2">Scoring</td></tr>
<tr><td colspan="3"></td><td>Atribuição</td><td>Comportamental</td></tr>
<tr><td rowspan="3">Âmbito</td><td>Temporal</td><td>Contrato</td><td>Fase pré-contratual</td><td>Vigência do contrato
Pedido de aumento</td></tr>
<tr><td>Material</td><td>Dados</td><td>Informação base
da candidatura</td><td>Uso do crédito
Histórico de pagamentos
Extratos da(s) conta(s)</td></tr>
<tr><td>Operacional</td><td>Cliente</td><td>Concessão de crédito
à clientela fidelizada
com histórico</td><td>Concessão de crédito
rotativo
Ajustar o limite de crédito
Campanhas de marketing
Ações de cobrança</td></tr>
</table>

Ora, sabendo de antemão que cada tipo executa um *scoring* segundo ou a partir de diferentes perspetivas, todos com as suas insuficiências, não deverá priorizar-se a utilização de um só em detrimento de outro, ainda que uns possam ser mais abrangentes e eficientes.

O recurso a modelos duais (*dual scoring*) pode colmatar as limitações identificadas de cada tipo de *scoring*, assumindo que seja, desde logo, a insuficiência da informação, tanto da recolhida como da inferida[216]. De facto, o uso de *scores* combinados aumenta a eficácia da tarefa de classificação dos beneficiários[217]. Esta abordagem proporciona "uma segmentação dos clientes por perfil de risco mais correta, observando decisões sobre as políticas de *hedging* [i.e., de cobertura][218] ou a segmentação para poste-

[216] Cf. Paulo Viegas De Carvalho – *op. cit.*, 2009, pp. 233-234.

[217] Cf. Bo-Wen Chi & Chiun-Chinch Hsu – "An hybrid approach to integrate genet algorithm into dual scoring model in enhancing the performance of credit scoring models". In: *Expert Systems with Applications*, vol. 39, 2012, p. 2651; Paulo Viegas De Carvalho – *op. cit.*, 2009, p. 235, e Hui Zhu; Peter Berling & G. Overstreet – "A study in the combination of two consumer credit scores". In: *Journal of the Operational Research Society*, vol. 52, no. 9, 2001, p. 979.

[218] Como se depreende, o risco de exposição é constantemente aprovisionado pelas instituições bancárias ou pelas autoridades macroprudenciais em auditorias. Por conseguinte, a cobertura decorrente da cadeia de investimentos encontra-se limitada não só pela disponibilidade dos montantes a mutuar, como também pela distribuição e controlo de responsabilidades alocadas aos departamentos do *front* e *back* office. Assim, para minorar as perdas no setor do crédito em particular, as instituições financiadoras socorrem-se comummente, a nível regulamentar, de políticas estratégicas para a diversificação, partilha e transferência do

rior desinvestimento e/ou titularizações mais eficientes"[219]. Refira-se que a determinação do *score* derivado em aproximações duais resulta da soma ponderada dos *outputs* extraídos dos modelos empregues, independentizadamente. Aqui, verificar-se uma combinação da avaliação interna do banco com a informações externas dos *credit bureau*[220].

Há ainda quem opte pela combinação matricial de resultados independentizados dos modelos, cuja abordagem perpassa, além da avaliação individual descrita a partir da combinação dos modelos internos com o *bureau score*, alternativamente, pela elaboração de uma matriz combinada[221]. A determinação do *score* global, segunda esta abordagem, possibilitará indagar observações fundamentais. Estas traduzirão o aumento dos índices de confiança respeitantes à decisão automatizada, designadamente, em virtude do desconhecimento mitigado acerca das caraterísticas do cliente. E porque também se verifica uma redução drástica da propensão errática, os recursos empregues são crescentemente otimizados de forma a minimizar a necessidade de intervenção humana[222].

risco através da fixação de limites internos e externos pré-convencionados, *supra*. Com efeito, cada limiar refletirá o nível de risco que a instituição credora se encontra predisposta a cobrir, considerando adicionalmente as conjeturas financeiras desfavoráveis a que o banco se encontra exposto. A propósito, a adoção destas práticas de *hedging* deverá ser proporcional à dimensão do grupo empresarial e também conforme às políticas internas de gestão, à complexidade e à adequação do capital alocado a estas operações. Cf. Erika Spuchláková; Katarína Valasková & Peter Adamka – "The Credit Risk and its Measurement, Hedging and Monitoring". In: *Procedia Economics and Finance*, vol. 24, 2015, p. 677.

[219] Cit. José Vasconcelos – op. cit., 2017, p. 47.

[220] Cf. Robert Avery [*Et al.*] – "Credit Scoring: Statistical Issues and Evidence from Credit-Bureau files ... *supra*, p. 546.

[221] Cf. José Vasconcelos – *op. cit.*, 2017, p. 46; e Bo-Wen Chi & Chiun-Chinch Hsu – "An hybrid approach to integrate genet algorithm into dual scoring model in enhancing the performance of credit scoring ... *supra*, p. 2659. Em matemática, uma matriz corresponde a um quadro retangular completo de valores (geralmente numéricos), relevante para a resolução de equações simultâneas, obedecendo a certas regras de adição, multiplicação (i.e., as chamadas coordenadas).

[222] Cf. Paulo Viegas De Carvalho – *op. cit.*, 2009, p. 238.

Capítulo II
Elementos-chave: um *Scoring* de Crédito Mais e Melhor

5. A Tarefa Computacional

37. A implementação de modelos de aprendizagem em domínios como o *scoring* do crédito prenuncia a aferição da solvabilidade futura dos consumidores. Ora, depurações desta índole são reconduzidas a tarefas computacionais de classificação nas qualidades de 'bom' ou 'mau', alternativamente, tanto da atual como da potencial clientela[223]. Taxonomias como esta permitem identificar as características que influenciam tanto o cumprimento como o não cumprimento, bem como mensurar. Ocorrem, portanto, no semblante de uma classificação final em dois grupos distintos caracterizados pela decisão sobre a aceitação ou a rejeição de um pedido[224]. E é na

[223] Cf. Cesar Analide & Diogo Morgado Rebelo – "A Inteligência Artificial na era *data-driven* ... *supra*, p. 74; Paulo Viegas De Carvalho – *op. cit.*, 2009, p. 121; e Bart Baesens [*Et al.*] – "Benchmarking state-of-the-art classification algorithms for credit scoring". In. *Journal of the Operational Research Society*, vol. 54, no. 6, 2003, p. 627.

[224] Cf. Francisco Louzada; Anderson Ara & Guilherme Fernandes – "Classification methods applied to credit scoring ... *supra*, p. 118. Em 2007, Michael Lim e So Sohn assinalaram a imperfeição relativa a esta categorização dicotómica e, segundo os autores, monótona, dada a ineficácia da subsunção de uma única regra de classificação para a necessária mensuração de algumas particularidades que deveriam de ser atendidas em relação àqueles beneficiários que, durante a vigência do contrato, evidenciassem propensão à inadimplência. Cf. Michael Lim & So Sohn – "Cluster-based dynamic scoring model". In: *Expert Systems with Applications*, vol. 32, no 2, p. 427 e p. 430. Existe, nesse sentido, quem tenha proposto um classificador de *scoring* para o crédito pessoal que redundasse numa segmentação fragmentada. Com efeito, o modelo desenvolvido por A. Steenacker e Marc Goovaerts, em 1989, categoriza os empréstimos, primeiramente, enquanto 'bons' ou 'maus' e só numa fase subsequente rotula

qualidade de tarefa preditiva comummente enquadrada no paradigma das técnicas de aprendizagem supervisionada[225] que a classificação no *scoring* permite contextualizar indutivamente um conjunto de dados dentro de classes predefinidas, indexando às saídas endógenas um conjunto de valores ou combinações contínuas a partir de variáveis a que cada novo elemento ou registo observacional das entradas pertence. Na sua forma mais

as 'recusas' seguindo a mesma lógica, reconduzindo à análise àquelas candidaturas rejeitadas cujas particularidades podem, eventualmente, conduzir a *overrides*. Cf. A. Steenackers & Marc Goovaerts – "A credit scoring model for personal loans". In: *Insurance: Mathematics and Economics*, vol. 8, no. 1, 1989, pp. 32-33. Ainda assim, à primeira aproximação tem-lhe sido concedida primazia. Cf. Hussein Abdou & John Pointon – "Credit scoring, statistical techniques and evaluation criteria .... *supra*, p. 67.

225 Na aprendizagem supervisionada, os processos sequenciais de geração, treino, validação, teste e subsequente implementação dos modelos combinam dados históricos com os resultados rotulados (*labeled data*), caso em que as entradas (os *inputs*) – aquelas correspondentes às caraterísticas de uma nova candidatura – processarão, em contornos automatizados, as saídas (os *outputs*) previamente antecipadas – integradas, em anteriores casos, nas categorias nominais ou discretas de 'solvência' ou 'não solvência'. Podem ser dados como exemplos as técnicas de Regressão Logística (RO), as Árvores de Decisão (AD), as Redes Neuronais Artificiais (RNA), *et alii* – v. desenvolvimentos, *infra*, na presente unidade capitular. Por conseguinte, para a consecução do objetivo pré-definido, o modelo de aprendizagem encontrar-se-á habilitado a identificar os conhecimentos relevantes nele incorporados, nomeadamente as correlações entre os casos e as respetivas respostas. Se as caraterísticas relevantes de um pedido de crédito se aproximam de uma determinada categoria, então esta ser-lhe-á indexada, a melhor ver, *in casu*, as notações 'Bom vs. Mau' ou "Aceite vs. Rejeitado" Cf., com as devidas adaptações temáticas, ENISA – Securing Machine Learning Algorithms ... *supra*, p. 9; AI100 – Gathering Strenght, Gathering Storms, Study Panel Report, Stanford University, 2021, p. 29; Giovanni Sartor – The impact of the General Data Protection Regulation (GDPR) on artificial intelligence ... *supra*, pp. 10-12; Cesar Analide & Diogo Morgado Rebelo – "A Inteligência Artificial na era *data-driven* ... *supra*, pp. 76-77; Tiago Sérgio Cabral – *op. cit.*, 2019, pp. 24-25; Aurélien Géron – *Hands-on Machine Learning with Scikit-Learn, Keras and Tensorflow: Concepts , Tools, and Techniques to Build Intelligent Systems*, 2nd ed., Canada: O'Reilly, 2019, pp. 7-8; Datatilsynet – Artificial Intelligence and privacy, Report 2018, p. 8; Oliver Theobald – *Machine Learning for Absolute Beginners*, 2nd ed., 2017, pp. 18-20; e Ryan Roberts – *Machine Learning: The Ultimate Beginners Guide for Neural Networks, Algorithms, Random Forests and Decision Trees Made Simple*, 2017, pp. 22-24. *Vide*, ainda, Richard Neapolitan & Xia Jiang – *Artificial Intelligence: With an Introduction to Machine Learning*, 2nd ed. Boca Raton: CRC Press, 2018, pp. 89 e ss.; Jerry Kaplan – *Artificial Intelligence: What Everyone Needs to Know*, Oxford, UK, Oxford University Press, 2016, pp. 30-32; Stuart Russel & Peter Norvig – *Artificial Intelligence: A Modern Approach*, 3rd ed. New Jersey, Pearson Education Inc., 2010, pp. 695 e ss.; e Lios Rokach & Oded Maimon – "Supervised Learning". In: *Data Mining and Knowledge Discovery Handbook* (eds. Oded Maimon and Lios Rokach), Boston, MA, Springer, 2010, pp. 133-147.

simples, este tipo de aprendizagem é concretizado através da inferência de uma regra geral a partir de um conjunto de instâncias rotuladas que são descritas por valores fixos de um conjunto de caraterísticas – *in casu*, relativos a dados de crédito e outras informações pessoais – e por um rótulo dependente – a tal variável endógena – que especifica a classe correspondente quanto à propensão de cumprimento. Dado um pequeno número de instâncias, sobrevêm muitas soluções possíveis, embora algumas pareçam mais razoáveis que outras. A aprendizagem automática do tipo indutivo a que ora se alude visa, então, encontrar o classificador que exteriorize o melhor desempenho esperado em instâncias futuras desconhecidas (i.e., não observadas ou experimentadas), métrica esta que define a capacidade de generalização de um modelo de aprendizagem. Logo, pode dizer-se que um classificador corresponde simplesmente a uma regra, ou a conjunto delas, que, dados os valores dos atributos incorporados numa instância inicial, produz o rótulo da aplicação do crédito[226].

Com efeito, são vários os desafios que precedem a colocação em serviço de sistemas de IA concebidos para o *scoring* de crédito pessoal. Do universo das variáveis nos conjuntos das entradas, às técnicas de conceção impregnadas no ciclo de desenvolvimento dos modelos ML, até à validação e monitorização dos erros na previsão, inúmeras são as opções com as quais as equipas responsáveis pela maturação destes sistemas se defrontam, e cujo trilho pode influenciar a assunção de melhores ou piores *performances* aquando do seu uso para a finalidade prevista[227].

[226] Cf., com as devidas adaptações temáticas, ARLINDO OLIVEIRA – *Mentes Digitais: A Ciência Redefinindo a Humanidade*, 2º ed (trad.), Lisboa: IST Press, 2018, p. 88; e YU LAN [*Et al.*] – "Improving association classification by incorporating novel interestingness measures". In: *Expert Systems with Applications*, vol. 31, no. 1, 2005, p. 184.

[227] Ainda que os utilizadores, *middle-men* das instituições de crédito ou sociedades financeiras, possam ter alguma experiência, tem que se ter em consideração que cada sistema é singular, possuindo caraterísticas específicas que deverão ser minuciosamente inteligíveis para todas as partes interessadas, ou seja, tanto dos utilizadores finais que irão fazer uso deste nas operações de *scoring* para os destinatários, (ciber)consumidores, como os responsáveis pela modelização do sistema. No departamento de gestão do risco no crédito ao consumo, a equipa será responsável pelos assuntos a serem discutidos com os responsáveis pela conceção num estágio preliminar. Aqui, uma explicação acerca das caraterísticas que o público-alvo compartilha auxiliará os técnicos do departamento de IT a melhor enquadrarem as técnicas a utilizar para a filtragem dos dados, aquando do seu pré-processamento, e da respetiva modelização. Por conseguinte, a determinação do *cutoff* deverá ser estabelecida em conformidade com os objetivos da organização, quantitativa e qualitativamente. Nesta fase será estipulada a

6. Os Dados

38. Nos dias de hoje, os dados comandam toda a operação de concessão de empréstimos com escopo de consumo. Já não são só os programadores, ou os sistemas de IA por estes concebidos, mas antes (e sobretudo) os dados em si mesmo que decidem a quem é concedido ou recusado crédito[228].

> "Com a maior amplitude da informação sai beneficiada a qualidade dos modelos de crédito, permitindo destrinçar mais rigorosamente os clientes com melhor risco (...). Consequentemente, cria-se espaço para acréscimos na rentabilidade dos credores e para maior eficiência do mercado de crédito, potenciando (...) o crescimento (...)"[229]. "A capacidade de cada modelo de previsão para distinguir corretamente os clientes incumpridores relativamente aos restantes, depende, portanto, não só do algoritmo utilizado, mas também – e muito – da qualidade da informação (...)"[230].
>
> "Quanto mais transparentes (...) forem [os dados], melhor qualidade resultará em todo o sistema de *scoring*. O tratamento [destes], através da sua 'limpeza', eliminação de dados incorretos ou tratando estatisticamente dados omissos ou sem significado, é das tarefas mais exigentes e simultaneamente mais compensadoras pelos resultados que irão produzir"[231].

calendarização do projeto. Devem ainda ser convencionadas tanto a data de disponibilização do produto maturado como o momento em que o sistema é colocado em serviço. A partir desta última etapa – a do 'arranque' – a equipa de trabalho supervisionará todas as fases do processo. Para os devidos efeitos, importa ainda frisar que a designação do chefe da equipa deverá ser efetuada de acordo com a sua experiência nos processos de tomada de decisão automatizados, devendo este estar suficientemente familiarizado com os sistemas de *scoring*. Idealmente, a chefia da equipa deve ser consignada a alguém do departamento de IT, cuja formação e competência profissional estejam, direta ou indiretamente, relacionadas com tarefas de BI. Esta posição na equipa terá a incumbência não só de promover a formação das pessoas que ficarão adstritas ao sistema de *scoring*, como de providenciar junto da direção e administração informações acerca da lógica que subjaz às técnicas impregnadas no sistema sobre o qual irão avaliar o seu desempenho antes de este ser executado em ambiente real. Cf. António Sarmento Batista – *op. cit.*, 2012, pp. 46-47.

[228] Cf. Diogo Morgado Rebelo – "On the way to look at Big Data as an asset for CWA 4.0. ... *supra*, p. 14; e Cesar Analide & Diogo Morgado Rebelo – "A Inteligência Artificial na era *data-driven* ... *supra*, p. 77, neste último caso, com as devidas adaptações temáticas.

[229] Cit. Paulo Viegas De Carvalho – *op. cit.*, 2009, p. 122.

[230] Cit. *idem, ibidem*, p. 141.

[231] Cit. António Sarmento Batista – *op. cit.*, 2012, p. 12.

Atualmente, o armazenamento de conjuntos informacionais revela ser, cada vez mais, para os casos-tipo do *scoring* de crédito em especial, um aspeto crítico relacionado com os fluxos de informação de crédito no conspecto da pirâmide DIKW (*Data-Information-Knowledge-Wisdom*)[232]. Sucede que, *a priori*, o maior volume, a maior diversidade e a melhor qualidade dos atributos a introduzir nas entradas algorítmico-modelares redundará consequentemente na aferição de recomendações (ou até de decisões exclusivamente automatizadas) com maiores níveis de acuidade nas saídas[233].

[232] O fluxo de informação, nas palavras de Luís Borges Gouveia e João Ranito, é o "resultado dos dados, da informação, conhecimento e sabedoria que são produzidos e consumidos num ambiente específico, quer este seja do próprio indivíduo ou de uma organização". Cit. Luís Borges Gouveia & João Ranito – *Sistemas de Informação de Apoio à Gestão,* Porto: SPI – Sociedade Portuguesa de Informação, 2004, p. 13. Representa um processo que perpassa por quatro estágios diferentes, seguindo uma abordagem *down-top.* Em primeiro lugar, os dados traduzem simples elementos ou valores discretos em relação aos quais, isoladamente, não lhe é atribuída qualquer significância por parte do decisor para efeitos de classificação, qualidade ou valoração. Só quando interpretados ou relacionados de alguma forma estes poderão transformar-se em informação. Atualmente, são os dados a lhana 'matéria-prima' recolhida e organizada da informação processada pelo utilizador tendo em vista a obtenção de um determinado conhecimento. Já este terceiro elemento, o conhecimento, resulta de uma apreciação intelectual, ou até, nos dias de hoje, automatizada da informação com vista à tomada de decisões mais exatas. A findar, num nível hierárquico superior, mais abstrato temos a sabedoria. Esta é caraterizada como pressupondo "um maior grau de abstração do que o existente para o conhecimento e está associada à capacidade de inovação e de previsão de comportamentos associados a sistemas de grande complexidade". Cit. *idem, ibidem,* p. 13. Cf. Cesar Analide & Diogo Morgado Rebelo – "A Inteligência Artificial na era *data-driven ... supra,* p. 78.; e Pedro Dias Venâncio – *A Tutela Jurídica do Formato de Ficheiro Eletrónico,* Tese de Doutoramento, Braga, Universidade do Minho, Escola de Direito, 2013, pp. 14-16. Em suma, na senda de Luís Borges Gouveia, "os dados, simplificam a realidade e permitem a sua manipulação de forma estruturada. A decisão é suportada pela informação e necessita desta para a tornar possível. No entanto, ser informado não permite, ato contínuo, a realização da ação – para tal é necessário conhecimento. Já a sabedoria permite um alto nível de abstração que facilita a capacidade de (pré)visão ou visão estratégica". Cit. Luís Borges Gouveia – Modelos de Governação na Sociedade da Informação, Estudo Associação para a Promoção e Desenvolvimento da Sociedade de Informação (APDSI), Lisboa, 2009, p. 19.

[233] Cf. Alessandra Silveira & Pedro Froufe – "Do mercado interno à cidadania de direitos: ... *supra,* p. 10; Hussein Abdou & John Pointon – "Credit scoring, statistical techniques and evaluation criteria .... *supra,* p. 67. No crédito ao consumo, uma série de estudos de investigação operacional fizeram uso de conjuntos de dados com menos de 1100 observações, amostra esta que na prática corrente se pode afiançar, até certo ponto, ser insuficiente. Cf. Maja Šušteršič; Dušan Mramor & Jure Zupanc – "Consumer credit

A partir daqui algumas serão as conclusões passíveis de serem intuídas acerca das variáveis que devem alimentar o processo de indução preditiva e conformar a maior adequação destas e dos modelos de aprendizagem à tarefa computacional[234].

6.1. A Transparência

39. A transparência dos conjuntos de dados traduz a facilidade de os compreender e analisar[235]. Para se desenvolver um modelo de aprendizagem estimador, a diversidade desempenha um papel importante. A população deve ser, contudo, suficientemente homogénea. Eis que a heterogeneidade das observações, embora de certa maneira necessária e alentada em ambientes inteligentes, pode por vezes despoletar combinações entre variáveis explicativas que dificultem ou impossibilitem mesmo o tratamento do grupo ou conjunto de dados como um todo[236]. No *scoring* de crédito, a maior parte da informação é compilada através do preenchimento dos questionários que as instituições de crédito ou sociedades financeiras disponibilizam à sua clientela. Deverá ser realizado um estudo preliminar para testar a inteligibilidade das questões, caso em que, se a formulação destas não tiver em consideração a relevância, clareza e compreensão das

scoring models with limited data". In: *Expert Systems with Applications*, vol. 36, no. 1(3), 2009, p. 4739; Yoon Seong Kim & So Young Sohn – "Managing loan customers using misclassification patterns of credit scoring". In: *Expert Systems with Applications*, vol. 26, no. 4, 2004, p. 568; e Rashmi Malhotra & D.K. Malhotra – "Evaluating consumer loans using neural networks". In: *Omega*, vol. 31, no. 2, 2003, p. 85. Em termos estatísticos, o emprego dos termos acuidade ou exatidão, por um lado, e precisão, por outro, têm significados diferentes, respetivamente. Assim, enquanto o primeiro, a acuidade ou exatidão, traduz o ratio total de previsões corretas extraídas dos modelos de pontuação de crédito. Corresponde à fração obtida de entre o número créditos vencidos – i.e., o numerador, relativo aos empréstimos concedidos e cumpridos integral e tempestivamente – e o número total de créditos concedidos – ou seja, o denominador, nele também se incluindo os falsos positivos ou negativos. Dito por outras palavras, enquanto o primeiro, ou seja, a exatidão ou acuidade, refere-se à proximidade de uma estimativa ao verdadeiro valor que se pretende representar, a precisão está associada à dispersão dos valores em sucessivas observações. Cf. António Sarmento Batista – *op. cit.*, 2012, p. 145.

[234] Cf. Diogo Morgado Rebelo – "On the way to look at Big Data as an asset for CWA 4.0. ... *supra*, p. 14; e Hussein Abdou & John Pointon – "Credit scoring, statistical techniques and evaluation criteria .... *supra*, p. 64.

[235] Cf. António Sarmento Batista – *op. cit.*, 2012, p. 142

[236] Cf. *idem, ibidem*, pp. 145-146.

perguntas, a transparência será comprometida[237]. A este respeito, a ausência de resposta a uma qualquer questão inscrita no formulário (em formato de papel ou digital) suscitará *missings* observacionais, em maior ou menor medida, relevantes para aferição da capacidade de generalização do modelo e, sobretudo, no processo de tomada de decisão concreto[238]. Ainda quanto ao valor transparência é extremamente importante que o candidato responda com verdade às questões que lhe são apresentadas. Caso contrário, quando colocadas questões sobre histórico de créditos anteriormente solicitados ou concedidos por instituições de crédito ou sociedades financeiras, bastante será proceder a uma consulta de bases externas para que se possam cognoscer eventuais incidentes ou recusas anteriores[239].

[237] Cf. *idem, ibidem,* p. 142; e MANUELA MAGALHÃES HILL & ANDREW HILL – *Investigação por Questionário,* 2: ª ed, Lisboa: Edições Sílabo, 2005, p. 78.

[238] Cf. ANTÓNIO SARMENTO BATISTA – *op. cit.*, 2012, p. 142.

[239] Cf. *ult. loc. cit.*Os níveis de acuidade são maiores nas previsões relativas às faixas etárias da população ativa. Tal sucede porque esta, em razão dos seus tendenciais maiores hábitos de consumo, tantos dos quais efetuados em ambiente digital, disponibiliza mais informações. Claro que questões socioeconómicas e culturais são preponderantes para um maior ou menor aprumo da quantidade de dados necessária para as entradas. Em culturas tendencialmente avessas à contração de empréstimos, nas zonas rurais periféricas onde o acesso a serviços de crédito é menor, quando os candidatos são jovens ou imigrantes que pretendem aceder a um produto de crédito pela primeira vez, ou até nos centros periféricos suburbanos e, sobretudo, mesmo nos mercados subdesenvolvidos, a transparência do processo é, regra geral, menor. A informação que se encontra disponível em relação a estes grupos é mais escassa. Ora, quando e se confrontadas com estas adversidades, as instituições de crédito ou sociedades financeiras devem mitigar os riscos adicionais que subjazem à potencial marginalização macro segmentada. Como tal, os (potenciais) credores, face a estes cenários, ou optam por cobrar taxas de juro elevadas para mitigar riscos (maiores) de inadimplência, ou então, alternativamente, farão um esforço adicional para adaptar a prestação de serviços de crédito ao consumo às reais necessidades dos destinatários. Cf. DIOGO MORGADO REBELO – "On the way to look at Big Data as an asset for CWA 4.0. ... *supra,* p. 14; FEDERICO FERRETTI & DANIELA VANDONE – *op. cit.*, 2019, p. 175; e RAYMOND ANDERSON – *op. cit.*, 2007, p. 258. Este problema também se coloca quando uma nova entidade credora surge no mercado e se vê confrontada com a inexistência de informação própria que lhe possibilite traçar *a priori,* com alguma exatidão, o perfil de risco das pessoas que recorrem aos seus produtos e serviços de crédito para particulares – claro está, a menos que absorva a carteira de clientes a outrem, o que não ocorre muito frequentemente, como facilmente se depreende. Cf. PAULO VIEGAS DE CARVALHO – *op. cit.*, 2009, pp. 215-216.

6.2. A Quantidade

40. Sem qualquer histórico de crédito ou qualquer outra informação mais difícil será antecipar a solvabilidade de um candidato.

> "O *credit scoring* está (...) associado ao crédito ao consumo, onde o volume de transações é elevado, os valores são, relativamente, baixos e os dados abundantes. (...) A condição prévia para se efetuarem quaisquer análises é possuir dados suficientes, sem os quais os resultados poderão ser postos em causa"[240].

6.2.1. Largura e Profundidade do Crédito

41. Em setores como o crédito ao consumo, vivificado pela grande procura de produtos de crédito, os quais geralmente comportam o empréstimo de valores relativamente baixos[241], é fulcral ter acesso lícito a todo um conjunto de informações, tantas ou todas das quais de matriz pessoal, cuja suficiência ou homogeneidade influenciarão tanto na largura do produto – i.e., número de candidaturas– como na sua amplitude ou profundidade – correspondendo esta caraterística à quantidade de informação disponível para cada uma[242]. A suficiência das candidaturas a crédito pessoal encontra-se, portanto, dependente do número de casos e da quantidade de informação disponível para cada.

Segundo Edward Lewis, citado por António Sarmento Batista, a quota mínima necessária, em termos de largura, correspondente a dados demográficos e comportamentais é de 1500 contas 'boas', 1500 'más' e 1500 'recusadas' por cada *scorecard*[243].

Já quanto à profundidade ou amplitude, os dados recolhidos para gerar um modelo de *scoring* são suficientes quando satisfazem as necessidades da procura, também em função do tipo de crédito e dos *ratios* de liquidez que a instituição dispõe. Claro está, além da idoneidade das partes envolvidas, quanto mais homogéneas forem as caraterísticas dos candidatos, mais precisa e inteligível será a classificação extraída[244].

[240] Cit. António Sarmento Batista – *op. cit.*, 2012, p. 143.

[241] Cf. *ult. loc. cit.*

[242] Cf. Raymond Anderson – *op. cit.*, 2007, pp. 259-262.

[243] Cf. Edward Lewis – *An Introduction to Credit Scoring*, San Rafael: Fair, Isaac and Co. Inc., 1992, p. 31, *apud* António Sarmento Batista – *op. cit.*, 2012, p. 143.

[244] Cf. Diogo Morgado Rebelo – "On the way to look at Big Data as an asset for CWA 4.0. ... *supra*, p. 14; Federico Ferretti & Daniela Vandone – *op. cit.*, 2019, pp. 130-131;

Na equação *scoring* também as informações da clientela cuja inferência haja determinado a recusa inicial, aquando da aplicação, serão preponderantes para eliminar o enviesamento produzido nas amostras[245]. Ainda que a inferência de recusados[246] seja precária quanto à indução de conhecimento valedouro acerca das métricas de desempenho – restringindo-se às indicações preenchidas no formulário de aplicação, *hoc sensu* – nunca um *scorecard* poderá apenas tomar em consideração somente as propostas aceites. Assim, devem ser ponderadas, a título adicional, todo o conjunto de candidaturas recusadas e inferir, dentro destas, a eventualidade de algumas poderem conduzir à reversão da decisão, i.e., a título prevalecente[247].

6.2.2. Dados de Crédito Positivos e Negativos: A Questão das *Blacklists*

42. Ainda a respeito da amplitude de uma candidatura, importa, diferenciar dados negativos e dados positivos, e só *a posteriori*, quanto aos segundos, discorrer considerações acerca dos interregnos colocados quanto ao seu uso. Senão veja-se:

- A primeira categoria – de feição negativa – diz respeito ao conjunto de contraindicações acerca do histórico de pagamento ou do comportamento financeiro desviante do titular dos dados. Nesta categoria de 'listas negras' (as *blacklists*), concebidas para auxiliar a seleção e exclusão de clientes com um risco elevado de incumprimento, são considerados só os relatórios que incluem informações relativas a obrigações não cumpridas, dívidas em mora – por vezes, já solvidas – decisões judiciais, assim como tantas outras contraindicações[248].
- Já a segunda – de índole positiva – reporta ao conjunto de dados indiciadores de uma situação financeira abonatória à propensão

Federico Ferretti – The Never-Ending European Credit Data Mess ... *supra*, pp. 33-34; e Raymond Anderson – *op. cit.*, 2007, p. 260.

[245] Cf. *idem, ibidem*, p. 175

[246] Por inferência de recusados entende-se o "processo pelo qual o desempenho de candidaturas anteriormente recusadas é analisado para estimar o seu comportamento". Cit. Naeem Siddiqi – *Credit Risk Scorecards: Developing and Implementing Intelligent Credit Scoring*, New Jersey: John Wiley & Sons, Inc., 2006, p. 98 – tradução, com as devidas adaptações linguísticas.

[247] Cf. António Sarmento Batista – *op. cit.*, 2012, pp. 175-176.

[248] Cf. IFC – Credit Reporting Knowledge Guide ... *supra*, p. 12; e Andrew Powell [*Et al.*] – Improving Credit Information, Bank Regulation and Supervision: On the Role and Design of Public Credit Registries, World Bank Policy Research, Working Paper 3443, of November 2003, p. 7.

> futura de adimplência. Os dados de crédito positivos contêm inculcas favoráveis, relativas a transações registadas nos extratos de contas bancárias, tanto das ativas como das inativas. A natureza das fontes reporta, essencialmente, às rácios de dívida, pagamentos em prazo, tipo de conta, finalidade dos empréstimos e, também, à nominalização da instituição mutuante[249].

Só a partir desta distinção raiarão arquivos mais completos, detalhados e elucidativos sobre o ativo e passivo do potencial beneficiário, contendo, a título adicional, a sinalização de eventuais garantias que o consumidor possa prestar. Além disso, estes ficheiros estão na base da adoção de técnicas de cobrança mais personalizadas, contribuindo para definir os padrões prestacionais de reembolso, caso existam[250].

Ao nível da UE, não existe uma regra transversal adotada quanto à licitude do uso das informações de crédito tanto positivas como negativas. A maioria dos Estados-Membros, fazendo uso de bases públicas, assim como as agências de informação de crédito *bureau*, recorrem aos tipos referidos sem qualquer diferenciação, à exceção da Dinamarca, Finlândia, França, Luxemburgo e Malta[251]. De acordo com a *International Finance Corporation*, já em 2012, aproximadamente 70% do total dos *bureau* em todo o mundo processavam tanto informação negativa como positiva de crédito[252].

[249] Cf. Federico Ferretti & Daniela Vandone – *op. cit.*, 2019, p. 131; Federico Ferretti – The Never-Ending European Credit Data Mess ... *supra*, p. 34; e Parlamento Europeu – Responsible Lending, Barriers to Competition, Directorate-General for Internal Policies [IP/A/ECON/ST/2011-5], of June 2011, p. 28. Geraint Howells tentara, em 1995, introduzir um meio-termo nesta classificação das entradas, referindo-se a dados intermédios como sobre o estado das contas bancárias, cujos atrasos ainda não sinalizados (sob a forma de advertência) manifestam uma tendencial não solvência futura do(s) crédito(s) contraído(s). Cf. Geraint Howells – "Data protection, confidentiality, unfair contract terms, consumer protection and credit reference agencies". In: *Journal of Business Law*, no. 4, 1995, p. 344, *cit. in.* Federico Ferretti & Daniela Vandone – *op. cit.*, 2019, p. 131, anotação em rodapé n. º 72; e Federico Ferretti – The Never-Ending European Credit Data Mess ... *supra*, p. 34, anotação em rodapé n. º 104.

[250] Cf. *idem, ibidem*, p. 12.

[251] Cf. Parlamento Europeu – Crédito Responsável – Responsible Lending, ... *supra*, p. 29.

[252] Cf. IFC – Credit Reporting Knowledge Guide ... *supra*, p. 12. Mais recentemente, de acordo com um relatório produzido pela unidade de indicadores globais *Doing Business* do The World Bank Group, em 2019, a maioria das agências *bureau* de crédito procuravam já, em média, obter *score* mais elevados, concebendo, para o efeito, o uso de dados positivos, alguns dos

Apesar da aparente minudência da querela que viria a surgir, no ano de 2010 um projeto-lei francês aprovisionava a aprovação de uma legislação que, em transposição da Diretiva de 2008[253], *infra,* Capítulo III, instituía a adoção de um "*Registre National des Crédits aux Particuliers*" com *sets* de informação tanto positiva como negativa. O *Conseil Contitutionnel* (Tribunal Constitucional francês) viria a declarar a inconstitucionalidade das prerrogativas positivas por considerar que estas enfermavam preterir a tutela dos direitos à privacidade e à reserva sobre a intimidade da vida privada[254]. Não se pronunciou, contudo, quanto aos impactos que a sua integração nas BDs pode ter em matérias de não discriminação. Certo é que todos os ficheiros de crédito figuram atualmente na forma de perfis e relatórios dos candidatos, influenciando, em maior ou menor grau, a reputação que uma pessoa possa ter na ótica da sua capacidade e propensão à solvência. Este é, inequivocamente, o efeito estigmatizante associado a qualquer pedido de crédito ao consumo, envolva ou não o recurso a tecnologias de IA. Por um lado, o registo positivo não se afigura ser imprescindível para o êxito da relação contratual. Aliada a esta circunstância, por mais que os propósitos sejam inclusivos e olvidem a macro segmentação de grupos vulneráveis, a utilização de histórico de crédito positivo, muito provavelmente, não só não mitigará os riscos discriminatórios associados, como os pode, em alguns casos, intensificar. Tal efeito nefasto ocorrerá e poderá ser invocável na medida em que, hipoteticamente, em relação àqueles indivíduos cujo histórico nas BDs é escasso ou inexistente, são mais levianamente,

quais recolhidos de fontes alternativas. Cf. The World Bank Group – Doing Business 2020, Comparing Business Regulation in 190 Economies, Study, 2020, pp. 48-49.

[253] *Vide,* desenvolvimentos, *infra,* Capítulo III, *infra.*

[254] Cf. Federico Ferretti & Daniela Vandone – *op. cit.,* 2019, p. 132, anotação em rodapé nº 73. "*41. Considérant que les requérants soutiennent que la création d'un registre national des crédits aux particuliers porte, en raison de l'ampleur du registre, du caractère sensible des informations qu'il contient et de ses modalités de consultation, une atteinte disproportionnée au droit au respect de la vie privée, qui n'est pas justifiée au regard de l'objectif poursuivi par le législateur ; que, par suite, les dispositions de l'article 67 seraient contraires à la Constitution; (...) 57. Considérant qu'il résulte de ce qui précède qu'eu égard à la nature des données enregistrées, à l'ampleur du traitement, à la fréquencede son utilisation, au grand nombre de personnes susceptibles d'y avoir accès et à l'insuffisance des garanties relatives à l'accès au registre, les dispositions contestées portent au droit au respect de la vie privée une atteinte qui ne peut être regardée comme proportionnée au but poursuivi; que, par suite, les dispositions de l'article 67 doivent être déclarées contraires à la Constitution ; qu'il en va de même, par voie de conséquence, des dispositions des articles 68 à 72, qui en sont inséparables*". Cit. Conseil Contitutionnel, Décision n. 2014-690 DC du 13 mars 2014, § 41 e § 57.

consciente ou inconscientemente, levantadas 'falsas suspeições' quanto à sua 'possível' má conduta[255].

Já Paulo Viegas de Carvalho afirma que a pluralidade de produtos de crédito e a possibilidade de acumulação destes na pessoa de um só devedor traduz a necessidade de se conceber os dados de crédito positivos como uma mais-valia indispensável para permitir uma avaliação mais exata[256]. Assim, a transição da informação negativa para uma 'positiva total' possibilitaria reduzir as taxas de incumprimento[257]. Até porque, bem meditado este valanceio de interesses, não é efetivamente razoável excluir um pretenso beneficiário do crédito com base num único evento negativo.

Afigura-se-nos, afinal, que em todo este *trade-off* ao valor exatidão deverá ser-lhe concedida primazia num cotejo com a hipotética discriminação. Não se anteveem, desde logo, poderem ser subsumíveis juízos proporcionais e razoáveis obstem a que as entidades credoras tenham acesso a possíveis interessados sem qualquer histórico de crédito favorável, o que se vivificaria com a adoção exclusiva das *blacklists*[258]. Como tal, aos credores ou aos *bureau* de crédito deve ser-lhes reconhecida a faculdade de poderem incorporar nas suas BDs, tanto dados de crédito negativos como positivos.

6.2.3. Do 'Fosso' entre a Investigação Operacional e o Setor Privado

43. Da teoria à prática, as terminologias investigação operacional e ciência da administração dissociam-se quanto ao âmbito subjetivo sobre o qual operam. Assim, enquanto a investigação operacional, geralmente levada a cabo em ambiente académico, se debruça na conceção de modelos numa ótica científica, as políticas de administração do crédito traduzem o pragmatismo do saber científico aplicado à resolução de problemas reais de

[255] Cf. Federico Ferretti – "The 'Credit Scoring Pandemic' and the European Vaccine: Making Sense of EU Data Protection Legislation". In: *Journal of Information, Law & Technology*, vol. 1, 2009, p. 8; e GT Art. 29º – Working Document on Blacklists, adoted on 3 de October 2002 [WP65], p. 4.

[256] "Cf. *idem, ibidem*, p. 8 e pp. 13-14; John Barron & Michael Staten – "The Value of Comprehensive Credit Reports: Lessons from the U.S. Experience". In: *Credit Reporting Systems and the International Economy* (ed. Margaret Miller), Cambridge MA: The MIT Press, 2003, p. 290; e Paulo Viegas de Carvalho – *op. cit.*, 2009, p. 122.

[257] Cf. *idem, ibidem*, p. 296; e Paulo Viegas De Carvalho – *op. cit.*, 2009, pp. 122-123.

[258] Cf. IFC – Credit Reporting Knowledge Guide ... *supra*, p. 12; e William Greene – "Sample selection in credit-scoring models". In: *Japan and the World Economy*, vol. 10, no. 3, 1998, p. 305.

scoring de crédito, sendo, portanto, sujeitas frequentemente à confidencialidade como forma de salvaguarda dos segredos de negócio[259]. De qualquer modo, se, por um lado, no prisma da investigação operacional é notória a dificuldade em obter conjuntos de dados ilustrativos do real estado de arte no *scoring* de crédito, o mesmo não sucede no campo da ciência da administração das políticas privadas[260]. Quanto a esta última, o mercado do crédito ao consumo tem assistido a um alargamento desmedido (ou melhor, como veremos, abusivo) das fontes de recolha e, consequentemente, do tipo de dados usados para depuração da solvabilidade futura dos candidatos. Urge, portanto, combater a falta no acesso a dados de crédito para

[259] Cf. JOHN MINGERS & LEROY WHITE – "A review of the recent contribution of systems thinking to operational research and management science". In: *European Journal of Operational Science*, vol. 207, no 3, 2010, p.1147; e BERNARD TAYLOR – *Introduction to Management Science*, 12th ed., Edinburgh: Pearson Education Limited, 2016, p. 22.

[260] Geralmente, os trabalhos de investigação académica restringem-se à consulta de conjuntos provindos das BDs Públicas alemãs, australianas e japonesas – ou até outras aleatórias, eficazes que sejam em tarefas ou contextos de classificação – todas estas disponíveis no Repositório "UC Irvine Machine Learning" (UCI). Cf. FRANCISCO LOUZADA; ANDERSON ARA & GUILHERME FERNANDES – "Classification methods applied to credit scoring ... *supra*, p. 118, p. 123 e p. 131. Senão veja-se a escassez de dados de crédito tornados públicos. Primeiramente, o *dataset* australiano é composto por 690 instâncias distribuídas por 6 classes contínuas e 8 categóricas. Neste, cerca de 307 aplicações são consideradas 'boas', ao passo que 383 foram rejeitadas. Cf. DHREE DUA & CASEY GRAFF – Statlog (Australian Credit Approval) Data Set, UCI Machine Learning Repository, Irvine, CA, University of California, School of Information and Computer Science, 2020. A base de dados alemã – a mais conhecida – agrega 1000 instâncias, incluindo 13 classes categóricas e 7 numéricas. Nesta base de dados, cada instância é composta por 24 características numéricas. Cf. DHREE DUA & CASEY GRAFF – Statlog (German Credit Data) Data Set, UCI Machine Learning Repository, Irvine, CA, University of California, School of Information and Computer Science, 2020. Já a mais recente, a japonesa, apenas contém informação relativa às 125 instâncias. Cf. DHREE DUA & CASEY GRAFF – Japanese Credit Screening Data Set, UCI Machine Learning Repository, Irvine, CA, University of California, School of Information and Computer Science, 2020. Cf. YUN LING; QIUYAN CAO & HUA ZHANG – "Credit Scoring Using Multi-Kernel Support Vector Machines and Chaos Particle Swarm Optimization". In: *International Journal of Computational Intelligence and Applications*, vol. 11, no. 3, 2012, pp. 1250019-8. Portanto, devido à dificuldade de obter de dados reais na área do crédito, o número de conjuntos disponíveis ao público que se dedica à investigação científica é reduzido. As mais das vezes, a alternativa envolve mesmo a utilização de outros *datasets* com aptidão e generalização suficientes em tarefas de classificação. Cf. FRANCISCO LOUZADA; ANDERSON ARA & GUILHERME FERNANDES – "Classification methods applied to credit scoring ... *supra*, p. 122; e YU LAN [*Et al.*] – "Improving association classification by incorporating novel interestingness measures ... *supra*, p. 184 e p. 188 e pp. 190-191.

que a academia possa cumprir o importante papel que deve desempenhar em sede de investigação e inovação.

6.2.4. Das Fontes Tradicionais aos Métodos Alternativos

44. A determinação das fontes de dados depende e muito do tipo de informação requerida, assim como da natureza pública ou privada dos agentes envolvidos. Neste que é um circunstancialismo disruptivo e de convulsão do setor financeiro, são ainda os próprios consumidores que figuram como o primeiro recurso físico (e, nos dias de hoje, também digital). Direta ou indiretamente, os beneficiários prestam-se logo a ceder aos sujeitos ativos todo um conjunto de caraterísticas cujo tratamento ditará a sua aceitação ou rejeição[261].

45. Em Portugal, as instituições de crédito ou determinadas sociedades financeiras encontram-se sujeitas à consulta de uma BD pública, a Central de Responsabilidades de Crédito (CRC), que é gerida pelo Banco de Portugal (BP)[262]. A título complementar e facultativo, a classificação

[261] Como melhor se desenvolverá, *infra*, Capítulo III, aos candidatos no crédito ao consumo é-lhes incumbido o *dever-ser* de prestar às instituições financiadoras as informações necessárias, suficientes e proporcionadas que lhes são solicitadas, porquanto a decisão a ser tomada é também do seu interesse. Cf. JORGE SINDE MONTEIRO – *Responsabilidade por conselhos, informações ou informações*, Tese de Doutoramento, Coimbra, Almedina, 1989, p. 48, anotação em rodapé nº 53, *ex vi*. ANA ALVES LEAL – "Aspetos jurídicos da análise de dados na Internet (*big data analytics*) ... *supra*, p. 210, § 65. Sobretudo numa fase pré-contratual, a assimetria de informação de entre o banco e a clientela é manifesta. O primeiro encontra-se dependente da veracidade e quantidade das indicações pessoais que lhe são prestadas pelo último. Aqui, até se justifica que o beneficiário assuma o controlo de toda informação que pretende prestar à possível contraparte, o que não significa que esta se conforme com a falta de alguns indicadores. Cf. *idem, ibidem*, p. 210 e p. 212, §§ 65-66.

[262] A CRC "visa centralizar informação financeira, contabilística e de risco sobre responsabilidades de crédito, efetivas e potenciais, decorrentes das operações de crédito, de que sejam beneficiárias pessoas singulares (...) residentes ou não residentes em território nacional. (...) É um sistema de informação gerido pelo BP, constituído por informação financeira, contabilística e de risco, recebida das entidades participantes e decorrente de operações de crédito, e por um conjunto de serviços relativos ao seu processamento e difusão". Cit. Pontos 1 e 2.1. do Regulamento da Central de Responsabilidades de Crédito, regulado pela Instrução BP nº 17/2018, de 27 de agosto e aprovado pelo Decreto-Lei nº 204/2008, de 14 de outubro. De realçar que, como se depreende dos arts. 12º, al. c) e 16º-A, respetivamente, da Lei nº 5/98, de 31 de janeiro (na sua redação atual), é o Banco de Portugal a autoridade macroprudencial incumbida de zelar pela estabilidade do sistema financeiro, editando um "boletim oficial onde

pode ainda ser precedida da verificação da lista pública de execuções[263]. São ainda passíveis de acesso, para os mesmos efeitos, as outras BDs do BP[264], a BD com a Listagem de Utilizadores de cheque que oferecem Risco (LUR) – esta alimentada e partilhada por entidades do setor não financeiro, a identificação do património através do Registo Predial e Automóvel-, bem como duas outras nas quais constam os contribuintes faltosos, esta publicamente acedidas através da Segurança Social e pela Direção Geral das Contribuições e Impostos[265].

Nos países mais desenvolvidos em termos financeiros, a maioria dos conjuntos de dados são ainda processados pelos *bureau* de crédito[266]. Em

serão publicados: a) as instruções do Banco, b) outros atos que por lei devam ser publicados", em conformidade com o art. 59º, nº 3 do mesmo diploma.

263 Cf. Nuno Oliveira – "Responsabilidade pelo corte de crédito". In: *Revista de Direito Comercial,* 2018, p. 877.

264 *Vide,* Instrução BP nº 27/2020, de 26 de novembro, que visa regulamentar a organização e gestão pelo Banco de Portugal da Base de Dados de Contas, nomeadamente dando cumprimento ao mandato regulamentar previsto no nº 13 do artigo 81º-A do Regime Geral das Instituições de Crédito e Sociedades Financeiras (RGICSF), e revoga a Instrução do Banco de Portugal nº 7/2011, de 15 de abril.

265 Cf. António Sarmento Batista – *op. cit.,* 2012, p. 172; e Paulo Viegas De Carvalho – *op. cit.,* 2009, p. 124. Noutros contextos que não o do ordenamento jurídico português, quando e se consideradas relevantes para a finalidade prevista, são ainda passíveis de consulta os cadernos com registos eleitorais para verificação da identificação, assim como a averiguação da pendência ou do trânsito em julgado de alguma decisão judicial (ou contra-ordenacional). Cf. Federico Ferretti & Daniela Vandone – *op. cit.,* 2019, pp. 135-136; e Federico Ferretti – The Never-Ending European Credit Data Mess ... *supra,* p. 36. Em algumas jurisdições, sobretudo as de matriz anglo-saxónica, as agências *bureau* de crédito ousam mesmo identificar combinações financeiras de entre (ou para com) pessoas do mesmo agregado familiar, que não a pessoa do candidato ou até com outros garantes, como o fiador. Cf. Federico Ferretti & Daniela Vandone – *op. cit.,* 2019, p. 136; e Federico Ferretti – The Never-Ending European Credit Data Mess ... *supra,* p. 37. Um estudo realizado por Margaret Miller para o *The World Bank Group,* no ano de 2003, revela ainda que cerca de 82% dos *bureau* de crédito privados em todo o mundo armazena dos contribuintes, ao passo que apenas 66% das autoridades macroprudenciais ou bancos públicos se socorriam desses indexantes sensíveis. Cf. Margaret Miller – "Credit reporting systems around the globe: the state of the art in public credit registries and private credit reporting firms". In: *Credit reporting systems and the international economy* (ed. Margaret Miler), Cambridge, MA: The MIT Press, 2003, p. 43.

266 Os primeiros e melhores fornecedores dos dados são os próprios credores, através da sua (potencial) clientela. Todavia, no crédito a consumidores, *infra,* o termo 'credor' deve ser interpretado numa aceção um tanto ou quanto ampla. Em função das jurisdições e do enquadramento legal aplicável ao âmbito subjetivo da parte ativa – v. desenvolvimentos, *infra,*

Portugal, este dinamismo enquadra-se numa conjetura diferenciada, mais restritiva e protecionista em termos de políticas de controlo público. Na UE os potenciais credores apenas podem partilhar informações com as agências *bureau* diante a prestação de consentimento[267]. Daí que o mercado nacional dos *bureau,* além de não se encontrar muito desenvolvido,

Capítulo III – quaisquer pessoas coletivas que se dediquem a empréstimo a particulares, com a correspondente obrigação recíproca de restituição do capital ou da coisa mutuada, acrescida de juros, serão considerada credoras no cerne da relação jusconsumerista. Seguindo essa lógica, em função do objeto ou escopo do negócio, pressupõe-se estarem incluídas nesta categoria as instituições bancárias, instituições de crédito, as empresas de *leasing,* bem como todos os fornecedores de serviços de telecomunicações e Internet, ou até mesmo operadoras de cartões de crédito, retalhistas de rua, prestadores de serviço de compras ao domicílio, entre outros. Cf. Federico Ferretti & Daniela Vandone – *op. cit.*, 2019, p. 130; e Federico Ferretti- The Never-Ending European Credit Data Mess ... *supra*, p. 32. Ora, todas estas entidades partilham informações numa lógica de reciprocidade, atualização e propriedade com os *bureau,* caso em que o acesso às BDs destes concretiza-se, regra geral, em benefício de todos os credores subscritores. Cf. Federico Ferretti & Daniela Vandone – *op. cit.*, 2019, p. 130 e p. 135; e Federico Ferretti – The Never-Ending European Credit Data Mess ... *supra*, p. 33. Assim, "os *bureaus* de crédito conseguem alcançar elevada consistência nas análises estatísticas que aplicam nos seus desenvolvimentos de *scoring,* através do recurso a elevados volumes de informação". Cit. Paulo Viegas De Carvalho – *op. cit.*, 2009, p. 121. A título exemplificativo, atente-se nas políticas de privacidade das agência *bureau* Experien, Equifax e TransUnion, respetivamente: "*Each party will cooperate and share information with the other as reasonably necessary from time to time (including in circumstances where the parties may individually or collectively have caused detriment to end consumers) to ensure that both parties discharge their regulatory obligations, and in order to help achieve positive consumer outcomes*". Cit. Experian PLC – Experian Terms and Conditions 4.4 ("Terms and Conditions"), adopted 3/2018, 5.5. Disponível em https://www.experian.co.uk/content/dam/marketing/uki/uk/en/pdf/legal-information/experian-long-form-terms-and-conditions-v4.4.pdf. Consultado a 16 de janeiro de 2022. "*So long as the subscription-based membership remains active, each Member is entitled to all of the features, benefits, and privileges associated with membership*". Cit. Equifax, Inc. – Terms of Use, last revised July 14, 2020, 18. Disponível em https://www.equifax.com/terms/. Consultado a 16 de janeiro de 2022. "*We may share your personal data among the members of TU UK (...). We may provide your information to third parties who help us use it (...) Sometimes we may need to supply information to third parties (such as our service providers or other companies in the TransUnion group) in order to deal with a support request or other enquiry*". Cit. TransUnion CIBIL Limited – Business Product & Technical Support Privacy Notice, Version: 1.4, adopted on February 10, 2021. Disponível em https://www.transunion.co.uk/legal/privacy-centre. Consultado a 16 de janeiro de 2022.

[267] Cf. Rowena Olegario – "Credit Reporting Agencies: A Historical Perspective". In: *Credit Reporting Systems and the International Economy* (ed. Margaret Miller), Cambridge MA, The MIT Press, 2003, p. 137.

não ser muito apelativo[268]. A única agência *bureau* de crédito até então a operar diretamente em território nacional é a Credinformações[269]. Constituída a partir de uma *joint-venture* em 1995 entre a Equifax e a Associação de Instituições de Crédito Especializado (ASFAC), este *bureau* recolhe tanto informações positivas como negativas relativas aos candidatos[270].

46. Em termos práticos, portanto, como se depreende, a primeira, quiçá melhor e mais relevante fonte para um *scoring* e das quais os (potenciais) credores se socorrem para avaliar a solvabilidade são os extratos das contas bancárias[271]. É este ainda o recurso tradicional mais usual que permite fazer um balanço de entre as despesas e as receitas correntes do consumidor. A partir daqui extraem-se as primeiras perscrutações objetivas acerca da sua estabilidade financeira.

Não obstante, principalmente nos dias de hoje, a lista de informações que os credores malparam recolher não se esgota na análise dos extratos.

[268] No ano de 2016, Sérgio Pereira disse em entrevista ao jornal eletrónico Observador que "o Banco de Portugal não é suficiente como central de informação sobre créditos". Para o, à data, Diretor-Geral da 'ComparaJá' "em Portugal (...) a grande dificuldade é não haver um *credit bureau*, informação partilhada e centralizada de acesso fácil para perceber se o cliente tem o perfil adequado para obter o crédito. (...) O analista que gasta meia hora ou uma hora numa análise é ineficiente. Nos outros países, são os *credit bureau* que fazem a recolha de informação através de várias centrais de informação pública e privada (...). É o *scoring*, um *rating* para as instituições financeiras trabalharem. Em Portugal, agora, falamos em cinco dias e o mais comum é demorar duas a três semanas. A grande dificuldade é não haver um *credit bureau*, informação partilhada e centralizada de acesso fácil para perceber se o cliente tem o perfil adequado para obter o crédito". Consequentemente, "a probabilidade de obter crédito é mais baixa [em Portugal] do que noutros países". Cit. David Almas – Banco de Portugal não é suficiente como central de informação sobre créditos, Jornal Eletrónico Observador, 20 de setembro de 2016.

[269] Atualmente, a Credinformações *Bureau* – sucursal da agência de crédito norte-americana da Equifax- é a única agência de informação para o crédito a operar em território nacional. *Vide*, Equifax Portugal – Credinformações Bureau. Disponível em https://www.equifax.pt/business/corporations/credit_bureau/. Consultado a 17 de janeiro de 2022.

[270] Cf. Bernardo Da Rocha Loures – Os Contornos do Cadastro Negativo de Devedores no Sistema Jurídico-Civilista: Uma Análise do Direito ao Bom Nome e ao Crédito em face da Liberdade de Expressão, Dissertação de Mestrado, Coimbra: Faculdade de Direito da Universidade de Coimbra, 2017, p. 81; Paula Cordeiro – Particulares podem ter notas de crédito, Diário de Notícias, 8 de junho de 2007; e Amparo Riestra – Credit Bureaus in Today's Credit Markets, ECRI, Research Report, no. 4, 2002, p. 10.

[271] Cf. Federico Ferretti & Daniela Vandone – *op. cit.*, 2019, pp. 177-178.

É, portanto, numa tentativa de fazerem jus aos casos em que a inadimplência se deve a quebras inesperadas no rendimento e àquelas situações nas quais os históricos de crédito são escassos ou até mesmo inexistentes, que as instituições de crédito ou sociedades financeiras têm feito uso (abusivo) de fontes alternativas[272].

[272] Cf. NIZAN GESLEVICH PACKIN & YAFIT LEV-ARETZ – "Learning algorithms and discrimination" ... *supra*, p. 101; e The World Bank Group & CGAP – Data Protection and Privacy for Alternative Data, GPFT – FCPL Sub-group Discussion Paper, Draft, 2018, p. 11. É-nos já consabido que a maioria das situações de incumprimento no crédito concedido não resulta da adoção de comportamentos de 'mau-pagador', antes de quebras inesperadas nos rendimentos. Estas ocorrências, como vimos, muitas vezes, encontram-se relacionadas com conjunturas macroeconómicas desfavoráveis ou riscos morais imprevisíveis. Para colmatar esta incerteza recorre-se frequentemente a fontes alternativas. E se dantes, diante registos incompletos, prescindiam-se das caraterísticas em falta ou se procedia a pré-processamentos baseados na imputação de substituição, hodiernamente, essas aproximações foram deixadas para segundo plano. Cf. FRANCISCO LOUZADA; ANDERSON ARA & GUILHERME FERNANDES – "Classification methods applied to credit scoring ... *supra*, p. 122; e RODERICK LITTLE & DONALD RUBIN – *Statistical Analysis with Missing Data*, 2nd ed., New Jersey: John Wiley & Sons, Inc., 2002, p. 20. Seguem-se dois exemplos de trabalhos de investigação operacional cujas aproximações implicaram a redução de valores nas entradas: (1º) "*Since the database contains many missing data in dividends, we actually use 137 companies which have more than 15 years of dividend records in order to predict future dividend policy*". Cit. CHAEHWAN WON; JINHWA KIM & JAE BAE – "Using genetic algorithm-based knowledge refinement for dividend policy forecasting". In: *Expert Systems with Applications*, vol. 39, no. 18, 2012, p. 13477; (2º) "*Observations featuring either anomalous state jumps or missing values were removed from the dataset*". Cit. NIALL ADAMS; DAVID HAND & ROBERT TILL – "Mining for classes and patterns in behavioural data". In: *Journal of the Operational Research Society*, vol. 52, no. 9, 2001, p. 1018. Também há, ainda dentro da ótica da investigação operacional, quem opte, ao invés de abdicar das classes das caraterísticas em falta, pelo pré-processamento de dados com recurso a procedimentos baseados na imputação (ou antes, dito de uma forma mais simples, de substituição de instâncias armazenadas, genericamente), como se corrobora nos excertos transcritos dos três seguintes trabalhos: (1º) "*A significant number of values are missing. These missing values generally have a meaning: for financial information, they would mean that the request is issued by a private or a small company. As a consequence, replacing these values by a mean imputation could hurt the performance, oversimplifying the process behind missing values. We decided to use either the maximum or the minimum of the features, assuming that these missing values would in general correspond to extreme cases*". Cit. GIUSEPPE PALEOLOGO; ANDRÉ ELISSEEFF & GIANLUCA ANTONINI – "Subagging for credit scoring models". In: *European Journal of Operational Research Society*, vol. 201, no. 2, 2010, p. 492; (2º) "*The few missing values were imputed using the mean for the continuous attributes and the most frequent category for the categoric attributes*". Cit. BART BAESENS – "Neural network survival analysis for personal loan data". In: *Journal of the Operational Research Society*, vol. 56, no. 9, 2005, p. 1093; e (3º) "*The selection mechanism was one of missing at random not non-ignorably missing. This suggests that the parameters of the accepts-only model are not biased estimates of those of*

O estabelecimento de novos e inteligentes canais de comunicação para com o consumidor final tem acompanhado as tendências da revolução digital. Sobretudo os *Millenials* e *Digital Natives* (Gerações Y e Z, respetivamente) – ou até, cada vez mais os *Baby Boomers* (Geração X) – coabitam numa nova realidade que propícia o surgimento de novos *players* no setor, como os corretores de informação (os *data brokers*) e as agências de *marketing online*[273]. Os credores não mais se socorrem tão-só dos canais de interação tradicionais. Atualmente, a avaliação de solvabilidade quase que se concretiza em tempo real através definição de perfis. Dados estruturados, semiestruturados e não estruturados são armazenados em gigantescas bases e recolhidos de fontes alternativas para a tomada de decisão no crédito[274]. Algumas destas técnicas ditas 'revolucionárias' implicam mesmo

the population of all applicants. If, also, the data generating process for the rejected applicants and for the accepted applicants is the same, then those parameters estimated from the accept-only sample are those in the population of the applicants". Cit. John Banasik; Jonathan Crook & Lyn Thomas – "Sample selection bias in credit scoring models". In: *Journal of Operational Research Society*, vol. 54, no. 8, 2003, p. 828.

[273] Cf. Paulo Alcarva – *op. cit.*, 2018, p. 51 e pp. 62-64. "O rápido desenvolvimento tecnológico e a mutação constante do comportamento dos diferentes segmentos de clientes (sobretudo aquele mais flutuante das gerações *Millenials* e *Digital Natives*, respetivamente, Gerações Y e Z, que alteram com maior facilidade de instituição financeira), bem como a introdução de novos, diferentes e mais competitivos *players* no setor, convolam a implementação necessária de políticas de reajuste no 'ADN base' das instituições responsáveis pelo financiamento do crédito ao consumo". Cit. Diogo Morgado Rebelo; Cesar Analide & Joana Covelo De Abreu – "O Mercado Único Digital e a '(leigo)ritmia' da pontuação de crédito na era da Inteligência Artificial ... *supra*, pp. 11-12; The World Bank Group & CGAP – Data Protection and Privacy for Alternative Data ... *supra*, p. 11; e Ed Mierzwinski & Jeff Chester – "Selling Customers, Not Lists: ... *supra*, p. 846 e p. 862.

[274] O crescendo em número de plataformas digitais, destinadas ou não à concessão de crédito ao consumo, fomenta o surgimento de mais fontes de recolha agregadoras de dados não estruturados. Cf. The World Bank Group – Doing Business 2020, Comparing Business Regulation in 190 Economies ... *supra*, p. 49; The World Bank Group – Disruptive Technologies in the Credit Information Sharing Industry ... *supra*, p. 20; e Melissa Knutson – Credit Scoring Approaches, Guidelines ... *supra*, p. 10. Seria tão mais transparente o processo de *scoring* de crédito quanto mais e melhor estruturada fosse a informação acoplada nas entradas dos sistemas, embora não tão complexos pudessem os cientistas dos dados querer que os seus modelos fossem. Cf. Raymond Anderson – *op. cit.*, 2007, pp. 257-258. Esta transformação digital tem impactado nas metodologias de *scoring* de crédito, cujas aplicações apostam sobretudo na utilização de dados não estruturados. Cf. Comissão Europeia – Evolution of Directive 2008/48/EC, Final Report, Directorate-General for Justice and Consumers, February 2020, p. 64. Para efeitos de aprimoramento concetual, Pedro Dias Venâncio define BDs como uma

o rastreamento comportamental – de feição psicométrica – de despesas granulares a partir da recolha coetânea de dados móveis, incluindo a geolocalização, bem como a identificação padronizada das ações e preferências do consumidor em ambiente *web*, através dos testemunhos de conexão (os *cookies*)[275]. Com tudo isto, uma pegada digital bem trabalhada permi-

"coleção de registos guardados na unidade de memória de um computador de um modo sistemático, de forma que um programa de computador possa consultá-lo para realização das operações matemáticas, estatísticas ou de pesquisa para as quais foi idealizado". Cit. PEDRO DIAS VENÂNCIO – *op. cit.*, 2013, p. 107. *Vide*, FELIZ GOUVEIA – *Fundamentos de Bases de Dados*, 1º ed. imp., Lisboa, FCA – Editora de Informática, 2014, pp. 2-3. Neste conceito o autor inclui os "dados introduzidos por quem construiu a base de dados que visam exclusivamente descrever os dados que compõem o 'acervo real' da base de forma a facilitar a sua pesquisa", ou seja, os metadados. Cit. *idem, ibidem,* anotação em rodapé nº 283. Ora, as BDs tradicionais que algumas instituições de crédito e sociedades financeiras ainda utilizam remetem a duas dimensões: a dos registos e a dos campos. A primeira, a correspondente aos registos, contém pormenores de casos individuais. Já a segunda, alusiva aos campos, contém indicadores de informação acerca de cada caso. Tanto os registos como os campos corresponderão às linhas e colunas de uma simples folha de cálculo. Assim, a título exemplificativo, os candidatos 'Maria' e 'João' (registos) figurarão nas linhas, enquanto os atributos como a idade, situação profissional, créditos anteriores contraídos, *et alli,* representam-se nas colunas em cada campo de análise. Cf. Tabela 1, Capítulo I. Os atributos traduzirão as respostas indicadas em cada campo. Cf. ANTÓNIO SARMENTO BATISTA – *op. cit.*, 2012, p. 147. Importa ainda diferenciar os tipos de dados que compõem as BDs. Os dados estruturados, enquadráveis em BDs relacionais, apresentam-se principalmente no formato de texto e são facilmente objeto de recolha, armazenamento e análise com recurso à linguagem *Structured Query Language* (SQL). Cf. SHAGUFA PRAVEEN & UMESH SHANDRA – "Influence of Structured, Semi-Structured, Unstructured data on various models". In: *International Journal of Scientific and Engineering Research,* vol. 8, no. 12, 2020, p. 68. Por exemplo, o registo das transações armazenar-se-á numa BD neste formato. Cf. MELISSA KNUTSON – Credit Scoring Approaches, Guidelines ... *supra*, p. 10. Os dados semiestruturados, não esquematizados, não são adequados para bases de dados relacionais. A representação da informação neles contida tem de ser efetuada com recurso a árvores e gráficos cujos atributos e rótulos ajudam a estabelecer um determinado contexto. Cf. SHAGUFA PRAVEEN & UMESH SHANDRA – "Influence of Structured, Semi-Structured, Unstructured data ... *supra,* p. 68. Já os dados não estruturados, aqueles em relação aos é inexequível predefinir qualquer ordem ou estrutura, incluem ficheiros dos mais variados formatos, como sejam, imagens, vídeos, áudio, dados das redes sociais, entre tantos outros. No atual estado de arte, cerca de 90% do universo digital circula à volta de dados não estruturados. Estes conjuntos não se ajustam a bases de dados relacionais. Assim, para os armazenar, surgiu a linguagem NoSQL, aquela mais apta a operar em ambientes *Big Data*. Cf. *ult. loc. cit.*; e FRANCISCO CAIXEIRO – Infrastructure and Machine Learning for Credit Scoring, IST, 2018, p. 2.

[275] Os testemunhos de conexão são pequenos arquivos de texto que manutém o estado de uma comunicação HTTP (*Hypertext Transfer Protocol*), viabilizando nesse sentido que uma aplica-

tirá aos (potenciais) credores monitorizar os comportamentos de risco da sua clientela *on time*[276]. Neste estado de arte do conhecimento monetizado para o *scoring* de crédito, computam-se no todo da aplicação hábitos de consumo outrora não identificáveis. Sem premeditarem, os candidatos a crédito vêem-se, então, submetidos a processos preditivos de tratamento que

ção interativa sinalize os passos (ou histórico de páginas) navegadas pelo ciberconsumidor enquanto este se encontra ligado à rede. Cf. ANA ALVES LEAL – "Aspetos jurídicos da análise de dados na Internet (*big data analytics*) ... *supra*, p. 121, § 19. *Vide*, para mais desenvolvimentos acerca da tópica, EMÍLIA GOLIM FONTAINHAS; FRANCISCO ANDRADE & JOSÉ BACELAR ALMEIDA – "Do consentimento para a utilização de testemunhos de conexão (cookies)". In: *Scientia Ivridica*, Tomo LXV, nº 341, 2016, pp. 173-206; EMÍLIA GOLIM FONTAINHAS – *Dos Testemunhos de Conexão no Quadro Legislativo Europeu da Proteção de Dados – Em particular do consentimento para a sua utilização*, Dissertação de Mestrado: Braga, Universidade do Minho, 2013, pp. 17-19. *Vide*, ainda, LUÍS MENEZES LEITÃO – "Os testemunhos de conexão (cookies)". In: *Estudos de Homenagem da Faculdade de Direito de Lisboa ao Professor Doutor Inocêncio Galvão Telles, 90 Anos*, Coimbra, Almedina, 2007, pp. 719-748.

[276] Cf. The World Bank Group – Disruptive Technologies in the Credit Information Sharing Industry ... *supra*, p. 9; MELISSA KNUTSON – Credit Scoring Approaches, Guidelines ... *supra*, p. 10; e NIZAN GESLEVICH PACKIN & YAFIT LEV-ARETZ – "Learning algorithms and discrimination" ... *supra*, p. 101. "*We use alternative data sources including mobile phone, digital footprint, behavioral, and psychometric to assess the credit risk of anyone*". Cit. LinddoEFL – Scoring, Approve more people with less risk using digital and behavioral data. Disponível em https://lenddoefl.com/scoring. Consultado a 19 de janeiro de 2022. Além das coordenadas GPS, alguns corretores de informação pretendem ainda que lhes seja autorizado o acesso às listas de contactos, aos registos de SMS, ou até a aplicações móveis como calendários, eventos, lembretes, imagens, entre tantos outras. Podem ser dadas como exemplos as políticas seguidas pelos corretores Friendly Score, First Access Visa Card e pelo CreditVydia, embora o recurso a estas possa ser concebido como uma prática quase que generalizada. "*You may also decide to give us the following information via our mobile application where you have expressly agreed to provide the information via the mobile application: GPS co-ordinates, contact lists, SMS log, calendars, events, reminders, and pictures*". Cit. FriendlyScore – Privacy Policy, Information We May Collect and Process about You, no. 4. Disponível em https://friendlyscore.com/page/privacy-policy. Consultado a 19 de janeiro de 2022. "*We (...) collect other non-Personal Information such as: type of browser and operating system used; device type and ID; date and time of your visit to the site; actions you performed or attempted, including clickstream data; codes that correspond to the status of your actions; and the geographic location of the computer or mobile device you use to access the site*". Cit. First Access Visa Credit Card – Privacy Policy, Section 1. Information We Collect, revised January 5, 2022. Disponível em https://firstaccess.creditcard/privacy.aspx. Consultado a 19 de janeiro de 2021, sublinhado, a suprimir, por razões de correção científica. "*We read SMS (...) Apps, information about the location (...), and collect contacts information to automatically detect references information for your customized credit scoring*". Cit. CreditVidya – Privacy Policy, Information of the End-Users We Collect from Your Use of our Services. Disponível em https://creditvidya.com/privacy-policy. Consultado a 19 de janeiro de 2022.

exorbitam aquilo que seria expetável, pois que, além de supervisionarem os pagamentos efetuados (em linha), algumas das instituições de crédito ou sociedades financeiras tomam como sua a ilegítima ousadia de seguir a atividade destes utilizadores nas redes sociais ou até em pesquisas por estes efetuadas nos motores de busca[277]. Através dos métodos mais avançados

[277] Cf. The World Bank Group & CGAP – Data Protection and Privacy for Alternative Data ... *supra*, p. 4; e Mikella Hurley & Julius Adebayo – "Credit Scoring in the Era of Big Data" ... *supra*, p. 163. Até há pouco tempo, *data brokers* como o LenddoEFL, a FriendlyScore examinavam as páginas ou perfis do Facebook – e hoje ainda o fazem relativamente a outras redes sociais ou profissionais, como o Twitter ou o LinkedIn – de forma a identificarem potenciais clientes. Com recurso a métricas de *online targeting*, a omnipresença da opção 'Like' em determinadas promoções ou até nas próprias páginas oficiais das instituições de crédito ou sociedades financeiras conduzia ao acesso a dados pessoais dos consumidores. Cf. The World Bank Group – Disruptive Technologies in the Credit Information Sharing Industry ... *supra*, p. 20; e, genericamente, reportando--se tão-só ao caso do Facebook, Ed Mierzwinski & Jeff Chester – "Selling Customers, Not Lists: ... *supra*, p. 850. De forma mais extrema e gritante é tomar-se a consciência de que a probabilidade de ser aceite num determinado crédito se encontrava dependente da alegada condição socioeconómica das nossas 'conexões de amizade', em redes sociais como o facebook: "*LenddoEFL (...) believe have questions to answer about their current and historic use of data from sources including Facebook*". Cit. Privacy International – Fintech's dirty little secret? Lenddo, Facebook and the challenge of identity, October 23, 2018. Disponível em https://privacyinternational.org/long-read/2323/fintechs-dirty-little-secret-lenddo-facebook-and-challenge-identity. Consultado a 19 de janeiro de 2022; "*For example, if I knew that I was about to apply for a loan, and that my lender used Friendly Score to assess my creditworthiness, I might be tempted to log onto Facebook, "cull" my friends for perceived creditworthiness (e.g. by unfriending poor people, and sending friend requests to rich people), and change my personal data (e.g. by posting fake photos of myself travelling to exotic destinations)*". Cit. Nicolas Ii – Friendly Score. Using Social Data to Build Credit Profiles, Digital Innovation and Transformation, MBA Students Perspectives, Harvard Business School, April 5, 2017. Disponível em https://digital.hbs.edu/platform-digit/submission/friendly-score-using-social-data-to-build-credit-profiles/. Consultado a 18 de janeiro de 2022. E tantos outros exemplos poderiam ser enumerados, a melhor ver: ZestAI; o Trusting Social; o Lending Club; Zopa e a Funding Circle. *Vide*, ZestAI – Privacy Policy, last updated on January 21, 2020. Disponível em https://www.zest.ai/privacy-policy. Consultado a 19 de janeiro de 2021; Trusting Social – Privacy Policy, January 1, 2020. Disponível em https://trustingsocial.com/privacy-policy. Consultado a 19 de janeiro de 2021; Lending Club – Privacy Policy, adopted on Februry 1, 2021. Disponível em https://www.lendingclub.com/legal/privacy-policy. Consultado a 19 de janeiro de 2022; Zopa – Zopa Privacy Note, adopted on March 26, 2021. Disponível em https://www.zopa.com/privacy-notice#privacy. Consultado a 19 de janeiro de 2022; Upstart – Upstart Privacy Policy and Notice, adopted on May 12, 2021. Disponível em https://www.upstart.com/privacy_policy. Consultado a 19 de janeiro de 2021. Interessante é constatar que o corretor de dados norte-americano underwrite.ai, sediado em Boston, assegura que, precisamente por não existirem ainda evidências científicas suficientes da relação entre atividade em linha nas

de previsão e otimização, os corretores de informações – ou até mesmo os departamentos especializados – podem rastrear os comportamentos dos consumidores. E fazem-no para compreenderem não só os padrões diários, mas também num ímpeto de anteverem como estes previsivelmente se comportarão em diferentes circunstâncias ou conjunturas[278].

Destarte, pode asseverar-se que nesta era digital, demarcada por períodos de agitação dos modelos de negócio no mercado do crédito ao consumo, as fontes tradicionais e alternativas de recolha de dados são os meios instrumentais que por excelência pré-selecionam, de uma forma tão mais rápida e eficaz, embora deveras intrusiva, os candidatos.

Tabela 3. Fontes de Recolha

<table>
<tr><th colspan="2">Fontes de Recolha</th><th>Tipo</th></tr>
<tr><td rowspan="3">Banco de Portugal</td><td>Central de Responsabilidades de Crédito</td><td>Tradicional</td></tr>
<tr><td>Base de Dados de Conta</td><td>Tradicional</td></tr>
<tr><td>Listagem de Utilizadores de Cheque de Risco</td><td>Tradicional</td></tr>
<tr><td>Lista Pública de Execuções</td><td>Processos Executivos</td><td>Tradicional</td></tr>
<tr><td>Segurança Social</td><td rowspan="2">Lista de Devedores</td><td>Tradicional</td></tr>
<tr><td>Autoridade Tributária</td><td></td></tr>
<tr><td>Credinformações Equifax</td><td>Verificações de Crédito</td><td>Tradicional</td></tr>
</table>

redes sociais e o cumprimento no crédito concedido, não faz uso desse tipo de dados pessoais. *"Do You Use Social Media Data? No. Until there is some concrete evidence that the number of Facebook friends you have is predictive of loan repayment, we'll pass"*. Cit. underwrite.ai – Frequently Asked Questions. Disponível em https://www.underwrite.ai/faq.html. Consultado a 19 de janeiro de 2021. Políticas um tanto ou quanto mais *'privacy-(EU)friendly'*, pelo menos, no que toca ao acesso à atividade das redes sociais, parecem seguir o Credit Sesame, o Funding Circle e o Prêt d'Union. *Vide*, Credit Sesame – Credit Sesame Privacy Policy, last updated on January 21, 2021. Disponível em https://www.creditsesame.com/about/privacy-policy/. Consultado a 19 de janeiro de 2022; Funding Circle – Privacy Policy, How and When We Collect Your Information and What We Collect. Disponível em https://www.fundingcircle.com/uk/legal/privacy-policy/. Consultado a 19 de janeiro de 2022; e Prêt d'Union – Legal Notice and Privacy. Disponível em https://en.pretapousser.com/pages/mentions-legales-et-politique-de--protection-des-donnees-personnelles. Consultado a 19 de janeiro de 2022. A única startup portuguesa, corretora de informações de crédito, a James Credit Risk, antes CrowdPress, não contém qualquer informação disponível acerca das políticas de privacidade

[278] Cf. Ed Mierzwinski & Jeff Chester – "Selling Customers, Not Lists ... *supra*, p. 849.

<table>
<tr><td>Dados de utilizador da Plataforma da Instituição de Crédito</td><td rowspan="3">E-commerce
Pagamentos e Transferências
On-Time</td><td>Alternativa</td></tr>
<tr><td>Aplicações Móveis</td><td>Alternativa</td></tr>
<tr><td>Transações Online</td><td>Alternativa</td></tr>
<tr><td>Redes Sociais</td><td rowspan="2">Hábitos de Consumo</td><td rowspan="2">Alternativa</td></tr>
<tr><td>Pesquisas Online</td></tr>
</table>

47. Como se intui facilmente, centenas de caraterísticas e milhares de atributos providenciam hoje uma mais rápida e melhor conceção de modelos de aprendizagem. Todavia, no atual estado de arte, somente serão fruídas neste processo cerca de 6 a 25 caraterísticas, *infra,* nomeadamente aquelas que fomentem a maior robustez, a maior capacidade de generalização e que, aliás, se encontrem disponíveis ou sejam disponibilizadas ou fornecidas licitamente pelo consumidor[279]. Ou seja, a quantidade de *sets* informacionais também se encontra dependente da facilidade de acesso. O armazenamento de dados em formatos inapropriados, tal como sucede com as listagens de papel ou com a dispersão das informações por vários arquivos, que pressupõem a recuperação e ulterior rescrição, pode exponenciar o dispêndio de tempo e de recursos. E ainda que alguns conjuntos possam ser considerados boas variáveis preditivas, caso não possam ser obtidos, a sua utilidade será nula. Em todo o caso, se o processo de tratamento for acompanhado pela recolha e atualização contínuas, i.e., no decurso da própria atividade ou de outras relacionadas, maior será o seu armazenamento estruturado, dificuldade esta que, aliás, como se depreende, é acrescida em ambientes que operam à escala *Big Data Analytics.*

48. Certo é que as informações necessárias para a avaliação do risco de crédito, obtidas de várias fontes, apresentam, cada uma delas, vantagens e desvantagens, assim como diferentes custos[280]. Em relação aos dados recolhidos junto da clientela, pela maior atualização que demandam, expõem

[279] Cf. António Sarmento Batista – *op. cit.,* 2012, p. 145. Alguns dados não podem, simplesmente, ser obtidos por interdição via legal, nomeadamente os dados que se encontram sujeitos a segredo de justiça, sigilo bancário, sigilo médico, bem como informação militar confidencial ou até outros destinados para fins específicos. Cf. *idem, ibidem,* p. 146; e Paulo Viegas de Carvalho – *op. cit.,* 2009, p. 124.

[280] Cf. *idem, ibidem,* p. 150.

como contraindicação o facto de o cliente poder estar reticente em revelar algumas indicações. Por isso, além da realização de uma entrevista pessoal, justifica-se muitas vezes o estabelecimento de contactos regulares[281]. Já as informações internas, as da própria instituição, são as menos dispendiosas[282]. Quanto às externas, disponibilizadas pelos *bureau* de crédito, acarretam muitas vezes a subscrição de serviços onerosos ou até desatualizados, apesar de terem como vantagem o facto de a informação compilada poder ser mais completa[283].

49. Por tudo isto se deduz que a proliferação do fenómeno *Big Data*, assim como a consentânea introdução no mercado de novos *players* no setor, revolucionaram o volume e a variedade das fontes utilizadas para avaliação da solvabilidade, em alguns casos, colocando mesmo dificuldades acrescidas no pré-processamento e na conceção exatas dos modelos. Tal sucede porque, nos dias de hoje, é necessário fazer uso de BDs que preservem as proporções de pagadores cumpridores e dos faltosos[284].

Não obstante, o crescendo do postulado quantidade tem sido colocado em causa. Tal sucede na medida em que o recurso a alguns dos meios *ante* enunciados é considerado desproporcional – v. desenvolvimentos, *infra*, Capítulo IV[285]. Por um lado, a possível integração e o acesso a dados de crédito em massa pode contribuir, de certa forma, para minorar o esforço operacional. Por outro, maiores serão os riscos de perda de privacidade numa sociedade cada vez mais rendida aos fenómenos da globalização e da digitalização[286].

Em suma, todas estas nuances – concernentes ao reduto da quantidade de megadados de crédito, i.e., que vão desde a natureza positiva e negativa

[281] Cf. *ult. loc. cit.*

[282] Cf. *ult. loc. cit.*

[283] Cf. *ult. loc. cit.*

[284] Cf. Mumine Yobas; Jonathan Crook & Peter Ross – "Credit scoring using neural and evolutionary techniques". In: *IMA Journal of Management Mathematics*, vol. 11, no. 2, 2000, p. 124.

[285] Cf. Julie Goetghebuer – "AI and Creditworthiness Assessments: The Tale of Credit Scoring and Consumer Protection. A Story with a Happy Ending?". In: *Artificial Intelligence and the Law* (coord. Jan De Bruyne and Cedric Vanleenhove), Belgium: Intersentia, 2021, p. 453 e p. 455, anotação em rodapé nº 153; e The World Bank Group – Disruptive Technologies in the Credit Information Sharing Industry ... *supra*, p. 20.

[286] Cf. António Sarmento Batista – *op. cit.*, 2012, p. 78.

da informação a suputar, quantitativamente, na equação aplicacional até às fontes de recolha tradicionais e alternativas –consubstanciam fatores que devem de ser convenientemente meditados nos momentos que antecedem a disponibilização no mercado ou colocação em serviço de um sistema de *scoring*.

6.3. A Qualidade

50. A utilização de diferentes informações relativas aos candidatos, em operações de tratamento massivo de dados de crédito, possibilita que seja hoje possível definir e conhecer com maior rigor o perfil de risco do consumidor[287]. Como vimos, o cenário atual vivifica o fenómeno *scoring* baseado em tecnologias de IA.

> As constantes tentativas de aperfeiçoamento dos modelos de aprendizagem, registadas "num ambiente caraterizado por informação facilmente acessível, generalizada e em grande abundância, tornou imprescindível uma sistematização dos processos de análise, bem como uma maior robustez dos meios utilizados para explorar os dados e identificar os melhores modelos"[288].

Não menos preponderante do que as técnicas estatísticas de ML implementadas para suportar as previsões, é todo um processo preparatório antecedente[289]. De compleição funcionalmente depurativa e prospetiva, a microciência DM figura ainda enquanto ferramenta crucial para se obterem, em tempo útil, projeções válidas que geram conhecimento valedouro em processos de tomada de decisão no crédito e à escala BI[290].

[287] Cf. Diogo Morgado Rebelo; Cesar Analide & Joana Covelo De Abreu – "O Mercado Único Digital e a '(leigo)ritmia' da pontuação de crédito na era da Inteligência Artificial ... *supra*, pp. 20-21.

[288] Cit. Paulo Viegas De Carvalho – *op. cit.*, 2009, p. 136.

[289] Cf. Geert Verstraeten & Dirk van den Poel – "Quantifying Credit Scoring Performance ... *supra*, p. 318.

[290] "Aliás, dado que o modelo estatístico, só por si, de nada serve, pois depende diretamente da qualidade do trabalho durante as fases que o precedem. (...) Justifica-se plenamente [por isso] o tempo dedicado aos procedimentos preparatórios (...)". Cit. Paulo Viegas De Carvalho – *op. cit.*, 2009, p. 136. Tal como elucidado na primeira unidade capitular, os sistemas de BI "combinam a recolha de dados, o armazenamento dos mesmos e a gestão do conhecimento com diversas ferramentas de análise que possibilitam a extração de informação útil, a partir dos dados armazenados". Cit. Maribel Yasmina Santos & Isabel Ramos – *op. cit.*, 2017,

6.3.1. Da Definição do *Problem-solving*

51. A determinação desta tarefa computacional, ou seja, "o que se pretende com o modelo, bem como (...) todos os pressupostos a ele subjacentes"[291], constitui o núcleo central para o desenvolvimento das fases de modelização[292].

De facto, para a melhor definição do *problem-solving* em estudo, deverão ser clarificadas nuances críticas, de cujo enquadramento resultará uma melhor preparação dos modelos de aprendizagem.

(1) Primeiramente, partindo de um discernir pragmático das situações que cristalizam casos-tipo de incumprimento, ajuizar-se-á um critério principiológico de separação das amostras que fundamentem a falta de capacidade em solver os compromissos obrigacionais. Segundo João Carvalho das Neves, no setor bancário, a linha de separação temporal para a identificação do segmento de clientes incumpridores são os 90 dias a partir do vencimento do prazo prestacional[293];

(2) De seguida, determinam-se os destinatários em relação aos quais são aplicados os modelos de *scoring* já validade e testados– v. desen-

p. 78. Os desideratos dos mesmos são multíplices e não se bastam com a elaboração *ex post* de previsões que estimam reproduzir no presente, em relação ao futuro, dados históricos ou atuais relativos ao desempenho esperado nos contratos de crédito ao consumo. Os sistemas de BI alocados a estas tarefas como o *scoring* executam outrossim a prospeção de cenários dinâmicos que evidenciem o impacto nas covariáveis explicativas, tornando possível aceder a dados que possam responder a questões não predefinidas. E na medida em que exploram a dinâmica do mercado na oferta e procura do crédito ao consumo, a montante, fornecem também um conhecimento mais profundo acerca das práticas comerciais adotadas (ou a adotar) pela instituição de crédito ou sociedade financeira. Cf. genericamente, acerca das tarefas de BI, *idem ibidem*, pp. 78-79. Por conseguinte, em BI, o conhecimento procedimental, que se reconduz à questão de como executar o *scoring* e ser *compliant*, deve ser conjugado com outros dois tipos, a melhor ver, o conhecimento semântico e casuístico. O primeiro, de matriz semântica, descreverá, genericamente, as relações entre as variáveis explicativas e a variável endógena, ao passo que o segundo, o casuístico, alude à preponderância que os padrões e regularidades históricos globais têm sobre estimações concretas. Cf. Celina Olszak & Ewa Ziemba – "Business intelligence in the holistic infrastructure development supporting decision making in organisations". In: *Interdisciplinary Journal of Information, Knowledge, and Management*, vol. 1, 2006, p. 47.

[291] Cit. José Vasconcelos – *op. cit.*, 2017, p. 55.

[292] Cf. João Carvalho Das Neves – *Análise e Relato Financeiro: Uma visão integrada de gestão*, Alfragide, Texto Editora, 2014, p. 447; e Paulo Viegas De Carvalho – *op. cit.*, 2009, p. 137.

[293] Cf. João Carvalho Das Neves – *op. cit.*, 2014, p. 462.

volvimentos, *infra,* Capítulo III – que compõe a oferta de cada instituição de crédito ou sociedade financeira[294];

(3) Depois, não deve descurar-se a especificação do *cutoff* que diferenciará a clientela cumpridora da faltosa, sendo certo que a estipulação deste limiar variará de uma instituição para outra, dependendo mesmo do contexto macroeconómico[295]. Em termos de políticas de administração, a fixação desta orientação, baseada em fatores técnicos e financeiros, é essencial tanto para o maior proveito lucrativo como para a maior exatidão das previsões[296]. Aliás, é sobretudo tendo como ponto de referência o *cutoff score* que um candidato é aceite ou rejeitado. Tanto maior será a probabilidade de este ter êxito quanto mais baixo for o *cutoff*, nesse sentido, predisposta a assumir maiores riscos[297];

(4) Adicionalmente, a preparação deste problema computacional não pode olvidar debruçar-se sobre a determinação do horizonte de previsão, assim como do período de observações históricas. O primeiro, o horizonte de previsão ou de desempenho, alude ao hiato temporal a partir do qual se prepara e é estimada uma previsão de incumprimento. Tendo como referencial as fases da maturação do sistema, a sua deliberação encontra-se intimamente dependente da disponibilidade da informação, pelo que quanto mais longo for, menor será o nível de confiança[298]. Já relativamente ao período de observações históricas, relacionado diretamente com o *scoring* comportamental, tem que ver com a necessidade de serem rastreadas

[294] A qualidade de uma previsão concreta é tão maior quanto mais detalhadas forem as várias estimações paralelas proporcionadas por um maior número de modelos de *scoring*. Especialistas em modelização econométrica têm defendido que o uso de previsões geradas pela conjugação de diferentes modelos reduz a probabilidade de erro, desde que sejam utilizadas combinações ou categorias de informação diferentes. Cf., para os devidos efeitos, Paulo Viegas De Carvalho – *op. cit.*, 2009, p. 139; e David Hendry & Michael Clements – "Economic forecasting: some lessons from recent research". In: *Economic Modelling*, vol. 20, no. 2, 2003, p. 306.

[295] Cf. Hussein Abdou & John Pointon – "Credit scoring, statistical techniques and evaluation criteria .... *supra*, p. 67.

[296] Cf. *ult. loc. cit.*

[297] Cf. *ult. loc. cit.*

[298] Cf. David Hendry & Michael Clements – "Economic forecasting: some lessons from recent research ... *supra*, p. 303.

informações de crédito suficientes e atualizadas do consumidor para a maior exatidão das previsões[299].

52. Mas, afinal, o que determina, em número e espécie, a categorização de um (potencial) cliente como 'bom' ou 'mau pagador'?

Além das técnicas subjacentes à tarefa computacional, importa antes circunscrever quais as variáveis preditivas que melhor se adequam ao *problem-solving*. Estas não só viabilizarão, por vezes, explicar o processo lógico-inferencial, como, consequentemente, anteciparão o incumprimento[300]. A premissa, nesta sémita, é a de que inexiste uma quantificação ótima – e, portanto, minimamente ecuménica – quanto à tipologia e ao número de classes que robustecem melhores preditores para o treino, validação e ulterior teste dos modelos de *scoring*. Os estudos não são concordes quanto à natureza dos dados a serem introduzidos nas entradas. Por outro lado, a disponibilidade dos dados, como vimos, pode afigurar-se ser uma condicionante, abonatória ou desfavorável, em todo este processo[301]. De facto, a seleção das melhores variáveis explicativas varia em função dos traços culturais, socioeconómicos e, sobretudo, das políticas de gestão e *scoring* adotadas em cada instituição[302].

Com efeito, da investigação operacional, aquelas propriedades iniciais que evidenciam maior robustez preditiva deverão ser utilizadas na conceção do modelo de aprendizagem final[303]. Como "a correlação existe e

[299] Cf. José Vasconcelos – *op. cit.*, 2017, pp. 55-56; e Paulo Viegas De Carvalho – *op. cit.*, 2009, pp. 138-139.

[300] Cf. Hussein Abdou & John Pointon – "Credit scoring, statistical techniques and evaluation criteria .... *supra*, p. 66; e Paulo Viegas De Carvalho – op. cit., 2009, p. 143. A relevância de uma caraterística reconduz-se ao seu poder preditivo. Na impossibilidade de se aferir esta predominância, deve descartar-se a sua utilização. Cf. António Sarmento Batista – *op. cit.*, 2012, p. 145.

[301] Cf. Hussein Abdou & John Pointon – "Credit scoring, statistical techniques and evaluation criteria .... *supra*, p. 66.

[302] Cf. Ethem Alpaydin – *op. cit.*, 2016, p. 46; Hussein Abdou & John Pointon – "Credit scoring, statistical techniques and evaluation criteria .... *supra*, p. 67; Jiawei Han & Micheline Kamber – *Data Mining: Concepts and Techniques*, 2nd ed., San Francisco: The Morgan Kaufmann Series in Data Management Systems, 2006, p. 15; e Theodore Anderson – An Introduction to Multivariate Statistical Analysis, 3rd ed., New Jersey: John Wiley & Sons, Inc., 2003, p. 207.

[303] Cf. António Sarmento Batista – *op. cit.*, 2012, p. 171.

necessita de ser identificada e tratada"[304], verifica-se que certas propriedades categóricas – como sejam, o sexo, a nacionalidade ou o estado civil, entre outros – são transformadas em números, via discretização[305]. Sem se descurar a necessidade de serem adotadas medidas técnicas e organizativas que certifiquem a correção e suficiência da informação, as equipas responsáveis socorrem-se, muitas vezes, de diferentes combinações iniciais, inter-relacionadas ou não, através da utilização de técnicas de agrupamento algorítmico (*pooling algorithms*)[306]. A título de exemplo, não será

[304] Cit. *idem, ibidem*, p. 56.

[305] Cf. Francisco Louzada; Anderson Ara & Guilherme Fernandes – "Classification methods applied to credit scoring ... *supra*, p. 122; Paulo Viegas De Carvalho – *op. cit.*, 2009, p. 145; António Sarmento Batista – *op. cit.*, 2012, p. 171; e Christophe Mues [*Et al.*] – "Decision diagrams in machine learning: an empirical study on real-life credit-risk data". In: *Expert Systems with Applications*, vol. 27, no. 2, 2004, p. 260. Como vimos anteriormente, os valores discretos correspondem a intervalos curtos num espectro contínuo de valores. Enquanto o número de valores contínuos representativo de um atributo pode ser infinitamente grande, na discretização estatística, o número de valores discretos associado é pequeno, geralmente, finito, podendo mesmo corresponder a variáveis binárias [0,1]. Ora, o processo de é preponderante para a descoberta de conhecimento em prospeções geradas à escala DM e ML. Tal sucede na medida em que os números são muito mais concisos, pelo que a sua representação real e especificação torna-se muito mais fácil. Cf. Huan Liu [*Et al.*] – "Discretization: an enabling technique". In: *Data Mining and Knowledge Discovery*, vol. 6, no. 4, 2002, p. 393. *Vide*, Wei-Wen Wo – "Improving Classification Accuracy and Causal Knowledge for Better Credit Decisions". In: *International Journal of Neural Systems*, vol. 21, no. 4, 2011, pp. 297-309; e Chorng-Shyong Ong; Jih-Jeng Huang; & Gwo-Hshiung Tzang– "Building credit scoring models using genetic programming". In: *Expert Systems with Applications*, vol. 29, no. 1, 2005, p. 44.

[306] Cf. Para assegurar perdas mínimas de informação, recorre-se frequentemente a técnicas de agrupamento algorítmico (*pooling algorithms*). Estas práticas de gestão do risco *coarse classing*, diferem da discretização – explicitada, *supra* – porquanto traduzem a transformação de um conjunto de grupos interrelacionados ou monótonos de classes face às várias combinações preferencialmente mais parcimoniosas que as camadas iniciais dos vários modelos de previsão devem evidenciar. Cf. Raymond Anderson – *op. cit.*, 2007, p. 369-370. Para se identificarem quais os grupos com caraterísticas homogéneas, recorre-se frequentemente ao método de análise das componentes principais. O propósito desta aproximação tem que ver com a redução da dimensionalidade de dados através da geração de uma sequência de combinações lineares, designadas componentes principais ou agregadas das variáveis originais observadas. Dito de outra forma, esta metodologia visa derivar um conjunto menor de variáveis agrupadas representativas de um conjunto maior, as variáveis explicativas, sem que, com isto, se verifique uma perda significativa da especificidade da informação. O resultado desta análise estruturará uma sequência de componentes principais não correlacionadas listadas em termos da quantidade de variação total – i.e., da correlação ou covariância das propriedades iniciais. Com efeito,

despicienda de sentido a conjugação de variáveis como sexo e o estado civil na caraterística da situação pessoal, ou até mesmo, o tipo, o estatuto e a duração do emprego atual num só grupo laboral[307]. De qualquer forma, o *scorecard* processado nesta fase inicial deverá conter entre 8 e 15 caraterísticas, para se garantir a estabilidade dos *sets* na eventualidade de uma ou duas classes serem alteradas[308].

Portanto, a resposta à questão suscitada acerca do que determina, em número e espécie, a classificação de um consumidor enquanto 'bom' ou 'mau' pagador é (e não podia deixar de ser) casuística e, aliás, de certa forma, encontrada, quer nos fundamentos teóricos da teoria clássica económica do risco, quer em constatações práticas do fenómeno em estudo[309].

para dados com índices de correlação elevados, uma pequena quantidade de componentes principais afigura-se ser o bastante, porquanto representativa será das variações maiores passíveis de serem induzidas. Em correspetiva, para dados não muito correlacionados, como se depreende vivificar em tarefas como o *scoring* de crédito, poderão ser necessárias muitos componentes para explicar a maioria da variação verificada. Assim, o resultado da análise das componentes principais descreve a quantidade de informação contida em cada *cluster*. Cf. António Sarmento Batista – *op. cit.*, 2012, p. 56, anotação em rodapé nº 4. Melhor explicando os benefícios: "enquanto se reduz o número de caraterísticas em virtude do seu agrupamento (devido à verificação da correlação), ganha-se também tempo pela oportunidade em observar a natureza da relação entre muitas caraterísticas em presença. Por conseguinte, a melhor aproximação é provavelmente uma combinação resultante da eliminação de algumas caraterísticas e a escolha de mais do que uma (...) de cada *cluster* selecionado". Cit. *idem, ibidem*, p. 57. Adicionalmente, considerações acerca do modelo de negócio, *in casu*, relacionadas com as políticas de gestão de crédito ao consumo, também deverão de ser levadas em conta na seleção das variáveis. Tal deve ocorrer de forma que as variáveis preditoras finais selecionadas sejam suficientemente consonantes com a realidade. Cf. *idem, ibidem*, p. 56.

[307] Cf. Fábio Silva – *op. cit.*, 2011, p. 39.

[308] Cf. António Sarmento Batista – *op. cit.*, 2012, p. 171; e Naeem Siddiqi – *op. cit.*, 2006, p. 88.

[309] Cf. Federico Ferretti & Daniela Vandone – *op. cit.*, 2019, p. 108; Paulo Viegas de Carvalho – *op. cit.*, 2009, p. 143; Allen Berger & Gregory Udell – "Relationship Lending and Lines of Credit in Small Firm Finance". In: *Journal of Business*, vol. 68, no. 3, 1995, p. 368; Douglas Diamond – "Monitoring and Reputation: The Choice between Bank Loans and Directly Placed Debt". In: *Journal of Political Economy*, vol. 99, no. 4, 1991, p. 690; Joseph Stiglitz & Andrew Weiss – "Credit Rationing in Markets with Imperfect Information". In: *The American Economic Review*, vol. 71, no. 3, 1981, p. 394; e George Akerlof – "The Market for 'Lemons': Quality Uncertainty and the Market Mechanisms". In: *The Quarterly Journal of Economics*, vol. 84, no. 3, 1970, pp. 498-500. *Vide*, ainda, sobre as várias categorias de riscos inerentes à operação de concessão de empréstimo, de um modo geral, Raymond Anderson – *op. cit.*, 2007, pp. 98-101.

A sua determinação, sem se perderem de vista os custos e o tempo requerido, resulta(rá) de um processo de avaliação em equipa quanto aos parâmetros disponíveis cuja qualidade e número melhor se adequarão concretamente à resolução da tarefa de classificação ou agrupamento. Quanto a esta, pretende-se que, a findar, seja o mais coadunável com a realidade possível, pois que, para os credores, os riscos de perdas de um modelo mal concebido podem ser enormes[310].

6.3.2. Variáveis Explicativas

53. Uma análise *en passant* que revisa alguns artigos de investigação operacional sobre a matéria evidencia que preditores como nacionalidade, sexo, idade, estado civil, rendimentos auferidos, património, histórico de incumprimentos, membros dependentes do agregado familiar, contacto telefónico, profissão, residência, nível de educação, rastreamento do uso do cartão de crédito, tempo, montante e finalidade do empréstimo, número de contas bancárias, outras garantias, *et alii*, são algumas das propriedades comuns tradicionais incluídas nos modelos de *scoring* para aferição do perfil de risco de crédito a particulares[311].

[310] Cf. Seyed Mahdi Sadatrasoul [*Et al.*] – "Credit scoring in banks and financial institutions via data mining techniques: A literature review". In: *Journal of AI and Data Mining*, vol. 1, no. 2, 2013, p. 123; e Raymond Anderson – *op. cit.*, 2007, p. 107.

[311] Cf. Afshin Ashofteh & Jorge Bravo – "A conservative approach for online credit scoring". In: *Expert Systems with Applications*, vol. 176, no. 114835, 2021, p. 7; António Sarmento Batista – *op. cit.*, 2012, p. 53 e p. 172; Fábio Silva & Cesar Analide – "Information asset analysis: credit scoring and credit suggestion". In: *International Journal of Electronic Business*, vol. 9, no. 3, pp. 206-207; Hussein Abdou – *op. cit.*, 2009, p. 87; Maja Šušteršič; Dušan Mramor & Jure Zupanc – "Consumer credit scoring models with limited data ... *supra*, p. 4737; Chorng- Shyong Ong; Jih-Jeng Huang & Gwo-Hshiung Tzang– "Building credit scoring models using genetic programming ... *supra*, p. 45; HUSSEIN ABDOU – *op. cit.*, 2006, p. A13; David Hand; So Young Sohn & Yoonseong Kim – "Optimal bipartite scorecards". In: *Expert Systems with Applications*, vol. 29, no. 3, 2005, p. 687; Tian-Shyung Lee & I-Fei Chen – "A two-stage hybrid credit scoring model using artificial neural networks and multivariate adaptive regression splines. In: *Expert Systems with Applications*, vol. 28, no. 4, 2005, p. 747; Natasa Sarlija; Mirta Bensic & Marijana Zekic-Susac – "Comparison procedure of predicting the time default ... *supra*, p. 8780; Hu-Chen Chen & Shi-Hsien Huang – "Credit scoring and rejected instances reassigning through evolutionary computation techniques". In: *Expert Systems with Applications*, vol. 24, no. 4, 2003, p. 433; John. Banasik; Jonathan Crook & Lyn Thomas – "Sample selection bias in credit scoring models ... *supra*, 2003, p. 829; Tom Jacobson & Kasper Roszbach – "Bank lending policy, credit scoring and value-at-risk". In: *Journal of Banking and Finance*,

Mais recentemente, a padronização das pesquisas frequentes efetuadas através da ferramenta Google Trends[312], a deteção de regularidades no uso do correio eletrónico[313], a recolha da lista de contatos e do registo de chamadas telefónicas efetuadas, o rastreamento da atividade dos utilizadores em linha nas *app mobile* (incluindo, a recolha da geolocalização, transações ou pagamentos *on-time*), mas também nas redes sociais – nas quais, algumas vezes, as listas de conexões de 'amizade' também são consideradas[314]

vol. 7, no. 4, p. 618; TIAN-SHYUNG LEE [*Et al.*]– "Credit scoring using the hybrid neural discriminant techniques". In: *Expert Systems with Applications*, vol. 23, no. 3, 2002, p. 248; e STEENACKERS & MARC GOOVAERTS – "A credit scoring model for personal loans ... *supra*, p. 32. *Vide*, acerca do potencial discriminatório que alguns destes preditores exteriorizam em operações de *scoring*, Capítulo I e IV, respetivamente.

312 Cf. EDWIGE BURDEAU & ETIENNE KINTZLER – "Assessing the use of Google Trends to predict credit developments". In: *61st ISI World Statistics Congress*, Marrakech, Morocco, 2017. p. 1.

313 Cf. VIANI DJEUNDJE [*Et al.*] – "Enhancing credit scoring with alternative data". In: *Expert Systems with Applications*, vol. 163, 2021, p. 2.

314 Na medida em que as redes socias têm conduzido cada vez mais a traçar da 'pegada digital' dos consumidores, algumas são as tentativas que visam integrar dados comportamentais destes, fazendo uso de métricas em páginas como o Facebook, o LinkedIn ou o Twitter para o *scoring*. *Vide*, YANHAO WEI [*Et al.*] – "Credit scoring using social network data". In: *Marketing Science*, vol. 35, no. 2, 2016, pp. 234-258. Um estudo levado a cabo por Seth Freedman e Ginger Zhe Jin, em 2017, sugere a preponderância do número de conexões para aferição da solvabilidade de um pretenso beneficiário de crédito. Inobstante reconhecerem não ser intuitiva, *a priori*, a inter-relação destas covariáveis face ao mérito na concessão de empréstimos a particulares, estes autores asseveram que a maior interação com as conexões ou com as páginas oficiais ou publicitárias dos prestadores de serviços fomenta a maior ou menor probabilidade de os candidatos serem aprovados. Cf. SETH FREEDMAN & GINGER ZHE JIN – "The information value of online networks: Lessons from peer-to-peer lending". In: *International Journal of Industrial Organization*, vol. 51, 2017, p. 188; e YOUNG LU [*Et al.*] – Social influence and defaults in peer-to-peer lending networks, Conference on Information Systems and Technology (CIST), White Paper, 2012, p. 14. Aliás, para efeitos da finalidade prevista, tem-se indagado que os utilizadores com elevado número de conexões (*opinion seekers*) são considerados menos atrativos. Para tal, parte-se do pressuposto que os *opinion leaders*, por serem mais ativos, têm geralmente associadas maiores pontuações de crédito e, por conseguinte, menor será o risco de incumprirem. Cf. YANHAO WEI [*Et al.*] – "Credit scoring using social network data ... *supra*, pp. 188-189. Reputa-se – com grandes ressalvas – que os resultados da investigação até agora sejam consistentes com o argumento que a informação retirada das redes sociais ou das 'amizades' possa ser útil na avaliação de solvabilidade, baseada na IA. Cf. JULAPA JAGTIANI & CATHERINE LEMIEUX – "The roles of alternative data and machine learning in fintech lending: evidence from LendingClub consumer platform". In: *Financial Management*, vol. 48, no. 4, 2019, p. 1011..

– entre outras classes, têm colocado desafios à qualidade das entradas alternativas que possam auxiliar melhores *performances*[315]. Tal sucede na medida em que ainda são tendencialmente ignotas tanto a preponderância como a inter-relação causal que atributos informacionais comportamentais como os enunciados têm efetivamente na melhor previsibilidade acerca da solvência no crédito[316]. De qualquer forma, não se pode prescindir deixar de fazer menção à dimensão deveras intrusiva e desproporcional que a recolha destas variáveis alternativas acarreta, preterindo-se, indubitavelmente, o âmbito de tutela conferido pelas ordens jurídicas aos bens jurídicos privacidade e proteção de dados pessoais, cumulativamente.

Na Tabela 4, *infra*, procura-se sumariar o conjunto de critérios, internos e externos à instituição de crédito ou determinada sociedade financeira, que deverão de ser atendidos no processo de avaliação de solvabilidade, o que se faz ora nos termos e sobretudo com fundamento nas Orientações sobre a concessão e a monitorização de empréstimos emitidas pela Autoridade Bancária Europeia (European Banking Authority, EBA), em 29 de maio de 2020.

Ainda que indicativos, a sua menção constitui um importante 'ponto' de partida para possíveis credores emergentes, alguns ou tantos dos quais hoje com escopo *FinTech*, que queiram entrar no mercado do crédito ao consumo e ser desenvolver modelos de estimação, além de robustos, conformes aos requisitos ético-legais – v. desenvolvimentos, *infra*, Capítulo III e IV[317].

[315] Cf. Sahiba Chopra – "Current Regulatory Challenges in Consumer Credit Scoring Using Alternative Data-Driven Technologies". In: *Vanderbilt Journal of Entertainment & Technology Law*, vol. 23, no. 3, 2021, p. 633; Julapa Jagtiani & Catherine Lemieux – "The roles of alternative data and machine learning in fintech lending ... *supra*, p. 1027; The World Bank Group – Disruptive Technologies in the Credit Information Sharing Industry ... supra, p. 19; Melissa Knutson – Credit Scoring Approaches, Guidelines ... supra, pp. 10-12; e Julia Cheney – Alternative data and its use in credit scoring thin-and no-file consumers, FRB of Philadelphia-Payment Cards Center Discussion Paper, 2008, p. 6.

[316] Cf. Michael Turner; Patrick Walker & Katrina Dusek – New to credit from alternative data, PERC Results and Solutions, 2009, p. 16.

[317] Cf. EBA – Orientações sobre a concessão e a monitorização de empréstimos [EBA/GL/2020/06], adotadas em 29 de maio de 2020, p. 63 e p. 66.

Tabela 4. Tipo de informação utilizada no processo de *scoring*

Tipo de Informação		
Tipo de Informação	Interna	Critérios de aceitação (tipo, limites de idade e outros registos)
		Definição do nível de rendimentos aceitáveis
		Requisitos mínimos no que se refere a cauções
		Requisitos mínimos no que se refere a garantias
		Montantes máximos dos empréstimos
		Prazos de vencimento máximos dos empréstimos
		Requisitos de amortizações (incluindo o tipo de taxa de juro)
		Limites baseados no risco (concentração, tipo de produtos, etc.)
		Limites aceitáveis da rácio montante do empréstimo/ valor do ativo
		Limites aceitáveis da rácio empréstimo/rendimentos
		Limites aceitáveis da rácio dívida/rendimentos
		Limites aceitáveis da rácio rendimentos/total das obrigações de crédito
		Nível máximo aceitável face à capacidade de reembolso
		Política de conformidade que inclua os requisitos macroprudenciais
	Externa	Prova de identificação
		Prova de residência
		Finalidade prevista (quando aplicável)
		Prova de elegibilidade para os fins do empréstimo (quando aplicável)
		Prova de emprego (tipo de contrato, setor, estatuto e duração)
		Prova de rendimentos ou outras fontes de reembolso
		Informações sobre ativos e passivos financeiros (extratos de conta)
		Informações sobre outros compromissos financeiros
		Informações sobre a composição do agregado familiar e dependentes
		Prova da situação fiscal
		Prova de seguro de vida para os mutuários nomeados (a existir)
		Dados de registos de crédito, de agências *bureau* ou outras relevantes
		Informações sobre a caução (a existirem)
		Prova de propriedade da caução
		Prova do valor da caução
		Prova de que a caução está segurada
		Informações sobre garantias ou outros fatores de redução de risco
		Contrato de arrendamento ou prova de rendimentos de arrendamento
		Autorizações e estimativas de custos

A Tabela 5, *infra*, elenca o tipo de preditores utilizados[318_319].

Tabela 5. Variáveis explicativas ou preditores

Sociodemográficas	Financeiras	Laborais	Comportamentais	
Nome	Rendimentos (proponente)	Tipo de contrato	Tradicionais	Contas correntes
Sexo	Rendimentos (Agregado)	Setor		Saldo(s) médio(s)
Data de nascimento	Ativos financeiros	Estatuto		Outros empréstimos
Nº de identificação civil	Passivos financeiros	Duração		Atraso pagamentos
Estado civil	Compromissos financeiros	Experiência		Nº de pagamentos anuais
Naturalidade	--------------------	Desemprego		Garantias
Nacionalidade	--------------------	------------		Fontes de rendimento
Cadastro	--------------------	------------	Alternativas	Pagamentos online
Domicílio fiscal	--------------------	------------		Geolocalização
Contacto telefónico	--------------------	------------		Correio eletrónico
Tipo de habitação	--------------------	------------		Lista Contactos
Antiguidade habitação	--------------------	------------		Pesquisas
Habilitações literárias	--------------------	------------		Redes sociais
Membros do agregado familiar	--------------------	------------		------------------------

6.3.3. Preparação da Modelização

6.3.3.1. Propriedades dos Dados

54. Nas fases preliminares deverão ser desencadeados pré-processamentos que robusteçam a maior completude, a maior atualidade, a maior consistência e a maior integridade dos conjuntos. A saber, sequencialmente:

[318] Cf. DIOGO MORGADO REBELO – "'On the way to look at Big Data as an asset for CWA 4.0. ... *supra*, p. 13; The World Bank Group – Disruptive Technologies in the Credit Information Sharing Industry ... *supra*, p. 21; MARTIN VOJTEK & EVÏEN KOÂNDRA –"Credit Scoring Methods". In: *Czech Journal of Economics and Finance (Finance a úvěr)*, vol. 56, no. 3-4, 2006, p. 164; PAULO VIEGAS DE CARVALHO – *op. cit.*, 2009, p. 126, p. 141 e p. 209 e ANTÓNIO MENEZES RODRIGUES – "O crédito ao consumo e o endividamento". In: *Impactum Coimbra University Press*, 2000, p. 60.

[319] V. desenvoltura do corpo do texto, *infra*, Capítulo IV.

- Em primeiro lugar, os ficheiros do cliente deverão ter informação mais atualizada e completa possível. Como alguns dados são obsoletos e não possuem o mesmo valor informativo, vigorará a máxima informática 'entra lixo, sai lixo' (*garbage in, garbage out*). Especiais cautelas devem ser tomadas. Informações como a morada, o contacto telefónico, o estado civil do cliente, a remuneração, *et alii*, podem ter-se alterado entretanto. Por exemplo, a indicação correta do contacto telefónico possibilitará à instituição agilizar as cobranças[320]. Assim, uma atualização, pelo menos, mensal dos conjuntos providenciará uma melhor qualidade dos dados e, a montante, das próprias previsões[321];
- Também o surgimento de novos programas informáticos, formulários ou questionários, com perguntas diferentes, pode afetar a consistência dos dados. Quaisquer alterações procedimentais ou nos métodos de cálculos suscitarão a necessidade de efetuar ajustes e realinhamentos[322];
- Já para se verificar a integridade dos conjuntos, tanto das entradas como das saídas, deve proceder-se à suputação de medidas estatísticas, como a distribuição de dados, média, mediana ou moda[323],

[320] Cf. António Sarmento Batista – *op. cit.*, 2012, pp. 145-146; e Raymond Anderson – *op. cit.*, 2007, p. 265.

[321] Cf. António Sarmento Batista – *op. cit.*, 2012, p. 146; e Raymond Anderson – *op. cit.*, 2007, pp. 266-267.

[322] Cf. Raymond Anderson – *op. cit.*, 2007, pp. 267-268. "As mudanças são cada vez mais rápidas e a consistência dos dados terá de continuar a manter uma boa qualidade da informação, o que obriga os responsáveis por estas áreas a um esforço contínuo na adaptação a novos ambientes". Cit. António Sarmento Batista. – *op. cit.*, 2012, p. 147.

[323] Para efeitos de uma melhor compreensão, ainda que em contornos resumidos, explicam-se estas três medidas de estatística da seguinte forma: em primeiro lugar, importa referir que a média aritmética resulta da soma dos valores, seguida da divisão desta pelo número instâncias; a mediana corresponde ao valor médio obtido a partir de uma lista ordenada do mais pequeno ao maior; e por último, a moda traduz a instância mais frequente na distribuição. Cf. Britannica – Mean, Median, Mode. Disponível em https://www.britannica.com/science/mean-median-and-mode. Consultado a 17 de maio de 2022. Estas métricas são úteis aquando da transformação de *missings* – v. desenvolvimento, *infra*, presente unidade capitular. A melhor explicar, se os atributos omissos são nominais, poderão eventualmente ser substituídos por valores médios ou medianos. Quando de matriz está uma instância numérica poderá surgir na equação aplicacional o valor mais repetido, ou seja, a moda. Cf. António Rodrigues Sarmento – *Experimentação e avaliação de modelos para um problema de atribuição de Crédito*, Dissertação de Mestrado, Porto, Faculdade de Economia da Universidade do Porto, 2005, p. 45.

percentagem de valores omissos (*missings, infra*), e sinalizarem-se alguns intervalos de valores[324]. Premeditações como estas, além de contribuírem para a maior qualidade das saídas, podem oferecer uma boa perceção da predominância de certas variáveis em detrimento de outras e, consequentemente, do método de previsão a codificar no ato de modelização[325].

6.3.3.2. Recolha e Organização da Informação

55. Reconhecidas as fontes, os processos de recolha e as variáveis de ponderação, procede-se de seguida ao inventário dos registos. "Uma boa prática que deve ser seguida antes [da modelização] é a exploração das [BDs] que constituem a amostra"[326]. Geralmente, a *Data Warehouse,* na qualidade de central de armazenamento das informações, a nível operacional, funcionaliza a recolha, o arquivo e o posterior tratamento mais célere e eficiente dos dados que a suportam[327]. Através da aplicação de técnicas de DM,

[324] Cf. NAEEM SIDDIQI – *op. cit.*, 2006, p. 74.

[325] Cf. ANTÓNIO SARMENTO BATISTA – *op. cit.*, 2012, p. 166; e RAYMOND ANDERSON – *op. cit.*, 2007, pp. 262-264.

[326] Cit. ANTÓNIO SARMNETO BATISTA – *op. cit.*, 2012, p. 166. Cf. NAEEM SIDDIQI – *op. cit.*, 2006, p. 74.

[327] Um *Data Warehouse* consiste num repositório para consolidação da informação de uma organização num formato válido e consistente, viabilizando uma análise seletiva dos dados nele incorporadoras aos utilizadores finais. Corresponde, de um modo geral, a conjuntos orientados por assunto, integrados, catalogados e não voláteis, que auxiliam no processo de tomada de decisão. Embora não configurados para a atualização contínua das informações de crédito, aprovisionam os seus utilizadores com uma perspetiva mais global, simples e precisa. Porque organizada a partir de fontes heterogéneas de dados, por vezes, separado das BDs *Data Mart*, o *Data Warehouse* efetua a limpeza e integração dos dados-fonte para assegurar a consistência dos *sets*. Adicionalmente, atendendo que o propósito destas BDs é o de fornecer uma perspetiva histórica, diferem das convencionais, na medida em que possuem capacidade para armazenar dados entre 5 a 10 anos. Enquanto nas bases tradicionais as operações de consulta, inserção, atualização e eliminação são continuamente executadas, num *Data Warehouse* as funcionalidades, de pendor não volátil, restringem-se a carregamentos e acessos. Com efeito, após a primeira operação estes conjuntos não poderão ser eliminados ou até alterados. Cf., com as devidas adaptações temáticas, MARIBEL YASMINA SANTOS & ISABEL RAMOS – *op. cit.*, 2017, pp. 80-81; e JIAWEI HAN & MICHELINE KAMBER – *op. cit.*, 2006, p. 106. A conceção de uma BD é decomposta em cinco fases distintas, a saber, sequencialmente: (1) revisão e inventário; (2) planeamento e desenho arquitetónico; (3) conceção do modelo *Warehouse*; (4) configuração do esquema; (5) purificação de dados ou ELT (*Extraction, Load & Transformation*); e, por último, a implementação da aplicação. Cf. BON SY & ARJUN GUPTA – *Information-statistical data mining: Warehouse integration with examples of Oracle basics*, New

geralmente, é deste repositório que se extrairá o conhecimento útil para a tomada de decisão no *scoring* de crédito ao consumo[328]. Por isso, primando por uma maior consistência e retidão das previsões, considera-se impreterível assertar previamente as propriedades dos dados indexados aos ficheiros da clientela e à atividade, assim se prevenindo, desde logo, incidentes de riscos como aqueles resultantes da multicolinearidade[329]. Certificada que seja também a qualidade dos conjuntos de dados iniciais, providenciar-se-á à consolidação e integração da informação para uma configuração comum

York, Springer, 2004, p. 16. Quanto à substância, o *Data Warehouse* organizacional incorpora conjuntos referentes a diversos assuntos, sendo alimentado por um ou mais sistemas operacionais que podem ser complementados com dados externos. Em termos da granularidade da informação, estes armazéns integram tanto dados detalhados, ao nível das transações mais básicas, como agregados. Deduz-se, então, que a opção por um *Data Warehouse,* caraterizando o todo de uma instituição e não parte dela, pressupõe ainda a modelização mais detalhada do modelo de negócio em bases de *Data Mart* – v. desenvolvimentos, *infra* – pois que desta dependerá a maior retidão (ou antes, a maior fiabilidade) do 'retrato' como um todo no repositório. Cf. Maribel Yasmina Santos & Isabel Ramos – *op. cit.*, 2017, p. 139.

[328] Cf. Paulo Viegas De Carvalho – *op. cit.*, 2009, p. 141. São várias as soluções ou *software* disponíveis para a conceção dos modelos de DM, nomeadamente, o SAS Enterprise, o SPS Clementine, o STATISTICA Data Miner, o KXEN, o Insightful Miner, entre outros. Deve, portanto, conjugar-se as técnicas de ML nos processos de DM através da construção prévia de sistemas de *Data Warehouse.* Estes proporcionarão uma extração de dados mais eficaz. De facto, a depuração de dados à escala DM não só pode como deve ser concretizada em suportes de *Data Warehouses,* pois é este o suporte de armazenamento que providencia uma maior consistência, qualidade e robustez dos modelos de aprendizagem ML. Cf. William Inman – "The data warehouse and data mining". In: *Communications of the ACM,* vol. 39, no. 11, 1996, p. 49.

[329] Importa ter em atenção o risco de proliferação de informação redundante nas variáveis explicativas, resultante duplicação ou sobredimensionamento da informação pela sobreposição de preditores correlacionadas. Cf. Juan Laborda & Seyong Ryoo – "Feature Selection in a Credit Scoring Model". In: *Mathematics,* vol. 9, no. 7, 2021, p. 8; António Sarmento Batista- *op. cit.*, 2012, p. 57; e Paulo Viegas De Carvalho – *op. cit.*, 2009, p. 145. Se tal suceder, uma qualquer alteração numa variável independente repercutir-se-á nas variáveis correlacionadas O indicador estatístico *Variance Inflation Factor* mede o grau de multicolinearidade. Quanto maior for o seu valor, maior será o problema e, consequentemente, a acuidade de um sistema poderá encontrar-se comprometida. Para o propósito, o uso de métodos como a Análise de Componentes Principais têm sido impregnadas aquando do teste de modelos preditivos para colmatar o sobredimensionamento. Esta aproximação permite corrigir, até certo ponto, o problema da inter-relação coexistente entre um elevado número de variáveis preditoras, transformando as componentes principais comuns noutras através de combinações lineares. Cf. António Sarmento Batista – *op. cit.*, 2012, p. 57; e Paulo Viegas De Carvalho – *op. cit.*, 2009, p. 145.

alocada num repositório mais específico, o *Data Mart*[330]. Estes repositórios armazenam subconjuntos de dados relevantes para determinado grupo de utilizadores, *in casu,* os analistas de crédito. Quando do tipo dependente, a conceção e forma organização destes obedecem aos mesmos princípios de *Data Warehousing* organizacional.

Além dos custos minorados de conceção, o seu ciclo ou tempo de implementação é menor, podendo corresponder mesmo a semanas. Daí os seus *sets* se encontrarem, regra geral, mais atualizados[331]. Em contrapartida, esta configuração, apesar de viabilizar uma minimização dos problemas de integração provenientes de diversos tópicos, apresenta uma certa inflexibilidade, por vezes, motivada pela dificuldade de concretização de um modelo de previsão consistente, consensual e comum para todos os setores de atividade da organização. Por isso, a impreterível opção pela coexistência simultânea destas arquiteturas pressupõe a determinação clara de que é esta a estruturação que melhor satisfaz as necessidades[332].

Já quando uma nova entidade credora surge no mercado, o modelo *top-down* não se afigura ser a melhor opção. Nesta circunstância, a maior flexibilidade, aliada ao baixo custo e ao rápido retorno de investimento, justificam a opção por uma abordagem inversa, do tipo *bottom-up*[333].

A Figura 1, *infra,* ilustra o fluxograma que representa a recolha e a organização dos conjuntos de dados (ou informação) durante a modelização.

330 Cf. Paulo Viegas De Carvalho – op. cit., 2009, pp. 141-142.

331 Os dados carreados para um armazém *Data Warehouse* são frequentemente dados históricos; isto é, a necessidade de atualização é diminuta, a existir. Não é raro incorporar múltiplas fontes de dados, ou até mesmo fontes externas, num modelo organizacional como este. Por exemplo, informações de clientes internos (ou fidelizados) sobre despesas mensais e dados sobre a classificação de crédito comprados a uma agência *bureau* podem ser combinados neste processo. Cf. Bon Sy & Arjun Gupta – *op. cit.*, 2004, p. 5.

332 Cf., Maribel Yasmina Santos & Isabel Ramos – *op. cit.*, 2017, p. 81 e p. 140.

333 Cf. *ult. loc. cit.*; e Stephen Gardener – "Building the data warehouse". In: *Communications of the ACM,* vol. 41, no. 9, 1998, p. 60.

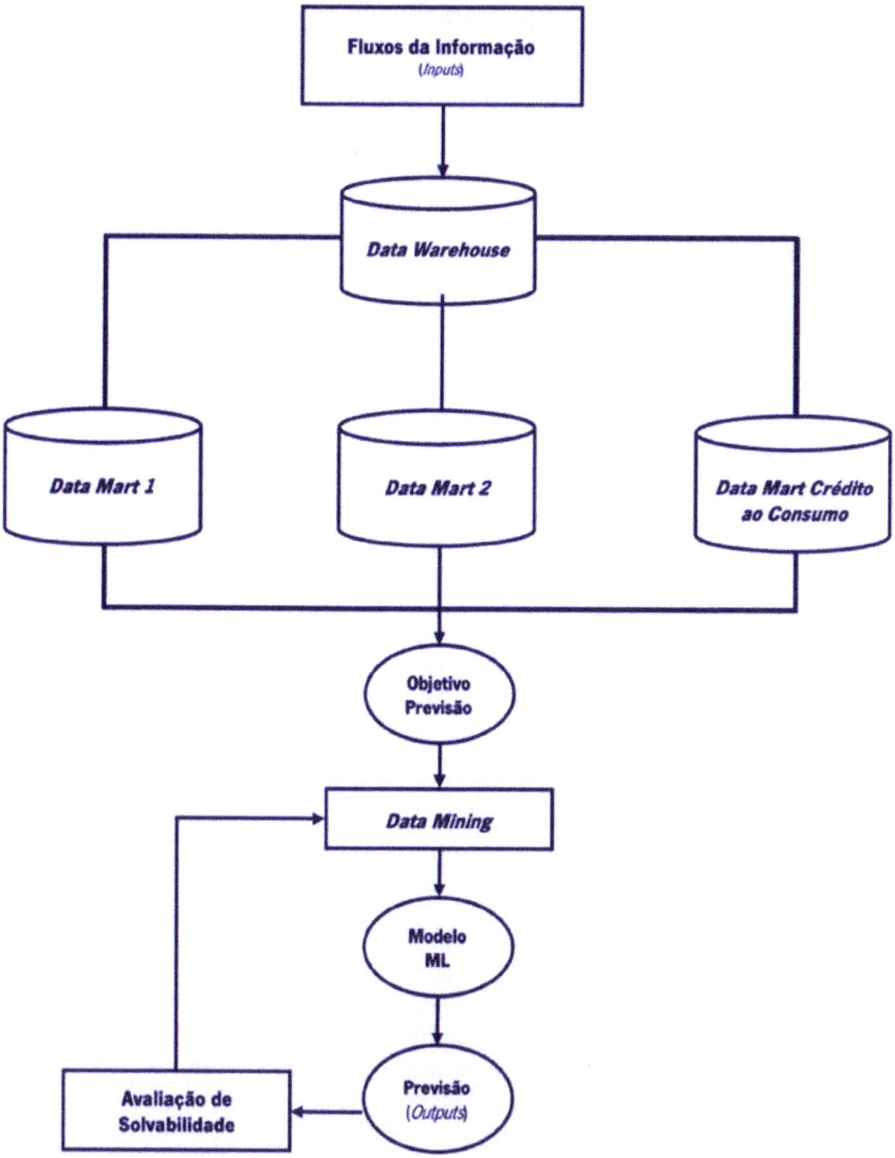

Figura 1. Fluxo da informação no crédito

6.3.3.3. Modelização: das Aproximações às Etapas

56. Excluídas algumas variáveis não relevantes, através da seleção de atributos (*feature selection*)[334], bem como certas observações que exibam comportamentos atípicos – como sucede, a título exemplificativo, com clientes V.I.P. ou funcionários da instituição que beneficiam de condições específicas – segue-se para a fase caraterizada pela definição da amostra e respetiva dimensão com base semelhança ou probabilidade de ocorrência de um evento (*odds*)[335]. A este propósito, não é invulgar a utilização de observações

[334] Por vezes, caraterísticas menos relevantes (ou até, ilícitas) suscitam dificuldades na modelização dos *sets* nas entradas. Para solucionar este problema, e evitar consequências aquando da extração de conhecimento para a tomada de decisão automatizada, os mecanismos de *feature selection* têm desempenhado um papel significativo na sinalização de conjuntos ótimos, reduzindo a multidimensionalidade dos conjuntos de dados e, de certa forma, ajustando a complexidade do poder computacional ao problema. Ora, esta pré-seleção de preditores predominantes revela-se proeminente no treino, validade e teste. Estas técnicas, além de aumentarem a fiabilidade da variável endógena extraída – as saídas – fomentam a capacidade de generalização do modelo e reduzem o sobreajustamento – v. desenvolvimentos, *infra*, presente capítulo. Cf. Ying Zhou [*Et al.*] – "Feature selection in credit risk modeling: an international evidence". In: *Economic-Ekonumiska Istraživanja*, 2020, p. 2; e Ethem Alpaydin – *op. cit.*, 2016, pp. 75-76. Seguem alguns dos muitos exemplos de estudos operacionais que recorrem à metodologia de seleção dos caraterísticas para reduzir a dimensionalidade: A. Marqués; Vicent García & José Salvador Sánchez – "Two-level classifier ensembles for credit risk assessment". In: *Expert Systems with Applications*, vol. 39, no. 92, 2012, p. 10921; Fábio Silva & Cesar Analide – "Information asset analysis: credit scoring and credit suggestion ... *supra*, p. 209; Fei-Long Chen & Feng-Chia Li – "Combination of feature selection approaches with SVM in credit scoring". In: *Expert Systems with Applications*, vol. 37, no. 7, 2010, p. 4904; Hussein Abdou; John Pointon & Ahmed El-Masry – "Neural nets versus conventional techniques in credit scoring in Egyptian banking". In: *Expert Systems with Applications*, vol. 35, no. 3, 2008, pp. 1281; Geert Verstraeten & Dirk van den Poel – "The impact of sample bias on consumer credit scoring performance and profitability": In: *Journal of Operational Research*, vol. 56, no. 8, 2005, pp. 986; e Tian-Shyung Lee [*Et al.*]- "Credit scoring using the hybrid neural discriminant techniques ... *supra*, p. 249.

[335] As candidaturas com maior propensão a serem aceites encontram-se não apenas dependentes da totalidade da amostra disponível, mas também (ou antes, sobretudo) da natureza da população estatística. Cf. António Sarmento Batista – *op. cit.*, 2006, p. 44. Por isso é que as amostras devem ser obtidas aleatoriamente e ser o mais homogéneas possível, facilitando a transparência do processo como um todo, *supra*. Cf. Raymond Anderson – *op. cit.*, 2007, pp. 259-262. Para o efeito, a identificação de intervalos ou grupos com caraterísticas similares pode ser efetuada através do agrupamento com base na semelhança de *odds*. Grosso modo, a população *odds* representa a rácio de probabilidades entre 'bons' e 'maus' pagadores. Cf. António Sarmento Batista – *op. cit.*, 2012, p. 45. Neste processo faz-se, por exemplo, uma divisão da amostra em decis, suputando os respetivos *odds* até se obter uma representatividade

com dezenas ou mesmo centenas de milhar de registos[336]. E porque, nesta fase, intenta-se incrementar ao máximo a exatidão da previsão, importará identificar alguns valores em falta (*missings*)[337], mas também averiguar se a

mínima requerida, reduzindo as perdas para a instituição de crédito ou sociedade financeira. As Árvores de Decisão – v. desenvolvimentos, *infra,* métodos de previsão, presente unidade capitular- em alternativa aos decis, viabiliza a identificação de níveis de corte ótimos que dividem os intervalos nos conjuntos em função das caraterísticas comuns a clientes pertencentes às classes enógenas, respetivamente. Cf. Gabriela Ayres & Wei Wei – Credit Scoring Model Applications: Testing Multinoomial Targets, Örebro University School of Business, Örebro, 2014, p. 20; Robert Oliver – "Financial performance measures in credit scoring". In: *EURO Journal on Decision Processes,* vol. 1, no. 3-4, 2013, p. 170; e Paulo Viegas De Carvalho – *op. cit.*, 2009, p. 146. Dito isto, as observações a partir das quais se extrairão as regras de aprendizagem deverão de ser representativas da multiplicidade de situações identificadas. Tal sucede na medida em que um modelo de estimação, para a sua maior exatidão, requererá sempre a proporcionalidade de entre o número de clientes cumpridores e faltosos nas fases de treino, validação e teste, sequencialmente. Cf. *idem, ibidem,* p. 143.

336 Cf. *idem, ibidem*; e Herbet Jensen – "Using Neural Networks for Credit Scoring". In: *Managerial Finance,* 1992, p. 17.

337 Os *missings,* contrariamente ao expetável, podem ter, em alguns casos, subjacentes significâncias valiosas e viabilizarem determinadas interpretações. Eventualmente, estes dados omissos poderão traduzir uma tendência associada a outras caraterísticas, bem como prenunciarem algum desempenho menos eficiente ou até mesmo algum tipo de informação não conveniente. A título exemplificativo, em relação àqueles candidatos que ocuparam recentemente um novo posto de trabalho, será razoável admitir-se o não preenchimento desse campo no formulário. Caso as caraterísticas ou registos com *missings* fossem excluídos, *ab ovo,* nenhum discernimento poderia ser feito a este respeito. A atribuição de pontos nos *scorecards* aos valores omissos é, portanto, até certo ponto, só nalguns casos, benéfica, na medida em que facilita interpretar o *score* de candidatos futuros que deixem por responder um determinado campo. *At least,* os *missings* serão primeiramente analisados e, só numa fase ulterior, ajuizando-se desnecessários, poderão ser excluídos. Cf. António Sarmento Batista – *op. cit.*, 2012, p. 54-55; e Naeem Siddiqi – *op. cit.*, 2006, p. 75. Naeem Siddiqi apresenta quatro formas de solucionar esta dilemática. A primeira pressuporia a exclusão de todos os dados com valores omissos, advertindo-se, contudo, que sendo esta a opção, as instituições de crédito e sociedades financeiras privar-se-iam da maioria dos dados para trabalhar, dado que seriam excluídos. A segunda opção tem que ver com a exclusão destes ser restrita às caraterísticas ou registos que evidenciarem percentagens significativas, i.e., superiores a 50 %, especialmente, se se esperar que esta omissão de valores se prolongará no tempo. A terceira alternativa alude à inclusão de *missings* na amostra enquanto propriedades diferentes, sendo-lhes alocada uma determinada pontuação, tal-qual sucede com qualquer outro atributo. Já a quarta e última opção envolve o cálculo dos *missings* fazendo uso de técnicas estatísticas como as Árvores de Decisão. Num *check & balance,* o próprio autor ajuíza a segunda opção como a mais conveniente. A terceira suscita mais benefícios. A primeira, segunda e quarta alternativas, assumindo que aos dados com valores omissos não lhes são indexados quaisquer valores iniciais, deverão de

dispersão dos valores covariantes é elevada, ou até, se alguns outros fatores desconsiderados na geração do modelo de *scoring* deverão ser computados.

57. Já quanto à modelização em si – entenda-se, o ato de gerar um modelo de aprendizagem à escala ML – o processo técnico de certificação da aptidão de um sistema de *scoring* pressupõe o recurso a abordagens diferentes[338], como sejam:

- *Hold-out sample*: envolve a repartição aleatória do repositório de dados em dois subconjuntos distintos, vocacionados, para as fases sequenciais de treino e teste. Dito por outras palavras, cada amostra retida no treino é utilizada posteriormente no teste do modelo[339];
- *K-fold*: técnica estatísticas de variação cruzada, através da qual se executa o particionamento dos dados em subconjuntos mutuamente exclusivos das fases de treino, validação e teste, sequencial e independentizadamente[340];
- *Leave-one-out*: nesta abordagem, cada instância observacional é utilizada enquanto conjunto de teste, considerando o remanescente de casos anteriores enquanto conjuntos para de treino. Como a iteração do algoritmo de aprendizagem se aplica a cada instância, o número de partições equivalerá a estas[341].

deixadas para segundo plano. Para o autor, os dados com valores omissos devem ser incluídos sempre nas análises, contendo a correspondente pontuação devida em cada *scorecard*. Cf. *idem, ibidem*, p. 75. Já Raymond Anderson considera que se o nível de *missingness* for constante, ou até melhorar, deve integrar as hipóteses de base para a conceção do modelo. Todavia, se tais pressuposições não se verificarem, a qualidade dos dados das entradas pode ser seriamente comprometida. Cf. Raymond Anderson – *op. cit.*, 2007, p. 265.

338 Cf. Francisco Louzada; Anderson Ara & Guilherme Fernandes – "Classification methods applied to credit scoring ... *supra*, p. 122.

339 Cf. Maribel Yasmina Santos & Isabel Ramos – *op. cit.*, 2017, pp. 168-170; José Vasconcelos – *op. cit.*, 2017, p. 63; e Yar Orgler – "A Credit Scoring Model for Commercial Loans". In: *Journal of Money, Credit and Banking*, vol. 2, no. 4, 1970, p. 440.

340 Cf. Francisco Louzada; Anderson Ara & Guilherme Fernandes – "Classification methods applied to credit scoring ... *supra*, p. 122; e Maja Šušteršič; Dušan Mramor & Jure Zupanc – "Consumer credit scoring models with limited data ... *supra*, p. 4741.

341 Cf. Francisco Louzada; Anderson Ara & Guilherme Fernandes – "Classification methods applied to credit scoring ... *supra*, p. 122; e Ralf Stecking & Klaus Schebesch – "Variable Subset Selection for Credit Scoring with Support Vector Machines". In: *Operations Research Proceedings 2005* (eds. Hans-Drietrich Haasis, Herbet Kopfer and Jörn Schönberg), Berlin, Heidelberg: Springer, 2005, p. 254.

Independentemente da abordagem de validação ou teste, melhor será o modelo quanto mais abrangente e exato este for em função de novas instâncias (sendo maior o seu nível de generalização). Em termos comparativos, o método *Leave-one-out,* porque executa a validação cruzada, acarreta problemas em termos de eficiência computacional, dado o elevado número de iterações de treino. Contrariamente à abordagem *Hold-out sample,* em relação à qual importa notar que os registos observacionais de um pedido são passíveis de ser usados, quer na primeira fase – a correspondente à geração do modelo -, ou na qualidade de observações de teste, mas não nas duas em simultâneo, tanto no *Leave-one-out* como no *K-fold,* a totalidade dos dados da amostra é usada, simultaneamente, no treino, validação e teste subsequentes[342].

Em todo o caso, para grandes conjuntos de dados, o processo de certificação, passará pela aproximação *K-fold,* pressupondo o perpassar pelas três etapas de treino, validação e posterior teste. Aliás, esta parece ser a política de 'governação' perfilhada no art. 10º da Proposta de Regulamento relativo à IA, segundo a qual "os sistemas (...) que utilizem técnicas que envolvam o treino de modelos (...) devem ser desenvolvidos com base em conjuntos de dados de treino, validação e teste"[343]. Só destas três fases sobrevirá a maior robustez que caraterizará um modelo de ML[344].

Sumariando:

(1) Mesmo antes do treino[345], deve optar-se pela técnica de modelização, fazendo, para o efeito, uso de configurações algorítmicas à escala não *spaghetti code*[346]. Ora, o modelo inicial resultará do conjunto das

342 Cf. Francisco Louzada; Anderson Ara & Guilherme Fernandes – "Classification methods applied to credit scoring ... *supra*, p. 122.

343 Acrescentando-se no seu nº 3, à luz do seu considerando 40, que "os conjuntos (...) devem ser suficientemente relevantes, representativos, livres de erros e completos, tendo em vista a finalidade prevista do sistema. Também devem ter as propriedades estatísticas adequadas, nomeadamente no que respeita às pessoas ou aos grupos de pessoas nos quais o sistema de IA (...) será utilizado". Cit. art. 10º, nº 3 da Proposta de Regulamento relativo à IA.

344 Cf. Paulo Viegas De Carvalho – *op. cit.*, 2009, p. 144.

345 A Proposta de Regulamento relativo à IA define, no seu art. 3º, nº 29, dados de treino como aqueles usados "para treinar um sistema de IA mediante o ajustamento dos seus parâmetros passíveis de serem aprendidos (...)".

346 "As operações de tratamento na IA automatizam a resolução de problemas complexos da vida real. (...) O mote de depuração dos problemas (*debugging*) (...) dissocia-se das instruções computacionais impregnadas em linguagens declarativas que 'amontoam' em linhas de

observações recolhidas especificamente para esta fase preliminar. Estas são etiquetadas em classes predefinidas, constituindo o conjunto de valores possíveis para as saídas, normalmente, aceitação ou rejeição endógena;

(2) Na fase de treino, é a sinalização das propriedades comuns entre as observações registadas nas entradas que permitirá indexar os conjuntos iniciais às saídas correspondentes, sendo este o reduto das aproximações de aprendizagem automática supervisionada;

(3) Numa fase subsequente, ao modelo simulado no treino é aplicado um outro conjunto de dados, os de validação[347]. Estes permitirão estimar o nível de erro das previsões diante observações dissemelhantes;

(4) Durante o ensaio final, procedimento este que precede a colocação em serviço do sistema , um outro conjunto de dados de teste[348] é aplicado de forma a se atestar a capacidade de generalização do modelo[349].

Daqui decorre, mais uma vez, que a filtragem do tipo *three-step* aduz o propósito de atenuar o problema de sobreajustamento (*overfitting*), este que ocorre quando do modelo gerado se extraem *performances* preditivas satisfatórias na delonga do treino e, nas fases posteriores, diante amostras observacionais até então desconhecidas, verifica-se que o desempenho preditivo do modelo é insuficiente ou demasiado inconsistente[350]. Também a supressão de valores extremos (*outliers*), i.e., de observações cujos valores

código todo um conjunto de passos e regras – em jargão próprio, '*Procedural Spaghetti Code*'. Cit. Cesar Analide & Diogo Morgado Rebelo – "A Inteligência Artificial na era *data-driven ... supra*, p. 72.

347 A Proposta de Regulamento relativo à IA baliza, concetualmente, no seu art. 3º, nº 30, dados de validação como aqueles "utlizados para realizar uma avaliação do sistema de IA treinado e para ajustar os seus parâmetros não passíveis de serem aprendidos e o seu processo de aprendizagem, a fim de, entre outros objetivos, evitar um sobreajustamento; sendo que o conjunto de dados de validação pode ser um conjunto de dados separado ou parte de um conjunto de dados de treino, quer como divisão fixa ou variável".

348 Em consonância com o art. 3º, nº 31 da Proposta de Regulamento relativo à IA, os dados de teste são "utilizados para realizar uma avaliação independente do sistema de IA treinado e validado, a fim de confirmar o desempenho esperado desse sistema antes de ser colocado no mercado ou em serviço":

349 Cf. Francisco Louzada; Anderson Ara & Guilherme Fernandes – "Classification methods applied to credit scoring ... *supra*, p. 122.

350 "Este problema ocorre quando são incorretamente ponderados, por um determinado modelo, alguns aspetos demasiado particulares das observações utilizadas, mas não de toda a

denunciam afastamentos extremos ou inconsistências relativamente às restantes, pode contribuir para a geração de um melhor modelo de aprendizagem[351]. Afinal, quanto maior a correção da classificação atribuída aos novos registos, mais robusto, fiável, exato e preciso pode ser considerado um modelo de aprendizagem impregnado em finalidades como o *scoring* baseado na IA[352].

Pode, portanto, dizer-se que um modelo de aprendizagem traduz uma representação simplificada da forma como se conjugam as diferentes variáveis explicativas, já discretizadas, depuradas ou selecionadas, por meio de funções matemáticas, cuja pontuação das saídas endógenas extraída dependerá indutivamente das combinações iterativamente executadas nas camadas intermédias e da deteção, quiçá, *ex ante*, dos preditores predominantes[353]. Geralmente, "os modelos analíticos utilizados devem ser simples, robustos, fáceis de controlar, adaptáveis, abrangentes sobre as variáveis críticas e de fácil utilização"[354], premissas estas que não se compaginam, *in toto*, com a recolha de dados de crédito em ambiente *Big Data*.

6.3.3.4. Breves Reflexões acerca do Processo Preparatório

58. Face ao antedito, pode epitomar-se não subsistir uma única e melhor forma de preparar a modelização para o *scoring* do crédito ao consumo,

população de dados, por isso desvirtuando a robustez global do modelo". Cit. Paulo Viegas De Carvalho – *op. cit.*, 2009, p. 144.

[351] Os valores extremos correspondem àqueles que caem fora dos limites dos conjuntos de valores normais. A título exemplificativo, numa distribuição de idades que compreende, regra geral, ao intervalo dos 18 aos 65 anos, sinalizarem-se indivíduos com 552, 118 ou 255 anos significa suputar informações incorretas, devidas provavelmente de digitação aquando da introdução dos dados no sistema. Para solucionar este impasse, em alguns casos, como vimos, poderão ser-lhe atribuídos valores médio, medianos ou a moda, métricas estatísticas que são discretizáveis em números e que poderão não afetar, adversa e significativamente, o resultado da modelização. Cf. Ethem Alpaydin – *op. cit.*, 2016, p. 72; António Sarmento Batista – *op. cit.*, 2012, p. 55; e Paulo Viegas De Carvalho – *op. cit.*, 2009, p. 144.

[352] Cf. Maribel Yasmina Santos & Isabel Ramos – *op. cit.*, 2017, pp. 168-169. "Neste processo iterativo de estimação (...) é selecionado o modelo que maximiza a qualidade preditiva, quando aplicado sobre o[s] conjunto[s] de [validação] e teste". Cit. Paulo Viegas De Carvalho – *op. cit.*, 2009, p. 144.

[353] Cf. António Sarmento Batista – *op. cit.*, 2012, p. 52.

[354] Cit. Paulo Viegas De Carvalho – *op. cit.*, 2009, p. 145; e Julian Villanueva & Dominique Hanssens – *Customer Equity: Measurement, Management and Research Opportunities, Foundations and Trends ® in Marketing*, Boston: New Publishers Inc., 2007, p. 10.

baseado na IA. Também não é consensual o entendimento acerca das fontes cujas variáveis preditoras externas serão impregnadas – tanto em número como em espécie – na depuração das variáveis, à escala DM e, claro está, na geração dos modelos de aprendizagem ML. Nem tão-pouco é possível propalar a fixação de um *cutoff score* minimamente ecuménico que possa servir como premissa para diferenciar a clientela cumpridora da faltosa. De facto, a averiguação dos métodos de certificação mais ajustados e proficientes ao desenvolvimento dos vários modelos ainda é uma incógnita a suputar casuisticamente no todo de uma equação aplicacional, pois diferem de entre as várias instituições de crédito ou sociedades financeiras e, bem assim, defronte as várias conjunturas financeiras dos países[355]. No *scoring* no crédito ao consumo, tantos os dados como os modelos que deles provêm são o produto, antes de tudo, acima de tudo e sobretudo, do trabalho em equipa. Resultam, em primeiro plano, das políticas de gestão para o crédito adotadas numa instituição, devendo, por esse mesmo motivo, redundar numa aquiescência tanto por parte dos membros do conselho de administração, como dos gestores e analistas de crédito, os *middle-men* que ainda hoje laboram nos *front* ou *back-offices* e que se defrontam com recomendações nas saídas não rastreáveis e inexplicáveis[356].

6.3.4. Os Métodos de Previsão

59. Organizada a informação num só repositório, prossegue-se para a fase de análise multivariada[357]. Este processo consiste, grosso modo, "em detetar o melhor modelo de previsão do incumprimento, no qual estão captu-

[355] Cf. Hussein Abdou & John Pointon – "Credit scoring, statistical techniques and evaluation criteria .... *supra*, p. 68.

[356] Cf. Edward Altman & Robert Haldeman – "Corporate Credit Scoring Models: Approaches and Standards for Successful Implementation". In: *NYU Working Paper*, FIN.95-001, 1995, pp. 24-25.

[357] Anteriormente, a análise de dados envolvia, as mais das vezes, abordagens tradicionais univariadas ou bivariadas. Enquanto a primeira – a análise univariada – se reconduz ao teste da predominância de uma variável explicativa face à objetivo, a segunda – a análise bivariada – como a própria nomenclatura indica, abrange o exame de duas. Em todo o caso, como os problemas na orla computacional da IA, imbricáveis com a *Big Data*, se debruçam na depuração de padrões e regularidades de variáveis multíplices, requerem a sinalização da predominância de três ou mais variáveis inerentemente multidimensionais, o que se faz em sede de análise multivariada. Cf. Joseph Hair – "Multivariate Data Analysis: An Overview". In: *International Encyclopedia of Statistical Science* (eds. Miadrag Lovric), Berling, Heidelberg, Springer, 2011, p. 905; Paulo Viegas de Carvalho -op. cit., 2009, p. 144 e p. 146; e Ahmet Burak Emel

rados e conjugados os efeitos de múltiplos fatores"[358]. Para tal, afigura-se crucial identificar as suas duas primordiais constituintes. Além da determinação dos *inputs* iniciais, figurados enquanto variáveis significativamente relevantes que suportarão a geração modelo, importa outrossim ponderar qual o algoritmo de aprendizagem utilizado[359].

Quanto à forma, a modelização dá-se comummente pela utilização do processo iterativo *stepwise*. Quando do tipo *forward,* em cada passo são sinalizadas aquelas variáveis cuja significância estatística melhor propiciará a classificação da variável objetivo. Quando o processo principia com a consideração de todas as variáveis, sendo, por conseguinte, do tipo *backward stepwise,* suprir-se-á sucessivamente, em cada iteração, a variável explicativa que considere menos preponderante[360].

Quanto às técnicas de conceção e treino, muitas vezes, dada a complexidade da tarefa computacional, opta-se por não se aplicar uma só técnica em detrimento de abordagens híbridas (*hybrid*) ou conjuntas (*ensemble*). Ambas as aproximações são apologéticas do uso do conceito de fusão de informação para envalecer e aperfeiçoar tanto a capacidade de desempenho como de generalização dos modelos de aprendizagem através da diminuição da variância[361] e do sobreajustamento dos conjuntos. Não obstante,

[*Et al.*] – "A credit scoring approach for the commercial banking sector". In: *Socio-Economic Planning Sciences,* vol. 37, no. 2, 2003, p. 106.

358 Cit. PAULO VIEGAS DE CARVALHO – *op. cit.,* 2009, p. 146. Cf. BRAD SWARBRICK – *Multivariate Data Analysis for Dummies,* CAMO Software Special Edition, West Sussex, UK: John Wiley & Sons Inc., 2012, pp. 5-6.

359 Qualquer sistema computacional, seja ele relativo a aplicações de IA ou não, impactua na resolução de problemas – *problem-solving* – e reporta à otimização combinatória dos *outcomes* processados – automatizada e/ou autonomamente – na conceção, configuração, implementação, disponibilização e colocação em serviço de um *software.* Ora, o uso de teoremas sobre procedimentos de cálculo, computados sobre a forma de instruções nas entradas, os *inputs,* viabilizará inferir (no caso da IA, indutivamente) resultados (ou antes, saídas) com recurso a uma sequência de operações elementares, encadeadas de forma sistemática (*coding*) ou aprendida (*modeling*) e, bem assim, aprioristicamente conducentes ao desempenho de uma determinada tarefa (*task*) em estruturas lógicas de programação. Cf. CESAR ANALIDE & DIOGO MORGADO REBELO – "A Inteligência Artificial na era *data-driven ... supra,* pp. 68-69; e THOMAS CORMEN [*Et al.*] – *Introduction to Algorithms,* 3rd ed., Cambridge, MA: The MIT Press, 2009, p. 5.

360 Cf. PAULO VIEGAS DE CARVALHO – *op. cit.,* 2009, p. 146.

361 A variância de uma variável aleatória ou de um processo estocástico traduz uma medida da sua dispersão que indica 'o quão longe' os dados se encontram face à média do valor endógeno esperado. *Vide,* ABDULBARI BENER & MIODRAG LOVRIC – "Variance". In: *International*

enquanto nas primeiras – as híbridas – vivifica-se a aplicação de técnicas heterogéneas nos diferentes ciclos de maturação do sistema[362], em relação às segundas – as conjuntas – verifica-se a combinação de múltiplas metodologias homogéneas, via ensacamento (*bagging*) ou melhoramento (*boosting*)[363]. Relativamente às aproximações conjuntas, refira-se que, o ensacamento consubstancia um método para a geração de múltiplas versões de um preditor. Nele, vários subconjuntos são criados a partir do *set* original pela seleção de observações de substituição. Seguidamente, um modelo é gerado a partir de cada um dessas partições. O mesmo sucede com os outros subconjuntos, modelizados através do treino paralelo e independente. As previsões finais serão, por conseguinte, determinadas pela combinação média das saídas extraídas do modelo. Já o melhoramento materializa uma abordagem natural, mais frequente, que visa aumentar a aptidão de um modelo através da execução iterativa do mesmo procedimento várias vezes, tomando, *in fine,* a maioria das hipóteses de saída como regra, correspondendo ao classificador mais forte, aprioristicamente. Este procedimento, grosso modo, resulta da geração em série de modelos de aprendizagem 'fracos'. Primeiramente, extrai-se um modelo do conjunto total. De seguida, aprende-se outro a partir dos mesmos dados, corrigindo algumas imprecisões ou inexatidões do anterior e, assim sucessivamente, terminando quando o número máximo de modelos gerados forem adicionados[364].

Encyclopedia of Statistical Science (eds. Miadrag Lovric), Berling, Heidelberg, Springer, 2011, pp. 1640-1642.

362 A título exemplificativo, em 2002, Tian-Shyung Lee [*Et al.*] propuseram um método híbrido que integrava, em diferentes fases, a retropropagação das Redes Neuronais Artificiais com a Análise Discriminante Linear. Cf. Tian-Shyung Lee [*Et al.*] – "Credit scoring using the hybrid neural discriminant techniques ... *supra*, pp. 249-250.

363 Cf. Francisco Louzada; Anderson Ara & Guilherme Fernandes – "Classification methods applied to credit scoring ... *supra*, p. 121; e Przemyslaw Kazienko; Edwin Lughofer & Bogdan Trawinski – "Hybrid and ensemble techniques in soft computing: recent advances and emerging trends". In: *Editorial on the special issue, Soft Computing*, vol. 19, no. 12, 2015, p. 3353.

364 Cf. Oliver Theobald – *op. cit.*, 2017, p. 107; Leo Breiman – "Bagging predictions". In: *Machine Learning*, vol. 24, no. 2, 1996, p. 123; e Robert Schapire – "The strength of weak learnability". In: *Machine Learning*, vol. 24, no. 2, 1990, p. 198. Por exemplo, Gang Wang [*Et al.*], no ano de 2012, conceberam um modelo de *scoring* que envolvia a aplicação da técnica Árvores de Decisão – v. desenvolvimentos, *infra*, presente unidade capitular – primeiramente, para redução do ruído

60. Adiante, no atual estado de arte, é fruto da investigação operacional e empresarial nesta matéria que a quantidade de modelos e técnicas de DM e ML para o *scoring* de crédito, baseado na IA, tem crescido consideravelmente. Nos dias de hoje, desde as aproximações mais simples, até outras analiticamente mais complexas, subsiste uma panóplia de alternativas habilitadas a executar recomendações acerca da previsão de (in) cumprimento no crédito.

Do ponto de vista de aplicação teórico-prática, julga-se ser proveitosa a descrição de seis das técnicas assinaladas pela literatura como mais relevantes em função da bipartição tipológica das particularidades paramétricas ou não paramétricas que lhes são consignadas. Esta qualificação permitirá definir se a técnica de modelização traduz ou não suposições prévias sobre os dados. Por um lado, abordar-se-ão métodos paramétricos como a Regressão Linear (RLI), a Análise Discriminante (AD) ou a Regressão Logística (RLO), estes que pressupõem uma função de distribuição ou classificação prévias, restringindo a complexidade do problema à estimação dos parâmetros que melhor se adaptam às observações a partir da amostra. Tais métodos são eficazes tão-só quando o processo de geração dos modelos se coaduna com a distribuição proposta a partir dos conjuntos de dados. Porque sensíveis a mínimas alterações das ou nas assunções, este tipo de análise multivariada denota fraca consistência sempre que a dimensionalidade das amostras não é satisfatória e as covariâncias não são equivalentes, sendo mais propensa ao erro nesse sentido[365]. Então, dir-se-á que enquanto as técnicas paramétricas, as mais tradicionais, supõem distribuições normais, linearidades, homoscedasticidades[366], as técnicas

nas entradas e, consecutivamente, obtenção da maior exatidão na classificação. Cf. Gang Wang [*Et al.*]– "Two credit scoring models based on dual strategy ensemble trees ... *supra*, p. 62.

[365] Cf. Manuel Hernandez & Maximo Toreto – "Parametric versus nonparametric methods in risk scoring: an application to microcredit". In: *Empirical Economics*, vol. 46, no. 3, 2014, pp. 1073; Raymond Anderson – *op. cit.*, 2007, pp xxxvi-xxxvii; María Boniilla; Ignacio Olmeda & Rosa Puertas – "Modelos Paramétricos y no Paramétricos en Problemas de Credit Scoring". In: *Revista Española de Financiación y Contabilidad*, vol. 32, n. 118, 2003, p. 840; e William Henley – *Statistical aspects of credit scoring*, PhD Thesis, The Open University, 1995, p. 65.

[366] Em estatística, a distribuição normalizada das observações, também designada por distribuição de Gauss – fruto das investigações levadas a cabo por Carl Friedrich Gauss – é identificada em alusão à média e ao desvio-padrão. A representação da sua densidade é simétrica, assumindo num gráfico a forma de sino. Cf. Paulo Viegas de Carvalho – *op. cit.*, 2009, p. 148, anotação em rodapé nº 1. Já a linearidade corresponde à propriedade numa

não paramétricas, prescindem da assunção de pressuposições, traduzindo decisões não estruturadas *a priori*, uma vez que inexiste um padrão normalizado das classes explicativas a utilizar[367]. Nestas, parte-se do pressuposto que a correlação (ou dependência) entre as variáveis explicativas existe e tem de ser identificada.

Portanto, um modelo econométrico será integrado na qualidade de paramétrico se todos os seus parâmetros observacionais se encontrarem distribuídos em espaços dimensionais finitos. Alternativamente, um modelo será do tipo não paramétrico se todos as suas instâncias estiverem inscritas em espaços dimensionais infinitos[368]. Tal ocorre, a título exemplificativo, em métodos como as Árvores de Decisão (AD), as Redes Neuronais Artificiais (RNA) ou os Algoritmos Genéticos (AG), entre outros – mais dentro do espectro científico da IA, *infra*.

6.3.4.1. Técnicas Paramétricas

6.3.4.1.1. Regressão Linear (RLI)

61. A RLI, constituindo a forma mais simples de regressão, corresponde a uma das técnicas de aprendizagem supervisionada mais tradicionais utilizada quando se pretende prever uma variável com valores contínuos[369]. Estabelece a inter-relação de entre uma variável dependente e uma ou mais independentes através de uma linha reta – o hiperplano – que aproxima as várias observações registadas num gráfico de dispersão[370].

O propósito de uma regressão como a linear é, portanto, o de estabelecer uma relação entre duas ou mais variáveis, dividindo os dados de forma a minimizar o desvio-padrão que equidista cada *data point* observacional do hiperplano[371]. A partir daqui indagar-se-á o quão impactantes são quais-

relação matemática (dita função) passível de ser representada graficamente por uma linha reta, estando, por esse motivo, relacionada com a proporcionalidade. A homocedasticidade traduz a independência entre as variáveis explicativas. O contrário, designa-se por heteroscedasticidade. Cf. B. Everitt & A. Skrondal – *The Cambridge Dictionary of Statistics*, Cambridge, UK, Cambridge University Press, 2010, p. 204.

367 Cf. María Bonilla; Ignacio Olmeda & Rosa Puertas – "Modelos Paramétricos y no Paramétricos en Problemas de Credit Scoring ... *supra*, p. 844

368 Cf. Erkie Asmare & Andualen Begashaw – "Review on parametric and nonparametric methods of efficiency analysis". In: *Biostatistics and Bioinformatics*, vol. 2, no. 2, 2018, p. 2.

369 Cf. Maribel Yasmina Santos & Isabel Ramos – *op. cit.*, 2017, p. 176.

370 Cf. Ryan Roberts – *op. cit.*, 2017, p. 28.

371 Cf. Oliver Theobald – *op. cit.*, 2017, pp. 58-59.

quer alterações da variável explicativa – a independente – face ao fator de interesse, a variável endógena[372].

Na figura 2, *infra*, constata-se que as observações reais se encontram sinalizadas a cor vermelha, enquanto as esperadas – as previsões – encontram-se representadas ao longo do hiperplano numa tendência cuja inclinação demonstra uma dependência crescente da variável objetivo face às preditoras.

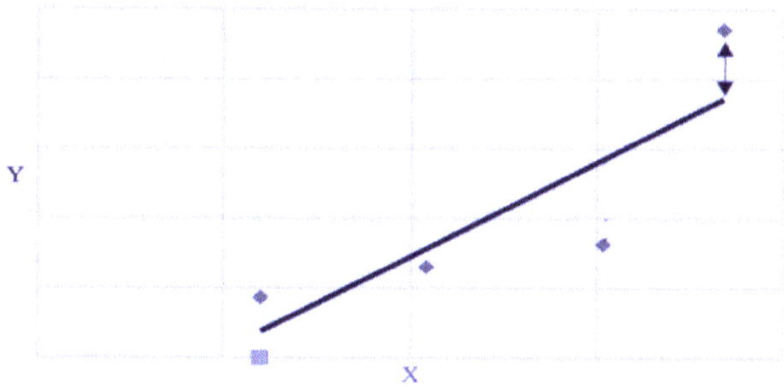

Figura 2. Gráfico de dispersão de uma RLI simples

Segundo este algoritmo, a variável endógena representa um problema de duas classes. A RLI é comummente representada através da seguinte equação:

$$Y = \alpha + \beta X$$

Nesta fórmula, as variáveis X e Y descrevem o preditor independente e a variável objetivo, respetivamente. Os carateres numéricos alfa (α) e beta (β) correspondem aos coeficientes da regressão, em que α traduz a inclinação da reta, ao passo que β situa o ponto a partir do qual a regressão intercetar-se-á com o eixo do X[373]. A determinação destes coeficientes suputa-se com recurso ao método dos mínimos quadrados. Este tem o desiderato de minimizar o erro existente entre os valores reais das observações e aqueles estimados pela reta, o desvio-padrão. Assim, para um conjunto de dados com n registos, plasmados num hiperplano na forma de pontos (x_1, y_1), (x_2, y_2), ... (x_n, y_n), os coeficientes de regressão são calculados através das seguintes equações:

[372] Cf. Ryan Roberts – *op. cit.*, 2017, p. 29.
[373] Cit. *ult. loc. cit.*

$$\beta = \frac{\sum_{i=1}^{n}(x_i - X)(y_i - Y)}{\sum_{i=1}^{n}(x_i - X)^2}$$

$$\alpha = y - \beta X$$

Para este cálculo, x representa a média de x_1, x_2, ... x_n, e y corresponde à média de y_1, y_2 ... y_n[374]. Regra geral, quanto mais próximas se posicionarem as observações do hiperplano, maior será a acuidade ou exatidão das previsões[375]. Claro está, quanto maior o desvio-padrão, a inclinação crescente ou descendente da curva proporcionará ao utilizador-final estimações menos robustas[376].

Já "para a modelização de probabilidade linear, o resultado final estabelecerá, grosso modo, uma inter-relação entre as várias caraterísticas dos beneficiários $X = \{X_1 ..., X_n\}$ e a variável objetivo Y, endógena, conforme à seguinte expressão:

$$Y = \beta_0 + \beta_1 X_1 + \beta_2 X_2 + ... + \beta_p X_p + \in$$

Em que $\in$ corresponde ao erro aleatório autónomo do conjunto X. Para se estimar o vetor $\hat{\beta}$, dado $\beta = \beta_1 + \beta_2 + ... \beta_p$, conforme referido anteriormente, recorre-se ao procedimento tradicional do método dos mínimos quadrados ordinários.

Y, a saída endógena, corresponderá então a uma variável binária. Com efeito, a previsão condicional $E(Y|X) = \acute{x}\hat{\beta}$ é utilizada para segregar os clientes potencialmente cumpridores dos outros, também eles, previsivelmente faltosos. Ora, na medida em que as saídas tenderão para o infinito $[-\infty < \acute{x}\hat{\beta} < +\infty]$, os resultados de uma RLI não podem ser interpretados como uma verdadeira probabilidade[377].

Vulgarmente, a literatura refere o erro-padrão e a estatística R^2 como as métricas mais utilizadas para aferição do erro na técnica RLI.

Com efeito, a fórmula para o erro-padrão é-nos dada por:

$$S_e = \sqrt{\frac{\sum(\hat{Y} - Y_i)^2}{n - (k+1)}}$$

374 Cf. Maribel Yasmina Santos – *op. cit.*, 2017, pp. 176-177.

375 Cf. Oliver Theobald – *op. cit.*, 2017, p. 60

376 Cf. *ult. loc. cit.*; e António Sarmento Batista – *op. cit.*, 2012, p. 66.

377 Cf. Francisco Louzada; Anderson Ara & Guilherme Fernandes – "Classification methods applied to credit scoring ... *supra*, p. 120.

Em que $(\hat{Y} - Y_i)$ equivale ao erro, n corresponde às observações e o k traduz o número de variáveis explicativas, sendo $n - (k + 1)$ também referido como grau de liberdade. Segundo esta medida, a suputação do erro-padrão só poderá ser efetuada se o número de observações n exceder o número de variáveis explicativas $(k + 1)$. Aliás, quando as amostras apresentam uma dimensionalidade considerável, maior será a possibilidade de se verificar uma diminuição do erro-padrão. *A contrario sensu,* como se depreende, quanto maior for o número de variáveis explicativas, maior será o erro-padrão[378].

Já o coeficiente de determinação, também designado por estatística R^2, equivale a uma outra medida estatística vulgarmente empregue aquando do apuramento do erro. Este é-nos dado pela seguinte fórmula:

$$R^2 = 1 - \frac{\Sigma(\hat{Y} - Y_i)^2}{\Sigma(\bar{Y} - Y_i)^2}$$

Explicado por outras palavras: estas expressões indicar-nos-ão o quão bem o hiperplano se acerta aos dados observacionais reais, mensurando a qualidade do ajustamento de uma linha linear de regressão amostral[379].

Ora, diante a verificação de múltiplas variáveis independentes, como sucede comumente no caso do *scoring* do crédito, a modelização é mais complexa. Não se resume à simples representação dos registos observacionais nos eixos *X* e *Y* de um gráfico de dispersão, requerendo antes o uso alternativo de linhas polinomiais ou curvilíneas, desde logo, dado que o *output* endógeno passa a ser explicado por múltiplos preditores[380]. Assim, na RLI Múltipla, preditores como o histórico de pagamentos dos clientes, garantias ou indicadores de incumprimentos podem ser examinados pelos analistas de crédito, individualmente, não em conjunto. O uso de técnicas como a RLI permite estabelecer um *score* independentizado para cada fator, cotejando-o numa fase ulterior com o *cutoff* pré-definido pela instituição de crédito. Só na hipótese de somatório superar este limiar será concedido o empréstimo[381].

[378] Cf. António Sarmento Batista – *op. cit.*, 2012, p. 67.

[379] Cf. *ult. loc. cit.*

[380] Cf. Ryan Roberts – *op. cit.*, 2017, p. 30; e António Sarmento Batista – *op. cit.*, 2012, p. 67.

[381] Cf. Hussein Abdou & John Pointon – "Credit scoring, statistical techniques and evaluation criteria .... *supra*, p. 69.

62. Em 1971, Yar Oglier fez uso da técnica de RLI para uma aplicação *scorecard*. Observando os resultados, concluíra que tratos psicométricos evidenciam uma maior aptidão preditiva do que os dados fornecidos diretamente pela clientela[382]. Incumbe destacar também o trabalho levado a cabo por David Hand e Mark Kelly, no ano de 2002, cientistas que geraram um modelo de *scoring* com recurso à RLI, no qual cada classe inicial contribuía com o seu peso, individualmente, para o *score* final da clientela[383].

63. Da literatura, constata-se que são inúmeras as contrapartidas associadas à utilização deste método. Tal sucede na medida em que a modelização linear da probabilidade de incumprimento assume pressuposições de linearidade, homoscedasticidade, distribuições de erro normalizadas, adições, entre outros tratos paramétricos, que culminam em estimações que, muitas vezes, não correspondem à realidade[384]. Em particular, a homoscedasticidade e a distribuição normalizada revelam ser um aspeto crítico, porquanto os valores-objetivos possíveis de serem extraídos poderão surgir inferiores a 0 e ser superiores a 1[385]. Por estas razões, a comunidade científica da estatística aplicada tem criticado a implementação de técnicas como esta no *scoring*[386].

6.3.4.1.2. Análise Discriminante (ADI)

64. A genesis da ADI reporta a um estudo coordenado pelo matemático Ronald Aylmer Fisher, no ano de 1936[387], embora só no ano de 1941, o analista David Durand, através de uma investigação operacional pioneira da tópica, se aprestara a empregar esta aproximação metodológica em tarefas

[382] Cf. David Hand & William Henley – "Statistical classification methods in consumer credit scoring: a review". In: *Journal of the Royal Society, Series A (Statistics in Society)*, vol. 160, no. 3, 1997, p. 533; e Hussein Abdou & John Pointon – "Credit scoring, statistical techniques and evaluation criteria .... *supra*, p. 69.

[383] Cf. David Hand & Mark Kelly – "Superscorecards". In: *IMA Journal of Management Mathematics*, vol. 13, no. 4, 2002, p. 273.

[384] Cf. António Sarmento Batista – *op. cit.*, 2012, p. 66; e Raymond Anderson – *op. cit.*, 2007, p. 167.

[385] Cf. António Sarmento Batista – *op. cit.*, 2012, p. 67; Paulo Viegas De Carvalho – *op. cit.*, 2009, p. 149, anotação em rodapé nº 1; e Raymond Anderson – *op. cit.*, 2007, p. 167.

[386] Cf. *ult. loc. cit.*

[387] *Vide*, Ronald Fisher – "The use of multiple measurements in taxonomic problems ... *supra*, pp. 179-188, *cit. in*. Melissa Knutson – Credit Scoring Approaches ... *supra*, p. 1.

taxonómicas como a categorização dos pretensos beneficiários do crédito quanto à sua 'boa' ou 'má' propensão para o cumprimento tempestivo[388].

A ADI é uma técnica estatística de análise multivariada indicada quando se pretende discriminar um conjunto de variáveis em dois ou mais grupos[389]. Em causa está "um sistema (...) que a cada indivíduo faz corresponder uma pontuação resultante de uma média ponderada dos valores que, para cada um deles, assumem as variáveis independentes"[390].

A partir de um modelo ADI estabelece-se uma inter-relação de entre uma variável dependente, categórica – aquela que classifica o grupo – e duas ou mais métricas independentes[391]. Tal como sucede na RLI, esta abordagem geral visa a "construção de uma forma ótima, ou seja, uma combinação linear de variáveis de previsão que melhor distinguirão (discriminarão) os dois grupos"[392]. As variáveis são computadas sequencialmente no modelo, até que não seja possível obter nenhuma melhoria[393].

A nível procedimental, a ADI principia-se com a especificação dos grupos para classificação, constituindo estas as variáveis endógenas do modelo. Numa fase subsequente, diante as correlações discriminantes, identificadas entre duas ou mais variáveis explicativas do modelo, propõe-se obter aquelas que melhor discriminam os grupos. Só será discriminante o preditor cujas médias denotem uma diferença significativa para com os grupos das saídas[394].

Na Figura 3, *infra*, ilustra-se um gráfico de dispersão bidimensional a partir do qual, tão-só por referência a duas variáveis preditoras, se deriva

[388] Cf. DAVID DURAND – *op. cit.*, 1941, pp. 19-20.

[389] Cf. HUSSEIN ABDOU & JOHN POINTON – "Credit scoring, statistical techniques and evaluation criteria .... *supra*, p. 69. O emprego do termo discriminante, em tarefas ADM para o *scoring* representa a regra que estabelece as condições para uma instância ser integrada como elemento da classe de clientes cumpridores ou faltosos, alternativamente. Cf., com as devidas adaptações temáticas, ETHEM ALPAYDIN – *op. cit.*, 2016, p. 175; e ELIZABETH REIS – *Estatística Multivariada Aplicada*, 1ª ed., Lisboa: Edições Sílabo, 2006, p. 203, *cit. in* ANTÓNIO SARMENTO BATISTA – *op. cit.*, 2012, p. 68.

[390] Cit. ELIZABETH REIS – *Estatística Multivariada Aplicada*, 1ª ed., Lisboa: Edições Sílabo, 2006, p. 206, *cit. in* ANTÓNIO SARMENTO BATISTA – *op. cit.*, 2012, p. 73

[391] Cf. MARIA MATOS BRAGA – Caraterização Teórica e Aplicação da Análise Discriminante, Monografia apresentada para a obtenção do grau de Bacherel em Estatística, Porto Alegre, 2003, p. 5.

[392] Cit. ANTÓNIO SARMENTO BATISTA – *op. cit.*, 2012, p. 68.

[393] Cf. *ult. loc. cit.*

[394] Cf. PAULO VIEGAS DE CARVALHO – *op. cit.*, 2009, p. 147

a segmentação da clientela nas classes endógenas de "risco elevado" ou de "baixo risco".

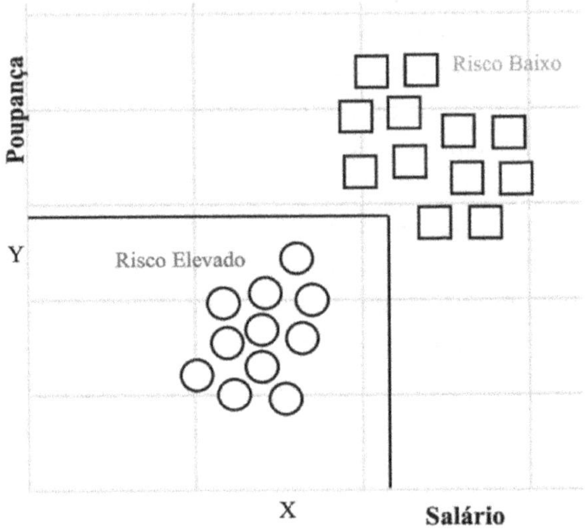

Figura 3. ADI a partir dos preditores "Salário" e "Poupanças"

Relativamente ao exemplo figurado, suponha-se, para os devidos efeitos, que os eixos do *x* e *y* registam amostras cujas observações podem ser quantificadas em milhares de euros, correspondendo, respetivamente, o eixo do *x* aos níveis salariais auferidos e o do *y* às poupanças amealhadas. Cada consumidor, face à inter-relação do seu salário com as suas poupanças, é representado no gráfico de dispersão bidimensional por um ponto figurado em classes distintas. A forma de círculo ('0') representa a clientela de cuja pontuação sobressairá uma probabilidade elevada de incumprimento. Já a clientela à qual lhe foi atribuído um *score* elevado condiz com os pontos simbolizados pela figura geométrica de um quadrado ('■'). Analisando a figura por referência ao algoritmo ADI, deduz-se que todos os clientes que registam observações abaixo do discriminante entre o limiar de *X*, em termos salariais, e de *Y*, quanto às poupanças, serão catalogados na condição de propensão à não solvência dos créditos contraídos[395]. Assim, a regra *if-then* que melhor elucidará o raciocínio exposto é a seguinte:

[395] Cf. ETHEM ALPAYDIN – *op. cit.*, 2016, p. 47.

```
IF income < X AND savings < Y THEN high_risk ELSE low_risk END IF
```

Todavia, como vimos, em problemas como o *scoring*, no qual devem ser múltiplos os preditores passíveis de serem impregnados para avaliação da solvabilidade, propugna-se ser fundamental derivar mais do que uma função num único indicador, caraterístico da ADI Múltipla[396]. Esta aproximação começa por uniformizar as classes iniciais para cada variável endógena. A partir desta padronização extrai-se uma função estatística para separar os grupos. Os *scores* obtidos serão utilizados para alocar cada observação posterior à categorização correspondente[397]. Um novo candidato, *a priori*, será classificado na população correta por referência aos valores mais elevados dos *scores* lineares resultantes das funções discriminantes acopladas para esse consumidor[398]. O propósito será o de recorrer à função estimada para validar uma previsão na sua exatidão, assim se balizando quais os fatores de interesse (ou seja, as rácios) que conferem à técnica em apreço um maior poderio discriminante[399].

A ADM encontra-se habilitada a conjugar num único indicador (Z) determinadas caraterísticas compartilhadas por *n* clientes, padronizando ao mesmo tempo as correlações entre essas caraterísticas.

Destarte, na função discriminante aplicada a um cliente *i*, tem-se que:

$$Z_i = \beta_1 X_{1i} + \beta_2 X_{1i} + \cdots + \beta_j X_{pi}$$

Em que β_j identifica os pesos ou coeficientes de ponderação discriminante, e X_j ($j = 1, 2, ..., k$) corresponde às variáveis preditoras independentes, não-normalizadas[400]. Deste modo, multiplica-se a variável independente X_j pelo seu peso correspondente β_{ij} e, de seguida, somam-se os produtos. O *score* obtido (Z_i) corresponderá à discriminante aplicada a cada candidatura[401]. Num jargão mais técnico, dir-se-á que o processo de previsão dos coeficientes visa a otimização das diferenças entre os grupos de

[396] Cf. António Sarmento Batista – *op. cit.*, 2012, p. 68; e Marcelina Chijoriga – "Application of multiple discriminant analysis (MDA) as a credit scoring and risk assessment model". In: *Journal of Emerging Markets*, vol. 6, no. 2, 2011, p. 134.

[397] Cf. *ult. loc. cit.*

[398] Cf. António Sarmento Batista – *op. cit.*, 2012, p. 68.

[399] Cf. *ult. loc. cit.*

[400] Cf. António Sarmento Batista – *op. cit.*, 2012, pp. 72-73; e Paulo Viegas De Carvalho – *op. cit.*, 2009, p. 147.

[401] Cf. António Sarmento Batista – *op. cit.*, 2012, p. 73.

clientes cumpridores e faltosos. Esta maximização equivalerá ao produto resultante entre a matriz inversa das variâncias e covariâncias dos preditores e o vetor das diferenças entre as médias dessas variáveis consignadas aos dois grupos[402]. Obtidas que sejam as previsões dos coeficientes, o cálculo para estimar as condições ($\hat{Z}$) suputa-se então por referência à seguinte equação:

$$\hat{Z}_i = \hat{\beta}_1 X_{1i} + \hat{\beta}_2 X_{1i} + \cdots + \hat{\beta}_k X_{ki} = \sum_{j=1}^{k} \hat{\beta}_{ji} X_{ji}$$

65. Enquanto técnica paramétrica, a ADI supõe assunções prévias[403]:

- as variáveis independentes são mensuradas por intervalos;
- seguem uma distribuição normal multivariada; e
- as matrizes de covariância são iguais para os grupos endógenos.

Alguns autores assinalam entraves à utilização deste algoritmo ADI para a modelização. Um dos principais críticos foi Robert Eisenbeis[404]. Para o autor, desde logo, a assunção normalizada das variáveis preditoras pretere o pressuposto sobre as distribuições subjacentes às variáveis explicativas, consequentemente, enviesando os testes e as respetivas significâncias. Na prática, para ele, é mais frequente verificar-se a dispersão das observações[405]. Ora, é precisamente porque as distribuições dos grupos são habitualmente desiguais que a utilização de funções lineares discriminantes é frequentemente substituída por uma outra de índole polinomial[406],

[402] Cf. *ult. loc. cit.*

[403] Cf. Vijay Desai; Jonathan Crook & George Overstreet Jr. – "A comparison of neural networks and linear scoring models in the credit union environment". In: *European Journal of Operational Research,* vol. 95, no. 1, 1996, p. 26.

[404] Cf. Robert Eisenbeis – "Problems in applying discriminant analysis in credit scoring models". In: *Journal of Banking & Finance,* vol. 2, no. 3, 1978, p. 212.

[405] Cf. Robert Eisenbeis – "Pitfalls in the Application of Discriminant Analysis in Business, Finance, and Economics". In: *The Journal of Finance,* vol. 32, no. 3, 1977, p. 875.

[406] Em matemática, um polinómio é uma expressão composta por indeterminações e coeficientes. Envolve apenas as operações de adição, subtração e multiplicação. O polinómio de uma variável é-nos dado por: $a_n x_n + a_{n-1} x^{n-1} + \dots a_0$, em que x é uma variável, n corresponde a um número inteiro não negativo, e a_n, a_{n-i} ... são números. Aqui, o a traduz os coeficientes do polinómio. Cf. Cf. Harold Edwards – *Linear Algebra,* Boston, Springer + Business Media, LLC, 1995, p. 78.

a função da ADI Quadrática[407]. Daqui deriva um outro problema, relativo à interpretação desacertada da preponderância de alguns preditores face às variáveis objetivo, este que se verifica até na ADI Múltipla. A este respeito, especiais cautelas deverão de ser tidas, primando pela correção de eventuais problemas de multicolinearidade[408]. Quanto à suscetível aplicação de técnicas de redução da dimensionalidade, verifica-se que a exclusão, quer de algumas variáveis preditoras, quer das funções discriminantes – pertencentes ao grupo *K* de espaço reduzido –não expressivas para apreciação da capacidade global de discriminar grupos, revelam alguma imprudência. Sendo a maior exatidão o propósito principal do *scoring*, os resultados extraídos deverão ser cotejados com outros obtidos a partir de vários subconjuntos[409]. Também a pressuposição da discretização dos grupos endógenos aparenta ser aqui problemática. Na ADI, tanto linear como múltipla, os grupos-objetivo são arbitrariamente selecionados e não verdadeiramente discriminados. Um número infinito de classes distintas poderia ser concebível, sendo certo que, uma dada observação poderá sempre ser integrada dos vários subgrupos endógenos[410]. A todas estas contrariedades, acrescenta-se ainda a utilização de probabilidades *a priori* inadequadas[411].

Face a este cenário, diante a opção válida pela utilização do método ADI, com traços Múltiplos, "deve ser feita uma avaliação crítica dos resultados, quer no plano da razoabilidade concetual das estimativas obtidas, quer do ponto de vista puramente estatístico"[412]. Certo é que as evidências científicas demonstram que a ADI Múltipla produz resultados satisfatórios só em relação às variáveis que, em cada grupo, sigam uma distribuição normal e nas quais as matrizes de covariâncias sejam equivalentes[413]. Ora, tal não ocorrerá, muitas vezes, defronte a volatilidade e dispersão dos dados explorados em ambiente *Big Data* para o crédito ao consumo. Como tal,

[407] Cf. *idem, ibidem*, p. 879.

[408] Cf. Paulo Viegas De Carvalho – *op. cit.*, 2009, pp. 147-148; e Robert Eisenbeis – "Pitfalls in the Application of Discriminant Analysis in Business, Finance, and Economics ... *supra*, p. 882-885.

[409] Cf. *idem, ibidem*, pp. 885-886.

[410] Cf. *idem, ibidem*, p. 887.

[411] Cf. *idem, ibidem*, p. 889.

[412] Cit. Paulo Viegas De Carvalho – *op. cit.*, 2009, p. 148.

[413] Cf. Francisco Louzada; Anderson Ara & Guilherme Fernandes – "Classification methods applied to credit scoring ... *supra*, p. 120.

a não confirmação destes pressupostos pode fragilizar (e muito) a acuidade das previsões[414].

6.3.4.1.3. Regressão Logística (RLO)

66. O algoritmo de RLO é uma das ferramentas mais utilizadas para estimar a probabilidade de incumprimento no crédito[415]. Em 2012, este método era aplicado no desenvolvimento de *scorecards* em cerca de 80 e 90% das instituições de crédito ou sociedades financeiras[416].

Proposto por Joseph Berkenson em 1944[417], o primeiro estudo *logit* para o *scoring* no crédito ao consumo data só do ano de 1980, na pessoa de John Wigiton[418].

Tal como os restantes métodos, a partir de um conjunto de caraterísticas explicativas, também a abordagem RLO prevê a probabilidade de um resultado específico[419]. Essencialmente, consideram-se um primeiro grupo de variáveis explicativas $X = \{X_1, ..., X_n\}$, a partir das quais se extraem duas outras, do tipo objetivo e categórico $Y = \{Y_1, Y_2\}$, como resposta. O algoritmo RLO traduzirá, grosso modo, a estimação combinada dos conjuntos observacionais registados em *X* face à transformação logarítmica de *Y*[420]. A RLO é, por isso, "um caso especial do método geral de [classificação] que consiste na estimação dos parâmetros de um modelo logarít-

[414] Cf. Barbro Back [*Et al.*] – Choosing bankruptcy predictors using discriminant analysis, logit analysis, and genetic algorithms, Turku Centre for Computer Science, Technical Report no. 40, 1996, p. 2.

[415] Cf. Kenneth Kennedy – *Credit Scoring Using Machine Learning*, PhD Thesis, Dublin: Institute of Technology, School of Computing, 2013, p. 23; Hussein Abdou & John Pointon – "Credit scoring, statistical techniques and evaluation criteria .... *supra*, p. 71; David Hand & F. Zhou – "Evaluating models for classifying customers in retail banking collections". In: *Journal of the Operational Research Society*, vol. 61, no. 10, 2010, p. 1541; Jonathan Crook; David Edelman & Lyn Thomas – "Recent developments in consumer credit risk assessment ... *supra*, p. 1463; e Martin Vojtek & Evïen Koândra –"Credit Scoring Methods ... *supra*, p. 157.

[416] Cf. *idem*, *ibidem*, p. 65.

[417] *Vide*, Joseph Berkenson – "Application of the Logistic Function to Bio-Assay". In: *Journal of the American Statistical Association*, vol. 39, no. 227, 1944, pp. 357-365.

[418] *Vide* John Wiginton – "A Note on the Comparison of Logit and Discriminant Models of Consumer Credit Behaviour". In: *The Journal of Financial and Quantitative Analysis*, vol. 15, no. 3, 1980, pp. 757-770.

[419] Cf. António Sarmento Batista – *op. cit.*, 2012, p. 74.

[420] Cf. Francisco Louzada; Anderson Ara & Guilherme Fernandes – "Classification methods applied to credit scoring ... *supra*, p. 120.

mico (modelo *logit*) linearizado, em que a variável endógena é binária"[421]. Esta dicotomia refletir-se-á tanto na seleção do modelo gerado como nas assunções correspondentes, *infra*[422].

Como se depreende, de um modelo 'aprendiz' como este, as saídas categóricas resultarão da combinação logarítmica das variáveis preditoras[423]. Dado que o *scoring* de crédito tem-se por reconduzível a tarefas de classificação, o problema em apreço, seguindo quase os mesmos princípios da RLI, difere desta porque reconduz os *outputs* tão só aos valores compreendidos entre as classes de 0 e 1[424]. A codificação de um algoritmo de RLO baseia-se, não na identificação do hiperplano que melhor se aproxima das observações registadas, ao invés, nas probabilidades logarítmicas de pagamento ou incumprimento[425]. Assim, diferentemente da RLI, este tipo de modelização restringe o amplo espectro de possibilidades *ante* passíveis de serem induzidas segundo ou a partir de intervalos de RLI múltiplas em valores que tenderiam para o infinito nas estimações[426]. Já comparativamente com a ADI, a RLO apresenta a vantagem de não atender a pressuposições tão rígidas – não assumindo, por exemplo, uma distribuição normal multivariada entre os preditores – caraterística esta que culmina num robustecimento reforçado dos modelos concebidos[427]. Ainda assim,

[421] Cit. Paulo Viegas De Carvalho – *op. cit.*, 2009, p. 149.

[422] Cf. Hussein Abdou & John Pointon – "Credit scoring, statistical techniques and evaluation criteria .... *supra*, p. 71.

[423] Cf. Mohamed El-Masry – Machine Learning Approach for Credit Score Analysis, Working Paper submitted in partial fulfilment of the requirements for the degree in Statistics and Information Management specialized in Risk Management and Analysis, NOVA IMS, Lisbon, 2019, p. 21.

[424] Cf. António Sarmento Batista – *op. cit.*, 2012, p. 74; Bee Wah Yap; Seng Huat Ong & Nor Huselina Hussain – "Using data mining to improve credit worthiness via credit scoring models". In: *Expert Systems with Applications*, vol. 38, no. 10, 2011, p. 13277; e Hussein Abdou; John Pointon & Ahmed El-Masry – "Neural nets versus conventional techniques in credit scoring ... *supra*, p. 1279.

[425] Cf. Ryan Roberts – *op. cit.*, 2017, p. 33; e Kenneth Kennedy – *op. cit.*, 2013, p. 23.

[426] Cf. Oliver Theobald – *op. cit.*, 2017, p. 64; Ryan Roberts – *op. cit.*, 2017, p. 32; e Kenneth Kennedy – *op. cit.*, 2013, p. 23.

[427] Cf. Daniel Kaltofen; Stephen Paul & Stefan Stein – Retail Loans and Basel II: Using Portfolio Segmentation to Reduce Capital Requirements, ECRI Research Report, no. 8, 2006, p. 7; Gangadharrao Maddala – *Limited-dependent and qualitative variables*, Cambridge, UK, Cambridge University Press, 1986, p. 28; S. James Press & Sandra Wilson – "Choosing Between Logistic Regression and Discriminant Analysis". In: *Journal of the American Statistical Association*, vol. 73, no. 364, 1978, p. 700 e p. 705; e Daniel Martin –

enquanto técnica estatística de feição paramétrica, o algoritmo de RLO arroga variáveis objetivo do tipo categórico, por vezes, a relação de linearidade transmutada pela função logarítmica de probabilidades (*log odds function*), a verificação de termos de erro independentes, a homoscedasticidade dos preditores, assim como o uso apriorístico da totalidade das variáveis relevantes para a resolução do problema[428].

Ao nível das entradas –expressas tanto em valores contínuos como discretos[429] – este algoritmo faz uso de duas ou mais variáveis independentes. Quanto maior o número de classes ou caraterísticas iniciais, mais intrincada será a tarefa de interligar as inferências[430]. No método de RLO binária, os coeficientes das variáveis explicativas – as independentes – encontram-se linearmente relacionados, não apenas com a variável endógena, mas também com o logaritmo neperiano representativo das hipóteses de ocorrência de eventos positivos e negativos[431]. Verifica-se nele, tal como nos outros, "uma relação simples entre probabilidades e rácios de probabilidades (*odds*)"[432].

Aliás, é de forma a mitigar o facto de as probabilidades poderem estar limitadas aos valores inteiros de 0 e 1, que se procede à transformação logarítmica destas em *odds,* removendo-se os limites superior e inferior da curva. Assim, estabelecendo o resultado como equivalente à linearização das variáveis preditoras, obter-se-á o modelo *logit*[433]. Com efeito, para *n* variáveis explicativas e *i* indivíduos, o modelo *logit* corresponde à seguinte expressão:

$$g(x) = \ln\left(\frac{p_g}{1-p_g}\right) = \alpha + b_0 + b_1 x_{1i} + \cdots + b_{ni} x_{ni}$$

"Early warning of bank failure: A logit regression approach". In: *Journal of Banking & Finance,* vol. 1, no. 3, 1977, p. 258.

428 Cf. Raymond Anderson – *op. cit.*, 2007, pp.170-171.

429 Cf. Kenneth Kennedy – *op. cit.*, 2013, p. 25.

430 Cf. Hussein Abdou & John Pointon – "Credit scoring, statistical techniques and evaluation criteria .... *supra*, p. 71.

431 Cf. António Sarmento Batista – *op. cit.*, 2012, p. 74.

432 Cit. *ult. loc. cit.*

433 Cf. *idem, ibidem,* pp. 74-75.

Em que:

- p_g traduz a probabilidade de ser aceite;
- x_{ni} corresponde às variáveis de entrada;
- α condiz a interceção com o eixo de p_g;
- b_{ni} diz respeito aos parâmetros ou coeficientes de regressão, estes que medem a taxa de variação no *logit* perante uma qualquer modificação unitária do valor de uma das variáveis de entrada, mantendo-se todas as demais constantes;
- i – alude à i-ésima observação;
- $\left(\frac{p_g}{1-p_g}\right)$ evidencia a razão de possibilidades (*odds ratio*); e
- g_x representa a respetiva transformação logística de p_g.

Também o algoritmo RLO procede à minimização dos erros entre as estimações esperadas e os registos observados, através do método da máxima verosimilhança (*Maximum Likelihood estimation*, MLE). Esta é uma abordagem de cálculo intensivo que principia por decifrar aleatoriamente os valores dos coeficientes pela modificação iterativa destes num ímpeto de maximizar a probabilidade logarítmica, requerendo pelo menos cerca de seis tentativas para alcançar a convergência num só critério[434]. Aqui, a

[434] Cf. Kenneth Kennedy – *op. cit.*, 2013, p. 24; e Raymond Anderson – *op. cit.*, 2007, p. 170. Os parâmetros medem a taxa de variação para uma unidade alterada, ajustada em função das outras entradas. A partir daqui deduz-se a inclinação da linha de regressão entre o resultado e as respetivas variáveis explicativas. Os parâmetros ajustados se encontram-se dependentes das unidades de *inputs* e carecem de ser padronizados para uma análise mais facilitada do poder preditivo. Geralmente, faz-se uso de dados (*inputs*) não transformados para as variáveis numéricas e, relativamente às categóricas, geram-se outras – diga-se – fictícias. Cf. António Sarmento Batista – *op. cit.*, 2012, pp. 75-76. Em particular, são três as técnicas de regressão alusivas a métodos iterativos de maximização da verosimilhança que contribuem para sinalizar caraterísticas na conceção do modelo, como sejam: a seleção para a frente (*forward selection*); a eliminação retroativa (*backward elimination*); e a combinação de ambas (*stepwise*). Quanto à primeira – a da seleção para a frente – procede-se à identificação da melhor caraterística baseada na robustez preditiva. De seguida, adicionam-se outras até inexistirem classes que tenham *valores-p* inferiores a um determinado limiar de significância, por exemplo, de 0,05, ou quando se recorra ao método do *Chi*-Quadrado, acima de um determinado nível. Este treino, apesar de eficiente, pode ser enfraquecido quando os preditores se encontram muito correlacionados. Cf. *idem, ibidem*, p. 76. Já a eliminação retroativa pode ser descrita inversamente enquanto método que principia com a seleção de todas as caraterísticas no modelo e, de seguida, por ordem sequencial, executa a eliminação daquelas que denotem

relevância de cada variável independente é comprovada através do exame da significância singular acoplada ao coeficiente ou parâmetro estimável que se lhe associa[435]. Assim, a abordagem de máxima verosimilhança viabiliza não só mutar a variável endógena em função do modelo logarítmico, como também supor os coeficientes e a iteração maximizada destes para ajustar as probabilidades prevista[436]. Ainda a título de apontamento, importa notar que, do quociente entre as previsões dos parâmetros e os desvios-padrão apurados, será de suma preponderância observar rácios nas quais, em termos absolutos, os valores deverão ser superiores a 2, limiar este que atesta a relevância estatística dos preditores e, simultaneamente, garante a maior acuidade das estimações[437].

Ora, em termos estatísticos, sendo modelo RLO, como se afirmou anteriormente, concebido para classificar, através transformação logarítmica dos atributos nas entradas, os candidatos a crédito na classe endógena de cumpridores (p_g) ou de faltosos (p_b)[438], a expressão desta estimação é-nos dada por:

$$p_g = \frac{e^{-\,(b_0+b_1x_1+\cdots+b_nx_n}}{(1+\ e^{-\,(b_0+b_1x_1+\cdots+b_nx_n})}$$

$$p_b = \frac{1}{(1+\ e^{-\,(b_0+b_1x_1+\cdots+b_nx_n})}$$

uma menor predominância. Tal supressão findará quando todas as restantes apresentarem um *valor-p* de determinado nível. A vantagem desta segunda aproximação tem que ver com o facto de viabilizar a suputação de alguns preditores não preponderantes, mas que possam ter alguma influência na estimação extraída. Cf. *ult. loc. cit.* Por último, o treino do tipo *stepwise* ou combinado, como vimos utiliza tanto as propriedades de adição como de subtração de caraterísticas até se identificarem as melhores combinações. Cf. *ult. loc. cit.*

435 Cf. Paulo Viegas De Carvalho – *op. cit.*, 2009, p. 150.

436 Cf. Raymond Anderson – *op. cit.*, 2007, p. 170.

437 Cf. Paulo Viegas De Carvalho – *op. cit.*, 2009, pp. 150-151.

438 Cf. Kenneth Kennedy – *op. cit.*, 2013, p. 24

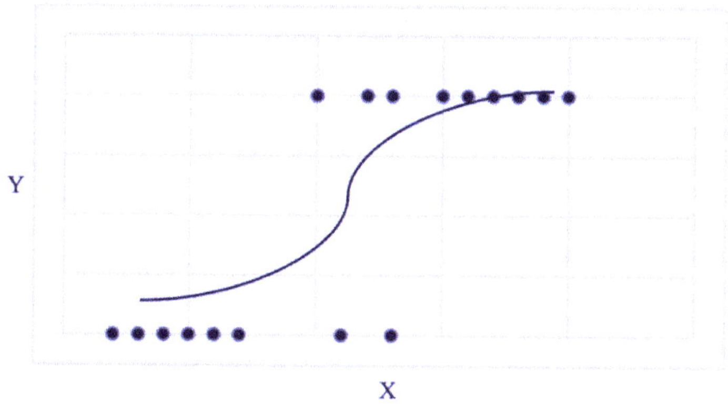

Figura 4. Representação Gráfica do modelo Regressão Logística

O gráfico de dispersão – v. Figura 4, *supra* – ilustra um modelo *logit* que faz uso tão-só variável explicativa ou independente. Nele, cada ponto sinaliza o conjunto de observações endógenas, correspondendo, ao intervalo dos valores 0 ou 1, numa lógica de disjunção exclusiva. Na RLO a evolução das estimações aproxima-se mais das observações reais, sendo o desvio-padrão tendencialmente diminuto quanto equiparado com a RLI[439]. Como se pode constatar, visualmente, o algoritmo de RLO não figura no gráfico de dispersão sob a forma de um hiperplano que melhor se adapta aos dados, assumindo antes uma curva em formato de 'S' que se ajusta ao modelo. A função de ativação sigmoide – v. fórmula, *infra* – implícita à estimação da probabilidade de incumprimento (p_b), é utilizada na RLO para aumentar o grau de generalização, consequentemente, diminuindo o sobreajustamento pernicioso[440].

$$P\,(Y = 1) = \frac{e^{g(x)}}{1 + e^{g(x)}}$$
$$\text{com } g(x) \ll=\gg b_0 + b_1x_1 + \cdots + b_nx_n$$

[439] Cf. Paulo Viegas De Carvalho – *op. cit.*, 2009, p. 150.

[440] Cf. Gabriela Machado Sousa – Regressão Logística aplicada a análise de risco de crédito, Trabalho de Investigação, Brasil, 2018, pp. 27-28; e Oliver Theobald – *op. cit.*, 2017, pp. 64-65.

e reajustando os termos, tem-se que

$$P\,(Y=1)=\frac{\frac{e^{g(x)}}{e^{g(x)}}}{\frac{1}{e^{g(x)}}+\frac{e^{g(x)}}{e^{g(x)}}}=\frac{1}{\frac{1}{e^{g}(x)}+1}=\frac{1}{1+\,e^{-g(x)}}$$

Há ainda aqueles modelos cujas saídas combinadas perfazem mais de dois grupos, como seja, além da estimação classificativa de um pretenso beneficiário enquanto 'bom' ou 'mau', a sua catalogação na qualidade de candidato indeterminado. Esta configuração dos modelos de ML é designada por RLO Multinomial[441]. Existe também quem prime pela aplicação deste método fazendo uso de uma abordagem alternativa, mais precisa – a ordinal – organizando as saídas em mais de duas categorias dicotómicas, ordenadas entre si[442]. Por exemplo, suponha-se que o conselho de administração aprova a conceção de um modelo de *scoring* para *rankings* vertidos nas classes pré-determinadas de 'indeterminado', 'pobre', 'mau', 'suficiente', 'bom' e 'excelente', consequentemente, cotejada que seja a pontuação com o *cutoff score,* condicionando as aprovações às duas últimas e assumindo menores riscos de perdas. Segundo esta última abordagem, nem todos os conjuntos observacionais de dados de crédito são enquadráveis na categoria de resposta única ou fator explicativo múltiplo. Situações ocorrerão em que se pretende estudar mais aprofundadamente a dependência de uma variável explicativa em relação às outras, sendo este um aspeto crítico, por sinal, de uma simples RLO. Ou seja, ainda que os detalhes algébricos ou da suputação sejam idênticos aos da RLO binária, a explicação do modelo pode volver-se mais inteligível quando perspetivado o problema de forma ordinal[443].

67. Quanto às vantagens, o recurso a este método, além de não arrogar uma distribuição normal multivariada, também não requer uma igualdade das matrizes de covariância em cada grupo. As saídas extraídas traduzirão tanto a linearidade como a não linearidade das correlações intermédias.

[441] Cf. OLIVER THEOBALD – *op. cit.*, 2017, p. 67.

[442] Cf. MOHAMED EL-MASRY – Machine Learning Approach for Credit Score Analysis ... *supra*, p. 21; e RAYMOND ANDERSON – *op. cit.*, 2007, p. 171.

[443] Cf. PETER MCCULLAGH – "Regression models for ordinal data". In: *Journal of the Royal Statistical Society, Series B (Methodological)*, vol. 42, no. 2, 1980, p. 123.

Pragmaticamente, esta aproximação proporciona ao uma maior rapidez de conceção[444].

Como contrapontos, salientam-se algumas desvantagens:

- É trabalhoso sinalizar as variáveis preditoras que melhor exploram as saídas executadas, sobretudo nos tipos Multinomial ou Ordinal[445]. Na *praxis*, a forma funcional ou algébrica como essas classes atributivas iniciais condicionam a classificação é, portanto, quase ininteligível. Qualquer mínima alteração destas impactará a classificação final[446];
- Em segundo lugar, a não inter-relação covariante assume-se o risco de os resultados afigurarem-se adulterados, porquanto é provável a verificação de observações valores extremos em maior número. Esta é a razão pela qual a utilização do método de RLO requer bastante experiência.;
- Adicionalmente, em algumas situações, a amostra recolhida e utilizada para estimar os parâmetros de classificação entre o grupo de clientes cumpridores e faltosos é desproporcional, limitação esta que tenderá a exortar enviesamentos a favor da classe de maior dimensão[447];
- Até há algum tempo, a intensidade computacional requerida para a maximização da função logarítmica através do método MLE constituía o principal entrave à eficiência deste algoritmo, mormente pelas incomensuráveis iterações requeridas para minimização da propensão errática. Não obstante, o constante aperfeiçoamento do poder de processamento dos *hardware* mitigara este obstáculo.

Face ao antedito, a opção pela algoritmia de RLO, alicerçada na disponibilidade de dados em grande escala, consubstancia uma ferramenta que providencia aos utilizadores finais com previsões até certo ponto, robustas[448]. Importará é assegurar sempre que não existem dados de treino em

[444] Cf. Paulo Viegas De Carvalho – *op. cit.*, 2009, p. 151.

[445] Cf. Julapa Jagtiani [*Et al.*] – Predicting Inadequate Capitalizations: Early Warning for Bank Supervision, Emerging Issues (S&R 2000-10R), 'E.U.A' Supervision and Regulation Department, Federal Reserve Bank of Chicago, 2000, pp. 7-8.

[446] Cf. Fábio Silva – *op. cit.*, 2011, p. 23.

[447] Cf. Paulo Viegas De Carvalho – *op. cit.*, 2009, p. 151.

[448] Cf. Kenneth Kennedy – *op. cit.*, 2013, p. 25; e Raymond Anderson – *op. cit.*, 2007, p. 171.

falta cuja inexistência na amostra influenciará a exatidão das estimações nos ciclos posteriores de validação e teste do próprio sistema[449].

6.3.4.2. Técnicas Não Paramétricas

6.3.4.2.1. Árvores de Decisão (AD)

68. As AD consubstanciam uma técnica não paramétrica de aprendizagem supervisiona, reproduzidas computacionalmente em estruturas sobre a forma árvore. Estas representam a aplicação de uma série de regras utilizadas em testes consecutivos para classificar ou valorar instâncias não observadas aquando da fase de treino ou até da validação[450]. Enquanto método supervisionado de aprendizagem automática, as AD são primordialmente empregues em tarefas de classificação, embora possam também ser aplicada em talhas de regressão[451].

Regra geral, são concebidas para variáveis dependentes que tomam um número finito de valores não ordenados com o erro de previsão. Este indicador será então medido em termos de custo de classificação a partir da diferença quadrática entre os valores observados e os previstos[452].

69. Historicamente, o primeiro modelo de *scoring* derivado da modelização via AD foi desenvolvido por David Sparks, em 1972, na Universidade de Richmond[453]. Só alguns anos mais tarde, Paul Makowski (1985) e J. Y.

[449] Cf. Oliver Theobald – *op. cit.*, 2017, p. 67; e Martin Vojtek & Evïen Koândra – "Credit Scoring Methods ... *supra*, p. 157.

[450] Cf. Arlindo Oliveira – *op. cit.*, 2018, p. 93; Maribel Yasmina Santos & Isabel Ramos – *op. cit.*, 2017, p. 173; Paulo Viegas De Carvalho – *op. cit.*, 2009, p. 151; e Ethem Alpaydin – *op. cit.*, 2016, p. 77; e António Sarmento Batista – *op. cit.*, 2012, p. 80.

[451] Cf. Oliver Theobald – *op. cit.*, 2017, p. 99. Enquanto a regressão auxilia na previsão de uma variável endógena contínua, a classificação executa antecipações de etiquetas em classes discretas. Existem também algumas sobreposições entre os dois tipos de aproximação nos modelos de ML. Tal sucede na medida em que um algoritmo de regressão pode prever um dado valor discreto, desde que inteiro. Noutra perspetiva, um algoritmo de regressão também pode encontrar-se habilitada a estimar um valor contínuo, contanto este seja rotulado como uma probabilidade de pertença a uma classe. Cf. *idem, ibidem*, p. 101; e Sakshi Gupta – SpringBoard, Blog Data Science, October 6, 2021. Disponível em https://www.springboard.com/blog/data-science/regression-vs-classification/. Consultado a 23 de outubro de 2022.

[452] Cf. Mohamed El-Masry – Machine Learning Approach for Credit Score Analysis, *supra*, p. 22.

[453] Cf. Hussein Abdou & John Pointon – "Credit scoring, statistical techniques and evaluation criteria .... *supra*, p. 71; e Eric Rosenberg & Alan Gleit – "Quantitative

Coffman (1986) viriam a aplicar esta mesma técnica[454]. Recentemente, embora referenciadas em vários trabalhos de investigação operacional em conformidade com paradigmas conjuntos, importa destacar o trabalho de Katarzyna Bijak e Lyn Thomas, em 2012, autores estes que fizeram uso concomitante de dois subtipos algoritmos de partição – o CHAID e o CART, *infra* – para a conceção de *scorecards* e segmentação da clientela[455].

70. Em termos técnicos, configurada que seja na forma mais simplificada, a composição de uma AD reconduz a integração, segundo uma abordagem *top-down* iterativa, de um conjunto simbolizado computacionalmente por nós, ramos e folhas, via algoritmo *greedy*. Numa estrutura particionada como esta, cada nó corresponderá à classe atributiva inicial. Com efeito, o nó de raiz traduzirá a população que representa a totalidade da amostra. Já os subsequentes corresponderão a derivações ramificadas deste, conducentes à tomada de decisões *if-then rule* quanto ao parâmetro subsequente. Os ramos, por seu turno, descreverão os valores possíveis de serem alocados a cada caraterística atributiva. Já as folhas assinalarão as diversas classes em que cada novo registo observacional pode ser classificado[456].

Nesta senda, a aplicação da técnica primária dos algoritmos de partição repetitiva (*Repetitive Partitioning Algorithm, RPA)* viabilizará sinalizar a melhor forma como os ramos deverão ser decompostos. São várias as regras que clarificam o procedimento de RPA. Começa-se com a determinação da melhor organização dos preditores (*binning*). De seguida, procede-se á seleção particionada da caraterística ramificada (*splitting*). Efetuadas estas operações, importa identificar o momento em que se deve interromper a criação de sub-nós (*stopping*), sendo certo que, nesta miríade de etapas para

Methods in Credit Management: A Survey". In: *Operations Research,* vol. 42, no. 4., 1994, p. 600.

[454] *Vide*, Paul Makowski – "Credit scoring branches out". In: *Credit World*, vol. 75, no. 1, 1985, pp. 30-37; e J. Y. Coffman – "The Proper Role of Tree Analysis in Forecasting the Risk Behaviour of Borrowers". In: *MDS Reports,* Management Decision Systems, Atlanta, GA, 1986, *apud* António Sarmento Batista – *op. cit.*, 2012, p. 79.

[455] Cf. Francisco Louzada; Anderson Ara & Guilherme Fernandes – "Classification methods applied to credit scoring ... *supra*, p. 120; e Katarzyna Bijak & Lyn Thomas – "Does segmentation always improve model performance in credit scoring?". In: *Expert Systems with Applications,* vol. 39, no. 3, 2012, p. 2437.

[456] Cf. Maribel Yasmina Santos & Isabel Ramos – *op. cit.*, 2017, p. 173; Oliver Theobald – *op. cit.*, 2017, p. 101; Ryan Roberts – *op. cit.*, 2017, p. 36; Ethem Alpaydin – *op. cit.*, 2016, pp. 78-79; e Fábio Silva – *op. cit.*, 2011, p. 22.

a perscrutação do problema, situações surgirão em que o corte ou poda suporão o prescindir de alguns nós para evitar problemas de sobreajustamento (*pruning*)[457]. No final, a categorização das saídas resultará quando de uma folha não se torna verosímil a geração de quaisquer ramificações. A partir daqui, indagar-se-á não só qual o nó terminal, como também a correspondente decisão de aprovação ou rejeição (*assignment*)[458].

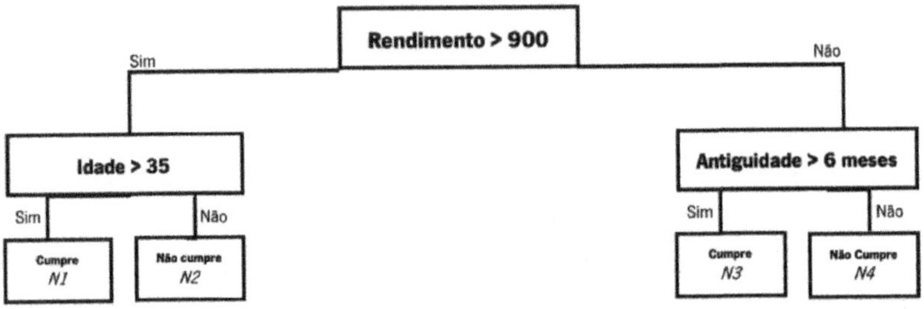

Figura 5. Exemplo de uma AD Simples

Na representação simplificada na Figura 5, *supra* – a título de hipótese – a partição de uma atribuição de principiará com o apurar-se se o rendimento auferido pelo consumidor excede ou não o valor de € 900, identificando-se, desde logo, o nó de raiz. Na circunstância de tal suceder ('sim'), o ramo evolui para um novo teste, situando a fronteira da decisão de aceitação no limite de idades superior a 35 anos (a 'folha *N1*'). Já diante a circunstância de o consumidor ter um rendimento inferior ao patamar pré-definido ('não'), a atribuição verifica-se condicionada ao período de fidelização, caso em que apenas serão concedidos empréstimos, como primeiro requisito, a clientes fidelizados e, enquanto segunda condição, infere-se a necessidade deste vínculo perdurar ou revelar uma antiguidade supe-

457 Quanto a estes aspetos, o recurso às abordagens designadas por 'corte' pode mitigar os efeitos nefastos relativamente a observações desconhecidas, fazendo uso de métricas estatísticas para remoção de ramos não tão fiáveis. São duas as abordagens relativas ao corte das Árvores de Decisão. Segundo a aproximação pré-corte, o modelo é suprimido através da limitação da sua construção, ou seja, inviabilizando a subdivisão de um determinado nó, passando este a constituir a própria folha da árvore. Se a técnica subsumível corresponder à metodologia pós-corte, verificar-se-á a supressão dos ramos menos fiáveis após a identificação da árvore-modelo. De qualquer das formas, importa notar que, na delonga da poda, mais do que um nó pode ser suprimido em função das métricas utilizadas. Cf. Maribel Yasmina Santos & Isabel Ramos – *op. cit.* 2017, p. 175.

458 Cf. Fábio Silva – *op. cit.*, 2011, p. 22; e Raymond Anderson – *op. cit.*, 2007, p.173.

rior a 6 meses ('folha *N3*'). Seguindo a linha de raciocínio exemplificada, *supra*, deduz-se que cada folha da árvore origina uma nova regra, cujo conteúdo a averiguar pode ser encontrado na parte ramificada ou consequente desta. A segmentação integrará, por conseguinte, uma conjugação de valores inter-relacionados com os atributos do ramo que une essa folha à raiz da árvore[459]. Como se depreende, a evolução ao longo da árvore é efetuada através de uma divisão "iterativa da informação em grupos, em que o algoritmo subjacente em cada partição (...) procura maximizar a heterogeneidade da informação de incumprimento entre os [diferentes] grupos resultantes"[460].

71. Os subtipos algorítmicos de indução AD mais utilizados denominam-se CHAID (*Chi-square Automatic Interaction Detector*), CART (*Classifitcation and Regression Trees*) e C5. O critério de distribuição diferencia-os entre si. Enquanto o primeiro, o CHAID, recorre ao teste de qui-quadrado, o segundo – o CART – recorre a métricas de classificação e regressão através do coeficiente de Gini. Já o C5 faz uso da entropia enquanto medida da aleatoriedade de uma variável[461]. Existem ainda os algoritmos J4.8 e C4.5,[462].

72. São algumas as vantagens em usar as AD. Os algoritmos de partição recursiva possuem uma representação hierarquizada simples do espectro decisório, sendo facilmente interpretáveis pelos utilizadores finais[463]. Estas aproximações proporcionam, portanto, derivar a melhor e mais simples

[459] Cf. Maribel Yasmina Santos & Isabel Ramos – *op. cit.*, 2017, p. 174; Oliver Theobald – *op. cit.*, 2017, p. 101; e Ryan Roberts – *op. cit.*, 2017, p. 37

[460] Cit. Paulo Viegas De Carvalho – *op. cit.*, 2009, p. 151. Cf., no mesmo sentido, Fábio Silva – *op. cit.*, 2011, p. 23.

[461] Cf. Francisco Louzada; Anderson Ara & Guilherme Fernandes – "Classification methods applied to credit scoring ... *supra*, p. 120; e Bee Wah Yap; Seng Huat Ong & Nor Huselina Hussain – "Using data mining to improve credit worthiness via credit scoring models ... *supra*, p. 13278.

[462] Cf. Francisco Louzada; Anderson Ara & Guilherme Fernandes – "Classification methods applied to credit scoring ... *supra*, p. 120; e Fábio Silva – *op. cit.*, 2011, p. 22. *Vide*, Xindong Wu & Vipin Kumar – *Top Ten Algorithms in Data Mining*, Boca Raton: Chapman & Hall/CRC, 2009, pp. 1-17.

[463] Cf. Maribel Yasmina Santos & Isabel Ramos – *op. cit.*, 2017, p. 173; e António Sarmento Batista – *op. cit.*, 2012, p. 79.

árvore possível. Para a consecução de explicações facilmente inteligíveis, muitos destes algoritmos de inferência elegem de forma ávida os atributos testados com base na qualidade de informação contida no rótulo endógeno correspondente. Assim, às caraterísticas mais informativas de crédito – ou seja, essencialmente, aqueles mais correlacionados com os rótulos das saídas – é-lhe concedida primazia diante os restantes[464]. Numa primeira análise, poderia afiançar-se que as AD consubstanciariam um modo muito eficaz de resolução de tarefas taxonómicas como o pedido automatizado de concessão de crédito, porquanto capazes são de providenciar "uma maneira estruturada e facilmente compreensível de representar [o] procedimento de decisão baseado num conjunto de testes"[465]. Com efeito, além da mais inteligível interpretação do processo preditivo, os modelos AD exibem como benefício a indução de respostas mais adequadas e mais ajustadas a tarefas de classificação, constituindo uma ferramenta útil para preditores mormente de feição qualitativa. Técnicas como estas viabilizam outrossim, e sobretudo, correlacionar variáveis alfanuméricas em conjunto, trato este típico da seleção de atributos (*feature selection*) preponderante para a sinalização das variáveis explicativas predominantes[466]. Tal sucede na medida em que "permitem identificar quais as melhores partições nas variáveis contínuas, quando [segmentadas] e utilizadas para classificação, facilitando igualmente a otimização do agrupamento de variáveis categóricas"[467].

Destarte, pode então asseverar-se que a maior valência de aproximações algorítmicas como a das AD têm que ver com a sua potencial capacidade de padronizar correlações entre as variáveis objetivo e as preditoras, materializando, consequentemente, uma forma estruturada de partição informacional em subgrupos mais homogéneos[468]. Esta técnica exibe uma maior eficácia na fixação de relações não linearizadas – exteriorizando, por esse mesmo motivo, um alto grau de flexibilidade – quando cotejada com outras aproximações de aprendizagem supervisionada, desde logo, porque não pressupõe quaisquer assunções paramétricas sobre os dados[469].

464 Cf. Arlindo Oliveira – *op. cit.*, 2018, p. 94.

465 Cit. *ult. loc. cit.*

466 Cf. Fábio Silva – *op. cit.*, 2011, p. 27.

467 Cit. Paulo Viegas De Carvalho – *op. cit.*, 2009, p. 152.

468 Cf. Ryan Roberts – *op. cit.*, 2017, pp. 34-35 e p. 36.

469 Cf. *idem, ibidem*, p. 35 e p. 37; e António Sarmento Batista – *op. cit.*, 2012, p. 79.

Todavia, este método externa algumas limitações. De facto, verifica-se que poderá não ser esta a melhor técnica preditiva para a classificação e resolução de problemas que computam atributos numerosos de valor real ou até mesmo quando os limites das classes iniciais correspondem a espaços de alta dimensão, sobretudo à escala *Big Data*[470]. Tal sucede na medida em que as ramificações e, consecutivamente, o tamanho do modelo de árvore gerado, são tão maiores quanto mais os parâmetros que estes suputam, influindo, *in fine,* numa maior complexidade algorítmico-modelar imbricável[471]. A partir daqui, evidenciar-se-á demasiada sensibilidade diante mínimas alterações numa variável preditora. Qualquer variação, por mais exígua que seja, mesmo na partição inicial, poderá provocar desvios expressivos na acuidade do resultado[472]. Na indução deste tipo poderão obter-se árvores cujos ramos refletirão ruídos, *missings* não informativos ou *outliers* nos conjuntos de dados. Problemas de sobreajustamento dos modelos também sobrevirão[473]. Também o facto de as estimações geradas serem descontínuas é uma outra condicionante apontada enquanto entrave à utilização das AD como classificador[474].

Em suma, seguindo a linha de orientação de Arlindo Oliveira, para problemas de grandes conjuntos de dados, "podem usar-se outros métodos de classificação mais sofisticados", sem que com esta asseveração se queira, de forma alguma, olvidar salientar – menosprezando – o poderio que técnicas como estas têm quanto à seleção das caraterísticas iniciais predominantes[475].

[470] Cf. ARLINDO OLIVEIRA – op. cit., 2018, p. 94; e RAYMOND ANDERSON – *op. cit.*, 2007, p. 174.

[471] Cf. ETHEM ALPAYDIN – *op. cit.,* 2016, p. 79.

[472] Cf. PAULO VIEGAS DE CARVALHO – *op. cit.*, 2009, p. 152.

[473] As operações de decisão (ou antes, de partição ou corte) de uma AD, revelam ser de suma preponderância, pois delas resultará a maior padronização de atributos informacionais ou, quando utilizada como metodologia de classificação, daí advirá a maior acuidade das estimações. Cf. MARIBEL YASMINA SANTOS & ISABEL RAMOS – *op. cit.*, 2017, pp. 173-174; e RYAN ROBERTS – *op. cit.*, 2017, p. 37.

[474] Cf. PAULO VIEGAS DE CARVALHO – *op. cit.*, 2009, pp. 152-153.

[475] Cit. ARLINDO OLIVEIRA – *op. cit.*, 2018, p. 94.

6.3.4.2.2. Redes Neuronais Artificiais (RNA)

73. As RNA são:

> "(...) sistemas [conexionistas] que [mimetizam computacionalmente] o funcionamento do sistema nervoso central convertendo sinais de entrada em sinais de saída. (...) Permitem a representação do conhecimento e o desenvolvimento de operações de treino e aprendizagem"[476].

A estruturação da arquitetura de uma RNA depende da definição prévia da sua topologia, assim como da função de ativação e do respetivo algoritmo de aprendizagem utilizado[477].

[476] Cit. José Manuel Ferreira Machado – *Agentes Inteligentes como Objetos dum Sistema Distribuído de Realidade Virtual,* Tese de Doutoramento, Braga, Universidade do Minho, 2002, p. 14, *cit. in.* Francisco Pacheco de Andrade – *Da Contratação Electrónica – em particular, da Contratação Electrónica Inter-sistémica Inteligente,* Tese de Doutoramento, Braga, Universidade do Minho, 2008, p. 309, anotação em rodapé nº 1246. As RNA são sistemas conexionistas de classificação por referência aos princípios do sistema nervoso central. Cf. Maribel Yasmina Santos & Isabel Ramos – *op. cit.*, 2017, p. 178; e António Sarmento Batista – *op. cit.*, 2012, p. 80. Em causa está um sistema de IA à base de programas e estruturas de dados que pretendem simular computacionalmente o processo neuro-sináptico do cérebro humano. Cf. José De Matos – *Dicionário de Informática e Novas Tecnologias,* 3º ed. aumentada, Lisboa, FCA – Editora de Informática, 2009, p. 308. Na base desta tipologia de modelização estiveram Warren McCulloch e Walter Pitts, respetivamente, neuroanatomista e lógico com especialização em neurociência computacional que, no ano de 1943, fundaram a bases teóricas das RNA. Com efeito, a utilização de técnicas de inferência para classificação a partir da soma ponderada de um conjunto de instâncias poderia, segundo os autores, ser equiparada ao processo neuro-sináptico. De acordo com o conhecimento científico operacionalizado na época, também os neurónios do cérebro efetuavam uma soma ponderada das entradas, disparando se dos sinais excitatórios resultassem saídas além de um determinado limiar ou, alternativamente, permanecendo 'silenciosos' quanto o total da carga sináptica ficasse abaixo do limite. Só numa fase ulterior, o somatório seria então combinado para executar as tarefas envolvidas no ato de 'pensar'. Cf. Warren Mcculloch & Walter Pitts – "A Logical Calculus of the Ideas Immanent in Nervous Activity". In: *Bulletin of Mathematical Biophysics,* vol. 5, no. 4, pp. 115-117. Inobstante, com o passar do tempo, verificou-se que "os cálculos efetuados por um neurónio real são muito mais complicados do que uma simples soma, e, na maioria dos casos, não é provável que correspondam a uma soma linear das entradas". Cf. Arlindo Oliveira – *op. cit.*, 2018, p. 95. Tal como o cérebro humano, órgão com um metabolismo altamente complexo, não linear e paralelo, também a metodologia das RNA evidencia uma forte e proficiente capacidade para aprender relações não lineares através da experiência. Cf. Anil Seth – *O Cérebro em 30 Segundos: 50 Temas Fascinantes da Neurociência, Cada Um Explicado em Meio Minuto* (trad. Paula Caetano), Lisboa: Jacarandá, 2018, p. 40.

[477] Cf. Ernesto Costa & Anabela Simões – *op. cit.*, 2011, p. 249.

Quanto à topologia, a composição de uma RNA integra um conjunto de unidades nodulares organizadas por camadas ou níveis. As unidades que integram a arquitetura (ou seja, os nós), encontram-se conectados entre si através de ligações, em relação aos quais lhes é indexado um determinado peso. Já as diversas camadas são qualificadas por referência a três grupos. O primeiro, correspondente às entradas, encarrega-se de recolher os conjuntos de dados a analisar em classes. Numa arquitetura do tipo RNA é comum impregnar-se, aquando da configuração da topologia, um número (i)limitado de níveis intermédios, estes que, consecutivamente, transmitirão os resultados extraídos na(s) unidade(s) de saída(s), rotuladas ou não – consoante o tipo de aprendizagem supervisionada ou não supervisionada concebido, respetivamente[478]. No primeiro destes níveis, correspondendo à camada dos *inputs*, as variáveis explicativas do modelo são suputadas dada uma função de ativação – como sejam, a função linear, a linear saturada, a degrau (bipolar ou não), ou a função sigmóide, também designada por logística, *supra*[479]- assim se originando novas variáveis que, por sua vez, serão mensuradas nos níveis seguintes. Será a última camada da rede, equivalendo ao nível terminal, o do *output*, que conterá o resultado do processo, cujo cálculo resulta das combinações estabelecidas nas camadas escondidas (*hidden layers*) – assim denominadas, dado não poderem, muitas vezes, ser observados os seus estados internos[480].

Outro semblante topológico nas RAN tem que ver com o sentido das ligações. Se as ligações de saída de um nó não puderem influenciar os valores das entradas, dir-se-á que a rede é alimentada para a frente (*feed-forward*). Caso contrário, a notação empregue será a de Rede Recorrente[481]. As arquiteturas de Redes Recorrentes são sistemas dinâmicos cujas conexões cíclicas transparecem um comportamento não linear de natureza espacial ou temporal. Com isto, ao conter o ciclo de iterações recursivas, as saídas não só resultarão da função de conexão entre os nós, como também de uma dimensão temporal, decorrente do cálculo que obedece a uma

[478] Cf. Maribel Yasmina Santos & Isabel RaMOS – *op. cit.*, 2017, p. 178.

[479] Cf. Ernesto Costa & Anabela Simões – *op. cit.*, 2011, p. 250.

[480] Cf. Maribel Yasmina Santos & Isabel Ramos – op. cit., 2017, p. 179; Simon Haykin – *Neural Networks with Learning Machines*, 3rd ed., New Jersey: Pearson Education Inc., 2009, p. 22.

[481] Cf. Ernesto Costa & Anabela Simões – *op. cit.*, 2011, p. 252.

certa circunstância de paragem com a última iteração a ser dada como a saída para o nodo[482].

São várias as arquiteturas de RNA, dissociando-se pelo número de camadas intermédias ou ocultas. Nas redes simplificadas, de tipo *perceptron*, inexiste qualquer unidade intermédia. Nestas, o processo de aprendizagem, mais simplificado – reconduzindo-se ao processamento da informação de entre a(s) entrada(s) para com a saída- restringe o seu âmbito operacional tão-somente a problemas aproximáveis através de funções lineares[483]. Já as redes *perceptron* de múltiplas camadas guarnecem providenciar aos utilizadores finais soluções mais fiáveis em problemas caraterizados pela sua não linearidade.

Portanto, como se depreende, as diversas arquiteturas disponíveis variarão, não só em função da quantidade de nós de saída, mas também, e sobretudo, da possibilidade de reajustamento para trás dos pesos de entre as ligações, o que se faz frequentemente através da conceção do sistema via algoritmo de retropropagação na aprendizagem[484]. Trata-se, a fim ao cabo, de uma RNA multicamada que usa a função sigmóide e a regra delta generalizada como base do algoritmo de aprendizagem"[485].

E se, por um lado, em consonância com o dilema NP-completo da Informática Teórica, é-nos consabido que inexiste uma única abordagem que funcione em todos os casos e que atribua sempre os pesos corretos a uma RNA múltipla, a esperança de se encontrar um algoritmo de treino eficiente para tarefas como o *scoring* acabara por se concretizar via *perceptrons* multicamadas com função de realimentação[486]. Tal como sucede com a

[482] Cf. SIMON HAYKIN – *op. cit.*, 2009, p. 23-24; e PAULO CORTEZ & JOSÉ NEVES – Redes Neuronais Artificiais ... *supra*, p. 11.

[483] Este modelo simplificado para os neurónios do cérebro foi proposto em 1958 por Frank Rosenblatt. Originalmente projetado para ser realizado tão-só em *hardware*, assemelha-se a um simples neurónio artificial, porquanto executa uma soma ponderada das suas entradas, comparando-as com um determinado limiar. Dado um somatório cujo valor é superior ao patamar pré-definido, o *perceptron* disparará e a sua saída será igual 1. Caso contrário, o valor desta será 0. Todavia, suputações como estas apenas assintem diferenciar instâncias linearmente segmentáveis. As classes com superfícies de separação mais complexas, como sucede com o problema NP-difícil, não podem ser aprendidas por um simples *perceptron*. Cf. ARLINDO OLIVEIRA – *op. cit.*, 2018, pp. 96-98.

[484] Cf. MARIBEL YASMINA SANTOS & ISABEL RAMOS – *op. cit.*, 2017, p. 170.

[485] Cit. ERNESTO COSTA & ANABELA SIMÕES – *op. cit.*, 2011, p. 257.

[486] Cf. ARLINDO OLIVEIRA – *op. cit.*, 2018, p. 98.

maioria dos procedimentos à escala ML, também a utilização destas redes perpassa dois estágios. O primeiro tem que ver com a aprendizagem, processo a partir do qual a rede é treinada para a execução de uma determinada tarefa. Já a segunda etapa prende-se com a previsão, operação esta em se pretende que a rede concebida apresente um nível de maturação TRL suficiente para que possa ser colocada em serviço, classificando corretamente registos observacionais até então desconhecidos[487]. A estimação dos parâmetros da rede é efetuada através de um processo iterativo de treino, cujo algoritmo de retropropagação visa minimizar em cada passo o erro de classificação[488]. Regra geral, o processo de aprendizagem, associado aos conjuntos de dados de treino, tem início com a atribuição de pesos semelhantes a todas as ligações da rede. Em cada iteração deste, procede-se ao cotejo de entre a saída verificada e a expetável. A coleção de derivadas, a partir das quais o erro é mensurado, é efetuada com recurso à técnica gradiente descendente. Grosso modo, a formulação matemática desta computação começa por suputar o erro de saída e retropropaga-o até que se atinjam os nós de entrada, obtendo-se, nesse processo, o gradiente completo do erro[489]. O resultado desta comparação será propagado na rede, ajustando os pesos respetivos. Portanto, se os valores apurados não forem satisfatórios, os *scores* serão reajustados até que a rede atinja níveis de acuidade próximos do ótimo[490]. À medida que a aprendizagem progride, verifica-se uma maior robustez do modelo. Finda esta etapa, e uma vez que estável, a rede treinada será objeto das ulteriores etapas de validação e teste com outros conjuntos de dados, mensurando-se a sua capacidade de generalização[491].

[487] Cf. Ernesto Costa & Anabela Simões – *op. cit.*, 2011, p. 252.
[488] Cf. Paulo Viegas De Carvalho – *op. cit.*, 2009, p. 153.
[489] Cf. Arlindo Oliveira – *op. cit.*, 2018, p. 99; e David Rumelhart; Hinton Geoffrey & Ronald Williams – "Learning Representations by Back-Propagating Errors". In: *Nature*, no. 5 (6088), pp. 533-536.
[490] Cf. Hussein Abdou & John Pointon – "Credit scoring, statistical techniques and evaluation criteria .... *supra*, p. 73.
[491] Cf. Maribel Yasmina Santos & Isabel Ramos – *op. cit.*, 2017, pp. 178-170.

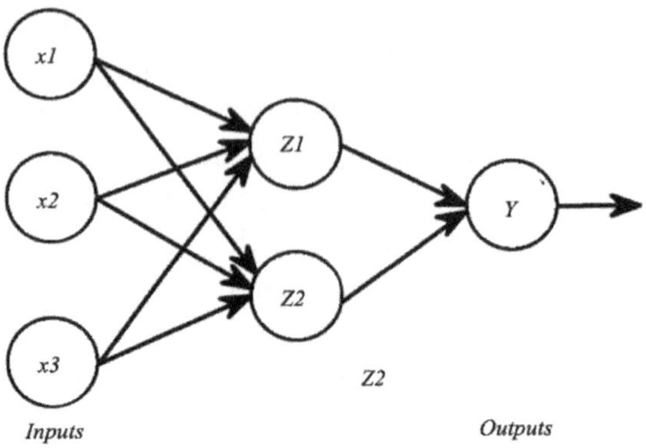

Figura 6. Rede Neuronal *Feed-forward* com topologia 3-2-1

Na arquitetura de rede *feed-forward*, desconsiderando a retropropagação via gradiente descendente, reproduzida na Figura 6, *supra*, suponha-se a existência de três caraterísticas iniciais $\{X_1, X_2, X_3\}$, correspondentes, respetivamente, às variáveis idade, antiguidade e rendimento. Quando ponderadas por diferentes parâmetros, os *inputs* originarão as variáveis intermédias $\{Z_1, Z_2\}$, em que:

$$Z_1 = \frac{1}{(1 + e^{-(a_0 + a_1 x_1 + a_2 x_2 + a_3 x_3)})}$$

$$Z_2 = \frac{1}{(1 + e^{-(b_0 + b_1 x_1 + b_2 x_2 + b_3 x_3)})}$$

Estas correlações intermédias, *in fine*, suportarão o resultado acoplado à variável endógena dependente, traduzindo-se, alternativamente, na aceitação ou rejeição de um pedido de empréstimo (*PD*).

$$Y = \gamma_0 + \gamma_1 Z_1 + \gamma_2 Z_2 + U$$

Nesta hipótese, verificando-se a configuração da arquitetura de rede com um nível intermédio (ou 'escondido'), a função de ativação e a probabilidade de não cumprimento conformarão o resultado da ponderação linear de Z_1 e Z_2, ao qual acrescerá uma componente residual (U)[492]. Dir-se-á

[492] Cf. PAULO VIEGAS DE CARVALHO – *op. cit.*, 2009, p. 153.

que, nesta RNA em particular, a previsão de incumprimento resulta de todo um conjunto de combinações não lineares das variáveis explicativas $\{X_1, X_2, X_3\}$.[493]

74. Teoricamente, o método das RNA, associada a tarefas como o *scoring* de crédito, surgira em meados da década de 80 do século transato. Em particular, cada vez que a rede mensura o risco de novos pedidos de empréstimo – quanto à sua potencial propensão ao cumprimento dos créditos contraídos – o sistema atualizar-se-á. Assim, pode afirmar-se estar-se defronte um processo de aprendizagem contínuo em função da experiência[494].

75. Adiante, existem vantagens e desvantagens do uso das RNA. *Prima facie*, apresenta-se como vantagem o facto de os seus resultados serem mais voláteis e fiáveis do que a ADI ou a RLO, designadamente quanto à não pressuposição dos requisitos de linearidade de entre as variáveis preditoras. Este aspeto propicia, com certeza, um maior rigor na tarefa de classificação[495]. Em especial, pretendendo mimetizar, até certo ponto, o funcionamento neurofisiológico do cérebro humano no processo de aprendizagem automática, através do processamento contínuo da informação armazenada em tempo real, a utilização desta aproximação metodológica arroga especial preponderância na identificação e modelização de correlações complexas, não lineares, estabelecidas entre múltiplas variáveis explicativas, mormente em problemas situados à escala *Big Data,* os quais, como se depreende, envolvem mais classes inter-relacionadas[496]. Também os algoritmos de aprendizagem nas arquiteturas de rede – mormente o de retropropagação – corporizam um processo contínuo de reajuste dos pesos nodulares, aspeto este que vivifica uma otimização aprimorada do classificador[497].

[493] Cf. *ult. loc. cit.*

[494] Cf. *ult. loc. cit.*

[495] Cf. Francisco Louzada; Anderson Ara & Guilherme Fernandes – "Classification methods applied to credit scoring ... *supra*, p. 120; Fábio Silva – *op. cit.*, 2011, p. 28; Cf. Hussein Abdou & John Pointon – "Credit scoring, statistical techniques and evaluation criteria .... *supra*, p. 73; Paulo Viegas De Carvalho – *op. cit.*, 2009, p. 154; e Hussein Abdou; John Pointon & Ahmed El-Masry – "Neural nets versus conventional techniques in credit scoring ... *supra*, p. 1285.

[496] Cf. Paulo Viegas De Carvalho – *op. cit.*, 2009, p. 153; e Raymond Anderson – op. cit., 2007, p. 175.

[497] Cf. *ult. loc. cit.*

Inobstante, a opção por esta metodologia no *scoring* de crédito tem algumas limitações. Desde logo, é de fazer especial menção à sua provável não conformidade diante alguns dos requisitos legais aplicáveis, em especial, diante aquelas situações que culminam com a recusa de um pedido automático de empréstimo. Tal sucede na medida em que o seu *modus operandi* radica tantas vezes em configurações *a la* caixas negras (as *black-box*). As mais das vezes, as combinações de causalidade entre as variáveis preditoras e as outras dependentes, as de pendor objetivo, serão ininteligíveis, quer para a equipa responsável pela conceção e desenvolvimento do *software*, quer para os próprios utilizadores finais, quanto mais para os destinatários da decisão[498]. Além de "a sua estrutura não [ajudar] a compreender o processo subjacente à obtenção da previsão, (...) [requer também] muito tempo para efetuarem o treino"[499]. Algumas são as situações em que a conceção de RNA gera outrossim, *overfitting*, ajustando-se adequadamente ao conjunto de observações de treino, mas não ao grupo de validação e teste subsequentes. Quanto a este aspeto, a probabilidade de ocorrência de sobreajustamento será tanto maior quanto maior for o número de nós intermédios arquitetados na topologia de rede ou na hipótese de se verificarem mais pesos do que as instâncias disponíveis para o treino do modelo[500].

Mais uma vez, a utilização de RNA não é despicienda. Requer, isso sim, o perscrutar de um *trade-off* entre a autodeterminação informativa – v. desenvolvimentos, *infra*, Capítulo 4 – por um lado, e a maior exatidão, por outro.

6.3.4.2.3. Algoritmos Genéticos (AG)

76. A programação genética é uma "técnica (...) dos chamados algoritmos evolucionários, pela qual um [se] resolve problemas através de uma geração aleatória de um elevado número de programas lógicos (...)"[501]. Técni-

[498] Cf. Fábio Silva – op. cit., 2011, p. 28; Raymond Anderson – *op. cit.*, 2007, p. 175; e Martin Vojtek & Evïen Koândra – "Credit Scoring Methods ... *supra*, p. 162.

[499] Cit. Paulo Viegas De Carvalho – *op. cit.*, 2009, p. 154.

[500] Cf. Maribel Yasmina Santos & Isabel Ramos – *op. cit.*, 2017, p. 180, anotação em rodapé nº 1; e Paulo Viegas De Carvalho – *op. cit.*, 2009, p. 154.

[501] Cit. Francisco Pacheco de Andrade – *op. cit.*, 2008, p. 181. *Vide*, para mais desenvolvimentos sobre a programação baseada em algoritmos genéticos, John Koza – *Genetic Programming: On the Programming of Computers by Means of Natural Selection*, Cambridge, MA: The MIT Press, 1992, pp. 74-79.

cas como esta visam a otimização estocástica, diferenciando-se das demais essencialmente "pelo facto de trabalharem em simultâneo várias soluções alternativas"[502].

Propostos por John Holland em 1975 e inspirados no processo de evolução através da seleção natural sugerida por Charles Darwin – na sua obra *A Origem das Espécies*, os AG conjugam os princípios da Biologia e das Ciências da Computação[503].

Estas aproximações fazem uso de uma população de soluções candidatas. Os 'indivíduos' são selecionados para reprodução de acordo com a sua qualidade ou instinto de sobrevivência, processo de recombinação este que pressupõe a troca de informação entre os progenitores[504]. É, portanto, segundo os princípios da mutação genética, apurando os mecanismos que viabilizam a transmissão hereditária de informação de forma localizada, que são definidos os trâmites que subjazem à execução desta algoritmia[505]. A tarefa computacional reconduz-se a gerar genomas que representam características de diferentes soluções possíveis[506]. O funcionamento de um algoritmo genético pode ser descrito em alusão às fases sequenciais – embora computacionalmente iterativas – de seleção e reprodução e, dentro desta última, pelo cruzamento e mutação das soluções geradas[507]. A saber:

(1) A população inicial é gerada aleatoriamente pela atribuição de valores aos genes de cromossomas[508];

[502] Cit. Ernesto Costa & Anabela Simões – *op. cit.*, 2011, p. 292. Em contornos simplificados, qualquer tarefa de otimização pode ser entendida como um problema computacional que se pretende solucionar através da procura de um conjunto de heurísticas num espaço de soluções possíveis e sinalização da solução dita 'ótima'. Cf. *ult. loc. cit.*

[503] Cf. Maribel Yasmina Santos & Isabel Ramos – *op. cit.*, 2017, p. 182; António Sarmento Batista – *op. cit.*, 2012, p. 90; Ernesto Costa & Anabela Simões – *op. cit.*, 2011, p. 291; Raymond Anderson – *op. cit.*, 2007, p. 176; e David Goldberg – *Genetic Algorithms in Search, Optimization & Machine Learning*, Boston, MA, Addison-Wesley Publishing Company, 1989, pp. 1-2.

[504] Cf. Ernesto Costa & Anabela Simões – *op. cit.*, 2011, p. 291.

[505] Cf. Maribel Yasmina Santos & Isabel Ramos – *op. cit.*, 2017, p. 182; Ernesto Costa & Anabela Simões – *op. cit.*, 2011, p. 291.

[506] Cf. Raymond Anderson – *op. cit.*, 2007, p. 176.

[507] Cf. Chorng- Shyong Ong; Jih-Jeng Huang; & Gwo-Hshiung Tzang– "Building credit scoring models using genetic programming ... *supra*, p. 45. *Vide*, David Goldberg – *op. cit.*, 1982, pp. 62-65.

[508] Cf. António Sarmento Batista – *op. cit.*, 2012, p. 92. Em jargão informático, o emprego da expressão "Geração" diz respeito à iteração completa do algoritmo genético que origina

(2) Como cada individuo exibe uma solução possível, várias possibilidades ficarão distribuídas no espaço de procura[509]. Cada solução é representada por uma sequência de caracteres (genes), aos quais lhes são atribuídos determinados valores (alelos)[510];

(3) A probabilidade de seleção de uma regra equivalerá à sua função de utilidade (*fitness*)[511].

(4) A reprodução dos novos indivíduos, por regra gerados de forma localizada, é efetuada através das operações de cruzamento e mutação:

a. A operação de cruzamento "consiste (...) em trocar os valores de certas posições das sequências, representando um par de soluções"[512]. Aqui, verifica-se a geração de pares aleatórios de regras dentro daquelas previamente selecionadas. Para cada par da ascendência é sinalizado aleatoriamente um ponto *N* de cruzamento. Este estabelece que, na reprodução, a primeira regra que surge enquanto descendente do par é obtida selecionando os genes 1 a *N* da segunda regra de ascendência, assim como os restantes genes da primeira[513];

b. Já a mutação traduz "uma mudança aleatória no valor de uma determinada posição sequencial"[514]. Neste processo determina-se qual o gene que pode ser causalmente alterado para outro caractere[515].

uma nova população, ao passo que o "Cromossoma (Genótipo)" corresponde à cadeia de *bits* que representa uma das soluções possíveis para o problema. Cf. *idem, ibidem*, p. 90.

509 Cf. Ernesto Costa & Anabela Simões – *op. cit.*, 2011, p. 294.

510 Cf. António Sarmento Batista – *op. cit.*, 2012, p. 90. Assim, o "Gene" traduz a representação de cada parâmetro em função do alfabeto utilizado, a melhor ver, seja ele binário, inteiro ou real. Já um "Alelo" representará um dos vários genes que determina a expressão de uma qualquer caraterística hereditária ou genética. Cf. *ult. loc. cit.*

511 A função de avaliação, também designada por função de utilidade, de erro ou objetivo recebe uma regra como entrada e determina a saída correspondente, traduzível num valor numérico que expõe a sua *aptidão bruta*. Cf. Maribel Yasmina Santos & Isabel Ramos – *op. cit.*, 2017, p. 182; António Sarmento Batista – *op. cit.*, 2012, p. 92 e Stuart Russel & Peter Norvig – *op. cit.*, 2010, p. 127. Em alguns casos, a função de aptidão pode ser continuamente ajustada, sobretudo quando o domínio de aplicação em causa apresenta tratos dinâmicos. Cf. Raymond Anderson – *op. cit.*, 2007, p. 176.

512 Cit. António Sarmento Batista – *op. cit.*, 2012, p. 91.

513 Cf. Maribel Yasmina Santos – *op. cit.*, 2017, p. 182; e Stuart Russel & Peter Norvig – *op. cit.*, 2010, pp. 127-128.

514 Cit. *idem, ibidem*

515 Cf. Maribel Yasmina Santos – *op. cit.*, 2017, p. 182; e Stuart Russel & Peter Norvig – *op. cit.*, 2010, pp. 127-128.

Explicando de uma maneira mais simples: os pais são escolhidos de acordo com os seus níveis de aptidão e os descendentes gerados pela combinação de características de cada um – através de cruzamentos ou recombinação – e por variações aleatórias – as mutações[516].

Não obstante, a forma como se determina a reprodução da geração pode variar. Diante a hipótese de todos os indivíduos da geração anterior serem substituídos por novas soluções, via sobreposição, o processo designa-se por geracional. Caso se proceda só à substituição dos piores genes ou grupos de indivíduos, a notação empregue à técnica de não sobreposição, é a de estado estável[517]. O processo evolutivo repete-se ao longo de gerações até que não se consigam obter mais melhorias[518]. Dado um critério de paragem a evolução das gerações conduz, então, à solução ótima que o algoritmo devolve[519].

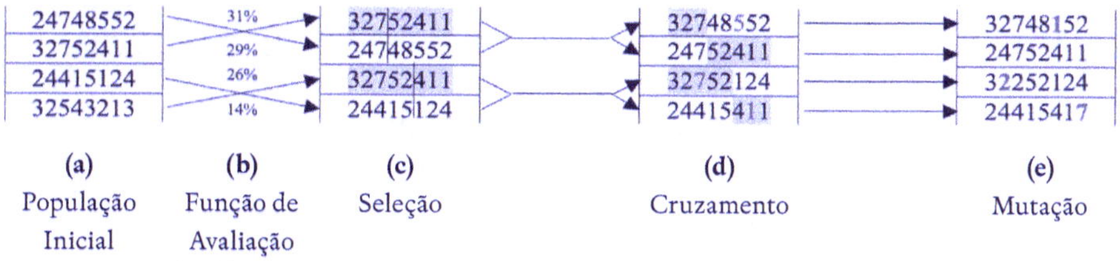

Figura 7. Modo de operação dos Algoritmos Genéticos

O modo de funcionamento dos AG encontra-se, resumidamente, ilustrado na Figura 7, *supra*. Nesta, encontra-se representada a amostra inicial de dados num conjunto de quatro regras. O processo pode ser explicado da seguinte forma

(a) Para cada regra é suputado o seu valor de utilidade, através da função de avaliação;
(b) Verifica-se, a título exemplificativo, que a primeira regra foi classificada com uma probabilidade de 31% de ser selecionada;
(c) Efetuada a seleção dos pares e do ponto de cruzamento, gerara-se a construção de novas regras;

[516] Cf. Raymond Anderson – *op. cit.*, 2007, p. 176.
[517] Cf. Ernesto Costa & Anabela Simões – *op. cit.*, 2011, p. 294.
[518] Cf. Raymond Anderson – *op. cit.*, 2007, p. 176.
[519] Cf. António Sarmento Batista – *op. cit.*, 2012, p. 92; e Ernesto Costa & Anabela Simões – *op. cit.*, 2011, p. 294.

(d) Na última fase confirma-se a transformação dos genes '5', '7' e '1' para os valores '1', '2' e '7', respetivamente, relativos às primeira, terceira e quarta regra, mutação esta que, aprioristicamente, traduz à solução ótima[520].

A Tabela 6, *infra*, exemplifica o conjunto de soluções extraídas de um AG em aplicações de *scoring*.

Tabela 6. Exemplo de soluções alternativas em AG

Soluções	*Odds*	Traços do Perfil
11110	40:1	*Ancião, proprietário, conta bancária, sem incidentes*
01110	30:1	*Jovem, proprietário, conta bancária, sem incidentes.*
10110	30:1	*Ancião, não proprietário, conta bancária, sem incidentes.*
00110	20:1	*Jovem, não proprietário, conta bancária, sem incidentes.*

Nesta geração hipotética, o modelo das AG determinará, por referência aos dados históricos, que aquele candidato ancião, proprietário de residência própria, detentor de uma conta bancária e que não tenha registado qualquer incidente negativo, terá uma maior propensão a cumprir no futuro os créditos contraídos[521]. Já o jovem, sem qualquer propriedade, que não possui conta bancária, terá uma menor probabilidade de ser aceite, por mais que não sejam sinalizados quaisquer eventos negativos em termos de pagamentos.

77. Em contornos gerais, dir-se-á, portanto, que o maior benefício relacionado com o uso dos AG tem que ver com a sinalização de soluções alternativas não aparentes. Regra geral, é consabido que existe mais do que uma solução possível dado um problema computacional. Enquanto a maioria das aproximações principia a heurística num determinado ponto, seguindo o rumo numa direção específica, os AG, diferentemente, iniciam a partir de uma série de soluções diferentes, procurando, desde logo, o máximo local, ou seja, o domínio a partir do qual extraem os valores máximos de uma função[522]. O algoritmo AG efetua uma pesquisa global através do espaço

[520] Cf. Maribel Yasmina Santos & Isabel Ramos – *op. cit.*, 2017, pp. 182-183.
[521] Cf. António Sarmento Batista – *op. cit.*, 2012, p. 92.
[522] Cf. Raymond Anderson – *op. cit.*, 2007, p. 176.

de possíveis soluções, particionando os atributos numéricos de modo a identificar a melhor combinação das propriedades iniciais[523].

Com efeito, a sua utilidade reporta, essencialmente, a problemas onde: (1) coexistem muitas soluções possíveis e é necessário efetuar uma pesquisa exaustiva; (2) o propósito é o da otimização da tarefa, não sendo necessariamente impreterível a sinalização da combinação ótima; (3) as boas soluções não são fáceis de identificar; e, por último (4), naquelas situações em que se verificam serem múltiplos *targets*.

No que contende com a tarefa de *scoring* em particular, esta técnica materializa uma ferramenta possível, embora pouco utilizada. Tal como se verifica com todas as aproximações heurísticas, também os AG padecem de problemas de falta de transparência. Denotam ainda potenciais de sobreajustamento elevados. Importa ainda fazer notar que em problemas como a determinação do risco de crédito poderão sobrevir máximos locais que diferirão substancialmente do máximo global apurado, minorando a exatidão das estimações[524].

Em suma, os AG, na medida em que ajustados a ambientes não deterministas, dinâmicos e não estáticos, concorrem em segundo plano para a identificação de soluções novas e alternativas[525]. As outras técnicas revelam ser suficientes. Todavia, o uso desta metodologia não deverá ser descurada, *in toto*, pela otimização de soluções alternativas simultâneas ou contrafactuais[526].

[523] Cf. Fábio Silva – *op. cit.*, 2011, p. 26.

[524] Cf. Raymond Anderson – *op. cit.*, 2007, p. 177.

[525] Cf. *idem, ibidem*, p. 176.

[526] Cf. *idem, ibidem*, p. 177.

6.3.4.3. Sinopse Tabular dos Métodos

Tabela 7. Principais técnicas utilizadas no *scoring* de crédito

Método	**Técnica**	**Paramétrica (P) vs. Não Paramétrica (NP)**	**Resumo**
Regressão Linear	Mínimos Quadrados Ordinários	P	Determina a fórmula para estimar a variável de resposta contínua
Análise Discriminante	Distância de Mahalanobis	P	Classifica os casos em grupos pré-especificados
Regressão Logística	Estimativa de Máxima Verosimilhança	P	Determina a fórmula para estimar a variável de resposta binária, do tipo multinomial ou ordinal
Método	**Técnica**	Paramétrica (P) Vs. **Não Paramétrica (NP)**	**Resumo**
Árvores de Decisão	Algoritmos de Partição Repetitiva	NP	Estrutura em árvore para maximizar diferenças.
Redes Neuronais Artificiais	*Perceptron* Multicamadas	NP	Técnica de IA, cujos resultados não lineares são difíceis de interpretar e explicar
Algoritmos Genéticos	Função de Utilidade (*Fitness*)	NP	Visam a otimização estocástica, operando em simultâneo várias soluções alternativas

6.3.5. Critérios de Seleção e Monitorização

78. Apurados que sejam os resultados extraídos de vários modelos de ML, há que optar por um desses ou pela combinação de alguns[527]. Como se

[527] A combinação de modelos de ML, *supra*, é considerada pelo especialista em previsão Scott Armstrong como um dos processos mais proeminentes a aprovisionar para melhorar o rigor das estimações. Conforme elucidado anteriormente, as aproximações combinadas, sejam elas

coligiu anteriormente, "o *credit scoring* acolhe nos seus modelos de classificação e reconhecimento de padrões métodos paramétricos e não-paramétricos cujos resultados não permitem concluir que exista um modelo ótimo (...)"[528].

Ora, considerando que cada amostra recolhida é suscetível de diferir quanto aos critérios da estrutura, da qualidade e da disponibilidade dos dados, arrojado será sinalizar, ainda que em contornos meramente teoréticos, um só método ótimo de previsão mo *scoring* do crédito ao consumo, aliás, como se corrobora pelas vantagens e desvantagens que em cada se assinalaram[529]. Eis que, também aqui, a opção casuística para a previsão do incumprimento deve ser escrutinada tendo por base uma 'lupa' de indicadores, "salientando-se, [desde logo], o grau de acerto dos resultados, a simplicidade e rapidez de processamento, [bem como] a interpretação e a indispensável apreciação crítica dos parâmetros do modelo escolhido à luz do que intuitivamente seria expetável"[530]. A opção por uma técnica em específico, ou até por modelos híbridos ou conjuntos, deve, portanto, ter em consideração a adequação, a rapidez da conceção e maturação dos sistemas, a adaptabilidade e a transparência dos resultados extraídos[531], sem que se possa, nesta égide, prescindir de computar, para apuramento da eficiência computacional, os desideratos preponderantes que a

híbridas ou conjuntas, redundam na conjugação de diferentes modelos de previsão, a título exemplificativo, fazendo média dos *outputs* extraídos. Aliás, a sua utilização tende a ser de maior utilidade quando o *modus operandi* dos métodos impregnados difere substancialmente. Cf. J. Scott Armstrong – "Findings from evidence-based forecasting: Methods for reducing forecasting error". In: *International Journal of Forecasting*, vol. 22, no. 3, 2006, p. 585.

528 Cf. António Sarmento Batista – *op. cit.*, 2012, p. 78.

529 Cf. Paulo Viegas De Carvalho – *op. cit.*, 2009, p. 155.

530 Cit. *ult. loc. cit.*

531 São várias as questões que se despoletam previamente a uma opção pela aplicação de uma técnica específica de *scoring*. Em primeiro lugar, o método empreendido deve de ser adequado à tarefa. A facilidade de implementação, nomeadamente o tempo de maturação requerido para a operacionalização plena do *software* com escopo de *scoring*, é um aspeto crucial, dado que as instituições de crédito ou sociedades financeiras são reticentes em optar por técnicas mais morosas. A aproximação de modelização adotada deve também ser coadunável com as necessidades e problemas específicos da organização. Em último lugar – *last, but not least* – os modelos desenvolvidos deverão encontrar-se habilitados a executar resultados minimamente fáceis de compreender e explicar, reduto este com a qual a adoção de técnicas de IA, em especial, as RNA, se defrontam, atenta a ininteligibilidade da relação causal que subjaz às inferências. Cf. António Sarmento Batista – *op. cit.*, 2012, p. 64.

atualização, disponibilidade e organização dos dados nos sistemas de *Data Warehouse* suscitam[532].

79. Quando colocados em serviço, importa monitorizar continuamente os modelos, de forma que se proceda à identificação atempada de eventuais incorreções e, seguidamente, aos respetivos reajustes[533]. Estes procedimentos permitirão, não só averiguar a qualidade das estimações, como mensurar possíveis impactos marginais sobre as instituições financiadoras[534].

Neste contexto, o do *scoring* de crédito ao consumo, a minimização e monitorização da inexatidão denota a ocorrência vindoura tanto de eventos positivos como negativos. Para os devidos efeitos, tratando-se de modelos

[532] Sucede que, independentemente da técnica de modelização escolhida, um processo preliminar deve findar na conceção de *scorecards* consistentes com as melhores combinações encontradas, tomando em linha de conta algumas circunstâncias específicas, nomeadamente, a correlação entre as caraterísticas e a interpretação destas, a robustez preditiva, a facilidade de implementação e a transparência do pré-processamento em razão dos requisitos legais. *idem, ibidem*, p. 171. A maior consistência dos dados, aprioristicamente tida enquanto premissa para um maior conhecimento da gestão do risco de crédito, pressupõe a deteção da interação entre os conjuntos ou classes das caraterísticas dos dados. Alguns métodos proporcionam esta interligação em contornos automatizados, ao passo que em outras aproximações tamanhas combinações apenas se tornam possíveis via manipulação ou intervenção humana por parte do utilizador. Já a qualidade dos dados depende e muito da informação retida acerca dos clientes que revelam propensão ao não cumprimento dos créditos. As AD ou as RNA posicionam-se como verdadeiras alternativas aos tradicionais métodos de regressão. Já quanto à tipologia contínua ou discreta dos dados, conforme exposto *supra*, verifica-se que a técnica RLO é aconselhável para classificar resultados binários. Cf. *ult. loc. cit.* Ainda a respeito da consistência dos *sets* informacionais, importa frisar a relevância da não desvalorização da permeabilidade relativa dos modelos face a potenciais distorções ou manipulações efetuadas nos *inputs*. Para Arménio Breia, Mário Nuno Mata e Vítor Manuel Pereira, em termos de políticas de gestão financeira no crédito, estas distorções não ocorrerão diante a adoção de uma panóplia de medidas, como sejam: (a) o recurso a operações de locação operacional e não financeira, estas que viabilizam reduzir o passivo e melhorar as rácios de solvabilidade ou endividamento; (b) a diluição de participações financeiras e, por esta via, o seu não reconhecimento no capital próprio e nos resultados eventuais das perdas; (c) a implementação de políticas agressivas quanto à liquidação e cobrança de dívidas a clientes antes do fim do exercício; (d) o recurso a formas de financiamento renováveis, como o *factoring*, para aperfeiçoar alguns indicadores, nomeadamente os de tesouraria; e, por último, (e) tratar a entrada de novos sócios como reforço de capitais próprios e não como passivo. Cf. ARMÉNIO BREIA; MÁRIO NUNO MATA & VÍTOR MANUEL PEREIRA – *Análise Económica e Financeira*, Sintra: Rei dos Livros, 2014, p. 45.

[533] Cf. PAULO VIEGAS DE CARVALHO – *op. cit.*, 2009, p. 155.

[534] Cf. JOSÉ VASCONCELOS – *op. cit.*, 2017, p. 62.

de estimação binária quanto à variável endógena dependente, serão aqui catalogadas enquanto positivas aquelas situações em que o consumidor não cumpre integral e tempestivamente as obrigações decorrentes da celebração do contrato de crédito ao consumo (*VP*). Em alternativa, considerar-se-ão como incidentes negativos aqueles associados às situações de cumprimento (*VN*). As estimações não corroboradas empiricamente constituirão os erros de classificação, subdividindo-se em cada grupo, entre falsos positivos (*FP*) e falsos negativos (*FN*).

A matriz de confusão, *infra*, Tabela 8, auxilia a perceber a distribuição das classificações dos grupos previstos face às suas distribuições reais.

Tabela 8. Matriz de Confusão

		Evento Previsto	
		Cumprimento (+)	**Incumprimento (-)**
Evento Real	**Cumprimento (+)**	*VP*	*FN*
	Incumnprimento (-)	*FP*	*VN*

À decisão de classificação nos pedidos de acesso ao crédito (ao consumo) podem, portanto, ser reportados dois tipos de erro, tanto decorrentes de enviesamentos ou da falta de rigor nos pressupostos de conceção modelo como da possível inexatidão inerente à amplitude do desvio-padrão estimador[535]:

- Para "o primeiro erro (tipo I ou α), o modelo indica baixo risco, quando de facto, o risco é elevado. Já na outra situação possível (tipo II ou β) o modelo indica que o risco é elevado, quando, por sua vez, este é baixo"[536]. Os primeiros, os *FP*, são do tipo I ou α causadores

[535] Cf., com as devidas adaptações temáticas, MADAELANA PERESTRELO DE OLIVEIRA – "Definição de perfis e decisões individuais automatizadas no Regulamento Geral sobre Proteção de Dados". In. *FinTech II: novos estudos sobre tecnologia financeira* (coord. António Meneses Cordeiro, Ana Perestrelo de Oliveira e Diogo Pereira Duarte), Coimbra, Almedina, 2019, p. 77; e, em especial sobre o tema, PAULO VIEGAS DE CARVALHO – *op. cit.*, 2009, p. 156, em especial, anotação em rodapé nº 1.

[536] Cit. JOSÉ VANCONCELOS – *op. cit.*, 2017, p. 63. Cf. ANDREAS BLÖCHLINGER & MARKUS LEIPPOLD – "Economic benefit of powerful credit scoring ... *supra*, p. 853; FRANCISCO LOUZADA; ANDERSON ARA & GUILHERME FERNANDES – "Classification methods applied to credit scoring ... *supra*, p. 123; XIAO-LIN LI & YU ZHANG – "An overview of personal credit

de perdas potenciais do valor do crédito e dos juros respetivos[537]. Segundo uma perspetiva jusconsumerista, "verificar-se-á [outrossim] uma afetação do estatuto jurídico do pretenso [beneficiário] quando este, efetuado que seja um pedido de acesso ao crédito (...) passa a estar adstrito ao conjunto de obrigações decorrentes do vínculo contratual" [538].

- Já os segundos, os *FN*, do tipo II ou *β*, pela recusa de crédito errada que pressupõem, afetam "por certo os padrões de consumo e as escolhas dos consumidores, impactando (...) em maior ou menor medida na sua qualidade de vida a curto ou médio prazo" [539]. Do ponto de vista da instituição de crédito ou sociedade financeira, a ocorrência deste segundo erro também se afigura prejudicial, porquanto acarreta, além de reduções na margem financeira para a clientela de baixo risco – em função da prática da oferta, afinal, não tão competitiva – vivifica adicionalmente potenciais quebras nas cotações de mercado, dado que os investidores por certo tomarão conhecimento das *performances* desajustadas dos modelos e associadas às políticas de gestão de risco[540].

6.3.6. Parâmetros de Avaliação e Monitorização

80. A monitorização da qualidade das recomendações extraídas de um sistema de *scoring* pode ser perspetivada em alusão a uma multiplicidade de métricas, macro segmentadas três indicadores macro, como sejam, o erro de estimação, a calibração da previsão e o poder discriminante do modelo.

scoring ... *supra*, p. 187; Hussein Abdou & John Pointon – "Credit scoring, statistical techniques and evaluation criteria .... *supra*, p. 76; Maja Šušteršič; Dušan Mramor & Jure Zupanc – "Consumer credit scoring models with limited data ... *supra* , p. 4742; Natasa Sarlija; Mirta Bensic & Marijana Zekic-Susac – "Comparison procedure of predicting the time default ... *supra*, p. 8784; Paulo Viegas De Carvalho – *op. cit.*, 2009, p. 157. Em todo o caso, ambas as qualificações são válidas para avaliação e monitorização dos modelos de aprendizagem ML.

537 Cf. José Vasconcelos – *op. cit.*, 2017, p. 63; e Andreas Blöchlinger & Markus Leippold – "Economic benefit of powerful credit scoring ... *supra*, p. 853

538 Cit. Diogo Morgado Rebelo; Cesar Analide & Joana Covelo De Abreu – "O Mercado Único Digital e a '(leigo)ritmia' da pontuação de crédito na era da Inteligência Artificial ... *supra*, p. 38.

539 Cit. *ult. loc. cit.*

540 Cf. José Vasconcelos – *op. cit.*, 2017, p. 63; e Andreas Blöchlinger & Markus Leippold – "Economic benefit of powerful credit scoring ... *supra*, p. 853.

(1) Os primeiros, os erros de estimação, visam quantificar as classificações falhadas, considerando, além de uma matriz de confusão (v. *supra*, Tabela 8) outras medidas[541], designadamente:

- a prevalência, correspondente ao peso da variável endógena sobre o total da amostra, $\frac{(VP+FN)}{n}$;
- o poder analítico global, complementar à prevalência, $\frac{(VN+FP)}{n}$;
- a taxa de acerto (*hit ratio*), rácio percentual das classificações totais nas quais as previstas se confirmaram na realidade, $\frac{(VP+VN)}{n}$;
- a sensitividade, ou seja, a probabilidade condicional ou taxa de verdadeiros positivos, $\frac{VP}{(VP+FN)}$;
- a especificidade, i.e., a probabilidade condicional ou taxa de verdadeiros negativos, $\frac{VN}{(VN+FP)}$;
- a taxa de falsos positivos, $\frac{FP}{(VN+FP)}$;
- a taxa de falsos negativos, $\frac{FN}{(VP+FN)}$;
- o poder preditivo dos positivos, $\frac{VP}{(VP+FP)}$;
- o poder preditivo dos negativos, $\frac{VN}{(VN+FN)}$;
- a taxa de erro.

(2) Também a forma de calibração da previsão –intensificada com os requisitos de Basileia II – pressupõe que a avaliação e monitorização dos sistemas recaia sobre a qualidade da inter-relação entre o *score* atribuído a cada classe de risco e os *odds* ou incumprimentos correspondentes[542].

(3) Já o poder discriminante[543] revela a eficácia total por referência à capacidade que o modelo exterioriza em classificar corretamente

[541] Cf. José Vasconcelos – *op. cit.*, 2017, p. 63; e Paulo Viegas De Carvalho – *op. cit.*, 2009, p. 157 e p. 164.

[542] Cf. *ult. loc. cit. Vide*, para mais desenvolvimentos sobre os testes de esforço pugnados pelo Acordo de Basileia II, *ibidem*, *ibidem*, pp. 349-358.

[543] Cf. José Vasconcelos – *op. cit.*, 2017, p. 62; Paulo Viegas De Carvalho – *op. cit.*, 2009, p. 164; e Andreas Blöchlinger & Markus Leippold – "Economic benefit of powerful credit scoring". In: *Journal of Banking and Finance*, vol. 30, no. 3, 2006, p. 853. Para os devidos efeitos, refira-se que a preocupação fundamental de uma instituição de crédito ou

a variável endógena na qualidade de 'bons' ou 'maus' candidatos. Aqui, incluem-se análises através das abordagens *Receiver Operating Characteristic (ROC)*, *Coeficiente de Gini*, *Kolmogorov-Smirnov (K-S)*, entre outros[544]. Estas medidas de separação ou de divergência, de uma forma simples, validam a robustez do modelo preditivo, cotejando os resultados esperados com aqueles observados (*drift measure*)[545]. O recurso às mesmas, quer para efeitos de seleção, quer para monitorização do desempenho, é deveras preponderante. Tal sucede na medida em que, além de estarem associadas "à (...) capacidade de tratar a informação, respondendo com um simples número,

sociedade financeira deve ser a obtenção de níveis discriminantes robustos, pois que todo o aperfeiçoar de uma fração percentual na tarefa de classificação – ainda que mínima – traduzirá possivelmente ganhos futuros em termos de lucro. Cf. David West – "Neural network credit scoring models ... *supra*, p. 1132. "A *performance* económica do *portfólio* de crédito será melhor quanto maior o *discriminatory power* do modelo de *credit scoring*". Cit. José Vasconcelos – *op. cit.*, 2017, p. 62.

544 A estatística *K-S* corresponde à distância vertical máxima entre as duas curvas pertencentes, respetivamente, à classe de cumpridores e faltosos, i.e., a diferença máxima entre os valores dessas distribuições. Quanto mais elevado for o valor da *K-S*, no intervalo de 0 a 100%, melhor será a capacidade do modelo em separar os grupos endógenos. Cf. Paulo Viegas de Carvalho – *op. cit.*, 2009, pp. 157-159. A curva *ROC*, por seu turno, representa a relação ou compromisso entre a taxa de falsos negativos e positivos. Ora, partindo do pressuposto que qualquer redução do *cutoff* causa um aumento na taxa de falsos negativos e diminui a taxa de falsos positivos, esta métrica indica qual a percentagem de 'maus' corretamente rotulados que corresponde a cada percentagem de 'bons'. Cf. *idem, ibidem*, pp. 159-161. Por último, o *Coeficiente de Gini* resume o poder preditivo do modelo em todo o espectro de *scores*. É determinado a partir da *Cummulative Accuracy Profiles* (CAP) – também designada *Lift Curve* ou *Curva de Lorenz* – que indica, em termos percentuais, quantos incumpridores foram classificados corretamente em cada nível do *score*. Não é influenciada pela proporção das classes finais, contrariamente à taxa de acerto. Cf. *idem, ibidem*, pp. 162-164.

545 Cf. Raymond Anderson – *op. cit.*, 2007, p. 187. As diversas abordagens tipológicas de divergência poderiam ainda, num outro prisma, ser descritas pela forma como executam as análises dos desvio-padrão, i.e., a diferença de entre as observações reais e as esperadas. Algumas destas medidas, como sucede com os casos do *chi-quadrado* e da *divergência* de *Kullback*, comparam meramente as frequências de caraterísticas. Outras cotejam as propriedades atributivas iniciais por ordem da sua importância preditiva, como sucede com os métodos do *Rank de Spearman* e o *Coeficiente de Gini*. Outas ainda, alternativamente, estabelecem comparações de entre percentagens acumuladas. Tal ocorre com a estatística de *K-S* e também com o *Coeficiente de Gini*. Cf. António Sarmento Batista – *op. cit.*, 2012, p. 95-96. *Vide*, para mais desenvolvimento acerca da tópica concernente à avaliação e monitorização dos resultados dos modelos, Paulo Viegas de Carvalho – *op. cit.*, 2009, pp. 155-165.

um gráfico ou uma tabela (...), estas técnicas estatísticas fornecem muitas vezes uma base científica [ou operacional fortes] para o teste de hipóteses [nulas (H_0) ou alternativas (H_1)]"[546].

6.3.7. A Incerteza Incontornável deste Universo de Probabilidades

81. Em tarefas como a estimação de (in)cumprimento no crédito ao consumo, é por causa das coisas não verosímeis, por nós desconhecidas, que o futuro é altamente imprevisível. Nesta nova era digital, algumas coisas podemos prever, pois são desenvolvimentos antecipados ou prenunciados pelo conhecimento existente[547]. E aqui, no *scoring* do crédito, o verdadeiro futuro só pode, tem ou deve de ser processado a partir de muita observação e algum raciocínio, pois só segundo e a partir destas proposições no fluxo da informação o *software* executará previsões de incumprimento robustas e corretas – não necessariamente sapientes – antes de estas mesmas serem verificadas pelas instituições de crédito ou determinadas sociedades financeiras[548]. O esforço realizado por investigadores no sentido de determinar qual das técnicas produz melhores resultados ainda não é (e talvez, nunca venha a ser) definitivo[549].

Certo é que as constantes e infindáveis mutações do setor do crédito ao consumo, vivificadas pela revolução digital em ambientes de comércio eletrónico, supõem cada vez mais esforços renovados na descoberta de novos métodos 4.0. que se adaptem, o melhor possível, quer aos requisitos legais e regulamentares em vigor, quer às circunstâncias destes novos cenários sociais[550].

[546] Cit. *idem, ibidem*, p. 95.

[547] Cf., com as devidas adaptações temáticas, Maxine Singer – "Thoughts of a Nonmillenarian". In: *Bulletin of the American Academy of Arts and Sciences*, vol. 51, no. 2, 1997, p. 39

[548] Cf. Paulo Viegas De Carvalho – *op. cit.*, 2009, p. 165.

[549] Cf. António Sarmento Batista – *op. cit.*, 2012, p. 78.

[550] Cf. *idem, ibidem*, p. 79.

Capítulo III
Avaliação de Solvabilidade nos Contratos de Crédito ao Consumo

7. Finalidade Prevista

82. Atualmente, é ao abrigo do tratamento do histórico de crédito recolhido, direta ou indiretamente, dos clientes das instituições de crédito ou de determinadas sociedades financeiras, que os novos modelos de *scoring* baseados em técnicas de IA têm trazido melhorias no processo de avaliação de solvabilidade, influenciando, além da fixação da rácio *Debt Service--To-Income* (DSTI), sobretudo na determinação mais correta do *score* de incumprimento[551]. Nos termos do art. 3º, nº 12 da Proposta de Regulamento relativo à IA, à luz da Anexo III, nº 5, al. b), *ex vi* do seu art. 6º nº 2, entende-se por finalidade prevista, no que respeita à utilização destes sistemas, a avaliação da capacidade de endividamento de pessoas singulares ou o processamento automatizado da sua classificação de crédito.

Como assinalado, os procedimentos de depuração da solvabilidade executados com recurso a mecanismos de *scoring* interferem na negociação possível das quantias mutuadas, na fixação do *spread* bancário a aplicar, na estipulação prévia dos respetivos termos e condições contratuais segundo o Regime das Cláusulas Contratuais Gerais (RJCCG)[552] – e, em última

[551] Cf. Ana Alves Leal – "Aspetos jurídicos da análise de dados na Internet (*big data analytics*) ... *supra*, p. 211-217, §§ 66-67.

[552] No nosso ordenamento jurídico, o RJCCG estabelecido, na sua versão originária pelo Decreto-Lei nº 446/85, de 25 de outubro, foi adaptado posteriormente aos princípios consagrados na Diretiva (UE) 93/13/CEE do Conselho, de 5 de abril de 1993, relativa às cláusulas abusivas nos contratos celebrados com os consumidores e nos contratos de adesão, cuja transposição para o ordenamento jurídico português se fez mediante a alteração aprovada

análise – até na declaração de aceitação necessária para firmar o acordo, ora em função do escopo ao consumo que subjaz a este tipo de negócio[553].

Na atual conjuntura (ciber), pode afirmar-se que a manutenção dos padrões de consumo se encontra dependente da celebração de contratos entre as instituições de crédito e os consumidores, as mais das vezes firmados em ambiente eletrónico. Está em causa o âmbito material e procedimental do (novo) Regime Jurídico do Crédito ao Consumo [RJCC][554] enquanto "instrumento (...) idóneo para realizar a função económica de conceder temporariamente poder de compra"[555].

8. Contratos de Crédito ao consumo

8.1. Evolução do Regime

83. O prólogo expansionista deste setor de atividade, em especial no território europeu – porque precedido a meados do século XX nos EUA –, remonta sensivelmente aos términus do período correspondente à Guerra Fria, época esta conotada pelo grande crescimento económico na 'Era do Capitalismo'[556]. Pode, portanto, afiançar-se que a celebração de contra-

pelo Decreto-Lei nº 220/95, de 31 de janeiro. Cf. PATRÍCIA PINTO ALVES – "Os contratos de adesão: verdadeiras cláusulas contratuais gerais". In: *Julgar Online*, março de 2021, p. 1.

[553] Cf. DIOGO MORGADO REBELO; CESAR ANALIDE & JOANA COVELO DE ABREU – "O Mercado Único Digital e a '(Leigo)ritmia' da pontuação de crédito na era da Inteligência Artificial ... *supra*, p. 20.

[554] *Vide*, Decreto-Lei nº 133/2009, de 2 de junho, que procede à transposição para a ordem jurídica interna a Diretiva nº 2008/48/CE, do Parlamento Europeu e do Conselho, de 23 de abril, relativa a contratos de crédito aos consumidores, com a última alteração introduzida pela Lei nº 57/2020, de 28 de agosto.

[555] Cit. PAULO DUARTE – "O Direito do Consumidor ao Cumprimento Antecipado nos Contratos de Concessão de Crédito". In: *Liber Amicorum Mário Frota – A Causa dos Direitos dos Consumidores*, Coimbra, Almedina, 2012, p. 420-421.

[556] Cf. MARIA FERNANDES BERNARDES – *Dever de Avaliar a Solvabilidade do Consumidor no Crédito ao Consumo e no Crédito à Habitação*, Dissertação de Mestrado: Lisboa, Faculdade de Direito da Universidade Nova de Lisboa, 2018, p. 5. Nos EUA, o crescendo na procura de bens e serviços de crédito posiciona-se historicamente no século XX. O dinamismo socioeconómico neste país, culturalmente na época mais propenso à assunção do risco inerente à contração de empréstimos a particulares e vocacionada para a melhoria das condições materiais de vida, potenciara o cristalizar de uma lhana sociedade de consumo. Na Europa, é sobretudo no período pós-guerra que se generaliza o crédito enquanto instrumento de gestão do orçamento familiar, daí advindo a necessidade de maior proteção do consumidor. A legislação tinha até então um trato fragmentário, encontrando-se associada essencialmente à venda de bens ou serviços. Cf. CLÁUDIA MOREIRA SALAZAR – *Crédito Responsável e Dever*

tos com escopo de consumo por parte de instituições especializadas na Europa é relativamente recente.

No entanto, só apenas volvidas algumas décadas é que a tradicional relação entre o vendedor e o comprador passara a englobar um terceiro interveniente, o financiador[557]. Inicialmente, era o próprio vendedor que se encarregava de financiar a compra do bem, por meio da venda a prestações mensais até à liquidação total. A título de garantia, fazia uso do instituto da reserva de propriedade, previsto no art. 409º do Código Civil (CC), conservando para si a titularidade da *res* até ao reembolso integral[558].

Sucede que a conjuntura do mercado financeiro na época, caraterizada pelo aumento do custo de vida, impossibilitou o financiamento de bens e serviços de consumo por parte dos fornecedores, agentes estes que deixaram de ter ao seu dispor meios económicos para tal[559].

Entretanto, o desenvolvimento do mercado do setor automóvel, com o crescendo de procura que se lhe encontrava associado, impulsionou o recurso a meios de financiamento através da utilização de títulos cambiários[560]. Inicialmente, a intervenção dos bancos nesta matéria era indireta. Porque presumiam o elevado risco decorrente da concessão de empréstimos a particulares, as entidades financiadoras exigiam do consumidor a

de Avaliação da Solvabilidade do Consumidor, Dissertação de Mestrado, Porto, Universidade Católica Portuguesa – Escola de Direito, 2012, p. 5. Na Europa, o crédito ao consumo principiara por ser utilizado pelos próprios comerciantes que forneciam as suas mercadorias, a crédito, sem quaisquer encargos adicionais. Só numa fase posterior se assumira na qualidade de produto transacionável, revestindo cada vez uma maior variedade de modalidades. Cf. *ult. loc. cit.* Os banqueiros começaram, a partir de então, a conceder créditos em departamentos especializados na aquisição de bens de consumo, fracionado em prestações. Cf. António Menezes Cordeiro – *Direito Bancário,* 6ª ed., Coimbra, Almedina, 2016, p. 703. Face a esta conjuntura, tornava-se cada vez mais imprescindível a institucionalização de políticas regulatórias que contemplassem o crédito ao consumo como um todo, independentemente dos bens ou serviços cuja aquisição este se destinasse a financiar ou da modalidade específica que este assumia. A primeira abordagem do género data de 1974, tendo surgido no Reino Unido com o "Consumer Credit Act". Cf. Cláudia Moreira Salazar – *op. cit.*, 2012, p. 5.

557 Cf. Ana Carvalhal – *Os contratos de crédito ao consumo e o sobreendividamento dos consumidores,* Dissertação de Mestrado, Braga: Universidade do Minho, 2015, p. 4.

558 Cf. *ult. loc. cit.*

559 *Vide,* Alexandra Valente – *O contrato de crédito ao consumo – A Conexão entre o Contrato de Crédito e o Contrato de Compra e Venda,* Dissertação de Mestrado, Coimbra: Universidade de Coimbra, 2009, pp. 5 e ss., *cit. in.* Ana Carvalhal –*op. cit.*, 2015, p. 4.

560 Cf. António Menezes Rodrigues – "O crédito ao consumo e o endividamento ... *supra*, p. 57.

subscrição de letras ou livranças junto do vendedor. Faziam-no para evitar que lhe fossem opostas, as exceções relevantes das relações imediatas, cristalizada pela relação de compra e venda, enquanto portadoras do título cambiário. Assim, o banco assegurava a cobrança tanto por parte do aceitante como pelo subscritor[561].

É neste cenário que, mais tarde, o crédito ao consumo se posicionou como a modalidade de contratação privada mais eficiente e seg, passando, desde então, o consumidor a encontrar-se investido na posição jurídica de devedor relativamente a dois contratos – o da compra e venda, por um lado, e o crédito, por outro, respetivamente[562].

> Este desfecho revela-se ainda hoje satisfatório "para todas as partes envolvidas, uma vez que permite ao fornecedor escoar o *stock* e obter o lucro, ao consumidor adquirir o bem que de outra forma talvez não o conseguisse e ao financiador que recebe os juros do financiamento"[563].

84. No setor do consumo em particular, a democratização da atividade bancária e a concorrência vivificada de entre as instituições de crédito ou determinadas sociedades financeiras viriam a originar a aprovação jusco-munitária, ulteriormente transposta para os ordenamentos jurídicos dos vários Estados-Membros da UE, de um regime jurídico de harmonização máxima com a finalidade diretamente relacionada com o acordo de vontades no crédito ao consumo[564]. Foi neste circunstancialismo que, a 22

561 Cf. Ana Pereira – *O Incumprimento do Contrato de Crédito ao Consumo pelo Consumidor*, Dissertação de Mestrado, Lisboa: Universidade Nova de Lisboa, 2015, p. 29.

562 Cf. Ana Carvalhal – *op. cit.*, 2015, p. 4

563 Cit. *ult. loc. cit.*; e Ana Pereira – *op. cit.*, 2015, pp. 29-30.

564 É longo o debate sobre a competência comunitária para estabelecer normas aplicáveis a regimes de Direito Privado, como sucede com os contratos de crédito ao consumo. Há muito que se discute até que ponto é da reserva de competência do legislador da UE, e não dos legisladores nacionais, intervir com regulação para mitigar o problema de sobre-endividamento. Até ao Tratado de Maastricht, convencionado em 1993, e ao estabelecimento do mercado único, o sobre-endividamento era perspetivado como um desígnio consignado puramente às ordens jurídicas internas, e por isso, a ser tratado pelos legisladores nacionais. Nos finais da década de 80 do século XX, uma série de iniciativas internas instituíam já a criação de serviços de consultoria em matéria insolvência pessoal, solução esta reativa (*ex post*) ao crescente endividamento das famílias. Estes atos normativos representavam a resposta possível às consequências do rápido aumento do volume e da variedade dos serviços de crédito em alguns Estados-Membros, especialmente no Norte da Europa, refletindo, portanto, falhas

estruturantes no recurso a estes serviços em toda a Comunidade Europeia – atualmente, União. Cf. FEDERICO FERRETTI & DANIELA VANDONE – *op. cit.*, 2019, p. 87. Inobstante, na sequência da abertura e da maior integração dos mercados de crédito nacionais sob impulso da UE, tanto a doutrina como um conjunto de relatórios oficiais assinalavam como prioritária a adoção de princípios comuns numa abordagem europeísta de convergência sobre a forma de prevenção e reação ao crescendo no fenómeno sobre-endividamento. Cf. *idem, ibidem*, p. 88; Parecer do Comité Económico e Social Europeu – Defesa dos Consumidores e gestão adequada do sobre-endividamento para prevenir a exclusão social (2014/C311/06), de 29 de abril de 2014, § 1.8 e § 1.9, conclusões e recomendações; IAIN RAMSAY – "Between Neo-Liberalism and the Social Market. Approaches to Debt Adjustment and Consumer Insolvency in the EU". In: *Journal of Consumer Policy*, no. 25, 2012, p. 434 e p. 438; JASON KILBORN – Expert Recommendations and the Evolution of European Best Practices for the treatment of Overindebtedness, 1984-2010, 2010, p. 1 e p. 44; e JEAN BRAUCHER – Theories of Overindebtedness. Interaction of Structure and Culture, Theoretical Inquiries in the Law, Arizona Legal Studies Discussion Paper, no. 06-04, 2006, p. 14. Ao mesmo tempo, os debates sobre a divisão de competências entre a UE e os decisores políticos nacionais, a par de questões de subsidiariedade, lançaram dúvidas sobre o nível adequado das respostas. Cf. FEDERICO FERRETTI & DANIELA VANDONE – *op. cit.*, 2019, p. 88; GUIDO COMPARATO – "The Design of Consumer and Mortgage Credit Law in the European System". In: *Consumer Debt and Social Exclusion in Europe* (eds. Hans-W. Micklitz and Irina Domurath), London, UK: Routledge, 2015, p. 10; MARCO LOOS – Full Harmonisation as a Regulatory Concept and its Consequences for the National Orders: The Example of the Consumer Rights Directive, Centre for the Study of European Contract Law, Working Paper Series, no. 3, 2010, pp. 9-13 e p. 33-34; e STEPHEN WEATHERILL – "Competence and European private law". In: *The Cambridge Companion to European Union Private Law* (ed. Christian Twigg-Flesner), Cambridge, UK, Cambridge University Press, 2010, p. 60. De facto, há que reconhecer que os consumidores se encontram outrossim investidos na posição de agentes económicos preponderantes no(s) mercado(s) de crédito, inevitavelmente envolvidos, portanto, no processo de integração ao abrigo da legislação da UE. Cf. FEDERICO FERRETTI & DANIELA VANDONE – *op. cit.*, 2019, p. 88; e ALESSANDRA SILVEIRA & PEDRO FROUFE – "Do mercado interno à cidadania de direitos: ... *supra*, p. 8, com as devidas adaptações temáticas no último caso. Em termos técnico-jurídicos, no que respeita ao funcionamento do mercado interno, a União Europeia tem competência exclusiva para estabelecer regras de concorrência e possui competência partilhada em todos os outros domínios. Cf. art. 3º, nº 1, al. b) e art. 4º, nº 2, al. a) do Tratado sobre o Funcionamento da União Europeia (TFUE). Logo, no que contende com as matérias de proteção dos consumidores, a União e os Estados-Membros usufruem de competência partilhada. Cf. art. 4º, nº 2, al. f) do TFUE. O art. 2º, nº 2 do TFUE estabelece que, enquanto a UE não tiver feito uso da sua competência, os Estados-Membros têm uma margem de conformação para adotarem atos normativos interna e juridicamente vinculativos. Não obstante, quando a UE faz uso dessa competência, o princípio o primado substantifica que os Estados-Membros transferem parte da sua soberania, abdicando, total ou parcialmente, de legislar sobre determinadas matérias. Isto pressupõe que quando há lugar a harmonização através da adoção de Diretivas – enquanto atos normativos de direito secundário da União, conforme art. 288º do TFUE – salvo disposição em contrário plasmada na medida tomada, aos Estados-Membros

de dezembro de 1986, o Conselho aprovou a Diretiva (UE) 87/102/CEE, que estabelecia regras comunitárias para os contratos de crédito ao consumo, alterada pela Diretiva (UE) 90/88/CEE – sobre a mesma tópica -, ambas transpostas para o ordenamento jurídico interno pelo Decreto-Lei nº 359/91, de 21 de setembro[565]. Os seus prolegómenos procedimentais

não lhes é consignada a possibilidade de manter ou introduzir normas internas contrárias ao domínio harmonizado. A fim de promover os interesses dos consumidores e assegurar um elevado nível de defesa destes, o art. 169º, nº 2 do TFUE determina que "a União contribuirá para a realização dos objetivos (...) através de: a) Medidas adotadas (...) no âmbito da realização do mercado interno; [e] b) Medidas de apoio, complemento e acompanhamento da política seguida pelos Estados-Membros". Segundo o art. 169º, nº 4 do TFUE, as medidas que não se encontrem contempladas no contexto do mercado interno somente podem ser adotadas segundo os trâmites formais de harmonização mínima, ou seja, "não obstam a que os Estados-Membros mantenham ou introduzam medidas de proteção mais estritas". Com efeito, sempre que a adoção de medidas de harmonização se destine a contribuir, direta ou indiretamente, para a realização do mercado interno, aos órgãos da UE o tratado reconhece-lhe a opção de envidar esforços de regulação, quer de atos de harmonização mínima, quer de harmonização máxima. Cf. Acórdão do Tribunal de Justiça da União Europeia, de 25 de abril de 2002, Processo C-183/00, *María Victoria González Sánchez vs Medicina Asturiana AS*, § 24, *in fine*. Nestas circunstâncias, afigurar-se-ia, *a priori*, não ser a proteção dos consumidores em si mesmo, mas sim os objetivos que visam alicerçar o mercado interno que suportam a questão da harmonização. Cf. Christian Twigg-Flesner – "Introduction: Key Features of European Union private law". In: *The Cambridge Companion to European Union Private Law* (ed. Christian Twigg-Flesner), Cambridge, UK, Cambridge University Press, 2010, p. 5; e Christian Twigg-Flesner & Daniel Metcalfe – "The proposed Consumer Credit Directive – less hast, more thought?". In: *European Review of Contract Law*, no. 3, 2009, p. 371. Aliás, o artigo 114º, nº 3 do TFUE apenas exige que, ao desenvolver a medida de harmonização, a UE tome como base um "nível de proteção elevado" dos consumidores. Daqui infere-se que não são tanto os interesses dos consumidores que são objeto de tutela juscomunitária, mas sim aqueles dizem respeito a matérias de concorrência. Cf. Marco Loos – Full Harmonisation as a Regulatory Concept and its Consequences for the National Orders ... *supra*, pp. 3-4. Todavia, mesmo através da institucionalização de políticas de harmonização máxima, admite-se que os consumidores possam beneficiar destas políticas comuns, caso estas conduzam, além de uma redução dos preços a suportar e de um aumento na qualidade da oferta, ao reforço da tutela jusconsumerista prosseguida. Portanto, "desde cedo, a União Europeia demonstrou afincada preocupação com a defesa efetiva do consumidor e a salvaguarda dos seus direitos, nomeadamente no âmbito da contratação de crédito ao consumo. Assente nesse intuito, a União tem vindo (...) a assumir uma posição ativa na promoção de uma harmonização das várias legislações dos diferentes Estados-Membros, procurando evitar a verificação de distorções de concorrência entre mutuantes europeus no seio do mercado comum, cada vez mais transfronteiriço". Cit. Ana Pereira – *op. cit.*, 2015, p. 18.

565 Cf. Cláudia Moreira Salazar – *op. cit.*, 2012, p. 5. Do introito histórico-contextual, depreende-se que o RJCC regulado no Decreto-Lei nº 359/91, de 21 de setembro emergira,

precedentes datam, contudo, do ano 1975, através da adoção do Programa Preliminar da CEE para uma maior proteção e informação dos consumidores[566]. Este Programa, em contornos gerais, coadunava-se com aqueles que foram os objetivos acordados de entre os Estados-Membros na Cimeira de Paris, em outubro de 1972[567]. Neste encontro deliberou-se que, além da impreterível promoção de políticas de harmonização comunitária traduzíveis numa maior proteção dos consumidores face a condições de crédito abusivas, tornava-se necessário comunicar à clientela os custos reais (ou efetivos) da contração de empréstimos a particulares, nomeadamente através do estabelecimento de um método de cálculo convencional e da fixação injuntiva de uma Taxa anual de encargos efetiva global (a TAEG)[568]. Aliado a tudo isto, a Diretiva (UE) 87/102/CEE – ainda que encapotados estivessem no seu espírito sobretudo os propósitos de eliminação de distorções na concorrência e o estímulo do mercado de crédito na UE – visava a harmonização legislativa de um clima mais protecionista dos consumidores, contanto, ainda nessa época, as diversidades de entre as legislações internas materializavam lhanos obstáculos à atividade transfronteiriça[569]. Todavia, a regra da unanimidade à data em vigor, a nível europeu, dificultava a obtenção de consenso, caso em que a Diretiva (UE) 87/102/CEE surgira já um tanto ou quanto desatualizada, tendo resultado, consequentemente, no recurso da maioria dos Estados-Membros à sua cláusula mínima, prevista no seu art. 15º[570]. Dito de outra forma: pragmaticamente, os legisladores nacionais acabariam por adotar soluções diferentes, não harmonizadas, portanto, adotando, nas suas óticas, soluções que

portanto, da necessidade premente de legislar as relações trilaterais de compra e venda de bens de consumo através do recurso a empréstimos. Cf. Ana Carvalhal – *op. cit.*, 2015, p. 5.

[566] Cf. Cláudia Moreira Salazar – *op. cit.*, 2012, p. 7, e Resolução do Conselho Europeu (C 92/1), de 14 de abril de 1975, relativa a um programa preliminar da Comunidade Económica Europeia para uma política de proteção de informação., p. 68.

[567] Cf. Cláudia Moreira Salazar – *op. cit.*, 2012, p. 7, e

[568] Cf. Comissão das Comunidades Europeias – Report on the operation of Directive 87/10/ECC for the approximation of the laws, regulations and administrative provisions for the Mmeber States concerning consumer credit (COM (95) 117 final), de 11 de maio de 1995, p. 12.

[569] Cf. Cláudia Moreira Salazar – *op. cit.*, 2012, p. 7; e Comissão das Comunidades Europeias – Report on the operation of Directive 87/10/ECC for the approximation of the laws ... *supra*, p. 11.

[570] O art. 15º estabelecia que: "a presente diretiva não impede os Estados-membros de manter ou adotar disposições mais severas de proteção dos consumidores que sejam compatíveis com as suas obrigações decorrentes do Tratado".

se coadunavam em maior medida com a realidade jusconsumerista verificada internamente[571]. Fizeram-no, de certa forma, em desconsideração

[571] Cf. CLÁUDIA MOREIRA SALAZAR – *op. cit.*, 2021, p. 7. Incumbe, nesta sémita histórico-contextual, realçar que art. 10º da *Loi relative au crédit à la consommation*, lei belga, prescrevia já a obrigação pré-contratual de prestação recíproca, entre o potencial credor e o consumidor, de informações prévias sobre a avaliação de solvabilidade: "*Le prêteur et l'intermédiaire de crédit sont tenus de demander au consommateur sollicitant un contrat de crédit, ainsi que, le cas échéant, aux personnes qui constituent une sûreté personnelle, les renseignements exacts et complets qu'ils jugent nécessaires afin d'apprécier leur situation financière et leurs facultés de remboursement et, en tout état de cause leurs engagements financiers en cours. Le consommateur et la personne qui constitue une sûreté personnelle sont tenus d'y répondre de manière exacte et complete*". Solução similar foi aquela adotada pela lei holandesa, em 4 de julho de 1990, esta que, além das informações pré-contratuais acerca da propensão ao cumprimento, se antecipara quanto à injuntividade da obrigação de explicação dos motivos das recusas no crédito nos seus arts. 28º e 29º, respetivamente: "*Wet op het consumentenkrediet, Hoofdstuk III, Werving, bemiddeling en behandeling van kredietaanvragen*, ora revogadas. "*Ook de kredietgever moet over voldoende informatie beschikken alvorens hij een kredietovereenkomst sluit. Artikel 28 bevat daarvoor de norm. Hij moet bij kredieten van meer dan 2000 genoegzame inlichtingen inwinnen. Dit houdt in dat de kredietgever met behulp van een inlichtingenformulier, waarin relevante vragen over de kredietwaardigheid van de kredietaanvrager zijn opgenomen, of anderszins de kredietwaardigheid serieus onderzoekt. De kredietgever moet inzicht hebben in zowel de inkomsten als bepaalde vaste uitgaven van de kredietaanvrager. Dit houdt in dat hij inlichtingen dient te verzamelen over enerzijds bron en hoogte van het inkomen, eventuele nevenverdiensten van de aanvrager, inkomsten van andere personen indien deze relevant zijn voor de desbetreffende aanvrage en anderzijds vaste lasten als woonlasten (huur dan wel hypotheek, alsmede de vaste bedragen aan electriciteit, gas en water), alimentatie, ziektekostenverzekering of ziekenfondspremie en dergelijke*". Cit. TWEEDE KAMER DER STATEN-GENERAAL – Regels met betrekking tot het consumentenkrediet (Wet op het consumentenkrediet), no. 19785, Vergaderjaar 1986-1987, p. 49. ["O credor deve recolher informações suficientes antes da celebração de um contrato de crédito. O art. 28º estabelece o padrão para tal. Para tal, deve obter informações suficientes no caso de créditos cujo valor pressuponha o mútuo de mais de € 2000,00. Isto significa que o credor deve apurar a propensão ao cumprimento do candidato através de um formulário de informação contendo perguntas relevantes sobre a solvabilidade do requerente ou por outros meios. O credor deve ter conhecimentos tanto sobre os rendimentos como sobre certas despesas fixas do requerente. Será sua a incumbência de recolher informações sobre a fonte e o montante dos rendimentos, tanto do requerente como de outras pessoas se forem relevantes para o respetivo pedido, bem como despesas fixas, tais como custos de habitação (renda ou hipoteca, bem como montantes fixos para eletricidade, gás e água), pensão de alimentos, seguro de saúde ou prémios de seguro de saúde e afins"] – tradução, com as devidas adaptações linguísticas."*Voorts zijn nog enkele bepalingen opgenomen betreffende de behande ling van kredietaanvragen, aangezien ook in dit laatste stadium van de precontractuele fase de (rechts-)positie van de consument enige versterking behoeft. Artikel 29 bepaalt dat bij het niet-inwilligen van een aanvraag geen beloning of vergoeding in rekening mag worden gebracht, en dat de kredietgever de aanvrager op diens verzoek schriftelijk de redenen van een afwijzing moet meedelen. De verplichting tot het mededelen van de reden van afwijzing vormt een complement op*

da necessidade de primar por um bom funcionamento transfronteiriço. Como tal, acabariam, aprioristicamente, ainda que em contornos diferentes de país para país, Estado-Membro da UE, por pugnar uma tutela mais efetiva da posição assimétrica (*capitis diminutio*) e desguarnecida em que o consumidor da época se encontrava investido, considerando, para o efeito, os hábitos de consumo, o nível médio da qualidade de vida das suas populações e as suas tradições legiferantes[572].

de bepaling dat de kredietgever genoegzame inlichtingen moet inwinnen. Dit laatste betekent immers dat de consument tal van gegevens over zichzelf moet verschaffen. Het is dan consequent dat de kredietgever verplicht is om serieus aan te geven waarom hij op grond van deze gegevens, eventueel in combinatie met andere factoren, afwijzend heeft beslist". Cit. *idem, ibidem*, p. 52. ["Foram também incluídas várias outras disposições relativas ao processamento dos pedidos de crédito, uma vez que a posição do consumidor e os seus direitos devem ser reforçados nesta fase final da fase pré-contratual. O artº 29 estabelece que nenhuma taxa ou indemnização pode ser cobrada em caso de rejeição de um pedido e que o credor deve informar o requerente por escrito, a seu pedido, dos motivos da rejeição. A obrigação de comunicar os motivos de rejeição complementa a exigência de o credor obter informações suficientes. Este último exige que o consumidor forneça numerosas informações sobre si próprio. É, portanto, coerente que o credor seja obrigado a dar uma indicação séria das razões pelas quais recusou com base nestas informações, possivelmente combinadas com outros fatores"] – tradução, com as devidas adaptações linguísticas.

572 Alguns estudos assinalam que diferenças ao nível das tradições legiferantes e os diversos níveis de massificação nos hábitos de consumo em massa de entre as populações dos vários Estados-Membros corporizaram lhanos entraves à eficácia da ação levada a cabo pela UE. Cf. Iain Ramsay – "Between Neo-Liberalism and the Social Market. Approaches to Debt Adjustment and Consumer Insolvency in the EU" ... *supra*, p. 434 e p. 438; e Jacob Ziegel – "Facts on the Ground and Reconciliation of Divergent Consumer Insolvency Philosophies". In: *Theoretical Inquiries in Law*, vol. 7, no. 2, p. 319. Todavia, ainda que, nos seus primórdios, as políticas de insolvência transfronteiriça europeia se encontrassem numa fase de experimentação, parece que os Estados-Membros começaram a partir de então a prestar mais atenção a estas questões. Cf. Federico Ferretti & Daniela Vandone – *op. cit.*, 2019, p. 89; e Tuula Linna – "Cross-Border Debt Adjustment – Open Questions in European Insolvency Proceedings". In: *International Insolvency Review*, vol. 23, no. 1, 2014, p. 22. Afinal, parece que a combinação da resistência política e das reivindicações de subsidiariedade explicava – mas provavelmente já não justificava mais – uma atribuição de competências internas, dado que a promoção da inclusão financeira e a capacitação dos consumidores como atores ou agentes económicos se tornam instrumentos políticos e jurídicos. Cf. Federico Ferretti & Daniela Vandone – *op. cit.*, 2019, p. 89; e Guido Comparato – "The Design of Consumer and Mortgage Credit Law in the European System" ... *supra*, p. 14. Contrariamente aos autores citados, também não se nos parece, de todo, que a proteção do consumidor e a inclusão social sejam objetivos colocados à margem da ação da UE, sobretudo em matérias como esta, a do Direito ao Consumo Europeu.

85. Em 1992 foi aprovado em Portugal, pelo Decreto-Lei nº 298/92, de 31 de dezembro, o Regime Geral das Instituições de Crédito e Sociedades Financeiras (RGICSF). Este estabelece – volvidas 59 alterações – as condições de acesso e de exercício de atividade pelas instituições de crédito, passando estas como tal a ser reconhecidas, reguladas e supervisionadas pelo BP[573].

86. Ainda num enjeito de contextualização, em território nacional, só em meados da década de 90 do século transato, devido ao aumento exponencial dos hábitos de consumo num ambiente que prosperava algum crescimento económico, se assistira a uma generalização da procura de serviços inter-relacionados. As consequências nefastas desta massificação, porém, não tardariam, dado que a antecipação do acesso a bens e serviços com recurso ao crédito afetava o rendimento futuro e, consequentemente, o cumprimento das obrigações a que os consumidores passavam a estar adstritos, mormente em períodos de vinculação nos quais poderiam ocorrer oscilações mais ou menos abruptas no saldo entre os rendimentos e as despesas dos respetivos agregados familiares, além da taxa de inflação alta[574]. De certa forma, os consumidores eram aliciados cada vez mais a contrair empréstimos, ficando incumbidos de reembolsá-los. Este aspeto favorecia a aquisição rápida de bens cujo valor se situava as mais das vezes num patamar superior àquele representativo das possibilidades de alguma clientela – sobretudo a pertencente à classe média -, que não dispunha de um poder de compra muito elevado[575]. Consequentemente, é no início do século XXI que Portugal assiste a um ritmo galopante do endividamento das famílias[576]. Desde a eclosão da crise financeira internacional de 2007 que o crédito ao consumo tem sido sujeito a um elevado escrutínio regulatório e a exigentes processos de supervisão[577]. Os consumidores, subjugados às consequências dramáticas do sobre-endividamento, não mais recorriam ao crédito tão-só para antecipar o acesso a bens ou serviços de valores mais elevados, antes sim para fazerem jus às suas despesas corren-

573 Cf. NOVA SBE & ASFAC – Impacto do Crédito ao Consumo na Economia Portuguesa, Relatório Final, 2019, p. 7.

574 Cf. *ult. loc. cit.*

575 Cf. MARIA FERNANDES BERNARDES – *op. cit.*, 2018, p. 5.

576 Cf. CLÁUDIA MOREIRA SALAZAR – *op. cit.*, 2012, p. 6.

577 Cf. NOVA SBE & ASFAC – Impacto do Crédito ao Consumo na Economia Portuguesa ... *supra*, p. 7.

tes[578]. Aliada a esta conjuntura menos próspera, as diferenças de outrora ainda vivificadas nas ordens jurídicas internas dos vários Estados-Membros da UE, mesmo aquando da entrada em vigor da Diretiva (UE) 87/102/CEE, de 22 de dezembro de 1986, além de perpetuarem gerar distorções de concorrência, condicionavam a atividade transfronteiriça e a procura de bens e serviços com recurso ao crédito, interferindo, consequentemente, na livre circulação e no bom funcionamento do mercado comum[579].

87. Em todo o caso, ainda ao longo desta primeira década secular, as transformações verificadas a nível social, político e económico no espaço europeu, caraterizadas pela coexistência de consumidores cada vez mais informados e exigentes, de novos atores e agentes intermediários, bem como pela institucionalização de novos canais de comercialização – designadamente a Internet, em especial, que abonara ao principiar das transações em ambiente de comércio eletrónico, *infra* – despoletaram a necessidade de adoção de uma legislação comunitária que espelhasse, juridicamente, a evolução verificada até então[580]. Deste modo, no uso da autorização legislativa concedida pela Lei nº 7/2003, de 9 de Maio, transpôs-se para a ordem jurídica nacional, através do Decreto-Lei nº 7/2004, de 7 de janeiro, a Diretiva (UE) 2000/31/CE, do Parlamento Europeu e do Conselho, de 8 de Junho de 2000, relativa a certos aspetos legais dos serviços da sociedade de informação, em especial do comércio eletrónico, no mercado interno. Neste período, entra também em vigor o Decreto-Lei nº 95/2006, de 29 de maio, este que estabelece o regime jurídico aplicável aos contratos à distância relativos a serviços financeiros celebrados com consumidores (doravante, sob abreviação RJCDSF) transpondo a Diretiva (UE) 2002/65/CE, do Parlamento Europeu e do Conselho, de 23 de setembro, com a última alteração aprovada pelo Decreto-Lei nº 242/2021, de 7 de novembro[581].

[578] Cf. *idem, ibidem*; e Comissão das Comunidades Europeias – Comunicação dirigida ao Conselho Europeu da Primavera, Impulsionar a Retoma Europeia (COM (2009) 114 final, de 4 de março de 2009, pp. 15-18.

[579] Cf. NOVA SBE & ASFAC – Impacto do Crédito ao Consumo na Economia Portuguesa ... *supra*, p. 7.

[580] Cf. *idem, ibidem*; e Ana Carvalhal – *op. cit.*, 2015, p. 6.

[581] Cf. NOVA SBE & ASFAC – Impacto do Crédito ao Consumo na Economia Portuguesa ... *supra*, p. 8.

88. Entretanto, o Parlamento Europeu e o Conselho aprovaram a Diretiva (UE) 2008/48/CE, de 23 de abril, também ela relativa a contratos de crédito a consumidores, num ímpeto de harmonizar ao máximo – como se depreende do seu art. 22º, à luz do seu considerando 9[582] -, determinados aspetos legislativos, regulamentares e administrativos entre os vários Estados-Membros. As várias disposições desta Diretiva evidenciam a premência na realização de um mercado comunitário de produtos e serviços financeiros, quer através da previsão da uniformização da fórmula de cálculo e dos elementos a incluir no apuramento da TAEG[583], mas sobretudo reforçando em acrescento os direitos dos consumidores, designadamente no que contende com as informações pré-contratuais a serem prestadas, tal-qual previstas nos arts. 4º a 7º do seu Capítulo II. Esta Diretiva revogou todos os textos comunitários vigentes em matéria de contratos de crédito ao consumo, tendo sido transposta para o ordenamento jurídico interno pelo Decreto-Lei nº 133/2009, de 2 de junho[584]. Atualmente, este ato legislativo sofreu cinco alterações, sendo que a última versão foi introduzida na (ou pela) Lei nº 57/2020, de 28 de agosto. Ainda no ano de 2008, o Decreto-Lei nº 204/2008, de 14 de outubro, instituiu a criação da BD intitulada CRC – conforme *supra* – que é sistema de informação sob

[582] Em consonância com o disposto no art. 22º, nº 1, "na medida em que a presente diretiva prevê disposições harmonizadas, os Estados-Membros não podem manter ou introduzir no respetivo direito interno disposições divergentes daquelas que vêm previstas na presente diretiva para além das nela estabelecidas". Por conseguinte, do dispositivo da *ante* mencionada Diretiva ressalta o entendimento juscomunitário de que "a harmonização plena é necessária para garantir que todos os consumidores da Comunidade beneficiem de um nível elevado e equivalente de defesa dos seus interesses e para instituir um verdadeiro mercado interno". Cit. considerando 9 da Diretiva (UE) 2008/48/CE, de 23 de abril. Cf. Ana Pereira – *op. cit.*, 2015, p. 19.

[583] Cf. art. 19º, à luz do considerando 42 da Diretiva 2008/48/CE, de 23 de abril de 2008.

[584] Cf. NOVA SBE & ASFAC – Impacto do Crédito ao Consumo na Economia Portuguesa ... *supra*, p. 8. Como se depreende do art. 28º, nº 3 do RJCC (na sua redação atual) a determinação do valor máximo da TAEG é da incumbência do BP. Todavia, para Ana Carvalhal, o regime neste semblante instituído fracassou (e fracassa ainda) redondamente. Segundo a autora, "a fixação de valores altíssimos (...) pelo [BP] acarreta graves consequências para as famílias que acabam por se sobreendividarem, ao caírem numa 'teia' do crédito fácil e, quando se dão conta da situação, já estão a contrair créditos para pagar outros créditos". Cit. Ana Carvalhal – *op. cit.*, 2015, p. 7. Trata-se, para Ana Carvalhal, de uma matéria que exigia do Estado uma regulação direta, só assim se fazendo jus ao dever geral de proteção, disposto no art. 1º da Lei de Defesa do Consumidor, na sua redação atual, aprovada originariamente pelo Lei nº 24/96, de 31 de julho. Cf. *ult. loc. cit.*

a incumbência do BP que integra informações recebidas das entidades participantes, designadamente provenientes das instituições de crédito, acerca de responsabilidades efetivas ou potenciais decorrentes de operações de crédito ou do conjunto de serviços conexos ao seu processamento e difusão[585]. Posteriormente, a Instrução nº 17/2018, de 27 de agosto, regulamentou a comunicação ao BP das responsabilidades potenciais ou efetivas decorrentes de operações de crédito ao consumo, sob qualquer forma ou modalidade, a fim de se proceder a uma maior centralização e divulgação da informação na CRC armazenada[586].

Ora, foi na sequência da primeira previsão da obrigação genérica, por parte do credor, em avaliar a solvabilidade do consumidor, conforme ao art. 8º da Diretiva (UE) 2008/48/CE e ao art. 10º do Decreto-Lei nº 133/2009, de 2 de junho, que o BP concretizou, através do Aviso nº 4/2017, de 20 de setembro, os procedimentos e critérios a observar pelos mutuantes em operações como o *scoring* creditício, embora o texto de ambos prime pela neutralidade tecnológica dos programas informáticos imbricáveis a esta finalidade prevista[587]. A 30 de janeiro de 2018, o BP, por deliberação do Conselho de Administração, aprovou ainda uma recomendação que introduz limitações a alguns dos critérios utilizados para avaliação de solvabilidade dos clientes abrangidos pelo RJCC, sendo esta aplicável a contratos celebrados desde (ou a partir do dia) 1 de julho de 2018[588]. Mais recentemente, o BP publicou uma versão consolidada desta deliberação, mais atualizada, cujos limites passam a ser aplicáveis aos contratos a firmar a partir do dia 1 de abril de 2022[589].

Foi, por conseguinte, no propósito de as instituições adotarem critérios mais prudentes, que o BP estabeleceu limites ao indicador DSTI – essencialmente, correspondente à fração do montante total das prestações mensais

[585] Cf. NOVA SBE & ASFAC – Impacto do Crédito ao Consumo na Economia Portuguesa ... *supra*, p. 8.

[586] Cf. *ult. loc. cit.*

[587] Cf. *idem, ibidem*, p. 10.

[588] Cf. *idem, ibidem*, p. 11; BP – Banco de Portugal aplica medida macroprudencial aos novos créditos à habitação e ao consumo, 1 de fevereiro de 2018. Disponível em https://www.bportugal.pt/comunicado/banco-de-portugal-aplica-medida-macroprudencial-aos-novos-creditos-habitacao-e-ao-consumo. Consultado a 12 de março de 2022; e BP – Medida Macroprudencial no Âmbito do Crédito Concedido a Consumidores, 1 de fevereiro de 2018, p. 1.

[589] Cf. art. 11º, BP, Recomendação do Banco de Portugal no Âmbito dos Novos Contratos de Crédito Celebrados com Consumidores, Versão consolidada com as alterações resultantes da Alteração à Recomendação.

sobro o rendimento mensal líquido – determinando, a título adicional, os requisitos concernentes aos prazos de maturação dos contratos e aos pagamentos regulares[590]. Portanto, como se depreende dos apontamentos preambulares desta deliberação, a adoção desta medida macroprudencial coaduna-se com o enunciado principiológico do 'cumprimento ou explicação' (*comply or explain*), este que "tem por finalidade reforçar a avaliação da capacidade creditícia dos mutuários pelas instituições de modo a aumentar a resiliência do sistema financeiro, promovendo a sua capacidade de absorção de potenciais choques adversos"[591].

89. Mais recentemente, o relatório de Avaliação da Diretiva (UE) 2008/48/CE sobre os contratos de crédito ao consumo, levado a cabo pela Direção-Geral da Justiça e dos Consumidores da Comissão Europeia, em fevereiro de 2020, assinalou contrariedades à eficácia das transposições dos vários Estados-Membros da UE[592]. A maior parte das limitações e deficiên-

[590] O primeiro indicador – o DSTI – previsto no art. 4º da deliberação atualizada – v. anotação em rodapé anterior – *ex vi* da definição plasmada no seu art. 2º, al. d), traduz a rácio de entre o montante total das prestações mensais associadas a todos os empréstimos detidos pelo devedor e o seu rendimento mensal líquido, este último reduto apurado também pela subtração dos impostos e contribuições obrigatórias à Segurança Social, conforme art. 2º, al. i). Cf. NOVA SBE & ASFAC – Impacto do Crédito ao Consumo na Economia Portuguesa ... *supra*, p. 11 e p. 47. A suputação deste índice deve ter em consideração outrossim os impactos marginais de um aumento das taxas de juro, tal-qual definidos pelo BP, assim como a previsível quebra de rendimentos após a idade de reforma para os mutuários que terão mais de 70 anos na data prevista para o término do contrato, conforme ao art. 4º, nºs 2 e 3. Ademais, nos termos e para efeitos do art. 6º, nº 1, a concessão de novos empréstimos encontra-se condicionada, regra geral, à obtenção de valores percentuais iguais ou inferiores a 50 na DSTI, prevendo-se, no art. 6º, nºs 2 e 3, duas exceções. A melhor explicitar: até um máximo de 10% do montante total de crédito concedido por cada instituição em cada ano pode ter um valor DSTI de 60% (al. a)); e até 5% do valor total do crédito concedido não estará sujeito a cumprir os limites da DSTI (al. b)). A maturação dos contratos de crédito ao consumo, conforme art. 7º, nº 4 da deliberação (na sua versão atual), não deve exceder o período de 10 anos. Em último lugar, nos termos do seu art. 8º, todos os novos créditos concedidos a consumidores deverão prever pagamentos regulares de capital e juros, requisito este, como se depreende, destinado a assegurar capacidade de gestão solvente dos rendimentos em períodos de maior carência.

[591] Cit. ANA ALVES LEAL – "Aspetos jurídicos da análise de dados na Internet (*big data analytics*) ... *supra*, pp. 215-216, § 67, anotação em rodapé nº 307.

[592] *Vide*, Direção-Geral da Justiça e dos Consumidores da Comissão Europeia – Evaluation of Directive 2008/48/EC on credit agréments for consumers, Final Report, February 2020, pp. 9-11.

cias sinalizadas resultam principalmente de problemas de ordem prática aquando da aplicação da Diretiva, concernentes, sobretudo, à ininteligibilidade das informações pré-contratuais, bem como à quantidade e tipologia de dados impregnados nas BDs que funcionalizam os sistemas de *scoring*, o objeto em estudo. Segundo o relatório, estas dilemáticas são passíveis de culminar, em última instância, não só na afetação do desenvolvimento da oferta e procura globais do crédito, como sobretudo numa tutela inefetiva da posição assimétrica em que o consumidor se encontra investido, sendo que é colocado em causa o seu elevado nível de proteção[593].

Certo é que a recente digitalização dos serviços revolucionou a modalidade como a avaliação de solvabilidade no crédito ao consumo é hoje perscrutada. Como vimos anteriormente, esta convulsão socioeconómica,

[593] Cf. *idem, ibidem*, p. 9 e p. 11. Embora se deva assinalar a tendencial conformidade dos prestadores de serviços com os requisitos atinentes às informações pré-contratuais a serem prestadas diante do consumidor, na *praxis*, as indicações constantes das Fichas de Informação Normalizada Europeia (FINE) para o crédito ao consumo – v. exemplo, Anexo I, *in fine* – não é despicienda de algumas preocupações. Desde logo, a proficuidade das disposições sobre a publicidade e a informação pré-contratual prestadas em linha têm sido prejudicadas em razão do crescendo de práticas enganosas e estratégias publicitárias agressivas. Cf. *idem, ibidem*, p. 9. Também a quantidade de esclarecimentos exigidos, assim como a ininteligibilidade da linguagem técnica empregue nas FINE – resultado de interpretações diversas acerca do que consubstancia ou não informação "clara e concisa" prestada "em tempo útil" – repercutiram-se numa implementação fragmentária das diversas disposições do Capítulo II. Cf. *idem, ibidem*, p. 10; e expressões empregues no art. 5º, nºs 1 e 5 e art. 10º, nº 2, todos da Diretiva 2008/48/CE, de 23 de abril de 2008. De igual modo, conforme elucidado anteriormente, alguns são os interregnos jurídicos despoletados quanto à díspar quantidade e qualidade de dados (alternativos) impregnados nas BDs em talhas como o *scoring* de crédito nas diferentes jurisdições, sendo sempre certo que a maior e melhor prospeção acerca da capacidade futura de um (possível) cliente em solver os créditos contraídos corresponde a um dos indicadores mais proeminentes e indispensáveis para uma tutela efetiva da posição jurídica do consumidor, reduzindo, a montante, o potencial de sobre-endividamento das famílias. Com efeito, adianta-se desde já que o *scoring* de crédito deverá, portanto, basear-se sobretudo, antes de tudo e mais do que tudo, em dados adequados, necessários e apropriados à finalidade prevista. Cf. Direção-Geral da Justiça e dos Consumidores da Comissão Europeia – Evaluation of Directive 2008/48/EC on credit agréments for consumers, ... *supra*, p. 10. E ainda, a este respeito, dado que alguns Estados-Membros foram além do texto da própria Diretiva, primando pela adoção de políticas mais rigorosas nos produtos ou serviços de crédito que envolvem quantias elevadas – estabelecendo, a título exemplificativo, limites máximos de juros ou a proibição da sua publicidade – também a eficácia de uma harmonização máxima ficou comprometida diante a tomada de decisões de empréstimo irresponsáveis e inadequadas às reais necessidades e expetativas da clientela. Cf. *ult. loc. cit.*

concretizada pela indústria 4.0. através do cruzamento de informações processadas com recurso a mecanismos de DM e ML, desarmou o crescendo de corretores de dados que recolhem, tanto em número como em espécie, dados não estruturados gerados em linha, alguns ou a maior parte (senão mesmo todos) dos quais de matriz pessoal[594].

Face a este cenário disruptivo e à necessidade de promover uma maior formação financeira ou literacia digital, em 30 de junho de 2021, o Parlamento Europeu e o Conselho apesentaram uma Proposta de Diretiva[595]. Do seu cômputo geral, além de se verificar um regime mais claro e completo subsumível aos processos de avaliação de solvabilidade e ao acesso

594 Cf. Direção-Geral da Justiça e dos Consumidores da Comissão Europeia – Evaluation of Directive 2008/48/EC on credit agréments for consumers ... *supra*, p. 64; e Comissão Europeia – Study on the role of digitalisation and innovation in creating a true single market for retail financial services and insurance (FISMA/2015/075D), February 2016, p. 128. Cada vez mais são mais os credores com escopo corporativo de *FinTech*, ou até, sobretudo, as ações de financiamento colaborativo P2P, que recorrem a técnicas de *scoring* automatizado dentro do espectro operante das microciências DM e ML. Tais metodologias inovadoras são anunciadas pela indústria como métodos alternativos que auxiliam os consumidores com níveis de risco elevados a obterem um empréstimo que, segundo as abordagens tradicionais, redundariam em recusas apriorísticas. Inobstante, estas metodologias suscitam questões acerca do seu real valor acrescentado. Sucede que se, por um lado, é irrefutável a premência em se traçar o perfil de risco mais robusto da clientela e, primando, consequentemente, pela maior liquidez financeira dos financiadores, por outro, o impacto de tais avaliações ao longo do ciclo de vida do crédito ainda não é claro. Cf. Direção-Geral da Justiça e dos Consumidores da Comissão Europeia – Evaluation of Directive 2008/48/EC on credit agréments for consumers ... *supra*, p. 64 e p. 163; e Comissão Europeia – Study on the role of digitalisation and innovation in creating a true single market for retail financial services and insurance ... *supra*, p. 130.

595 *Vide*, genericamente, Proposta de Diretiva, relativa aos créditos aos consumidores, de 30 de junho de 2021. Disponível em https://eur-lex.europa.eu/resource.html?uri=cellar:2df39e27-da3e-11eb-895a-01aa75ed71a1.0010.02/DOC_1&format=PDF. Consultado a 18 de maio de 2022. Cf. Parecer do Comité Económico e Social Europeu sobre a proposta de diretiva do Parlamento Europeu e do Conselho relativa aos créditos aos consumidores (COM(2021) 347 final — 2021/0171 (COD)), de 4 de março de 2022, § 3.4; e CEPD - Opinion 11/2021 on the Proposal for a Directive on consumer credits, of 26 August 2021, p. 5, § 6. A propósito da literacia financeira: decorre, desde logo, do art. 34º, nº1, da Proposta de Diretiva relativa aos créditos aos consumidores, de 30 de junho de 2021, sob epígrafe formação financeira, que "os Estados-Membros devem promover medidas para apoiar a formação dos consumidores no que diz respeito à contração responsável de créditos e à gestão responsável de dívidas, em especial no que se refere a contratos de crédito aos consumidores. Devem ser prestadas aos consumidores informações gerais claras sobre o processo de concessão de crédito e as ferramentas digitais, a fim de orientar, em especial, os que contraiam um crédito ao consumo pela primeira vez".

às BDs, nos termos e para efeitos dos seus arts. 18º e 19º[596] – v. desenvolvimentos, *infra* – incumbe destacar o princípio da não discriminação, previsto no seu art. 6º, à luz do seu considerando 26[597_598]. Com esta proposta defende-se, aprioristicamente, a maior proteção do consumidor, o que se verifica, desde logo, através do alargamento do âmbito material de aplicação do novo RJCC aos serviços de crédito de financiamento

[596] Em abril de 2019, num Relatório publicado pela *Bureau Européen des Unions de Consommateurs*, Farid Alievy alertava já que as regras da Diretiva 2008/48/CE, de 23 de abril de 2008, relacionadas com a avaliação da solvabilidade, necessitavam de ser revistas. Segundo o autor, os credores devem conceder empréstimos de forma mais prudente, trato este vivificável tão-somente quando do *scoring* de crédito se apurar o provável cumprimento vindouro das obrigações. As instituições de crédito ou determinadas sociedades financeiras devem fazer, portanto, uso de um formulário normalizado de forma a apurar informações importantes numa fase pré--contratual, nomeadamente aquelas concernentes aos rendimentos do consumidor, despesas e outros compromissos financeiros. Para o efeito, em processos como os da avaliação e solvabilidade, as BDs deverão integrar apenas categorias de dados pertinentes e bem fundamentadas. Também as práticas desencadeadas pelas agências *bureau* deverão ser constantemente monitorizadas e regulamentadas ao nível da UE – averiguando-se, a título exemplificativo, a tipologia de dados objeto de recolha, a finalidade prevista, bem como se sua a atividade contribui efetivamente para um financiamento mais zeloso e mais prudente – caso em que, em *ultima ratio*, serão sempre as instituições de crédito ou determinadas sociedades financeiras as responsáveis pela parca robustez dos modelos de *scoring* e, consequentemente, pela má qualidade das prospeção de solvabilidade executada. Cf. FARID ALIEVY – Review of the Consumer Credit Directive, BEUC Position Paper, April 2019, pp. 2-3. Quanto à simbiose de entre as matérias de proteção de dados pessoais e os contratos de crédito ao consumo, adianta-se já o Comité Europeu para a Proteção de Dados congratula o objetivo desta proposta em reforçar a proteção dos consumidores, recordando a relação de complementaridade entre o consumidor e a proteção de dados. Segundo este órgão, a Proposta tem um claro impacto sobre a proteção dos direitos e liberdades individuais no que diz respeito ao tratamento de dados pessoais, em particular à luz das disposições relativas à avaliação da solvabilidade e às decisões tomadas com base no tratamento automatizado e na utilização preditiva de dados pessoais. Cf. CEPD – Opinion 11/2021 on the Proposal for a Directive on consumer credits ... *supra*, p. 2.

[597] Segundo o art. 6º : "os Estados-Membros devem assegurar que as condições a cumprir para a concessão de um crédito não discriminam os consumidores que residam legalmente na União em razão da sua nacionalidade ou do seu local de residência, ou por qualquer motivo referido no artigo 21º da Carta dos Direitos Fundamentais da União Europeia (CDFUE), quando esses consumidores solicitam, celebram ou são titulares de um contrato de crédito ou de serviços de crédito de financiamento colaborativo no interior da União".

[598] Ainda assim, o Parecer do Comité, no seu ponto de ordem 4.4. e 4.8. não deixam de assinalar entraves às dificuldades de transposição harmonizada destas duas tópicas, em especial, nas ordens jurídicas internas dos vários Estados-Membros. Cf. Cit. Parecer do Comité Económico e Social Europeu sobre a proposta de diretiva ... *supra*, § 4.4. e § 4.8.

colaborativo[599]. Também de especial preponderância, conforme ao art. 12º desta proposta, é de salientar o reforço da sujeição dos [potenciais] credores à obrigação de prestarem um conjunto de "explicações adequadas (...) que permitam ao consumidor avaliar se os contratos de crédito (...) se adaptam às suas necessidades e à sua situação financeira". Ainda, no art. 34º, nº 1 desta, prevê-se a adoção de um conjunto de medidas destinadas à formação financeira dos (ciber-)consumidores:

> "Os Estados-Membros devem promover medidas para apoiar a formação dos consumidores no que diz respeito à contração responsável de créditos e à gestão responsável de dívidas, em especial no que se refere a contratos de crédito aos consumidores. Devem ser prestadas aos consumidores informações gerais claras sobre o processo de concessão de crédito e as ferramentas digitais, a fim de os orientar, em especial, os que contraiam um crédito ao consumo pela primeira vez".

Foi então, para fazer jus às novas tendências de financiamento colaborativo e à concessão de crédito em linha baseada no tratamento automatizado de dados pessoais, com recurso a técnicas de IA, que surgiu a nova Proposta de Diretiva, esta que, findo todo este período de evolução, espera alcançar a tão morosa e ambicionada eficácia harmonizável e traduzível num nível de proteção máximo do consumidor[600].

[599] Cf. art. 2º, nº 1 da Proposta de Diretiva do Parlamento Europeu e do Conselho, relativa aos créditos aos consumidores, de 30 de junho de 2021, *ex vi* dos seus considerandos 1 e 16 a 18, respetivamente. "O alargamento do âmbito de aplicação da diretiva e o esclarecimento das definições de vários termos trarão indubitavelmente benefícios para os consumidores e os credores, permitindo clarificar melhor os seus direitos e as obrigações conexas". Cit. Parecer do Comité Económico e Social Europeu sobre a proposta de diretiva ... *supra*, § 3.3. Por exemplo, em França, os empréstimos que envolvem a transação de quantias diminutas, geralmente entre os € 200 e os € 600, começam a ser comercializados por plataformas de financiamento colaborativo, não se encontrando, por enquanto, abrangidas pelos atos normativos europeus. Estas empresas, além de adotarem as mais das vezes práticas de *marketing* questionáveis, não avaliam devidamente a solvabilidade dos mutuários e, muitas vezes, não incluem as TAEG nas suas ofertas. Ora, fatores como estes que desprotegem os consumidores Cf. FARID ALIEVY – Review of the Consumer Credit Directive, BEUC Position Paper ... *supra*, p. 9.

[600] O novo quadro regulamentar proposto não pode, não deve e muito menos tem de transferir a responsabilidade pelo cumprimento integral e tempestivo das prestações para a esfera jurídica dos credores. É, por certo, ainda aos consumidores que incumbe envidar todos os esforços para adimplir as suas obrigações de reembolso e gerir as suas despesas pessoais com o zelo e a prudência devidas. O Comité Económico e Social Europeu (CESE) recomenda à Comissão

8.2. Âmbito de Aplicação do RJCC e a Proposta de Diretiva

90. Um contrato de crédito ao consumo corresponde a um acordo sinalagmático a partir do qual uma instituição de crédito ou uma determinada sociedade financeira disponibiliza ou promete conceder uma quantia a um cliente, ficando este último adstrito à obrigação de devolução do montante respetivo ao longo de um prazo acordado, fracionado ou não em prestações, acrescido das taxas de juro fixas ou variáveis, assim como de pagar comissões ou outros encargos associados[601].O seu amplo âmbito material e subjetivo resulta ainda nos dias de hoje, portanto, pela positiva, da conjugação do art. 4º, nº 1, al c), com os subtipos facilidade a descoberto e ultrapassagem de crédito, concetualizados nas als. d) e e) do RJCC. Pela negativa, o art. 2º, nº 1, als. a) a n) e o art. 4º, nº 2 determinam quais os tipos de contratos de crédito que não se encontram contemplados pelo mesmo regime jurídico.

Senão atente-se ao art. 4º, nº 1, al. c) do RJCC, que define contratos de crédito como aqueles "pelo qual um credor concede ou promete conceder a um consumidor um crédito sob a forma de diferimento de pagamento, mútuo, utilização de cartão de crédito, ou qualquer outro acordo de financiamento semelhante".

"aprofundar a análise do texto da proposta de diretiva (...) de modo a deixar claro que uma avaliação exaustiva da solvabilidade não constitui uma garantia de reembolso do empréstimo". Cit. Parecer do Comité Económico e Social Europeu sobre a proposta de diretiva ... *supra*, § 3.6. No mesmo ponto, insta ainda a Comissão a incorporar no texto desta, taxativamente, pela determinação do elenco de circunstâncias específicas e bem justificadas, em que condições a tomada de decisões *override* se concebe legitimada. Cf. *ult. loc. cit.*

[601] Cf. Luís Menezes Leitão – *Direito das Obrigações: Contratos em Especial*, vol. III, 14ª ed., Coimbra, Almedina, 2021, pp. 390-391; e Ana Prata – *Dicionário Jurídico*, Livro I – Direito civil, processo civil, organização judiciária, 5ª ed, atual. e aument. (col. Jorge Morais Carvalho), Coimbra, Almedina, 2008, p. 406. Desta relação cristalizar-se-á "a obrigação ou direito de crédito [enquanto] vínculo jurídico por virtude do qual uma pessoa fica adstrita, para com outra, à realização de uma prestação". Cit. Carlos Mota Pinto – *Teoria Geral do Direito Civil*, 5ª ed., GESTLEGAL, Almedina, 2020, p. 119. Dado o objeto imediato, que não compreende a entrega de uma coisa, mas antes a restituição do montante global, nestes contratos relevará notadamente enquanto mediata a obrigação do devedor em proceder ao pagamento (as mais das vezes, periódico e fracionado em prestações) do montante à pessoa, singular ou coletiva, do financiador. Cf. Ana Pereira – *op. cit.*, 2015, p. 27; e Carlos Mota Pinto – *op. cit.*, 2020, pp. 335-336.

91. Esta definição legal, em sentido amplo pressupõe-se, desde logo, a existência de uma relação jurídica jusconsumerista, devendo as partes encontrar-se investidas, por um lado, na posição de consumidor, este que é "a pessoa singular que (...) atua com objetivos alheios à sua atividade comercial" (cf. art. 4º, nº 1, al. a) do RJCC)[602], e por outro, o credor, enquanto "pessoa, singular ou coletiva, que concede ou promete conceder um crédito no exercício da sua atividade comercial ou profissional" (cf. art. 4º, nº 1, al. b) do RJCC)[603_604].

Com efeito, em primeiro lugar, em termos subjetivos, nesta tipologia de contrato não se encontram abrangidas aquelas situações em que o mutuário exerce, quanto ao crédito, funções profissionais[605], em especial no que concerne aos contratos de depósito bancário[606].

602 *Vide*, para mais desenvolvimentos acerca dos elementos subjetivos, objetivos, teleológicos e relacionais que subjazem à subsunção do conceito de Consumidor, JORGE MORAIS CARVALHO – *Manual de Direito do Consumo*, 7ª ed. Coimbra, Almedina, 2021, pp. 29-46; JOSÉ ENGRÁCIA ANTUNES – *Direito do Consumo*, Coimbra, Almedina, 2019, pp. 45-75; e ANA PEREIRA – *op. cit.*, 2015, pp. 20-.26.

603 Cf. ANA CARVALHAL – *op. cit.*, 2015, p. 7.

604 O financiamento especializado a particulares com escopo de consumo é uma atividade exercida pelas instituições de crédito ou determinadas sociedades financeiras, regulamentada pelo Banco de Portugal, caso em que são geralmente prestados tanto por bancos, como por sucursais de bancos estrangeiros a operar em território nacional, por instituições financeiras de crédito, sociedades financeiras de crédito ou até por sucursais de instituições de crédito, pessoas coletivas que "recebem do público depósitos ou outros fundos reembolsáveis e concedem crédito por conta própria", em consonância com o disposto no art. 1º-A, nº 1 do RGICSF. Cf. NOVA SBE & ASFAC – Impacto do Crédito ao Consumo na Economia Portuguesa ..., *supra*, p. 17.

605 Cf. JORGE MORAIS CARVALHO – *op. cit.*, 2021, p. 409; e ANA CARVALHAL – *op. cit.*, 2015, p. 8.

606 Cf. JORGE MORAIS CARVALHO – *op. cit.*, 2021, p. 409; e ANA PEREIRA – *op. cit.*, 2015, p. 26. Para Carlos Ferreira de Almeida, os meros depósitos em dinheiro em contas bancárias não preenchem os requisitos de uma obrigação de guarda, razão pela qual não devem ser qualificados na categoria de contratos de depósito. Todavia, na prática corrente, o tipo contratual de depósito bancário preenche todos os elementos do mútuo bancário, *infra*, dado que em todas as suas modalidades o cliente procede à entrega ao banco de uma determinada quantia e este, em correspetiva, se obriga a reembolsar. Cf. CARLOS FERREIRA DE ALMEIDA – *Contratos*, vol. II, Coimbra, Almedina, 2016, p. 159, *cit. in* ANA CARVALHAL – *op. cit.*, 2015, p. 8. Ora, no atual estado *legis artis*, considerando a supressão da al. f) do art. 2º, nº 2 da Diretiva (UE) 2008/48/CE, de 23 de abril, no elenco do art. 2º, nº 2 da Proposta de Diretiva, de 30 de junho de 2021, considera-se que, a partir da aprovação e entrada em vigor desta, o contrato de depósito bancário pode passar a estar abrangido pelo novo RJCC.

Em segundo lugar, ainda sem qualquer caráter vinculativo, como vimos anteriormente, o art. 2º, nº 1 da Proposta de Diretiva do Parlamento Europeu e do Conselho, relativa aos créditos aos consumidores, de 30 de junho de 2021, estende subjetivamente o âmbito de aplicação da maior parte dos aspetos do novo RJCC, proposto – a melhor ver, os arts. 1º, 2º e 3º, os arts. 5º a 10, os arts. 12º a 23º, os arts. 26º a 28º, os arts. 30º a 33º, o art. 37º e, por último, os arts. 39º a 50º – aos prestadores de serviços de financiamento colaborativo, estes que comummente operam sob a forma de uma plataforma digital aberta ao público a fim de fazerem corresponder ou facilitar o relacionamento entre os potenciais investidores e os consumidores, como se depreende do seu art. 3º, nº 5[607]. Nestas circunstâncias, entende-se que os prestadores de serviços de financiamento colaborativo atuarão na qualidade de intermediários de crédito e, portanto, são oponíveis as obrigações previstas na Proposta de Diretiva, designadamente aquelas prescrições relativas às informações pré-contratuais e aos procedimentos de avaliação da solvabilidade[608].

[607] O Regulamento (UE) 2020/1503 do Parlamento Europeu e do Conselho, de 7 de outubro de 2020, relativo aos prestadores europeus de serviços de financiamento colaborativo às entidades, e que altera o Regulamento (UE) 2017/1129 e a Diretiva (UE) 2019/1937 exclui do seu âmbito de aplicação os serviços de financiamento colaborativo, incluindo aqueles para a concessão de crédito. Como tal, a Proposta de Diretiva visa complementá-lo, corrigindo esta exclusão, ou seja, "introduzindo clareza jurídica no regime jurídico aplicável aos serviços de financiamento colaborativo quando um consumidor procura contrair um crédito através de um prestador de serviços de crédito (...)". Cf. considerando 16 da Proposta de Diretiva do Parlamento Europeu e do Conselho, relativa aos créditos aos consumidores, de 20 de junho de 2021.

[608] Numa relação jusconsumerista, por vezes, pode verificar-se a intervenção de intermediários de crédito, cuja atividade se encontra regulada pelo Decreto-Lei nº 81-C/2017, de 7 de julho (na sua redação atual). Nos termos do seu art. 3º, nº 1, al. j), um intermediário de crédito é "a pessoa, singular ou coletiva que, não atua na qualidade de mutuante e não se limita a apresentar, direta ou indiretamente, um consumidor a um mutuante ou a um intermediário de crédito, e que no exercício da sua atividade profissional, presta os serviços (...) contra remuneração de natureza pecuniária ou outra forma de contrapartida económica acordada". Em conformidade com o disposto no art. 4º, nº 1, als. a), b) e c), a sua atividade restringe-se à: "a) apresentação ou proposta de contratos de crédito a consumidores; b) assistência a consumidores, mediante a realização de atos preparatórios ou de outros trabalhos de gestão pré-contratual relativamente a contratos de crédito que não tenham sido por si apresentados ou propostos; e (c) à celebração de contratos de crédito com consumidores em nome dos mutuantes". No exercício da sua atividade, o art. 4º, nº 2 inibe os intermediários de crédito de intervirem em: "a) operações bancárias sujeitas à supervisão do [BP] (...)"; e em "b) contratos de crédito concedidos ou a conceder por pessoa singular ou coletiva que não seja um mutuante

Em terceiro lugar, a lei socorre-se desta noção ampla para caraterizar, objetivamente, como tipo de crédito ao consumo, tanto a concessão como a promessa de um crédito[609]. Nesse sentido, o art. 4º, nº 1, al. c) do RJCC enuncia um elenco não taxativo de modalidades em que se considera verificada a (promessa) de concessão do crédito ao consumo, como sejam, o diferimento de pagamento, o mútuo e a utilização de cartão de crédito. Deve, por isso, ser interpretado como uma cláusula aberta, dada a referência expressa a um "qualquer outro acordo de financiamento semelhante"[610].

Historicamente, o diferimento de pagamento constitui a primeira modalidade de crédito ao consumo[611], nele se salientado que a relação jurídica bilateral pressupõe a assunção, por parte do consumidor, da obrigação de entrega de um preço em troca de um bem, serviço ou até de um direito por parte do profissional. Assim, integrados são nesta categoria a modalidade de venda a prestações, com ou sem reserva de propriedade, assim como a prestação de serviços a prestações[612].

Já o mútuo, segundo a definição legal sob epígrafe do art. 1142º do CC, é "o contrato pelo qual uma das partes empresta à outra dinheiro ou outra coisa fungível, ficando a segunda obrigada a restituir outro tanto do

(...)". *Vide*, com as devidas adaptações, art. 3º, nº 13 da Proposta de Diretiva do Parlamento Europeu e do Conselho, relativa aos créditos aos consumidores, de 30 de junho de 2021

609 Cf. Jorge Morais Carvalho – *op. cit.*, 2021, p. 409; José Engrácia Antunes – "Dos Contratos de Consumo em Especial". In: *Revista da Ordem dos Advogados (ROA)*, nº 78, 2018, p. 174; Fernando de Gravato Morais – "União de Contratos de Crédito e de Venda para Consumo: Situação Atual e Novos Rumos". In: *Estudos de Direito do Consumidor*, nº 7, 2005, p. 282, e Paulo Duarte – "Algumas Questões sobre o ALD". In: *Estudos de Direito do Consumidor*, nº 3, 2001, p. 316.

610 Cf. Jorge Morais Carvalho – *op. cit.*, 2021, p. 409; Fernando de Gravato Morais – *Contratos de Crédito ao Consumo*, Coimbra, Almedina, 2007, p. 45; e Paulo Duarte – "Algumas Questões sobre o ADL" ... *supra*, p. 317. Para Fernando de Gravato Morais, esta expressão de cariz residual evidencia ou apresenta uma valência predominantemente económica, nela abarcando qualquer tipo de negócio de crédito. Cf. Fernando de Gravato Morais – *op. cit.*, 2007, p. 42 e p. 45.

611 Cf. Paulo Duarte – A Posição Jurídica do Consumidor na Compra e Venda Financiada: Confronto entre o Regime em Vigor (RJCC) e o Anteprojeto do Código do Consumidor (AntpCCons)". In: *Estudos de Direito do Consumidor*, nº 7, 2005, p. 380.

612 Cf. Jorge Morais Carvalho – *op. cit.*, 2021, p. 410; Jorge Morais Carvalho – *Os Contratos de Consumo: Reflexão sobre a Autonomia Privada no Direito de Consumo*, Tese de Doutoramento, Lisboa: Universidade Nova de Lisboa, 2011, p. 275; Fernando de Gravato Morais – *op. cit.*, 2007, p. 48; e Fernando de Gravato Morais – "Do Regime Jurídico de Crédito ao Consumo". In: *Scientia Ivridica*, vol. XLIX, nºs 286/288, 2000, p. 380.

mesmo género e qualidade". No crédito ao consumo, segundo o regime ainda vigente, pode asseverar-se que a letra e o espírito do RJCC contemplam tão-somente o empréstimo de dinheiro e não de outra coisa fungível, encontrando-se, até ora, abrangidos pelo diploma unicamente os contratos onerosos[613]. Tal como se depreende nos termos do art. 4º, nº 1, al. f) – v. desenvolvimentos, *infra*-, o RJCC não se aplica aos contratos em que "o crédito seja concedido sem juros ou outros encargos", alínea esta que, entretanto, se omitira do art. 2º, nº 2 da recente Proposta de Diretiva de 30 de junho de 2021[614]. Duas considerações merecem ainda ser tecidas. Primeiro, o mútuo difere da modalidade de diferimento de pagamento porquanto neste último celebram-se *de jure* dois contratos, não obstante se verificar a existência de uma relação bilateral *inter partes*. Em segundo instância, o mútuo pode ser consumado tanto por uma instituição de crédito como por uma sociedade financeira. Na circunstância possível de contratação entre ausentes – porquanto, nestes contratos, frequentemente, o mutuante pode não se encontrar presente no *inter* pré-contratual, funcionando o vendedor como seu representante – verifica-se uma ligação a um outro acordo celebrado com uma entidade terceira, intermediária de crédito, também ela fornecedora de um bem ou prestadora de um serviço.[615]. Quando tal suceda, o mútuo assumirá a tipologia de escopo ou destinação, sendo certo que, na generalidade dos contratos com esta caraterística, a quantia é diretamente entregue pela instituição financiadora ao fornecedor do bem ou prestador de serviço[616].

[613] Cf. Jorge Morais Carvalho – *op. cit.*, 2021, p. 410; e Ana Pereira – *op. cit.*, 2015, p. 34

[614] A este respeito, a jurisprudência do Tribunal da Relação de Lisboa, ainda que em alusão ao regime anteriormente instituído pelo Decreto-Lei nº 359/91, de 21 de setembro, tende a considerar, por exemplo, que o prémio de um eventual contrato de seguro corresponde a um encargo decorrente da celebração do contrato de crédito, sujeitando esta modalidade à disciplina do RJCC, *hoc sensu*: "(...) a indicação quantificada num contrato de crédito de um valor correspondente à cobertura de um seguro, associada à indicação de que o financiamento abrange o respetivo prémio, corresponde ao conceito de 'outro encargo', sujeitando o contrato em causa à disciplina do Decreto-Lei nº 359/91, de 21 de Setembro [redação anterior da RJCC], mesmo que esse contrato indique que o crédito é concedido sem juros". Cit. Acórdão do Tribunal da Relação de Coimbra, de 26 de fevereiro de 2008, Processo nº 295/06.6TBCNT. C1, Relator Juiz Desembargador Teles Pereira, § 2.4, I.

[615] Cf. Acórdão do Tribunal da Relação de Guimarães, de 10 de março de 2016, Processo nº 338/07.6TBAMR.G1, Relator Juíza Desembargadora Maria Amália Santos, § I, Sumário.

[616] Cf. Jorge Morais Carvalho – *op. cit.*, 2021, p. 411; e Fernando de Gravato Morais – *op. cit.*, 2007, pp. 49-50. Em todo o caso – a título de apontamento preponderante – mesmo

Também abrangidos na noção de mútuo encontram-se as modalidades de facilidade de descoberto e a ultrapassagem de crédito. A primeira é definida pelo art. 4º, nº 1, al. d) do RJCC como "o contrato expresso pelo qual um credor permite a um consumidor dispor de fundos que excedam o saldo da sua conta de depósito à ordem". Já a ultrapassagem de crédito é definida no art. 4º, nº 1, al. e) do RJCC como o saque a "descoberto aceite tacitamente pelo credor permitindo a um consumidor dispor de fundos

que a relação jusconsumerista pressuponha a ligação a uma entidade terceira, crê-se ser inadmissível a inclusão de uma cláusula de reserva de propriedade a favor do mutuante, nos termos e para efeitos do art. 280º, nº 1 do CC. Cf. João Marques Bernardo – "A Cláusula de Reserva de Propriedade a Favor do Financiador". In: *Estudos de Direito do Consumo*, vol. V, 2017, p. 406; e Alexandre Mota Pinto – "Venda de Bens de Consumo e Garantias – O Direito Vivido nos Tribunais". In: *I Congresso de Direito do Consumo*, Coimbra, Almedina, 2016, p. 196. *Vide*, no mesmo sentido, Acórdão do Tribunal da Relação do Porto, de 10 de outubro de 2016, Processo nº 2548/14.0TBVNG-D.PI, Relatora Juíza Desembargadora Isabel de São Pedro Soeiro; Acórdão do Tribunal da Relação de Coimbra, de 8 de março de 2016, Processo nº 934/15.8T8LMG.C1, Relatora Juíza Desembargadora Sílvia Pires; Acórdão do Tribunal da Relação de Évora, de 26 de fevereiro de 2015, Processo nº 175/14.0TBBJA.E1, Relator Juiz Desembargador Abrantes Mendes; Acórdão do Tribunal da Relação de Coimbra, de 17 de dezembro de 2014, Processo nº 4435/13.0TBLRA.C1, Juiz Desembargador Freitas Neto; Acórdão do Tribunal da Relação de Lisboa, de 7 de novembro de 2013, Processo nº 558/13.4TBTVR.L1-6, Relatora Juíza Desembargadora Maria Teresa Pardal; e Acórdão do Tribunal da Relação de Lisboa, de 12 de agosto de 2013, Processo nº 3225/12.2YXLSB-2, Relator Juiz Desembargador Pedro Martins. Admitindo a figura como mera garantia, sem qualquer eficácia translativa para o financiador, *vide*, Acórdão do Tribunal da Relação de Guimarães, de 2 de maio de 2016, Processo nº 1854/14.9TBGMR.G1, Relator Juiz Desembargador Jorge Seabra. De qualquer forma, existe alguma jurisprudência que peleja pela validade e eficácia das cláusulas de reserva de propriedade a favor do mutuante, a melhor ver: Acórdão do Tribunal da Relação de Lisboa, de 10 de fevereiro de 2015, Processo nº 2360/13.4TBOER.L1-1, Relator Juiz Desembargador Manuel Marques; Acórdão do Supremo Tribunal de Justiça, de 30 de setembro de 2014, Processo nº 844/09.8TVLSB.L1.S1, Relatora Juíza Conselheira Maria Clara Sottomayor; e Acórdão do Tribunal da Relação de Lisboa, de 7 de novembro de 2013, Processo nº 844/09.8TVLSB.L1.6, Relator Juiz Desembargador Gilberto Jorge. Segundo Jorge Morais de Carvalho, as posições que admitem a inclusão de uma cláusula de reserva de propriedade a favor do mutuante "parecem não ter em conta, além dos limites lógicos do direito, a natureza desequilibrada da relação de consumo, em especial de crédito ao consumo, desprotegendo em concreto, de forma pouco razoável, o consumidor". Cit. Jorge Morais Carvalho – *op. cit.*, 2021, p. 411, anotação em rodapé nº 1138. Segundo o autor, só poderia ser admitida uma interpretação atualista das normas (assim como dos conceitos nela inscritos) tão-somente se a solução fosse equilibrada, o que não sucede, atenta a assimetria própria das posições que se verifica numa relação jusconsumerista. Cf. *ult. loc. cit. Vide*, ainda sobre a nulidade do negócio jurídico enquanto requisitos do objeto negocial, tal-qual prescrito pelo art. 280º do CC, Jorge Morais Carvalho – *Os Limites à Liberdade Contratual*, Coimbra, Almedina, 2016, pp. 45-48.

que excedem o saldo da sua conta de depósito à ordem ou da facilidade de descoberto acordada". Nesta última modalidade, verifica-se uma subtipo de facilidade de descoberto, diferindo da primeira porque, enquanto a facilidade de descoberto *stricto sensu* resulta de um acordo expresso, a ultrapassagem pressupõe a emissão sinalagmática de declarações de vontade tácitas, traduzíveis na volição da efetiva aceitação, por parte do credor, da modalidade de ultrapassagem em particular[617].

Ainda no conceito de mútuo deve ser incorporada a modalidade de abertura de crédito em conta corrente, sendo este um tipo contratual com estrutura e função próximas do mútuo em relação ao qual se aplica o regime especial previsto no art. 23º do RJCC. Aliás, esta norma é a única que se tem por aplicável especificamente aos contratos de crédito em conta corrente que admitam a possibilidade de ultrapassagem do limite, além dos arts. 1º a 4º e 26º, todos do RJCC, cujas disposições gerais não regulam nenhum regime em particular[618].

Em transposição da Diretiva (UE) 2008/48/CE, a lei portuguesa, na sua redação atual, inovou, nela incluindo os contratos relativos à utilização de cartão de crédito. A expressão aqui inscrita é conotada por ser pouco rigorosa. Esta alude aos contratos de emissão de cartão de crédito, não á utilização *per si* de cartões de crédito. Ainda a este propósito, é de realçar que a atividade de emissão e gestão de cartões de crédito é da estrita competência das instituições de crédito e sociedades financeiras, nos termos dos arts. 4º, nº 1, al. c) e 8º, nº 2, ambos da redação atual do RGICSF[619].

[617] Cf. Jorge Morais Carvalho – *op. cit.*, 2021, pp. 411-412. É de se salientar que, em consonância com a redação anterior, a prevista no Decreto-Lei nº 133/2009, de 2 de junho, eram excluídos do regime, nos termos do seu art. 2º, nº 1, al. e), os contratos de crédito sob a forma de descoberto no caso de o prazo de reembolso ser igual ou superior a um mês. A *ratio* tinha que ver com o entendimento segundo o qual, tratando-se de um prazo curto, o consumidor não carecia de qualquer proteção. Cf. *idem, ibidem*, p. 412; e Fernando de Gravato Morais – *Crédito a Consumidores*, Coimbra, Almedina, 2009, p. 17. Esta exclusão fora, entretanto, revogada pelo Decreto-Lei nº 42-A/2013, de 28 de março. Assim, aos contratos nos quais a facilidade de descoberto preveja a obrigação de reembolso a pedido ou no prazo de um a três meses, em consonância com o disposto no art. 2º, nºs 2 e 3 deste diploma, ser-lhe-ão aplicadas apenas algumas disposições do regime, verificando-se, portanto, uma exclusão parcial do âmbito de aplicação deste diploma. Cf. Jorge Morais Carvalho – *op. cit.*, 2021, p. 412.

[618] Cf. *ult. loc. cit.*; Carlos Ferreira De Almeida – *op. cit.*, 2016, p. 150; Ana Pereira – *op. cit.*, 2015, p. 36; e Fernando de Gravato Morais – *op. cit.*, 2007, p. 51.

[619] Cf. Jorge Morais Carvalho – *op. cit.*, 2021, p. 413; e Ana Pereira – *op. cit.*, 2015, p. 37.

Ainda assim, é de referir que na cláusula aberta averiguada pela expressão de "qualquer outro acordo de financiamento semelhante" caberão também outros contratos cuja finalística reporte à (promessa) de concessão de crédito ao consumo, à exceção da fiança[620]. Tanto a locação financeira[621], como os designados contratos de aluguer de longa duração, por enquanto, desde que prevejam o direito ou a obrigação de aquisição da coisa locada num determinado prazo, com a finalidade de concessão de crédito, serão objetivamente qualificados dentro âmbito material do RJCC[622].

92. Quanto à definição, pela negativa, do âmbito material de aplicação do RJCC, importa mencionar que o art. 2º, nº 1 enuncia, taxativamente, os contratos que ficam *a priori* excluídos do âmbito de avaliação de solvabilidade. Senão vejamos:

Assim, segundo a al. a), não se encontrarão abrangidos os "contratos de crédito garantidos por hipoteca sobre coisa imóvel ou por outro direito sobre coisa imóvel".

Já a al. b) excetua da equação deste diploma, pela sua não abrangência, os contratos "cuja finalidade seja a de financiar a aquisição ou a manutenção de direitos de propriedade sobre terrenos ou edifícios existentes

[620] Cf. *ult. loc. cit.*

[621] Nos termos do art. 1º da redação atual do Decreto-Lei nº 149/95, de 24 de junho, objeto da quinta alteração pelo Decreto-Lei nº 30/2008, de 25 de fevereiro, "locação financeira é o contrato pelo qual uma das partes se obriga, mediante retribuição, a ceder à outra o gozo temporário de uma coisa, móvel ou imóvel, adquirida ou construída por indicação desta, e que o locatário poderá comprar, decorrido o período acordado, por um preço nele determinado ou determinável mediante simples aplicação dos critérios nele fixados". Com efeito, quanto às caraterísticas do negócio, dir-se-á ser esta uma modalidade contratual típica trilateral ou bilateral de adesão. Cf. Ana Ribeiro Moura – *Resolução pelo comprador ou pelo dono da obra e seus efeitos na esfera do locatário financeiro*, Dissertação de Mestrado, Braga: Universidade do Minho, 2018, p. 7. São várias as modalidades de locação financeira, neste negócio jurídico cabendo, *prima facie*, distinguir o tipo mobiliário do não mobiliário, ambos com escopo de consumo ou empresarial. A locação financeira, na esteira de Fernando de Gravato Morais pode ainda incidir tanto sobre objetos corpóreos como incorpóreos. Cf. *idem, ibidem*, pp. 8-9; e Fernando de Gravato Morais – *Manual da Locação Financeira*, 2ª ed., Coimbra, Almedina, 2011, pp. 43-44. *Vide*, acerca dos elementos essenciais e constitutivos deste negócio jurídico, Diogo Leite De Campos – "Locação Financeira (leasing)". In: *Revista da Ordem dos Advogados (ROA) Online*, Ano 62, nº 3, vol. III, 2002, s.p.

[622] Cf. Jorge Morais Carvalho – *op. cit.*, 2021, p. 413.

ou projetados"[623]. Aliás, os contratos de crédito à habitação, bem como quaisquer garantias que sejam prestadas relativamente a um imóvel, possuem um regime específico, aprovado pelo Decreto-Lei nº 74-A/2017, de 23 de junho, que transpôs para a ordem jurídica interna a Diretiva (UE) 2014/17/UE do Parlamento Europeu e do Conselho, de 4 de fevereiro de 2014, diplomas estes que não cabem dentro do escopo material do objeto de estudo, a melhor ver, o crédito ao consumo *stricto sensu*.

Também a al. c) exclui os contratos nos quais o "montante total de crédito seja inferior a € 200 ou superior a € 75 000", teto mínimo suprimido e o máximo modificado para o valor de € 100 000 segundo a nova Proposta de Diretiva de 30 de junho de 2021. O elemento aqui determinante continuará a ser, portanto, o montante de crédito, não relevando, para o efeito, nem o preço do bem ou do serviço para aquisição, nem o custo total da celebração do contrato para o consumidor, incluindo juros ou outros encargos[624]. Em algumas situações o montante exato não se encontrará

[623] A este propósito, em consonância com o considerando 14 da Diretiva (UE) 2008/48/CE, "não deverão ser excluídos (...) os contratos de crédito apenas pelo facto de a sua finalidade ser a renovação ou a valorização de prédios existentes". Seguindo a interpretação pugnada por Jorge Morais Carvalho, nesta alínea em particular, "parece dever entender-se que, se a finalidade de financiar a aquisição ou a manutenção de direitos de propriedade for menos relevante do que outras finalidades do contrato de crédito, este encontra-se abrangido pelo diploma". Cit. Jorge Morais Carvalho – *op. cit.*, 2021, p. 414.

[624] Cf. *idem, ibidem*, p. 417; e Fernando de Gravato Morais – *op. cit.*, 2009, p. 16. Esta opção de exclusão resulta do facto de nos contratos de crédito ao consumo de valor reduzido poder constituir um desincentivo ao próprio encontro de vontades a sujeição dos profissionais a obrigações excessivas. Gilles Paissant considera mesmo que, nestes casos, a posição em que o consumidor se encontra(rá) adstrito não evidencia qualquer vulnerabilidade. Cf. Gilles Paissant – *Défense et Illustration du Droit de la Consommation*, Paris: LexisNexis, 2015, p. 167. Já relativamente àqueles contratos de crédito ao consumo de valor económico elevado – entenda-se, de valor superior a € 75 000,00 – as cautelas associadas à sua celebração de parte a parte serão maiores, caso em que, segundo o que se depreenderia da lógica e do sentido geral do RJCC, o consumidor não necessitaria de uma especial proteção. Quanto a esta alínea em particular, são várias as críticas tecidas pela doutrina. Sucede que o valor mínimo determinado – o de € 200,00 – não é assim tão irrisório. Esta solução, no entender de Jorge Morais Carvalho, "beneficia essencialmente as empresas que operam no setor do (...) crédito rápido, no qual são geralmente aplicadas taxas de juro muito elevadas, contribuindo-se, assim, para o agravamento do problema do sobre-endividamento". Cit. Jorge Morais Carvalho – *op. cit.*, 2021, p. 416. Num outro perspetivar, esta opção também é criticável, porquanto desguarnece os consumidores por completo da tutela devida nalguns dos contratos mais preponderantes e onerosos, desde logo, tendo em linha de conta o seu elevado valor. Cf. *ult. loc. cit.*; e Fernando de Gravato Morais – *op. cit.*, 2009, p. 16. Entretanto, a Proposta de Diretiva do Parlamento

estipulado (ou melhor, pré-estabelecido) no *iter* que reporta ao encontro de vontades, como sucede, por exemplo, nos contratos de abertura de crédito ou de descoberto bancário. Diante estas circunstâncias, Jorge Morais Carvalho entende que o RJCC é aplicável "enquanto o montante máximo não for atingido"[625].

De qualquer modo, por enquanto, a al. d) do RJCC determina que não são aplicáveis a este regime aqueles "contratos de locação de bens móveis de consumo duradouro que não prevejam o direito ou a obrigação de compra da coisa locada, seja no próprio contrato, seja em contrato separado", cuja redação originária encontra-se prevista e regulada pelo Decreto-Lei nº 149/95, de 14 de junho, com última redação aprovada pelo Decreto-Lei nº 30/2008, de 25 de fevereiro, *supra*. Esta opção legiferante compreende-se, uma vez que na locação inexiste o objetivo de concessão de crédito. E o legislador fê-lo no ordenamento jurídico português em acrescento à diretiva, mencionando um direito além da obrigação de compra da coisa locada, hipótese esta que, segundo Fernando de Gravato Morais e Jorge Morais Carvalho, presidiria já aprioristicamente ao espírito da Diretiva (UE) 2008/48/CE[626].

Como referido anteriormente, a al. f) ainda em vigor – porque tal não sucede com a Proposta de Diretiva – exclui os contratos em que o crédito haja sido concedido sem juros ou outros encargos. Aqui, ainda que a gratuitidade seja meramente ilusória, o que ocorre, regra geral, na maioria dos casos em que o credor é um profissional que se dedica à atividade crédito, cobrando um determinado preço final – incluindo nele, juros e outros

Europeu e do Conselho mitiga, ainda que a título parcial, estas imperfeições do regime, pelo menos, eliminando o limite mínimo de € 200,00. Nos termos do seu art. 2º, nº 2, al. c), a proposta não será aplicável a "contratos de crédito cujo montante total (...) seja superior a 100 000 EUR". Esta solução parece ser mais razoável do que aquela consagrada pela Diretiva (UE) 2008/48/CE, de 27 de abril de 2008. Estatuindo um teto máximo – o de € 100.000,00 – a partir do qual não se considera prudente a contração de empréstimos com escopo ao consumo, nas suas várias modalidades, supre-se o limiar de € 200,00, olvidando-se, nesse sentido, que as empresas que operam no setor do crédito rápido estipulem taxas de juros passíveis de conduzir, a curto ou médio prazo, ao sobre-endividamento das famílias. De qualquer forma, o art. 2º, nº 3 desta Proposta excetua – portanto, incluindo no seu âmbito material – os contratos de crédito não garantidos por hipoteca e com um montante total superior a € 100 000,00 EUR, cujo objetivo seja a realização de obras em imóveis de habitação.

[625] Cit. Jorge Morais Carvalho – *op. cit.*, 2021, p. 417.

[626] Cf. *idem, ibidem*, pp. 413-414, e Fernando de Gravato Morais – *op. cit.*, 2009, p. 17.

encargos – tais contratos não se considerariam, *a priori*, abrangidos pelo RJCC. A este respeito, para mitigar os efeitos nefastos que decorreriam de uma aplicação literal desta exceção, o Tribunal de Justiça da União Europeia (TJUE), em 8 de dezembro de 2016, ajuizara não ser "'sem encargos' o acordo [em que] o consumidor se obriga a reembolsar o montante total desse crédito e a pagar juros ou encargos que não estavam previstos no contrato inicial nos termos do qual o referido contrato foi concedido"[627].

Já a al. g) – também eliminada pela nova Proposta de Diretiva – exclui os contratos nos quais se reúnam, tanto objetiva como subjetivamente, os seguintes requisitos, a melhor ver: (a) quando o credor não seja uma instituição de crédito; (b) nas circunstâncias em que o montante deva ser reembolsado no prazo máximo de três meses; e (c) quando apenas sejam cobrados encargos insignificantes.

Segundo a al. h), o RJCC não se aplica aos contratos celebrados entre a entidade patronal e os seus trabalhadores, caso a concessão de crédito seja efetuada a título subsidiário, sem juros ou com uma TAEG inferior às taxas praticadas no mercado, e em condições exclusivamente direcionadas para os trabalhadores da empresa.

A alínea i) não contempla no âmbito de aplicação do RJCC os contratos de crédito celebrados com uma empresa de investimento que tenham por objeto determinados instrumentos financeiros específicos, como valores mobiliários, opções ou outros[628].

Também os contratos de crédito que resultem de uma transação perante autoridade pública, designadamente o tribunal, segundo a al. j), não se encontram submetidos às condições prescritas no (ou pelo) regime deste diploma. Nestas situações, intui-se que o controlo judiciário é suficiente para pugnar a tutela efetiva da posição do consumidor[629].

Já a al. l), que, por sua vez, exclui do âmbito de aplicação os "contratos de crédito que se limitem a estabelecer o pagamento diferido de uma dívida pré-existente, sem quaisquer encargos", constitui não mais do que um pleonasmo ou redundância, dado que abrangida estaria já esta circunstância na al. f) – referente aos contratos de crédito concedidos sem

[627] Cit. Acórdão do Tribunal de Justiça da União Europeia, de 8 de dezembro de 2016, Processo C-127/15, *Verein für Konsumenteinformation vs. INKU Inkasso GmbH*, § 42.

[628] Cf. Jorge Morais Carvalho – *op. cit.*, 2021, p. 418.

[629] Cf. *ult. loc. cit.*

juros ou quaisquer encargos[630]. Também nos termos e para efeitos da al. m), o RJCC não se aplicará outrossim aos contratos celebrados no âmbito da atividade prestamista nos quais o consumidor assume o dever de entregar ao credor um bem a penhor. Em conformidade com o art. 675º, nº 1 do CC, esta tipologia de contratos tem caraterísticas muito próprias, não estando, por esse mesmo motivo, abrangidos pelo RJCC. Exteriorizam uma forte relação entre a quantia mutuada e o bem entregue, podendo mesmo a sua venda ser feita extrajudicialmente após o vencimento da obrigação de restituição, mediante acordo das partes[631]. A última exclusão, prevista no art. 2º, nº 1, al. n) respeita à desconsideração dos contratos de crédito concedidos "a um público restrito, ao abrigo de disposição de interesse geral (...)" no RJCC, estes que são celebrados com pessoas pertencentes a um grupo restrito e identificável que, por se encontrarem em circunstâncias especiais, têm a possibilidade de beneficiar de vantagens contratuais, mormente em termos de taxas de juro[632].

Ainda relevante para definição negativa do âmbito de aplicação do regime vigente, é o art. 4º, nº 2 do RJCC. Este número estabelece que "não é considerado contrato de crédito [a] prestação continuada de serviços ou de fornecimento de bens de um mesmo tipo em que o consumidor tenha o direito de efetuar o pagamento dos serviços ou dos bens à medida que são fornecidos". Ora, a regra em causa não materializa uma exclusão, pois que da prestação dos serviços públicos essenciais visados – como sejam, a água, a eletricidade, o gás, a internet, entre outros – além de não se verificar o elemento de financiamento, pressupõem, regra geral, o fornecimento permanente por parte do prestador e, em correspetiva, a execução periódica da obrigação de pagamento de um preço pelo devedor[633]. O mesmo sucederá, a título exemplificativo, com a celebração de contratos cujo objeto de empréstimo sejam coleções ou fascículos. Dir-se-á, a este respeito, que "o caráter periódico da prestação do utente, aspeto em que pode existir algum paralelismo com o contrato de crédito, está na base da norma adotada"[634].

[630] Cf. *ult. loc. cit.*

[631] Cf. *idem, ibidem*, p. 419.

[632] Cf. *ult. loc. cit.*

[633] Cf. *ult. loc. cit.*

[634] Cit. *ult. loc. cit.*

Por último, é de realçar que a Proposta de Diretiva, de 30 de junho de 2021 supre – pelo menos, por enquanto – do âmbito de exclusão pela negativa as als. d), e) e f) do art. 2º, nº 2 da Diretiva (UE) 2008/48/CE. Face ao antedito, deduz-se que, se aprovada nestes moldes, passarão a estar incluídos no âmbito do novo RJCC:

- os contratos de aluguer ou de locação financeira que não prevejam expressamente uma obrigação de compra do objeto;
- os contratos na forma de facilidades de descoberto cujo crédito deva ser reembolsado no prazo de um mês;
- créditos concedidos sem juros ou outros encargos; e
- os contratos por força dos quais o montante deva ser reembolsado no prazo de três meses e pelos quais apenas o pagamento de encargos insignificantes é devido[635].

Tabela 9. RJCC em vigor

Positivo (Incluem-se no RJCC)		**Negativo (Não se aplica o RJCC)**	
Contratos de Crédito cujo montante total esteja entre 200 e 75 000 euros	Art. 2º, n. º 1, al. c) RJCC, *a contrario sensu*	Créditos garantidos por hipoteca sobre coisa imóvel ou por outro direito sobre coisa imóvel	Art. 2º, nº 1, al. a) do RJCC
Modalidade de Ultrapassagem de Crédito mesmo que o montante total concedido seja inferior a 200 euros	Art. 2º, n. º 4 do RJCC	Créditos cuja finalidade seja a de financiar a aquisição ou a manutenção de direitos de propriedade sobre terrenos ou edifícios existentes	Art. 2º, nº 1, al. b) do RJCC
Crédito sem garantia hipotecária ou outro direito sobre coisa imóvel, cuja finalidade seja a realização de obras em imóveis e com um montante total de crédito superior a 75 000 euros	Art. 2º, n. º 5 do RJCC	Contratos de locação que não prevejam o direito ou a obrigação de compra do bem locado	Art. 2º, nº 1, al. d) do RJCC

[635] Cf. Proposta de Diretiva do Parlamento Europeu e do Conselho, de 20 de junho de 2021, p. 7 e p. 10, exposição de motivos.

	Créditos concedidos sem juros ou quaisquer outros encargos	Art. 2º, nº 1, al. f)
	Contratos de crédito em que o crédito deva ser reembolsado no prazo de três meses e pelo qual seja devido o pagamento de encargos insignificantes, com exceção dos casos em que o credor seja uma instituição de crédito	Art. 2º, nº 1, al. g) do RJCC
	Contratos de crédito cujo crédito é concedido por um empregador aos seus trabalhadores, a título subsidiário, sem juros ou com TAEG inferior às taxas praticadas no mercado, e que não sejam propostos ao público em geral	Art. 2º, nº 1, al. h) do RJCC
	Contratos de crédito celebrados com empresas de investimento	Art. 2º, nº 1, al. i) do RJCC
	Contratos de crédito que resultem de transação em tribunal ou perante outra autoridade pública	Art. 2º, nº 1, al. j) do RJCC

Positivo (Incluem-se no RJCC)	**Negativo (Não se aplica o RJCC)**	
	Contratos de crédito que se limitem a estabelecer o pagamento diferido de uma dívida pré--existente, sem quaisquer encargos	Art. 2º, nº 1, al. l) do RJCC
	Créditos concedidos por prestamistas	Art. 2º, nº 1, al. m) do RJCC
	Contratos que digam respeito a empréstimos concedidos a um público restrito, ao abrigo de disposição legal de interesse geral, que estabeleçam benefícios em termos de taxas de juro	Art. 2º, nº 1, al. m) do RJCC
	Prestação continuada de serviços ou de fornecimento de bens de um mesmo tipo em que o consumidor tenha o direito de efetuar o pagamento dos serviços ou dos bens à medida que são fornecidos	Art. 4º, nº 2 do RJCC

Tabela 10. Âmbito do novo regime segundo a Proposta de Diretiva

Positivo (Incluem-se no novo RJCC)		**Negativo (Não se aplica o novo RJCC)**	
Contratos de Crédito cujo montante não exceda os 100 000 euros	Art. 2º, n. º 2, al) c da Proposta, *a contrario sensu*	Créditos garantidos por hipoteca sobre coisa imóvel ou por outro direito sobre coisa imóvel	Art. 2º, nº 2, al. a) da Proposta
Contratos de Crédito cujo objetivo seja a realização de obras em imóveis de habitação e o montante concedido exceda os 100 000 euros	Art. 2º, n. º 4 da Proposta	Créditos cuja finalidade seja a de financiar a aquisição ou a manutenção de direitos de propriedade sobre terrenos ou edifícios existentes	Art. 2º, nº 2, al. b) da Proposta
		Contratos de crédito cujo crédito é concedido por um empregador aos seus trabalhadores, a título subsidiário, sem juros ou com TAEG inferior às taxas praticadas no mercado, e que não sejam propostos ao público em geral	Art. 2º, nº 2, al. d) da Proposta
		Contratos de crédito celebrados com empresas de investimento	Art. 2º, nº 2, al. e) da Proposta
		Contratos de crédito que resultem de transação em tribunal ou perante outra autoridade pública	Art. 2º, nº 2, al. f) da Proposta
		Contratos de crédito que se limitem a estabelecer o pagamento diferido de uma dívida pré-existente, sem quaisquer encargos	Art. 2º, nº 2, al. g) da Proposta
		Créditos concedidos por prestamistas	Art. 2º, nº 2, al. h) da Proposta
		Contratos que digam respeito a empréstimos concedidos a um público restrito, ao abrigo de disposição legal de interesse geral, que estabeleçam benefícios em termos de taxas de juro	Art. 2º, nº 2, al. i) da Proposta

Em termos pragmáticos, como se depreende, são diversas as modalidades de crédito concedidos a particulares, como sejam, o crédito pessoal, o crédito automóvel, o crédito renovável (*revolving*) e os contratos de conversão de dívidas[636], cuja escopo se epitomiza, *infra,* na Tabela 11.

Tabela 11. O âmbito do crédito ao consumo na *praxis*

<table>
<tr><td colspan="2">Crédito Pessoal</td><td>Destina-se a financiar a aquisição de bens ou serviços de consumo duradouro, designadamente, computadores pessoais, viagens, pequenas obras, recheio de habitação, crédito consolidado, educação, saúde, impostos, entre outros.</td></tr>
<tr><td rowspan="4">Crédito Automóvel</td><td>Com reserva de propriedade</td><td>Empréstimo para aquisição de um automóvel no qual, para assegurar a solvência da dívida até ao término do contrato, se regista um direito sobre a coisa na conservatória competente.</td></tr>
<tr><td>Sem reserva de propriedade</td><td>Empréstimo para a aquisição de automóvel no qual inexiste uma qualquer cláusula de reserva de propriedade da coisa mutuada. Nestas circunstâncias, a instituição de crédito poderá exigir outras garantias, como a fiança, a título exemplificativo.</td></tr>
<tr><td>Leasing</td><td>Tipologia de financiamento através da qual a instituição de crédito (locadora) cede ao cliente (locatário) a utilização temporária de um automóvel, em contrapartida do pagamento de uma renda mensal. No termino do contrato, ao cliente é-lhe concedida a faculdade de aquisição do automóvel, claro está, mediante o pagamento do remanescente do valor em falta.</td></tr>
<tr><td>Aluguer de Longa Duração</td><td>Modalidade em que a instituição de crédito cede temporariamente a utilização de um automóvel ao cliente, mediante o pagamento de uma renda mensal, caso em quem, no momento da contratação, o cliente compromete-se a adquirir o automóvel no final do aluguer.</td></tr>
</table>

[636] Cf. Diogo Morgado Rebelo – "'On the way to look at Big Data as an asset for CWA 4.0. ... *supra*, pp. 3-4.

Crédito Renovável	*Cartão de Crédito*	Contrato de duração indeterminada, em que é estipulado um limite máximo de crédito e cuja utilização *cash-advance* é realizada através do cartão.
	Facilidade de Descoberto	Contrato de crédito que permite ao cliente dispor de fundos que excedam o saldo da sua conta de depósito à ordem, até um limite máximo previamente acordado.
	Linha de Crédito	Contrato de duração indeterminada, em que é estipulado um limite máximo e no qual, regra geral, o crédito é disponibilizado na conta do cliente.
	Conta Corrente Bancária	Contrato de duração determinada, sem período temporal de reembolso fixado, em que é estabelecido um limite máximo de crédito.
Contrato de Conversão de Dívidas		Contrato convencionado entre uma instituição e o cliente bancário em situação de incumprimento de créditos anteriores com o propósito de renegociar as condições contratuais, seja no sentido do diferimento da dívida ou da alteração do modo de reembolso.

8.3. Formação do Contrato na Relação do Crédito ao Consumo

8.3.1. Considerações Gerais

93. Por razões de facilidade de raciocínio, mas também, e sobretudo, para uma melhor compreensão do *iter* formativo no crédito ao consumo em especial, realizar-se-á, como ponto de partida metodológico, uma muito breve incursão pelos domínios gerais civilisticos relativos ao processo de manifestação e encontro de vontades subjacentes a esta modalidade contratual. Particularmente, serão objeto de análise, nestes prolegómenos gerais, os momentos decisivos da proposta de adesão e aceitação, os requisitos de validade das declarações, bem como as questões concernentes ao local e ao momento em que se consolida o vínculo contratual[637].

No geral, a qualificação jurídica de um contrato de crédito pressupõe a "existência de duas ou mais declarações de vontade, consistindo numa oferta [de adesão] e numa aceitação e contendo, portanto, um acordo"[638]. São três os elementos fundamentais que o ordenamento jurídico português espelha a título de condições complementares[639], como sejam: (a) a

[637] Cf. Francisco Pacheco de Andrade – *op. cit.*, 2008, p. 32.

[638] Cit. *ult. loc. cit.*

[639] Cf. Pedro Pais de Vasconcelos & Pedro Leitão Pais de Vasconcelos – *Teoria Geral do Direito Civil*, 9ª ed, Coimbra, Almedina, 2022, pp. 433-441; Carlos Mota Pinto – *op. cit.*, 2020, pp. 383-384; Francisco Pacheco de Andrade – *op. cit.*, 2008, p. 32 e

capacidade (e, bem assim, a legitimidade) das partes; (b) as declarações de vontade sinalagmáticas e convergentes; e (c) o objeto do contrato[640].

94. Quanto à capacidade das partes[641], o CC português, na sua redação atual, reconhece capacidade jurídica tanto às pessoas singulares (cf. arts. 66º, 67º e 68º) como às pessoas jurídicas (cf. arts. 158º e 160º). As pessoas singulares podem ser tidas na qualidade de sujeitos em qualquer relação jurídica desde o momento do nascimento até à cessação irreversível das funções do tronco cerebral, salvo exceções previstas legalmente. Tal sucede, aliás, com os menores de 18 anos de idade não emancipados (cf. arts. 130º e 133º, *a contrario sensu*) ou com indivíduos que sejam, ou antes, revelem incapacidade de, por si só, regerem devidamente os seus rendimentos e património, sendo, consequentemente – segundo o regime atualmente vigente-, sujeitos ao regime jurídico do maior acompanhado[642]. Já as pessoas coletivas encontram-se adstritas aos direitos e obrigações necessários à prossecução da sua atividade tal-qual inscrita no seu objeto negocial[643]. Por conseguinte, tanta às pessoas singulares como às pessoas coletivas a lei reconhece-lhes capacidade para se envolverem e vincularem numa relação contratual[644]. Os sujeitos de uma relação juscivilista como a do crédito, em consonância com os postulados principiológicos da liberdade contratual –conforme ao art. 405º do CC[645] – deverão, portanto, prestar o seu con-

Manuel Domingos de Andrade – *Teoria Geral da Relação Jurídica: Facto Jurídico, em especial Negócio Jurídico,* Coimbra, Almedina, 7ª reimpressão, 1992, p. 34.

640 Cf. Francisco Pacheco de Andrade – *op. cit.*, 2008, p. 32.

641 Importa, para os devidos efeitos, diferenciar capacidade de legitimidade. Na esteira de Manuel Domingos de Andrade, enquanto a capacidade exterioriza uma qualidade própria da pessoa, a legitimidade depende da assunção de uma posição especial dessa pessoa diante terceiros. Face ao antedito, depreende-se que a capacidade traduz uma qualidade consignada ou não a alguém legalmente, ao passo que a legitimidade alude ao direito de esta mesma se envolver numa determinada relação jurídica. Cf. *idem, ibidem,* p. 33, anotação em rodapé nº 112; e Manuel Domingos De Andrade – *op. cit.*, 1992, p. 118.

642 *Vide,* Lei nº 49/2018, de 14 de agosto, que cria o regime jurídico do maior acompanhado, eliminando os institutos da interdição e da inabilitação, previstos no Código Civil, aprovado pelo Decreto-Lei 47/344, de 25 de novembro de 1966.

643 Cf. Carlos Mota Pinto – *op. cit.*, 2012, p. 226. *Vide,* Pedro Pais de Vasconcelos & Pedro Leitão Pais de Vasconcelos – *op. cit.*, 2022, pp. 134 e ss.

644 Cf. Francisco Pacheco de Andrade – *op. cit.*, 2008, p. 33.

645 "Dentro dos limites da lei, as partes têm a faculdade de fixar livremente o conteúdo dos contratos, celebrar contratos diferentes dos previstos neste código ou incluir nestes as cláu-

sentimento livre e esclarecido para firmarem o encontro de vontades[646]. Dir-se-á, nesta sémita, que as vontades sinalagmáticas correspondem às fontes autónomas que exprimem verdadeiramente a força vinculativa do articulado convencionado[647]. Com efeito, ninguém será constrangido a qualquer obrigação destituída de volição. Logo, é tão-somente segundo ou a partir da vontade exteriorizada por cada uma das partes envolvidas que se valorará a validade de um contrato, *inclusive*, com todos os efeitos que a partir dele se surtirão nas esferas jurídicas dos contraentes (eficácia)[648]. Em consonância com os ditames do princípio da liberdade contratual, "cada pessoa é totalmente livre para poder escolher (...) celebrar ou não celebrar um contrato, aceitar ou não aceitar a outra parte contratante, determinar o [seu] conteúdo e âmbito, [bem como] escolher o meio mais adequado de expressão da sua vontade"[649]. Daqui decorreria que, aprioristicamente, ao abrigo do art. 405º do CC, os contraentes no crédito poderiam estipular o conteúdo contratual a que se vinculam, podendo optar por convencionar um contrato tipo, legalmente previsto – os designados contratos típicos ou nominados, aos quais poderiam veicular aditamentos, eventualmente conjugando duas ou mais modalidades, formando assim contratos mistos-, ou até celebrar contratos atípicos ou inominados, oficializando, neste caso, um acordo diverso ao regime legalmente regulado[650].

sulas que lhes aprouver". Cit. art. 405º do CC, melhor explicitado, *infra*, na presente unidade capitular.

646 Cf. Francisco Pacheco de Andrade – *op. cit.*, 2008, p. 33

647 Cf. Henrich Ewald Hörster & Eva Sónia Moreira da Silva – *A Parte Geral do Código Civil Português*, 2ª ed. totalmente revista e atualizada, 2019, p. 460, § 663, segundo os quais uma declaração negocial pode ser decomposta quanto ao seu elemento externo ou objetivo – i.e., a declaração em si mesma – e o elemento interno ou subjetivo – ou seja, a vontade do emissor. Cf., também nesse sentido, Carlos Mota Pinto – *op. cit.*, 2020, pp. 419-421; e Francisco Pacheco de Andrade – *op. cit.*, 2008, anotação em rodapé nº 116.

648 Cf. *idem, ibidem*, pp. 33-34.

649 Cit. *idem, ibidem*, p. 34. Cf. Carlos Ferreira de Almeida – *Contratos I: Conceito. Fontes. Formação*, 7ª ed., Coimbra, Almedina, 2022, p. 221; António Menezes Cordeiro – *Tratado de Direito Civil: Introdução, Fontes do Direito, Interpretação das Leis no Tempo, Doutrina Geral*, vol. I, 4º ed, reimpressão, Coimbra, Almedina, 2021, p. 951; Ana Alves Leal – "Aspetos jurídicos da análise de dados na Internet (big data analytics) ... *supra*, p. 203, § 62; Carlos Mota Pinto – *op. cit.*, 2020, pp. 102-103; Nuno Manuel Pinto Oliveira – *Princípios de Direito dos Contratos*, Coimbra, Coimbra Editora, 2011, p. 152; e José de Oliveira Ascensão – *Teoria Geral: Acções e Factos Jurídicos*, 2ª ed., vol. II, Coimbra, Coimbra Editora, 2003, p. 80; e

650 Cf. Carlos Mota Pinto – *op. cit.*, 2020, pp. 109-110.

95. Em todo o caso, na circunstância da celebração do contrato de crédito ao consumo em especial, a liberdade de fixação do conteúdo contratual pelas partes envolvidas é restringida, quer, por um lado, pela sujeição das instituições de crédito às normas especiais de publicidade (cf. art. 5º do RJCC), de informação pré-contratual (cf. art. 6º RJCC), pela imposição dos deveres de assistência e avaliação da solvabilidade (cf. arts. 7º e 10º do RJCC) e aos requisitos de forma (cf. art. 12º), quer, por outro, em razão da aplicação do RJCCG – v. desenvolvimentos, *infra,* na presente unidade capitular[651].

96. Adiante, para se subsumir qualquer modalidade contratual com escopo de direito privado torna-se imprescindível a exteriorização das declarações negocias, cronologicamente sequenciais – ou seja, uma proposta seguida da aceitação – entendidas que sejam enquanto manifestação de vontades conscientes e plenamente concordes em se alcançarem determinados efeitos jurídicos[652]. Como se aqui depreende, a formação do negócio jurídico consolida-se pela emissão de declarações de vontade sinalagmáticas e consensuais[653]. Assim, uma declaração só constituirá uma proposta contratual se for completa, precisa, firme e formalmente adequada[654].

[651] Cf. Henrich Ewald Hörster & Eva Sónia Moreira da Silva – *op. cit.*, 2019, p. 72 § 96; Ana Pereira – *op. cit.*, 2015, pp. 87-88; e Carlos Mota Pinto – *op. cit.*, 2020, pp. 113-116.

[652] Cf. Carlos Ferreira de Almeida – *op. cit.*., 2022, p. 27 e p. 107; e Henrich Ewald Hörster & Eva Sónia Moreira da Silva – *op. cit.*, 2019, p. 460, § 663, p. 500, § 743. O art. 219º, nº 1 preceitua que "é expressa [a declaração] quando feita por palavras, escrito ou qualquer outro meio direto de manifestação da vontade, e tácita quando se deduz de factos que, com toda a probabilidade, a revelam". Neste aspeto, tem de admitir-se a manifestação de vontade realizada por intermédio ou com recurso a processos eletrónicos de comunicação e interação. Cf. Erica Brandini Barbagalo – *Contratos Eletrônicos,* São Paulo: Editora Saraiva, 2001, p. 60, *cit. in* Francisco Pacheco de Andrade – *op. cit.*, 2008, p 35, anotação em rodapé nº 129. Importa é que a vontade declarada ou manifestada se torne eficaz, em consonância com o disposto no art. 224º do CC. Cf. Henrich Ewald Hörster & Eva Sónia Moreira da Silva – *op. cit.*, 2019, p. 491-492, § 724.

[653] *Vide,* António Menezes Cordeiro – *Tratado de Direito Civil: Parte Geral – Negócio Jurídico: Formação, Conteúdo e Interpretação, Vícios da Vontade, Ineficácia e invalidades,* vol. II, 5ª ed., Coimbra, Almedina, 2021, pp. 317 e ss.

[654] Cf. Carlos Ferreira de Almeida – *op. cit.*, 2022, p. 111; Jorge Morais Carvalho – *op. cit.*, 2021, p. 79; Pedro Pais de Vasconcelos & Pedro Leitão Pais de Vasconcelos – *op. cit.*, 2022, p. 470; e Acórdão do Supremo Tribunal de Justiça, de 27 de outubro de 2011, Processo nº 2279/07.8TBOVR.C1.S1, Relator Juiz Conselheiro Oliveira Vasconcelos.

Trata-se, a fim ao cabo, do modelo *mirror image rule* que os arts. 224º e ss. do CC consagram e a que autores como Carlos Ferreira de Almeida se referem como "ficção do modelo único"[655]. O processo de formação do contrato traduz, assim sendo, uma "correspondência de atos humanos a um modelo legal", que deve reunir os pressupostos de completude, precisão, firmeza e adequação formal ao escopo a que se destina[656].

A saber:

- Primeiramente, ainda que a assunção da completude de uma declaração deva ser ajuizável casuisticamente, deduz-se do art. 232º do CC que, para o direito português, só se verificará uma proposta quando dela se exterioriza uma iniciativa contratual completa. Na prática, esta deve incluir todas as estipulações que sejam necessárias para que, defronte a simples aceitação, o contrato se conforme tal-qual idealizado pelo proponente[657];
- Em segundo lugar, a proposta tem ainda de ser precisa, a ponto tal que, uma vez aceite, inexistam quaisquer incertezas acerca dos elementos constitutivos do contrato celebrado[658];
- Já será tida como firme contanto reveladora seja de uma vontade séria, inequívoca e definitiva de contratar nos precisos moldes projetados[659];
- Por último, só será qualificada à luz do CC como proposta contratual a declaração que denote uma adequação formal suficiente ao tipo de contrato a cuja formação se dirige[660]. A este respeito, nos termos do regime geral do direito civil, a declaração de vontade poderia ser exteriorizada tanto de forma expressa como tácita, pelo que, em conformidade com o art. 217º do CC, regra geral, à luz do art. 219º

[655] Cit. CARLOS FERREIRA DE ALMEIDA – *op. cit.*, 2022, p. 107.

[656] Cit. ENZO ROPPO – *O Contrato* (trad. Ana Coimbra e Manuel Januário da Costa Gomes), Coimbra, Almedina, 2009, p. 84.

[657] Cf. CARLOS FERREIRA DE ALMEIDA – *op. cit.*, 2022, p. 112; e PEDRO PAIS DE VASCONCELOS & PEDRO LEITÃO PAIS DE VASCONCELOS – *op. cit.*, 2022, pp. 470-471. Segundo o art. 232º do CC, "o contrato não fica concluído enquanto as partes não houverem acordado em todas as cláusulas sobre as quais qualquer delas tenha julgado necessário o acordo".

[658] Cf. CARLOS FERREIRA DE ALMEIDA – *op. cit.*, 2022, p. 113.

[659] Cf. *idem, ibidem*, p. 114; e PEDRO PAIS DE VASCONCELOS & PEDRO LEITÃO PAIS DE VASCONCELOS – *op. cit.*, 2022, p. 468.

[660] Cf. CARLOS FERREIRA DE ALMEIDA – *op. cit.*, 2022, p. 115; e PEDRO PAIS DE VASCONCELOS & PEDRO LEITÃO PAIS DE VASCONCELOS – *op. cit.*, 2022, p. 468.

do CC, o contrato pode ser celebrado por qualquer meio[661]. Tal não sucede, contudo, no contrato de crédito ao consumo, modalidade que, segundo o art. 12º da redação atual do RJCC – replicada, no seu essencial, pelo art. 20º da Proposta de Diretiva – requer que os acordos de crédito sejam "exarados em papel ou noutro suporte duradouro, em condições de inteira legibilidade" (n. º1)[662] e que "todas as partes recebam um exemplar do contrato" (n. º2). Diante a inobservância de forma, a declaração negocial será considerada nula, em conformidade com o art. 220º do CC[663].

Em todo o caso, subsiste ainda um interregno, cuja clarificação importa desde logo satisfazer: deve a FINE (cf. art. 6º, nº 2 do RJCC) – unanimemente interpretada enquanto proposta dirigida a um público indeterminado – quando entregue ao consumidor, ser avaliada na qualidade de proposta contratual ou, alternativamente, de convite a contratar?

O art. 230º, nº 3 do CC não fornece quaisquer critérios para qualificar um dado comportamento dirigido ao público como proposta

[661] Cf. Carlos Mota Pinto – *op. cit.*, 2020, pp. 421-423; e Pedro Pais de Vasconcelos & Pedro Leitão Pais de Vasconcelos – *op. cit.*, 2022, pp. 463 e ss.

[662] Para os devidos efeitos, considere-se que "o documento electrónico satisfaz o requisito legal de forma escrita quando o seu conteúdo seja suscetível de representação como declaração escrita". Cit. art. 3º, nº 1 do Decreto-Lei nº 12/2021, de 9 de fevereiro, este que, nos termos do seu art. 1º: " a) assegura a execução na ordem jurídica interna do Regulamento (UE) 910/2014 do Parlamento Europeu e do Conselho, de 23 de julho de 2014, relativo à identificação eletrónica e aos serviços de confiança para as transações eletrónicas no mercado (...); e b) regula a validade, eficácia e valor probatório dos documentos eletrónicos, o reconhecimento e aceitação, na ordem jurídica portuguesa, dos meios de identificação eletrónica de pessoas singulares e coletivas e prevê as normas aplicáveis ao Sistema de Certificação Eletrónica do Estado – Infraestrutura de Chaves Públicas (SCEE)". O preceito citado, *supra*, reflete, *mutatis mutandis*, o disposto no art. 3º, nº 1 do Decreto-Lei nº 290-D/99, de 2 de agosto, embora este o tenha revogado.

[663] Cf. Henrich Ewald Hörster & Eva Sónia Moreira da Silva – *op. cit.*, 2019, p. 460, § 664; e Francisco Pacheco de Andrade – *op. cit.*, 2008, p. 35. De entre outros que ao propósito poderiam ser assinalados, incumbe destacar que o Tribunal da Relação de Lisboa, em 21 de abril de 2016, decretou a nulidade do contrato de crédito ao consumo no qual não se verificara a entrega de um exemplar ao consumidor. Cf. Acórdão do Tribunal da Relação de Lisboa, de 21 de abril de 2016, Processo nº 187/14.5TBTVD.L1-2, Relator Juiz Desembargador Jorge Leal, § I e § III, Sumário. De qualquer forma, esta omissão constitui uma nulidade atípica e só é suscetível de ser invocável pelo consumidor. Cf. Acórdão do Tribunal da Relação de Lisboa, de 23 de outubro de 2014, Processo nº 85/10.1TBMTJ-A.L1-8, Relator Juíza Desembargadora Carla Mendes.

contratual[664]. A este respeito, adota-se a posição de Carlos Ferreira de Almeida, segundo o qual "a fungibilidade pessoal é (...) incompatível com a celebração de contratos *intuito personae,* designadamente aqueles em que se preveja a concessão de crédito pelo anunciante. Nestas situações, sendo natural que este se reserve no direito de apreciar a confiança que lhe merece o potencial contraente, a iniciativa contratual deve entender-se como mero convite à apresentação de propostas"[665]. Também Henrich Ewald Hörster e Eva Sónia Moreira da Silva apontam no mesmo sentido, afirmando que "todas as formas de publicidade (...) são, com toda a regularidade, convites a contratar; o anunciante está à espera de propostas e reserva para si a inteira liberdade (...) para as não aceitar (...) por ex., por suspeitar da solvabilidade do proponente"[666]. Estes autores concluem ainda que "qualificar os referidos comportamentos como propostas contratuais, dirigidas ao público, pode conduzir a resultados inadequados para o tráfico jurídico"[667]. É então, precisamente porque o financiador, quando entregue o exemplar do contrato sob formato FINE ao consumidor, pode modificar o conteúdo do projeto inicialmente formulado, e também porque detém mesmo a possibilidade de, diante aprimorada reflexão, desistir de contratar, que no crédito ao consumo a FINE se subsume à figura do convite a contratar (*invitatio ad offerendum*)[668].

Em suma, a proposta é efetuada pelo candidato a crédito, tendo este que se sujeitar às condicionantes pré-estabelecidas pelo anunciador em sede de cláusulas contratuais gerais, e tão-somente, *in fine,* sinalizada que

[664] Cf. Henrich Ewald Hörster & Eva Sónia Moreira da Silva – *op. cit.*, 2019, p. 502, § 747.

[665] Cit. Carlos Ferreira de Almeida – *op. cit.*, 2022, p. 116.

[666] Cit. Henrich Ewald Hörster & Eva Sónia Moreira da Silva – *op. cit.*, 2019, p. 502, § 748.

[667] Cit. *ult. loc. cit.* Aliás, em situações dúbias como esta, a calculabilidade dos efeitos económicos ou os riscos adjacentes à celebração do contrato impõem que o comportamento dos financiadores seja apenas qualificado como convite a contratar e não como proposta contratual. Cf. *idem, ibidem,* p. 515, § 776.

[668] Cf., genericamente, não aludindo em especial aos contratos de crédito ao consumo, Carlos Ferreira de Almeida – *op. cit.*, 2022, p. 115; e Pedro Pais de Vasconcelos & Pedro Leitão Pais de Vasconcelos – *op. cit.*, 2022, pp. 471-472. Com um entendimento diferente, considerando que a declaração negocial dirigida à clientela (ou antes, melhor, em algumas situações, ao público em geral) reúne os pressupostos de completude, precisão, firmeza e adequação formal de uma lhana proposta negocial. Cf. Fernando de Gravato Morais – *op. cit.*, 2007, pp. 136-138.

seja a sua propensão à solvabilidade e fornecidas as explicações adequadas, é que o financiador aceitará contratar ou não[669].

97. Relativamente à determinação do momento e lugar, são várias teorias formuladas, sobretudo quando a relação se concretiza através da ligação à *web*, ou até na hipótese de o crédito ao consumo se encontrar coligado com um outro acordo celebrado com uma entidade terceira, intermediária de crédito, também ela fornecedora de um bem ou prestadora do serviço. Em ambas as circunstâncias *ante* enunciadas, a contratação será concluída entre ausentes[670]. Já quando se verifique o contato físico entre a entidade financiadora – ou antes, na pessoa do funcionário – e o consumidor, o contrato será havido como concluído entre presentes. Ora, o CC português, no seu art. 224º, acolhe a designada Doutrina da Receção ou do Destinatário[671]. Com efeito, a "declaração negocial (...) torna-se [portanto] eficaz logo que chega ao poder [do destinatário] ou é dele conhecida (...)". Assim, num sistema que consagra a presunção de perfeição das declarações negociais propostas e recipiendas, a expressão da vontade de aceitação é eficaz – e o contrato considerar-se-á concluído – a partir do momento (e no lugar) em que esta chegue à esfera do declaratário, ainda lei prescinda da assunção do conhecimento efetivo do conteúdo

[669] "(...) Não obstante estar em causa um contrato de adesão, nada justifica que se considere que a declaração nele inserta e suprarreferida não reflita ou traduza, em rigor, a emissão de uma declaração de vontade do aderente/consumidor". Cit. Acórdão do Tribunal da Relação de Guimarães, de 12 de novembro de 2013, Processo nº 1939/10.0TBFAF-A.G1, Relator Juiz Desembargador António Santos, § 3, Sumário.

[670] Cf., num sentido lato, Henrich Ewald Hörster & Eva Sónia Moreira da Silva – *op. cit.*, 2019, pp. 491-492, § 722; CARLOS MOTA PINTO – *op. cit.*, 2020, pp. 648-649; e Francisco Pacheco de Andrade – *op. cit.*, 2008, pp. 36-37. Segundo Luís Carvalho Fernandes, o critério de diferenciação de contratos celebrados entre presentes e ausentes não é tão-só físico. Para que o negócio seja qualificado enquanto celebrado entre presentes não se exige a coexistência física ou material das partes envolvidas. Para destrinçar ambas modalidades importa, isso sim, a consideração de uma imediata aceitação ou recusa. Cf. Luís Carvalho Fernandes – *Teoria Geral do Direito Civil*, vol. II, 5ª ed, 2ª reimpressão, revista e atualizada, Lisboa: Universidade Católica Editora, 2017, p. 93. Tal sucede, não só com as ofertas de crédito via telefónica como naqueles contratos cujo contacto entre a instituição de crédito, a sociedade financeira ou o intermediário de crédito e o consumidor é realizado via chat ou videoconferência, mesmo que os contratantes se encontrem situados em países ou continentes diferentes.

[671] Cf. Henrich Ewald Hörster & Eva Sónia Moreira da Silva – *op. cit.*, 2019, p. 492-494, § 727 e § 728; e Carlos Mota Pinto – *op. cit.*, 2020, p. 648-649.

negocial[672].Como se depreende, inobstante o art. 224º CC referir-se expressamente tão-só ao tempo (ou momento) inicial ao qual reporta a eficácia das declarações iniciais, é unânime e pacífico o entendimento de que as regras correspondentes definem outrossim o lugar, desde que aí se possa considerar quo o seu conteúdo entrou na esfera de poder do proponente (a melhor ver, *in casu,* o (ciber-)consumidor aderente)[673].

8.3.2. Contrato de Adesão e Cláusulas Contratuais Gerais

98. A revolução tecnológica e comercial, *supra,* registou o começo de uma nova era caraterizada pelo aumento substancial do número de consumidores e operadores económicos envolvidos no mercado do crédito ao consumo[674]. A expansão significativa da procura e oferta de serviços de crédito impeliu a modernização deste setor em particular. Tornava-se cada vez mais premente incutir maior eficiência e celeridade nas preliminares do crédito, viabilizando uma economia de tempo e redução dos custos inter-relacionados como resposta às crescentes necessidades do tráfego comercial, mormente neste que passara a ser um fenómeno de contratação em massa[675].

Foi neste circunstancialismo que surgiram os denominados contratos de adesão, elaborados através do recurso a cláusulas contratuais gerais[676].

[672] Cf. Carlos Ferreira de Almeida – *op. cit.,* 2022, p. 121-122; Henrich Ewald Hörster & Eva Sónia Moreira da Silva – *op. cit.,* 2019, p. 494, § 730; e Francisco Pacheco de Andrade – *op. cit.,* 2008, pp. 37-38. Nas palavras de José de Oliveira Ascensão, "a possibilidade de aceder basta: logo, dispensa-se o conhecimento efetivo. Ainda que o destinatário não leia as mensagens, estas consideram-se recebidas". Cit. José de Oliveira Ascensão – "Contratação Eletrónica". In: *Direito da Sociedade da Informação,* vol. IV (coord. Associação Portuguesa do Direito Intelectual), Coimbra, Coimbra Editora, 2003, p. 57.

[673] Cf. Carlos Ferreira de Almeida – *op. cit.,* 2022, pp. 124-125; e Francisco Pacheco de Andrade – *op. cit.,* 2008, p. 39.

[674] Cf. Ana Pereira – *op. cit.,* 2015, pp. 97-98.

[675] Cf. Carlos Ferreira de Almeida – *op. cit.,* 2022, p. 179; Ana Pereira – *op. cit.,* 2015, p. 98; e João Calvão da Silva – *Direito Bancário,* Coimbra, Almedina, 2001, p. 350. Apesar da consagração do arquétipo ficção do modelo único na formação do negócio jurídico, a *praxis,* mormente em sede de contratação mercantil, evidencia que o CC não obsta o recurso a modelos alternativos de contratação, como sucede, particularmente, nos casos de recurso a cláusulas contratuais gerais. *Vide,* Manuel Januário da Costa Gomes – *Contratos Comerciais,* Coimbra, Almedina, reimpressão, 2013, pp. 44-46; José Engrácia Antunes – *Direito dos Contratos Comerciais,* Coimbra, Almedina, 2009, pp. 132-140.

[676] "Os contratos de crédito ao consumo são [frequentemente] contratos de adesão já que, a par de cláusulas específicas que exprimem a particularidade de cada contrato, contém cláusulas pré-determinadas, destinadas à massa dos consumidores e que não são passíveis de negociação

Em contornos gerais, esta modalidade consubstancia a imposição de um clausulado previamente elaborado (ainda que a título parcial) sem prévia negociação, com generalidade e indeterminação pré-estabelecida unilateralmente pelo financiador, posteriormente apresentado ao consumidor para que este tome unicamente a decisão de adesão – a tal proposta negocial – não lhe sendo facultado, contudo, o poder (ou melhor, a faculdade) de nele introduzir ou alterar algumas (ou até, quaisquer) disposições[677].

> A finalidade subjacente "do recurso a tais cláusulas reside, por um lado, no facto de as regras legais do [CC], muitas vezes dispositivas, nem sempre contemplarem – nem poderem contemplar – os interesses e os condicionamentos específicos do [contrato de crédito ao consumo]. Por outro lado, há [que considerar] a conveniência prática [de] pré-formular as respetivas cláusulas para [estes] negócios de massa (...) onde [as mais das vezes] é ineficiente e não racional procurar, sempre de novo, as soluções contratuais adequadas"[678].

Todavia, além das situações em que o clausulado é elaborado "sem prévia negociação individual, que (...) os proponentes ou destinatários indeterminados se limitem a subscrever ou aceitar", encontram-se também abrangidas por este regime as cláusulas "inseridas em contratos individualizados, mas cujo conteúdo previamente elaborado o destinatário não pode influenciar"[679].

Ora, as instituições de crédito ou determinadas sociedades financeiras, regra geral, tendem a adotar formulários constituídos por cláusulas con-

individualizada (...)". Cit. Acórdão do Supremo Tribunal de Justiça, de 28 de abril de 2009, Juiz Conselheiro Fonseca Ramos, Processo nº 2/09.1YF2SB. Cf., no mesmo sentido, Acórdão do Tribunal da Relação de Coimbra, de 14 de março de 2017, Processo nº 1043/08.1TBFIG-A.C1, Relator Juiz Desembargador Falcão de Magalhães, § 2, Sumário; e ANA PRATA – *Contratos de Adesão e Cláusulas Contratuais Gerais*, 2ª ed., Coimbra, Almedina, 2021, p. 69. *Vide*, ainda a este respeito, ANTÓNIO PINTO MONTEIRO – "Contratos de Adesão/Cláusulas Contratuais Gerais". In: *Estudos de Direito do Consumidor*, vol. 3, nº 1, 2001, pp. 131-163; e ANTÓNIO PINTO MONTEIRO– "Contratos de Adesão – O Regime Jurídico das Cláusulas Contratuais Gerais, instituído pelo D.L. nº 446/85, de 25 de outubro". In: *Revista da Ordem dos Advogados (ROA) Online*, nº 46, 1986, pp. 733-769.

677 Cf. CARLOS FERREIRA DE ALMEIDA – *op. cit.*, 2022, p. 180; e CARLOS MOTA PINTO – *op. cit.*, 2020, p. 113.

678 Cit., com as devidas adaptações temáticas, HENRICH EWALD HÖRSTER & EVA SÓNIA MOREIRA DA SILVA – *op. cit.*, 2019, pp. 515-516, §§ 777-778.

679 Cf. (cf. art. 1º, nºs 1 e 2 do RJCCG); e JOÃO CALVÃO DA SILVA – *op. cit.*, 2001, p. 351.

tratuais gerais no ímpeto de possibilitar a sua aplicação a convenções ulteriores[680]. O cenário pragmático figura, portanto, na utilização geral de um modelo FINE "numa pluralidade ou série de contratos em massa redigidos de modo rígido, inflexível, destinados a serem [aderidos] sem [qualquer] negociação individualizada"[681]. A imposição desta *capitis diminutio* aos consumidores é suscetível de desembocar, não raras vezes, no crédito ao consumo em especial, em situações ou práticas verdadeiramente abusivas[682]. No perspetivar da tutela do consumidor, verificar-se uma desproporção de forças e assimetria de conhecimentos, de formação e de informação diante da entidade financiadora, ao qual acresce um possível desfavorecimento financeiro impeditivo de um processo de negociação verdadeiramente justo, equitativo e razoável[683].

Conclui-se, portanto, que a imposição de contratos de adesão por parte do financiador ao consumidor, constitui – pelo menos, factualmente – uma "importante limitação de ordem prática, não de ordem legal ou jurí-

[680] Cf. Carlos Ferreira de Almeida – *op. cit.*, 2022, p. 187; e Ana Pereira – *op. cit.*, 2015, p. 99.

[681] Cit. João Calvão da Silva – *op. cit.*, 2001, p. 351.

[682] Cf. Carlos Ferreira de Almeida – *op. cit.*, 2022, p. 179; e Ana Pereira – *op. cit.*, 2015, p. 100. A título exemplificativo, em abril de 2021, o Tribunal de Justiça da União Europeia proferiu um Acórdão acerca do princípio da efetividade, em particular, debruçando-se sobre o direito dos consumidores a uma ação judicial defronte a sua vinculação a cláusulas contratuais abusivas. Na origem do pedido de reenvio estava a celebração de um contrato de crédito ao consumo no ano de 2011 entre o recorrente (*LH*) e uma agência de *bureau* de crédito da Eslováquia, a *Profi Credit Slovakia*. Em consonância com os termos estipulados – conformes ao direito interno – a agência podia cobrar encargos como contrapartida da possibilidade concedida ao consumidor de diferir o reembolso. *In termino*, o consumidor não recebera o valor de € 1.500,00 – correspondente ao montante total objeto de empréstimo – ao invés, sendo-lhe concedido tão-somente o valor residual de € 1.1132, 52, 00. Cf. Acórdão do Tribunal de Justiça da União Europeia, de 22 de abril de 2021, Processo C-485/19, *LH vs. Profi Credit Slovakia s.r.o.*, § 16. Neste seguimento, o Tribunal recorrido concluíra que "o princípio da efetividade deve ser interpretado no sentido de que se opõe a uma regulação nacional que prevê que uma ação intentada por um consumidor para efeitos de restituição de quantias indevidamente pagas no âmbito da execução de um contrato de crédito, com fundamento em cláusulas abusivas nos contratos celebrados com os consumidores, ou em cláusulas contrárias às exigências da Diretiva (UE) 2008/48/CE, do Parlamento Europeu e do Conselho, de 23 de abril de 2008 (...), sujeita [impreterivelmente] a um prazo de prescrição de três anos que começa a contar a partir do dia em que ocorreu um enriquecimento injustificado". Cit. *idem, ibidem*, § 76, al. 1). Cf., sobre a tópica, Francisco Arga e Lima – Prescrição e Cláusulas Abusivas – A Propósito do Acórdão Profi Credit Slovakia, NOVA Consumer Lab, 2021, s.p.

[683] Cf. Ana Pereira – *op. cit.*, 2015, p. 100; e João Calvão da Silva – *op. cit.*, 2001, p. 350.

dica, à liberdade de modelação do conteúdo contratual"[684]. À parte mais desprotegida na relação jusconsumerista de crédito com escopo de consumo, normalmente, apenas lhe é facultada a opção de aderir ou não[685]. Aliás, é a consciência desta posição vulnerável, aliada à necessidade de aquisição de determinados bens e serviços de consumo, que 'coarta' os consumidores a apresentarem propostas coadunáveis com as condições pré-contratuais que os financiadores estabeleceram previamente, sem negociação, e mesmo ainda que estas lhes sejam desproporcionalmente desfavoráveis[686].

Segundo Carlos Mota Pinto, são essencialmente três os problemas suscitados pela contratação estandardizada, que desembocam na fragilização da posição do consumidor contraente. A saber:

- Desde logo, é manifesto o risco de iliteracia e consequente incompreensão das cláusulas a que o consumidor[-internauta] passa a estar adstrito;
- Depois, é bem possível que não poucas sejam as ocorrências em que o financiador, predisponente, impõe a adesão a cláusulas abusivas;
- Como se não bastasse, verifica-se uma inadequação e insuficiência do controlo judiciário, as mais das vezes *ex post* – sendo, portanto,

684 Cf. Carlos Mota Pinto – *op. cit.*, 2020, p. 113. "Os contratos de adesão suprimem a liberdade de negociação e de estipulação, correspondem a necessidades de contratação em massa estando de um lado empresas de grande envergadura económica – bancos (...), sociedades financeiras (...) e do outro consumidores mais ou menos informados". Cit. Acórdão do Supremo Tribunal de Justiça, de 28 de abril de 2009 ... *supra*; e Ana Prata – *op. cit.*, 2021, p. 69.

685 Cf. Ana Pereira – *op. cit.*, 2015, p. 100. Há quem defenda, como é o caso de Carlos Mota Pinto, que inexiste qualquer lhana restrição à liberdade de contratar, porquanto na hipótese de o consumidor não estar de acordo com as disposições pré-definidas pelo financiador, será sempre livre de não aderir ao convite a contratar na sua totalidade. Cf. Carlos Mota Pinto – *op. cit.*, 2020, p. 114. Contudo, constata-se que este domínio de rejeição tão-somente se traduz na opção de contratar ou não, caso em que o rejeição das condições impostas pressuporá necessariamente a impossibilidade de o consumidor satisfazer ou fazer jus aos seus hábitos ou necessidades de consumo. Cf. *idem, ibidem*; e Fernando de Gravato Morais – *op. cit.*, 2007, p. 135. Nestes termos, ao consumidor é-lhe reconhecida simplesmente a faculdade de se conformar, resignando-se ao convite a contratar imposto pelo predisponente, ou, alternativamente, rejeitando o clausulado em bloco. Não pode interferir, de modo algum, no âmbito do conteúdo contratual a que se pretende vincular. Cf. Ana Pereira – *op. cit.*, 2015, p. 101.

686 Cf. CARLOS MOTA PINTO – *op. cit.*, 2020, p. 114; e FERNANDO DE GRAVATO MORAIS – *op. cit.*, 2007, p. 135.

reativo e não preventivo – e tão-só realizado sob iniciativa processual do lesado, com os efeitos circunscritos ao caso concreto[687].

Para combater tudo isto, o legislador português decidiu restringir esta atuação praticamente discricionária, o que fez nos termos do RJCCG[688]. Assente nas especificidades da contratação com recurso a cláusulas contratuais gerais, o órgão legiferante incumbiu ao financiador a obrigação de comunicar, previamente e na íntegra, as cláusulas que pretende inserir no contrato (cf. art. 5º do RJCCG), assim como clarificar aspetos que necessitem de ser compreendidos (cf. art. 5º do RJCCG). Aliás, o clausulado que não observe estas exigências, alicerçadas no princípio da boa-fé, será liminarmente excluído, nos termos do art. 8º, als. a) e b) do RJCCG. Também não integrarão os contratos de crédito ao consumo "as cláusulas que, pelo contexto em que surjam, pela epígrafe que as precede ou pela sua apresentação gráfica, passem despercebidas a um contraente normal (...)" e aquelas "inseridas em formulários, depois da assinatura de algum dos contratantes", conforme ao disposto no art. 8º, als. c) e d) do RJCCG[689].

Mesmo assim, nos dias de hoje, é frequente a subscrição de formulários junto de (ou, atualmente, também nos sítios *web*) do estabelecimento do prestador de serviços, a entidade financiadora[690]. Por conseguinte, a implementação destas medidas, ao mesmo tempo que precavê o desconhecimento do conteúdo contratual por parte do consumidor, procuram, simultaneamente, dissuadir os credores, condicionando a sua atuação à inibição de introduzirem quaisquer cláusulas abusivas[691]. Sucede, contudo, que, na *praxis*, mesmo tomando consciência do cariz inequitativo do convite a contratar, o consumidor acaba, ao fim ao cabo, por ser constrangido

[687] Cf. CARLOS MOTA PINTO – *op. cit.*, 2020, pp. 654-656. Para olvidar a ineficácia do sistema judicial, o regime em vigor prevê a possibilidade de instauração de ações inibitórias, tal-qual previsto no art. 25º do RJCCG. Esta prerrogativa possibilita que cláusulas cuja proibição absoluta ou relativa que se encontra prevista na lei possam ser proibidas por decisão judicial, independentemente da sua efetiva aposição em contratos singulares. Cf. ANA PEREIRA – *op. cit.*, 2015, p. 104.

[688] Cf. *idem, ibidem*, p. 102.

[689] Cf. *idem, ibidem* pp. 102-103.

[690] Cf. ANA PEREIRA – *op. cit.*, 2015, p. 103; e FERNANDO DE GRAVATO MORAIS – *op. cit.*, 2007, p. 144.

[691] Cf. ANA PEREIRA – *op. cit.*, 2015, p. 103; e CARLOS MOTA PINTO – *op. cit.*, 2020, pp. 665- 656.

a aderir a estas condições, as mais das vezes, por falta de uma alternativa minimamente viável[692].

8.4. Internet, Comércio Eletrónico e Crédito ao Consumo

8.4.1. O Crédito no 'Bolso' dos Consumidores via Comércio Eletrónico Direto

99. *Latu sensu,* por comércio eletrónico entende-se a comercialização de bens e serviços através do recurso a um qualquer dispositivo eletrónico, como sejam, *verbi gratia,* os contratos concluídos no seguimento de contatos telefónicos com as pessoas singulares, bem como aqueles outros acordados diante desta com recurso à *web,* via plataformas *online,* correio eletrónico, ou até o próprio telefax.

Já em 1999, Alexandre Dias Pereira classificou esta nomenclatura por referência às suas taxonomias direta e indireta. Destarte, grosso modo, enquanto a última aproximação – a do tipo indireto – corresponde, essencialmente, a encomendas efetuadas em linha, pressupondo ainda a entrega física de bens corpóreos pelos mecanismos tradicionais, a primeira – de índole direta, aquela que releva mormente no semblante da concessão de crédito jusconsumerista – supõe a aquisição de um bem incorpóreo (ou até, a subscrição deste que é um serviço da sociedade da informação) e a ulterior execução dos seus termos pela entrega ou cedência de acesso direto e em rede ao objeto negocial (i.e., os montante mutuado)[693].

Em particular, na pragmática do crédito ao consumo firmado em ambiente eletrónico, com ligação à *web,* o subtipo direto que se lhe associa reporta às casuísticas em que são utilizados computadores *desktop* ou portáteis, *smartphones* ou até *tablets*[694]. Cada vez mais a realidade Internet se aproxima do 'bastião' para uma melhor consolidação do comércio eletrónico creditício com escopo de consumo. Em causa está o crescendo no número de contratos concretizados numa interface homem-máquina à distância (e, portanto, remota) diante de um *middle-man* numa instituição de crédito ou de uma determinada sociedade financeira. O acordo de vontades realiza-se ora frequentemente com recurso a páginas *web* ou

[692] Cf. *ult. loc. cit.*

[693] Cf. Alexandre Dias Pereira – *Comércio Electrónico na Sociedade da Informação, Da Segurança Técnica à Confiança Jurídica,* Coimbra, Almedina, 1999, pp. 14-15.

[694] *Vide,* relativamente aos contratos celebrados através da Internet em geral, Jorge Morais Carvalho – "O Direito português dos contratos eletrónicos", *Res Severa Verum Gaudium,* vol. 3, nº 2, 2018, p. 68.

em aplicações móveis (*mobile apps*)[695]. Dir-se-á, portanto, nos dias de hoje, tanto os potenciais como os atuais credores – nesta última circunstância, relativa aos pedidos de aumento das quantias mutuadas – publicitam já os seus serviços de crédito tanto no espaço virtual como na comunicação social. Divulgam a todo o momento mensagens acessíveis nas mais variadas plataformas *online*, sobretudo nas redes sociais.

Com tudo isto, sem cognoscerem a imposição de uma identidade heteroconstituída a que se sujeitam, em razão da inevitável estandardização 'expropriada' de padrões e hábitos de consumo, os consumidores-internautas de hoje são constantemente aliciados a contratar pela adesão a clausulados *ante* estipulados unilateralmente sem qualquer possibilidade de negociação individual[696]. E só na hipótese de serem rotulados na qualidade de 'solventes' estes sujeitos passivos poderão propor aderir aos empréstimos a particulares[697].

8.4.2. Evolução do Regime em Ambiente Eletrónico

100. A tópica do comércio eletrónico foi objeto de regulação pela Comissão das Nações Unidas para o Comércio Internacional (a UNCITRAL), órgão subsidiário intergovernamental que adotou, no dia 16 de dezembro de 1996, a Lei Modelo, o que fez nos termos e para efeitos da Resolução AG/RES/51/162[698]. Nesta versão foram incluídas definições essenciais relativas à contratação do tipo eletrónico. Designadamente, de um ponto de vista amplo, no seu artigo 2º, alínea a) concetualizou-se mensagem eletrónica como "qualquer informação gerada, enviada, recebida ou armazenada por meios eletrónicos, óticos ou similares (...)". Em sentido restrito, o seu cômputo reconduziu-se ao intercâmbio eletrónico de dados, processo que, segundo a alínea b) do mesmo preceito, consubstancia "a transferência (...) de informação através do diálogo entre computadores interligados utilizando um *standard* convencionado para a sua estruturação"[699].

[695] Acerca da figura dos contratos celebrados através da Internet, cf. Carlos Ferreira de Almeida – *Contratos I, Conceito, Fontes, Formação,* 7ª ed., Coimbra, Almedina, 2022, p. 232; e Jorge Morais Carvalho – *op. cit.*, 2021, p. 232.

[696] Com as devidas adaptações temáticas, cf. Filipa Urbano Calvão – "O direito fundamental à proteção de dados pessoais e a privacidade 40 anos depois ... *supra*, p. 96.

[697] Cf. Jorge Morais Carvalho – *op. cit.*, 2021, p. 233.

[698] *Vide*, United Nations, UNCITRAL Model Law on Electronic Commerce, 16 December 1996.

[699] Cit. Francisco Pacheco de Andrade, Teresa Coelho Moreira, Mikhail Bundin & Aleksei Martynov – "EDI for Consumers, Personal Assistants and Ambi-

Em todo o caso, o Regime Jurídico do Comércio Eletrónico (RJCE), tal-qual vigente no ordenamento jurídico português, foi aprovado pelo Decreto-Lei nº 7/2004, de 7 de janeiro, com a última redação dada pela Lei nº 40/2020, de 18 de agosto, originariamente em transposição ou eco da Diretiva (UE) 2000/31/CE, de 8 de junho[700].

Ora, a presente seção debruça-se sobre a aplicação subsidiária deste regime – o do comércio eletrónico – à formação dos contratos de crédito ao consumo em linha, não obstante o RJCDSF[701], mas sobretudo, em particular, o RJCC, preverem normas detalhadas a tal destinadas – mormente em sede publicidade, nos termos do seu artigo 5º, e quanto às informações pré-contratuais, tal-qual plasmado no seu artigo 6º – as quais já se aplicam independentemente de os contratos em apreço se celebrarem por meio eletrónicos ou exclusivamente por meios tradicionais[702].

ent Intelligence – The Right to Be Forgotten". In: *Personal Assistants: Emerging Computational Technologies*, vol. 32 (eds. Angelo Costa, Vicente Julian e Paulo Novais), Cham: Springer, 2018, pp. 200-201. Ora, não crendo ser esta a sede adequada para se aprofundar detalhadamente a Lei Modelo, cabe, contudo, realçar que este instrumento, além de não corporizar obstáculos assinaláveis à implementação de tecnologias de comunicação *machine-to-machine* ou *machine-to-human*, admitia já nessa época, conforme ao seu artigo 11º, a operacionalização de processos de contratação exclusivamente automatizados nos quais encontro de vontades prenunciava já a equivalência funcional entre as declarações de vontade manuscritas e aquelas outras emitidas por via eletrónica, *infra*. Cf. Hugo Ramos Alves – "*Smart Contracts*: entre a tradição e a inovação". In: *FinTech II*, (coord. António Menezes Cordeiro, Ana Perestrelo de Oliveira e Diogo Pereira Duarte), Coimbra, Almedina, 2019, p. 185.

700 Importa, neste seguimento, evidenciar também a matriz embaucadora da Diretiva (UE) nº 2000/31/CE, de 8 de junho. Tal apreciação decorre do facto de este ato europeu secundário não instituir um regime cujas especificidades axiológico-normativas sobressaiam relativamente à contratação eletrónica em especial. Versa, sobretudo, antes de tudo e acima de tudo, sobre temáticas gerais, direta ou indiretamente, em maior ou menor medida, relacionadas com contratação eletrónica e a responsabilidade dos prestadores de serviço na sociedade da informação. Cf. José de Oliveira Ascensão – "Bases para uma Transposição da Directriz". In: *Revista da Faculdade de Direito de Lisboa*, vol. XLIV, nºs 1 e 2 (coord. José de Oliveira Ascensão), Coimbra, Coimbra Editora, 2003, p. 217.

701 O RJCDSF foi aprovado originariamente pelo Decreto-Lei nº 95/2006, de 29 de maio, com a última alteração introduzida pelo Decreto-Lei nº 317/2009, de 30 de outubro.

702 Não se renega o facto de ao *iter* formativo dos contratos de crédito aos consumidores (celebrados por meios tradicionais ou por meios eletrónicos) dever aplicar-se, em primeira linha, o RJCC, que é mais exigente do que o regime do comércio eletrónico somente quanto à natureza particular das informações pré-contratuais a prestar, cf. artigo 6º, nºs 2 e 3, als. a) a t) do RJCC. Em todo o caso, a relação de especialidade que subsiste de entre o RJCE – o meio de contratação – diante o RJCC – o fim previsto – e não vice-versa, reclama a adoção

8.4.3. Crédito ao Consumo em Linha: uma Categoria Híbrida de Contratação Eletrónica

101. É problemático discernir, em termos práticos, o que se deve entender por contratação eletrónica, nomeadamente à luz da legiferação genérica e abstrata consagrada em função daquilo que o artigo 3º, nº 1 do RJCE define enquanto "serviço [da sociedade da informação] prestado à distância por via eletrónica, mediante remuneração ou pelo menos no âmbito de uma atividade económica na sequência de um pedido individual do destinatário".

E se, por um lado, em sentido amplo, se reporta como unânime que é nestes contratos que a expressão das declarações de vontade se manifesta mediante o recurso a quaisquer meios eletrónicos, com ou sem intervenção humana, em correspetiva, o seu pendor mais restrito prescinde dessa mesma interposição, caso em que a sinalagmaticidade do negócio jurídico aduzir-se-ia (quer em termos de tempo, quer quanto à determinação do lugar) por referência tão-somente aos contornos automatizados do acordo[703].

de uma interpretação sistemática, complementar, mais coadunável com a *ratio* de um regime que, inexoravelmente, reclama adaptações quando em causa está a tutela efetiva da posição assimétrica em que o ciberconsumidor se encontra investido, sobretudo na concessão de crédito jusconsumerista em linha. Ora, desde logo, esta atividade enquadra-se dentro do conceito de «serviço da sociedade da informação» (v. desenvolvimentos, *infra*) sendo, portanto, imprudente pugnar pelo afastamento de um regime cujas especificidades, a findar, abonam a favor do ciberconsumidor. Tal asserção aplicar-se-á nomeadamente quanto à validade e eficácia do contrato, *infra*, valorações estas que se encontram dependentes da verificação de quesitos procedimentais, tanto por parte do prestador de serviços – quanto ao aviso de receção – como pelo ciberconsumidor – ao qual lhe será reconhecida a faculdade de confirmar a ordem de subscrição (v. desenvolvimentos, *infra*). Tanto que, se é certo, por um lado, que o RJCC abrange as duas realidades de contratação (i.e., seja esta concretizada através do contato físico ou por meios eletrónicos, alternativamente), por outro, nem a nível preambular, quanto mais nos próprios articulados – quer da Diretiva (UE) 2008/48/CE, de 23 de abril, quer da redação atual do Decreto-Lei nº 133/2009, de 2 de junho – se verifica existir qualquer alusão a esta realidade, vivificada, antes de tudo e acima de tudo, em ambientes de comércio eletrónico direto. Para assumir tamanha posição, qualquer intérprete-aplicador deve estar ciente, na *praxis*, dos cânones hermenêuticos do artigo 9º, nº 1 do CC, segundo o qual: "a interpretação não deve cingir-se à letra da lei, mas reconstituir a partir dos textos o pensamento legislativo, tendo sobretudo em conta a unidade do sistema jurídico (...)".

[703] Cf. HUGO RAMOS ALVES – "*Smart contracts ... supra*, p. 185; FRANCISCO PACHECO DE ANDRADE, *op. cit.*, 2008, pp. 11-14; PAULA COSTA E SILVA, "Contratação Eletrónica". In: *Lei do Comércio Electrónico Anotada* (coord. Gabinete de Política Legislativa e de Planeamento do Ministério da Justiça), Coimbra, Coimbra Editora, 2005, p. 186; e *idem*, "A contratação

No caso do crédito ao consumo em linha – a suputar, particularmente, dentro do âmago da contratação eletrónica em sentido amplo – importa dissociar este dinamismo daquele outro vivificado em sede de negociação exclusivamente automatizada, ou melhor, inter-sistémica. Sucede que, na concessão de empréstimos a particulares via *web*, os contratos firmados integram, *prima facie*, a natureza interativa, na medida em que resultantes da interface do ciberconsumidor com um sistema automatizado de *scoring* previamente instalado no *hosting* do prestador de serviços para emitir a vontade final dos financiadores em concluírem os acordos[704]. Em todo o caso, no atual estado de arte, a negociação ainda não é efetuada em contornos de total automatização, dado que os sistemas de *scoring*, apesar de materializarem a *conditio sine qua non* do [ou para o] encontro de vontades, não abrangem, *in toto*, o *iter* formativo dos contratos de crédito. Na *praxis* corrente, esta fase pré-contratual ainda se desencadeia, muitas (senão a maioria das) vezes, mediante uma concreta interação por meio de comunicações individuais emitidas entre o prestador de serviços em rede e o

automatizada". In: *Direito da Sociedade da Informação* (coord. Associação Portuguesa do Direito Intelectual), vol. IV, Coimbra, Coimbra Editora, 2003, p. 290.

704 Cf. FRANCISCO PACHECO DE ANDRADE – *op. cit.*, 2008, pp. 29-30. Aliás, é a compleição das definições de aprendizagem automática tendentes à consecução de técnicas preditivas baseadas na Inteligência Artificial que, atualmente, fazem com que a concessão de crédito jusconsumerista via Internet seja gradativamente mediada pela ingerência de agentes de *software* aquando da avaliação de solvabilidade, ou antes, dito de outra forma, diante a prospeção ou depuração de megadados para indução do risco futuro de inadimplência. Para efeitos de aprimoramento, são, essencialmente, três as propriedades atributivas que caraterizam o operar dos *agentes de software*, i.e., um sistema ciber[físico] que pauta a sua interação com o universo circundante em consonância com os tributos típicos de um raciocínio e aprendizagem adaptativa maquinizada. Cf. CESAR ANALIDE & DIOGO MORGADO REBELO – "A Inteligência Artificial na era *data-driven* ... *supra*, pp. 67-69. *Vide*, quanto aos redutos mobilidade, reatividade, proatividade, sociabilidade, crenças ou desejos e estados intencionais não sencientes, *maxime*, mimetizáveis computacionalmente, na medida em a Inteligência Artificial poucas verosimilhanças tem diante o desempenho humano ou neuro sináptico até então cognoscível pelas atuais demonstrações científicas, cf., HENRY KISSINGER, ERIC SCHMIDT & DANIEL HUTTENLOCHER – *op. cit.*, 2021, p. 181; LUÍS MONIZ PEREIRA e ANTÓNIO LOPES – *op. cit.*, 2020, pp. 61-62; ARLINDO OLIVEIRA, *Inteligência Artificial*, Lisboa: Fundação Francisco Manuel dos Santos, 2019, p. 72; ANTÓNIO DAMÁSIO – *A Estranha Ordem das Coisas – a Vida, os Sentimentos e a Culturas Humanas*, Lisboa: Temas e Debates, 2017, pp. 274-281; MICHAEL WOOLDRIDGE – *An Introduction to Multiagente Systems*, 2ª ed, Nova Jérsia: John Wiley & Sonns, 2009, pp. 26-34; MICHAEL WOOLDRIDGE & NICHOLAS JENNINGS – "Intelligent agentes: theory and practice". In: *The Knowledge Engineering Review*, vol. 10, n. º 2, 1995, pp. 115-116.

ciberconsumidor aderente. Pois bem, nesta conjetura de tipo interpessoal são enquadráveis, tanto os contratos eletrónios simultâneos celebrados entre presentes – a melhor ver, aqueles que implicam o contato telefónico ulterior de um representante da instituição financiadora ou, sobretudo, em salas de *chat* ou de videoconferência que viabilizem a troca de mensagens em tempo real – como outros não simultâneos (i.e., considerando-se, o crédito concedido na modalidade entre ausentes)[705].

Portanto, a figura jurídica do crédito ao consumo em linha deve ser integrada numa classe híbrida de contratação, de feição interpessoal e interativa. Tal sucede porquanto, não obstante ser frequente a interação do ciberconsumidor defronte um *software* de *scoring* para avaliação da solvabilidade, muitas vezes, este tipo de contratualização requer ainda o fluxo recíproco de mensagens trocadas em tempo real, ou até mesmo, assíncrono.

Pelo exposto, incumbe ainda referir que estes eventos creditícios do tipo intermédio não serão reconduzíveis à exclusão das normas previstas nos artigos 27º '*e*' 29º do RJCE, *ex vi* do artigo 30º do mesmo diploma[706].

[705] Cf. Francisco Pacheco de Andrade, *op. cit.*, 2008, pp. 26-29. Em relação a esta última categoria, indaga-se que a aceitação da instituição de crédito ou determinada sociedade financeira será recebida pelo ciberconsumidor num momento diferente daquele que haja presidido à emissão da sua proposta (ou adesão, *infra*), pressupondo, mesmo ou ainda assim, uma mediação ou interface direta entre as partes. Trata-se, a título de exemplo, de ocorrências em que o crédito ao consumo é concedido com recurso ao correio eletrónico ou até ao fax. Cf. *ult. loc. cit.*; e Acórdão do Tribunal da Relação do Porto, de 22 de setembro de 2009, Processo nº 0827382, Relator Juiz Desembargador Marques de Castilho, § 2, Sumário, segundo o qual: o [contrato celebrado entre ausentes] foi sendo estabelecido ou negociado através da emissão de declarações de vontade emitidos essencialmente por meios electrónicos, de fax ou e via mail, com os quais se acertou o envio e fixação do respetivo preço, bem como quantidades dos produtos, sua qualidade e características, designadamente através do envio das respectivas amostras correspondentes, ainda sendo certo, que a mercadoria em causa deveria ser recepcionada em Portugal nas condições e parâmetros de qualidade e quantidade estabelecidos e o preço pago através de credito documentário bancário antecipadamente remetido para o efeito".

[706] A este respeito, acompanha-se a posição pelejada por Hugo Lança Silva, segundo o qual "não pode deixar de causar perplexidade a não aplicação a estes contratos das regras referidas nos arts. 27º a 29º; se no caso do art. 27º os motivos são compreensíveis, se aceitarmos a desnecessidade de um dispositivo de identificação e correção dos termos de erros de introdução, [é incompreensível] a não sujeição ao direito de informação, imperativo nos contratos com os consumidores", cit. Hugo Lança Silva, – *A conclusão dos contratos no comércio electrónico*, Verbo Jurídico, *cit. in.* Mariana Carvalho Homem – "A Formação dos Contratos no Comércio Electrónico". In: *RED*, nº 1, 2013, p. 31. Também Francisco Pacheco de Andrade

8.4.4. Forma e Algumas Formalidades

102. Decorre do art. 25º, nº 1 do RJCE a consagração do princípio da liberdade contratual. À exceção da faculdade de estipulação reduzida – dado que as instituições de crédito ou alguma sociedades financeiras, regra geral, ajustam os formulários adaptados na FINE constituída por cláusulas contratuais gerais para possibilitarem a adesão dos ciberconsumidores a contratos em massa, elaborados de modo rígido, inflexível, e sem negociação individualizada[707]-, tanto a validade como a eficácia destes não são, de modo algum, preteridas pela restrição juridicamente admissível, dentro de determinadas limitações relativas a eventuais práticas abusivas, à autonomia para estipular da parte passiva. Em todo o caso, em consonância com o disposto no art. 25º, nº 4 do RJCE, importa ressalvar o facto de ser proibida a aposição de "cláusulas contratuais gerais que imponham a celebração por via eletrónica dos contratos com consumidores".

In icto oculi, resulta do art. 26º, nº 1 do RJCE "uma equiparação plena entre a celebração de contratos por meios eletrónicos (*online*) e [os] do mundo real"[708]. Logo, os contratos de crédito ao consumo em linha,

considera que o artigo 30º do RJCE deixa o intérprete-aplicador na incerteza "se não terá havido erro no momento de publicação do diploma ou se o legislador não quereria dizer os artigos 27º e 29º em vez de "os artigos 27º a 29º", [sendo certo que a primeira hipótese corresponde à] formulação mais coerente com o disposto no nosso ordenamento jurídico a respeito da proteção do consumidor", cit. Francisco Pacheco de Andrade – Comunicação da apresentação na ação de formação Temas de Direito Processual Civil no Centro de Estudos Judiciários, 2015, anotação em rodapé nº 22, s.p.

707 Cf. João Calvão da Silva – *op. cit.*, 2001, p. 351.

708 Cit. Hugo Ramos Alves – "*Smart contracts ... supra,* p. 187; e Miguel Pupo Correia – "Comércio Electrónico: Forma e Segurança". In: *Direito da Sociedade da Informação* (coord. Instituto Jurídico da Comunicação), Coimbra, Coimbra Editora, 1999, p. 235. A este respeito, Francisco Pacheco de Andrade e Marina Silva não deixaram de sinalizar em 2021 objeções quanto à compatibilização do regime nesta égide instituído para com o art. 3º do Decreto-Lei nº 12/2021, de 9 de fevereiro, na sua redação atual, este que assegura a execução na ordem jurídica do Regulamento (UE) 910/2014, de 23 de julho, relativo à identificação eletrónica e aos serviços de confiança para as transações eletrónicas no mercado interno. Segundo os autores, ainda que o propósito do legislador tenha sido o de privilegiar os documentos eletrónicos apresentados em "suportes" fiáveis, fê-lo, no seu entender, de modo cabalmente "desastrado". Nomeadamente, reputaram não só ser desnecessário o pleonasmo jurídico exortado num cotejo de entre o normativo supracitado para com o artigo 26º, nº 1 do RJCE, como consideram também que a letra plasmada neste último não se compagina de todo com o espírito global da ordem interna, mormente no que contende com a fidedignidade, a conservação e a utilização destes documentos eletrónicos em matéria probatória: "mais importante

tão-somente quanto ao momento da sua conclusão – não eficácia, *infra* – formam-se quando exarados em papel ou noutro suporte duradouro[709], incluindo o eletrónico, em condições de inteira legibilidade – tal-qual se depreende do art. 12º, nº 1 do RJCC e do art. 26º, nº 1 do RJCE[710].

Pelo mais, crê-se que, relativamente aos contratos de crédito ao consumo celebrado através da Internet, deverão aplicar-se, *mutatis mutandis* – via remissão explícita do art. 3º, nº 5 do RJCE -, as várias disposições especiais do Decreto-Lei nº 24/2014, de 14 de fevereiro, na sua redação atual -este que institui o regime dos contratos celebrados à distância e fora do estabelecimento comercial (de ora em diante, abreviadamente, RJCDFEC)[711]. Aliás, uma das controversas dilemáticas despoletadas pela

do que o suporte, para efeito de prova, é a questão da inalterabilidade do documento. (...) Em vez de se confundir escrito com suporte, poderia ter havido um privilegiar de formatos que permitissem a inalterabilidade ou a rastreabilidade das alterações dos documentos. tais formatos, sim, dariam garantias de fidedignidade e conservação". Cit., FRANCISCO PACHECO DE ANDRADE & MARINA SILVA – "O Documento Eletrónico: suporte e formato", *Revista da Ordem dos Advogados*, ano 81, vols. III-IV, 2021, pp. 605-606.

[709] Em consonância com o disposto no art. 11º, nº 2 do RJCDSF, "considera-se suporte duradouro aquele que permita armazenar a informação dirigida pessoalmente ao consumidor, possibilitando no futuro, durante o período de tempo adequado aos fins a que a informação se destina, um acesso fácil à mesma e a sua reprodução inalterada".

[710] Sucede que as declarações de aceitação, passíveis de serem emitidas pelas entidades financiadoras via eletrónica, só satisfarão a «a exigência legal de forma escrita quando ofereça[m] as mesmas garantias de fidedignidade, inteligibilidade e conservação», só assim sendo o suporte de comunicação duradouro, cf. AAVV- *Lei do Comércio Electrónico Anotada*, Coimbra, Coimbra Editora, 2005, pp. 104-105. Estas são garantias que, efetivamente, ambos os regimes consagram, procurando colmatar a insegurança na transmissão da informação em linha. "Enquanto (...), no caso do papel, a mensagem ou chega ou não chega, não existindo qualquer alteração do respetivo conteúdo decorrente [da] transmissão, no caso da mensagem eletronicamente transmitida, [deste] processo (...) poderão resultar deturpações ao conteúdo da mensagem". Cit. PAULA COSTA E SILVA – "Transferência Eletrónica de Dados: A Formação dos Contratos". In: *Direito da Sociedade da Informação* (coord. Instituto Jurídico da Comunicação), Coimbra, Coimbra Editora, 1999, p. 205.

[711] Quanto à aplicação do regime dos contratos celebrados à distância entre um profissional e o ciberconsumidor, cf. JORGE MORAIS CARVALHO – "Comércio Electrónico e Proteção dos Consumidores", *Themis – Revista da Faculdade de Direito da Universidade Nova de Lisboa*, ano VII, nº 13, 2006, p. 42 (pp. 42-62); ELSA DIAS OLIVEIRA – "Tutela do Consumidor na Internet". In: *Direito da Sociedade da Informação*, vol. V, 2004, p. 337; DELMINDA SOUSA E SILVA – "Contratos à Distância – o Ciberconsumidor". In: *Estudos de Direito do Consumidor*, nº 5, Centro de Direito do Consumo, Coimbra: Faculdade de Direito da Universidade de Coimbra, 2003, p. 433; e ALEXANDRE DIAS PEREIRA – A Proteção do Consumidor no Quadro da Diretiva

aplicação especial do seu art. 4º, nº 1, epigrafado "Informação pré-contratual (...)", tem que ver precisamente com a conexão entre a mensagem e o processo preliminar. Eis que a disponibilização em linha de uma oferta pública no crédito, que contenha todo o conteúdo do qual o ciberconsumidor deva ter conhecimento – tanto nos termos e para efeitos do disposto no normativo citado, *supra*, como nos arts. 11º a 18º do RJCDSF e, sobretudo, no art. 6º, nº 3 do RJCC (ou até daquele sugerido no art. 10º da Proposta de Diretiva), ou também, em particular, nos arts. 28º e 31º do RJCE -, deve ser criteriosamente analisada e compreendida por este antes da tomada de decisão de propor a adesão. Ora, esta cognoscibilidade pressuporá, além da assunção de uma postura proativa recíproca, por parte do sujeito passivo, o emprego, por parte da entidade financiadora, de uma linguagem clara, simples e acessível em termos linguísticos e de ligação 'conteúdo-forma' *web* da FINE ao conjunto de declaratários até então indeterminados[712]. Por isso é que, além do art. 12º do RJCDSF[713] e o art. 5º, nº 2 do RJCDFEC impõem que, imediatamente antes da celebração do contrato

de Comércio Electrónico". In: *Estudos de Direito do Consumidor,* nº 2, Centro de Direito do Consumo, Coimbra: Faculdade de Direito da Universidade de Coimbra, 2000, p. 113. Muitas das disposições do regime dos contratos celebrados à distância e fora do estabelecimento comercial têm-se por aplicáveis no crédito ao consumo em linha, dado que regulam tão-somente relações jurídicas de consumo. Cf. PEDRO ROMANO MARTINEZ – "Celebração de Contratos à Distância e o Novo Regime do Contrato de Seguro". In: *Revista de Direito e Estudos Sociais,* Ano 40, nºs 3 e 4, Coimbra, Almedina, 2009, p. 86, anotação em rodapé nº 3; e FERNANDA NEVES REBELO – "O Direito e Livre Resolução no Quadro Geral do Regime Jurídico da Proteção do Consumidor". In: *Nos 20 Anos do Código das Sociedades Comerciais – Homenagem aos Profs. Doutores A. Ferrer Correia, Orlando de Carvalho e Vasco Lobo Xavier,* vol. II, Coimbra, Coimbra Editora, 2007, p. 587.

712 *Vide,* Acórdão do Supremo Tribunal de Justiça, de 4 de junho de 2015, Processo nº 319/06.7TVLSB.L2. S1, Relator Juiz Conselheiro Oliveira Vasconcelos, § IV, Sumário, segundo o qual, na relação bancária com a clientela, o "dever de prestar informações é cada vez mais intenso, dada a tendência atual de proteção do consumidor, sem que com tal tendência se tenha como reconhecido um direito à passividade por parte do consumidor". Em todo o caso, na esteira de Francisco Pacheco de Andrade, "porque a rapidez de [formação] do contrato é bem diversa nos ciber-contratos, talvez se devessem prever regras especiais". Cit. FRANCISCO PACHECO DE ANDRADE – op. cit., 2008, p. 46. Cf. JÉRÔME PASSA – "Commerce Electronique et Protection du Consommateur". In: *Recueil Le Dalloz – Cahier Droit des Affairs,* Ano 179, n. º 6, 2002, p. 558.

713 "A informação (...) deve identificar, de modo inequívoco, os objetivos comerciais do prestador e ser prestada de modo claro e percetível, de forma adaptada ao meio de comunicação à distância utilizado e com observância dos princípios da boa-fé". Cit. art. 12º do RJCDSF.

de crédito ao consumo em linha, as caraterísticas essências, preços, respetivos encargos, bem como a duração do vínculo sejam comunicadas "(...) de forma clara (...) e bem visível".

Portanto, apesar de, em consonância com o disposto no art. 6º, nº 5 do RJCC, se considerar "que o credor cumpriu os requisitos de informação previstos (...) se tiver fornecido a ficha sobre [FINE], devidamente preenchida", em ambiente de comércio eletrónico direto as cautelas a tomar pelo prestador são (ou, pelo menos, deveriam ser) acrescidas. Por isso, em concretização desta exigência procedimental, típica de uma 'mais e melhor' autodeterminação informativa, o art. 5º, nºs 3 e 4 do RJCDFEC demandam, a título de garantia adicional, a confirmação "expressa e consciente" do ciberconsumidor por meio da "ativação de um botão ou função semelhante"[714].

Em último lugar, porque o tráfego jurídico em ambiente de comércio eletrónico é mais propenso a equívocos, importa referir ainda que o art. 27º do RJCE incumbe "o prestador de serviços em rede (de) disponibilizar aos destinatários (...) meios técnicos e eficazes que lhes permitam identificar e corrigir erros, antes de formular a ordem [de subscrição]".

8.4.5. O *Iter* Formativo: do Convite a Contratar, ao Aviso de Receção, até à Confirmação da Subscrição

103. Quanto à forma do *iter* que postula o modelo "proposta-aceitação" subjacente ao encontro de vontades no crédito ao consumo em linha, deverão considerar-se em especial os arts. 29º e 32º do RJCE.

Sucede que, também em ambiente eletrónico, à luz do art. 32º do RJCE, a instituição financiadora – socorrendo-se de sistemas de *scoring* para avaliar a solvabilidade, emitindo o seu juízo final, *hoc sensu*– reserva ainda para si, *in fine,* o poder de decidir se pretende contratar ou não com todos os internautas que tenham acesso à rede, não sendo, por esse mesmo motivo, a declaração negocial qualificada na sua plena firmeza, i.e., enquanto lhana proposta contratual[715]. Logo, também as informações plasmadas na FINE

[714] Cf. JORGE MORAIS CARVALHO – *op. cit.*, 2021, p. 234; e ALBERTO DE FRANCESCHI -"The EU Digital Single Market Strategy in Light of the Consumer Rights Directive: The 'Buttim Soluction' for Internet Cost Traps and the Need for a More Systematic Approach", *EuCML – Journal of European Consumer and Market Law*, vol. 4, no. 4, 2015, p. 146 (pp. 144-148).

[715] Cf. ELSA DIAS OLIVEIRA, *A Proteção dos Consumidores nos Contratos Celebrados através da Internet*, Coimbra, Almedina, 2002, p. 89. *Vide*, genericamente, com as devidas adaptações,

disponibilizada numa página da Internet ao ciberconsumidor reconduzir--se-ão, ora sim, também, à figura do convite a contratar.

Com efeito, o art. 29º, nº 1 do RJCE estatui que, logo que recebida a ordem de encomenda – entenda-se, a subscrição de um dado empréstimo em linha – a instituição de crédito ou uma dada sociedade financeira tomará a decisão de aceitação, devendo acusar igualmente a receção da proposta de adesão por meios eletrónicos, apesar de o nº 2 do preceito em apreço dispensar injustificadamente este ato ou procedimento nas casuísticas de comércio eletrónico direto. Pugna-se, nesse sentido, pela adoção de uma interpretação *contra legem*. Na fixação do sentido e alcance do art. 29º, nº 2 do RJCE – este que, aliás, não encontra qualquer concordância defronte as diretrizes harmonizadas no art. 11º, nº 3, da Diretiva (UE) nº 2000/31/CE, de 8 de junho[716] – é inaceitável a qualquer intérprete-aplicador de *iure constituto* presumir que o órgão legiferante adotara a solução

acerca da consideração das ofertas públicas no crédito ao consumo na qualidade de convite a contratar, Carlos Ferreira de Almeida – *op. cit.*, 2022, p. 16; Henrigh Ewald Hörster e Eva Sónia Moreira da Silva – *op. cit.*, 2019, p. 502, §748; e Pedro Pais de Vasconcelos & Pedro Leitão Pais de Vasconcelos – *op. cit.*, 2022, pp. 470-471; João Calvão da Silva – *Banca, Bolsa e Seguros – Direito Europeu e Português, Parte Geral, Tomo I*, 5ª ed., Coimbra: Almedina, 2017, pp. 195-196. Em sentido contrário, cf. Fernando de Gravato Morais – *op. cit.*, 2009, pp. 136-138. Não resulta, portanto, claro, contrariamente ao pelejado por Paula Costa e Silva, que nos contratos eletrónicos – *in casu*, com escopo de consumo – o alojamento numa página da Internet de uma oferta constitua sempre uma proposta contratual. Se, por um lado, este aprioristicamente seria o desígnio da incumbência do intérprete-aplicador e não do legislador, em contraponto, pragmaticamente, o princípio do conhecimento pleno das condições de subscrição, incluindo a determinação do sujeito passivo, inculcam, na maioria das vezes, mesmo em abstrato, a qualificação destes anúncios na qualidade de convites a contratar. Cf. Acórdão do Tribunal da Relação de Coimbra, de 27 de fevereiro de 2008, Processo nº 1377/07.2TBGRD, Relator Juiz Desembargador Fernando Ventura, § 2, Sumário; Paula Costa e Silva – "A contratação automatizada" ... *supra*, p. 297, *a contrario sensu*; e Paula Costa e Silva – "Lição" ... *supra*, p. 187, *a contrario sensu*.

716 Nos termos do artigo 11º, nº 3 da Diretiva (UE) nº 2000/31/CE, de 8 de junho, o prestador de serviços em rede tão-somente ficaria isento de acusar a receção da ordem de subscrição na circunstância de o contrato de crédito ao consumo ser exclusivamente celebrado por correio eletrónico ou outro meio de comunicação individual equivalente, o que não sucede, *in caso*, quando firmado em linha. Em relação a este objeto de estudo, como se elucidou anteriormente, o *iter* pré-contratual pressupõe ainda uma interação com um sistema de *scoring*. Dir-se-á, portanto, que o legislador português, ao transpor a Diretiva *ante* enunciada, evidencia alguma confusão de entre, por um lado, a modalidade de contratação inter-sistémica e interativa, e por outro, com o tipo de execução ou cumprimento das obrigações que subjazem ao comércio eletrónico direto ou indireto, respetivamente.

mais correta defronte a alegada pretensão de tutela efetiva da posição assimétrica em que o consumidor se encontra investido também, ou antes, sobretudo em ambiente de comércio eletrónico direto. Em primeiro lugar, considera-se ser de suma preponderância o envio do aviso de receção diante o tráfego jurídico em ambiente eletrónico direto, dado que o ciberconsumidor, nessas circunstâncias, precisará de mais tempo para preparar o cumprimento das obrigações (i.e., o reembolso do capital mutuado, acrescido de juros)[717]. Aliado a tudo isto, não se esqueça que a contraparte financiadora se encontra, também ela, adstrita a fazer jus ao direito de arrependimento, tal-qual previsto no art. 17º do RJCC[718].

Face ao exposto, pode afiançar-se que, nos termos do art. 29º, nº 5 do RJCE, a subscrição via eletrónica do crédito ao consumo só se efetivará, enquanto condição de eficácia, com a confirmação do declaratário da aceitação (a melhor ver, o ciberconsumidor) dada na sequência do envio do aviso de receção por parte do prestador de serviço (ou seja, a entidade mutuante)[719]. Ora, é precisamente porque só nesse hiato pré-contratual

[717] O art. 28º da Lei Espanhola, a *Ley 34/2002, de 11 de julio, de servicios de la sociedad de la información y de comercio electrónico* prevê expressamente a obrigação de envio do aviso de receção no momento ulterior à celebração do contrato eletrónico: "*El oferente está obligado a confirmar la recepción de la aceptación al que la hizo por alguno de los siguientes medios: a) El envío de un acuse de recibo por correo electrónico u otro medio de comunicación electrónica equivalente a la dirección que el aceptante haya señalado, en el plazo de las veinticuatro horas siguientes a la recepción de la aceptación, o b) La confirmación, por un medio equivalente al utilizado en el procedimiento de contratación, de la aceptación recibida, tan pronto como el aceptante haya completado dicho procedimiento, siempre que la confirmación pueda ser archivada por su destinatário*". A lei portuguesa não só não prescreve expressamente essa obrigação, como ousa ainda diferenciar comércio eletrónico direto de indireto, dispensando injustificadamente o aviso de receção em relação à primeira modalidade. "(...) O consumidor merece ser tutelado da mesma forma haja ou não fornecimento imediato do serviço". Cit. PAULA COSTA E SILVA – "Contratação Eletrónica", cit., p. 188. Cf. JORGE MORAIS CARVALHO – op. cit., 2021, p. 235; PAULA COSTA E SILVA – "Lição" ... *supra*, p. 188; e FRANCISCO PACHECO DE ANDRADE – op. cit. 2008, p. 49. "

[718] "A redação do preceito é clara no sentido de o exercício do direito [de arrependimento] ser posterior ao momento da celebração do contrato de crédito, uma vez que está em causa a revogação do contrato e não a revogação da declaração negocial emitida pelo consumidor". Cit., JORGE MORAIS CARVALHO – *op. cit.*, 2021, p. 235 e p. 447.

[719] A este propósito, nos contratos eletrónicos em geral, considerando os elementos informacionais como convite a contratar, ainda assim, a doutrina diverge quanto à consideração da confirmação por parte do ciberconsumidor enquanto elemento a partir do qual se extrai a eficácia do negócio jurídico em ambiente eletrónico. Em abono desta asserção, cf. CARLOS

será do primeiro o conhecimento inequívoco da volição sinalagmática do segundo em firmar o acordo que, no crédito ao consumo em linha, a doutrina do duplo clique – grosso modo, concretizada através da confirmação,

Ferreira de Almeida – *op. cit.*, 2022, pp. 159-160; Jorge Morais Carvalho – *op. cit.*, 2021, p. 237; Paula Ribeiro Alves – *Contrato de Seguro à Distância*, Coimbra, Almedina, 2009, p. 212; e AAVV – *op. cit.*, 2005, p. 118; e Alexandre Dias Pereira – "Comércio Electrónico e Consumidor". In: *Estudos de Direito do Consumidor*, nº 6, Centro de Direito do Consumo, Coimbra, Faculdade de Direito da Universidade de Coimbra, 2004, pp. 355-356. Com dúvidas: Pedro Romano Martinez – "Celebração de Contratos à Distância e o Novo Regime do Contrato de Seguro" ... *supra*, p. 105. Cf., em sentido contrário, considerando que a mera ordem de uma encomenda deve ser qualificada, *ipso jure*, como aceitação, formando-se, nesses termos, o contrato com os seus efeitos, independentemente da confirmação do destinatário, o ciberconsumidor, sendo, portanto, a qualificação tida como um mero ato de execução do contrato, Hugo Ramos Alves – "*Smart contracts* ... *supra*, p. 189-190; Luís Carvalho Fernandes – *op. cit.*, 2017, p. 132; Adelaide Menezes Leitão – "Comércio Eletrónico e Direito do Consumo". In: *Liber amicorum Mário Frota*, Coimbra, Almedina, 2012, p. 36; José Engrácia Antunes – *op. cit.*, 2009, p. 147; João Calvão da Silva – op. cit., 2007, p. 118; José Moitinho de Almeida – "A Celebração à Distância do Contrato de Seguro". In: *Actualidad Jurídica Uría Menéndez*, nº 18, 2007, p. 16; Mário Gabriel de Castro – "Direito dos Contratos – Contrato Electrónico de Consumo". In: *Estudos de Direito do Consumidor*, nº 8, Centro de Direito do Consumo, Coimbra: Faculdade de Direito da Universidade de Coimbra, 2006/2007, p. 586; David Oliveira Festas – "A Contratação Eletrónica Automatizada". In: *Direito da Sociedade da Informação*, vol. VI (coord. Associação Portuguesa de Direito Intelectual), Coimbra, Coimbra Editora, 2006, p. 427; Pedro Dias Venâncio – "O Contrato Electrónico e o Momento da Sua Conclusão". In: *MaiaJurídica*, Ano IV, nº 2, 2006, p. 76; Sebastião Nóbrega Pizarro – *Comércio Eletrónico: Contratos Electrónicos e Informáticos*, Coimbra, Almedina, 2005, p. 82; Paula Costa e Silva – "A contratação automatizada" ... *supra*, p. 297; e Manuel Lopes Rocha; Ana Margarida Marques & André Lencastre – *Guia da Lei do Comércio Electrónico*, Lisboa: Centro Atlântico, 2004, p. 82. Em todo o caso, Alexandre Dias Pereira considera que o número em questão – o do artigo 29º, nº 5 do RJC – mesmo valendo como condição de eficácia, suscita a preterição da liberdade de prestação de serviços da sociedade da informação, caso em que, segundo autor, além de não se encontrar qualquer prerrogativa idêntica no art. 9º, nº 1 da Diretiva (UE) 2000/31/CE, de 8 de junho, tampouco o regime aplicável a esta matéria não deixa de obstar à formação e utilização de contratos por meios eletrónicos. Cf. Alexandre Dias Pereira – "A Via Electrónica de Negociação (Alguns Aspetos)". In: *Estudos de Direito do Consumidor*, nº 8, 2006/2007, pp. 282-283, *cit. in*. Ana Rita Oliveira – *A contratação eletrónica: as cláusulas contratuais gerais (em especial, nas transações realizadas via Internet e outros desafios*, Dissertação de Mestrado, Coimbra: Faculdade de Direito da Universidade de Coimbra, 2016, p. 38. Em nosso entender, contrariamente, neste *check & balance*, tem de se conceder primazia ao âmbito fundamental de tutela da posição do ciberconsumidor em detrimento de um maior dinamismo que a supressão deste dispositivo poderia despoletar em sede de comércio eletrónico direto, *in casu*, no setor do crédito ao consumo.

por parte do sujeito passivo, da sua subscrição prévia – deve prevalecer enquanto condição legal de eficácia da adesão[720].

Como tal, aprecia-se o caráter vinculativo (ou antes, eficaz) deste negócio jurídico em três momentos distintos: o primeiro, concernente à validade, remete para o momento da subscrição, ao passo que a sua eficácia se encontrará dependente da ulterior confirmação[721]. Já o aviso de receção, por seu turno, a ter de ser remetido logo após a receção da ordem de encomenda, consubstanciará um "dever-ser", ou antes, dito de forma mais elucidativa, uma obrigação legal a partir da qual se avaliará a validade do contrato[722]. Posto isto, portanto, ao ciberconsumidor, meditando melhor

[720] "Como acontece a contratação on-line? Clico a ordem, espero um lapso de tempo e depois reciclo a ordem. Isto quer dizer que contratamos sempre com duplo clique". Cit. Paula Costa e Silva – "Lição" ... *supra*, p. 188.

[721] Também aqui, "importa não confundir invalidade com ineficácia. São qualidades do negócio que se situam em níveis diferentes. A invalidade exprime um juízo negativo de valor (...). É o desvalor do ato. Da invalidade resulta normalmente ineficácia, sempre que a incompatibilidade valorativa entre o ato e a ordem jurídica é de tal ordem que esta lhe recusa a produção de efeitos próprios. O modo da incompatibilidade valorativa determina também a modalidade da ineficácia. Por isso, as diferentes modalidades de invalidade envolvem diversos regimes de ineficácia. Mas a ineficácia pode ter outras causas além da invalidade. Entre elas (...) avulta (...) a falta de formalidades". Cit. Pedro Pais de Vasconcelos & Pedro Leitão Pais de Vasconcelos – *op. cit.*, 2022, p. 743.

[722] Cf. Susana Larisma – Contratação Electrónica, O Comércio Electrónico em Portugal – O Quadro Legal e o Negócio, Lisboa, Anacom, 2004, p. 168; e José de Oliveira Ascensão – "Bases para uma Transposição da Directriz nº 00/31, de 8 de junho (Comércio Electrónico)" ... *supra*, p. 226. A lei portuguesa transpôs a Diretiva (UE) nº 2000/31/CE, do Parlamento Europeu e do Conselho, de 8 de junho de 2000 – que apenas fazia menção ao aviso de receção – desconsiderando que, com a introdução do art. 29º, nº 5, estaria a introduzir uma figura nova e original no ordenamento jurídico português em matéria de comércio eletrónico. Cf. *ult. loc. cit.* Todavia, não é claro, relativamente aos contratos eletrónicos, genericamente, se o envio do aviso de receção constitui uma obrigação contratual do prestador de serviços de crédito em linha ou se é tão-só uma das formalidades que se inclui nas preliminares da formação do contrato. Cf. *idem, ibidem*, p. 235. Temos para nós que, no contexto do crédito ao consumo em linha, o aviso de receção corporiza uma obrigação contratual que acresce à declaração de aceitação por parte da entidade financiadora, precisamente pelo condicionalismo mais vulnerável de o contrato ser celebrado à distância (e, por vezes, mesmo entre ausentes). Na circunstância de não se proceder ao seu envio – e, aponte-se, que este pode ser remetido por correio eletrónico e, por conseguinte, não tem de chegar à esfera do destinatário imediatamente (cf. art. 29º, nº 4 do RJCE) -, impossibilitar-se-á a confirmação da subscrição por parte do ciberconsumidor (cf. art. 29º, nº 5 do RJCE). Mesmo nestes casos, o prestador de serviços deverá incorrer em responsabilidade contratual e não pré-contratual, desde logo, por força do art. 32º, nº 2 do RJCE, segundo o qual "o mero aviso de receção da

sobre a necessidade e adequação de um serviço já subscrito, deve ser-lhe concedida a faculdade de se arrepender, podendo optar, alternativamente, por uma outra oferta em linha com condições anunciadas ao público-alvo que lhe sejam mais vantajosas[723].

E refira-se: ainda que subsista na esfera jurídica deste sujeito passivo o direito de livre revogação volvidos 14 dias desde a conclusão do crédito ao consumo via Internet, tal-qual previsto no art. 17º, nº 1 do RJCC, esta faculdade não será de todo destituída de onerosidade. O consumidor continuará, ainda assim, a estar adstrito à devolução do capital mutuado, acrescido de juros vencidos desde a data do início do uso deste, sem atrasos indevidos, e num prazo não superior a 30 dias após a expedição da comunicação. Em todo o caso, realça-se o facto de, inexistindo qualquer confirmação ulterior, seja expressa ou até pela assunção de um qualquer comportamento concludente (como seja, o uso do capital mutuado), o ciberconsumidor apenas deverá proceder à devolução do montante objeto empréstimo sem ter de suportar quaisquer encargos adicionais, contanto, apesar de válido, até esse momento o contrato não cristalizara qualquer situação jurídica constitutiva de eficácia[724].

Em suma, amiúde de todo este dissídio normativo, versado numa miríade de querelas doutrinárias, inobstante serem assinaláveis a falta de rigor do legislador, a neutralidade tecnológica e, bem assim, a aprovação de um regime complexo, no crédito ao consumo em rede, a confirmação, na pessoa

ordem de encomenda não tem significado para a determinação do momento da conclusão do contrato". Cf. AAVV – - op. cit., 2005, p. 118; e, em sentido contrário (discordando), João Calvão da Silva – op. cit., 2007, p. 118.

723 A propósito da injuntividade na confirmação de uma encomenda na pessoa do consumidor, a doutrina diverge. Por um lado, há quem entenda que o preceito em causa não encontra suporte algum no art. 11º, nº 3 da Diretiva (UE) nº 2000/31/CE, pelo que, não correspondendo à prática geralmente adotada na contratação eletrónica, deve ser interpretado como não injuntivo por ser desnecessário que o ciberconsumidor reitere a ordem após o recebimento do aviso de receção. Cf. Jorge Morais Carvalho – *op. cit.*, 2021, p. 237; e Francisco Pacheco de Andrade – *op. cit.*, 2008, p. 49, anotação em rodapé nº 168. Em contrapartida, Mariana Carvalho Homem entende que a confirmação impende na esfera jurídica do ciberconsumidor na qualidade de dever-ser, embora defenda a limitação da sua relevância no processo de formação do contrato. Cf. Mariana Carvalho Homem – "A Formação dos Contratos no Comércio Electrónico, ... *supra*, p. 29.

724 Não se corrobora, nesse sentido, a posição perfilhada ou defendida por Paula Costa e Silva, segundo a qual "a aceitação (...) eventualmente revogável por arrependimento, passa a ser um procedimento". Cit., Paula Costa e Silva – "Contratação Eletrónica ... *supra*, pp. 187-188.

do ciberconsumidor, da subscrição deste serviço na sociedade da informação não cristaliza, em nosso entender, uma obrigação legal *per si*, antes tratando-se de uma faculdade de que o próprio dispõe. De qualquer forma, contanto posterior à celebração do contrato, o seu exercício é fulcral, não enquanto quesito de validade, antes de eficácia do encontro de vontades.

9. A Avaliação de Solvabilidade

9.1. Injuntividade da Depuração e Previsão do Risco

104. Nos dias de hoje, a concessão de crédito ao consumo pode ser firmada tanto presencialmente como em linha através da Internet. Em ambas as circunstâncias os prestadores de serviços podem socorrer-se de sistemas de IA para melhor explorarem a situação financeira da clientela. Todavia, mesmo com a institucionalização de políticas mais garantes de uma melhor solvabilidade decorrentes do art. 8º da Diretiva (UE) 2008/48/CE– transposta para a ordem jurídica interna pelo art. 10º da redação atual do RJCC – verifica-se ainda ser crescente o número de situações em que os créditos contraídos são concedidos sem uma prospeção adequada do perfil solvente da clientela, olvidando-se, consequentemente, o apuramento mais exato da futura capacidade creditícia desta em fazer jus às obrigações decorrentes do vínculo contratual. Ora este circunstancialismo tem fomentado, nas últimas décadas, a ocorrência de situações de incumprimento e subsequente sobre-endividamento dos agregados familiares[725].

Nos atos preliminares a esta modalidade de negócio jurídico – por ora, tão-só *intuitu personae*, mesmo quando celebrados em ambiente eletrónico em regime híbrido – é natural que o financiador ou até o próprio *software* (agentício) instalado no sítio web ajustem os modelos de oferta de adesão em conformidade com a avaliação averiguada, tendo em conta fatores relevantes e as informações que para a consecução desta finalidade prevista sejam tidas como necessárias e suficientes à luz legiferante. Deste modo determinar-se-á a "capacidade e propensão de o consumidor em cumprir as obrigações decorrentes do contrato de crédito"[726], quer pelas informações que tenham sido por este prestadas, direta ou indiretamente, quer através da institucionalização da obrigação de consulta às BDs da CRC,

[725] Cf. Diogo Morgado Rebelo; Cesar Analide & Joana Covelo de Abreu – O Mercado Único Digital e a '(Leigo)ritmia' da pontuação de crédito na era da Inteligência Artificial ... *supra*, p. 23; e Jorge Morais Carvalho – *op. cit.*, 2021, p. 437.

[726] Cit. art. 2º, al. a) do Aviso BP nº 4/2017, de 20 de setembro.

ou ainda, a título complementar e facultativo, da lista pública de execuções, ambas enquadradas pela legislação em vigor e com cobertura de detalhe informativo adequado nos termos e para efeitos do art. 10, nºs 1 e 2 do RJCC, *supra*[727]. Com efeito, o financiador tão-só poderá proceder a uma consulta de outras BDs se recolher autorização ou consentimento válido para o efeito. Não se aprecia, de modo algum, o art. 10º, nº 2 como um normativo que institui uma autorização genérica de consulta de todo o tipo de informações – incluindo (ou sobretudo), aquelas provindas do ambiente *Big Data* – e que porventura possam ser (abusivamente) ajuizadas relevantes pelas próprias instituições de crédito ou determinadas sociedades financeiras[728].

Nesta fase pré-contratual reconduzível às várias modalidades do crédito ao consumo, impende na esfera jurídica do credor ou financiador, não o ónus, antes o dever imperativo de explorar se o consumidor reúne as condições potenciais para a celebração de um contrato conforme aos ditames

[727] Inobstante a sua inserção sistemática ser posterior, importa referir que o cumprimento do dever de avaliar a solvabilidade do consumidor, na *praxis,* posiciona-se enquanto anterior à observância do dever de assistência, tal-qual previsto no art. 7º da redação atual do RJCC. Como tal, "o credor e, se for o caso, o mediador de crédito [deverão] esclarecer de modo adequado o consumidor, por forma a colocá-lo em posição que lhe permita avaliar se o contrato de crédito proposto se adapta às suas [reais] necessidades e à sua situação financeira (...)", ou seja, quando o cliente tomar conhecimento do resultado da sua avaliação de solvabilidade. Cf. Diogo Morgado Rebelo; Cesar Analide & Joana Covelo de Abreu – O Mercado Único Digital e a '(Leigo)ritmia' da pontuação de crédito na era da Inteligência Artificial ... *supra,* p. 25, anotação em rodapé nº 57. Aliás, na data de apresentação de uma oferta de crédito ou previamente à celebração do contrato de crédito, através da FINE, com base nos termos e nas condições oferecidas pelo credor e, se for o caso, nas preferências expressas pelo candidato, ao consumidor é-lhe reconhecido o direito de ser informado, imediata, gratuita e justificadamente, do resultado da consulta das BDs para verificação da sua solvabilidade, podendo, nesse sentido, comparar diferentes ofertas a fim de tomar uma decisão mais esclarecida e informada, conforme ao art. 6º, nº 1, 2 e 3, al. r), todos do RJCC. Excetuam-se os casos em que a prestação da informação é contrária à lei, à ordem ou à segurança pública (cf. art. 10º, nº 3 e art. 11º, nº 3 do RJCC). De referir ainda que, no caso de ser concedido crédito, se poderá justificar a prestação de informações adicionais relativas ao contrato. Cf. Acórdão do Tribunal de Justiça da União Europeia, de 18 de dezembro de 2014, Processo C-449/13, *CA Consumer Finance AS vs. Ingrid Bakkaus,* § 3. A mesma asserção não será aplicável, *mutatis mutandis,* às explicações adequadas que resultam do art. 12º da nova Proposta de Diretiva, normativo este que não esclarece se este imperativo de autodeterminação deve ser concomitante, *ex ante* ou *ex post* à avaliação de solvabilidade – v. desenvolvimentos, *infra*, Capítulo IV.

[728] Cf. Jorge Morais Carvalho – *op. cit.*, 2021, p. 438.

principiológicos da concessão do crédito responsável[729]. Esta injuntividade resulta, desde logo, das premissas legais plasmadas no RGICSF, segundo o qual as entidades responsáveis pelo financiamento se encontram vinculadas a uma "gestão sã e prudente dos seus negócios" (cf. art. 14º, nº 1, al. i) e art. 118º do RGICSF), caso em que qualquer "processo de aprovação, alteração, prorrogação ou refinanciamento do crédito deverá ser estabelecido de forma clara e fundamentar-se em critérios sólidos e definidos"[730].

[729] Cf. *idem, ibidem*, p. 439. Em contornos gerais, a idiossincrasia subjacente à noção de 'crédito responsável' reporta ao facto de os mutuantes não deverem de agir tão-só no seu próprio interesse lucrativo, considerando antes, e sobretudo, os interesses e as necessidades concretas dos consumidores, tanto no hiato que precede à formalização do contrato, como aquando da sua vigência até ao reembolso total. Cf. Diogo Morgado Rebelo – "'On the way to look at Big Data as an asset for CWA 4.0. ... *supra*, p. 4. Tanto que, uma atuação um tanto ou quanto mais parcimoniosa das entidades financiadoras neste aspeto repercutir-se-á por certo numa maior estabilidade a nível macroeconómico, dado que o índice de sobre-endividamento global decrescerá. Cf. Farid Alievy – Review of the Consumer Credit Directive, BEUC Position Paper ... *supra*, p. 6; e FSUG – Responsible consumer credit lending, FSUG opinion and recommendations for the review of the Consumer Credit Directive, European Commission, 2019, p. 6. São, assim sendo, três os deveres primordiais que as instituições responsáveis pela concessão de crédito deverão prosseguir, como sejam, (i.) a avaliação de solvabilidade; (ii.) a adequação de um crédito e produto relacionado às circunstâncias do consumidor; e (iii.) a lealdade diante os devedores que indiciem dificuldades no pagamento prestacional. Quanto ao primeiro desiderato, a avaliação do perfil de risco assume-se como uma medida preventiva do sobre-endividamento, tendo o propósito de evitar que o mutuário se socorra ulteriormente de outros produtos de crédito para fazer jus ao reembolso das dívidas de empréstimo já contraídas ou até às despesas correntes. A oferta de crédito deve outrossim adequar-se, tanto em termos de custos como de conveniência, aos interesses, propósitos e caraterísticas do consumidor. A este respeito, os financiadores devem preconizar uma análise custo-benefício o mais detalhada possível. A oferta ou o produto de crédito deve, portanto, corresponder às reais necessidades e expetativas do cliente. Por último, é desígnio prudencial de qualquer instituição credora detetar, o quão breve e assim que possível, dificuldades que possam surgir no cumprimento das obrigações. Neste conspecto, um maior envolvimento com os consumidores, no sentido de serem sinalizadas as causas, auxiliará o mutuário a solucionar possíveis apertos financeiros temporários e a retomar a uma situação financeira mais estável. Cf. Farid Alievy – Review of the Consumer Credit Directive, BEUC Position Paper ... *supra*, p. 7; FSUG – Responsible consumer credit lending, FSUG opinion and recommendations ... *supra*, pp. 7-8; e Acórdão do Tribunal de Justiça da União Europeia, de 18 de dezembro de 2014, ... *supra*, § 3.

[730] Cf. Diogo Morgado Rebelo; Cesar Analide & Joana Covelo de Abreu – O Mercado Único Digital e a '(Leigo)ritmia' da pontuação de crédito na era da Inteligência Artificial ... *supra*, pp. 25-26. Conforme elucidado anteriormente, a determinação menos transparente do processo decisório conducente à atribuição de crédito, suportada em critérios sólidos e bem definidos, encontra-se dependente do tipo de políticas de gestão para o cré-

Deste modo, além das informações contratuais elencadas no art. 6º, nº 3, als. a) a t) do RJCC[731]– ora replicadas, no essencial, pelo art. 10º, nº 3 da Proposta de Diretiva, de 20 de junho de 2021, com três acrescentos[732] – é responsabilidade do financiador assegurar que a oferta de crédito se coaduna com a situação financeira do cliente e não é suscetível de lhe causar quaisquer prejuízos[733].

dito adotadas pelas instituições de crédito ou determinadas sociedades financeiras, as quais constam de documentos internos geralmente não disponibilizados à clientela. Aprecia-se, por conseguinte, que o escopo das normas vertidas no RGICSF se dirigem mais à proteção do património do banco e não dos consumidores em si mesmo. Destarte, de suma preponderância, à partida, o regime aqui em vigor desguarnece de forma gritante o consumidor, porquanto não lhe confere a possibilidade de se opor a uma decisão de recusa fundamentada na inobservância dos critérios de suficiência e relevância da informação que nas políticas internas se encontram regulamentadas e às quais este não têm acesso, por razões de concorrência. Acerca desta consideração, a Carta-Circular nº 45/2011/DSC, de 28 de julho de 2011, relativa às Boas práticas a observar pelas instituições de crédito ou sociedades financeiras revela ser manifestamente insuficiente. Cf. *idem, ibidem*, p. 26, anotação em rodapé nº 60; e Ana Alves Leal – "Aspetos jurídicos da análise de dados na Internet (*big data analytics*) ... *supra*, pp. 213-214, § 67.

731 Aliás, decorre do próprio art. 6º, nº 3, al. r) do RJCC o direito de o consumidor ser informado, imediata, gratuita e justificadamente, nos casos de recusa do pedido de acesso a um produto de crédito, do resultado da consulta das BDs para verificação da sua solvabilidade, excetuando as situações em que a prestação destas informações seja vedada por outras disposições do direito comunitário ou for contrária a objetivos de ordem e segurança pública, tal como previsto no art. 11º, nº 3, *in fine*.

732 Além dos elementos já consagrados no art. 6º, nº 3, als. a) a t) do RJCC, a Proposta de Diretiva, de 30 de junho de 2021, determina que as informações pré-contratuais devem especificar: "(h) se o contrato de crédito ou o contrato de prestação de serviços de crédito de financiamento colaborativo estipular diferentes formas de levantamento com diferentes encargos ou taxas devedoras e o mutuante fizer uso dos pressupostos (...) o recurso a outros mecanismos de levantamento (...) em causa poderá resultar numa taxa anual de encargos efetiva global mais elevada; (...) (t) se for caso disso, uma indicação de que o preço foi personalizado com base num tratamento automatizado, designadamente a definição de perfis; e (...) (v) a possibilidade de o consumidor aceder a um mecanismo extrajudicial de reclamação e recurso e o respetivo modo de acesso".

733 A entidade financiadora deve evitar a concessão excessiva de crédito, ligação antitética esta que pressupõe a mensuração de indicadores como a taxa de endividamento, a aptidão do cliente para gerir as suas poupanças, a sua capacidade de reembolso, assim como o seu rendimento residual, de forma a que não lhe possam ser imputadas consequências de ocorrências mais ou menos imprevisíveis durante a execução do contrato. Cf. Cláudia Moreira Salazar – *op. cit.*, 2012, p. 18; e Oualid Madjour – *La Responsabilité Civile du Banquier Dispensatur de Crédit: Étude de Droit Comparé Français-algérien*, Thése de Doctorate en Droit Privé, Lion, 2009, p. 176 e p. 178

Num outro perspetivar, o princípio do crédito responsável postula que ao consumidor caberá prestar todas as informações verdadeiras e exatas acerca da sua situação financeira – em especial, defronte a ausência de informação ou eventos positivos. Também este sujeito passivo deve atuar com os zelo, diligência e prudência expetáveis de forma a instruir-se financeiramente, revelando aptidão idónea a comparar várias ofertas e, *in fine*, podendo optar por aquelas que lhe sejam mais favoráveis, caso o resultado da avaliação de solvabilidade preveja a provável adimplência.

Feitas as contas, afinal, só havendo boa-fé, objetiva e subjetiva, na atuação negocial dos contraentes se poderão evitar abusos em termos de juros ou prazos convencionados[734].

> Pode, portanto, reportar-se que, no atual estado de arte, que "a inferência autonomamente induzida quanto ao perfil solvente do consumidor assumir-se-á, na prática, em muitas situações do recurso ao crédito bancário, como a condição *sine qua non* para a concretização do encontro de vontades na contratualização"[735].

De facto, este é um momento proeminente da contratação, admitindo-se até que, se as indicações forem suficientes e estiverem acompanhadas de documentos que as comprovem, a avaliação e, subsequentemente, a oferta, proposta e aceitação, se baseiem tão-somente nelas[736].

Pois bem, como se assinalou anteriormente, a consagração de uma incumbência como esta, cuja concretização advém hoje, e em muito, das funcionalidades aprovisionadas pelos sistemas de *scoring* de crédito, exprimem o propósito de prevenção dos fenómenos de sobre-endividamento ou de financiamento insustentável[737], cuja ocorrência se verifica no quo-

[734] Cf. Acórdão do Tribunal de Justiça da União Europeia, de 18 de dezembro de 2014, ... *supra*, § 3; CLÁUDIA MOREIRA SALAZAR – op. cit., 2012, p. 18; OUALID MADJOUR – *op. cit.*, 2009, p. 179; e Comissão Europeia – Public Consultation on Responsible Lending and Borrowing in the EU, 15 June 2009, p. 10.

[735] Cit. DIOGO MORGADO REBELO; CESAR ANALIDE & JOANA COVELO DE ABREU – O Mercado Único Digital e a '(Leigo)ritmia' da pontuação de crédito na era da Inteligência Artificial ... *supra*, p. 26.

[736] Cf. JORGE MORAIS CARVALHO – *op. cit.*, 2021, p. 438.

[737] Cf. Acórdão do Tribunal de Justiça da União Europeia, de 27 de março de 2014, Processo C-565/12, *LCL Le Crédit Lyonnais SA v Fesih Kalhan*, § 41. Para efeitos de aprimoramento concetual, importa diferenciar, primeiramente, endividamento de multi-endividamento.

Em primeiro lugar, designa-se por endividamento o salvo devedor de um agregado familiar. O multi-endividamento, por seu turno, decorre da assunção de mais do que um compromisso de crédito simultaneamente. Cf. Cláudia Moreira Salazar – *op. cit.*, 2012, p. 21; e Catarina Frade – Desemprego e Sobreendividamento dos Consumidores: Contornos de uma Ligação Perigosa, Relatório Final, Projeto Desemprego e Endividamento das Famílias, Centro de Estudos Sociais da Faculdade de Economia da Universidade de Coimbra (PIQS/ECO/50119), 2003, pp. 15-16. Já o sobre-endividamento pressupõe uma "situação de impossibilidade duradoura ou estrutural de proceder ao pagamento de uma ou mais dívidas". Cit. Cláudia Moreira Salazar – *op. cit.*, 2012, p. 21. Maria Manuel Leitão Marques, *et al.*, adotam uma noção mais ampla, ajuizando corresponderem a uma situação de sobre-endividamento todas aquelas em que o devedor faz jus aos seus compromissos com sérias dificuldades. Cf. Maria Manuel Leitão Marques [*Et al.*] – *O Endividamento dos Consumidores*, Coimbra, Almedina, 2000, *cit. in* Ana Carvalhal – *op. cit.*, 2015, p. 9. Em todo o caso, a melhor compreensão desta noção pressupõe a sua decomposição de entre os duais binómios tipológicos, como sejam, o sobre-endividamento objetivo e subjetivo, por um lado, e quanto ao comportamento dos sujeitos, como ativo e passivo respetivamente. Assim, enquanto sobre-endividamento do tipo objetivo alude à relação deficitária entre as receitas e as despesas da pessoa do devedor, subjetivamente, esta notação terminológica representa efetivamente a incapacidade do consumidor em adimplir os seus compromissos financeiros, incluindo a incapacidade de mobilizar mesmo meios de terceiros para o efeito. Cf. Diogo Morgado Rebelo – "'On the way to look at Big Data as an asset for CWA 4.0. ... *supra*, p. 5; Ana Carvalhal – *op. cit.*, 2015, p. 9; Cláudia Moreira Salazar – *op. cit.*, 2012, p. 21; Catarina Frade – Desemprego e Sobreendividamento dos Consumidores: Contornos de uma Ligação Perigosa ... *supra*, p. 16; e Comissão das Comunidades Europeias – Report on the operation of Directive 87/10/ECC ... *supra*, p. 94. Adicionalmente, embora não sendo nítida a linha de fronteira da qualificação ativa e passiva, reportar-se-ão enquanto situações de sobre-endividamento passivo aquelas que emergem de circunstâncias imprevisíveis, pessoais ou macroeconómicas, que tornam os rendimentos insuficientes para a liquidação do crédito contraído – como sucede, a nível pessoal, com o padecer de uma doença, com a pendência de um processo de divórcio ou até de uma situação repentina de desemprego, assim como, em termos macroeconómicos, com aumentos das taxas de juro e a inflação dos preços praticados. Em correspetiva, será ativa toda aquela ocorrência de sobre-endividamento que emerge da assunção negligente de compromissos previsivelmente superiores às capacidades financeiras, consequência de uma má gestão do orçamento. Cf. Diogo Morgado Rebelo – "'On the way to look at Big Data as an asset for CWA 4.0. ... *supra*, p. 5; Ana Carvalhal – *op. cit.*, 2015, p. 9; Cláudia Moreira Salazar – *op. cit.*, 2012, p. 21; e Catarina Frade – Um perfil dos sobreendividados em Portugal, Observatório do Endividamento dos Consumidores do Centro de Estudos Sociais da Universidade de Coimbra (POCTI/JUR/40069/2001), 2008, p. 9 e p. 12. De qualquer modo, ressalta da investigação conduzida por Daniela Vandone sobre a tópica, que o fenómeno do sobre-endividamento é, na maioria dos casos, passivo e causado pela redução do rendimento na sequência de acontecimentos inesperados ou adversos: "*what emerges from much research is that over-indebtedness is in many cases "passive", i.e. due to a reduction in income following an unexpected or adverse even*t". Cit. Daniela Vandone –*Consumer Credit in Europe: Risks and Opportunities of a Dynamic Industry,* Heidelberg, Physica-Verlag, 2009, p. 74

tidiano dos consumidores que, no ato de contração de empréstimo com escopo de consumo, porventura não hajam discernido adequadamente da sua capacidade e situação financeira para solver a dívida contraída[738].

Em causa está, portanto, em primeiro lugar, o interesse do consumidor, caso em que a lei, paternalista, opta por pelejar pela prevenção de situações de sobre-endividamento e de insolvência em detrimento do acesso mais facilitado a crédito[739]. Por um lado – tal-qual se enfatizara na primeira abordagem capitular, em contexto sociotécnico -, o tratamento automatizado de dados em operações de concessão de crédito ao consumo, na perspetiva da clientela, além de poder fomentar operações mais neutras e igualitárias do que aquelas conseguidas pelos analistas de crédito no *scoring* de opinião, consubstancia uma diminuição dos encargos de análise, inclusiva, dos custos a suportar nas comissões de *dossier*[740].

Num outro perspetivar, o das instituições responsáveis pela concessão de crédito, o recurso a mecanismo de *scoring* baseado em técnicas de IA, além de viabilizar um decréscimo acentuado dos custos fixos operacionais, evidenciam a possibilidade de estas tomarem decisões mais objetivas, racionais e esclarecidas antes de firmarem o acordo[741].

Além disso, como se estima que o financiamento irresponsável no crédito jusconsumerista (ou à habitação, mais concretamente) sejam uma das principais causas das crises económicas e financeiras – porquanto o incumprimento generalizado dos contratos, em períodos recessivos, pode surtir como efeito nefasto o colapso do sistema económico – o dever imperativo de avaliação da solvabilidade reportar-se-á também, na *ratio legis* subjacente, à proteção e tutela de um interesse geral.

Assim se justifica a hermenêutica imperativa das normas relativas à avaliação de solvabilidade, tanto de atuais como de potenciais clientes, ora candidatos e visados pelos sistemas de *scoring*[742].

[738] Cf. Diogo Morgado Rebelo; Cesar Analide & Joana Covelo de Abreu – O Mercado Único Digital e a '(Leigo)ritmia' da pontuação de crédito na era da Inteligência Artificial ... *supra*, p. 26.

[739] Cf. Jorge Morais Carvalho – *op. cit.*, 2021, p. 439.

[740] Cf. Diogo Morgado Rebelo; Cesar Analide & Joana Covelo de Abreu – O Mercado Único Digital e a '(Leigo)ritmia' da pontuação de crédito na era da Inteligência Artificial ... *supra*, p. 26.

[741] Cf. *ult. loc. cit.*

[742] Cf. *idem, ibidem*, pp. 27-28; e Jorge Morais Carvalho – *op. cit.*, 2021, p. 439.

Pelo mais, não se ouse afirmar que a abertura de crédito não avigora necessidades importantes do tráfego comercial[743]. Sucede que o crédito ao consumo (em particular, aquele cujo objeto pressupõe a transferência de grandes quantias monetárias para os mais diversos fins), não expedito *per si*, as mais das vezes só se concretizará com o desenrolar de negociações morosas[744]. A fim ao cabo, na *praxis*, enquanto o financiador intentará obter múltiplos elementos comprovativos da situação económica do consumidor, negociando juros e garantias para fomentar a maior lucratividade da instituição que representa, em contraponto, o cliente poderá querer informar-se sobre outras oportunidades de negócio, porquanto é todo seu o interesse em ser esclarecido de antemão acerca dos termos e condições dos serviços financeiros (*FinServ*) em concreto[745].

9.2. Aviso BP nº 4/2017, de 20 de setembro

105. Foi então na sequência da injunção legal da obrigação do financiador de se socorrer de vários elementos para explorar a solvabilidade do consumidor que o BP, no Aviso nº 4/2017, de 20 de setembro determinou, ao abrigo dos seus poderes e competências macroprudenciais, os procedimentos e critérios mínimos que deverão ser observados pelas entidades habilitadas a exercer, a título profissional, a atribuição de crédito ao consumo[746]. Logo, considerando a situação financeira, o propósito e as reais

[743] No plano comercial, para as entidades financiadoras, tanto a angariação e fidelização de clientes, como a implementação de mecanismos visam a satisfação destes, permitem viabilizar o ajuste da oferta em proveito de possíveis vendas adicionais (*up-selling*) e vendas cruzadas (*cross-selling*). Cf. Raymond Anderson – *op. cit.*, 2007, p. 550 – v. Capítulo I. Como se depreende da desenvoltura do Capítulo II – reiterando a ideia – em domínios como o da gestão da qualidade do crédito, têm assumido gradual importância a monitorização em tempo real dos comportamentos, preferências, padrões de consumo e o *feedback on time* da clientela. Cf. Ana Alves Leal – "Aspetos jurídicos da análise de dados na Internet (big data analytics) ... *supra*, p. 99, § 8

[744] Cf. Diogo Morgado Rebelo; Cesar Analide & Joana Covelo De Abreu – O Mercado Único Digital e a '(Leigo)ritmia' da pontuação de crédito na era da Inteligência Artificial ... *supra*, p. 28.

[745] Cf. *idem, ibidem*; e António Menezes Cordeiro – *op. cit.*, 2016, pp. 639-640.

[746] *Vide*, Aviso BP nº 4/2017, de 20 de setembro. Nos termos e para efeitos do seu art. 1º, nºs 1 e 2, as disposições desta medida macroprudencial têm-se por aplicáveis, quer no âmbito da celebração de contratos de crédito ao consumo, quer relativamente ao crédito à habitação, bem como a créditos com garantia hipotecária ou equivalente. Em todo o caso, do seu articulado, incumbe ressalvar que são elencados, não taxativamente, os elementos a ter em

necessidades do consumidor, bem como a natureza, os montantes, as prestações e outras caraterísticas dos contrato de crédito ao consumo, todo um processo de *scoring* somente se conformará com os deveres de diligência, lealdade, neutralidade e discrição das instituições de crédito e sociedades financeiras[747] caso a respetiva classificação inferida se encontre estritamente alicerçada em "informações necessárias, suficientes e proporcionadas sobre os rendimentos e as despesas do consumidor e sobre outras circunstâncias financeiras e económicas que lhe digam respeito"[748], como sejam, designadamente:

a) a natureza, o montante e as caraterísticas do contrato de crédito;
b) a idade e situação profissional;
c) os rendimentos auferidos;
d) as despesas regulares;
e) a informação constante das BDs da CRC[749];

e serão ainda tomadas em apreciação as circunstâncias futuras, a saber:

f) um eventual decréscimo do nível de rendimento após a idade de reforma;
g) a data correspondente ao término do contrato de trabalho, na circunstância de este vigorar além desse período; e, também
h) um possível acréscimo das despesas correntes decorrentes da necessidade de asseverar o pagamento de outras dívidas das quais o consumidor possa ser fiador ou avalista[750].

consideração em operações como o *scoring* do crédito (cf. art. 5º), sendo regulada também a forma de apuramento, pela instituição financiadora, dos rendimentos (cf. art. 7º), das despesas (cf. art. 8º) – ou expetativas destas (cf. art. 9º), assim como as circunstâncias cuja ocorrência futura poderá impactar na averiguação da solvabilidade (cf. art. 10º). Cf. Diogo Morgado Rebelo; Cesar Analide & Joana Covelo de Abreu – O Mercado Único Digital e a '(Leigo)ritmia' da pontuação de crédito na era da Inteligência Artificial ... *supra*, p. 28, anotação em rodapé nº 67.

747 Cf. art. 3º do Aviso BP nº 4/2017, de 20 de setembro, *ex vi* art. 74º do RGICSF.

748 Cf. art. 5º, nº 1 do Aviso BP nº 4/2017, de 20 de setembro, sob epígrafe "Elementos a ter em conta na avaliação de solvabilidade".

749 Cf. art. 5º, nº 2, als. a) a e) do Aviso BP nº 4/2017, de 20 de setembro.

750 Cf. art. 10º, nºs 2 e 3 do Aviso BP nº 4/2017, de 20 de setembro. Num enjeito de pugnar pela adoção de políticas de *compliance* destas disposições, compreende-se que as instituições de crédito, sejam elas bancos ou estruturas *FinTech*, se encontrem vinculadas, a título microprudencial, a elaborar e implementar procedimentos internos – geralmente, não revelados à

Com efeito, mesmo com a consagração dos elementos a ter em conta numa operação de *scoring*, as instituições financiadoras não ficam, mesmo assim, destituídas da faculdade – não poder, entenda-se – de obterem junto dos consumidores ou de fontes externas dados adicionais, fazendo deste modo uso da ampla margem de discricionariedade que o regime lhe confere para apreciação da relevância do conjunto de informações – elencadas ou não no texto do próprio Aviso – que ajuízem como necessárias, adequadas e suficientes para a consecução da finalidade prevista[751]. Relativamente aos poderes amplos de conformação dos procedimentos de *scoring* no ato de avaliação da solvabilidade – estipulados geralmente pelos Conselhos de Administração, *prima facie*, com base no desígnio de autodeterminação da instituição financeira[752]– o texto do Aviso é claro quando confere uma

clientela – os quais deverão, particularmente, especificar: (1) as informações e os documentos que deverão de ser solicitados aos consumidores; (2) o método e os critérios impregnados nos sistemas de *scoring*; (3) as unidades ou departamentos da estrutura a quem lhes poderão ser 'assacadas' (ou apuradas) responsabilidades, através da atribuição das competências respetivas; e, bem assim; (4) os procedimentos a seguir pelos funcionários da instituição na averiguação da propensão à solvência dos créditos. Cf. art. 13º do Aviso BP nº 4/2017, de 20 de setembro.

751 Cf. Diogo Morgado Rebelo; Cesar Analide & Joana Covelo de Abreu – O Mercado Único Digital e a '(Leigo)ritmia' da pontuação de crédito na era da Inteligência Artificial ... *supra*, p. 30.

752 Ana Alves Leal considera que o controlo da utilização da informação na tomada de decisão pela instituição financeira parte do princípio da autodeterminação da entidade credora. Segundo a autora, *prima facie*, a instituição financeira, independentemente da orla de incerteza implicada no espectro decisório, pode tomar a decisão segundo o processo que quiser e no sentido que bem entender. É ainda seu o poder de dispor sobre o conteúdo da sua própria esfera jurídica, assunção esta que pressupõe a conformação da sua atividade – *in casu*, a concessão de crédito ao consumo – em função das suas preferências subjetivas. Cf. Ana Alves Leal – "Aspetos jurídicos da análise de dados na Internet (*big data analytics*) ... *supra*, pp. 202-203, § 62. Em ambiente negocial, para a autora, assumindo os deveres de informação e de esclarecimento – v. desenvolvimentos, *infra*, Capítulo IV – enquanto instrumentos de promoção da autodeterminação do credor, no sentido de este tomar decisões lhanamente livres e esclarecidas, parecerá, *a priori*, incongruente ser-se defensável o controlo legal do uso da informação e do seu resultado – a melhor ver, o sentido da decisão. Ou seja, defronte a ausência de um comando normativo que imponha a tomada de decisão de concessão de crédito num determinado sentido, as instituições de crédito ou determinadas sociedades financeiras poderão determinar o seu conteúdo livremente, sejam as informações prestadas pelo próprio cliente ou recolhidas com recurso à *Big Data*. Cf. *idem, ibidem*, p. 204, §§ 62-63. Basta, para o efeito, que se encontre assegurada a licitude no acesso à informação via *Big Data*, qualificação esta para a qual as regras atinentes à proteção de dados terão de ser observadas. Portanto, à partida, por enquanto – porque o art. 18º, nºs 2 e 4 da Proposta de Diretiva, de 30 de junho

de 2021 restringe esta autodeterminação – a instituição financiadora não se encontra adstrita a desconsiderar toda e qualquer informação que reporte como relevante e necessária. Para o propósito, a cominação dos deveres acessórios de esclarecimento e de informação perante a sua clientela não condicionam, nem o processo empírico ou psicológico que subjaz à tomada de uma decisão de aceitação ou de recusa de um pedido de crédito, nem a apresentação dos fundamentos em que a tomada desta decisão assentara. Cf. *idem, ibidem*, pp. 201-202, § 61. Com efeito, assevera a autora que, neste contexto, não poderá o cliente, num momento ulterior, por se sentir de alguma forma prejudicado com a utilização da informação sobre si obtida através do *Big Data*, ou com a relevância das propriedades atributivas iniciais que haja sido atribuída pela instituição financeira, pretender sindicar com procedência a decisão individualmente tomada, contestando a avaliação de solvabilidade induzida, *hoc sensu*. Logo, só segundo o regime vigente, podendo a instituição formar licitamente a sua decisão no pedido de crédito com base nas informações recolhidas de diversas fontes, inexistirá qualquer desincentivo para esta olvidar o recurso ao tesouro valioso da informação, obtida à escala *Big Data*. Cf. *idem, ibidem*, pp. 209-210, § 65. Importa, contudo, dissociar os vocábulos processo e conteúdo da decisão, respetivamente, pois que deste última ressaltarão limitações à autonomia privada. Eis que, quanto ao conteúdo – v. desenvolvimentos, *infra*, quanto ao denominado direito à explicação, Capítulo IV- a prestação de informações à clientela terá de obedecer a um juízo de dupla causalidade, cabendo, nesse sentido, à instituição financiadora, em primeiro lugar, informar que tipo de classes informacionais pessoais foram impregnadas no processo decisório e, em segundo lugar, determinar se essa informação relevou (ou melhor, se alguma propriedade atributiva inicial fora determinante) no conteúdo da aceitação ou rejeição, desta última dependendo uma correta interpretação das saídas dos modelos de DM e ML. Não se esqueça que, pela negativa, nos termos do art. 78º do RGICSF, as instituições responsáveis pela concessão de crédito ao consumo encontram-se sujeitas ao dever de sigilo profissional, não podendo revelar ou utilizar fora do conspecto da(s) finalidade(s) prevista(s) informações pessoais indexáveis, direta ou indiretamente, à sua clientela. Pela positiva, pense-se no dever de as instituições credoras deverem atuar sempre em consonância com o interesse social, devendo proceder, nas suas relações com a clientela, com a máxima diligência, neutralidade, lealdade e discrição possível, tal-qual prescrito genericamente no art. 74º do RGICSF. Ainda a propósito das limitações de feição positiva quanto à autonomia privada, importa realçar o dever de apreciação da adequação do produto às reais pretensões e necessidades do cliente, assim como a advertência da sua possível desadequação, nos termos do art. 314º, nºs 1 e 2 do Código dos Valores Mobiliários (CVM). Cf. *idem, ibidem*, pp. 204-206, §§ 63-64. Em todo o caso, em nosso entender, a ideia de plena autodeterminação do processo de decisão não procede(rá) na plenitude, desde logo, considerando as Orientações sobre a concessão e a monitorização de empréstimos emitidas pela Autoridade Bancária Europeia *(European Banking Authority*, EBA), em 29 de maio de 2020. Aliás, esta idiossincrasia surge, desde logo, enfraquecida se se considerar que, no ordenamento jurídico comunitário, são já vastas as propostas que visam a implementação de um conjunto de normas que regulam os processos decisórios através da fixação de regras procedimentais, algumas das quais indiretamente alusivas aos resultados extraídos da interface homem-máquina (cf. 18º, nº 4 da Proposta de Diretiva, relativa aos créditos aos consumidores, de 30 de junho de 2021). Estas diretrizes regulamentares ou de harmonização, além de fornecerem já alguns critérios a atender para a tomada de decisão

autonomia ampla aos financiadores, na medida em que, referindo expressamente tão-só o dever de a instituição solicitar aos consumidores a prestação de informações e a entrega dos documentos que as corroborem, conforme ao seu art. 6º, nº 1, não veda expressamente o recurso a outras BDs. Como tal, de acordo com o atual regime em vigor, basta que sejam cumpridos os requisitos legais subsumíveis em matéria de proteção sobre dados pessoais, bem como a injunção de consulta da CRC – v. desenvolvimentos, *supra*, Capítulo II[753].

Já na circunstância de recusa (ou, sendo o caso, do não aumento do montante mutuado durante a vigência do contrato), subsiste ainda assim o dever de o credor informar imediata, gratuita e justificadamente o consumidor desse facto e dos elementos constantes da respetiva BD que influíram determinantemente, em termos de causa-efeito, na decisão exteriorizada pelo sistema de IA[754]. Daqui decorre, em abstrato, que o regime vigente

quanto à aceitação ou recusa, auxiliam ainda na determinação da (ir)relevância de certas propriedades iniciais computadas nas camadas das entradas algorítmico-modelares, i.e., impondo mesmo uma fundamentação clarificadora em maior monta das decisões individuais (e exclusivamente) automatizadas. Tal sucede – embora com um enfoque mais ténue – com o tipo de informação pré-contratual exigido pelo art. 6º, nº 3, al. r) do RJCC, conjugado com o art. 11º, nº 3 do mesmo RJCC vigente. Quanto às regras procedimentais, importa fazer especial menção à Proposta de Regulamento relativo à IA, esta que, no seu art. 10º, nº 2, als. d) e e) prescreve que os conjuntos de dados de treino, validação e teste se encontram sujeitos a práticas adequadas de governação e gestão de dados, nelas se incluindo: (al. d)) a formulação dos pressupostos aplicáveis, nomeadamente no que diz respeito às informações que os dados devem medir e representar; e (al. e)) a avaliação prévia da disponibilidade, quantidade e adequação dos conjuntos de dados necessários à depuração da solvabilidade com recurso a mecanismos automatizados de *scoring*. Também em termos de interpretação das saídas combinadas, a conceção e implementação dos mecanismos de *scoring* do risco de incumprimento no crédito ao consumo pressuporá, a partir da vigência e entrada em vigor desta Proposta de Regulamento, que sejam incluídas ferramentas de interface homem-máquina apropriadas à supervisão humana, encontrando-se, nesse sentido – pelo menos na teoria – habilitadas a facilitar a interpretação correta das saídas e, consequentemente, das propriedades atributivas iniciais preponderantes, disponibilizadas (embora, por vezes, não utilizadas ou preponderantes) na tomada de decisão concreta. Cf. arts. 13º e 14º da Proposta de Regulamento de IA, de 21 de abril de 2021.

753 Por enquanto, pode asseverar-se que: "onde a lei estrita não regule a matéria, é a instituição livre de atribuir à informação obtida (seja pelo cliente, seja com recurso à *Big Data*) a relevância que bem entender". Cit. ANA ALVES LEAL – "Aspetos jurídicos da análise de dados na Internet (*big data analytics*) ... *supra*, p. 217.

754 Cf. DIOGO MORGADO REBELO; CESAR ANALIDE & JOANA COVELO DE ABREU – O Mercado Único Digital e a '(Leigo)ritmia' da pontuação de crédito na era da Inteligência

visa não só uma tutela efetiva da posição dos (ciber-)consumidores, como a estes ainda lhes é reconhecido um interesse direto na impugnação das decisões (exclusivamente) automatizadas cujo procedimento e conteúdo não se coadunem com os parâmetros de análise *ante* enunciados no (ou pelo) Aviso BP nº 4/2017. Refira-se, contudo que, em última análise e perante a inobservância ou extrapolação desproporcional destas diretrizes, pode figurar a cláusula geral do abuso de direito, em consonância com o disposto no art. 334º do CC[755].

Por conseguinte, a ilação a indagar do regime vigente até então é a de que a totalidade dos impasses em torno dos critérios que balizam a informação explicativa e endógena passível de ser utilizada pelas instituições credoras, relativas à sua (potencial) clientela, apenas seriam solucionadas diante a presença de normas setoriais mais específicas. Estas devem aprovisionar a aprovação, com maior clareza, de que forma podem ser utilizados os dados recolhidos, quais as categorias correspondentes, e, principalmente, que fornecer um juízo mais fundamentado quanto à relevância dos conjuntos explicativos para a tomada de decisão[756].

9.3. Proposta de Diretiva, relativa aos créditos aos consumidores, de 30 de junho de 2021

106. Tendo presente estas premissas caraterizadoras de um regime insatisfatório, assim como a natureza genérica do art. 8º da Diretiva (UE) 2008/48/CE[757] – que conduzira *per si* a uma transposição fragmentária

Artificial ... *supra*, pp. 30-31.

[755] Cf. Ana Alves Leal – "Aspetos jurídicos da análise de dados na Internet (*big data analytics*) ... *supra*, p. 217, § 67.

[756] Cf. Diogo Morgado Rebelo; Cesar Analide & Joana Covelo de Abreu – O Mercado Único Digital e a '(Leigo)ritmia' da pontuação de crédito na era da Inteligência Artificial ... *supra*, p. 31.

[757] Cf. Acórdão do Tribunal de Justiça da União Europeia, de 18 de dezembro de 2014, Processo C-449/13 ... *supra*, § 36, no qual se reconhece que "a Diretiva 2008/48 não enuncia de maneira exaustiva as informações com base nas quais o mutuante deve avaliar a solvabilidade do consumidor nem precisa se essas informações devem ser controladas e de que maneira o devem ser. Pelo contrário, a redação do [art. 8º, nº 1], da Diretiva 2008/48, lido à luz do seu considerando 26, confere uma margem de apreciação ao mutuante para efeitos de determinar se as informações de que dispõe são suficientes ou não para atestar a solvabilidade do consumidor e se as deve verificar através de outros elementos". Mais recentemente, em 2019, o TJUE – ainda que indiretamente-, assentira que o art. 8º, nº 1 da Diretiva (UE) 2008/48/CE, de 23 de abril, precisamente pela sua generalidade e abstração, suscita diferentes interpretações

deste dever-ser nos vários Estados-Membros[758] – a Proposta de Diretiva, relativa aos créditos aos consumidores de 30 de junho de 2021, sugere

possíveis por parte dos Estados-Membros, admitindo, portanto, mesmo o estabelecimento de requisitos adicionais. Consequentemente, o Tribunal decidiu que, à luz das balizas comunitárias hodiernamente vigentes, é conforme ao texto da Diretiva que os Estados-Membros determinem, a título de requisito adicional, que os mutuantes só podem celebrar um contrato de crédito se for possível afiançar que o consumidor pode cumprir razoavelmente as obrigações assumidas. Cf. Acórdão do Tribunal de Justiça da União Europeia, de 6 de Junho de 2019, Processo C-58/18, *Michel Schyns vs Belfius Bank* SA, §§ 37-49.

758 De um ponto de vista de Direito Comparado, os Estados-Membros adotaram três abordagens diferentes a nível interno – tendo implementado, portanto, soluções não lhanamente harmonizadas. Em primeiro lugar, um conjunto de países instituíra uma margem ampla de conformação às instituições de crédito ou sociedades financeiras, cabendo aos mutuantes determinar o tipo de informação que pode ser utilizada em procedimentos como a avaliação da solvabilidade. Tamanha abertura foi transposta para os ordenamentos jurídicos de países como a Alemanha, Malta, Dinamarca, Áustria, e República Checa. O segundo grupo de países apresenta abordagens um tanto ou quanto mais prescritivas. Assim, em ordens jurídicas como, por exemplo, Irlanda, França, Grécia, Estónia, Suécia, Chipre, Irlanda, Finlândia, Espanha, Polónia, Eslovénia e Croácia, os credores deveriam, aquando da prospeção de solvabilidade, ter imperativamente em conta informações específicas, tais como rendimentos dos consumidores, despesas, dívidas e, em alguns casos, os seus ativos. Em alguns destes ordenamentos é ainda obrigatório que os credores verifiquem o histórico de crédito dentro das BDs da organização, bem como o apuramento da existência de quaisquer faltas nos pagamentos. Finalmente, Bélgica, Portugal, República Eslovaca e Hungria institucionalizaram fórmulas com limiares precisos de endividamento a partir do qual se determina claramente a não concessão de crédito. Estas últimas abordagens prevalecem como recomendações macroprudenciais relativas à rácio entre dívidas e rendimentos, seguindo, por conseguinte, o princípio de cumprir ou explicar, *supra*. Cf. DIOGO MORGADO REBELO – "'On the way to look at Big Data as an asset for CWA 4.0. ... *supra*, pp. 5-6; e Comissão Europeia – Mapping of national approaches in relation to creditworthiness assessment under Directive 2008/48/CE on credit agreements for consumers, Consumer Protection in Financial Services, 2018, pp. 1-10. Particularmente, a propósito dos sistemas de *scoring* de crédito, importa fazer especial menção à *"Bundesdatenschutzgesetz vom 30. Juni 2017 (BGBl. I S. 2097), das durch Artikel 10 des Gesetzes vom 23. Juni 2021 (BGBl. I S. 1858) geändert worden ist* (Lei Federal sobre a proteção de Dados Alemã, de 30 de junho de 2017, na redação que lhe foi dada pelo artigo 10º da Lei de 23 de Junho de 2021 (BGBl. I p. 1858), esta que prevê especificamente nas suas seções § 31 e § 32 disposições concernentes, respetivamente, à concessão de crédito ao consumo (§ 31, *Verbraucherkredite*) e à proteção das transações económicas no caso do *scoring* e de informação sobre a solvência (§ 32, *Schutz des Wirtschaftsverkehrs bei Scoring und Bonitätsauskünften*). *Vide*, para mais desenvolvimentos, RAINER METZ – "Scoring: new legislation in Germany". In: *Journal of Consumer Policy*, vol. 35, 2012, pp. 297-305. Também o art. 9º do *Codice in Materia di Protezione del Dati Personali, Decreto legislativo 30 giugno 2003, n. 196, texto coordinato e aggiornato con le modifiche e integrazioni introdotte del Decreto legislativo 10 agosto 2018, n. 101* (Código de Proteção de Dados Pessoais Italiano, aprovado pelo Decreto Legislativo nº 196 de 30 de

densificar, no seu art. 18º, os pressupostos sobre os quais a avaliação de risco deverá de ser conduzida pelas instituições de crédito e sociedades financeiras.

Nesse sentido, o art. 18º, nº 1 da Proposta estabelece, desde logo, que "os Estados-Membros devem exigir que, antes da celebração de um contrato de crédito (...), o mutuante (...) proceda a uma rigorosa avaliação de solvabilidade do consumidor (...), a fim de evitar práticas de concessão de empréstimos irresponsáveis e o sobre-endividamento".

Conforme plasmado no nº 2 do mesmo preceito, esta averiguação deverá de ser efetuada com base em "informações relevantes e exatas sobre os rendimentos e as despesas do consumidor e outras circunstâncias financeiras e económicas que lhe digam respeito [e] sejam necessárias e proporcionadas, tais como comprovativos de rendimentos ou outras fontes de reembolso, informações sobre passivos e ativos financeiros ou informações sobre [outros] compromissos (...)". A propósito das categorias de propriedades ou classes atributivas iniciais passíveis de integrarem os modelos de *scoring*, o considerando 47 exclui liminarmente o recurso a dados pessoais existentes nas plataformas de redes sociais ou a dados de saúde. No art. 18º, nº 2, *in fine*, entendeu o Parlamento Europeu e o Conselho que, para a consecução da finalidade prevista, poderão ser utilizadas informações de crédito recolhidas tanto de fontes internas como externas, contanto pertinentes e documentáveis e, consequentemente, sujeitas a verificações independentes[759].

Quanto às formalidades, todo o procedimento de definição do perfil de risco do candidato a crédito ao consumo – deverá de ser documentado e conservado, tal-qual previsto no art. 18º, nº 3 da Proposta de Diretiva.

Já o art. 18º, nº 4 elucida a transformação da natureza jurídico-obrigacional deste procedimento. Aquela que era até então tão-somente uma obrigação genérica passa(rá) a ser condicionada pelo resultado. O mutuante só pode(rá) disponibilizar o crédito ao consumidor "se o resultado da

junho de 2003, na redação atualizada, contendo alterações e aditamentos introduzidos pelo Decreto Legislativo nº 101, de 10 de agosto de 2018) regula, em sede de proteção de dados, a utilização de técnicas ou sistemas de *scoring* no crédito (*Uso di tecniche o sistemi automatizzati di credit scoring*).

[759] Quanto às BDs públicas ou privadas, a que o art. 19º se refere em especial, o seu nº 3 determina que estas deverão conservar, "pelo menos, informações sobre atrasos de pagamento dos consumidores".

avaliação de solvabilidade indicar que é provável que as obrigações decorrentes do contrato de crédito (...) sejam cumpridas tal como exigido" no respetivo clausulado. Quando e se interpretado o seu segundo parágrafo à luz do considerando 47, mesmo que do *scoring* resulte a estimação de um possível não cumprimento, casos haverá em a idiossincrasia da inclusão financeira[760] postula que o crédito pode, mesmo assim, ser concedido a título de *referrals* excecionais. Tal sucederá nos contratos de crédito a clientes com fidelização longa, nos créditos estudantis, mas também, e sobretudo, na circunstância em que os empréstimos são contraídos para custear despesas de cuidados de saúde ou até aqueles que têm como destinatários consumidores portadores de deficiência.

Ademais, não sendo esta a sede própria para se desenvolver a tópica da tomada de decisões individuais automatizadas, incluindo a definição de perfis – v. desenvolvimentos, *infra*, acerca da proteção de dados pessoais – importa desde já fazer menção que o art. 18º, nº 6 replicara aquelas que são as salvaguardas necessárias dos titulares dos dados pessoais, tal-qual prescritas no (ou pelo) art. 22º, nº 3 do Regulamento (UE) 2016/679 do Parlamento e do Conselho, de 27 de abril de 2016 (RGPD).

Caso o resultado da avaliação de solvabilidade, tenda para a recusa de um pedido de aplicação, o art. 18º, n, º 7 institui a obrigação de o consumidor ser informado sem demora indevida, não só do resultado, como do meio impregnado na definição do seu perfil não solvente.

Por último, o art. 18º, nº 8, na sua substância, replica aquilo que o art. 8º, nº 2 da Diretiva (UE) 2008/48/CE, de 23 de abril, já previa relativamente aos pedidos de aumento das quantias mutuadas, tendo estes que ser objeto de análises com base em informações atualizadas via *scoring* comportamental, mormente em (ou nas) situações do tipo rotativo.

[760] Além da educação financeira, com estas exceções, a UE promove – ora de um mote mais assertivo – mais uma abordagem preventiva: a da inclusão financeira. Segundo este postulado, determinados grupos ou classes sociais de indivíduos poderão ser aceites num dado pedido de empréstimo com escopo para consumo ainda que o seu *score* prenuncie um possível incumprimento, viabilizando, deste modo, o acesso a determinados bens ou serviços de consumo a famílias que de outro modo não poderiam beneficiar destes. Cf. MARIA FERNANDES BERNARDES – *op. cit.*, 2018, p. 65.

9.4. Incumprimento

9.4.1. Imputável ao (Potencial) Credor

107. A Diretiva (UE) 2008/48/CE, de 23 de abril de 2008 adstringe, no seu art. 23º, os Estados-Membros a sancionarem de forma dissuasora a violação das disposições transpostas para os regimes internos em matéria de contratos de crédito ao consumo.

O art. 30º, nº 1 do RJCC estatui expressamente a sujeição das entidades financiadoras à responsabilidade contraordenacional diante da preterição do dever de avaliação de solvabilidade, tal-qual consagrado no art. 10º do mesmo regime[761]. Com efeito, defronte a contrariedade diante disposições imperativas, não raras vezes a lei opta por decretar a aplicação de coimas pelas entidades reguladoras ou com atribuições de fiscalização neste setor[762]. Inobstante, neste contexto, as consequências previstas no RJCC para a situações de não cumprimento, por parte do credor, do dever injuntivo de avaliação da solvabilidade, são insuficientes, não evidenciando de modo algum serem efetivamente dissuasoras de quaisquer práticas que o contrariem[763]. Tal sucede na medida em que o regime não consagra expressamente qualquer sanção civil[764]. Sufraga-se, portanto, a posição de

[761] Cf. CLÁUDIA MOREIRA SALAZAR – *op. cit.*, 2012, p. 26. Os ilícitos de mera ordenação social cometidos pelas instituições de crédito ou determinadas sociedades financeiras encontram-se tipificados nos arts. 210º e 211º do RGICSF. Ao propósito, logo, ter-se-á por subsumível o art. 210º, al. m), estatuindo a aplicação de coimas entre € 3.000,00 a € 1 500 000,00 ou € 1 000,00 os € 500 000,00 – consoante a entidade financiadora figure no contrato na qualidade de ente coletivo ou singular, respetivamente. Em causa esta a violação "dos preceitos imperativos do (...) Regime Geral e da legislação específica, incluindo a legislação da União Europeia, que rege a atividade das instituições de crédito e das sociedades financeiras (...)". Por conseguinte, toda a prática bancária desconforme com o teor injuntivo de normas como a avaliação de solvabilidade é elevada à qualidade de ilícito de mera ordenação social, tanto na forma tentada como negligente. Cf. MARIA FERNANDES BERNARDES – *op. cit.*, 2018, p. 44

[762] Cf. *idem, ibidem*, p. 43.

[763] Cit. JORGE MORAIS CARVALHO – *op. cit.*, 2021, p. 440.

[764] A *Loi du 12 juin 1991 relative au crédit à la consommation* (Lei Belga relativa ao crédito ao consumo), alterada por vários diplomas posteriores, previa expressamente no seu art. 92º a possibilidade de o juiz, independentemente de outras sanções, impor a não cobrança de juros e de outras despesas quando o financiador não tenha feito jus à obrigação de avaliação de solvabilidade, tal-qual previstas nos seus arts. 10º e 15º.: "*sans préjudice des autres sanctions de droit commun, le juge peut relever le consommateur de tout ou de partie des intérêts de retard et réduire ses obligations jusqu'au prix au comptant du bien ou du service, ou au montant emprunté lorsque : 1° le prêteur n'a pas respecté les obligations visées aux articles (10, alinéa 1er,) (11 et 15); <L 2001-08-10/76, art. 27, 013; En vigueur : 01-06-2003> <L 2003-03-24/40, art. 63, 018; En vigueur : 01-01-2004>*

Jorge Morais Carvalho, autor que, embora reconhecendo que a natureza imperativa deste normativo visa tutelar, simultaneamente, tanto os interesses privados do consumidor, como a prevenção geral do sobre-endividamento, rejeita a nulidade prevista no art. 280º do CC. Argumenta que o juízo de censura da lei não incide sobre o objeto do contrato de crédito ao consumo, antes de elementos circunstanciais a este[765]. Ora, claro está, resultando da lei uma sanção típica do ilícito de mera ordenação social – a coima – deve entender-se que inexiste até então no RJCC um critério suficientemente negativo sobre o contrato celebrado a ponto de justificar a sua invalidade, nos termos do art. 294º do CC. Aliás, o próprio art. 13º do RJCC, que enuncia taxativamente as situações de invalidade e inexigibilidade do contrato de crédito, não prevê qualquer consequência para o incumprimento, imputável aos credores, deste desígnio pré-contratual[766].

2º l'intermédiaire de crédit n'a pas respecte les obligations visées aux articles (10, alinéa 1er, 11, 63, §§ 1er, 2, 3, alinéa 2, 4 et 5, et 64, § 1er); <L 2003-03-24/40, art. 63, 018; En vigueur : 01-01-2004> 3º les formalités prévues à l'article 17 concernant la conclusion du contrat n'ont pas été respectées. Dans ces cas le consommateur conserve le bénéfice de l'échelonnement des paiements". Já a *Loi fedérale sur le crédit à la consommation du 23 mars 2001* (Lei Suiça sobre o crédito ao consumo, aprovada em 2001), no seu art. 32º, sanciona de forma dura o incumprimento desta obrigação, impondo, consequentemente, além da sanção contraordenacional, a perda de juros e outras despesas associadas: *"1. Le courtier en crédit participatif qui contrevient aux art. 25, 26, 27, al. 1, 27a, 28, 29, 30 ou 31, est puni d'une amende de 100 000 francs au plus. 2 Le consommateur ne doit ni les intérêts ni les frais"*. De qualquer forma, importa assinalar que estas soluções acarretam indubitáveis desvantagens. Se, por um lado, estas cominações desincentivam os consumidores a acederem aos produtos no mercado do crédito ao consumo, por outo, pode conduzir a um aumento do preço total a suportar, contanto os financiadores imputarão aos consumidores o valor dos custos fixos operacionais associados a uma averiguação mais eficaz e robusta da solvabilidade da possível contraparte. Cf. Jorge Morais Carvalho – *op. cit.*, 2011, p. 310.

765 Assume-se, portanto, que o dever de avaliação da solvabilidade, da incumbência das instituições de crédito e sociedades financeiras, "não constitui um elemento da natureza do contrato, é, *a contrario*, um dever de conduta dos meios institucionais, um elemento circunstancial". Cit. Maria Fernandes Bernardes – *op. cit.*, 2018, p. 44.

766 Cf. *idem, ibidem*; e Cláudia Moreira Salazar – *op. cit.*, 2012, p. 30. Cláudia Moreira Salazar considera não ser totalmente descabido admitir que a conduta do credor que não haja atuado com os zelo e diligências devidos no processo de avaliação de solvabilidade, exigindo mesmo assim o cumprimento integral e tempestivo das obrigações, possa, por vezes, ser enquadrável na figura do abuso de direito, conforme ao art. 334º do CC. Cf. *idem, ibidem* pp. 31-32. Afirma, contudo, que "reconhecer validade geral à solução (...) seria um fator de estímulo do incumprimento para os consumidores, aumentando exponencialmente o crédito malparado". Cit. *idem, ibidem*, p. 32. Segundo a autora, o direito ao reembolso do montante mutuado, assim como dos juros e encargos respetivos, poderia ser total ou parcialmente extinto por via da

Portanto, apesar da natureza imperativa do preceito vigente no art. 10º do RJCC, não pode o contrato de crédito ao consumo ser decretado nulo ou anulável na circunstância de o credor não cumprir este dever de conduta[767].

Face a esta incerteza no tráfego jurídico, a Proposta de Diretiva, de 30 de junho de 2021, estabeleceu, no seu art. 18º, nº 5, que os Estados-Membros deverão assegurar, aquando da transposição, que aos mutuantes não lhes é facultada a possibilidade de resolução ou alteração superveniente do clausulado no contrato de crédito com base no facto de a avaliação de solvabilidade ter sido incorretamente efetuada. Excetua o mesmo preceito, *in fine*, que este direito sobrevirá se a entidade financiadora – potencial credora, i.e., pessoa sobre a qual recairá o ónus de prova – "demonstrar que o consumidor não comunicou ou falsificou deliberadamente as informações prestadas".

9.4.2. Imputável ao (Potencial) Devedor

108. A prospeção desadequada da capacidade creditícia em solver os créditos contraídos pode ser ainda imputada, em algumas situações, à pessoa do consumidor. Este, por vezes, presta deliberadamente informações falsas ou incompletas – não verificadas pelo funcionário da instituição ou pelo *software* instalado em ambiente web – por não pretender ser alvo de um *score* tendente à recusa[768]. No crédito ao consumo, o regime de invalidade vigente corporiza uma lacuna legiferante, pois que nem do texto do Aviso BP nº 4/2017 tais situações se encontram salvaguardadas[769]. Em consonân-

indemnização do consumidor, resultante da responsabilidade pré-contratual ao abrigo do instituto da *culpa in contrahendo*, previsto no art. 227º do CC, hipótese esta cumulável com a eventual prática abusiva. Cf. *idem, ibidem*, pp. 32-37. Em nosso entender, não encontrando estas soluções ainda qualquer suporte, nem na letra, nem no espírito do RJCC, parece que pugnar-se por uma interpretação *praeter legem* não procederá, desde logo, porque o dever de avaliação de solvabilidade figura na qualidade de elemento circunstancial do contrato, operando em ambiente pré-negocial tão-somente enquanto uma obrigação de conduta, dissociando-se do objeto do negócio *per si*. Em todo o caso, acompanha-se o entendimento de Jorge Morais Carvalho, contanto a eficácia de uma norma injuntiva como esta encontra-se efetivamente, em termos juscivilista, dependente da possibilidade de perda do montante do crédito, mormente nas casuísticas de incumprimento flagrante do dever de avaliação da solvabilidade pelo financiador, ou até de perda de juros nas restantes situações. Cf. *idem, ibidem*, p. 28; e Jorge Morais Carvalho – *op. cit.*, 2011, p. 309 e p. 312.

767 Cf. Maria Fernandes Bernardes – *op. cit.*, 2018, p. 44.

768 Cf. *idem, ibidem*, pp. 45-46.

769 Segundo João Batista Machado, uma lacuna jurídica "consiste numa incompletude contrária ao plano do Direito vigente, determinada segundo critérios eliciáveis da ordem jurídica

cia com os cânones de integração lacunares contemplados no art. 10º, nºs 1 e 2 do CC, nestas circunstâncias, aplicar-se-á por *analogia legis* o direito à resolução previsto no art. 16º, nº 5 do Decreto-Lei nº 74-A/2017, de 23 de junho, este que, como vimos, institui o regime dos contratos de crédito relativos a imóveis[770]. Em todo o caso, mesmo não se afigurando pertinente – o que não se crê suceder – a analogia para com o regime aplicável a empréstimos que se destinam à compra ou a garantias sobre bens imóveis, existe sempre a possibilidade de, em concordância com os ditames principiológicos do princípio da boa-fé em sentido subjetivo, poderem as instituições financiadoras invocar o regime do erro sobre a qualidade solvente da pessoa (*error in persona*), tal-qual previsto no art. 251º do CC[771]. Conforme ao disposto no art. 247º do mesmo código, o consumidor conhece e não pode de modo algum ignorar a essencialidade de um procedimento como

global. Existirá uma lacuna quando a lei (dentro dos limites de uma interpretação ainda possível) e o direito consuetudinário não contêm uma regulação exigida ou postulada pela ordem jurídica global – ou melhor: não contêm a resposta a uma questão jurídica". Cit. João Batista Machado – *Introdução ao Direito e ao Discurso Legitimador*, 18ª Reimpressão, Coimbra, Almedina, 2010, p. 194.

[770] O regime da resolução, previsto em geral nos arts. 432º a 436º da redação atual do CC, consubstancia, portanto, uma das formas de cessação do contrato de crédito ao consumo, podendo os seus efeitos retroativos – tal-qual estatuídos no art. 434º, à luz do art. 289º, ambos do CC – operar, *in casu*, via *analogia legis* ou por convenção das partes nesse sentido. "Normalmente, a resolução convencional é estabelecida no próprio contrato, constituindo uma cláusula deste (nada obstando, porém, a que seja acordada posteriormente)". Cit. Acórdão do Supremo Tribunal de Justiça, de 27 de Setembro de 2017, Processo nº 07B2212, Relator Juiz Conselheiro Santos Bernardino, § 3.1.2.

[771] Para o efeito, desconsidera-se a aplicação do regime da alteração das circunstâncias com base no erro-vício que recaia sobre as circunstâncias que hajam constituído a base de um negócio como este, previsto no art. 437º, nº 1 *ex vi* do art. 252º, nº 2, ambos do CC, tal como asseverado por Maria Fernandes Bernardes em 2018. Cf. Maria Fernandes Bernardes – *op. cit.*, 2018, *a contrario sensu*, p. 47. Sucede que este regime só se teria por subsumível se "ambas as partes [partissem], erradamente, de circunstâncias presentes ou atuais que eram essenciais para a conclusão do negócio, mas que na realidade não existiam". Cf. Henrich Ewald Hörster & Eva Sónia Moreira da Silva – *op. cit.*, 2019, p. 645, § 994. Ora, reportando-se a declaração de aceitação, emitida pela entidade financiadora, a subterfúgios enganosos do consumidor, no intuito de ser aceite num pedido de crédito ao consumo, a bilateralidade do erro que preside à assunção deste regime declinar-se-á por completo. Ao erro sobre a qualidade de solvente ou não solvente, imputável à pessoa do consumidor, só poderá, portanto, ser aplicável o art. 251º do CC, claro está, se se reputar por incorreta a analogia referida no corpo do texto para com o art. 16º, nº 5 do regime dos contratos de crédito relativos a imóveis. Cf. *idem, ibidem*, p. 638, § 980.

o da avaliação de solvabilidade, caso em que, sendo o negócio anulável, nos termos do art. 289º do CC, os efeitos retroativos determinarão, *ab initio*, a restituição de todo o valor mutuado.

Pode também suceder a hipótese de o consumidor não colaborar, recusando prestar as informações que o credor considere relevantes e adequadas para firmar o encontro de vontades. Não sendo esta uma circunstância interligada causalmente com o incumprimento do dever de avaliação da solvabilidade, *stricto sensu*, não pode o consumidor ser alvo de uma qualquer sanção, seja ela de matriz civilista ou de mera ordenação social. Em causa está, também nesta senda, o princípio geral da liberdade contratual consagrado no art. 405º do CC. De qualquer forma, regra geral, se o consumidor se recusa a prestar determinadas informações, relevantes à avaliação da solvabilidade, existem fortes possibilidades de o crédito não ser concedido pelo mutuante, salvo exceções em que os dados pessoais possam – licitamente, prescindindo do consentimento – ser obtidas de fontes externas[772].

[772] Cf. MARIA FERNANDES BERNARDES – *op. cit.*, 2018, pp. 47-48. *Vide*, genericamente, ANA ALVES LEAL – "Aspetos jurídicos da análise de dados na Internet (*big data analytics*) ... *supra*, pp. 192-198, § 56-58.

Capítulo IV
Proteção de Dados Pessoais e as Decisões Automatizadas

10. Breve Enquadramento: Privacidade e Proteção de Dados Pessoais

109. O recurso a técnicas de *scoring* no crédito ao consumo despoleta uma energética tutela dos dados pessoais e coloca problemas específicos de regime no que concerne à tomada de decisões individuais automatizadas, incluindo a definição de perfis. A ideia principal a reter – que suporta inúmeras preocupações, *infra* sinalizadas – é a da possível inaptidão dos regimes jurídicos vigentes sobre a proteção de dados pessoais face à regulação de fenómenos como a *Big Data* e a IA[773]. Tal sucede na medida em que, independentemente da apresentação da Proposta de Regulamento relativo à IA, a 21 de abril de 2021, o tratamento automatizado dos dados de crédito não se encontra excluído do âmbito de aplicação do RGPD, pelo que o seu regime jurídico será, à diretamente aplicável às situações de avaliação de solvabilidade via *scoring*[774].

Para lá da sua base constitucional assente no elenco de direitos, liberdades e garantias, tal-qual consagrada no art. 35º da *norma normata*[775],

[773] Cf. art. 2º, nº 1 do RGPD; e Ana Alves Leal – "Aspetos jurídicos da análise de dados na Internet (*big data analytics*) ... *supra*, p. 116, § 16; Bert-Jaap Koops – "The trouble with European Data Protection Law". In: *International Data Privacy Law*, vol. 4, no. 4, 2014, p. 256; e Karen Levy – "Relational Big Data". In: *Stanford Law Review Online*, vol. 66, no. 73, 2013, pp. 78-79.

[774] Cf. Proposta de Regulamento de IA, p. 4, § 1.2., intitulada "Coerência com as disposições existentes da mesma política setorial".

[775] E não se ouse confundir este direito, com assento autónomo e independentizado, tanto no art. 8º da CDFUE como no art. 16º do TFUE, face ao direito à privacidade – a tal *privacy* dos ordenamentos de matriz anglo-saxónica -, com escopo de reserva da vida privada e familiar,

tal-qual consagrado no art. 26º, nº 1 da Constituição, no art. 7º da CDFUE, assim como no art. 8º da Convenção Europeia dos Direitos do Homem (CEDH), de 4 de novembro de 1950 (contemplando as modificações introduzidas pelos Protocolos nºs 11, 14 e 15, acompanhado do Protocolo adicional e dos Protocolos nºs 4, 6, 7, 12, 13 e 16). Para efeitos de aprimoramento releva, numa primeira abordagem prolegómena, diferenciar os conceitos privacidade e proteção de dados pessoais, respetivamente, valores jurídicos estes que, embora se possam entrecruzar, não se sobrepõem, *in toto*. Assim, por um lado, o bem jurídico proteção de dados pessoais traduz um conceito com um referencial, tanto do ponto de vista jurídico como social, mais amplo do que a valoração acoplada à privacidade. Tradicionalmente, a proteção de dados pessoais posicionara-se enquanto direito supralegal garante da privacidade. Cf. Federico Ferretti & Daniela Vandone – *op. cit.*, 2019, p.157; Ronald Leenes & Silvia de Conca – "Artificial Intelligence and Privacy – AI enters the house through the Cloud". In: *Research Handbook on the Law of Artificial Intelligence* (eds. Woodrow Barfield and Ugo Pagallo), Massachusetts: Edward Elgar Publishing Limited, 2018, pp. 282-284; Sophie Fernandes – "Artigo 7º". In: *Carta dos Direitos Fundamentais da União Europeia Comentada* (coord. Alessandra Silveira e Mariana Canotilho), Coimbra, Almedina, 2013, p.105; Catarina Sarmento e Castro – "Artigo 8º". In: *Carta dos Direitos Fundamentais da União Europeia* (coord. Alessandra Silveira e Mariana Canotilho), Coimbra, Almedina, 2013, pp. 121; e Acórdão do Tribunal de Justiça da União Europeia, de 9 de novembro de 2010, Processo C-404/92 P, *Volker und Markus Schecke*, § 17. Já quanto ao bem privacidade, a literatura existente tem sinalizado dificuldades em delinear, tanto em termos axiológico-normativos como pragmáticos, aquele que é ainda hoje conotado como um conceito ambíguo e deveras indeterminado, nele se abarcando, aspetos relativos à identidade nacional, à vida sexual e ao domicílio, entre outros. Cf. *idem, ibidem*; Edward Bloustein – "Privacy as an aspect of human dignity: an answer to Dean Prosser". In: *Philosophical Dimensions of Privacy: An Anthology* (ed. Ferdinand David Shoeman), Cambridge UK, Cambridge University Press, 2009, p. 157 e p. 171; Richard Epstein – "Deconstruting Privacy: And Putting It Back Together Again". In: *The Right to Privacy* (ed. Ellen Frankel Paul), Social Philosophy & Policy Center, Cambridge, UK, Cambridge University Press, 200O, p. 24; James Rachels – "Privacy is Important". In: *Philosophy and Public Affairs*, vol. 4, no. 4, 1975), p. 326; e Stig Strümholm – Right of Privacy and Rights of the Personality: A Comparative Survey, Working Paper prepared for the Nordic Conferencee on privacy organized by the International Commission of Jurists, Stockholm, May 1967, p. 45. *Vide*, genericamente, Tristam Engelhardt – "Privacy and Limited Democracy: The Moral Centrality of Persons". In: *The Right to Privacy* (ed. Ellen Frankel Paul), Social Philosophy & Policy Center, Cambridge, Cambridge University Press, 2000, pp. 120-140; e Samuel Warren & Louis Brandeis – "Right to Privacy". In: *Harvard Law Journal*, vol. 4, no. 5, 1890, pp. 193-220. Defende-se, portanto, inexistir uma aproximação concetual universal e minimamente ecuménica a partir da qual se fixe um critério unívoco sobre até que ponto se afiança ser legítima a intromissão de outros indivíduos nas esferas privada e íntima de uma pessoa, caraterística esta que pressuporia que o indivíduo fosse capaz de conduzir, em qualquer circunstância, todos os seus assuntos pessoais em dissuasão de quaisquer intrusões indesejadas – o que não sucede, refira-se. Em termos históricos, o bem jurídico proteção de dados pessoais, conjeturado intrinsecamente como mais amplo do que a privacidade, tem figurado enquanto inovação europeia no plano dos direitos subjetivos, perscrutação esta que, ao longo dos anos, tem sido adotada – ainda que em contornos mistos – mesmo em países terceiros fora da UE. Cf. Federico Ferretti & Daniela Vandone – *op. cit.*, 2019, pp. 157. Portanto, e apesar de se poder asseverar verificar-se uma simbiose inter-relacional, tanto no plano axiológico-normativo como pragmático, de entre os bens jurídicos privacidade e proteção de dados pessoais, o seu âmbito de operação material ou substantivo dissocia-se, desde logo, subjetivamente, porque as regras de proteção de dados não se têm por aplicáveis às pessoas coletivas (cf. considerando 14 do RGPD). Tem-se em perspetiva que a vida privada não inclui necessariamente toda a informação sobre pessoas singulares identificadas ou identificáveis, objeto de tutela à luz do regime sobre a proteção de dados. Em todo o caso, o tratamento de dados pessoais, em consonância com o direito primário invocado, *supra*, pressupõe o tradicional processamento de conjunto de dados de forma leal e de acordo com finalidades específicas, as quais poderão incluir uma certa interferência, justificada e consentânea, no valor privacidade. Cf. Juliane Kokott & Christoph Sobotta – "The distinction between privacy and data protection in the jurisprudence of the CJEU and the ECtHR". In: *International Data Privacy Law*, vol. 3, no. 4, 2013, p. 225 e p. 228. A título exemplificativo, em fevereiro de 2020, o Tribunal Distrital de Haia (*Rechtbank Den Haag*) proferiu uma decisão acerca do controverso algoritmo *System Risk Indication* (SyRI), ferramenta até então utilizada pelo governo dos Países Baixos para deteção de práticas ilícitas no contexto sociocultural de bairros sociais. O sistema em causa encontrava-se habilitado a definir, em contornos automatizados, perfis de risco de indivíduos com propensão à prática de delitos fraudulentos. O *Rechtbank Den Haag* considerou que a utilização do SyRI (...) tem um efeito significativo sobre a vida privada da pessoa a quem o relatório se refere. Cf. *Rechtbank Den Haag*, van 5 februari 2020, *Federatie Nederlandse Vakbeweging te Utrecht vs. Staat der Nederlander zetelende te Den Haag*, § 6.72. Entre outras constatações – tais como a falta de transparência do sistema – o Tribunal Distrital de Haia decretou que o uso do *software* em questão pretere o art. 8º, nº 2 da CEDH, sob epígrafe direito ao respeito pela vida privada e familiar. Cf. *idem, ibidem*, § 6.72 e § 6.87. Ademais, quanto à proteção de dados, em especial, a CDFUE reconhece, no seu art. 8º, esta posição jusfundamental como um direito autónomo e distinto da vida privada e familiar, contemplada no seu art. 7º. De facto, aos dados pessoais é-lhe consignado um regime próprio aplicável a toda e qualquer pessoa singular identificada ou identificável (o titular dos dados pessoais). Nos dias de hoje, os indivíduos não possuem, e muito menos detém o controlo absoluto, sobre o conglomerado de informações indexáveis, direta ou indiretamente, à sua pessoa. Os fluxos de informação que lhes digam respeito não pré-existem antes de uma qualquer expressão ou divulgação, sendo estes, em certa medida, constructos gerados por mais do que um agente, seja ele no atual estado de arte uma pessoa ou até um programa de computador. Dir-se-á, portanto, inexistir normativamente um qualquer direito de propriedade passível de ser tutelável sobre os dados pessoais. Cf. Antoinette Rouvroy & Yves Poullet – "The right to informational self-determination and the value of self-development: Reassessing the importance of privacy for democracy". In: *Reinventing data protection?* (eds. Serge Gutwirth, Yves Poullet, Paul De Hert, Cécile de Terwangne and Sjaak Nouwt) Dordrecht: Springer, 2009, p. 51; e Jerry Kang & Benedikt Buchner – In: *Harvard Journal of Law & Technology*, vol. 18, no. 1, 2004, p. 238, anotação em rodapé n. º 37. Estes, embora indexados a uma pessoa singular identificada ou identificável, não possuem uma conotação de pertença que lhes seja própria. Assim, às pessoas ou entidades responsáveis

e, num perspetivar juscivilístico, enquanto direito de personalidade[776], no ordenamento jurídico português a proteção de dados pessoais é hoje diretamente regulada pelo Regulamento (UE) 2016/679, do Parlamento Europeu e do Conselho, de 27 de abril de 2016, o RGPD. Este ato normativo comunitário é diretamente aplicável por força do art. 288º do TFUE, conjugado com o art. 8º, nº 4 da Constituição da República Portuguesa (CRP), tendo revogado a Diretiva (UE) 95/46/CE, do Parlamento Euro-

pelo tratamento é-lhes reservado o direito de – reunidas que se encontrem as condições de licitude – processar os dados pessoais. A finalística que subjaz a esta ideia visa a proteção das pessoas singulares, não face ao processamento dos dados em si, mas antes diante a sua recolha, armazenamento, utilização e divulgação injustificada. Já Paul De Hert e Serge Gutwirth asseveram, em 2009, que um ramo como o Direito à Proteção sobre Dados Pessoais não pode ser tão-somente reconduzido a um *spin-off* tardio que ecoa o direito à privacidade, pois o seu cerne metodológico prende-se com a formulação das condições sob as quais o processamento de informação é tanto lícito – objetivamente – como legítimo – em termos subjetivos. Cf. Paul de Hert & Serge Gutwirth – "Data protection in the case law of Strasbourg and Luxemburg: Constitutionalisation in action". In: *Reinventing data protection?* (eds. Serge Gutwirth, Yves Poullet, Paul De Hert, Cécile de Terwangne and Sjaak Nouwt) Dordrecht: Springer, 2009, p. 4. "É claro que [a privacidade] não se mostra apta a explicar, por si só, a proteção de dados. O direito à proteção de dados ultrapassa o direito à privacidade, quanto ao seu âmbito e relevância. E não é só a finalidade da consagração constitucional do direito – e posterior disciplina normativa instituída pelo legislador ordinário – que no-lo permitem afirmar, mas, igualmente, a perceção de que, em face da amplitude da noção de dados pessoais com que somos confrontados, podemos lidar com elementos que não se integram no núcleo estrito da privacidade, antes dizendo respeito ao conteúdo de outros direitos". Cit. Mafalda Miranda Barbosa – "Proteção de Dados e Direitos de Personalidade: Uma Relação de Interioridade Constitutiva. Os Beneficiários da Proteção e a Responsabilidade Civil". In: *AB INSTANTIA, Revista do Instituto do Conhecimento – Abreu Advogados,* ano V, nº 7, Coimbra, Almedina, 2017, p. 31. Em suma, nas palavras de Alessandra Silveira e Pedro Froufe, diante o exposto, pode-se "concluir que o RGPD concretiza [uniformizadamente] a solução adotada pela CDFUE quando autonomizou o direito à proteção de dados pessoais (art. 8º) relativamente ao direito à proteção da vida privada (art. 7º). Para o Direito da [UE] nem todos os dados pessoais são suscetíveis, pela sua natureza, de causar prejuízo à privacidade da pessoa em causa – mas devem ser igualmente protegidos. Ou seja, nem todos os dados são da mesma natureza – e isto justifica a autonomia conferida à proteção de dados pessoais relativamente à proteção da privacidade no ordenamento da União. Neste domínio, a CDFUE (...) consagra um direito fundamental que protege dados que não têm de ser íntimos [ou] privados, basta que sejam pessoais. Trata-se de um avanço civilizacional que o RGPD [densificou] – e que, pelo impacto da sua aplicação territorial, beneficia (potencialmente) o resto do mundo". Cit. Alessandra Silveira & Pedro Froufe – "Do mercado interno à cidadania de direitos: ... *supra*, p. 20.

[776] Mafalda Miranda Barbosa – "Proteção de Dados e Direitos de Personalidade ... *supra*, p. 30.

peu e do Conselho, de 24 de outubro de 1995 – a qual havia sido transposta para a ordem interna pela Lei nº 67/98, de 26 de outubro (a Lei da Proteção de Dados, revogada)[777].

De resto, no que contende com o crédito ao consumo, importa atender às erupções pontuais que cristalizam os deveres de sigilo às instituições de crédito e algumas sociedades financeiras, decorrentes do art. 365º do CVM, dos arts. 78º e 79º do RGICSF e dos arts. 10º e 11º do atual RJCC, assim como do art. 18º, nº 6 da Proposta de Diretiva, de 30 de junho de 2021.

O regime específico ora proposto, imbricável diretamente na tópica proteção de dados e decisões automatizadas, reclama, para os devidos efeitos,

[777] Cf. art. 99º do RGPD. No que concerne ao regime vigente e já hoje aplicável afiança-se, desde logo, que o RGPD vivifica mais uma evolução do que uma revolução do quadro jurídico anteriormente estabelecido pela Diretiva (UE) 95/46/CE, do Parlamento Europeu e do Conselho, de 24 de outubro de 1995. O enquadramento aplicável, bem como a crescente jurisprudência que a nível dos Tribunais da UE tem primado por uma aplicação e interpretação mais uniforme da tópica, denotam, contudo – v. desenvolvimentos, *infra* – a necessidade de maiores segurança e certezas jurídica despoletadas pela emergência de tecnologias como a IA. A Convenção 108 do Conselho da Europa para a Proteção das Pessoas Singulares no que diz respeito ao Tratamento Automatizado de Dados Pessoais, de 28 de janeiro de 1981, desempenhara um papel proeminente enquanto mote primeiro do desenvolvimento das políticas europeístas sobre a proteção de dados e, em última análise, na adoção da Diretiva (UE) 95/46/CE. A este respeito, tanto o desenvolvimento progressivo das tecnologias de informação, como a necessidade de pugnar pela livre circulação transfronteiriça de dados pessoais na UE – viabilizando em melhor monta a dinâmica do comércio decorrente da mitigação das divergências entre os regimes internos dos vários Estados-Membros, *hoc sensu* – evidenciaram ser fatores decisivos para a promulgação primeira de um regime harmonizador, tal como resultava dos seus considerandos 1 a 11. Da Diretiva (UE) 95/46/CE sobressaíam, portanto, os propósitos de reforço na proteção dos direitos e liberdades fundamentais dos cidadãos – em matéria de proteção de dados – e a realização de um mercado interno comum, embora a jurisdição da UE suportasse, num estágio inicial, os motivos da sua implementação em matérias como o mercado interno, remetendo a sua base jurídica para o art. 114º do TFUE. De qualquer forma, através da adoção deste instrumento, tal como assinalado pela literatura, o legislador da UE adotara uma rigorosa abordagem atinente à maior consistência de um direito fundamental como este alicerçado no pressuposto de autodeterminação das pessoas singulares. Cf. Federico Ferretti & Daniela Vandone – *op. cit.*, 2019, p. 158; Andrew Kenyon & Megan Richardson – – "New dimensions in privacy: Communications technologies, media practices and law". In: *New Dimensions of Privacy Law – International and Comparative Perspectives*, Cambridge, UK, Cambridge University Press, 2006, pp. 2-3; e Viktor Mayer-Schönberger – "Generational Development of Data Protection in Europe". In: *Technology and Privacy: The New Landscape* (eds. Philip Agre and Marc Rotenberg), Cambridge, MA: The MIT Press, 1997, p. 235.

uma menção autónoma. Será, por conseguinte, à luz deste enquadramento normativo que se indagará o impacto que tecnologias como o *scoring* baseado na IA têm em matéria de proteção de dados e nos obstáculos que este regime em especial introduz à sua efetiva implementação[778].

11. Coordenadas Gerais da Aplicação do RGPD

11.1. O *Scoring* de Crédito (Âmbito Material)

110. O tratamento automatizado de dados de crédito, alguns ou até todos dos quais de matriz pessoal, encontra-se sujeito às disposições gerais do regime sobre a proteção de dados[779]. Tal sucede porque as caraterísticas explicativas e aqueles outros resultados endógenos que integram as BDs e são ulteriormente extraídos dos sistemas de *scoring*, respetivamente, quer das instituições responsáveis diretamente pela concessão de crédito ao consumo, quer das agências *bureau*, traduzem "informação relativa a uma pessoa singular identificada ou identificável"[780], o consumidor (ciber), sujeito passivo este que, aquando da avaliação de solvabilidade, se encontra consentaneamente investido na posição de titular dos dados pessoais[781].

[778] Cf. Ana Alves Leal – "Aspetos jurídicos da análise de dados na Internet (*big data analytics*) ... *supra*, p. 118, § 18, com as devidas adaptações temáticas.

[779] Cf. art. 2º, nº 1 do RGPD, segundo o qual: "o (...) regulamento aplica-se ao tratamento de dados pessoais por meios total ou parcialmente automatizados (...)".

[780] Cit. art. 4º, n. º 1 do RGPD. Cf. Acórdão do Tribunal Europeu dos Direitos Humanos, de 22 de dezembro de 2015, Processo nº 28601/11, *Affaire G.S.B. vs. Suisse*, § 51; e Acórdão do Tribunal Europeu dos Direitos Humanos, de 7 de julho de 2015, Processo nº 280057/12, *Case of M.N. and Others vs San Marino*, § 51.

[781] Seria até certo ponto – ainda que a título de anotação em rodapé – inoportuno e desajustado num texto desta natureza aprofundar, independentizada e detalhadamente, o conceito em voga, o de dados pessoais. Esta notação, tanto numa perspetiva nacional como de direito europeu, tem sido objeto de numerosos estudos e até decisões jurisprudenciais. *Vide*, António Barreto Menezes Cordeiro – "Dados Pessoais: Conceito, Extensão e Limites". In: *Revista de Direito Civil*, nº 2, 2018, pp. 297-321; e GT Art. 29º – Parecer 4/2007, sobre o conceito de dados pessoais, adotado em 20 de junho de 2007. O RGPD mantivera o elemento central da Diretiva (UE) 95/46/CE, a identificabilidade. Desde logo, determina que "é considerada identificável uma pessoa singular que possa ser identificada, direta ou indiretamente, em especial por referência a um identificador, como por exemplo um nome, um número de identificação, dados de localização, identificadores por via eletrónica ou a um ou mais elementos específicos da identidade física, fisiológica, genética, mental, económica, cultural ou social dessa pessoa singular". Antes de se abordar um pouco mais sobre o alcance da concetualização de dados pessoais, releva notar que a generalidade das caraterísticas atributivas iniciais das entradas– tal-qual enunciadas nas Tabelas 4 e 5 do presente ensaio

– correspondem a dados pessoais. O mesmo sucede quando em ambiente de contratação eletrónica são objeto de tratamento, em consonância com o art. 4º, nº 2 do RGPD, dados de navegação via Internet, a melhor ver: entre outros, os endereços IP; o URL do terminal de origem e de destino; o *timing* em que é efetuada a ligação à rede; *passwords* e *usernames* registados e acedidos; palavras inseridas em motores de busca; páginas *web* consultadas; testemunhos de conexão (*cookies*), ou até mesmo a informação obtida e disponibilizada através de *downloads* e *uploads*. Cf. *idem, ibidem*, p. 120, § 19. *Vide*, sobre a consideração dos endereços dinâmicos IP na qualidade de dados pessoais, Acórdão do Tribunal Europeu dos Direitos Humanos, de 24 de abril de 2018, Processo nº 62357/14, *Benedik vs. Slovenia*, §§ 107-108. Ora, foi (e é) a introdução do elemento específico da identidade que se abarcam um conjunto alargado de informação passível de ser indexada ao consumidor. Cf. Filipa Urbano Calvão – "A Proteção de dados pessoais na internet: desenvolvimentos recentes". In: *Revista de Direito Intelectual*, nº 2, 2015, p. 68. Este sujeito, titular de dados pessoais no crédito ao consumo, através da informação recolhida, não tem de se encontrar *a priori* identificado, bastando para a subsunção e aplicação do regime correspondente que seja possível a sua singularização (*single out*). Cf. Ana Alves Leal – "Aspetos jurídicos da análise de dados na Internet (*big data analytics*) ... *supra*, p. 120, § 19. Tal identificação torna-se exequível, no atual estado de arte do desenvolvimento tecnológico, porquanto a singularização compadece-se com a reconversão de um número ou código de utilizador na identificabilidade dos sujeitos. Cf. Frederik Borgesius – "Singling out people without knowing their names–Behavioural targeting, pseudonymous data, and the new Data Protection Regulation". In: *Computer Law & Security Review*, vol. 32, no. 2, 2016, pp. 262-265; e GT Art. 29º – Parecer 4/2007, sobre o conceito de dados pessoais ... *supra*, pp. 16-17, segundo o qual: "as Autoridades Nacionais de Proteção de Dados já se viram confrontadas com casos em que (...) o responsável pelo tratamento invoca que só são tratadas informações dispersas, sem referência a nomes ou qualquer outro identificador direto, e defende que os dados não devem ser considerados como dados pessoais e não devem estar sujeitos às regras de proteção de dados. (...) De facto, invocar que as pessoas não são identificáveis quando o objetivo do tratamento é precisamente o de as identificar, seria uma clara contradição". O regime plasmado no articulado do RGPD assenta, tal como já sucedia com a Diretiva anterior, portanto, na transformação da consideração restritiva de dados pessoais – aquela que assentaria tão-somente em dados *lookup* que evidenciavam uma conexão direta com o nome (i.e., a identidade civil de uma pessoa) – para um instituto centrado em identificadores que permitem o reconhecimento de uma pessoa prescindindo dessa mesma associação (*r-identifiers*). Cf. Ana Alves Leal – "Aspetos jurídicos da análise de dados na Internet (*big data analytics*) ... *supra*, pp. 121-122, § 19; Manon Oostveen – "Identificability and the applicability of data protection to big data". In: *International Data Privacy Law*, vol. 6, no. 4, 2016, pp. 304-307; e Ronald Leenes – "Do they know me? Deconstructing identifiability". In: *University of Ottawa Law and Technology Journal*, vol. 4, no. 1-2, 2008, pp. 148-149 e pp. 149-150, respetivamente. Porventura o exemplo comummente utilizado pela literatura de singularização via *r-identifiers* reporta ao designado *behavioural targeting* ou *online profiling*. Nestes processos é indexado um número ou um código ao consumidor – não rotulado pelo seu nome –, e a monitorização *on-time* do histórico de navegação na Internet é efetuada com base na padronização dos seus interesses e preferências de forma a explorar a solvência da clientela ou até mesmo no propósito de publicitar certos produtos mais ajustados ao seu

Em particular, a generalidade tanto das variáveis iniciais financeiras ou comportamentais tradicionais – conforme, Tabela 5, *supra*, Capítulo II – como das respetivas classificações extraídas dos sistemas de *scoring* de crédito, integrar-se-ão numa categoria especial de dados[782] – os designados dados sensíveis – aos quais lhe é (ou antes, deve, salvo melhor entendimento) ser atribuída uma proteção elevada nos termos da proibição genérica contemplada no (ou pelo) art. 9º do RGPD[783]. Afigura-se-nos, portanto, que tanto a natureza destas informações, em especial, como a suficiência da sua tutela efetiva reclamam uma subsunção que vai muito além da proibição literal devida à discriminação endógena[784]. Em tarefas

perfil de consumo. Cf. f. Ana Alves Leal – "Aspetos jurídicos da análise de dados na Internet (*big data analytics*) ... *supra*, pp. 120-121, § 19. Também os testemunhos de conexão, os *cookies* – que, como vimos, *supra*, Capítulo II – consistem em pequenos arquivos de texto que funcionalizam a manutenção do estado de uma comunicação em rede, possibilitando que uma aplicação interativa sinalize os utilizadores e os passos que estes já concretizaram – subsumir-se-ão à noção de tratamento de dados pessoais, nesse sentido, aplicando-se-lhe o respetivo regime. Eis que estes mecanismos se socorrem de um número ou código exclusivo no ímpeto de monitorizarem o comportamento dos (ciber)consumidores na delonga da sua navegação em ambiente *web*. Cf. *idem, ibidem*, p. 121, § 19; e GT Art. 29º – Parecer 1/2008 sobre questões de proteção dos dados ligadas aos motores de pesquisa [WP 148], adotado em 4 de abril de 2008, pp. 7-8.

782 Acerca das inferências em si mesmas na qualidade de dados pessoais, cf. John McDermid [*Et al.*] – "Artificial intelligence explainability: the technical and ethical dimensions". In: *Philosophical Transactions Royal Society A.*, no. 379:20200363, 2021, p. 13; Tiago Sérgio Cabral – "Forgetful AI: AI and the Right to Erasure under the GDPR". In: *European Data Protection Law Review*, vol. 6, no. 3, 2020, p. 386; Francisca Resende Gomes – "O conteúdo do direito fundamental à proteção de dados à luz do novo Regulamento Geral de Proteção de Dados: em especial, a problemática do controlo das decisões automatizadas". In: *Anuário da Proteção de Dados* (coord. Francisco Pereira Coutinho e Graça Canto Moniz), Lisboa: CEDIS, 2020, pp. 114-116, e Meike Kamp [*Et al.*] – "Profiling of Customers and Consumers-Customer Loyalty Programmes and Scoring Practices". In: *Profiling the European Citizen* (eds. Mireille Hildebrandt and Serge Gutwirth), Dordrecht, Springer, 2008, p. 207.

783 Aliás, nesse sentido, embora o propósito da apreciação tivesse que ver com uma proposta legislativa que cominava às instituições de crédito o dever de comunicar à Administração Tributária dados sobre as contas bancárias da clientela, a CNPD reportara esta categoria de preditores, *ab ovo*, enquanto dados sensíveis, dada a intromissão na esfera privada da pessoa-titular. Para o efeito, a autoridade de controlo nacional atendera ao art. 28º, nº 1, al. b) da anterior Lei nº 67/98, de 26 de outubro, hoje revogada, que sujeitava as operações de prospeção da solvabilidade a consulta prévia da CNPD. Cf. CNPD – Parecer nº 22/2016, de 5 de julho, Processo nº 9180/2016, p. 2.

784 Para os devidos efeitos, nos termos do art. 2º, nº 2, als. a) e b) da Diretiva (UE) 2000/78/CE, do Conselho, de 27 de novembro que estabelece um quadro geral de igualdade de tratamento

como a classificação da solvabilidade, baseada em tecnologias de IA, os riscos de usurpação ou roubo de identidade, as perdas financeiras, os próprios prejuízos para a reputação dos candidatos rejeitados ou até a quebra da confidencialidade sobre estes dados – frequentemente protegidos por sigilo profissional[785]- impelem a necessidade de qualquer intérprete-aplicador dever pugnar pela assunção dos dados de crédito – numa lógica de interpretação sistemática e mais ampla, *in casu*, coadunável em maior monta com a tutela supralegal[786]-, como integrantes do elenco de categorias especiais de dados. A fim ao cabo, nestas circunstâncias, o direito jusfundamental objeto de tutela primária, que, aliás, antecede os próprios efeitos discriminatórios (art. 13º da CRP), é a reserva à intimidade da vida privada (art. 26º desta *norma normarum* ou *normata*)[787].

no emprego e na atividade profissional (com as devidas adaptações), e do art. 2º, nº 2, als. a) e b) da Diretiva (UE) 2000/43/CE, do Conselho, de 29 de junho, que aplica o princípio da igualdade de tratamento entre pessoas, sem distinção de origem racial ou étnica, "considera-se que existe discriminação direta sempre que, em razão da origem racial ou étnica, uma pessoa seja objeto de tratamento menos favorável que aquele que é, tenha sido ou possa vir a ser dado a outra pessoa em situação comparável; b) Considera-se que existe discriminação indireta sempre que uma disposição, critério ou prática aparentemente neutra coloque pessoas de uma dada origem racial ou étnica numa situação de desvantagem comparativamente com outras pessoas, a não ser que essa disposição, critério ou prática seja objetivamente justificada por um objetivo legítimo e que os meios utilizados para o alcançar sejam adequados e necessários". *Vide*, DOLORES TARAMUNDI – "Discrimination by Machine-Based Decisions: Inputs and Limits of Anti-discrimination Law". In: *Law and Artificial Intelligence: Regulating AI in Legal Practice*, vol. 35, Information Technology and Law Series, T.M.S. Asser Press, The Hague, 2022, pp. 73-85.

785 Consequências estas resultantes dos próprios considerandos 75 e 85 do RGPD.

786 Conforme o art. 35º, nº 3 da *norma normata*: "a informática não pode ser utilizada para tratamento de dados referentes (...) à vida privada (...) salvo mediante consentimento expresso do titular, autorização prevista por lei com garantias de não discriminação ou para processamento de dados estatísticos não individualmente identificáveis".

787 Salvo melhor entendimento, os dados bancários, caraterizados, *ab ovo*, na sua qualidade de indexantes pessoais, podem ser objeto de tratamento tão-somente ou na medida em que subjazam a este os fundamentos de licitude consignados à natureza sensível, a qual, naturalmente, contende com a esfera privada dos candidatos a crédito, nos termos e para efeitos do art. 26º, nº 1, conjugado com o art. 35º, nº 3, ambos da CRP. Também o RGPD, nos termos do seu considerando 4, deve respeitar este bem jurídico, a saber: "o presente regulamento respeita todos os direitos fundamentais e observa a liberdade e os princípios reconhecidos na Carta, consagrados nos Tratados, nomeadamente o respeito pela vida privada (...)". Ora, esta tutela reforçada depreende-se, desde logo, pelo facto de o banqueiro poder, através da depuração dos movimentos das contas de depósito ou com cartões, traçar um *Curriculum Vitae* financeiro dos candidatos a crédito, traduzido em números, clarividente. Cf. Acórdão

Ademais, não se crê, mesmo que se tenha presente a heterogeneidade da *Big Data*[788], existirem dados não pessoais de feição meramente operacional insuscetíveis de serem indexáveis à pessoa do candidato e que não permitam, sequer remotamente, a re-identificação do consumidor no *scoring*. Independentemente da fonte de recolha (corresponda ela a aplicações móveis, ao *open data*[789], a pesquisas motores de busca, *et alii*) e do seu

do Tribunal Constitucional nº 442/2007, de 30 de março, Processo nº 815709, Relator Juiz Conselheiro Joaquim de Sousa Ribeiro, segundo o qual "através da análise do destino das importâncias pagas na aquisição de bens ou serviços, pode facilmente ter-se uma perceção clara das escolhas e do estilo de vida do titular da conta, dos seus gostos e propensões, numa palavra, do seu perfil concreto enquanto ser humano. O conhecimento de dados económicos permite, afinal, a invasão da esfera pessoal do sujeito, com revelação de facetas da sua individualidade própria – daquilo que ele *é* e não apenas daquilo que ele *tem*. Conhecimento que, por sua vez, e para além de tudo o mais, é suscetível de exploração económica (veja-se o florescente mercado de informações sobre dados dos consumidores), propiciando afinadas estratégias de *marketing*, frequentemente violadoras do direito à reserva, agora na sua veste de direito a estar só". Cf., ainda, António Menezes Cordeiro – *Manual de Direito Bancário*, 3ª ed., aumentada e totalmente revista, Coimbra, Almedina, 2006, pp. 264-265, *cit. in* Pedro Joaquim Ribeiro – *Dados Bancários Enquanto Dados Sensíveis*, Dissertação de Mestrado, Porto, Faculdade de Direito da Universidade do Porto, 2011, p. 9; Paulo Mota Pinto – Protecção da Vida Privada na Jurisprudência do Tribunal Constitucional, Jurisprudência do Tribunal Constitucional, nº 10, pp. 13-14; Acórdão do Tribunal Constitucional nº 278/95, de 31 de maio, Processo nº 510/91, Relatora Juiz Conselheiro Alves Correia, nos termos do qual, "tendo em conta a extensão que assume na vida moderna o uso de depósitos bancários em conta corrente, é, pois, de crer que o conhecimento dos seus movimentos ativos e passivos reflete grande parte das particularidades da vida económica, pessoal ou familiar dos respetivos titulares. Através da investigação e análise das contas bancárias, torna-se, assim, possível penetrar na zona mais estrita da vida privada. Pode dizer-se, de facto, que, na sociedade moderna, uma conta corrente pode constituir 'a biografia pessoal em números'"; e Acórdão do Tribunal Constitucional nº 355/97, de 7 de maio, Processo nº 182/97, Relator Juiz Conselheiro Tavares da Costa. *Vide*, ainda sobre o art. 9º do RGPD, Alexandre Sousa Pinheiro [*Et al.*] – *Comentário ao Regulamento Geral de Proteção de Dados*, Coimbra, Almedina, 2018, pp. 236-237, com as devidas adaptações temáticas.

788 *Vide*, genericamente, acerca da heterogeneidade dos dados e das formas díspares de os categorizar, Luciano Floridi – *The Philosophy of Information*, New York, Oxford University Press, 2011, pp. 87-88.

789 Os sistemas de dados abertos (*open data*) correspondem, grosso modo, a iniciativas privadas e públicas que visam estabelecer plataformas nas quais alguns dados se encontram livremente disponíveis a todos os utilizadores para utilização e republicação, sem quaisquer restrições conexas com direitos de propriedade intelectual ou até de outros mecanismos de controlo, quer regulamentares, quer legais. Cf. The World Bank Group – Disruptive Technologies in the Credit Information Sharing Industry ... *supra*, p. 12. Inobstante as suas vantagens, o recurso ao *open data* comporta preocupações acrescidas ao nível da Cibersegurança, na medida em

suporte (seja ele áudio, vídeo, texto ou imagens), todos os dados de crédito externos à instituição – mormente os enunciados na Tabela 4, *supra*, Capítulo II – respeitam a fatores preditores sensíveis alusivos à situação financeira da clientela e, consequentemente, serão submetidos impreterivelmente às balizas gerais e abstratas do RGPD.

Quanto ao formato, sobretudo considerando as finalidades que subjazem ao *scoring* comportamental, não se antevê existirem razões *a priori* bastantes para a aplicação de técnicas de anonimização, afastando-se, nesse sentido, os ditames do RGPD, desde logo, atenta a apriorística – embora há já algum tempo contestável[790] – insusceptibilidade de reversão dos resultados e (im)possível re-identificação do titular[791]. Quando muito – até por

que maiores são os potenciais riscos, não só para o cometimento em maior monta de práticas fraudulentas, como de preterição dos valores privacidade e proteção de dados. Em todo o caso, a fiabilidade das plataformas *open data* depende da qualidade dos conjuntos de dados que nelas são constantemente recolhidos e armazenados. Com efeito, afigura-se ser necessário aprovisionar que o processo de recolha e processamento dos *sets* traduz a sua maior qualidade e, consecutivamente, a maior acuidade dos processos de tratamento. Também releva assegurar a utilização ética de todos os dados que são acedidos a partir destas plataformas. Cf. *idem, ibidem*, p. 23. A título exemplificativo, as agências *bureau* de crédito, tal como Bonify, na Alemanha, estão a utilizar dados abertos transfronteiriços (tais como, débitos, movimentos nas contas bancárias, níveis de liquidez e históricos de transações) para inferir um *scoring* alternativo. Com o *open data*, a Bonify mantém as suas BDs sempre atualizadas e encontra-se habilitada a fazer prospeções *on time* acerca da solvabilidade dos candidatos. Cf. *ult. loc. cit.*

[790] "Os desenvolvimentos mais recentes (...) apontam, contudo, para um risco de re-identificação propiciado pelas técnicas próprias da *big data* quanto a dados que foram anonimizados. (...) Em particular, intensificam-se as vozes no sentido de se exigir um efetivo controlo e fiscalização da lógica subjacente a esses algoritmos, bem como das combinações entre dados que os mesmos promovam". Cit. ANA ALVES LEAL – "Aspetos jurídicos da análise de dados na Internet (*big data analytics*) ... *supra*, pp. 126-127, § 22. Cf. IRA RUBINSTEIN – "Big data: the end of privacy or a new beginning?". In: *International Data Privacy Law*, vol.3, no. 2, 2013, p. 78. *Vide*, PAUL OHM – "Broken Promises of Privacy: Responding to the Surprising Failure of Anonymization". In: *University of Colorado Law Review*, vol. 57, no. 9-12, 2010, pp. 1701-1777.

[791] Em conformidade com o considerando 26, 2ª parte do RGPD: "os princípios da proteção de dados não deverão (...) aplicar-se às informações anónimas, ou seja, às informações que não digam respeito a uma pessoa singular identificada ou identificável nem a dados pessoais tornados de tal modo anónimos que o seu titular não seja ou já não possa ser identificado. O (...) regulamento não diz, por isso, respeito ao tratamento dessas informações anónimas (...). Para os devidos efeitos, são consideradas técnicas de anonimização, num contexto técnico, a adição de ruído, a permuta, a privacidade diferencial, a agregação, o *k*-anonimato, a *l*-diversidade e a *t*-proximidade, todas estas técnicas de cifragem, algumas das quais com feição homomórfica. Cf. GT Art. 29º – Parecer 05/2014, sobre as técnicas de anonimização [GT216], adotado em 10 de abril de 2014, p. 3.

razões de segurança, coadunáveis com o enunciado principiológico previsto no art. 5º, nº 1, al. f) do RGPD – devem as entidades financiadoras primar pela adoção de técnicas de pseudonimização, a tal ponto que deixem de poder ser atribuídos ao consumidor dados específicos sem se recorrer a informações suplementares (cf. art. 4º, nº 5 do RGPD)[792].

Face ao antedito, pode afiançar-se que na medida em que um certo *scoring*, baseada na IA, seja executado no propósito de avaliar, com recurso a mecanismos exclusivamente automatizados, a solvabilidade dos pretensos beneficiários de um produto de crédito e a instituição financiadora exerça autonomamente – ainda que conjuntamente com a sua empresa-mãe ou com as agência *bureau*, tanto públicas como privadas– uma influência determinante sobre a forma como essa operação de tratamento será concretizada, a instituição financiadora assumirá, em qualquer das circunstâncias *ante* enunciadas, a posição de responsável pelo tratamento nesta que é uma relação jurídica público-privada em que os consumidores no crédito assumem também as 'vestes' de titulares dos dados.

Como tal, o *scoring* no crédito ao consumo integra indubitavelmente o âmbito material e territorial de aplicação do RGPD nos termos dos seus arts. 2º e 3º[793].

11.2. Os Sujeitos na Relação Jusconsumerista à luz da Proteção de Dados Pessoais (Âmbito Subjetivo)

111. É-nos já consabido que a recolha dos dados de crédito depende da natureza pública ou privada dos agentes ativos envolvidos nas operações de tratamento de dados pessoais – v. desenvolvimentos, *supra*, Capítulo II[794].

[792] Contrariamente ao que sucede com a anonimização, a opção pela pseudonimização – enquanto técnica de excelência da *privacy by design* (cf. art. 25º, nº 1 do RGPD, à luz do seu considerando 78) é abrangida pelos ditames do Regulamento, tal como se depreende do considerando 26, 1ª parte. Com efeito, a opção por este formato de estruturação e organização dos dados, *maxime*, viabiliza a moderação das exigências de regime desde que, em consonância com a definição plasmada no seu art. 4º, nº 5, as "informações suplementares sejam mantidas separadamente e sujeitas a medidas técnicas e organizativas para assegurar que os dados pessoais não possam ser atribuídos a uma pessoa singular identificada ou identificável". Cf. ANA ALVES LEAL – "Aspetos jurídicos da análise de dados na Internet (*big data analytics*) ... *supra*, p. 126, § 21.

[793] Cf. ANA ALVES LEAL – "Aspetos jurídicos da análise de dados na Internet (*big data analytics*) ... *supra*, p. 192, § 55.

[794] Além das próprias instituições de crédito e/ou sociedades financeiras – que relevam sobretudo, para a consecução do propósito relativo à avaliação de solvabilidade – as agências *bureau*

Não se contesta que as instituições financiadoras e as agências *bureau* realizam operações de tratamento, na aceção conferida pelo art. 4º, nº 2 do RGPD, e, na medida da sua intervenção (conjunta) no processo decisório, são (cor)responsáveis pelo tratamento, enquanto pessoas coletivas que determinam as finalidades e os meios destas operações[795].

Individualmente, ou até em conjunto, são cada vez mais as entidades financiadoras que no âmbito das operações de *scoring* de atribuição, comportamental ou até das verificações *bureau* (o quê) processam dados de crédito recolhidos e armazenados em BDs, partilhadas ou não – como sucede, *in casu*, com a CRC – através da implementação de mecanismos de análise exploratórios e preditivos de DM e ML dentro do espectro da IA (como). E fazem-no para preverem o cumprimento das obrigações às quais os devedores ficarão adstritos aquando da concessão de crédito ao consumo (a finalidade prevista)[796].

são atualmente os principais canais de compilação de dados de crédito. Existem atualmente em todos os Estados-Membros da UE, à exceção do Luxemburgo, embora a sua forma jurídica ou estrutura institucional varie consoante as diferentes políticas e a função que desempenha para a economia e sociedade. As suas BDs, partilhadas entre várias entidades numa lógica de reciprocidade, são organizadas e os tipos de informação são fornecidos pelos subscritores. Releva, neste semblante, uma distinção fundamental entre organizações públicas e privadas ou comerciais. Enquanto as primeiras são normalmente parte de um banco central nacional ou de uma autoridade de supervisão, institucional e legalmente concebida para assegurar a estabilidade do sistema financeiro e o controlo do endividamento das famílias, a segunda categoria proporciona ao mercado instrumentos analíticos de gestão de risco para melhorar a eficácia económica e a rentabilidade das instituições financeiras, independentemente de serem bancos que emprestam o dinheiro dos depositantes ou qualquer outra entidade que concretize negócios de crédito especializado. Cf. FEDERICO FERRETTI & DANIELA VANDONE – *op. cit.*, 2019, p. 125-128; FEDERICO FERRETTI – *The Law and Consumer Credit Information in the European Community: The Regulation of Credit Information Systems*, New York: Routledge-Cavendish, 2008, pp. 65-70; e PETER CARTWRIGHT – *Banks, Consumers and Regulation*, Portland, Hart Publishing, 2004, pp. 31-34.

[795] Cf. FRA – Handbook on European data protection law, 2018, p. 106

[796] Cf. CEPD – Orientações 07/2020, sobre os conceitos de responsável pelo tratamento e subcontratante no RGPD [Versão 2.0], adotadas em 7 de julho de 2021, p. 16, § 35. Como se depreende, a definição funcional de responsável pelo tratamento – plasmada no art. 4º, nº 7 do RGPD – comporta cinco elementos, a melhor ver: (1) tem que ser uma pessoa singular ou coletiva a (2) determinar, (3), individual ou conjuntamente com outras, (4) as finalidades e os meios (5) de tratamento de dados pessoais. Para os devidos efeitos, a suceder tal qual conjeturado, assumira-se no corpo do texto a hipótese de se encontrarem investidos na qualidade de responsáveis conjuntos pelo tratamento, tanto as instituições diretamente responsáveis pela concessão de crédito ao consumo, como as agências *bureau*. Tal sucede porquanto, em

princípio – relativamente ao primeiro elemento, o da natureza do sujeito – inexiste no conceito uma qualquer restrição quanto ao tipo de entidade que pode assumir estes desígnios. Cf. *idem, ibidem*, p. 11-12, §§ 17-19 Já quanto ao segundo elemento, aquele que se refere à influência de um dado responsável no exercício do poder decisório relativamente à determinação, (3) individual ou conjunta, (4) dos meios e das finalidades aqui subjacentes, importa distinguir, as circunstâncias jurídicas e fáticas das quais emanará o possível controlo das entidades enunciadas. Quanto às primeiras, resulta claro do art. 10º do RJCC (ou até já do art. 18º da Proposta de Diretiva, relativa aos créditos aos consumidores, de 30 de junho de 2021), que são as instituições de crédito ou sociedades financiadoras as responsáveis por proceder à prospeção adequada da solvabilidade futura do consumidor. Cf. *idem, ibidem*, pp. 12-13, §§ 22-24 Já no que contende à provável determinação fática dos meios e das finalidades por parte das agências *bureau*, corrobora-se a posição assumida pela autoridade de controlo britânia – a *Information Commissioner's Office* (ICO)- contanto, sucedendo a hipótese de os financiadores se socorrerem das práticas de verificação (*bureau checks*), estas operações encontrar-se-ão naturalmente associadas à avaliação de solvabilidade, mas dela independentizam-se. É comum propalar-se que as agências de informação para o crédito possuem apenas o controlo da informação tal-qual constante dos ficheiros da clientela, devendo, por conseguinte, ser reputadas como subcontratantes nos termos e para efeitos do art. 4º, nº 8 e 28º, ambos do RGPD. Efetivamente, nas circunstâncias em que várias entidades credoras subscrevem os serviços das agências *bureau*, partilhando com estas alguns dos dados por si processados – contanto outros possam ser objeto de recolha em linha – o CV de crédito não é propriedade destas, antes do (potencial) credor que procedera à sua divulgação por transmissão. Todavia, todo e qualquer ficheiro de crédito que conste das BDs de uma agência *bureau* consubstancia um poderoso canal através do qual se compilam informações pessoais de várias organizações. Como tal, e embora a agência não tenha a permissão para alterar os ficheiros de crédito da clientela – tal-qual lhe são fornecidos por várias entidades-, compila as mesmas. Assim, nestas circunstâncias, tanto as instituições financiadoras como as agências *bureau* se subsumirão à figura de responsáveis conjuntos pelo tratamento. Dito por outras palavras, apesar de ambas as operações finalisticamente parecerem, à primeira vista, orientadas para a consecução dos propósitos legais caraterísticos, tanto do *scoring* de atribuição, como do comportamental, não só as BDs centralizadas dos *bureau* – que incluem dados relativos à clientela de vários credores – como os modelos de aprendizagem daí derivados, faticamente, são determinados por (e, consequentemente, pertencem a) estas agências especializadas. Além do mais, quanto ao escopo operacional, tal-qual balizado na primeira unidade capitular, é-nos já consabido que as verificações *bureau* se destinam, diferentemente das operações de atribuição e comportamental, mais à recolha de histórico de pagamentos, à sinalização de outros compromissos financeiros assumidos pelo candidato, mas sobretudo à validação de dados – alguns ou a maioria dos quais alternativos – recolhidos de fontes externas. Cf. JOHN CURAAN [*Et al.*] – Regulation of Credit Information Companie, Belgium, Canada (Ontario), France, Germany, Sweden, United Kingdom, 27 February 2018, p. 26; e ICO – Findings from ICO, Review visits to credit reference agencies, September 2014, pp. 5-6. Portanto, estas entidades exercem uma influência determinante no tocante aos tratamentos de dados em operações como o *scoring* de crédito baseado na IA. Cf. CEPD – Orientações 07/2020, sobre os conceitos de responsável pelo tratamento e subcontratante ... *supra*, pp. 13-15, §§ 25-30 e pp. 21-22, §§ 50-53.

Seguindo as vias tradicionais, as instituições financiadoras recolherão junto da (potencial) clientela os dados de crédito necessários para firmar o acordo, estes que à partida consentiriam – as mais das vezes, não livremente- nesse tratamento[797]. Assim, independentemente das técnicas e da forma automatizada que funcionalize essa operação, o comportamento mais ou menos responsável da clientela será, numa fase ulterior, monitorizável via *scoring* comportamental, viabilizando a recolha e conservação mais atualizada dos registos. Muitas vezes, estes processamentos são efetuados a partir da transmissão adicional de dados pessoais para outros entes coletivos integrantes do mesmo grupo empresarial ou até para agências *bureau* de crédito – também elas, mediante subscrição, tidas como responsáveis pelo tratamento automatizado[798].

Em todo o caso, no atual estado de arte, as instituições financeiras ou as *FinTech* implementam outrossim mecanismos (mais invasivos) que lhes permitem obter dados em bloco extraídos da atividade prosseguida pelos consumidores em linha, concretizando inferências acerca da solvabilidade creditícia a partir dos resultados dos motores de busca, de plataformas digitais, de programas ou até de aplicações móveis não necessariamente alojadas nos seus sítios *web*. Na generalidade destes casos alusivos a este novel *modus operandi*, a recolha efetua-se por via da combinação da conta de utilizador do consumidor em vários de prestadores de serviço em linha[799].

[797] E ainda que a recolha da informação das entradas possa ser efetuada em linha – como sucede, a título exemplificativo, no envio de informações por e-mail, na circunstância de estas serem inseridas pelo próprio cliente na sua própria conta ou ainda através do uso de aplicações móveis – estas hipóteses em nada se distanciam da recolha clássica de dados pessoais. Cf. Ana Alves Leal – "Aspetos jurídicos da análise de dados na Internet (*big data analytics*) ... *supra*, p. 191, § 55.

[798] *Vide*, Catarina Sarmento e Castro – "Os ficheiros de crédito e a protecção de dados pessoais". In: *Boletim da Faculdade de Direito*, vol. 78, Coimbra: Universidade de Coimbra, 2002, pp. 475-511; e Teresa Anselmo Vaz & Ana Rita Paínho – "A proteção de dados pessoais e os intermediários de crédito". In: *Direito dos Valores Mobiliários* (ed. Instituto dos Valores Mobiliários), vol. X, Coimbra, Coimbra Editora, pp. 593-623.

[799] Cogite-se, a título de exemplo, a hipótese de a conta de utilizador do cliente X num prestador de serviços de comércio eletrónico Y ser a mesma utilizada para aceder à *app* do banco e, por essa mesma razão, os dados gerados pelo consumidor na primeira – indutivos de padronizações ou regularidades quanto aos seus hábitos de consumo – serem, de forma mais ou menos estruturada, disponibilizados a uma instituição que os utilizará para avaliação da solvabilidade. Cf., genericamente, Ana Alves Leal – "Aspetos jurídicos da análise de dados na Internet (*big data analytics*) ... *supra*, pp. 191-192, § 55..

Ora, tudo isto pressupõe, clarividente, tratamentos automatizados que se regerão imperiosamente pelas várias disposições do RGPD. Também nestas circunstâncias as instituições financiadoras atuarão na qualidade de responsáveis pelo tratamento, pois, ainda assim, são elas que deterão a aptidão de determinar as finalidades e os meios de tratamento automatizado de dados pessoais[800].

Deste modo, à parte ativa na relação jurídico-procedimental da proteção de dados, aplicar-se-ão – consoante as induções sejam perquiridas das BDs em sistemas *Data Warehouse* de uma ou várias instituições, subscritoras ou não dos serviços de agência *bureau* – as previsões correspondentes aos arts. 24º e 26º do RGPD[801], relativas à(s) parte(s) ativa(s) na relação jurídica da proteção de dados pessoais.

12. Decisões (Individuais e Exclusivamente) Automatizadas

12.1. A Epítome Intricada de um Regime Proibitivo

112. No domínio do *scoring* do crédito ao consumo releva a proibição geral de sujeição à tomada de decisões "exclusivamente com base no tratamento automatizado, incluindo a definição de perfis, que produza efeitos na (...) esfera jurídica do [titular] ou que o afete significativamente de forma similar"[802]. Este emaranhado axiológico-normativo coloca-se mormente

[800] Cf. *idem, ibidem*, p. 192, § 55.

[801] Logo, caso a recolha, gestão e processamento de dados de crédito, para avaliação de solvabilidade, seja efetuada tão-somente com recurso aos sistemas de *Data Warehouse* de uma instituição de crédito ou sociedade financeira, subsumir-se-á o art. 24º do RGPD, pelo que será da incumbência deste responsável único aplicar as "medidas técnicas e organizativas que forem adequadas para assegurar e poder comprovar que o tratamento é realizado em conformidade com o (...) regulamento". Já na circunstância remota, até do prisma concorrencial, de as BDs serem compartilhadas por várias instituições, ou na circunstância mais frequente de estas subscreverem serviços *bureau*, aplicar-se-á o art. 25º do RGPD, segundo o qual quando dois ou mais responsáveis determinarem conjuntamente as finalidades e os meios de tratamento, ambos são responsáveis nos termos previamente acordados, designadamente no que diz respeito aos direitos dos titulares dos dados pessoais e às informações que lhes haverão de ser facultadas.

[802] Os efeitos decorrentes da tomada de decisões exclusivamente *machine-made*, incluindo a definição de perfis, tem-se assumido como uma das principais dilemáticas com as quais os legisladores comunitários e nacionais se defrontam desde a década 70 do século transato, época esta que em termos históricos foi marcada pelo exponencial surgimento de *software* que propicia a automatização quase plena de processos decisórios, tanto a nível empresarial, como em ambiente *web*. Ora, para melhor legiferar ou regulamentar realidades tecnológicas

quando em causa está a indeterminação da natureza da norma vertida no art. 22º, nº 1 do RGPD, resultante da inscrição nele de conceitos genéricos, ambíguos e quase indecifráveis na *praxis*. Sucede que este obstáculo [(lei)go]rítmico de feição europeísta, epitetado enquanto lhano 'quebra-cabeças' proibitivo em "Decisões individuais automatizadas, incluindo a definição de perfis" – prescrito em geral no (ou pelo) art. 22º do Capítulo

emergentes já à data, como sucede com aquelas atinentes à colocação em serviço de sistemas de IA – cujo despoletar remonta à década de 90 na circunstância do *scoring* no crédito ao consumo-, os vários Estados-Membros e a UE têm primado, *a priori*, pela adoção de políticas protecionistas – quiçá, excessivamente – em sede de proteção de dados pessoais, instituindo neste novel ramo princípios e alegados 'direitos' que robusteçam uma melhor tutela das pessoas singulares – v. desenvolvimentos, *infra*, na presente unidade capitular. A título exemplificativo, a Lei Francesa de Proteção de Dados, na redação que lhe era conferida no ano de 1978 (*Loi nº 78-17, du 6 Janvier 1978, relative à l'informatique, aux fichiers et aux libertés*), no seu art. 2º proibia, em especial, a tomada de decisões automatizadas no contexto judicial, administrativo e até no âmbito da relações típicas de direito privado que pressupusessem a apreciação de tratos comportamentais, a definição de perfis ou até a estandardização da personalidade do indivíduo: "*Aucune décision de justice impliquant une appréciation sur un comportement humain ne peut avoir pour fondement un traitement automatisé d'informations donnant une définition du profil ou de la personnalité de l'intéressé. Aucune décision administrative ou privée impliquant une appréciation sur un comportement humain ne peut avoir pour seul fondement un traitement automatisé d'informations donnant une définition du profil ou de la personnalité de l'intéressé*". Cf. Sebastião Barros Vale & Gabriela Zanfir-Fortuna – Automated Decision-Making Under the GDPR: Practical Cases from Courts and Data Protection Authorities, The Future Privacy Forum, May 2022, p. 6. O seu art. 3º concedia mesmo às pessoas singulares o direito de cognoscerem e contestarem a informação inferida, bem como o raciocínio computacional empregue nesta tipologia de tratamentos: "*Toute personne a le droit de connaître et de contester les informations et les raisonnements utilisés dans les traitements automatisés dont les résultats lui sont opposés*". Cf. *ult. loc. cit.* Em 1995, a UE aprovou a Diretiva (UE) 95/46/CE e, num ímpeto de harmonizar as legislações nacionais acerca da tópica, adotou o seu art. 15º– cujo teor, aliás, se assemelha àquele hoje em vigor e aplicado por força do art. 22º do RGPD: "1. Os Estados-Membros reconhecerão a qualquer pessoa o direito de não ficar sujeita a uma decisão que produza efeitos na sua esfera jurídica ou que a afete de modo significativo, tomada exclusivamente com base num tratamento automatizado de dados destinado a avaliar determinados aspetos da sua personalidade, como por exemplo a sua capacidade profissional, o seu crédito, confiança de que é merecedora, comportamento. 2. Os Estados-membros estabelecerão, sob reserva das restantes disposições da presente diretiva, que uma pessoa pode ficar sujeita a uma decisão do tipo referido no nº 1 se a mesma: a) For tomada no âmbito da celebração ou da execução de um contrato, na condição de o pedido de celebração ou execução do contrato apresentado pela pessoa em causa ter sido satisfeito, ou de existirem medidas adequadas, tais como a possibilidade de apresentar o seu ponto de vista, que garantam a defesa dos seus interesses legítimos; ou b) For autorizada por uma lei que estabeleça medidas que garantam a defesa dos interesses legítimos da pessoa em causa".

III do RGPD – sonega a falsa natureza de uma posição jurídica ativa de vantagem[803].

Ora esta interpretação ab-rogante verifica-se, desde logo, atendendo à verosimilhança (parcial) das três exceções do nº 2 para com os diversos fundamentos de licitude plasmados no art. 6º, nº 1 do RGPD. A melhor ver, em consonância com o art. 22º, nº 2 do RGPD, o tratamento individual e exclusivamente automatizado tem-se por excecionado, quanto à licitude, defronte três fundamentos, como sejam: a necessidade de celebração ou execução de um contrato (al. a)); se o tratamento em causa for autorizado

[803] Cf. Sebastião Barros Vale & Gabriela Zanfir-Fortuna – Automated Decision-Making Under the GDPR: Practical Cases ... *supra*, p. 7; Sandra Barbosa & Sara Félix – "Algorithms and the GDPR: An analysis of article 22". In: *Anuário da Proteção de Dados*, (coord. Francisco Pereira Coutinho e Graça Canto Moniz), Lisboa, CEDIS, 2021, pp. 72-73; Diogo Morgado Rebelo –A engenharia do Direito, não artificial, Jornal Eletrónico Observador, 22 de março de 2021; Giovanni Sartor– The impact of the General Data Protection Regulation (GDPR) on artificial intelligence ... *supra*, pp. 59-60; Heleen Janssen – "An approach for a fundamental rights impact assessment to automated decision-making". In: *International Data Privacy Law*, vol. 10, no. 1, 2020, p. 79; Lee Bygrave – "Article 22. Automated individual decision-making, including profiling". In: *The EU General Data Protection Regulation (GDPR) – A Commentary*, 1sted. (eds. Christopher Kuner, Lee Bygrave and Christopher Docksey), Oxford, Oxford University Press, 2020, pp. 530-532; Cesar Analide & Diogo Morgado Rebelo – "A Inteligência Artificial na era *data-driven ... supra*, p. 82; Michael Veale & Lilian Edwards – "Clarity, surprises, and further questions in the Article 29 Working Party Draft guidance on automated decision-making and profiling". In: *Computer Law & Security Review*, vol. 34, no 2, 2018, p. 398; GT Art. 29º – Orientações sobre as decisões automatizadas e a definição de perfis para efeitos do Regulamento 2016/679 [WP251rev.01], adotadas em 3 de outubro de 2017, revista e adotada em 6 de fevereiro de 2018, p. 9, p. 21 e p. 40, respetivamente; e Isak Mendoza & Lee A. Bygrave – "The Right Not to be Subject to Automated Decisions Based on Profiling". In: *EU Internet Law* (eds. Tatiana-Eleni Synodinou, Philippe Jougleux, Christiana Markou e Thalia Prastitou), Cham, Springer, 2017, pp. 85-87. Admitindo a possibilidade de este preceito, dada a sua ambiguidade, ser interpretado tanto enquanto uma proibição como um direito subjetivo, Sandra Wachter; Brent Mittelstadt & Luciano Floridi – "Why a Right to Explanation of Automated Decision-Making Does Not Exist in the General Data Protection Regulation". In: *International Data Privacy Law*, vol. 7, no. 2, 2017, pp. 95-96. Considerando este mesmo preceito enquanto um direito subjetivo, *vide*, Maja Brkan – "Do algorithms rule the world? Algorithmic decision-making and data protection in the Framework of the GDPR and beyond". In: *International Journal of Law and Information Technology*, vol. 27, no. 2, 2019, p. 98. O mesmo raciocínio, ora atendendo a uma interpretação teleológica e sistemática mais conforme, alegadamente, não só com o RGPD, mas também com a PRIA, *vide*, Florent Thouvenin; Alfred Früh & Simon Henseler – "Article 22 GDPR on Automated Individual Decision-Making: Prohibition?". In: *European Data Protection Law Review*, vol. 8, no. 2, 2022, pp. 183-198.

pelo direito da União ou de um Estado-Membro (al. b)); ou ainda, se tiver por base o consentimento explícito do titular dos dados pessoais (al. c)), neste último caso, reunidos que se verifiquem os requisitos prescritos pelo art. 7º do RGPD[804]. Nesse sentido, crê-se veementemente que as exceções

[804] Nos dias de hoje, são várias as políticas legiferantes e regulamentares que instituem lhanos obstáculos a todas e quaisquer operações *privacy-(EU)friendly* desencadeadas à escala da IA. "A [IA] *brinca* com todos nós diariamente. (...) Do passado ao presente, manipula factos pessoais e encontra regularidades nos nossos cursos de ação. De seguida, processa-os sob a forma de regras lógicas, sem que nos apercebamos disso. Prevê resultados e executa-os, alguns deles concretizados mesmo em decisões operacionais que se intrometem naquelas esferas de liberdade, privacidade e segurança que o Direito obstina salvaguardar de maneira draconiana". Cit. Diogo Morgado Rebelo – A engenharia do Direito, não artificial ... *supra*. Inobstante todo um protecionismo no Direito da União Europeia prenunciado, em particular pelo RGPD, intenta-se salientar ora a valência proeminente e mais esclarecedora que um Direito da IA denota "por exteriorizar mais a aprovação de políticas legiferantes nem tanto ao mar da [regulação] nem tanto à terra da engenharia". Cit. Cesar Analide & Diogo Morgado Rebelo – Controlo Homem-Máquina nas Decisões Automatizadas da IA, Instituto de Inovação Legal e Tecnológica em Português (INOV@LEGAL], 8 de março de 2021, § 1. E se, por um lado, as naturezas horizontal e vertical dos atos normativos juscomunitários – em especial por força do princípio do primado vertido no art. 288º do TFUE-, demandam uma plenitude em termos de uniformização, coerência ou compatibilização de entre os vários instrumentos, direta ou indiretamente, aplicáveis a tecnologias como a IA, por outro, não se ajuíza de modo algum como a Proposta de Regulamento relativo à IA não prejudica ou até mesmo despoleta a necessidade de revogação de alguns dos normativos do RGPD, contrariamente ao que, aliás, se encontra plasmado na exposição de motivos acerca da coerência desta proposta diante as restantes disposições existentes sobre a mesma política setorial. Cf. Proposta de Regulamento de IA, p. 4, secção 1.2. Para os devidos efeitos, é de tomar nota que o considerando 41 da Proposta de Regulamento relativo à IA esclarece que esta não pode ser objeto de uma hermenêutica que viabilize a assunção de outros fundamentos jurídicos para o tratamento de dados pessoais, incluindo de categorias especiais de dados, se for caso disso. Todavia, o regime nesta senda instituído pelo RGPD revela ser manifestamente indeterminado, pelo que a inscrição nele de conceitos gerais e abstratos poderá obstar à aplicação uniformizada das suas prescrições em matéria de decisões individuais e exclusivamente automatizadas. Primeiramente, não é inequívoca a relação horizontal, ou em alternativa, hierárquico-normativa que preside de entre o consentimento – previsto enquanto exceção no art. 22º, nº 2, al. c) do RGPD – e os restantes fundamentos de licitude – não de legitimidade, aponte-se-, cuja valoração revelar-se-ia premente em análises casuísticas nos vários campos de atuação dos sistemas de IA. Pelo mais, uma integração lacunar via analogia *iuris* como esta que se assinala consubstancia um interregno que preside também à análise do art. 6º, nº 1 do RGPD, cujo elenco estabelece os vários fundamentos de licitude para as operações de tratamento de dados pessoais em geral, sem que se esclareça de modo algum acerca da eventual priorização, numa análise primeira, de alguns em detrimento de outros, por conseguinte, não se percebendo muito bem se se deve considerar a relação horizontal

preceituadas no art. 22º, nº 2 do RGPD, interpretadas na qualidade de fundamentos de licitude especialmente direcionadas às operações de tratamento individuais e exclusivamente automatizadas, excluirão a possibilidade de subsunção a qualquer outra base legal[805], contrariamente ao propalado nas orientações do Grupo de Trabalho do Art. 29º para a Proteção de Dados[806]. Aliás, resulta claro destas orientações – num enjeito axiológico-normativo até contraproducente – expressamente que:

> O art. 22º, nº 1 do RGPD "estabelece uma proibição geral da tomada de decisões com base exclusivamente no tratamento automatizado. Esta proibição aplica-se independentemente de o titular dos dados adotar uma medida relativa ao tratamento dos seus dados pessoais"[807].

Ainda em especial quanto à natureza indeterminada do art. 22º do RGPD, pode afiançar-se que do seu nº 1 não ressalta nenhuma faculdade dispositiva (quanto mais potestativa) de o titular dos dados exigir do res-

nesse sentido. Cf. *idem* – "A new AI power play for Winners in the Employment Relationship of Professional Football – How Lawful is Artificial Intelligence to the Upcoming Portuguese 'Big Data Ball Championship". In: *Artificial Intelligence & Robots*, E.Tec Yearbook, Centro de Investigação em Justiça e Governação (JusGov), Escola de Direito, Universidade do Minho, 2020, pp. 190-191.

805 Cf. Sebastião Barros Vale & Gabriela Zanfir-Fortuna – Automated Decision-Making Under the GDPR: Practical Cases ... *supra*, pp. 9-10, p. 13 e p. 15.

806 Cf. GT Art. 29º – Orientações sobre as decisões automatizadas e a definição de perfis para efeitos do Regulamento 2016/679 ... *supra*, pp. 13-16, *a contrario sensu*. Tal indagação resulta, desde logo, do facto de – em conformidade com o cânone hermenêutico *lex specialis derogat generalis* – não se encontrando preenchidas as exceções do nº 2, quaisquer operações de tratamento qualificar-se-ão como ilícitas, ainda que subsumíveis pudessem ser alguns dos outros fundamentos de licitude elencados no art. 6º, nº1 – como seja, a título exemplificativo, o interesse legítimo, previsto na sua al. f) Cf. art. 7º, nº 3 do CC e João Batista Machado – *op. cit.*, 2010, pp. 44-45. Ainda a título de apontamento, importa referir que o Grupo de Trabalho do Art. 29º (sob abreviação GT Art. 29º), importa salientar que este era um órgão consultivo independente – atualmente, substituído pela Comité Europeu para a Proteção de Dados (CEPD, cf. arts. 68º a 76º do RGPD)) – incumbido, grosso modo, de proceder à publicação de pareceres e opiniões acerca da interpretação das normas em vigor relativas ao regime sobre a proteção de dados pessoais. Embora não vinculativos, estes documentos oficiais têm grande influência tanto junto dos tribunais como das autoridades nacionais de proteção de dados dos vários Estados-Membros (cf. art. 70º do RGPD). Cf. Ana Alves Leal – "Aspetos jurídicos da análise de dados na Internet (*big data analytics*) ... *supra*, p. 119, § 19, anotação em rodapé nº 85.

807 Cit. *idem*, *ibidem*, p. 21.

ponsável pelo tratamento uma certa conduta negativa, nem tão-pouco se cristalizará sempre na esfera deste último um dever-ser traduzível na obrigação de não aplicação dos mecanismos programáticos conducentes à exclusiva automatização decisória. Num determinado perspetivar, o arrogar-se a hermenêutica que tende para a consagração de um direito subjetivo em ato europeu secundário fracassa, *a priori*, porquanto a sua existência independentiza-se, nas circunstâncias do art. 22º, nº 2, als. a) e b), quer da vontade do sujeito passivo numa relação jurídico-procedimental como esta – por eventual ação de oposição do titular nos termos do art. 21º do RGPD, não imbricável à exclusiva automatização – quer da capacidade que o titular dos dados detém efetivamente, na prática, para se imunizar da produção de efeitos na sua esfera jurídica, i.e., caso não preste consentimento explícito e informado e, ainda assim, sejam subsumíveis outros fundamentos de licitude[808]. Pelo dito, o preceito em causa não trata de positivamente conceder quaisquer poderes ou faculdades, muito menos pondo à disposição o exercício comissivo de um poder jurídico na esfera dos titulares dos dados pessoais. Senão veja-se a incongruência jurídica de um quimérico direito como este que aqui se pretende invocar. A ser exercido via comissão por ação de oposição, nos termos do art. 21º do RGPD, um direito de não ser sujeito a decisões tomadas com base no tratamento automatizado pressuporia a assunção indeclinável de uma tutela *ex ante* ou *ex post*, caso em que o ónus de proteção, e consequentemente, a 'legitimação' destas operações de tratamento, recairia tão-só se se verificasse e após a manifestação de uma vontade por parte do titular dos dados em objetar a este tipo de processamento. Ora, tal não sucede porque a execução desta oposição reporta tão-somente ao exercício de funções públicas e de interesses legítimos, em consonância com o art. 6º, nº 1, als. e) ou f), *ex vi* do art. 21º, nº 1, ambos do RGPD[809]. Portanto, a adoção da tese segundo

[808] Cf. ANA ALVES LEAL – "Aspetos jurídicos da análise de dados na Internet (*big data analytics*) ... *supra*, p. 152, § 37, *a contrario sensu*.

[809] Cf. DIANA SANCHO – "Automated Decision-Making under Article 22 GDPR – Towards a More Substantial Regime for Solely Automated Decision-Making". In: *Algorithms and Law* (eds. Martin Ebers e Susana Navas), Cambridge, UK, Cambridge University Press, 2020, p. 148; e SERGE GUTWIRTH & PAUL DE HERT – "Regulating Profiling in a Democratic Constitutional State". In: *Profiling the European citizen* (eds. Mireille Hildebrandt and Serge Gutwirth), Dordrecht, Springer, 2008, p. 283, anotação em rodapé n. º 317. Aqui, para efeitos de se pelejar nesta querela por uma cristalização de um direito subjetivo à objeção, nem sequer poderia ponderar-se a hipótese de prestação do consentimento lhanamente explícito, previsto a título

a qual a cristalização de um direito subjetivo como este, a ser robustecido *by default*, via oposição, tem-se por malograda no atual estado *legis-artis*, rejeitando-se, nesse sentido, a tese propugnada por Jake van der Putten em 2017 e pela Autoridade de Controlo Helénica (ACH) na Decisão nº 51/2021, de 19 de novembro de 2021[810]. Aliás, não seria congruente reconhecer-se a possibilidade de o titular poder objetar, *ex post*, à tomada de

de exceção no art. 22º, nº 2, al. c) do RGPD enquanto fundamento de licitude. Esta hipótese, como se verificará numa fase ulterior, de modo algum reuniria os pressupostos atinentes à obrigatoriedade de se verificar uma "manifestação de vontade livre, específica, informada e explícita, pela qual o titular dos dados aceita, mediante declaração ou ato positivo inequívoco, que os dados pessoais que lhe dizem respeito sejam objeto de tratamento", tal como epitomado no art. 4º, nº 11, requisitos estes especificados no art. 7º, bem como nos considerandos 32, 33, 42, e 43, todos do RGPD – v. desenvolvimentos, *infra*. O regulamento é esclarecedor quando impõe uma declaração do titular dos dados, um ato ou uma declaração afirmativa e clara nesse sentido, o que não sucederia decerto na hipótese suscitada. Cf. CEPD – Diretrizes 05/2020 sobre o consentimento ao abrigo do Regulamento 2016/679 (Versão 1.1), adotada a 4 de maio de 2020, p. 20, § 75.

[810] Cf. Jake Van Der Putten – *Man versus Machine in Automated decision-making*, MSc. Dissertation, Leiden, LLM Law & Technology, 2017, p. 32, *a contrario sensu*. Esta foi aparentemente a posição tomada pela ACH (*Αρχή Προστασίας Δεδομένων*), na decisão datada de 19 de Novembro de 2021, proferida no seguimento de uma queixa apresentada por um titular dos dados que recebia constantemente chamadas de alerta do seu banco relacionadas com o risco de incumprimento das dívidas contraídas ou decorrentes da celebração de um contrato de crédito ao consumo. Qualificada esta tipologia de tratamento ao abrigo do art. 22º do RGPD, embora considerando que o queixoso não fundamentara devidamente as suas suspeições, a autoridade de controlo grega afiançara que era da incumbência do titular, para obstar a tal situação, exercer o seu direito de oposição, nos termos e para efeitos do art. 21º. Cf. ACH – ΑΠΟΦΑΣΗ 51/2021(Τμήμα) 51/2021, της 19ης Νοεμβρίου 2021, p. 2; e Sebastião Barros Vale & Gabriela Zanfir-Fortuna – Automated Decision-Making Under the GDPR: Practical Cases ... *supra*, p. 55, anotação nº 15. Todavia, tal argumentação, salvo melhor entendimento não procede. Até porque, nos termos e para efeitos do disposto no art. 21º, o direito de oposição apenas poderá ser aposto às decisões baseadas não exclusivamente no tratamento automatizado, incluindo a definição de perfis, que tenham como base jurídica as duas circunstâncias previstas no art. 6º, nº 1, als. e) ou f), a melhor ver: a necessidade do tratamento para o exercício de funções públicas ou de autoridade pública; e a prossecução de interesses legítimos por parte do responsável pelo tratamento. Em todo o caso, mesmo nestas circunstâncias, a cessação da produção dos efeitos encontrar-se-á sujeita a um juízo de proporcionalidade, caso em que o responsável poderá sempre invocar razões imperiosas e legítimas como a prevenção do sobre-endividamento e do financiamento irresponsável, obstando, nesse sentido, à objeção invocada pelo titular de dados pessoais – v. desenvolvimentos, *infra*, da presente unidade capitular. Cf. art. 21º, nº 1, *in fine*; e Ana Alves Leal – "Aspetos jurídicos da análise de dados na Internet (*big data analytics*) ... *supra*, p. 147-148, § 35.

decisões *machine-made,* quando ao próprio lhe é reconhecida a (quimérica) garantia, traduzida na faculdade de este poder manifestar o seu ponto de vista e, querendo, contestar a própria decisão. Num outro perspetivar, a previsão da obrigação de informar *ex ante* o titular dos dados pessoais, por parte dos responsáveis pelo tratamento, acerca da existência de decisões exclusivamente automatizadas, incluindo a definição de perfis, não capacita *ad hoc* estes últimos a entenderem que (não) têm de se submeter ou ficar sujeitos a decisões na IA que produzam efeitos na sua esfera jurídica ou que os afetem significativamente de forma similar[811].

Pelo exposto, o artigo em causa, quanto à sua natureza, apenas pode ser interpretado como injuntivo-proibitivo, contanto impõe, *ab initio,* uma conduta de abstenção aos responsáveis pelo tratamento, salvo preenchidas as exceções elencadas no seu nº 2[812]. Não representa de modo algum a faculdade enquanto manifestação das formas de explicitação de um direito subjetivo, um alegado direito de testar, a juízo do titular dos dados, a possibilidade de ser sujeito ou não a decisões tomadas exclusivamente com base no tratamento automatizado, nem tão-pouco se concebe por verosímil uma projeção ficcional relativa ao seu *ratio,* mesmo ou quando e se interpretado à luz do considerando 71 do RGPD[813]. Dir-se-á, nesta senda, o núcleo do conceito de direito subjetivo ou potestativo seria o da pretensão legitimadora de um querer prevalecente, o qual pressuporia pelo menos que entre a pretensão do titular dos dados e o comportamento exigido ao outrem responsável houvesse uma certa proporcionalidade compatível com a regra de direito aplicável à espécie, esta que, *in casu,* institui um regime de licitude e não de legitimidade[814]. Ademais, não se trata de qualquer potestatividade, porquanto, só preenchida a exceção da al. c) do nº 2 – ou seja, defronte a existência de um consentimento válido, explícito

[811] *Vide,* quanto às informações *ex ante* a prestar junto ou não dos titulares de dados, art. 13º, nº 2, al. f) e art. 14º, nº 2, al. g), assim como quanto ao direito de acesso e em especial, art. 15º, nº 1, al. h), todos do RGPD, *infra,* melhor desenvolvido na presente unidade capitular.

[812] Cf., genericamente, José Falcão [*Et al.*] – *Noções Gerais de Direito,* 1ª ed., Vila Nova de Gaia: Calendário de Letras, 2014, p. 32.

[813] Cf., genericamente, Miguel Reale – *Lições Preliminares de Direito,* 10ª ed. revista, Coimbra, Almedina, 1982, p. 259.

[814] Cf. *idem, ibidem,* p. 257, com as devidas adaptações. "O conceito de licitude reporta-se à hierarquia de valores vigentes num ordenamento jurídico, que serve de base às ponderações que os casos concretos demandam. O resultado revela o valor, direito ou liberdade preponderante em determinado contexto". Cit. Alexandre Sousa Pinheiro [*Et al.*] – *op. cit.,* 2018, p. 244.

e informado – o titular pode 'impor' a sujeição a este tipo de decisões. Repare-se – enfatizando outra vez a mesma ideia – que diante a permissão de norma comunitária ou interna, ou até mesmo ajuizando-se ser este o tipo de decisão imprescindível no processo negocial ou para a execução contratual – v. desenvolvimentos, *infra* -, em conformidade com as exceções previstas nas alíneas a) e b), respetivamente, ainda assim, o responsável pelo tratamento não estaria investido numa inevitável posição de sujeição à pretensão titular, não estando incumbido, mesmo nesses casos, de suportar o exercício de um tal poder (via ação deste último). O titular dos dados não deixará de ser submetido a este tipo de tratamentos, pois que o teor injuntivo da norma não lhe confere poderes de disposição nestas duas circunstâncias[815].

Sem mais delongas, verifica-se que o normativo em apreço potenciara a dilação da resolução expressa relativa à querela hermenêutica quanto à interpretação da natureza jurídica versada no art. 22º do RGPD[816]. Este

[815] Cf. José Falcão [*Et al.*] – *op. cit.*, 2014, p. 108; e Miguel Reale – *op. cit.*, 1982, p. 260, com as devidas adaptações.

[816] Refira--se, para os devidos efeitos, estas interpretações alternativas sobrevêm já do exposto no art. 15º da Diretiva (UE) nº 95/46/CE, e cuja querela perdura hoje ainda por resolver, dada a omissão no articulado da Lei nº 58/2019, de 8 de agosto, esta que assegura a execução na ordem jurídica nacional do RGPD. *Vide*, Diretiva (UE) nº 95/46/CE do Parlamento Europeu e do Conselho, de 24 de Outubro de 1995, relativa à proteção das pessoas singulares no que diz respeito ao tratamento de dados pessoais e à livre circulação desses dados; e Lei nº 58/2019, de 8 de agosto, que assegura a execução, na ordem jurídica nacional, do RGPD. Curiosamente, durante a vigência da Diretiva (UE) 95/46/CE, foram vários as ordens jurídicas que transpuseram, direta ou indiretamente, o seu art. 15º na forma de proibição, *inclusive*, a Bélgica e Portugal, este último que no art. 13º, nº 3 da redação anterior aprovada pela Lei nº 67/98, de 26 de outubro, submetia a autorização prévia da CNPD os tratamentos (exclusivamente) automatizados, reforçando nesse sentido a sua natureza proibitiva, aprioristicamente, dada ao pendor de Heteroregulação que a Diretiva de então conformava. Já a Suécia transpôs o supramencionado art. 15º como um direito *opt-out* dos titulares face a decisões exclusivamente automatizadas. Cf. Douwe Korff – New Challenges to Data Protection Study, Data Protection Laws in the EU: The Difficulties in Meeting the Challenges Posed by Global Social and Technical Developments, Working Paper no. 2, European Commission DG Justice, Freedom, and Security Report, 2010, pp. 82-86; e Sebastião Barros Vale & Gabriela Zanfir-Fortuna – Automated Decision-Making Under the GDPR: Practical Cases ... *supra*, p. 7. Atualmente, o RGPD prima pela Autorregulação, conforme ao seu art. 5º, nº 2, conferindo "a possibilidade de os operadores económicos, os parceiros sociais, as organizações não governamentais ou as associações adotarem entre si e para si linhas ou diretrizes comuns a nível europeu (designadamente códigos de conduta ou acordos sectoriais)". Cit. Comunicação do Parlamento Europeu, do Conselho da União Europeia e da Comissão das Comunidades

preceito vincula coercitivamente e a título *fictio iuris*, tanto os titulares dos dados pessoais, como os responsáveis pelo tratamento, reciprocamente, à proibição geral de serem sujeitos a algumas decisões tomadas à escala da IA. Disfarça as dificuldades em trilhar uma opção legiferante ou europeísta multidisciplinar e eficaz face aos riscos que os usos das novas tecnologias acarretam. Dir-se-á, logo, estar-se defronte uma solução cientificamente imperfeita para um problema, um verdadeiro ato normativo aparente. Este quimérico direito subjetivo de não se ser sujeito à tomada de decisões baseadas exclusivamente no tratamento automatizado pode ser, em última análise, entendido como uma mentira técnica consagrada pela necessidade de facilitar, *a priori*, o progresso tecnológico, tornando-o (de certa forma, a existir) possível, tutelando simultaneamente o direito à proteção dos dados pessoais nesta que é uma era digital em que a engenharia ainda não tem 'forças' científicas suficientes para dar ao Direito as respostas claras coadunáveis com os dilemas hipotéticos e desproporcionais – exacerbadamente autopoiéticos, portanto – que este último lhe coloca[817].

Seguindo este raciocínio, neste diapasão, o RGPD vivifica então um normativo proibitivo – excessivamente protecionista (ou até, paternalista)

Europeias – Acordo Institucional "Legislar Melhor" (2003/c 321/01), de 31 de dezembro de 2003, p. 3, ponto de ordem nº 22. Cf. Eric Lachaud – "The General Data Protection Regulation and the rise of certification as a regulatory instrument". In. *Computer Law & Security Review*, vol. 34, no. 2, 2018, p. 248, anotação em rodapé nº 66. Ademais, a Lei nº 27/2021, de 17 de maio, que aprovou a Carta Portuguesa de Direitos Humanos na Era Digital (CPDHED), também não é muito esclarecedora quanto ao uso dos mecanismos de IA, estabelecendo unicamente no seu art. 9º, nº 2 que aquelas "decisões com impacto significativo na esfera dos destinatários que sejam tomadas mediante o uso de algoritmos devem ser comunicadas aos interessados, sendo suscetíveis de recurso e auditáveis (...)". Pois bem, desta recorribilidade e auditabilidade poderia depreender-se – o que não sucede – a assunção de uma posição de vantagem para o titular dos dados pessoais, porquanto se assumiria que o uso da IA corporizaria um direito independentemente do correlato lógico e jurídico juscomunitário. Todavia, também nesta recopilação, o princípio do primado do Direito da União Europeia, consagrado no art. 8º, nº 4 da CRP e vertido em inúmeras decisões do TJUE, sobretudo em matéria de direitos fundamentais, deverá prevalecer, caso em que o art. 9º, nº 2 da CPDHED só surtirá efeitos *ex post*, ou seja, no hiato ulterior à sujeição passiva e lícita dos titulares de dados pessoais a decisões individuais e exclusivamente automatizadas. *Vide*, Diogo Freitas do Amaral & Nuno Piçarra – "O Tratado de Lisboa e o Princípio do Primado da União Europeia: 'Uma Evolução na Continuidade'. In. *Revista de Direito Público*, nº 1, Janeiro/Junho, Coimbra, Almedina, 2009, pp. 191-198.

[817] Cf. acerca da ficção jurídica, Euclides de Mesquita – "A Ficção No Direito". In: *Revista da Faculdade de Direito UFPR*, vol. 11, 1968, p. 158.

– que carreia prevalecer sempre os hipotéticos interesses individuais dos titulares em não serem submetidos a decisões automatizadas em detrimento de quaisquer outros, mormente de índole económica, que os responsáveis possam vaticinar em relação à implementação de sistemas de IA nos seus modelos de negócio, *in casu*, com escopo de *scoring* no crédito ao consumo – v. desenvolvimentos, *infra*. O regime daqui resultante pode, nesta desenvoltura, ser caraterizado pela rigidez e por ser demasiado rigoroso. Será rígido porquanto não permite preconizar um balancear justo defronte interesses económicos em jogo[818], como seja, o recurso ao interesse legítimo como fundamento de licitude por parte dos responsáveis pelo tratamento, previsto no art. 6., nº 1, al. f) do RGPD[819]. É rigoroso na medida em

[818] Segundo Martin Ebers, a decisão política – aqui implícita – de não transferir o controlo para as 'máquinas' pode repercutir-se em perdas económicas avultadas. Cf. MARTIN EBERS – "Regulating AI and Robotics". In: *Algorithms and Law* (eds. Martin Ebers e Susana Navas), Cambridge, UK, Cambridge University Press, 2020, p. 52.

[819] Ainda que se ponderasse a possibilidade – o que não sucede – de apreciar a licitude destas operações de tratamento com fundamento no interesse legítimo dos responsáveis, nos termos do art. 6º, nº 1, al. f), tal juízo, mesmo assim, não procederia nas operações de recolha de dados em bloco extraídos da atividade prosseguida pelos clientes em rede. Em conformidade com os critérios assinalados pelo Grupo de Trabalho do Art. 29º – ainda que relativos à mesma noção para efeitos do art. 7º, al. f) da Diretiva (UE) 95/46/CE, de 24 de outubro de 1995 – o interesse das instituições responsáveis pela concessão de crédito ao consumo apenas seria legitimado na circunstância de, além de não contrariar uma qualquer disposição legal de direito nacional ou europeu, corresponder a um interesse real atual ou verificável num futuro próximo – não especulativo, portanto. Cf. GT Art. 29º – Parecer 06/2014, sobre o conceito de interesses legítimos do responsável pelo tratamento dos dados na aceção da Diretiva (UE) 95/46/CE, [WP 217], adotado em 9 de abril de 2014, p. 38. Neste enquadramento, aprioristicamente, ter-se-ia reportado corresponder a um interesse legítimo da instituição financiadora o conhecimento das preferências e hábitos de consumo da sua (potencial) clientela, tendo em vista a melhor adequação e personalização dos produtos de crédito apresentados ao consumidor final. Uma vez detetado este interesse, este não permitiria fundar, *per si*, a licitude destas operações de tratamento exclusivamente automatizado. Deveria, adicionalmente, ser sujeito a um teste de ponderação, cujo critério-chave pressuporia a assunção de um juízo de prognose póstuma quanto à desproporcional intromissão defronte um cotejo com os direitos dos titulares dos dados pessoais. *Vide*, *idem*, *ibidem*, pp. 52-57. Ora, este impacto seria determinado em razão da probabilidade de materialização de consequências negativas, assim como da sua gravidade, na esfera do titular dos dados pessoais. Assim, aquando da avaliação de impacto, conforme ao art. 35º do RGPD – *infra* – o financiador ou a agência *bureau* de crédito haveriam de tomar em consideração a natureza dos dados, a forma exclusivamente automatizada como estes eram processados e as expetativas razoáveis dos titulares atinentes à utilização e divulgação dos vários conjuntos informacionais, *inclusive*, aqueles alvo de recolha em ambiente *web*. Portanto,

que a norma em causa assegura o nível mais elevado de proteção dos titulares, desconsiderando *in toto* a sua possível volição em sujeitar--se a decisões não 'antropomorfizadas'. E fá-lo, desde logo, por defeito, a menos que sejam subsumíveis algumas das exceções previstas no número seguinte[820].

113. Face ao exposto, a sua inserção sistemática – a permanecer nestes moldes quanto às matérias de proteção de dados pessoais subsumíveis via RGPD – não deve assinalar-se, desde logo, por de entre o Capítulo III, relativo aos direitos dos titulares, ao invés, ser objeto de uma emenda e revogado expressamente no Título XII da Proposta de Regulamento relativo à IA[821]. Avalia-se, portanto, em termos de coerência, ser vegeta a proposta

quanto menor fosse o impacto para o consumidor, mais peso teria o interesse legítimo do responsável pelo tratamento. Cf. Ana Alves Leal – "Aspetos jurídicos da análise de dados na Internet (*big data analytics*) ... *supra*, pp. 181-182, § 49. A este respeito, corrobora-se a posição de Ana Alves Leal, contanto, relativamente à atividade prosseguida online pelos ciberconsumidores "apenas contará o impacto desproporcional e manifesto na esfera do titular dos dados. As insuficiências de regime [– v. desenvolvimentos, *infra* -] tornam, por isso, e de certa forma, inidóneo o mecanismo de avaliação dos 'interesses legítimos' para, num contexto de análise de dados em larga escala, assegurar a proteção dos titulares dos dados pessoais". Cit. *idem, ibidem*, pp. 182-183, § 49, com as devidas adaptações.

820 Cf. Diana Sancho – "Automated Decision-Making under Article 22 GDPR ... *supra*., pp. 147-148.

821 Em termos de Direito Comparado, clarividente, as leis de execução do RGPD não pugnaram – nem sequer poderiam fazê-lo – por uma interpretação deste regime na qualidade proibição, desde logo, atentas as prerrogativas que, também aqui, o princípio do primado da UE impõe. Giancladio Malgieri sinalizara, no ano de 2019, as quatro aproximações adotadas pelos vários Estados-Membros. A primeira, a negativa, na qual se incluem a maioria dos países da UE – como Itália, Roménia, Suécia, Dinamarca, Polónia, Finlândia, Chipre, Grécia, República Checa, Estónia, Lituânia, Bulgária, Letónia, Portugal, Croácia, Eslováquia, Luxemburgo, Malta e Espanha – primaram pela não institucionalização de qualquer política em sede de decisões individuais automatizadas. A segunda abordagem, neutra, na qual se incluem países como a Alemanha, a Áustria e a Bélgica, transpuseram este normativo à luz do art. 22º, nº 2, al. b) do RGPD, sendo que não introduziram nelas qualquer salvaguarda ou garantia adequada para a proteção dos direitos e liberdades dos titulares dos dados em sede de decisões automatizadas, incluindo a definição de perfis, além daquelas enunciadas no nº 3 do preceito em causa. A terceira, de matriz procedimental, implementada em países como o Reino Unido, a Irlanda e a Eslovénia, pugnara pela aprovação de disposições específicas sobre esta matéria, mormente no que contende com as obrigações atinentes aos processos de avaliação de impacto, bem como de notificação dos titulares. Já a quarta, de feição proativa, na qual se incluem países como a Hungria e França, é caraterizada pela institucionalização de um direito do titular em cognoscer os parâmetros de ponderação dos algoritmos subja-

alternativa pelejada por Sandra Wachter e Brendt Mittelstadt, autores estes que propõem – a título transitório, segundo o prisma de uma hermenêutica ab-rogante -, a interpretação desta proibição geral como um direito à inferência razoável[822]. Assim contemplado, afigurar-se-ia ser este um direito subjetivo ao uso razoável da IA, numa melhor opção europeia e estadual que ora sim seria coadunável com valores (supra-)constitucionais de uma tutela efetiva da posição do consumidor e das instituições financeiras. Protecionista defronte os direitos dos titulares, melhor balancearia as posições jurídicas em confronto e não se teria por auxética em razão daqueles que também são os interesses económicos das empresas com escopo IA, então alvo de tutela elementar, draconiana, possivelmente inconstitucional e, a fim ao cabo, assoladora para o tecido empresarial de pequena e média dimensão – v., desenvolvimentos, *infra*.

centes à tomada de decisão exclusivamente automatizada. Cf. Gianclaudio Malgieri – "Automated decision-making in the EU Member States: The right to explanation and other 'suitable safeguards' in the national legislations"". In: *Computer Law and Security Review*, vol. 35, no. 5, 2019, p. 6.

[822] Cf. Diogo Morgado Rebelo; Cesar Analide & Joana Covelo de Abreu – O Mercado Único Digital e a '(Leigo)ritmia' da pontuação de crédito na era da Inteligência Artificial ... *supra*, pp. 51-52; e Sandra Wachter & Brent Mittelstadt – "A Right to Reasonable Inferences: Re-Thinking Data Protection Law in the Age of Big Data and AI". In: *Columbia Business Law Review*, no. 2, 2019, pp. 494-620. Esta interpretação pressuporá, desde logo: a determinação da finalidade prevista que subjaz ao processo de recolha, gestão e manipulação das várias categorias de dados nas entradas dos algoritmos ou modelos de ML, em alusão ao art. 10º da Proposta de Regulamento relativo à IA; uma explicação (ou antes, uma interpretação contrafactual, já afastada pelo art. 12º da Proposta de Diretiva, de 30 de junho de 2021, à luz do seu considerando 39) acerca da relevância das técnicas e da fundamentação de licitude concernente às inferências em si mesmas, qualificáveis *per si*, no reduto de dados pessoais, independentizadamente, à luz do art 4º, nº 1 do RGPD, idiossincrasia esta em consonância com o deliberado e proposto no (ou pelo) art. 13º, nº 1 da PRIA; e, por último a indicação da acuidade concretizada nos processos de treino, validação e teste, respetiva e sequencialmente, de maneira a aprimorar a solidez técnica do sistema – conforme ao disposto no art. 15º da Proposta de Regulamento relativo à IA – e a consequente subsunção ao critério do controlo conforme aos ditames da psicologia da tomada de decisão. Cf. Cesar Analide & Diogo Morgado Rebelo – Controlo Homem-Máquina nas Decisões Automatizadas da IA ... *supra*, § 7.

12.2. Dos Pressupostos da Proibição aos Fundamentos de Licitude

12.2.1. A Exclusiva Automatização Decisória que Produz Efeitos Legais Significativos ou Similares na Esfera do Consumidor (Ciber)

114. É já consabido que o *scoring* no crédito ao consumo patenteia um dos processos mais proeminentes no cômputo decisório das políticas de gestão bancária. Operações desta índole reconduzem a recolha e análise de vastos conjuntos de megadados e a ulterior classificação da clientela tendo em vista a tomada de decisão final quanto à concessão de empréstimos ao consumo, o que se faz ora através da sua definição de perfis[823].

Independentemente das técnicas impregnadas nos modelos analíticos, são vários os pressupostos – de feição jus concetual, porque não coadunáveis com as matrizes engenheirísticas de decisão à escala da IA – vagos, ambíguos e indeterminados que presidem à aplicação subsuntiva da *ante* enunciada proibição geral[824].

115. Primeiramente, deve a decisão – que, por si só, corporiza uma pressuposição[825] – no sentido da aceitação ou rejeição (ou até mesmo, de

[823] O art. 4º, nº 4 do RGPD concetualiza definição de perfis como "qualquer forma de tratamento automatizado de dados pessoais que consista em utilizar esses (...) para avaliar certos aspetos pessoais". *In casu* – o do *scoring* no crédito – estão em causa processos de análise descritivas e preditivas relacionados com a prospeção da situação económica em razão da padronização de preferências pessoais e hábitos de consumo do titular dos dados. Cf. Afonso José Ferreira – "Profiling e algoritmos autónomos: um verdadeiro direito de não sujeição?". In: *Anuário de Proteção de Dados 2018* (coord. Francisco Pereira Coutinho e Graça Canto Moniz), Lisboa, CEDIS, 2018, pp. 43-44, com as devidas adaptações temáticas.

[824] Cf. Alexandre Veronese; Alessandra Silveira & Amanda Lemos – "Artificial intelligence, Digital Single Market and the proposal of a right to fair and reasonable inferences: ... *supra*, p. 78; e Ana Alves Leal – "Aspetos jurídicos da análise de dados na Internet (*big data analytics*) ... *supra*, pp. 150-152, § 37.

[825] Em causa está como elemento motriz, portanto, apurar-se a existência de uma decisão exclusiva e lhanamente automatizada da qual resulte uma recomendação específica relativamente à pessoa do candidato em sede pré-contratual no crédito ao consumo, nesse sentido, objetivamente distinguível das etapas que com o *scoring* automatizado poderão coexistir, como sejam, a preparação, suporte, ou até das designadas – na primeira unidade capitular – decisões *override*. Cf., num sentido lato, Sebastião Barros Vale & Gabriela Zanfir-Fortuna – Automated Decision-Making Under the GDPR: Practical Cases ... *supra*, p. 8; Lee Bygrave – "Article 22. Automated individual decision-making, including profiling". In: *The EU General Data Protection Regulation* (GDPR) – *A Commentary* ... *supra*, pp. 530-532; e Michael Veale & Lilian Edwards – "Clarity, surprises, and further questions in the Article 29 Working Party Draft guidance on automated decision-making and profiling" ... *supra*, p. 398.

aumento das quantias mutuadas) ser tomada sem qualquer intervenção humana – i.e. a total automatização-[826]., ou até, verificando-se uma interrupção de um operador humano no hiato correspondente, ainda assim, a motivação subjacente assentar, em grande monta, nas recomendações extraídas do sistema – i.e., a automatização parcial[827].

A este respeito, o legislador europeu não esclareceu, de modo algum, o nível de intervenção humana necessária para a subsunção terminológica daquilo que se deve entender ser a exclusiva automatização[828]. Como tal, tem-se indagado que o recurso a mecanismos automatizados para a mera assistência ou a preparação da tomada de decisão no crédito, como sucede, *a priori*, com os SSD, não integram o âmbito de aplicação material da proibição geral prevista no art. 22º, nº 1 do RGPD[829]. Alega-se, tendo em vista o processo legislativo que precedera à aprovação deste diploma, que o âmbito de aplicação deste normativo é restrito. Para o efeito, da Proposta da Comissão Europeia verificara-se a inclusão da terminologia 'exclusiva e

[826] A tomada de decisões exclusivamente automatizadas, conforme elucidado nas primeira e segunda unidades capitulares, pressupõe o recurso a modelos analíticos dos conjuntos de dados que integram as BDs dos sistemas de *Data Warehouse*, tipicamente assentes em técnicas de modelização DM e ML. Ora, os resultados extraídos a título de inferência das combinações de entre as caraterísticas que conformam as variáveis preditoras podem ser classificados na qualidade de primeiro grau – contanto descritivos ou preditivos – e de segundo grau – dada a sua matriz prescritiva – na medida em que se socorrem de algoritmos à escala *soft computing* para executarem o resultado de um pedido de empréstimo em alusão à padronização efetuada segundo ou a partir das análises de anteriores solicitações. Cf. Cesar Analide & Diogo Morgado Rebelo – "A Inteligência Artificial na era *data-driven* ... *supra*, p. 75; e Ana Alves Leal – "Aspetos jurídicos da análise de dados na Internet (*big data analytics*) ... *supra*, pp. 150, § 37, anotação em rodapé nº 161.

[827] Cf. *idem, ibidem*, pp. 150-151, § 37, anotação em rodapé nº 162.

[828] A este propósito, o da consideração de uma decisão no reduto da exclusiva automatização, encontra-se pendente no TJUE desde 15 de outubro de 2021 a apreciação do reenvio prejudicial do *Verwaltungsgerisht Wiesbaden* (Tribunal Administrativo de *Wiesbaden* da Alemanha) sobre se deve o art. 22º, nº 1 do RGPD ser aplicado quando o valor de probabilidade é transmitido por uma entidade terceira – a melhor ver, um *bureau* de crédito – e sobretudo nesta probabilidade se baseia a tomada de decisão por parte da instituição financiadora. Cf. Pedido de decisão prejudicial, Processo C-634/21, *Land Hessen vs. Schufa*, § II, 1.

[829] Cf. Emre Bayamliglu – Transparency of Automated Decision in the GDPR: An Attempt for Systematisation, Tilburg Institute for Law, Technology, and Society, 2018, p. 6; e Mireille Hildebrandt – "Defining Profiling: A New Type of Knowledge?". In: *Profiling the European Citizen* (eds. Mireille Hildebrandt and Serge Gutwirth), Dordrecht, Springer, 2008, p. 28, anotação em rodapé n. º 22; Meike Kamp [*Et al.*] – "Profiling of Customers and Consumers-Customer Loyalty Programmes and Scoring Practices" ... *supra*, p. 210.

predominantemente automatizada', notação esta reduzida na versão final proposta pelo Parlamento Europeu pela eliminação do termo 'predominantemente'[830]. Já em 28 de janeiro de 2014, no mesmo sentido, o Tribunal Federal de Justiça Alemão (o *Bundesgerichtshof*) decretara que, na circunstância de o processo automatizado se limitar à preparação de evidências e caso a apreciação do mérito da decisão final seja ainda da incumbência *judgemental* do analista de crédito, a operacionalização de um sistema de *scoring* cai fora do âmbito do regime especial aplicável às decisões automatizadas na proteção de dados – seguindo, à data, a redação do art. 15º da Diretiva (UE) nº 95/46/CE[831]. Também em 13 de janeiro de 2021, a Agência Espanhola de Proteção de Dados (AEPD) publicou, na sua Resolução do Procedimento de Sanção Nº PS/00477/2019, uma decisão na qual constatou que as práticas de definição de perfis, via *pricing* e *scoring* de crédito, relativas à carteira de clientes da instituição CaixaBank, não reuniam os pressupostos para a subsunção à exclusiva automatização nos termos da aceção conferida no (ou pelo) art. 22º, nº 1 do RGPD. Tal apreciação resul-

[830] Cf. Tiago Sérgio Cabral – "AI and the Right to Explanation: Three Legal Bases under the GDPR". In: *Data Protection and Privacy – Data Protection and Artificial Intelligence*, London, Hart Publishing, 2021, pp. 32-34; e Sandra Wachter; Brent Mittelstadt & Luciano Floridi – "Why a Right to Explanation of Automated Decision-Making Does Not Exist in the General Data Protection Regulation ... *supra*, p. 92; Parlamento Europeu – Relatório sobre a proposta de regulamento do Parlamento Europeu e do Conselho relativo à proteção das pessoas singulares no que diz respeito ao tratamento de dados pessoais e à livre circulação desses dados (regulamento geral de proteção de dados) (COM(2012)0011 – C7-0025/2012 – 2012/0011(COD)) [A7.040272013, de 21 de novembro de 2013, p. 600.

[831] *"Das Vorliegen einer automatisierten Verarbeitung stellt somit alleine noch keine automatisierte Entscheidung, sondern eine der Entscheidung vorausgehende Datenauswertung dar (...) Von einer automatisierten Einzelentscheidung kann im Falle des Scorings nur dann ausgegangen werden, wenn die für die Entscheidung verantwortliche Stelle ei- ne rechtliche Folgen für den Betroffenen nach sich ziehende oder ihn erhebli- che beeinträchtigende Entscheidung ausschließlich aufgrund eines Score- Ergebnisses ohne weitere inhaltliche Prüfung trifft, nicht aber, wenn die mittels automatisierter Datenverarbeitung gewonnenen Erkenntnisse lediglich Grund- lage für eine von einem Menschen noch zu treffende abschließende Entschei- dung sind"*. Cit. BGH, 28 Januar 2014, Schufa VI ZR 156/13, § 34. ["A existência de tratamento automatizado não constitui em si mesmo uma decisão automatizada, mas sim uma avaliação de dados que [a] precede (...). No caso do scoring de crédito, uma decisão individual automatizada só pode ser assumida se tal implicar consequências legais para a pessoa em causa ou a afetar significativamente apenas com base num output de pontuação sem um exame mais aprofundado do conteúdo, mas não se os resultados obtidos através do tratamento automatizado de dados forem apenas a base para uma decisão final ainda a ser tomada por um ser humano"] – tradução, com as devidas adaptações linguísticas.

tara do facto do controlo do sentido da aceitação ou rejeição ser exercido, *in fine*, pelo trato *judgemental* da opinião dos analistas de crédito, caso em que, segundo esta autoridade de controlo, os sistemas automatizados cingiam-se à mera preparação de evidências[832].

Em todo o caso, num enjeito dissonante, peleja-se, nesta sémita, por uma interpretação ampla, e consequentemente, mais holística, do conceito em voga – dir-se-á, quase que mais conforme aos ditames da noese da psicologia da tomada de decisão. A este respeito, a teoria do controlo homem-máquina postula que, sobretudo em ambientes *Big Data Analytics*, as condicionantes neuropsicológicas do ser humano – como sejam, as limitações ao nível do poder de processamento cognitivo da informação, a manutenção instável dos níveis de atenção satisfatórios, a provável intervenção excessivamente complacente do analista de crédito, assim como o efeito de halo que neste último se verificará como resultado do enviesamento automatizado[833] – obstam a que qualquer operador humano se

[832] *"CAIXABANK simplemente elabora perfiles generales (opción i) y toma decisiones en base a perfiles (opción ii) de las enumeradas en las Directrices. Por ello, no es aplicable el artículo 22 del RGPD"*. Cit. AEPD – Procedimiento Nº: PS/00477/2019, de 13 de Enero de 2021, p. 21. *"Según CAIXABANK, la presunta infracción del artículo 22 del RGPD se basa en un supuesto erróneo, por cuanto no adopta decisiones automatizadas con fines comerciales que producen efectos jurídicos significativos en los titulares de los datos basadas en la ejecución de tratamientos automatizados. Simplemente se elaboran perfiles generales y toma decisiones en base a perfiles (opción (i) y (ii) de las Directrices WP251)"*. Cit. *idem, ibidem*, p. 27. *"Sin embargo, la instrucción del procedimiento no ha permitido constatar que CAIXABANK lleve a cabo tratamientos de datos como los regulados en este artículo 22 del RGPD, es decir, que adopte decisiones basada únicamente en el tratamiento automatizado y que produzcan efectos jurídicos en el interesado o le afecten significativamente de modo similar"* Cit. *idem, ibidem*, p. 155. Cf. SEBASTIÃO BARROS VALE & GABRIELA ZANFIR-FORTUNA – Automated Decision-Making Under the GDPR: Practical Cases ... supra, p. 31.

[833] Quanto ao primeiro trato – o do processamento cognitivo – um simples programa de computador, seja ele tecnicamente um objeto ou um agente de *software*, desenvolvido com recurso a técnicas de DM e ML, encontrar-se-á munido de mecanismos que lhes permitem executar avaliações de solvabilidade mais rápidas, tendo em conta multidimensionalidade do problema. Aliado a este circunstancialismo, acresce o facto de estes programas mensurarem outrossim objetivamente com maior acuidade os critérios que unem causalmente (ainda que em contornos opacos) as entradas às saídas modelares. Cf. LISANNE BAINBRIDGE – "Ironies of automation". In: *Automatica*, vol. 19, no. 6, 1983 p. 776. Logo, é epistémica a desvantagem dos seres humanos face aos sistemas de *scoring* de crédito que estes serão incumbidos de supervisionar, desde logo, por força do art. 14º da Proposta de Regulamento relativo à IA. Pragmaticamente, é inexequível a um qualquer analista de crédito monitorizar em tempo real a concessão de crédito ao consumo, operação pré-negocia de prospeção e previsão efetuada a velocidades que simplesmente excedem as capacidades cognitivas de um qualquer opera-

dor humano. Cf., com as devidas adaptações temática, JOHN ZERILLI [*Et al.*]- "Algorithmic Decision-Making and the Control Problem". In: *Minds and Machines*, 2019, pp. 560. Do ponto de vista da tomada de decisão, é consabido também que é praticamente impossível, mesmo para um interveniente altamente motivado, manter uma atenção visual efetiva diante fontes de informação multidimensionais por um período que exceda um pouco mais de metade de uma unidade horária. Com efeito, concebe--se por impraticável a consecução minimamente profícua, nestes domínios, de funções básicas como a monitorização e a consequente deteção de anomalias imprevistas ou improváveis. Cf. LISANNE BAINBRIDGE – "Ironies of automation" ... *supra*, p. 776. Num outro perspetivar, à medida que a *performance* do sistema de *scoring*, baseado em tecnologias como a IA, melhora, o ser humano terá tendência para se tornar cada vez mais complacente, excessivamente dependente ou indevidamente reservado quando confrontado com a classificação de um sistema autónomo dito fiável. Cf. DIOGO MORGADO REBELO & CESAR ANALIDE – Football 4.0.: A Privacy-Fairer Sporting Discipline, RAILS Blog, 17 February 2021, § 3; JOHN ZERILLI [*Et al.*]- "Algorithmic Decision-Making and the Control Problem ... *supra*, pp. 556; RAJA PARASURAMAN; THOMAS SHERIDAN & CHRISTOPHER WICKENS – "A Model for Types and Levels of Human Interaction with Automation". In: *IEEE Transactions on Systems, Man, and Cybernetics – Part A. Systems and Humans*, vol. 30, no. 3, 2000, p. 291; e CHRISTOPHER WICKENS – "Designing for situation awareness and trust in automation". In: *IFAC Proceedings Volumes*, vol. 28, no. 23, 1995, p. 368. Aqui, à medida que a qualidade da automatização melhora, o papel do analista de crédito tornar--se-á progressivamente menos exigente. O interveniente humano assume gradualmente a infalibilidade do sistema, pelo que abdicará de o monitorizar ativamente. Cf. KAYVAN PAZOUKI [*Et al.*] – "Investigation on the impact of human-automation interaction in maritime operations". In. *Ocean Engineering*, vol. 153, 2018, p. 299, com as devidas adaptações temáticas. Ademais, existem evidências de que tanto maior será o limiar de complacência quanto maior for a carga de tarefas múltiplas, típicas da automatização parcial, que resultem dos desígnios laborais a que o *middle-man* está adstrito na sequência do vínculo laboral. Cf. MARY CUMMINGS – "Automation Bias in Intelligent Time Critical Decision Support Systems". In: *Decision-Making in Aviation*, 1st. ed., London: Routledge, 2017, p. 290; RAJA PARASURAMAN & DIETRICH MANZEY – "Complacency and Bias in Human Use of Automation: An Attentional Integration". In: *Human Factors: The Journal of the Human Factors and Ergonomics Society*, 2010, p. 387; RAJA PARASURAMAN; THOMAS SHERIDAN & CHRISTOPHER WICKENS – "A Model for Types and Levels of Human Interaction with Automation ... *supra*, p. 291. Por último, importa frisar que, inobstante afigurar-se, *a priori*, tratar-se de uma questão de atenção, a complacência tende mais para a atitude exteriorizada, dado que o analista de crédito só padecerá deste dilema se e quando opera a avaliação de solvabilidade com um sistema minimamente fiável, embora imperfeito. Caso contrário, o efeito complacência não ocorre. Dir-se-á, neste aspeto, que a utilização de SSD despoleta o problema da falta de controlo via complacência, essencialmente, em três situações, como sejam: (1) a utilização de sistemas menos fiáveis – cujo fraco desempenho é desconhecido pelo operador – em tarefas cuja execução é mais expedita se automatizada a qualquer nível; (2) pela implementação de mecanismos de automatização parcial através da decomposição de múltiplas tarefas alocadas, tanto ao ser humano como ao *software*; ou diante (3) o recurso a um sistema que obtenha uma *performance*, em termos de fiabilidade, quase perfeita (i.e., melhor do que a do ser humano). Cf. JOHN ZERILLI [*Et al.*]- "Algorithmic

encontre habilitado a verificar em tempo real se os modelos executam a tarefa de *scoring* corretamente, i.e., conformes às políticas de gestão para o crédito pré-determinadas.

Por conseguinte – primando por não desvirtuar a *praxis* -, à escala 4.0., só se poderá antever que o operador monitorize as decisões de um sistema de *scoring* a algum nível meta muito reduzido (se existir), reconduzindo-se a sua atuação, na maioria das vezes, a corroborar (ou 'carimbar') ou aprovar as saídas modelares – i.e., aação *rubber-stamping*)[834]. Daqui depreende-se que para a aplicação do regime constante do art. 22º não é concebível a necessidade de total automatização do processo decisório[835]. A aceitação ou rejeição de um pedido de empréstimo não tem de assentar unicamente nos resultados de uma operação de tratamento exclusivamente automatizado. A este respeito, podem as saídas extraídas dos sistemas de *scoring*

Decision-Making and the Control Problem ... *supra*, pp. 563. Geralmente, os problemas de controlo resultantes da excessiva complacência culminam na ativação do efeito de halo sobre o analista de crédito. Tal sucede na medida em que os intervenientes humanos depositam tamanha confiança nos sistemas de *scoring* de tal forma que, as mais das vezes, ignoram por completo quaisquer outras fontes de informação, incluindo até a sua própria intuição. Cf. Kayvan Pazouki [*Et al.*] – "Investigation on the impact of human-automation interaction in maritime operations" ... *supra*, p. 299, com as devidas adaptações temáticas. Estes fenómenos em conjunto, traduzem, portanto, uma resposta consciente ou inconsciente do analista induzida pelo excesso de confiança no funcionamento adequado de um determinado sistema automatizado que funcionaliza o *scoring* no crédito ao consumo. Cf. Raja Parasuraman & Dietrich Manzey – "Complacency and Bias in Human Use of Automation: An Attentional Integration" ... *supra*, p. 406. Face ao exposto, indaga-se, segundo o prisma da noese da psicologia da tomada de decisão, que alguns sistemas de *scoring* – sobretudo aqueles cujo treino, validação e teste evidencie *performances* melhores do que aquelas outras antropomórficas – carecerão necessariamente de substituir o analista de crédito. Pelo dito, os SSD que promovam a interface homem-máquina na concessão de crédito devem conter tão-somente subcomponentes automatizadas que viabilizem ao operador humano centrar as suas energias em tarefas inter-relacionadas com a atual abnegação da antropopatia maquinizada, sendo, portanto, incumbência destes últimos a de questionar o candidato acerca de eventuais circunstâncias pessoais conhecidas que possam influenciar *overrides* legitimadas e lícitas à luz do enquadramento normativo em vigor e proposto. Cf. John Zerilli [*Et al.*]- "Algorithmic Decision-Making and the Control Problem ... *supra*, pp. 565-566. *Vide*, Michaël Trazzi & Roman Yampolskiy – Building safer AGI by introducing artificial stupidity, 2018, s.p.

[834] Cf. GT Art. 29º – Orientações sobre as decisões automatizadas e a definição de perfis para efeitos do Regulamento 2016/679 ... *supra*, p. 23; e Lisanne Bainbridge – "Ironies of automation" ... *supra*, p. 776.

[835] Cf. Sebastião Barros Vale & Gabriela Zanfir-Fortuna – Automated Decision-Making Under the GDPR: Practical Cases ... *supra*, pp. 32-33.

de crédito materializar-se enquanto fator único e exclusivo da tomada de decisão, mas também consubstanciarem uma condicionante principal – desde que determinante – que coexista com outras meditadas, numa lógica *ex ante* ou *ex post*, pelo interveniente humano. Basta, para o efeito, que os resultados extraídos do tratamento automatizado sejam (ou tenham exercido) uma influência real no *outcome* concreto do processo de avaliação da solvabilidade[836].

Portanto, a subsunção à automatização a que se refere o art. 22º não é nem normativa nem quantitativamente determinável. Depende sim da consideração dos especialistas em áreas como a psicologia das organizações (em particular, com estudos sobre a tomada de decisão) acerca do que é ou pode ser, casuisticamente, um controlo humano significativo. Só assim se poderá afastar, em contornos mais multidisciplinares, o regime ora em estudo aquando da realização imperiosa de avaliações de impacto[837].

[836] Cf. ANA ALVES LEAL – "Aspetos jurídicos da análise de dados na Internet (*big data analytics*) ... *supra*, pp. 150, § 37, anotação em rodapé n. º 161; DIMITRA KAMARINOU; CHRISTOPHER MILLARD & JATINDER SINGH – Machine Learning with Personal Data, Legal Studies Research Paper 247, Queen Mary University of London, 2016, pp. 11-12, e LEE BYGRAVE – "Automated Profiling: Minding the Machine – Article 15 of the EC Data Protection Directive and Automated Profiling". In: *Computer Law & Security Review*, vol. 17, no. 1, 2001, p. 20. A título exemplificativo, ainda que um analista de crédito disponha de uma margem de discricionariedade de entre os vários cenários possíveis que lhe são apresentados pelo sistema de *scoring* – podendo, *inclusive*, analisar outras métricas via *scoring* de opinião – o facto de o espectro de (algumas) das soluções lhes são proporcionadas via mecanismos automatizados retirar-lhe--á o controlo noológico substancial que deveria de presidir de entre as saídas modelares e o resultado correspondente, nesse sentido, não se afastando o regime prescrito pelo art. 22º. Cf. MARCO ALMADA – Human intervention in automated decision-making: Toward the construction of contestable systems, ICAIL, 2019, s.p.

[837] Tendo em conta a natureza, o âmbito, o contexto e a finalidade do *scoring*, também aos especialistas em ética e psicologia das organizações deve ser dado um contributo que lhes é meritório nestas matérias, sobretudo em sede de avaliações de impacto, conforme ao art. 35º do RGPD. Certo é que, para os devidos efeitos de aprimoramento, importa referir – ainda que a título de apontamento – que nem todas as decisões individuais e exclusivamente automatizadas, tomadas ao abrigo do art. 22º do RGPD estão sujeitas a avaliações de impacto, nomeadamente, aquelas que se baseiem numa prospeção ocasional de um número limitado de aspetos pessoais concernente a inferências acerca dos titulares. Cf. SEBASTIÃO BARROS VALE & GABRIELA ZANFIR-FORTUNA – Automated Decision-Making Under the GDPR: Practical Cases ... *supra*, p. 27. A mera existência de decisões individuais automatizadas que surtam efeitos significativos legais ou similares na esfera do titular (ora também consumidor) postula tão-somente um dos nove critérios que os responsáveis pelo tratamento deverão de considerar aquando da realização de avaliações de impacto em razão do nível de risco apurado.

Ainda, em termos teoréticos e filosóficos, em 2018, Filipo Santoni de Sio e Jeroen van den Hoven consideraram que será significativo todo o controlo humano sobre o sistema que, pelo menos, opera conforme àquilo que seria expetável, ou seja, de acordo com aquelas que seriam as intenções dos seus operadores, quando e se colocados na posição do objeto ou agente de *software* em concreto[838]. Já no ano de 2021, num perspetivar mais antropocêntrico, Leila Methnani, Andrea Aler Tubella, Virgina Dignum e Andreas Theodorou ampararam a expressão controlo significativo em alusão a um novo conceito, o da autonomia variável. Segundo os autores, em situações de decisão crítica (*high-stake*) – como sucede no *scoring* do crédito ao consumo – deve exigir-se a interação constante de entre o utilizador e o sistema inteligente respetivo de forma transparente e rastreável[839], assunção

Cf. GT Art. 29º – Orientações relativas à Avaliação de Impacto sobre a Proteção de Dados (AIPD) e que determinam se o tratamento é «suscetível de resultar num elevado risco» para efeitos do Regulamento (UE) 2016/679 [WP 248 rev.01], anotadas em 4 de abril de 2017, revistas e atualizadas pela última vez em 4 de outubro de 2017, pp. 10-12. Outros indicadores enumerados pelo, à data, Grupo de Trabalho do Art. 29º para a Proteção de Dados poderão outrossim relevar para sinalizar a tipologia de tratamentos de risco elevado. Tal apuramento decorre, na maioria dos casos, do uso de mecanismos de *scoring* baseados em técnicas de IA para avaliação da solvabilidade, porquanto desta tipologia de tratamentos pode decorrer, por si só, a impossibilidade de acesso a um produto ou serviço de crédito face ao uso, tradicional ou alternativo, de conjuntos de dados que até podem exceder as expetativas razoáveis das pessoas em causa. Cf. Sebastião Barros Vale & Gabriela Zanfir-Fortuna – Automated Decision-Making Under the GDPR: Practical Cases ... supra, p. 27. Em conformidade com as supramencionadas orientações, basta que pelo menos um dos nove critérios nela detalhados se verifique para que os responsáveis pelo tratamento devam realizar avaliações de impacto. Cf. GT Art. 29º – Orientações relativas à Avaliação de Impacto sobre a Proteção de Dados (AIPD) ... *supra*, p. 13. Em todo o caso, às autoridades de controlo nacionais o RGPD conferiu poderes, nos termos do seu art. 57º, nº 1, al. k), para elaborarem listas associadas às avaliações de impacto, o que as autoridades de controlo checa, finlandesa, grega, húngara e italiana fizeram especificamente em sede de decisões individuais e exclusivamente automatizadas. Cf. Sebastião Barros Vale & Gabriela Zanfir-Fortuna – Automated Decision-Making Under the GDPR: Practical Cases ... *supra*, p. 27.

[838] Cf. Filipo Santoni De Sio & Jeroen Van Den Hoven – "Meaningful Human Control over Autonomous Systems: A Philosophical Account". In: *Frontiers in Robotics and AI*, vol. 5, no. 15, 2018, p. 7.

[839] Apesar deste aspeto já ter sido mencionado – e, portanto, só para efeitos de recapitulação e aprimoramento jurísgeno -, é em consonância com o disposto no art. 12º, nº 2 da Proposta de Regulamento relativo à IA que "as capacidades de registo devem assegurar um nível de rastreabilidade do funcionamento do sistema de IA ao longo do seu ciclo de vida que seja adequado à finalidade prevista", *in casu*, a avaliação de solvabilidade no crédito ao consumo.

esta que suporia o ajuste dinâmico dos vários níveis de autonomia concedidos ao *software* no hiato correspondente ao processo de tomada de decisão, o que não sucede[840]. Sucede então que, como "uma intervenção humana sistemática pode ser pouco viável ou [até mesmo] impossível (...) devido à enorme quantidade de dados objeto de tratamento"[841], em tópicas como a interface homem-máquina, crê-se ser mais sustentável, de acordo com o atual estado *law-technology lag*, uma outra tese nem tanto ao mar da regulação nem tanto à terra da engenharia. Propugnada por John Zerilli, Alistair Knott, James Maclaurin e Colin Gavaghan em 2019, a idiossincrasia de intervenção humana expende a noção de controlo ao possível diagnóstico e gestão de falhas em tempo útil. Assim, para ser efetivo, o controlo humano, além de conforme ao expetável, deve ser exercido por forma a que os analistas de crédito disponham de tempo razoável para emendar eventuais incorreções ou até, *maxime*, suspenderem o funcionamento do sistema[842]. Como se conclui, uma interferência como esta não pressupõe declinar, *ab ovo*, a assunção da coexistência da exclusiva automatização decisória. Pode, acaso, verificar-se o diagnóstico e a gestão de falhas em tempo útil e, ainda assim, a recomendação ser determinantemente influenciada pelo sistema de IA. Já no ano de 2022, a respeito dos pressupostos de subsunção, Sebastião Barros Vale e Gabriela Zanfir-Fortuna enumeram três conjeturas (ou orientações-motriz) segundo ou a partir das quais se deverá considerar relevante a interrupção humana do processo causal numa decisão não exclusivamente automatizada. Tal subsunção deve ser considerada – claro está, com as devidas adaptações temáticas – diante:

- a adoção de políticas organizacionais que assegurem uma estruturação e envolvimento substancial de vários intervenientes humanos na decisão;
- quando o procedimento de avaliação de solvabilidade e, consequentemente, a aprovação ou rejeição de um pedido de empréstimo deva

[840] Cf. Leila Methnani [*Et al.*] – "Let Me Take Over: Variable Autonomy for Meaningful Human Control" ... *supra*, p. 6; e Monolis Chiou; Nick Hawes & Rustam Stolkin – Mixed-Initiative Variable Autonomy for Remotely Operated mobile Robots, arXiv, 2019, p. 1.

[841] Cit. GT Art. 29º – Orientações sobre as decisões automatizadas e a definição de perfis para efeitos do Regulamento 2016/679 ... *supra*, p. 25.

[842] Cf. John Zerilli [*Et al.*]- "Algorithmic Decision-Making and the Control Problem ... *supra*, pp. 562.

ser reduzido a escrito e sujeito a aprovação ulterior pela chefia da seção; e, por último, cumulativa ou alternativamente; e, por último,
– na circunstância de os analistas de crédito receberem formação específica e orientações detalhadas sobre como e quando devem envalecer *overrides*, defronte preditores múltiplos tidos em conta para aferição da decisão automatizada e subsequente recomendação[843].

Em suma, "para que se considere haver uma intervenção humana [significativa, excluindo, nesse sentido, a aplicação do art. 22º do RGPD], o responsável pelo tratamento tem de garantir que qualquer supervisão da decisão seja relevante, e não um mero gesto simbólico"[844]. Tal só sucederá "se um [analista] examinar e ponderar [determinantemente] outros fatores ao tomar a decisão final"[845], caso em que a automatização do procedimento em voga reportar-se-á tão-somente à preparação de evidências, ao nível dos *inputs*, e a aceitação ou rejeição daí advinda será, em última instância, ainda assim, o culminar de um controlo humano significativo[846]. De qualquer forma, atendendo ao atual estado de arte e às condicionantes neurocientíficas referidas, *supra*, parece que o recurso a mecanismos de *scoring* – precisamente por executarem combinações múltiplas das caraterísticas não só dos pretensos beneficiários do crédito, como de milhares aplicações anteriores, numa dimensão meta não percetível, monitorizável quanto mais rastreável pelo ser humano – regra geral, e não a título de exceção, estas situações subsumir-se-ão ao teor proibitivo do regime previsto no (ou pelo) art. 22º, nº 1 do RGPD[847].

843 Cf. SEBASTIÃO BARROS VALE & GABRIELA ZANFIR-FORTUNA – Automated Decision-Making Under the GDPR: Practical Cases ... *supra*, p. 29.

844 Cit. GT Art. 29º – Orientações sobre as decisões automatizadas e a definição de perfis para efeitos do Regulamento 2016/679 ... *supra*, p. 23. Essa supervisão deve ser levada a cabo por alguém com autoridade e competência para alterar a decisão e que, no âmbito da análise, deverá tomar em consideração todos os dados pertinentes. Cf. *ult. loc. cit.*

845 Cit. *ult. loc. cit.*

846 Cf. SEBASTIÃO BARROS VALE & GABRIELA ZANFIR-FORTUNA – Automated Decision--Making Under the GDPR: Practical Cases ... *supra*, p. 8; e GT Art. 29º – Orientações sobre as decisões automatizadas e a definição de perfis para efeitos do Regulamento 2016/679 ... *supra*, p. 23.

847 Aliás, parece ser essa a linha de entendimento perfilhada pela CNPD na sua Deliberação 622/2021, de 11 de maio, quanto ao reconhecimento facial, embora as suas considerações possam relevar, *a pari*, em sede de *scoring* no crédito ao consumo. Relativamente ao uso do

116. Em segundo lugar, os contornos desta proibição deverão repercutir-se na pessoa do consumidor e não sobre o seu conjunto pré-definido. Ainda que a decisão de aceitação ou rejeição de um pedido de crédito ao consumo resulte de uma definição prévia, quanto à solvência, de um conjunto de perfis que agrupam uma categoria de consumidores proponentes – dentro da qual se insere o titular dos dados pessoais –, não faz qualquer sentido excluir da aplicabilidade deste regime as decisões baseadas em perfis que, a fim ao cabo, redundam da combinação de propriedades atributivas de um grupo de candidatos[848]. Tal sucede na medida em

Respondus Inc.'s Monitor Software para vigia à distância e investigação de potenciais fraudes dos alunos aquando da realização de provas académicas, a CNPD, no ponto 55 desta, determinou que "o facto de se afirmar que não existem decisões automatizadas, porque o docente com base no 'valor' que lhe é apresentado para cada estudante, toma a sua decisão, introduzindo por isso o fator intervenção humana, não é, por si só, suficiente. (...) A ausência de diretrizes específicas quanto à interpretação a dar a esses valores e a falta de critérios norteadores para os docentes tomarem decisões coerentes e transparentes pode ser geradora de discriminação e permitir que o docente por regra valide a decisão automática do sistema". Cit. CNPD – Deliberação 622/2021, de 11 de maio, p. 5v, § 51. Cf. Sebastião Barros Vale & Gabriela Zanfir-Fortuna – Automated Decision-Making Under the GDPR: Practical Cases ... *supra*, p. 34 Nas palavras de Ana Alves Leal, este "primeiro pressuposto deixa claro que em jogo está uma regra geral de causalidade, [pelo que], no caso de a decisão já ter sido tomada, [se] obriga à reconstrução da situação que provavelmente existiria se o tratamento automatizado não tivesse ocorrido ou os seus resultados [não fossem] conhecidos pelo decisor". Cit. Ana Alves Leal – "Aspetos jurídicos da análise de dados na Internet (*big data analytics*) ... *supra*, p. 152, § 37.

848 Cf. *idem, ibidem*, p. 151, § 37, anotação em rodapé n.º 163;, Maja Brkan – "Do algorithms rule the world ... *supra*, p. 100; Alexander Babuta & Marion Oswal – Data analytics and algorithmic bias in policing, The Royal United States Institute for Defence and Security Studies, 2019, p. 13; e Dennis Broeders [*Et al.*] – "Big Data and security policies: Towards a framework for regulating the phases of analytics and use of Big Data". In: *Computer Law & Security Review*, vol. 33, no. 3, 2017, p. 314; e Christopher Millard & Jatinder Singh – Machine Learning with Personal Data ... *supra*, pp. 10-11. Aliás, são alguns os autores que, atendendo à preponderância que certas propriedades atributivas, compartilhadas pelos membros de um grupo, têm no âmbito das decisões automatizadas, reputam ser coletiva – quase supraindividual- a natureza de um bem como a proteção de dados. Brent Mittelstadt – "From individual to group privacy in big data analytics". In: *Philosophy and Technology*, vol. 30, 2017, p. 479; Linnet Taylor, Luciano Floridi & Bart van der Sloot – "Introduction: A New Perspective on Privacy". In: *Group Privacy* (coord. Linnet Taylor, Luciano Floridi e Bart van der Sloot), Cham, Springer, 2017, p. 5; Alessandro Mantelero – "From Group Privacy to Collective Privacy: Towards a New Dimension of Privacy and Data Protection in the Big Data Era". In: *Group Privacy* (eds. Linnet Taylor, Luciano Floridi e Bart van der Sloot), Cham, Springer, 2017, pp. 139-140, p. 142 e p. 145; e Dimitra Kamarinou;

que as decisões tomadas por referência a perfis de grupos representam um perigo acrescido para a proteção de dados pessoais e, como tal, deverão de ser objeto de uma tutela reforçada como aquela instituída no art. 22º, nºs 1 e 4 do RGPD. Nestas circunstâncias, a generalidade dos titulares não evidencia ter ciência – nem tão-pouco tal lhes seria exigível – acerca da identidade dos outros (muitos) membros. E pelo facto de, na maioria das situações, não estabelecerem qualquer tipo de vínculo inter-relacional com os restantes indivíduos, torna-se evidente a limitada perceção dos tratos coletivos que compartilham e que, em última instância, poderão ser determinantes na decisão final[849].

117. Por último, *last, but not least,* esta tipologia de tratamentos deverá surtir efeitos (tanto positivos como negativos) na esfera jurídica do (ciber) consumidor ou afetá-lo significativamente de forma similar[850]. Não resulta,

[849] *Vide,* ALESSANDRO MANTELERO – "Personal data for decisional purposes in the age of analytics: from individual to collective dimension of data protection". In: *Computer Law & Security Review,* vol. 32, no. 2, 2016, pp. 246-249. Pense-se no exemplo paradigmático de o *scoring* no crédito ao consumo assentar, entre tantos outros fatores, no código postal de um cliente. Segundo ou a partir destes conjuntos relativos à residência, tanto de um atual como de candidatos anteriores, induz-se que certos consumidores, habitantes numa determinada zona, exteriorizam um padrão tendente ao (não) cumprimento das obrigações na sequência da avaliação de solvabilidade. Quando perspetivado esse número, clarividente, dependendo da influência que esta variável preditora tenha sobre a decisão individual e exclusivamente automatizada, pode ser crescendo o número de falsos positivos e negativos apurados. Cf. ANA ALVES LEAL – "Aspetos jurídicos da análise de dados na Internet (*big data analytics*) ... *supra,* p. 151, § 37, anotação em rodapé nº 163; MEIKE KAMP [*Et al*] – "Profiling of Customers and Consumers-Customer Loyalty Programmes and Scoring Practices" ... *supra,* p. 206; e FRANK PASQUALE – *op. cit.,* 2015, pp. 22-26.

[850] Cf. DIOGO MORGADO REBELO; CESAR ANALIDE & JOANA COVELO DE ABREU – "O Mercado Único Digital e a '(leigo)ritmia' da pontuação de crédito na era da Inteligência Artificial ... *supra,* p. 38. Sebastião Barros Vale e Gabriela Zanfir-Fortuna consideram que a apreciação acerca do que devem ou não ser reputados enquanto efeitos significativos legais ou similares surtidos na esfera jurídica do titular dos dados pessoais requer uma apreciação casuística multidimensional, pois, segundo os autores, seis critérios determinarão, *in casu,* a subsunção diante deste último pressuposto em especial, tal-qual plasmado no art. 22º, nº 1, *in fine,* do RGPD. Por conseguinte, devem ser meditados, para os casos-tipo de *scoring* no crédito ao consumo, neste raciocínio lógico-subsuntivo: (1) todas as categorias de dados pessoais com base nas quais as decisões automatizadas são produzidas, nelas se incluindo, tanto os conjuntos de dados de entrada ou preditores (os *inputs*), como as inferências (os *outputs*) perquiridas acerca da prospeção de solvabilidade; (2) a consequência imediata dessas decisões (o *outcome*), ou seja, a aceitação ou rejeição de um pedido de empréstimo; (3) o

portanto, do preceituado no art. 22º, nº 1, *in fine*, que esta proibição não seja subsumível quando do tratamento automatizado advenha a aceitação de um pedido de empréstimo. Nem se descortinaria razão suficiente para circunscrever esta proibição às hipóteses de rejeição, porquanto, caso da avaliação de solvabilidade via *scoring* redunde numa decisão com sentido favorável, também nessa circunstância o (ciber)consumidor poderá assumir um vínculo contratual decorrente da celebração de um contrato de crédito ao consumo – ficando, consequentemente, adstrito à devolução do montante mutuado acrescido de juros ou outros encargos[851]. No crédito ao consumo, portanto, tanto o abono à concessão como aquela decisão desfavorável surtirão reflexos patrimoniais na esfera jurídica do titular dos dados pessoais, pois este passará a ter a possibilidade de aceder – ou não – a um determinado bem ou serviço de consumo consoante o sentido da decisão[852].

Ainda a respeito do excerto "afete significativamente de forma similar", não se acompanha a posição defendida por Alexandre Sousa Pinheiro [*Et al.*] autores estes que a reputam tautológica[853]. Pois bem, considerando a dimensão intrusiva que, a título exemplificativo, a publicidade em linha personalizada de produtos de crédito suscita, a interferência desta tipologia de tratamento automatizado nas expetativas e na vontade dos (ciber) consumidores, a forma omnipresente da publicitação e, consecutivamente,

efeito temporário ou definitivo destas, na medida em que, estando em causa o acesso ou não a determinados produtos de crédito, consequentemente, (4) tais decisões repercutir-se-ão, a curto ou médio prazo, nos padrões e hábitos de consumo dos candidatos visados; (5) como a operação de tratamento em causa é suscetível de limitar as oportunidades de rendimento, sobretudo diante a rejeição de um pedido, por certo implicarão uma perda financeira objetivamente quantificável; e, por último, (6) devem os titulares dos dados, diante tais situações, ser capazes de demostrar o impacto negativo que o recurso ao *scoring* baseado em técnicas de IA tem para si, porquanto os próprios podem deixar de beneficiar do acesso a determinados bens ou serviços que ajuízem essenciais até – quiçá – para a manutenção dos hábitos de consumo que hajam evidenciado outrora. Cf. SEBASTIÃO BARROS VALE & GABRIELA ZANFIR-FORTUNA – Automated Decision-Making Under the GDPR: Practical Cases ... *supra*, p. 35, com as devidas adaptações temáticas.

[851] Cf. ANA ALVES LEAL – "Aspetos jurídicos da análise de dados na Internet (*big data analytics*) ... *supra*, p. 151, § 37, anotação em rodapé nº 164.

[852] Cf. *idem, ibidem*; e DIMITRA KAMARINOU; CHRISTOPHER MILLARD & JATINDER SINGH – Machine Learning with Personal Data ... *supra*, p. 12.

[853] Segundo o autor "não se vislumbra o significado do conceito de afetação significativa de forma similar. (...) Melhor seria se o preceito aludisse, tão-somente, às decisões que afetem a esfera jurídica do titular". Cit. ALEXANDRE SOUSA PINHEIRO [*Et al.*] – *op. cit.*, 2018, p. 389.

o uso de vulnerabilidades conhecidas destes internautas, afigura-se estar-se defronte processos de tratamento automatizados que não afetam, *a priori*, diretamente, a esfera do titular dos dados, mas que o fazem certa e significativamente de forma similar[854]. Para o efeito, crê-se que, apesar de muitas vezes não se reputar, *a priori*, o substrato de tratamentos como este àquilo que é, materialmente, a exclusiva automatização decisória, tal conduz a equívocos, nomeadamente quando em causa está a influência determinante que uma recomendação à escala SSD exerce na aquisição de determinados bens e serviços.

12.2.2. A Base Jurídico-Procedimental de Licitude

118. Num segundo plano desta análise, aquele que contende com os fundamentos de licitude que poderão subjazer às operações de *scoring* no crédito ao consumo, importa, primeiramente, proceder à determinação das categorias de preditores passíveis de serem utilizados.

119. Desde logo, no cômputo negativo desta equação, importará referir estarem liminarmente excluídas, tanto as variáveis que contendem com a 'nacionalidade', 'a residência habitual' e o 'sexo' dos candidatos – porque indutoras de discriminação do tipo direto[855]– como também os dados de

[854] Cf. Sebastião Barros Vale & Gabriela Zanfir-Fortuna – Automated Decision-Making Under the GDPR: Practical Cases ... *supra*, pp. 8-9; e GT Art. 29º – Orientações sobre as decisões automatizadas e a definição de perfis para efeitos do Regulamento 2016/679 ... *supra*, p. 24. Tanto que, a respeito destas ofertas personalizadas de crédito com base num tratamento automatizado, aplicar-se-á também o art. 13º da Proposta de Diretiva, de 30 de junho de 2021, pelo que os financiadores deverão informar os consumidores deste *modus operandi*, também ele automatizado, que pode presidir à fase pré-contratual antes mesmo de os destinatários tomarem conhecimento efetivo da oferta. Cf. Sebastião Barros Vale & Gabriela Zanfir-Fortuna – Automated Decision-Making Under the GDPR: Practical Cases ... *supra*, p. 47. Em todo o caso, o CEPD não deixa de despoletar uma preocupação acerca deste normativo, porquanto dele poderá ressaltar implicitamente a legitimação de as instituições de crédito e sociedades financeiras poderem proceder, *ab ovo*, ao processamento personalizado através de formas que exacerbam a recolha de informação expetável e que, feitas as contas, conduzirão desde os prolegómenos negociais a um acentuar – ora reverso e indesejável – das assimetrias entre os consumidores e os prestadores de serviços de crédito, respetivamente. Cf. CEPD – Opinion 11/2021 on the Proposal for a Directive on consumer credits ... *supra*, p. 10, § 38.

[855] Dos preditores elencados a nível tabular (*supra*, Capítulo II) ficam liminarmente excluídos os conjuntos de dados que comporiam eventualmente as caraterísticas atributivas concer-

saúde ou aqueles outros existentes nas plataformas de redes sociais, à luz do considerando 47 da Proposta de Diretiva, de 30 de junho de 2021.

Importa ainda, pela negativa, perceber o alcance e as valências do recurso a esta exceção quanto ao tratamento de dados à escala *Big Data*. Em causa não está todo um conjunto de informações a que as instituições de crédito e determinadas sociedades financeiras têm o direito de aceder junto de terceiros – como sucede, com as BDs da CRC, ou, na Alemanha, com as informações reveladas pelo *Schufa*[856]. Trata-se sim de se averiguar, defronte a ausência de consentimento explícito do cliente, se é lícito o acesso dados alternativos em bloco[857], recolhidos de fontes alternativas –

nentes ao sexo, nacionalidade e residência habitual do candidato a um produto de crédito. Em especial, quanto ao reduto sensível da variável sexo, tal indagação resulta, desde logo, da diretiva antidiscriminação, como seja, em particular, a Diretiva (UE) 2004/113/CE, do Conselho, de 13 de dezembro, que emprega o princípio de igualdade de tratamento entre homens e mulheres no acesso a bens e serviços e seu fornecimento, transposta para o ordenamento jurídico português pela Lei nº 14/2008 de 12 de março. Quanto à nacionalidade e ao território de origem, o art. 6º da Proposta de Diretiva, relativa aos créditos aos consumidores, de 30 de junho de 2021, remetendo expressamente para o art. 21º da CDFUE, determina que "os Estados-Membros devem assegurar que as condições a cumprir para a concessão de crédito não discriminam os consumidores que residam legalmente na União em razão de nacionalidade ou do seu local de residência".
Cf., genericamente, FEDERICO FERRETTI & DANIELA VANDONE – *op. cit.*, 2019, p. 171; e Acórdão do Tribunal de Justiça da União Europeia, de 1 de março de 2011, Processo C-236/09, *Association belge des Consommateurs Test-Achats ASBL, Yann van Vugt, Charles Basselier vs. Conseil des ministres*, §§ 30-35, o qual haja decretado a proibição das empresas de seguro de terem em consideração classes como o sexo para apuramento dos prémios de seguro.

[856] O *Schufa* é a agência *bureau* de crédito privada mais notada da Alemanha que suputa, tanto operações de *scoring* para efeitos de avaliação de solvabilidade, como classificações setoriais específicas – a título exemplificativo, no setor das telecomunicações – ou de cobrança, este último impregnado em relação à clientela que revele sinais de propensão à (ou já de) inadimplência. Cf. STEFANIE ESCHHOLZ & JONATHAN DJABBARPOUR – "Big Data and Scoring in the Financial Sector". In: *Big Data in Context: Legal, Social and Technological Insights* (eds. Thomas Hoeren and Barbara Kolany-Raiser), Cham, Springer, 2018, p. 64. *Vide*, SCHUFA- Scoring Bei Der Schufa: Das Score-Verfahren Erklärt. Disponível em https://www.schufa.de/ueber-uns/scoring-daten/scoring-schufa/. Consultado a 21 de maio de 2022.

[857] Cf. ANA ALVES LEAL – "Aspetos jurídicos da análise de dados na Internet (*big data analytics*) ... *supra*, pp. 175-176. Tal sucede, com pagamentos efetuados online, com dados de geolocalização, com as mensagens de correio eletrónico, com a lista de chamadas efetuadas, com as pesquisas no motor de busca ou até através do rastreamento da atividade prosseguida por estes internautas nas redes sociais. Cf. Tabela 5, Capítulo II, ponto 5.2, *supra*. Para efeitos de aprimoramento, recorde-se que o considerando 47 da Proposta de Diretiva, relativa aos créditos a consumidores, de 30 de junho de 2021, exclui liminarmente do âmbito destas

v. Tabela 3, *supra*, Capítulo II. A este propósito, acompanha-se a posição de Ana Alves Leal, segundo a qual:

> "(...) Para lá da informação que objetivamente (para qualquer instituição financeira média dentro do setor em que opera) seja estritamente necessária à celebração e execução de um negócio com o cliente, toda a restante informação – *máxime*, a obtida via *Big Data* – não pode ser reportada como estritamente necessária"[858], afastando-se, nesse sentido, a licitude à luz do art. 22º, nº 2, al. a) do RGPD.

120. Objetivamente, pela positiva, apesar da Provedoria de Justiça Finlandesa (*Ombudsman*) ter pugnado pela desconsideração da variável 'idade' de um candidato numa decisão proferida em abril de 2019, refuta-se tal assunção na medida da preponderância que o fator longevidade tem quanto à futura e possível adimplência, tal-qual resulta, aliás, hoje do art. 5º, nº 2, al. b) do Aviso BP 4/2017, de 20 de setembro[859].

explorações analíticas automatizadas, tanto os dados pessoais existentes nas plataformas de redes sociais como os dados de saúde. Todavia, não exclui expressamente todas as outras categorias, recolhidas *on-time* em ambiente *web*, passíveis de integrarem os sistemas de *scoring*. O CEPD, nas suas orientações, aconselha ampliar o âmbito desta proibição a todas as categorias preditoras passíveis de culminarem em resultados discriminatórios, indagação esta de difícil apuramento face ao contexto de discriminação de grupos, não intuitivo, que o *scoring* baseado em IA pode fomentar. Cf. Sebastião Barros Vale & Gabriela Zanfir-Fortuna – Automated Decision-Making Under the GDPR: Practical Cases ... *supra*, p. 47; Diogo Morgado Rebelo – "'On the way to look at Big Data as an asset for CWA 4.0. ... *supra*, p. 16; e CEPD – Opinion 11/2021 on the Proposal for a Directive on consumer credits ... *supra*, p. 7, § 16.

[858] Cit. Ana Alves Leal – "Aspetos jurídicos da análise de dados na Internet (*big data analytics*) ... *supra*, pp. 176-177, § 47

[859] Em abril do ano de 2019, a Provedoria de Justiça finlandesa (*Ombudsman*) – a quem incumbe o tratamento setorial das questões relativas à proteção de dados – proferiu uma decisão no sentido de a instituição de crédito *Svea Ekonomi* dever adotar práticas mais *privacy-friendly* em sede de avaliação de solvabilidade. Em particular, pugnou pela desconsideração do preditor 'idade' enquanto *input* passível de ser impregnado nos modelos de prospeção e previsão *scoring*. Fê-lo na pressuposição, que não se acompanha para os devidos efeitos, de que a idade do solicitante de crédito não descreve a sua solvabilidade. Todavia, crê-se objetivamente que se verifica um qualquer nexo de entre esta variável explicativa e mensuração preditiva tanto da capacidade como da vontade de um candidato em reembolsar os créditos contraídos, acrescidos de juros e outros encargos. Cf. Sebastião Barros Vale & Gabriela Zanfir-Fortuna – Automated Decision-Making Under the GDPR: Practical Cases ... *supra*, p. 45-46; e Office of the Data Protection Ombudsman – The Data Protection Ombudsman ordered Svea Ekonomi to

Já quanto aos fundamentos de licitude que subjazem às outras categorias explicativas, crê-se ser de suma utilidade diferenciar as caraterísticas iniciais financeiras e comportamentais tradicionais – conforme, Tabela 5, Capítulo II, *supra* – dado o seu teor sensível (*supra*), dos outros fatores correspondentes aos preditores sociodemográficos e laborais.

Em relação aos últimos – i.e. a variáveis sociodemográficas como o 'nome', a 'identificação civil', o 'cadastro', as 'habilitações literárias', o 'número de membros de compõem o agregado familiar', bem como fatores explicativos laborais[860] – juntamente com as caraterísticas laborais, avalia-se a permissão de tratamento de dados sem a prestação de consentimento fundada na necessidade de fazer jus às diligências pré-contratuais na sequência de um pedido do titular em aceder a um produto de crédito ao consumo, subsumindo-se, nesse sentido, a exceção prevista no art. 22º, nº 2, al. a) do RGPD[861]. Nestas circunstâncias – aquelas que reportam ao momento de avaliação da solvabilidade – a aceitação, por parte da instituição financiadora, da adesão do ciberconsumidor ao clausulado pré-estipulado -, importará o conhecimento de todo um conjunto de informações que constituam dados pessoais estritamente necessários da (potencial) clientela devedora[862].

correct its practices in the processing of personal data, April 1, 2019. Disponível em https://tietosuoja.fi/en/-/tietosuojavaltuutettu-maarasi-svea-ekonomin-korjaamaan-kaytantojaan-henkilotietojen-kasittelyssa. Consultado a 25 de maio de 2022.

[860] Cf. art. 5º, n. º 2, al. b) do Aviso BP nº 4/2017, de 20 de setembro.

[861] Na mesma decisão proferia em abril de 2019, o *Ombudsman* considera que, *in casu,* estando em causa a concessão de crédito rápido em linha, não só se encontravam reunidos os pressupostos de aplicação da proibição plasmada no art. 22º, nº 1 do RGPD, como ainda a sua licitude resultava da necessidade deste procedimento para a celebração ou execução contratual, nos termos e para efeitos do excetuado no art. 22º, nº 2, al. a) do Regulamento. Para o efeito, realça a preponderância de deverem terem de ser atendidas todas as variáveis que, direta ou indiretamente, viabilizem melhor estimar a situação financeira da clientela. Cf. SEBASTIÃO BARROS VALE & GABRIELA ZANFIR-FORTUNA – Automated Decision-Making Under the GDPR: Practical Cases ... *supra*, p. 45-46; e Office of the Data Protection Ombudsman – The Data Protection Ombudsman ordered Svea Ekonomi ... *supra.*

[862] Na esteira de Ana Alves Leal, três aspetos deverão de ser esclarecidos quanto a esta permissão. Em primeiro lugar, a epítome destas operações de tratamento pode dar-se à revelia do consentimento do titular dos dados tendo em consideração a voluntariedade, por parte do (ciber)consumidor, na celebração do contrato e, pelo mais, na sequência do pedido – decorrente de norma injuntiva, cf. *supra* – de realização das diligências pré-contratuais por parte da instituição mutuante. Cf. ANA ALVES LEAL – "Aspetos jurídicos da análise de dados na Internet (*big data analytics*) ... *supra*, p. 174-175, § 47. Aliado a todo este circunstancialismo,

tende-se a pelejar a assunção de um outro aspeto, o postulado de coerência. Sucede que o candidato se autocoloca na situação pré-negocial, caso em que seria contraditório, após declarar juridicamente estar interessado em firmar o acordo de crédito, não envidar quaisquer esforços no sentido da divulgação da informação estritamente necessária à celebração e execução contratual nos moldes previstos. Cf. *idem, ibidem*, p. 175, § 47. Esta indagação permite, em terceiro arremate, reputar que, relativamente às categorias de dados não sensíveis, é numa perspetiva finalisticamente orientada que apenas deve ser recolhida toda a informação estritamente necessária para a realização das diligências pré-contratuais, ou até, na tipologia de *scoring* comportamental, para a execução do contrato. É que os responsáveis pelo tratamento deverão de ser capazes de demonstrar que esse tipo de tratamento é necessário, avaliando se seria possível adotar um método menos intrusivo para a privacidade. Caso contrário, esta exceção não se teria por subsumível ao tratamento automatizado de dados de crédito. Cf. GT Art. 29º – Orientações sobre as decisões automatizadas e a definição de perfis para efeitos do Regulamento 2016/679 ... *supra*, p. 26. Para os devidos efeitos, o pressuposto da necessidade implica uma avaliação combinada, baseada em factos, se a eficácia da medida imposta pelo *scoring* face à consecução dos objetivos concessão de crédito responsável e prevenção do sobre-endividamento é a menos intrusiva em comparação com outras opções. Cf. CEPD – Assessing the necessity of measures that limit the fundamental right to the protection of personal data: A Toolkit, of 11 April 2017, p. 5. Segundo Giovanni Sartor, para que a exceção do art. 22º, n. º1, al. a) do RGPD se aplique, torna-se necessário que a avaliação de solvabilidade dependa do elevado número de casos a examinar. Está também inter-relacionada com as capacidades de os sistemas de *scoring* baseado em técnicas de IA superarem e em muito as do *scoring* de opinião. Cf. Giovanni Sartor– The impact of the General Data Protection Regulation (GDPR) on artificial intelligence ... *supra*, p. 61. Ora, esta apreciação da necessidade nos casos do *scoring* de crédito intui-se segundo e por referência a um juízo de impossibilidade. Com efeito, é indiscutível que será necessária toda a informação sem a qual se torne impossível firmar o acordo. Esta asserção valerá, em princípio, salvo melhor entendimento, para o *iter* dos meandros pré-contratuais, em consonância com os ditames da boa-fé em sentido subjetivo – tal- qual resulta do art. 227º do CC -, na sua vertente da tutela da confiança. Sucede que, se, por um lado, caraterísticas como o nome, o contato telefónico e a identificação civil são imprescindíveis para a identificação do cliente, então candidato a crédito, não menos verosímil será supor a estrita necessidade de dados como o estado civil, o cadastro, as habilitações literárias e o número de membros que compõem o agregado familiar para a melhor aferição da solvabilidade futura. Tanto que, além provável causalidade subjacente entre esta categoria de *sets* e o apuramento do risco, certo é que a maior amplitude das combinações executadas pela IA, as mais das vezes não rastreáveis, inculca à consideração destes no todo da equação aplicacional. Inobstante, este critério amplo não permite, *ab ovo*, filtrar todas as apreciações de ordem subjetiva aquando da aprovação das políticas de gestão para o crédito. Pragmaticamente, pense-se, a título exemplificativo, que um dado banco *A* não aceitará qualquer adesão num contrato de crédito ao consumo caso o cliente não lhe faculte o acesso aos extractos bancários relativos ao último ano, ou até mesmo, tendo sido celebrado um contrato de mútuo bancário em tranches, após a concessão da primeira na qualidade de empréstimo-ponte (*bridge loan*), o banco *B* não efetuará a segunda remessa se não tiver acesso ao valor das renumerações do consumidores nos últimos seis meses. Ora, nestas circunstâncias, em consonância com

Também a exigência de consentimento explícito do titular[863] – assumido que seja na qualidade de fundamento de licitude, tanto para os dados

o critério apresentado por Ana Alves Leal, a informação será meditada como estritamente necessária para firmar o acordo com o (ciber)consumidor, o que já não sucede com a maior parte dos conjuntos recolhidos à escala *Big Data*. Cf. Ana Alves Leal – "Aspetos jurídicos da análise de dados na Internet (*big data analytics*) ... *supra*, p. 175, § 47.

[863] Quanto às exigências a partir das quais se deduz a validade do consentimento, sendo este ato procedimental definido no art. 4º, nº 11 do RGPD, enquanto "manifestação de vontade, livre, específica, informada e explícita, pela qual o titular dos dados aceita, mediante declaração ou ato positivo inequívoco, que os dados pessoais que lhe dizem respeito sejam objeto de tratamento", importa diferenciar, as circunstâncias em que este é prestado sob a forma escrita, inclusive em formato eletrónico, daquelas outras em que ele é concedido via oral. Quando prestado no contexto de uma declaração escrita (*inclusive*, a apresentada num formato eletrónico) que contenda com outros assuntos, este deve ser apresentado de uma forma que o distinga claramente de modo inteligível e de fácil acesso, primando adicionalmente por empregar uma linguagem clara e simples. Cf. art. 7º, nº 2 do RGPD. V., também desenvolvimentos, *infra*, acerca da transparência no contexto do direito à 'explicação'. Se concedido por via eletrónica – equivalendo à emissão de uma declaração escrita -, em consonância com o considerando 32 do RGPD, este, além de claro e conciso, não deve perturbar desnecessariamente a utilização do serviço para o qual é fornecido. Servindo finalidades múltiplas, o consentimento deverá de ser prestado independentizadamente em relação a cada (cf. considerando 32). De qualquer forma, ao titular dos dados é-lhe concedido o poder de retirar – com a mesma facilidade que o haja concedido – o seu consentimento a qualquer momento, sem com que isto se verifique comprometida a licitude da operação de tratamento efetuada até então (cf. art. 7º, nºs 3 e 4 do RGPD). Em particular, no contexto da avaliação de solvabilidade do crédito ao consumo, pode relevar a imposição da consideração de que o consentimento não haja sido prestado de forma livre, pois que dele se encontra efetivamente dependente o encontro de vontades (cf. art. 7º, nº 4 do RGPD, à luz do seu considerando 43, *in fine*). Cf. Giovanni Sartor– The impact of the General Data Protection Regulation (GDPR) on artificial intelligence ... *supra*, p. 61. Por último, as instituições financiadoras ou as agências *bureau*, se responsáveis conjuntas, devem ainda recolher todos os elementos probatórios que permitam comprovar este ato (cf. art. 7º, nº 1 do RGPD). Cf. Ana Alves Leal – "Aspetos jurídicos da análise de dados na Internet (*big data analytics*) ... *supra*, p. 160, § 40. Para efeitos de aprimoramento, transcrevem-se os seguintes excertos do Comité Europeu para a Proteção de Dados acerca de como deve ser interpretada a exigência de consentimento explícito, a melhor ver: "o termo explícito refere--se à forma como o consentimento é manifestado pelo titular dos dados. Significa que o titular dos dados deve manifestar expressamente o consentimento. Uma maneira óbvia de garantir que o consentimento é explícito seria confirmar expressamente o consentimento numa declaração escrita. Quando adequado, o responsável pelo tratamento pode certificar-se de que a declaração escrita é assinada pelo titular dos dados, por forma a eliminar todas as dúvidas possíveis e uma potencial falta de provas no futuro. Contudo, a referida declaração escrita não é a única maneira de obter consentimento explícito e não se pode dizer que o RGPD recomenda declarações escritas e assinadas em todas as circunstâncias que exigem um consentimento

em bloco recolhidos em ambiente *web*, nos termos do art. 22º, nº 2, al. c), como para as categorias de dados sensíveis, nas quais se incluem as caraterísticas financeiras e comportamentais tradicionais, segundo o art. 9º, nº 2, al. a), *ex vi* do art. 22º, nº 4, ambos do RGPD – corporiza uma instanciação inexequível do princípio da autodeterminação informativa[864] que não condiz com a realidade *scoring*, sobretudo o baseado em tecnologias de IA[865]. Em muitos casos, dir-se-á ser árdua, senão mesmo impossível, a

explícito válido. Por exemplo, num contexto digital ou em linha, o titular de dados pode emitir a declaração necessária preenchendo um formulário eletrónico, enviando uma mensagem de correio eletrónico, carregando um documento digitalizado com a assinatura do titular dos dados ou utilizando uma assinatura eletrónica. Em teoria, a utilização de declarações orais também pode ser suficiente para obter um consentimento explícito válido. Contudo, pode ser difícil para o responsável pelo tratamento provar que todas as condições aplicáveis ao consentimento explícito [quanto à validade] foram satisfeitas quando a declaração foi gravada". Cit. CEPD – Diretrizes 05/2020 sobre o consentimento ao abrigo do Regulamento 2016/679 ... *supra*, pp. 23-24, §§ 93-94. Em todo o caso, obviamente, tanto o escrito como a assinatura eletrónica, em consonância com o plasmado anteriormente, podem ser emitidos (ou antes, prestados) via eletrónica.

[864] "O direito à autodeterminação informativa também dota o titular dos dados de instrumentos que lhe permitem dispor e controlar os dados pessoais objeto de tratamento que lhe respeitem, seja ele realizado pelo sector público ou pelo sector privado. O que significa que este direito, que vincula entidades públicas e privadas e de que são titulares, universalmente, todas as pessoas físicas (sem prejuízo da existência de outros direitos de segredo de que beneficiam as pessoas coletivas), não é, somente, um direito de caráter defensivo em face da realização de tratamentos de dados pessoais, como a recolha, o registo, a organização, a estruturação, a conservação, a adaptação ou alteração, a recuperação, a consulta, a utilização, a divulgação por transmissão, difusão ou qualquer outra forma de disponibilização, a comparação ou interconexão, a limitação, o apagamento ou a destruição de dados pessoais (no elenco definido no artigo 4.o, nº 2, do [RGPD]. É, ainda, um direito de conformar esses tratamentos, podendo cada indivíduo determinar o que podem os outros, em cada momento, saber e usar a seu respeito, controlando a partilha e utilização dos seus dados pessoais". Cit. Catarina Sarmento e Castro – "40 anos de 'Utilização da Informática' – o artigo 35º da Constituição da República Portuguesa". In: *ePública – Revista Eletrónica de Direito*, vol. 3, nº 3, 2016, p. 51.

[865] Cf. Diogo Morgado Rebelo – "'On the way to look at Big Data as an asset for CWA 4.0. ... *supra*, p. 21; Diogo Morgado Rebelo; Cesar Analide & Joana Covelo De Abreu – "O Mercado Único Digital e a '(leigo)ritmia' da pontuação de crédito na era da Inteligência Artificial ... *supra*, p. 49; Ana Alves Leal – "Aspetos jurídicos da análise de dados na Internet (*big data analytics*) ... *supra*, p. 163, § 41; e Christoph Schmon – Automated Decision-Making and Artificial Intelligence – A Consumer Perspective, BEUC Position Paper, June 2018, p. 12.

obtenção de um consentimento válido aquando da recolha[866]. São, essencialmente, quatro as condicionantes que obstam à validade de um ato jurídico como este.

[866] Foi esse, aliás, o entendimento perfilhado pela AEPD nas suas Resoluções do Procedimento de Sanção Nº PS/00477/2019 e Nº: OS/00500/2020. Relativamente à primeira decisão, a AEPD considerou que o consentimento da pessoa em causa, no qual o *Caixabank* se baseou para o tratamento automatizado de dados pessoais, incluindo a definição de perfis da sua clientela, não era informado, livre nem específico. Portanto, reportou-o como inválido, tendo em conta as insuficiências de transparência e uma vez que o consentimento havia sido clausulado nos termos contratuais que os clientes anuíram expressamente só no momento da abertura das suas contas. Cf. Sebastião Barros Vale & Gabriela Zanfir-Fortuna – Automated Decision-Making Under the GDPR: Practical Cases ... *supra*, p. 31. "*Los motivos que fundamentan las imputaciones indicadas son, sucintamente, los siguientes: (...) b) Infracción del artículo 6 del RGPD: – Incumplimiento de los requisitos establecidos para la prestación de un consentimiento válido, en tanto que manifestación de voluntad específica, inequívoca e informada. -Deficiencias en los procesos habilitados para recabar el consentimiento de los clientes para el tratamiento de sus datos personales. (...) c) Infracción del artículo 22 del RGPD: invalidez del consentimiento prestado por los clientes para los tratamientos de datos regulados en este artículo*". Cit. AEPD – Procedimiento Nº: PS/00477/2019, de 13 de Enero de 2021, pp. 17-18. Já quanto à segunda decisão, a AEPD reiterou a sua posição, decretando que, tanto nas preliminares como aquando da execução do contrato de crédito ao consumo, a avaliação de solvabilidade – com recurso a mecanismos de *scoring* – olvidam à consideração da prestação de um consentimento suficientemente informado. Cf. Sebastião Barros Vale & Gabriela Zanfir-Fortuna – Automated Decision-Making Under the GDPR: Practical Cases ... *supra*, p. 31. "*Las directrices que estamos analizado, por lo que respecta a las situaciones en que los responsables del tratamiento 'pretendan basarse en el consentimiento como base para la elaboración de perfiles' dicen que el responsable del tratamiento debe demostrar 'que los interesados entienden exactamente qué están consintiendo'. En este sentido, el Grupo CaixaBank proactivamente ha verificado esa comprensión mediante estudios que han involucrado a clientes. Pero es que, además, Grupo CaixaBank no ha recibido reclamaciones de interesados que hayan puesto en evidencia que la información que se les ha proporcionado en las diferentes capas, informativas haya generado dudas significativas, ni tan solo tal cuestión forma parte de la reclamación que da lugar a la Propuesta de Resolución. Y aún cabe añadir que en esta cuestión la AEPD está invirtiendo la carga de la prueba, ya que no aporta indicio o evidencia algunos de que la información proporcionada no sea comprensible; recordemos que el CEPD opina que 'los interesados deben contar con suficiente información sobre el uso y las consecuencias previstos del tratamiento para garantizar que cualquier consentimiento que den constituya una elección informada'. Esta parte quiere resaltar que el CEPD se refiere a 'suficiente información' (no una información exhaustiva que provocaría una reacción de no lectura de los avisos informativos), y que tal información debe versar sobre el "uso y las consecuencias"; no mencionando el CEPD el 'tipo de perfil' que ahora exige la AEPD, considerando que no informar de esa información supone una deficiencia que parcialmente le ha llevado a concluir que el consentimiento obtenido por CPC no es válido*". Cit. AEPD, Procedimiento Nº: PS/00500/2020, de 21 de Octubre de 2021, pp. 59-60.

- 1º – Além de poder não ser livre – dado que o titular não tem escolha e muito menos controla o uso que é feito dos seus dados;
- 2º – Este ato as mais das vezes não é informado, porquanto a complexidade da linguagem e dos termos empregue – como se sabe, de pendor técnico – não é tangível sequer a um titular de dados médio munido de alguma infoliteracia;
- 3º – Por outro lado, também o responsável, muitas vezes, desconhece as complexas fórmulas algorítmicas nas quais se baseia o treino, a validação, o teste e a ulterior colocação em serviço dos modelos de aprendizagem;
- 4º – Pelo mais, aliado a estas condicionantes principais, em algumas situações, aquando da recolha, as finalidades que subjazem a processos de tratamento como este – claro está, além da avaliação de solvabilidade-, ainda não se encontram pré-determinadas, especialmente tendo em consideração a reutilização destas informações para vendas cruzadas ou adicionais, por diferentes responsáveis, ao longo do tempo[867].

Logo, constata-se, *supra,* verificar-se uma impossibilidade de o titular prestar um consentimento informado, precisamente por não cognoscer ou não lhe serem cognoscíveis todo um conjunto de informações e a forma como elas são processadas[868].

Subsiste, portanto, relativamente às propriedades atributivas financeiras e comportamentais tradicionais do crédito, assim como às respetivas saídas endógenas[869], qualificadas anteriormente enquanto dados sensíveis, reputar o tratamento exclusivamente automatizado no *scoring* enquanto motivo de interesse público importante, com base no RJCC ou daquele

[867] Cf. *idem, ibidem,* p. 99, § 8 e pp. 164-165, § 41.

[868] Cf. CEPD – Diretrizes 05/2020 sobre o consentimento ao abrigo do Regulamento 2016/679 ... *supra,* pp. 17-18, § 64. Também, nesta senda, "a solução [regulamentar] assente na prestação do consentimento do titular dos dados não se mostra apta a regular [este] tipo de tratamento de dados, porquanto exclui (se não liminarmente, pelo [menos] na grande maioria dos casos) a possibilidade de ser prestado um consentimento válido". Cit. Ana Alves Leal – "Aspetos jurídicos da análise de dados na Internet (*big data analytics*) ... *supra,* p. 166, § 41.

[869] À primeira vista, parece que "(...) as inferências recebem a menor protecção de todos os tipos de dados abrangidos pelo RGPD e, no entanto, representam agora talvez os maiores riscos em termos de privacidade e discriminação". Cit. Sandra Wachter & Brent Mittelstadt – "A Right to Reasonable Inferences ... *supra,* p. 575.

outro regime proposto em 30 de junho de 2021, sendo, pelo menos estas caraterísticas proporcionais aos objetivos do *scoring* – como sejam, a concessão de crédito responsável e a estabilidade macroeconómica do sistema financeiro. Basta que, em consonância com o disposto no art. 9º, nº 2, al. g) do RGPD, os Estados-Membros, ao transporem a Proposta de Diretiva, relativa aos créditos aos consumidores, de 30 de junho de 2021, prevejam as medidas mais adequadas e específicas que salvaguardem o âmbito de direitos fundamentais e os interesse em jogo.

Tabela 12. Os fundamentos de licitude

Categoria de preditores	Base legal
Idade	Art. 5º, nº 2, al. b) do Aviso BP 4/2017
Sociodemográficos | Laborais	Art. 22º, n. º 2, al. a) do RGPD
Financeiros | Comportamentais	Art. 9º, n. º 2, als. a) e g), *ex vi* art. 22º, nº 4, do RGPD

12.3. Medidas Adequadas

121. Clarividente, o respeito por uma tutela efetiva do valor jurídico proteção de dados pessoais – e, a montante – da vida privada, além de constituir uma condição para a manutenção de fluxos comerciais globais estáveis, seguros e competitivos na UE, impele, em correspetiva, definitivamente, a imposição de determinadas limitações para olvidar a preterição do âmbito dos direitos fundamentais, direta ou indiretamente, conexos com a 'marca d'água' da dignidade da pessoa humana[870]. Posto isto, apurada que seja a licitude de uma operação *scoring* no crédito ao consumo, o responsável (ou responsáveis conjuntos) pelo tratamento não ficam destituídos da obrigação de aplicarem as medidas adequadas (ou antes, direitos) – balizados pelo Regulamento no art. 22º, nº 3 do RGPD, também por remissão implícita do seu nº 4, pela Proposta de Regulamento relativo à IA, nos seus arts. 13º e 14º, e, mais recentemente, previstas no art. 18º, nº 6, als. a) a c) da Proposta de Diretiva de 30 de junho de 2021 – para salvaguardar os direitos, liberdades e os interesses legítimos dos titulares dos dados.

Deste modo, caso a avaliação de solvabilidade envolva a utilização de mecanismos de definição de perfis ou qualquer outro tratamento automa-

[870] Cf. Alessandra Silveira & Pedro Froufe – "Do mercado interno à cidadania de direitos ... *supra*, p. 6 e p. 15.

tizado de dados, os Estados-Membros deverão assegurar que o consumidor-candidato usufrui de três – ora sim, depreender-se-á – lhanas posições jurídicas ativas de vantagem, podendo, para o efeito:

- solicitar e obter intervenção humana, *ex post*, para rever a decisão;
- requerer e granjear uma explicação clara da avaliação de solvabilidade, nomeadamente acerca da lógica e dos riscos inerentes ao tratamento automatizado; e, bem assim, na sequência, pode este outrossim lograr
- exprimir o seu ponto de vista e contestar a avaliação perquirida.

12.3.1. Intervenção Humana

122. Como se depreende, o *scoring* baseado em técnicas de IA vislumbra um mundo novo em que a tomada de decisão no crédito pode ser concretizada segundo e por referência a três abordagens básicas.

- A primeira, que é mais familiar e pressupõe a assunção de controlo humano total via *scoring* de opinião, caíra em desuso, dada a sua impraticabilidade, ineficácia e falta de exatidão.
- A segunda abordagem, aqui pelejada por enquanto, é conotada pela transferência ou externalização total do hiato decisório para o *software*.
- Inobstante, parece que a tendência da regulação no (ou para o) crédito ao consumo pugna pela colaboração genuína homem-máquina[871], tal como resulta do art. 18, nº 6, al. a) da Proposta de Diretiva, relativa aos créditos aos consumidores, de 30 de junho de 2021, do art. 22º, nº 3 do RGPD, assim como do art. 14º, nº 4, als. a) a e) da Proposta de Regulamento relativo à IA[872].

[871] Cf. Henry Kissinger; Eric Schmidt & Daniel Huttenlocher – *op. cit.*, 2021, p. 26, com as devidas adaptações temáticas.

[872] De acordo com o art. 14º, nº 4, als. a) a e) da PRIA, no *scoring* do crédito ao consumo, os sistemas devem ser concebidos de forma "a permitir que as pessoas responsáveis pela supervisão humana façam o seguinte, em função das circunstâncias: a) compreendam completamente as capacidades e limitações do sistema de IA de risco elevado e sejam capazes de controlar devidamente o seu funcionamento, de modo que os sinais de anomalias, disfuncionalidades e desempenho inesperado possam ser detetados e resolvidos o mais rapidamente possível; b) estejam conscientes da possível tendência para confiar automaticamente ou confiar excessivamente no resultado produzido pelo sistema de IA de risco elevado ('enviesamento da automatização'), em especial relativamente aos sistemas de IA de risco elevado usados

E é precisamente por pretenderem instituir a injuntividade desta interface *ex post* que o 'quem' responsável por regular evidencia a (quimérica) pretensão de controlo da decisão no crédito ao consumo via autopatia.

Ora, em sede de interação homem-máquina, o ato de supervisionar corresponde "ao processo pelo qual um operador humano interage de forma intermitente com um computador, recebendo *feedback* de e fornecendo comandos ao (...) ambiente da tarefa (...)"[873]. À parte da nomenclatura empregue pelo GPAN IA, nas suas orientações éticas publicadas em 2019[874]– e em relação às quais não se vislumbra, pelo menos quanto a esta

para fornecer informações ou recomendações com vista à tomada de decisões por pessoas singulares; c) sejam capazes de interpretar corretamente o resultado do sistema de IA de risco elevado, tendo em conta, nomeadamente, as características do sistema e as ferramentas e os métodos de interpretação disponíveis; d) sejam capazes de decidir, em qualquer situação específica, não usar o sistema de IA de risco elevado ou ignorar, anular ou reverter o resultado do sistema de IA de risco elevado; e) serem capazes de intervir no funcionamento do sistema de IA de risco elevado ou interromper o sistema por meio de um botão de «paragem» ou procedimento similar". Também nesse sentido, *vide* redação atual do art. 174º, al. e) do Regulamento (UE) 575/2013, do Parlamento Europeu e do Conselho, de 26 de junho de 2013, relativo aos requisitos prudenciais para as instituições de crédito e para as empresas de investimento e que altera o Regulamento (UE) 648/2012, segundo o qual: "o julgamento humano complementa o modelo estatístico (...). Os procedimentos de revisão identificam e minimizam os erros (...), devendo o julgamento humano ter em conta todas as informações relevantes que sejam ignoradas (...)".

[873] Cit. Mary Cummings – "Automation Bias in Intelligent ... *supra*, p. 289, tradução, com as devidas adaptações linguísticas.

[874] A respeito da intervenção humana, o Grupo de Peritos de Alto Nível sobre a Inteligência Artificial (GPAN IA) emitiu a 8 de abril de 2019 um documento sobre "orientações éticas para uma IA de confiança". Nele, caraterizam-se três modalidades de interrupção do processo causal pelo ser humano. A primeira – *Human-In-the-Loop* (HITL) – refere-se à (quimérica) capacidade do ser humano em desempenhar um papel complementar ao longo de todo o ciclo de crédito, influenciando, assim, cada decisão concreta. Esta tipologia de interface é indesejável e pragmaticamente impraticável, dadas as limitações neurofisiológicas do ser humano em associarem, proficuamente, e mais ainda em tempo útil, combinações de entre milhares de variáveis preditoras. Em segundo lugar, o *Human-On-the-Loop* (HOTL) retrata interfaces em que os analistas assumem um papel preponderante, além dos cientistas de dados, na supervisão e tomada de decisões tanto durante as fases de conceção do sistema, ou seja, na delonga das *ante* enunciadas etapas de treino, validação e teste subsequente, como aquando da sua colocação em serviço. Em situações como estas, os intervenientes humanos aprioristicamente deveriam de influenciar o curso da decisão, monitorizando as operações de *scoring* e, quando necessário, corrigiriam falhas ou até suspenderiam o sistema. Também nesta modalidade, a coordenação torna-se cada vez mais difícil à medida que o mercado do crédito ao consumo se encontra envolvido no processo de revolução digital. Uma intervenção eficaz numa operação

tópica em particular, qualquer préstimo engenheirístico – no ano de 2000, Raja Parasuraman, Thomas Sheridan e Christopher Wickens propuseram um modelo que traduz um justo equilíbrio de entre a automatização e o controlo humano por níveis (v. Tabela 13, *infra*)[875]. Na categorização proposta, o termo automação, alusivo à progressiva substituição total ou parcial de uma tarefa anteriormente desempenhada pelo ser humano, é utilizado numa lógica não dicotómica, antes contínua, variando, por conseguinte, de entre a intervenção manual total e a externalização completa da resolução do problema computacional (*in casu,* de classificação ou regressão) para a máquina.

de avaliação de solvabilidade à escala 4.0., verificada a coexistência de entre as tipologias de *scoring* atributivo, comportamental e das verificações nas agências *bureau,* seria tão mais imperfeita atendendo à multiplicidade de agentes envolvidos. Consequentemente, o HOTL levanta questões de confiança, podendo mesmo levar a preocupações de segurança. Sucede que, em interfaces HOTL afiguram-se prováveis dois cenários desvantajosos, a melhor ver: por um lado, os analistas de crédito raramente intervirão quando depositam uma confiança excessiva no desempenho do sistema; ou, pelo contrário, podem ter inúmeras reticências em relação à sua *performance* e, consecutivamente, intrometer-se-iam demasiadas vezes. Ademais, também em dissonância com uma última abordagem, poucas serão as circunstâncias em que um ser humano exterioriza a capacidade de supervisionar todo o ciclo de conceção e funcionamento de um sistema de *scoring,* computando no todo da equação aplicacional variáveis que influam, em maior ou menor monta, os impactos económico, social, legal e ético globais dos pedidos de empréstimo com escopo de consumo. Esta abordagem, denominada *Human-In-Control* (HIC) parece ser um cenário utópico, porquanto negligencia por completo o facto de a maioria das aplicações *scoring* funcionarem, objetivamente, à base de megadados, sendo, por essa mesma ordem de razão, as suas correlações amorais. A fim ao cabo, todos os sistemas quase perfeitos (i.e., melhores do que o ser humano) evidenciam *performances* que premeditam a necessidade de transferência do controlo da decisão, por ora, para os objetos ou agentes de *software.* Cf. GPAN IA – Orientações Éticas para uma IA de Confiança, 8 de abril de 2019, p. 19; e Leila Methnani [*Et al.*] – "Let Me Take Over: Variable Autonomy for Meaningful Human Control" ... *supra*, pp. 2-3.

[875] Cf. Raja Parasuraman; Thomas Sheridan & Christopher Wickens – "A Model for Types and Levels of Human Interaction with Automation ... *supra*, p. 287.

Tabela 13. Níveis de automação

Níveis	Descrição do nível de intervenção do *software* no processo decisório	
1	Não intervém	
2	Providencia um conjunto completo de alternativas	*ou*
3	Restringe a seleção das melhores alternativas	*ou*
4	Sugere uma alternativa	*ou*
5	Executa a sugestão mediante aprovação do utilizador	*ou*
6	Viabiliza o veto do utilizador, dentro de um *timing*, antes da execução	*ou*
7	Execução automática e informação ulterior ao utilizador	*ou*
8	Só informa o utilizador a pedido deste	*ou*
9	Informações prestadas tão-só quando o *software* assim optar	*ou*
10	Execução totalmente autónoma	

Ora, esta ordenação afigura-se preponderante mormente quando em causa está a colocação em serviço de SSDs' em operações de *scoring* baseados nas aproximações de IA. Desde logo, é dúbio que uma intervenção humana *ex post* nas decisões automatizadas mitigue os possíveis efeitos adversos decorrentes da discriminação de grupos[876]. Conforme elucidado

[876] Cf. Diogo Morgado Rebelo – "'On the way to look at Big Data as an asset for CWA 4.0. ... *supra*, p. 17. A revisão humana de uma recomendação extraída de um sistema de *scoring* aplicável à avaliação de solvabilidade no crédito ao consumo é percecionada – quiçá, erroneamente – como um antídoto que colmata os erros (detetáveis) do software. Considera-se que o conhecimento humano tácito e as suas intuições poderiam auxiliar na sinalização de *bugs*, ou até, identificar razões bastantes que contrariassem a decisão exclusivamente automatizada. De uma perspetiva puramente instrumental (e não pragmática), exige-se, portanto, nos termos do art. 18º, nº 6, al. a) da referida Proposta de Diretiva uma intervenção humana *ex post* como alegado controlo de qualidade. Cf. Marco Almada – Human intervention in automated decision-making ... *supra*, s.p., com as devidas adaptações temáticas. Todavia, esta monitorização seria tão-somente provida de sentido na medida que o analista ou operador humano se encontre habilitado a rastrear e, consequentemente, a corrigir as falhas de entre as saídas (o *output*) e a decisão (o *outcome*) em si tomada. Ora, tal não sucede. De facto, restringir a interrupção do nexo causal numa intervenção humana *ex post* torná-la-á inútil. Como se asseverara nas anteriores unidades capitulares, esta intervenção deve reportar sobretudo, antes de tudo e mais do que tudo às fases da conceção do sistema (i.e., ao treino, validação e teste, respetivamente). Nestas circunstâncias, seria da incumbência das equipas veicular propostas alternativas, tanto dos métodos de previsão a impregnar à escala *soft computing*, como das categorias preditoras a computar na tarefa em apreço. Aliás, existe mesmo a possibilidade de a intervenção humana *ex post* conduzir efetivamente a resultados malogrados, piores do que as inferências automaticamente perquiridas. A este respeito, o ser humano é

anteriormente, também muitas serão as candidaturas de crédito em que o analista será confrontado com cenários onde a falta de conhecimento, de perícia – i.e., em termos de fiabilidade das técnicas de engenharia reversa – e de tempo de reação é notória[877]. Face a estes constrangimentos, apurados que sejam níveis de exatidão minimamente satisfatórios dos sistemas de *scoring* – i.e., aquém do limiar de falibilidade, cientificamente comprovado, da ação *judgemental* dos analistas de crédito -, propugna-se, nesta senda (e mais ainda no atual estado de arte), ser melhor externalizar (quase *in toto*), o desempenho decisório da tarefa em apreço para o *software*, investindo, portanto, o operador humano no papel de 'carimbador' nos níveis de automação 6 ou 7[878].

E não é com certeza Étienne de la Boétie, filósofo do séc. XVI, quem melhor se encontra habilitado a explicar esta idiossincrasia do controlo homem-máquina via dominação a propósito da escravidão voluntária. Porque nem toda a gente que 'abre' mão de uma melhor decisão perde a liberdade e ganha a servidão. Atualmente, o brocardo que prediz ser-se mais fácil e cómodo ser súdito do que cidadão não procede e esvai-se no seu obsoletismo[879].

incapaz de ser totalmente isento e imparcial, caso em que, intencional ou não, também ele poderá introduzir nuances discriminatórias que pesem no sentido de decisões prevalecentes não fundamentadas e, portanto, ilícitas. Cf. *ult. loc. cit.*

877 Cf. Federico Ferretti & Daniela Vandone – *op. cit.*, 2019, p. 170.

878 "Face a tarefas rígidas que não requerem flexibilidade na tomada de decisões e com baixas probabilidades de falha, níveis mais elevados de automatização proporcionam frequentemente a melhor solução". Cit. Mary Cummings – "Automation Bias in Intelligent ... *supra*, p. 289, tradução, com as devidas adaptações linguísticas. Cf. ainda, John Zerilli [*Et al.*]- "Algorithmic Decision-Making and the Control Problem ... *supra*, pp. 563; Raja Parasuraman; Thomas Sheridan & Christopher Wickens – "A Model for Types and Levels of Human Interaction with Automation ... *supra*, p. 291; e Christopher Wickens – "Designing for situation awareness and trust in automation ... *supra*, p. 368.

. Já em 2017 Meg Leta Jones considerara que a UE figura o ser humano enquanto instrumento de monitorização dos efeitos da automatização. Ora, para a autora, esta política poderá ser interpretada como excessivamente protecionista. Cf. Meg Lela Jone – "The right to a human in the loop: Political constructions of computer automation and personhood". In: *Social Studies of Science*, vol. 47, no. 2, 2017, p. 224. De facto, é verosímil que quando uma decisão se baseie na análise de vasto conjuntos de dados, a intervenção humana não modificará o resultado, a menos se tenha simplesmente em consideração técnicas estatísticas básicas que não operam à escala *Big Data*. Cf. Gianclaudio Malgieri – "Automated decision-making in the EU Member States ... *supra*, p. 22.

879 Cf. Alessandra Silveira & Pedro Froufe – "Do mercado interno à cidadania de direitos ... *supra*, p. 13, *a contrario sensu*.

Portanto, crê-se que, sobretudo em ambientes *Big Data Analytics*, conceder autonomia total ao funcionamento das aplicações, investindo o analista numa posição fora de controlo (*Human-Out-of-Control*) traduz mais uma questão de necessidade do que de conveniência axiológico-normativa[880]. Giovanni Sartor coloca a pertinente questão: o melhor desempenho das máquinas – mesmo no que respeita aos valores políticos e jurídicos em jogo, por exemplo, assegurar igualdade de oportunidades justa para todos os candidatos – não tornará a intervenção humana redundante ou disfuncional[881]? Quando muito, a intromissão na decisão poderia, *maxime*, ser reconduzível a alguns aspetos pessoais incomputáveis, matematicamente impossíveis de descrever ou prever pelo tipo de modelos à escala DM e ML[882].

[880] Cf. Diogo Morgado Rebelo – "'On the way to look at Big Data as an asset for CWA 4.0. ... *supra*, p. 17. Efetivamente, nestas circunstâncias, são os próprios seres humanos que entregam voluntariamente o controlo da tomada da decisão no crédito a seres maquinizados. Tal sucede, contrariamente ao propugnado por Pedro Domingos, não pela grande facilidade em receber ordens ou até mesmo pelo deslumbre face ao desconhecido, ao invés, por ineptidão de processar – pelo menos, nas mesmas circunstâncias de tempo, modo e acuidade – os grandes conjuntos de dados objeto de coleta e ulterior tratamento. Cf. Pedro Domingos – *op. cit.*, 2015, p. 285, *a contrario sensu*.

[881] Cf. Giovanni Sartor– The impact of the General Data Protection Regulation (GDPR) on artificial intelligence ... *supra*, p. 61.

[882] Cf. Mireille Hildebrandt – "Privacy as protection of the incomputable self: from agnostic to agonistic machine learning". In: *Theoretical Inquiries in Law*, vol. 20, no. 1, 2019, pp. 91-93. Pense-se, a título exemplificativo, na reversibilidade de uma decisão de negação pela intuição em razão de motivações especiais que subjazeram ao pedido de empréstimo – como sejam, em consonância com o considerando 48 da Proposta de Diretiva -, o pedido de financiamento de despesas de saúde, a concessão de estudantis ou deste tipo de empréstimo a consumidores portadores de deficiência. Os seres humanos podem, consciente ou inconscientemente, induzir à tomada de decisões mais conformes com os imperativos ético-morais, como sucede, a título exemplificativo, quando os pedidos de empréstimo sejam reapreciados e aprovados relativamente a membros mais vulneráveis da sociedade. Cf. Diogo Morgado Rebelo – "'On the way to look at Big Data as an asset for CWA 4.0. ... *supra*, p. 18. Para os devidos efeitos, não se ajuíza, de modo algum, como atualizado o estudo levado a cabo por Alphonse Chapanis [*Et al.*], no ano de 1951, autores estes que cotejaram as habilidades humanas e mecânicas em ambiente operacional de controlo do tráfego aéreo, portanto, representativo do círculo de domínios em que a supervisão humana e o processo de tomada de decisão, além de terem de ser controlados em curtos espaços de tempo, não deixam espaço para quaisquer margens de erro. Hodiernamente, tanto os avanços do poder computacional, como o desenvolvimento da aprendizagem automática, à escala *soft computing*, *a priori*, conduzem à refutação de que o ser humano supera a máquina quanto aos seguintes redutos, aludidos no ensaio

De facto, em termos empíricos, os sistemas de IA têm revelado uma capacidade de operar com enorme sucesso em domínios como a concessão de empréstimos a particulares[883]. Não se renega, contudo, que as vindouras descobertas científicas neste setor em particular viabilizem uma melhor combinação de entre a inteligência humana e a automatizada, tendo em conta as capacidades e as limitações de ambos. Talvez num futuro – que se espera não ser tão longínquo quanto isso – a utilização de sistemas de *scoring* inteligentes possa passar a considerar o interveniente humano não só como um dispositivo periférico, mas também como uma componente que, no final, irá materialmente prestar um contributo decisivo[884]. A concretizar-se, seria já uma supervisão tangível que, na *praxis,* habilitaria o especialista no crédito ao consumo a analisar com detalhe o processo causal – hoje, ainda opaco -, revertendo a decisão quando e se necessário[885]. Importante, sobretudo, para olvidar a ocorrência de problemas nas interações humanos-*software,* é conscientizar aqueles que concebem os sistemas de *scoring,* baseados em tecnologia de IA, dos potenciais riscos que a implementação dos vários níveis de automatização acarreta[886].

Em todo o caso, certo é que o ponto de partida, a ter especial atenção, deverá ser sempre o seguinte: apesar dos sistemas de IA se destinarem a reduzir o erro humano, e de, no atual estado de arte, concretizarem, por regra, tamanho intento, a combinação de elevados níveis de automatização com níveis de exatidão aquém da *performance* humana pode causar

suprarreferido, a melhor ver: a perceção de padrões; o armazenamento de factos relevantes e a geração de conhecimento no momento apropriado; e o raciocínio indutivo. *Vide,* Alphonse Chapanis [*Et al.*] – Human engineering for an effective air-navigation and traffic-control system, and appendixes 1 thru 3, Ohio State Univ Research Foundation Columbus, 1951, pp. 6-8, capítulo III, *cit. in.* Mary Cummings – "Automation Bias in Intelligent ... *supra,* p. 289. Nos dias de hoje, os sistemas de IA não só são melhores e mais rápidos do que o ser humano, como improvisam com maior exatidão procedimentos que requerem alguma flexibilidade – atendendo, desde logo, à sua imprevisibilidade – e, também, o manuseamento simultâneo de tarefas múltiplas e complexas. Em todo o caso, não de nega o fato de, relativamente às várias áreas de aplicação, serem poucos os estudos científicos que investigam, numa perspetiva de psicologia da tomada de decisão, a interface homem-máquina.

883 Cf. Giovanni Sartor – The impact of the General Data Protection Regulation (GDPR) on artificial intelligence ... *supra,* p. 22.

884 Cf. Mary Cummings – "Automation Bias in Intelligent ... *supra,* p. 289.

885 Cf. Giovanni Sartor – The impact of the General Data Protection Regulation (GDPR) on artificial intelligence ... *supra,* p. 22.

886 Cf. Mary Cummings – "Automation Bias in Intelligent ... *supra,* p. 293.

maiores propensões erráticas, que vão mesmo além dos enviesamentos algorítmicos[887].

12.3.2. Imperativos de Transparência (*Ex Ante*) e a 'Explicação' (*Ex Post*)

123. Face a este enquadramento, é outrossim necessário tecer reflexões quanto à proteção de dados e aos seus regimes de transparência e explicabilidade, dado serem estas salvaguardas intricadas (em contornos quimericamente exequíveis) conferidas aos (ciber)consumidores em matérias de avaliação de solvabilidade no crédito ao consumo[888].

12.3.2.1. Transparência segundo o RGPD

124. O bem jurídico transparência – consubstanciada na qualidade de imperativo ético ou legal, plasmado enquanto direito do titular dos dados, nos termos dos arts. 12º, 13º, nº 2, al. f), 14º, nº 2, al. g), 15º, nº 1, al. h), 22º, nº 3, todos do RGPD[889] e, indiretamente, ora no art. 52º da Proposta de Regulamento relativo à IA[890] – traduzirá, na prática corrente, a capacidade que o responsável (conjunto) possa eventualmente exteriorizar, numa senda *ex ante*, quanto à prestação e cedência do acesso às informações – junto (ou não) do titular dos dados[891] -, no que contende com a lógica geral que subjaz(erá) à tomada de uma decisão individual e exclusivamente automatizada no crédito[892]. Os contornos de uma cabal transparência,

[887] Cf. *idem, ibidem*, p. 292 e p. 293.

[888] Cf. Diogo Morgado Rebelo; Cesar Analide & Joana Covelo De Abreu – "O Mercado Único Digital e a '(leigo)ritmia' da pontuação de crédito na era da Inteligência Artificial ... *supra*, p. 42.

[889] Cf. Sebastião Barros Vale & Gabriela Zanfir-Fortuna – Automated Decision-Making Under the GDPR: Practical Cases ... *supra*, pp. 18-19.

[890] Nos termos e para efeitos do art. 52º da Proposta de Regulamento relativo à IA, as instituições financiadoras no crédito ao consumo, investidas também na qualidade de fornecedores de programas de *scoring* baseados em tecnologias de IA – segundo a aceção conferida pelo art. 3º, nº 2 desta Proposta – "devem assegurar que os sistemas (...) destinados a interagir com pessoas singulares [os (ciber)consumidores] sejam concebidos e desenvolvidos de maneira que [estes titulares dos dados pessoais] sejam informados de que estão a interagir [direta ou indiretamente] com sistema de IA".

[891] Cf. arts. 12º, 13º, nº 2, al. f), 14º, nº 2, al. g) e 15º, nº 1, al. h), todos do RGPD.

[892] Cf. Diogo Morgado Rebelo; Cesar Analide & Joana Covelo de Abreu – "O Mercado Único Digital e a '(leigo)ritmia' da pontuação de crédito na era da Inteligência Artificial ... *supra*, p. 43. *Vide*, quanto às propriedades simulação, decomposição e transparência algorítmica *stricto sensu*, Alejandro Arrieta [*Et al.*] – "Explainable Artificial Intelligence

conforme aos ditames de uma melhor ética no *scoring*, reportariam, portanto, ao parâmetro inteligibilidade genérica, tanto do responsável como do titular, do ulterior raciocínio lógico-inferencial que irá ser executado em ambiente *Big Data*[893]. Por conseguinte, a conformação deste imperativo no prisma regulamentar verificar-se-á, nos meandros *by design* e *by default* – conforme ao art. 18º, nº 6, al. b) da Proposta de Diretiva, de 30 de junho de 2021 -, através da comunicação ao (ciber)consumidor de uma explicação clara da avaliação de solvabilidade. Este ato deverá clarificar, *ex ante*, tanto a lógica difusa (*fuzzy*) inerente à indução, como a importância deste procedimento para a promoção da concessão de crédito responsável e prevenção do sobre-endividamento, assim como (ou antes, sobretudo) o esclarecimento acerca dos potenciais riscos de discriminação de grupos que esta tipologia de modelização acarreta[894].

(XAI): Concepts, taxonomies, opportunities and challenges toward responsible AI ... *supra*, pp. 87-88.

[893] Cf. *idem, ibidem*, p. 44; David Leslie – Understanding artificial intelligence: a guide for the responsible design and implementation of AI systems in the public sector, The Alan Turing Institute, 2019, p. 35; e Emre Bayamliglu – Transparency of Automated Decision in the GDPR: An Attempt for Systematisation ... *supra*, pp. 26-28.

[894] *Vide*, art. 25º do RGPD; e Diogo Morgado Rebelo; Cesar Analide & Joana Covelo de Abreu – "O Mercado Único Digital e a '(leigo)ritmia' da pontuação de crédito na era da Inteligência Artificial ... *supra*, p. 43. O Parlamento Europeu integrara dento do cômputo funcional deste valor, tão--somente para efeitos de certificação e auditoria, a disponibilização documentada do código-fonte que aprovisionara a modelização baseada em técnicas de DM e ML, informação esta que não tem de ser necessariamente comunicada à clientela-candidata – v. desenvolvimentos, *infra*, acerca do segredo de negócio. Cf. Parlamento Europeu – Understanding algorithmic decision-making: Opportunities and challenges, European Parliamentary Reserach Service, March 2019, p. II. De qualquer forma, o RGPD não consagra, nem no seu artigo 4º – relativo às Definições-, nem no preceito do art. 12º, qualquer conceção inequívoca e isolada relativa aos imperativos de transparência e, consequentemente, da querela relativa ao alegado direito à explicação, tal-qual debatida pela doutrina em alusão ao art. 22º, nº 3, quando e se interpretado à luz da inscrição da notação 'explicação' no considerando 71, todos do RGPD. Face ao antedito, o cânone interpretativo do valor jurídico em voga – o da transparência – prender-se-á com o pugnar de uma aproximação teleológica derivada da leitura conjunta dos arts. 12º a 14º, em consonância com o considerando 39, todos do RGPD. A partir daqui, depreende-se, desde logo, que será incumbência do responsável pelo tratamento indicar todas as finalidades ínsitas à operação de *scoring* no crédito ao consumo, nesse sentido, fazendo jus ao enunciado principiológico consagrado no art. 5º, nº 1, al. b) do RGPD – v. desenvolvimentos, *infra*, acerca dos núcleos problemáticos. O Grupo de Trabalho do Art. 29º para a Proteção de Dados pronunciara-se em particular sobre as exigências do cumprimento deste dever de transparência previsto no art. 12º do RGPD. Segundo as

orientações respetivas, datadas de 29 de novembro de 2017, revistas e atualizadas no dia 11 de abril de 2018, a conformação deste direito pressupõe a prestação de informações em consonância com os ditames da lealdade, terminologia esta enunciada, em contornos gerais e abstratos, no art. 5º, nº 1, al. a) do RGPD. Tal assunção dependerá da forma como os responsáveis pelo tratamento comunicam e coadjuvam o exercício efetivo dos direitos que subsistem na esfera jurídica dos titulares. Cf. Diogo Morgado Rebelo; Cesar Analide & Joana Covelo de Abreu – "O Mercado Único Digital e a '(leigo)ritmia' da pontuação de crédito na era da Inteligência Artificial ... *supra*, p. 44; e GT Art. 29º – Orientações relativas à transparência na aceção do Regulamento (UE) 2016/679 [WP 260, rev. 1], adotadas em 29 de novembro de 2019, revistas e adotadas pela última vez em 11 de abril de 2018, p. 4. Assim, só será transparente a decisão exclusivamente automatizada no *scoring* de crédito quando o responsável pelo tratamento: (1) prestar as informações ao titular, elencadas nas alíneas respetivas dos arts. 13º e 14º, bem como as comunicações dos arts. 15º, 22º e 34º – todos do RGPD – "de forma concisa, transparente, inteligível, e de fácil acesso"; (2) se empregar nelas uma "linguagem clara e simples" (cf. art. 12º, nº 1 do RGPD); (3) quanto à prestação dessas mesmas indicações, deve ser concedida primazia à forma escrita manual, inobstante dever ser considerada, quando mais apropriada, o fornecimento das mesmas por meios eletrónico ou até oralmente – neste último caso, a pedido expresso do titular dos dados; e, por último, (4) o cumprimento deste desiderato deve ser efetuado, por regra, a título gratuito (cf. art. 12º, nº 5 do RGPD). Quanto ao primeiro requisito – o que importa nesta senda esmiuçar – a prestação de informações deverá de ser efetuada de forma concisa e transparente, precisamente para obstar a fadiga informacional. Cf. *idem, ibidem*, p. 7, § 8. De facto, o (ciber)consumidor terá de ser capaz de compreender de que forma o responsável pelo tratamento irá utilizar a informação de que dispõe e apreender, minimamente, a lógica subjacente aos métodos de previsão implementados para a consecução da tarefa computacional objeto de estudo, assim como as respetivas consequências que esta tipologia de tratamento acarreta. Ora, a inteligibilidade reivindicada por um imperativo como este afigura-se, portanto, proeminente, na medida em que a informação a ser transmitida deve ser tangível "por uma pessoa média do público visado". Cit. *ibidem*, p. 7, § 9. Para o efeito, o responsável (conjunto) pelo *scoring* deverá de identificar, a título primeiro, o público-alvo a que cada produto ou serviço de crédito se destina. Só numa fase posterior deverá fixar a linguagem que melhor se coaduna com a maioria dos destinatários, sendo certo que, considerando as diferentes caraterísticas de entre os titulares que compõem a esfera de interlocução, este sujeito ativo deverá proceder a uma análise regular das políticas de privacidade de que dispõe, ajustando-as se necessário em função das atualizações e do conhecimento que o público-alvo evidencie. Em particular, quanto ao emprego dos tratos simplicidade e clareza na linguagem, a informação deverá de ser veiculada "da forma mais simples possível, evitando frases e estruturas linguísticas complexas". Cit. *idem, ibidem*, p. 8, § 12. A respeito desta condicionante, deverá evitar-se o emprego de orações abstratas, frases condicionais ou até de termos ambivalentes, primando, ao invés, pelo emprego de verbos que fomentem maior certeza jurídica. Posto isto, pode afirmar-se que todos estes imperativos decorrentes do bem jurídico transparência figuram enquanto políticas setoriais encontradas pelo legislador conducentes, *a priori*, a um maior controlo efetivo que os titulares dos dados pessoais têm sobre as informações que sobre si são processadas em operações como o *scoring* do crédito ao consumo. Cf. *idem, ibidem*, p. 5, § 4, com as devidas adaptações temáticas. *Vide*,

Logo, numa abordagem de autodefesa, efetivamente só uma singela compreensão da concreta lógica que subjazeu à aceitação ou recusa de uma proposta e dos perigos inatos às operações de *scoring* possibilitará o exercício pleno de uma outra invocada posição jurídica ativa de vantagem, aprovisionada na qualidade de (quimérica) explicação *ex post*, nos termos e para efeitos do art. 22º, nº 3 do RGPD, à luz da expressão empregue no seu considerando 71.

12.3.2.2. Querela acerca do Direito à 'Explicação'

125. A interpretação acerca da existência de um direito à explicação *ex post* em sede de tomada de decisões individuais automatizadas, incluindo a definição de perfis, desencadeara um debate aceso na doutrina europeia.

A saber:

(a) Em 2017, Bryce Goodman e Seth Flaxman, sem deixarem de relevar os obstáculos técnicos, bem como as imprecisões do texto regulamentar, defenderam que a simples articulação de entre o considerando 71 e o art. 22º, nº 3 do RGPD impõe que uma qualquer explicação adequada deva, no mínimo, descrever como os dados recolhidos se articulam com as previsões[895]. Ora, uma articulação como esta pressuporia uma maior clareza, inteligibilidade e compreensão, por parte do (ciber)consumidor, das técnicas de modelização desde a sua programação inicial até à saída modelar concreta, o que não sucede no atual estado de arte;

(b) Entretanto, Sandra Wachter, Brent Mittelstadt e Luciano Floridi contestaram não só a existência de um direito à explicação *ex post*, como a sua viabilidade[896];

Diogo Morgado Rebelo; Cesar Analide & Joana Covelo de Abreu – "O Mercado Único Digital e a '(leigo)ritmia' da pontuação de crédito na era da Inteligência Artificial ... *supra*, pp. 44-46.

[895] Cf. Bryce Goodman & Seth Flaxman –"EU Regulations on Algorithmic Decision-Making and a 'Right to Explanation'. In: *AI Magazine*, vol. 38, no. 3, 2016, p. 55.

[896] Cf. Sandra Wachter; Brent Mittelstadt & Luciano Floridi – "Why a Right to Explanation of Automated Decision-Making Does Not Exist in the General Data Protection Regulation ... *supra*, p. 80 e p. 96. Os autores não deixam de reconhecer, no entanto, que a inexistência de uma garantia como a explicação *ex post* corporiza uma lacuna importante em matéria de proteção de dados, caso em que recomendam a adoção de uma série de políticas, incluindo de feição regulamentar, destinadas a melhor explicitar as ambiguidades e omissões de que a versão do RGPD padece. Cf. *idem, ibidem*, p. 76 e pp. 96-98. Este texto viria

(c) Já Andrew Selbst e Julia Powles pugnaram pela adoção de uma visão integrada do RGPD como um todo sustentável. Segundo os autores, embora os considerandos não tenham natureza vinculativa, possuem um papel determinante na interpretação das prerrogativas clausuladas[897]. Com efeito, concluem a existência de um direito à explicação *ex post* como resultado dos deveres de informação e acesso, tal-qual previstos nos arts. 13º, nº 2, al. f), 14º, nº 2, al. g) e 15º, nº 1, al. h), todos do RGPD[898]. Esta posição é partilhada, por

a ser fortemente criticado por Andrew Selbst e Julia Powels, autores estes reportam a teoria como uma reação exagerada que contribui tão-só para distorcer o debate em torno do direito à explicação no RGPD. Cf. Andrew Selbst & Julia Powles – "Meaningful Information and the Right to Explanation". In: *International Data Privacy Law*, vol. 7, no. 4, 2017, p. 234.

[897] Cf. *idem, ibidem*, p. 235. Efetivamente, os considerandos consubstanciam lhanos instrumentos interpretativos na ordem jurídica comunitária, auxiliando a explicar o propósito e a intenção das disposições ou até mesmo podendo ser tidos em consideração aquando da resolução de ambiguidades. Em todo o caso, a jurisprudência do Tribunal de Justiça da União Europeia não lhes atribui qualquer efeito jurídico autónomo, pelo que, baseando-se a aplicação deste ramo também nos princípios de segurança e expetativas legítimas, não lhes deve ser consignado, de modo algum, qualquer efeito derrogatório (ou introdutório, i.e., repercutir uma qualquer eficácia axiológico-normativa positiva própria) face às prescrições plasmadas nos atos normativos juscomunitários. Cf. Roberto Barata – "Complexity of EU law in the domestic implementing process". In: *The Theory and Practice of Legislation*, vol. 2, no. 3, 2014, pp. 302-303; Tadas Klimas & Jurate Vaiciukait – "The Law of Recitals in European Community Legislation". In: *ISLA Journal of International & Comparative Law*, vol. 15, no. 1, 2008, p. 62; Acórdão do Tribunal de Justiça da União Europeia, de 19 de novembro de 1998, Processo C-162/97, *Helsingborgs tingsrätt vs. Gunnar Nilsson, Per Olov Hageigren, Solweig Arrborn*, § 54; e Acórdão do Tribunal de Justiça da União Europeia, de 13 de julho de 1989, Processo C-215/88, *Casa Fleischhandels-GmbH vs. Bundesanstalt für landwirtschaftliche Marktordnung*, § 31. Tal indagação resulta do Acordo Interinstitucional de 22 de dezembro de 1998, sobre as diretrizes comuns em matéria de qualidade de redação da legislação comunitária, este que no seu ponto 10 estabelecia que "os considerandos têm por objetivo motivar, de forma concisa, as disposições essenciais do articulado, sem dele reproduzir ou parafrasear a redação. Não devem [contudo] comportar disposições de caráter normativo nem pretensões políticas". Ora, na hipótese em apreço – a do *scoring* para avaliação de solvabilidade -, as mesmas assunções aplicar-se-ão, *mutatis mutandis*, à querela doutrinária concernente à referência, no considerando 71 do RGPD, do direito do titular dos dados "obter uma explicação adequada sobre a decisão tomada na sequência [da] avaliação [de solvabilidade]". Sucede que – salvo melhor entendimento – o facto de esta expressão se encontrar inscrita no considerando 71 em nada cristaliza na esfera jurídica do responsável (conjunto) pelo tratamento de dados de crédito uma novel garantia adequada, *ex post*, nem tal tão-pouco se ressalta do art. 18º, nº 6, al. b) da Proposta de Diretiva.

[898] Cf. *idem, ibidem*, p. 237.

um lado, tanto por Tiago Sérgio Cabral como por Lilian Edwards e Michael Veale, embora estes últimos não deixem de sinalizar inúmeros interregnos quanto à exequibilidade e operacionalidade destas disposições do RGPD no estado atual da evolução tecnológica[899].

(d) Gianclaudio Malgieri e Giovanni Comandé – reconhecendo o dualismo que preside à relação entre o direito à explicação *ex post* e a informação geral *ex ante* – sugeriram a resolução deste impasse através da confluência dos valores transparência e compreensibilidade na notação legibilidade, termo este comumente empregue pelos cientistas dos dados para evidenciar a capacidade que um sistema de IA denota em fazer com que os seus utilizadores finais entendam efetivamente a modelização autónoma perscrutada (legibilidade), assim como as implicações (compreensibilidade) do uso de determinadas categorias preditoras[900];

(e) Entretanto, Margot Kaminski propôs uma aproximação via cogovernação público-privada e dualística baseada, por um lado, na promoção dos direitos e, por outro, na conceção multinível dos métodos de previsão. Considera a autora serem garantias adequadas todas as medidas de responsabilização sistémica, caso em que uma auditoria deveria de ser levada a cabo por alguém imparcial incumbido de supervisionar as saídas do sistema em nome do potencial credor. Tudo isto à medida que os seus departamentos de tecnologias se deparam com a necessidade de colmatar eventuais erros, preconceitos, assim como os efeitos de discriminação de massas destes processos advindos[901].

[899] Cf. Tiago Sérgio Cabral – "AI and the Right to Explanation: Three Legal Bases under the GDPR" ... *supra*, pp. 38-50; e Lilian Edwards & Michael Veale – "Slave to the algorihm? Why a 'right to an explanation' is probably not the remedy you are looking for". In: *Duke Law and Technology Review*, 2017, p. 22 e p. 81.

[900] Cf. Gianclaudio Malgieri & Giovanni Comandé – "Why a Right to Legibility of Automated Decision-Making Exists". In: *International Data Privacy Law*, vol. 7, no. 4, 2017, pp. 244-245.

[901] Cf. Margot Kaminski – "The Right to Explanation, Explained". In: *Berkeley Technology Law Review*, vol. 34, no. 189, 2019, p. 205. *Vide*, no mesmo sentido, embora reconduzindo a análise em sede das auditorias nos estágios de conceção, prototipagem, teste e colocação em serviço destes sistemas, Bryan Casey; Ashkan Farhangi & Roland Vogl – "Rethinking Explainable Machines: The GDPR's 'Right to Explanations' Debate and the Rise of Algorithmic Audits in Enterprise". In: *Berkeley Technology Law Journal*, vol. 34, no. 145, 2019, pp. 169-175.

Quanto ao reduto da explicabilidade *ex post* – acompanha-se a posição de Sandra Wachter, Brent Mittelstadt e Luciano Floridi, autores estes que indagam ser *ex ante* o exercício dos direitos de informação e acesso por parte do titular dos dados pessoais. Como tal, em nosso entender, o cômputo das informações a serem prestadas (ou acedidas), *ex ante*, restringir-se-á "à lógica subjacente, bem como [à] importância e [às] consequências previstas (...)" – conforme, *supra*[902]. Este não foi, contudo, o entendimento perfilhado pelo Grupo de Trabalho do Art. 29º para a Proteção de Dados, nas suas orientações adotadas em 3 de outubro de 2017, com a última redação revista e adotada em 6 de fevereiro de 2018[903]. Este órgão consul-

[902] Cf. Sandra Wachter; Brent Mittelstadt & Luciano Floridi – "Why a Right to Explanation of Automated Decision-Making Does Not Exist in the General Data Protection Regulation ... *supra*, p. 78. Nesse sentido, no momento que precede a avaliação de solvabilidade, caso o responsável (conjunto) utilize mecanismos de *scoring*. para avaliar e decidir sobre a concessão ou não de um empréstimo com escopo de consumo, será sua a incumbência de explicar o processo subentendido, independentemente da complexidade subjacente. Para tal, deverá de fornecer ao (ciber)consumidor todos os dados relativos às principais caraterísticas atributivas iniciais computadas na tomada de decisão, assim como as fontes de recolha e a sua relevância. A autodeterminação do titular, nesta sémita, poderá pressupor, a título exemplificativo: o fornecimento de indicações a prestar pelo titular nos formulários FINE; dados próprios da gestão de conta, com ou sem atrasos nos pagamentos; e eventuais registos de fraudes ou processos de insolvência que contra o próprio tenham sido instaurados ou tenham já transitado em julgado. Em acréscimo, deverá este responsável (conjunto) fazer constar ao titular que toda a informação processada é objeto de testes periódicos no sentido de ser assegurada a maior equidade, eficácia e imparcialidade das induções automatizadas em larga escala. Cf. GT Art. 29º – Orientações sobre as decisões automatizadas e a definição de perfis para efeitos do Regulamento 2016/679 ... *supra*, pp. 28-29.

[903] Quanto ao cumprimento do direito de acesso numa lógica *ex post*, importa realçar outrossim a decisão proferida pela autoridade de controlo islandesa – a *Persónuvernd* – em 11 de setembro de 2020. A queixa foi apresentada por um titular dos dados contra a agência *bureau Creditinfo Credit Ltd.* (CreditInfo) com fundamento na preterição do direito de acesso, previsto no art. 15º, nº 1, al. h) do RGPD, dada a alegada ausência de uma explicação adequada. Em sentido contrário, a referida autoridade de controlo ajuizara que o titular dos dados recebera todo um conjunto de informações relevantes acerca da avaliação de solvabilidade a que haja sido submetido. Para o efeito, reputou-se que a instituição financiadora, ao remeter via correio eletrónico as razões que hajam determinado a recusa do pedido de empréstimo – a melhor ver, as suas entradas recentes nos registos de incumprimento, assim como o facto de o candidato ser proprietário de uma empresa que se encontrava numa situação de falência – direcionando ainda nesta mensagem o titular respetivo para o endereço *web* da instituição por forma a melhor se informar sobre o procedimento em causa nas políticas de privacidade, cumpriu o disposto no art. 15º, nº 1, al. h) do RGPD. Cf. Sebastião Barros Vale & Gabriela Zanfir-Fortuna – Automated Decision-Making Under the GDPR: Practical Cases ... *supra*,

tivo – que emite pareceres não vinculativos – apreciara dentro enquanto medida ou garantia adequada um alegado direito à explicação *ex post*, tal-qual ostentado por Andrew Selbst e Julia Powles em 2017 e, mais tarde, por Tiago Sérgio Cabral, e Lilian Edwards e Michael Veale[904].

12.3.2.3. Postulado Explicabilidade em Contexto 'Semi-Engenheirístico'

126. Do exposto resulta que são manifestamente insuficientes, tanto no campo da filosofia da informação e ética como, principalmente, no prisma jurídico, as conjeturas que intentam aproximar aquela que *deve ser* a estrutura subjacente a uma explicação prestada ao (ciber-)consumidor diante a tomada de decisões intrinsecamente opacas no *scoring* do crédito, sobretudo o baseado em métodos não paramétricos de IA. As teorias jurídicas *ante* assinaladas não proporcionam, *in toto* – sobretudo na *praxis* engenheirística – um entendimento claro sobre 'se' e que tipo de explicações *ex ante* e *ex post* se encontram vinculados – de acordo com o estado de arte *Explainable Artificial Intelligence* (XAI) – os responsáveis pelo tratamento a proporcionar.

Granjeia-se, por conseguinte, "a necessidade que [alguns] juristas revelam de começar por 'navegar por mares' nunca antes [investigados], adquirindo conhecimentos para-transversais à *poiesis* jurídica, de forma que não sejam adotadas políticas emancipadoras de um verdadeiro buraco-negro [da (ou para) explicação algorítmico-modelar (...)"[905]. Por esse mesmo motivo, esta tópica será abordada – e, sempre que possível, as suas nuances exemplificadas – num contexto *a la* 'Engenharia do Direito', com recurso a um exemplo hipotético de RNA Multicamadas – v. *infra*, Figura 8.

p. 46. Tamanha indagação resulta da transcrição do seguinte excerto: "*Ljóst er að Creditinfo veitti kvartanda flestar þeirra upplýsinga sem fyrirtækinu er skylt að veita samkvæmt 15. gr. reglugerðar (ESB), sbr. einnig 63. lið formálsorða reglugerðar (ESB) 2016/679, bæði í tölvupósti til hans og með þeim upplýsingum sem honum var vísað á, á þjónustusvæði Creditinfo*". Cit. Persónuvernd – Vinnsla Creditinfo Lánstrausts hf. á persónuupplýsingum í tengslum við gerð lánshæfismats og aðgangs- og upplýsingaréttur vegna gerðar skýrslna um lánshæfismat, Mál nr.2020010592, frá 22 September.

904 Cf. GT Art. 29º – Orientações sobre as decisões automatizadas e a definição de perfis para efeitos do Regulamento 2016/679 ... *supra*, pp. 17-19 e p. 30.

905 Cit. Diogo Morgado Rebelo; Cesar Analide & Joana Covelo de Abreu – "O Mercado Único Digital e a '(leigo)ritmia' da pontuação de crédito na era da Inteligência Artificial ... *supra*, p. 50.

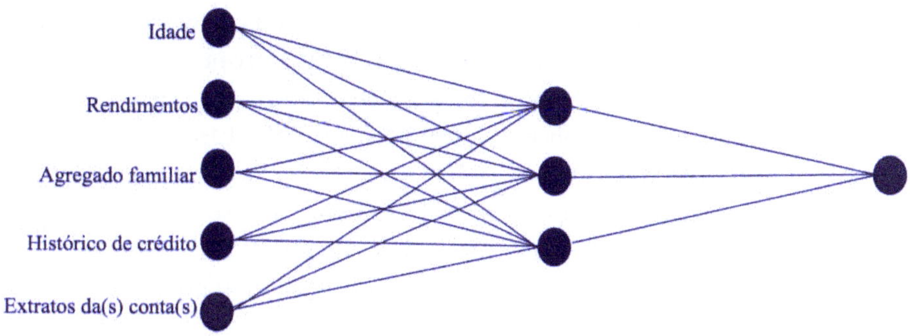

Figura 8. Exemplo Ilustrativo – RNA

A título prolegómeno, inobstante ser intuível a funcionalidade intrínseca a este campo micro de investigação – dado que os algoritmos de IA, as mais das vezes, induzem conhecimento num imbróglio de colossal opacidade decisória e ténue transparência, *supra* – importa, em primeira mão, contextualizar o escopo desta micro ciência, a XAI. Ora, uma IA explicável à escala DM e ML, na senda de Alejandro Arrieta [*et al.*], será aquela cujos modelos de aprendizagem, face a uma determinada audiência, proporcionam detalhes e razões que fazem com que o seu funcionamento seja esclarecedor e facilmente compreensível ao mais variado público-alvo[906].

Pragmaticamente, no universo XAI uma explicação – acessível e compreensível ao 'homem-médio', munido de alguma literacia digital e financeira – pode assumir diferentes modalidades, *infra*, qualificáveis segundo várias perspetivas. Senão vejamos:

a) Em termos subjetivos, estas podem ter como destinatários, além dos próprios candidatos afetados pela decisão, os utilizadores finais (sejam eles, analistas de crédito, sejam as próprias equipas de conceção e auditoria) ou até, num plano mais macro, as entidades incumbidas de proceder à regulação e supervisão do setor do crédito ao

[906] Cf. ALEJANDRO ARRIETA [*Et al.*] – "Explainable Artificial Intelligence (XAI): Concepts, taxonomies, opportunities and challenges toward responsible AI ... *supra*, pp. 84-85. *Vide*, ainda sobre a tópica, DAVID GUNNING & DAVID AHA – *"DARPA's Explainable Artificial Intelligence Program"*. In: *AI Magazine*, vol. 40, no. 2, 2019, pp. 44-58; e DAVID GUNNING [*Et al.*] – "XAI—Explainable artificial intelligence". In: *Science robotics*, vol. 4, no. 37, 2019, eaay7120. Acerca das partes interessadas a quem as explicações podem ser prestadas, John McDermid [*Et al.*] – "Artificial intelligence explainability ... *supra*, pp. 4-5.

consumo, *in casu,* os órgãos da UE, a Assembleia da República (AR), o Governo, e claro está, o próprio BP[907] ou a própria CNPD;

b) Quanto ao momento, estas explicações podem ser prestadas antes (*ad-hoc*) ou após (*post-hoc*) a definição do perfil solvente de um determinado candidato[908];

c) Já quanto à configuração, comummente recorre-se à distinção entre as explicações baseadas em modelos específicos, por um lado – como sejam, a título exemplificativo, os métodos RLI, RLO e as AD – e a explicação agnóstica, por outro, estas últimas empregues independentemente da técnica de modelização[909];

d) Relativamente à forma como são prestadas, as explicações do tipo *post-hoc* (ou seja, pós-recomendação) podem ser disponibilizadas ao utilizador final (ou até ao candidato) nas formas mais comuns, textual e visual[910]. Também podem ser baseadas em exemplos ou na simplificação[911].

[907] Cf. *idem, ibidem,* pp. 4-5; Michael Bücker [*Et al.*] – "Transparency, auditability, and explainability of machine learning models in credit scoring. In: *Journal of the Operational Research Society,* vol. 73, no. 1, 2022, p. 71.

[908] Cf. John McDermid [*Et al.*] – "Artificial intelligence explainability ... *supra,* p. 4.

[909] Cf. John McDermid [*Et al.*] – "Artificial intelligence explainability ... *supra,* p. 4. *Vide,* Alejandro Arrieta [*Et al.*] – "Explainable Artificial Intelligence (XAI): Concepts, taxonomies, opportunities and challenges toward responsible AI ... *supra,* pp. 92-95. Para os devidos efeitos, importa referir que o emprego das técnicas XAI é naturalmente facilitado nos modelos de aprendizagem paramétricos, tipicamente baseados em regras, sendo menos intuitivo em modelos conexionistas como as RNA. Cf. Davide Carneiro [*Et al.*] – "Explainable Intelligent Environments". In: *Ambient Intelligence – Software and Applications, 11th International Symposium on Ambient Intelligence* (eds. Paulo Novais, Gianni Vercelli, Josep Larriba-Pey, Francisco Herrera and Pablo Chamoso), Cham, Springer, 2020, p. 36.

[910] As explicações de texto – como a própria nomenclatura indica – além de serem expressas por palavras, podem ser reproduzidas em símbolos que retratam a lógica do algoritmo por meio de um mapeamento semântico. Já as técnicas de XAI que incrementam a visualização humana, através de gráficos ou histogramas, *et alii,* são consideradas como o método mais adequado para implementar em interações complexas. Cf. Alejandro Arrieta [*Et al.*] – "Explainable Artificial Intelligence (XAI): Concepts, taxonomies, opportunities and challenges toward responsible AI ... *supra,* p. 88.

[911] Enquanto as explicações baseadas no exemplo visam ilustrar as relações internas e correlação sinalizadas do modelo de aprendizagem – como o próprio nome indica, através de exemplos – na simplificação verifica-se a geração de um novo modelo, *by design,* mais simples, no propósito de reduzir a complexidade da tarefa, ora explicável, mantendo um nível de desempenho semelhante. Cf. *ult. loc. cit.*

e) Quanto à granularidade, a XAI pode debruçar-se na 'explicação' do processo decisório como um todo (ou seja, a explicabilidade global) ou sobre a 'interpretação' de uma previsão concreta ou sobre os preditores (i.e., a explicabilidade local)[912].

[912] Cf. Philipp Hacker & Jan-Hendrik Passoth – "Varieties of AI Explanations Under the Law. From the GDPR to the AIA and Beyond". In: *International Workshop on Extending Explainable AI Beyond Deep Models and Classifiers*. Springer, Cham, 2022, p. 347. Até então, não é suficientemente consensual a significância que deve ser atribuída ao vocábulo interpretabilidade no conspecto da explicabilidade da IA (XAI). Certo é que se tem reivindicado que a realização da maior interpretabilidade dos modelos de aprendizagem potencia a melhor explicabilidade do hiato decisório *machine-made,* asserção esta que não se refuta, *in toto.* Cf. Alejandro Arrieta [*Et al.*] – "Explainable Artificial Intelligence (XAI): Concepts, taxonomies, opportunities and challenges toward responsible AI ... *supra*, p. 85. Todavia, as notações interpretação e explicação são mesmo, por vezes, empregues erradamente num sentido sinonímico. Cf. Parlamento Europeu – Understanding algorithmic decision-making: Opportunities and challenges ... *supra*, pp. 27-28; e Amit Dhrurandar [*Et al.*] – "A Formal Framework to Characterize Interpretability of Procedures", arXiv, July 2017, p. 1, *a contrario sensu*. E, de facto, à primeira vista, em termos abstratos, se projetados os conceitos em palavras destituídas de vocação prática, compreende-se a inusitada associação equivalente da significância atribuída a ambos. Importa, assim sendo, referir que estas técnicas não se justapõem na *praxis* engenheirística. Por um lado, grosso modo, a interpretabilidade pode ser definida como a capacidade que um modelo exterioriza em traduzir conceitos próprios do processo lógico-inferencial indutivo para termos inteligíveis para um ser humano-médio. Cf. Alejandro Arrieta [*Et al.*] – "Explainable Artificial Intelligence (XAI): Concepts, taxonomies, opportunities and challenges toward responsible AI ... *supra*, pp. 84-85 85; Ricardo Guidotti [*Et al.*] – "A survey of methods for explaining black box models". In: *ACM computing surveys (CSUR)*, vol. 51, no. 5, 2018, p. 93:5; Alberto Fernandez [*Et al.*] – "Evolutionary Fuzzy Systems for Explainable Artificial Intelligence: Why, Where, What for, and Where to?". In: *IEEE Computational Intelligence Magazine,* vol. 14, no. 1, 2019, p. 71; e Grégoire Montavon; Wojciech Samek & Klaus-Robert Müller – "Methods for interpreting and understanding deep neural networks". In: *Digital Signal Processing*, vol. 73, 2018, p. 2. Por outro, a explicação é posterior e resulta de uma interface entre a parte interessada com o representante ou até o próprio agente decisor, pressupondo *per si* a compreensibilidade dos estados internos processados. Cf. Alejandro Arrieta [*Et al.*] – "Explainable Artificial Intelligence (XAI): Concepts, taxonomies, opportunities and challenges toward responsible AI ... *supra*, pp. 84-85; Ricardo Guidotti [*Et al.*] – "A survey of methods for explaining black box models ... *supra*, p. 93:5; Alberto Fernandez [*Et al.*] – "Evolutionary Fuzzy Systems for Explainable Artificial Intelligence ... *supra*, p. 71; Michael Gleicher – "A Framework for Considering Comprehensibility in Modeling". In: *Big Data*, vol. 4, no. 2, 2016, p. 75; e Mark Craven – *Extracting Comprehensible Models from Trained Neural Networks*, PhD Thesis, USA – Unniversity of Wisconsis – Madison, 1996, p. 2. Dito por outras palavras, a interpretação traduz o mapeamento de um conceito abstrato para um domínio compreensível ao ser humano, ao passo que a explicação corresponde à coleção de atributos, num domínio interpretável, que tenham contribuído para produzir uma dada decisão. Cf. Filip Karlo Dosilovic; Mario Brci & Nikica Hlupic – "Explainable

1. As primeiras – que abrangem todas as fases do ciclo do *software* – referem-se à logica global que subjaz, tanto à geração como ao funcionamento do modelo, i.e., à forma ou configuração algorítmica como a informação de crédito é corelacionada[913]. O desenvolvimento de modelos globalmente explicáveis pode ser efetuado tanto dire-

artificial intelligence: a survey". In: *Proceedings 2018 41st International Convention on Information and Communication Technology, Electronics and Microelectronics*, MIPRO 2018, p. 211; e GRÉGOIRE MONTAVON; WOJCIECH SAMEK & KLAUS-ROBERT MÜLLER – "Methods for interpreting and understanding... *supra*, p. 2. A capacidade de compreender como um algoritmo de aprendizagem automática prediz o *output* em função de uma qualquer alteração nos *inputs* relaciona-se com o trato interpretabilidade contrafactual, *infra*. Já a explicabilidade, que parte da cognição ou perceção humanas, reflete a mecânica interna do sentido de uma decisão. No caso do *scoring* baseado em tecnologias de IA, a diferença subtil que distingue uma funcionalidade da outra tem que ver com o facto de para se explicar uma previsão não terem de ser inteligíveis para o utilizador-final quais as alterações das entradas que se repercutirão nas saídas respetivas. Cf. DAVIDE CARNEIRO [*Et al.*] – "Explainable Intelligent Environments ... *supra*, pp. 35-36. Genericamente, as explicações são vantajosas e podem ser utilizadas para identificar propriedades úteis e gerar hipóteses sobre os processos em que operam os conjuntos dados. Estas funcionalidade estão, por conseguinte, na base de uma maior automatização e experimentação manual, relevando sobretudo em tarefas como a descoberta de conhecimento e otimização nas fases de treino, validação e teste, *hoc sensu*. JOHN MCDERMID [*Et al.*] – "Artificial intelligence explainability ... *supra*, p. 5. Todavia, como se afiançara anteriormente, expõem uma fraca proficiência no contexto da autodeterminação para o titular dos dados. Cf. SANDRA WACHTER; BRENT MITTELSTADT & CHRIS RUSSEL – "Counterfactual Explanations without Opening the Black Box". In: *Harvard Journal of Law & Technology*, vol. 31, no. 2, 2018, p. 860. Ainda quanto a diferença entre estes redutos, enquanto a interpretação – notação esta a que, aliás, a versão originária do art. 13º, nº 1 e nº 3, al. d) da Proposta de Regulamento relativo à IA se refere expressamente – exige uma compreensão profunda acerca do funcionamento causal global do modelo, prescindindo do discernimento do estado interno da modelização concreta, a explicação olvida não só compreender esse funcionamento, debruçando-se ao invés sobre tão-somente as relações intricadas que estabelecem um nexo causal concreto de entre as entradas e os efeitos repercutidos – ou seja, a título exemplificativo, sinalizando a correlação concreta numa arquitetura que fora determinante para o sentido da decisão. Cf. DAVIDE CARNEIRO [*Et al.*] – "Explainable Intelligent Environments ... *supra*, pp. 35-36. Daí Lilian Edwards e Michael Veale terem optado por atribuir a estas operações a terminologia explicação centrada no modelo (*MCEs, Model-Centric Explanations*) e no sujeito (*SCEs, Subject-Centric Explanations*), correspondendo, a primeira ao reduto da interpretabilidade e a segunda às explicações possíveis dada uma audiência. Cf. LILIAN EDWARDS & MICHAEL VEALE – "Slave to the algorihm? Why a 'right to an explanation' is probably not the remedy you are looking for ... *supra*, pp. 55-59. *Vide*, acerca dos princípos da interpretação algorítmico-modelar, CYNTHA RUDIN [*Et al.*] – Interpretable machine learning: Fundamental principles and 10 grand challenges, Statistics Survey, 2022, pp. 3-11.

913 Cf. MICHAEL BÜCKER [*Et al.*] – "Transparency, auditability, and explainability of machine learning models in credit scoring ... *supra*, pp. 73-74; RONAN HAMON; HENRIK JUMKLEWITZ

tamente a partir dos dados, *ab ovo*, ou, em alternativa, ser ulteriormente executado a partir de um modelo mais opaco e complexo já gerado, a título suplementar[914].

Mas, afinal, que tipo de explicações globais se podem extrair de um modelo de DM ou ML e qual a sua utilidade prática?

- Um auditor interno ou externo à instituição pode requerer o acesso ou exigir a prestação de todo um conjunto de informações a partir das quais poderá atestar a conformidade do modelo gerado com os requisitos ético-legais.

Estas podem incidir, numa lógica *ex ante* (i.e., antes da decisão), sobre:

a. A indicação do *cutoff*;
b. A prestação de informações sobre os conjuntos de dados usados no treino do modelo, como, por exemplo, o intervalo de idades mais frequente ou o nível de rendimento médio dos *sets* iniciais utilizados na geração deste;
c. A comunicação dos índices de *performance*, i.e., os erros de estimação (FP/FN), e o poder discriminante;
d. Os níveis de acuidade, relacionados com a capacidade de generalização do modelo, e a precisão média de cada estimação inferida; e
e. A divulgação de informações acerca do algoritmo de *soft computing*.

Suponha-se que a aplicação *ante* exemplificada – na Figura 8, *supra* – foi desenvolvida a partir do método RNA para executar a classificação no *scoring*. A configuração programática utilizada na geração do modelo referida pode ser caraterizada, genericamente, por referência a quatro propriedades algorítmicas elementares, como sejam: (1) a arquitetura; (2) a topologia de rede; (3) o algoritmo de aprendizagem; e (4) a função de ativação.

& Ignatio Sanchez – Robustness and Explainability of Artificial Intelligence, EUR 30040 EN, Publications Office of the European Union, Luxembourg, 2020, pp. 12-13.

[914] Cf. Mengnan Du; Ninghao Liu & Xia Hu – "Techniques for Interpretable Machine Learning – Uncovering the mysterious ways machine learning models make decisions", vol. 63, no. 1, 2020, p. 70.

(1) a arquitetura multicamada de nível 3, alimentada para a frente, do tipo *feedforward*, com profundidade (*depth*) igual a 1, ou seja, os sinais processados são unidirecionados e verifica-se a não interconexão dos nodos codificados para cada camada (*layer*);

(2) a topologia de rede 5-3-1, configurada através da receção nodular do sigma vetorial que representa o peso das saídas nos nodos antecedentes, multiplicado pelo somatório das forças de ligação sinápticas;

(3) o algoritmo de retropropagação (*backpropagation*) aplicado na estrutura *Perceprton*, que executa o cálculo derivado do erro em relação a cada peso da rede através do método Gradiente Descendente. O propósito deste é o de minimizar o erro, reajustando a diferença dos valores entre as saídas esperadas e as reais. Aqui, temos que:

$$e_j(n) = d_j(n) - y_j(n)$$

em que '*j*' corresponde ao nodo de emissão, '*d*' representa a observação esperada e '*y*' a real, e a função de custo $\varepsilon(n)$ é-nos dada por

$$\in (n) = \frac{1}{2}\sum e_j^2 (n)$$

(4) e a função de ativação logística ou sigmóide, que integra derivações não negativas em cada iteração, cujo resultado restringe-se às aproximações de verdade no intervalo dos valores endógenos {0 – 1}

$$f(x) = \frac{1}{1 + e^{-\beta x}}$$

Como se depreende, seria infrutífero e despiciendo de qualquer sentido providenciar aos titulares dos dados pessoais indicações como estas aqui assinaladas. Porque dizem respeito à lógica geral que envolve o funcionamento do modelo são mais úteis para os reguladores e os próprios gestores da instituição[915].

[915] Cf. LARA DEMAJO; VINCE VELLA & ALEXIEI DINGLI – "Explainable AI for Interpreting Credit Scoring". In: *ACITY, DPPR, VLSI, WeST, DSA, CNDC, IoTE, AIAA, NLPTA*, CS & IT - CSCP, 2020, p. 190.

- Numa lógica *ex post*, a taxonomia a que estas explicações reportam redunda na maior granularidade do modelo. Verificam-se sobretudo através da:
  a. Sinalização dos *data points* da arquitetura algorítmica (*in casu*, os nodos artificiais) que influenciam determinantemente as recomendações, pressupondo a rastreabilidade via engenharia reversa[916].

A título ilustrativo, *infra*, Figura 9, veja-se que, na delonga da fase de treino do modelo, apurou-se que é o nodo (X_{n7}) (cujo peso exerce maior influência na indução da variável endógena.

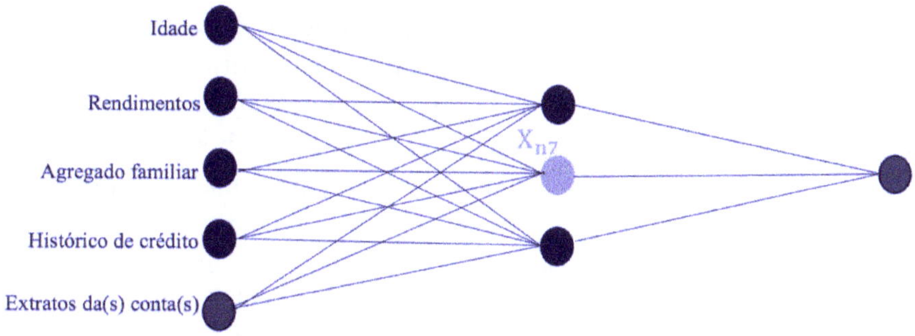

Figura 9. Explicação Global através de Engenharia Reversa

  b. Deteção de suputações intermédias representativas de valores extremos não identificados como tal *a priori*, i.e., propriedades atributivas que hajam sido correlacionadas diferentemente em determinadas estimações face (ou num cotejo) com o modo como o modelo de aprendizagem, regra geral, funciona.

As explicações globais *ex-post* reconduzem a sua utilidade à mensuração de saídas potencialmente indutoras de discriminação do tipo indireto – v. desenvolvimentos, *infra*-, e que podem afetar um grupo considerável de pessoas, não necessariamente protegido ou desfavorecido, *prima facie*[917].

[916] Cf. ALEJANDRO ARRIETA [*Et al.*] – "Explainable Artificial Intelligence (XAI): Concepts, taxonomies, opportunities and challenges toward responsible AI ... *supra*, p. 88.
[917] Cf. MICHAEL BÜCKER [*Et al.*] – "Transparency, auditability, and explainability of machine learning models in credit scoring ... *supra*, p. 73-74.

Conjeture-se, por exemplo, uma aplicação de *scoring* na qual mais de 80% dos candidatos, cujo número de membros do agregado familiar seja igual ou superior a 3, são automaticamente rejeitados. Das informações base podem, desde logo, retirar-se ilações acerca do estado civil, ou até mesmo acerca do número de descendentes. Ora, inexistindo qualquer (ou melhor, menor) relevância estatística da indução deste tipo de informação para a depuração aprimorada da condição de solvabilidade futura – dado que, para a finalidade prevista, importam mais as despesas, já refletidas no saldo corrente – a prestação deste tipo de esclarecimentos revela-se preponderante para que o titular dos dados, assim querendo, possa contestar a decisão posteriormente[918]. Refira-se ainda que este tipo de explicações é mais benéfica na maturação dos níveis de desempenho de um modelo[919], sobretudo nas fases que antecedem a sua colocação em serviço, podendo, em última instância, colmatar problemas como a multicolinearidade e o sobreajustamento. Daqui se deduz que o público-alvo deste tipo de explicação são sobretudo cientistas dos dados. É dos engenheiros a incumbência de assegurar o funcionamento mais correto, mais justo e conforme aos requisitos ético-legais[920].

De qualquer forma, num prisma tecnológico, a implementação de técnicas XAI global robustece um *trade-off* considerável de entre a modelização e a maior exatidão das previsões. Uma explicação global acarretará, por certo, uma menor fiabilidade quando equiparada com a capacidade de generalização dos modelos originários[921]. Neste diapasão, confirma-se

[918] Cf. PHILIPP HACKER & JAN-HENDRIK PASSOTH – "Varieties of AI Explanations Under the Law ... *supra*, p. 349.

[919] Cf. John McDermid [*Et al.*] – "Artificial intelligence explainability ... *supra*, p. 5.

[920] Cf. LARA DEMAJO; VINCE VELLA & ALEXIEI DINGLI – "Explainable AI for Interpreting Credit Scoring ... *supra*, p. 190.

[921] Cf. PHILIPP HACKER & JAN-HENDRIK PASSOTH – "Varieties of AI Explanations Under the Law ... *supra*, p. 350; ALEJANDRO ARRIETA [*Et al.*] – "Explainable Artificial Intelligence (XAI): Concepts, taxonomies, opportunities and challenges toward responsible AI ... *supra*, pp. 99-100; DIOGO MORGADO REBELO; CESAR ANALIDE & JOANA COVELO DE ABREU – "O Mercado Único Digital e a '(leigo)ritmia' da pontuação de crédito na era da Inteligência Artificial ... *supra*, pp. 47-48; GPAN IA – Orientações Éticas para uma IA de Confiança ... *supra*, p. 22; CYNTHIA RUDIN – "Stop explaining black box machine Learning models for high stakes decisions and use interpretable models instead". In: *Nature Machine Learning*, vol. 1, no. 5, 2019, pp. 207-208; FILIP KARLO DOSILOVIC; MARIO BRCI & NIKICA HLUPIC – "Explainable artificial intelligence: a survey ... *supra*, p. 211; TAEHYUN HA; SANGWON LEE & SANGYEON KIM – "Designing explainability of an artificial intelligence system" In: *Proceed-*

que a execução de um direito à explicação global *ex post* implica ainda a preterição clara do enunciado principiológico concernente à exatidão, tal-qual consagrado no art. 5º, nº 1, al. d) do RGPD.

Portanto, só se deve optar pela maior granularidade global em ambientes de confidencialidade e maturação, como as auditorias, nos quais a acuidade das estimações terá de ser deixada para segundo plano[922].

Com efeito, foi já pelo menos uma a solução apresentada pela doutrina no que concerne a apriorísticas alternativas mais ou menos viáveis de *compliance* face às exigências idiossincráticas de uma 'explicação' global *ex post,* hipótese esta em relação à qual já se lhe colocam alguns óbices legais, *infra.* Sandra Wachter, Brent Mittelstadt e Chris Russel propuseram, em 2018, a assunção de um modelo de recomendações contrafactuais, baseadas na interpretação local[923]. No entanto, o mérito científico desta proposta, conducente à heterocontextualização do perfil solvente de um candidato rejeitado, em Portugal, é de Fábio Silva e Cesar Analide, e remonta ao ano de 2011. Estes autores, selecionando as variáveis explicativas predominantes segundo os AD, aplicaram a um modelo RNA Multicamadas uma aproximação agnóstica para sugestão nas recusas, baseada nas heurísticas dos AG[924].

ii. Ora, esta segunda abordagem, de interpretação local, diz respeito à tomada de uma decisão específica após a colocação em serviço do sistema de IA, considerando a informação que a instituição dispõe acerca do candidato[925]. São, essencialmente, três os principais subtipos de interpretações locais, a saber:

ings of the Technology, Mind, and Society. 2018. p. 1; RAPHAËLE XENIDIS & LINDA SENDEN – "EU non-discrimination law in the era of artificial intelligence: Mapping the challenges of algorithmic discrimination". In: *General Principles of EU law and the EU Digital Order,* Kluwer Law International, 2020, p. 182; e DAVID GUNNING [*Et al.*] – "XAI—Explainable artificial intelligence ... *supra,* eaay7120

[922] Cf. f. PHILIPP HACKER & JAN-HENDRIK PASSOTH – "Varieties of AI Explanations Under the Law ... *supra,* p. 350.

[923] Cf. SANDRA WACHTER; BRENT MITTELSTADT & CHRIS RUSSEL – "Counterfactual Explanations without Opening the Black Box ... *supra,* pp. 844-846 e p. 863.

[924] Cf. DIOGO MORGADO REBELO – "On the way to look at Big Data as an asset for CWA 4.0. ... *supra,* pp. 21-23; e FÁBIO SILVA & CESAR ANALIDE – "Information asset analysis: credit scoring and credit suggestion ... *supra,* pp. 212-214

[925] Cf. MENGNAN DU; NINGHAO LIU & XIA HU – "Techniques for Interpretable Machine Learning ... *supra,* p. 71.

– O LIME (*Local Interpretable Model-Agnostic Explanation*), que desenvolve uma interpretação linear e local do modelo testando sub-hipóteses quando certos aspetos das entradas são alterados[926]. Visa, grosso modo, antecipar como uma qualquer alteração das entradas reverteria o sentido da decisão[927]. Segundo esta aproximação, então, impenderá na esfera jurídica do responsável pelo tratamento o dever de clarificar aos proponentes as caraterísticas preditoras que carecem de ser alteradas – na circunstância de negação – no sentido de interpretar (e, sendo o caso) reverter a decisão de rejeição ou até mesmo para melhor se perceberem quais as caraterísticas predominantes conducentes à aceitação de um pedido de empréstimo[928]. Trata-se, a fim ao cabo, de tentar recriar os resultados através de um processo de experimentação[929].

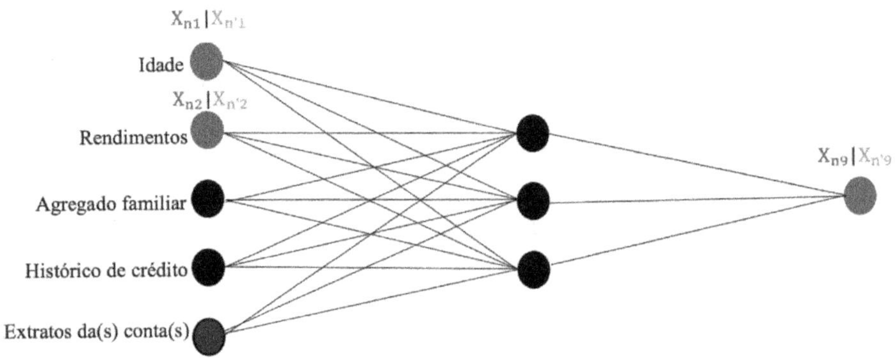

Figura 10. LIME na RNA

[926] Cf. MARCO RIBEIRO; SAMEER SINGH & CARLOS GUESTRIN – "Why should i trust you? Explaining the predictions of any classifier". In: *Proceedings of the 22nd ACM SIGKDD International Conference on Knowledge Discovery and Data Mining*, 2016, p. 1137.

[927] Cf. JOHN MCDERMID [*Et al.*] – "Artificial intelligence explainability ... *supra*, p. 5 e p. 9; RONAN HAMON; HENRIK JUMKLEWITZ & IGNATIO SANCHEZ – Robustness and Explainability of Artificial Intelligence ... *supra*, p. 13.

[928] Cf. PHILIPP HACKER & JAN-HENDRIK PASSOTH – "Varieties of AI Explanations Under the Law ... *supra*, p. 349; ALEJANDRO ARRIETA [*Et al.*] – "Explainable Artificial Intelligence (XAI): Concepts, taxonomies, opportunities and challenges toward responsible AI ... *supra*, p. 92; RONAN HAMON; HENRIK JUMKLEWITZ & IGNATIO SANCHEZ – Robustness and Explainability of Artificial Intelligence ... *supra*, p. 13; e SANDRA WACHTER; BRENT MITTELSTADT & CHRIS RUSSEL – "Counterfactual Explanations without Opening the Black Box ... *supra*, pp. 844-846 e p. 863.

[929] Cf. DAVIDE CARNEIRO [*Et al.*] – "Explainable Intelligent Environments ... *supra*, p. 36.

Para um pedido de acesso ao crédito ao consumo, uma interpretação por contrafactualidade traduzir-se-á no seguinte raciocínio: o *score Y* foi extraído e conduziu à (aceitação/rejeição, (X_{n9}) porque as variáveis preditoras ou explicativas apresentavam os valores $(X_{n1}, X_{n2},...,.X_n)$. Se em vez destas caraterísticas, o candidato apresentasse $(X_{n'1}, X_{n'2},...,.X_n)$., e todos os outros atributos explicativos permanecessem constantes, o *scoring* levaria a que a decisão do pedido fosse diferente $(X_{n'9})$[930].

No exemplo – v. *supra,* Figura 10 – pense-se, por hipótese, que o cliente α solteiro, foi rejeitado porque tinha 63 anos e o seu rendimento era de 1.000,00 €. Se tivesse 60 anos e os rendimentos fossem de 1.300,00 € já seria aceite. Clarividente, só conseguirá reverter o resultado pelo ajuste do segundo parâmetro da avaliação.

Nem tudo são vantagens relativas à utilização do método LIME na XAI. Além da mencionada imposição heteroconstituída do perfil ao titular, porque, como vimos anteriormente, qualquer um, sabendo-se catalogado como não solvente, tem tendência a refrear os seus padrões e hábitos de consumo[931], também em termos engenheirísticos a implementação destes métodos enfrenta alguns problemas. Tal sucede contanto no atual estado de arte, ao nível local, verifica-se uma fraca consistência dos valores explicativos, implicando, ainda que em menor monta – a melhor ver, num cotejo com os métodos de XAI globais – a deterioração da capacidade de previsão ou generalização. Como se não bastasse, os preditores a interpretar também têm de ser especificados pelos analistas, o que torna o processo mais moroso, menos eficiente e exato, *hoc sensu*[932].

De qualquer modo, esta teoria (não) procede(rá) – salvo alteração ulterior do projeto inicial – face à Proposta de Diretiva, de 30 de junho de 2021. Em alusão às explicações adequadas a que se refere o art. 12º desta – normativo este que, aliás, não esclarece se estas devem ser prestadas antes, durante ou após a avaliação de solvabilidade –, o seu considerando

[930] Cf. Rory Mc Grath [*Et al.*] – Interpretable Credit Application with Counterfactual Explanations, NIPS 2018 – Workshop on Challenges and Opportunities for AI in Financial Services: the Impact of Fairness, Explainability, Accuracy, and Privacy, Montreal, Canada, 2018, p. 3.

[931] Cf. Filipa Urbano Calvão – "O direito fundamental à proteção de dados pessoais e a privacidade 40 anos depois ... *supra*, p. 96.

[932] Cf. Michael Bücker [*Et al.*] – "Transparency, auditability, and explainability of machine learn-ing models in credit scoring ... *supra*, p. 74.

39 exige que "estas (...) não podem constituir por si uma recomendação personalizada".

Feitas as contas, também aqui o 'trilho' europeísta parece desatender por completo ao 'querer' dos consumidores. Mais facilmente se comprova que estas interpretações são as 'mais-queridas' por estes e não o contrário. Antevê-se ser todo o interesse destes sujeitos tomar conhecimento tanto das motivações que fundamentaram a recusa como, quiçá, perceberem a própria lógica geral que envolve o funcionamento destes modelos de aprendizagem automática[933].

- O SHAP (*SHapley Additive exPlanations*) visa interpretar o funcionamento de um modelo opaco ao estabelecer um *ranking*, escalonando a predominância que cada variável explicativa, das entradas, tem na previsão do modelo[934].

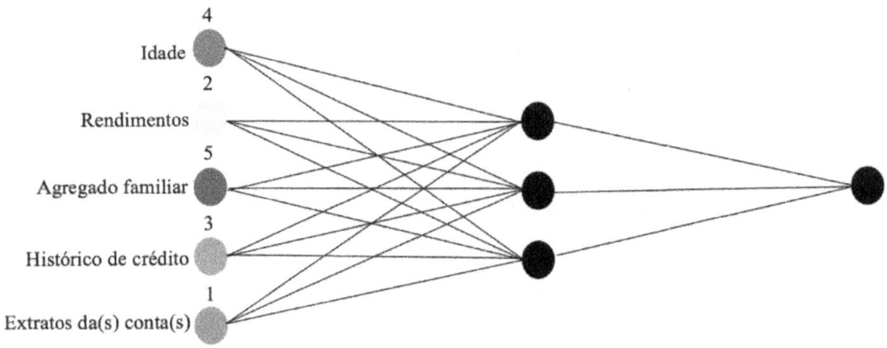

Figura 11. SHAP na RNA

[933] Cf. Lara Demajo; Vince Vella & Alexiei Dingli – "Explainable AI for Interpreting Credit Scoring ... *supra*, p. 191.

[934] Cf. Alejandro Arrieta [*Et al.*] – "Explainable Artificial Intelligence (XAI): Concepts, taxonomies, opportunities and challenges toward responsible AI ... *supra*, p. 92; e Michael Bücker [*Et al.*] – "Transparency, auditability, and explainability of machine learning models in credit scoring ... *supra*, p. 74. *Vide*, para mais aprofundamentos sobre a tópica, Hugh Chen; Scott Lundberg & Su-In Lee – "Explaining models by propagating Shapley values of local components". In: *Explainable AI in Healthcare and Medicine*, Cham, Springer, Cham, 2021, pp. 261-270.

Diz-se que a tais interpretações é-lhes reconhecida preferência da parte dos analistas de crédito, estes que se encontram interessados em validar e justificar a previsão. Tal sucede porque a confiança que o funcionário deposita na IA será tanto maior quanto este se encontre habilitado a analisar outros pedidos semelhantes, com *outputs* iguais. Neste aspeto, a melhor autodeterminação informativa resultará de de anteriores aceites e, numa fase posterior, incumpridos. Só assim se conseguirão providenciar ao titular dos dados as verdadeiras razões que subjazeram à recusa[935].

- Por último, ainda enquanto pressuposto de interpretação local, temos as explicações conjuntas (*ensemble*), estas que são implementadas através de duas ou mais camadas, locais, não lineares e sequenciais, visando alcançar a interpretabilidade global do modelo opaco. Com esta abordagem XAI, o processo de atribuição de empréstimos é alvo de engenharia reversa, portanto, rastreável em diferentes etapas com recurso a um sistema pericial baseado em regras[936]. A conceção das aproximações conjuntas assemelha-se à maturação dos modelos mais tradicionais de subgrupos, nos quais tanto as variáveis explicativas como os *scores* respetivos são decompostos face à sua predominância, gerando regras gerais. O propósito é o de que o modelo implementado, mesmo após a explicação, permaneça o mais generalizável possível.

A título exemplificativo, pressuponhamos que, numa amostra de 7000 candidaturas, por de entre um total de 8500, foram aceites todos os candidatos que declararam um salário superior a 1.5000 € e tiveram despesas inferiores a 1.200,00 €. Ora, daqui pode extrai-se uma regra que estabelece um nexo causal de entre estas condições antecedentes – ou seja, o nível salarial e as despesas – e o consequente – i.e., a aceitação[937].

Todavia, também estas interpretações conjuntas, além de poderem ser sobrevalorizadas, podem, feitas as contas, induzir a equívocos. A melhor ver, na semiótica da avaliação preditiva, suputando a sintaxe e a semântica,

935 Cf. Lara Demajo; Vince Vella & Alexiei Dingli – "Explainable AI for Interpreting Credit Scoring ... *supra*, p. 192.

936 Cf. Davide Carneiro [*Et al.*] – "Explainable Intelligent Environments ... *supra*, p. 36.

937 Cf. Chaofan Chen [*Et al.*] – An interpretable model with globally consistent explanations for credit risk, arXiv, November 2018, pp. 1-2.

provavelmente desconsiderar-se-á, *in toto*, o desiderato da pragmática, ou seja, o contexto concreto da tomada de decisão.

127. Face ao exposto, pode concluir-se que inexiste uma só aproximação XAI ótima que sirva os interesses dos agentes envolvidos em todas as circunstâncias. Tanto as abordagens globais como locais apresentam vantagens e desvantagens. Quando do tipo global, tanto as explicações *ex ante* como as *ex post* esbarram com a não compreensão por parte dos titulares dos dados. Por isso, o público-alvo a que se destina abrange, não só as equipas responsáveis pela conceção e auditoria do sistema, como os próprios reguladores. Já as locais externem a sua utilidade na interpretação das saídas dos modelos, embora não resolvam o problema da deterioração da exatidão por completo.

12.2. O Epílogo da Transparência na IA

128. Pese embora o avanço que é revelado pela imposição de uma obrigação de informação quanto à lógica subjacente aos métodos de previsão, são algumas as reservas colocadas pelos responsáveis pelo tratamento e, também, pelas autoridades de controlo nacionais. Tal sucede porque não é clarividente a linha de destrinça que preside de entre esta salvaguarda atinente à ilusória autodeterminação do titular[938] e os direitos de propriedade intelectual sobre as fórmulas, as políticas de gestão para o crédito, o método e os instrumentos de conceção do *software* ou até sobre as compilações de informação financeira, frequentemente objeto de segredo comercial, propriedade intelectual ou industrial e sujeitos a proteção anti concorrencial[939]. A este respeito, em consonância com o considerando

[938] Quanto à eficácia destas medidas adequadas, perfilha-se a posição adotada por Ana Alves Leal, segundo a qual: "(...) a generalidade dos titulares dos dados não tem conhecimento suficiente para interpretar os algoritmos cuja lógica (...) [lhe seja] divulgada, sobretudo quando esses (...) estabelecem correlações ocultas ou em *black box* (...) e servem procedimentos de análise e decisão que dispensam qualquer intervenção humana. E não parece que o poder atribuído ao titular dos dados de se opor a que, com base nos seus dados pessoais, sejam tomadas decisões que resultem exclusivamente do tratamento automatizado desses dados possa colmatar [a] ilusoriedade embora, de certa forma, a mitigue". Cf. Diogo Morgado Rebelo – "On the way to look at Big Data as an asset for CWA 4.0. ... *supra*, p. 20; Ana Alves Leal – "Aspetos jurídicos da análise de dados na Internet (*big data analytics*) ... *supra*, p. 141, § 33.

[939] Cf. Alejandro Arrieta [*Et al.*] – "Explainable Artificial Intelligence (XAI): Concepts, taxonomies, opportunities and challenges toward responsible AI ... *supra*, p. 101; Ana Alves

63 do RGPD, a tendência da jurisprudência alemã sugere que o cômputo informacional a que o responsável (conjunto) pelo tratamento se encontra adstrito e tem que prestar cinge-se tão-só a uma lógica geral, simplista – não global, nem local, portanto[940]. Mais recentemente, também a *Data*

LEAL – "Aspetos jurídicos da análise de dados na Internet (*big data analytics*) ... *supra*, p. 141, § 33; e JENNA BURREL – "How the machine 'thinks': Understanding opacity in machine learning algorithms ... *supra*, p. 3. Recentemente, o Tribunal Administrativo Regional de Viena (*Landesverwaltungsgericht Wien*) apresentou, a 11 de fevereiro de 2022, um pedido de reenvio prejudicial ao TJUE no qual pretende clarificar tanto o sentido como o alcance pragmático da expressão "lógica subjacente" ao funcionamento de um sistema de *scoring* de crédito. Em particular, relativamente ao direito de acesso previsto no art. 15º, nº 1, al. h) do RGPD, o órgão jurisdicional requer a prestação de esclarecimentos sobre se a conformação de tais prerrogativas – as quais contendem necessariamente com a pressuposição de uma compreensão mais singela, por parte do titular dos dados, da decisão (exclusivamente) automatizada a que foi sujeito – supõem a divulgação: (i) das categorias preditoras de dados pessoais tratados; (ii) das configurações algoritmo-modelares nas quais se baseia a caracterização preditiva do candidato quanto ao seu perfil solvente, i.e., a fórmula matemático-computacional; e, bem assim, (iii) a prestação, *ex post*, de todas as informações concretas relevantes sobre o processo definição de perfis, incluindo neste cômputo uma lista de variáveis predominantes (ou até os *data points* em especial) que hajam influenciado determinantemente o *outcome*. Além disso, o tribunal recorrente procura compreender se (e em que medida) um responsável pelo tratamento pode invocar o segredo comercial – frequentemente objeto de direitos de propriedade intelectual ou industrial e de proteção anti concorrencial – para olvidar a divulgação das *ante* enunciadas informações, sendo certo que, este reduto cristalizará a exequibilidade de o consumidor, a este respeito, poder manifestar o seu ponto de vista e, querendo, contestar a decisão. Por último, curiosamente, o *Landesverwaltungsgericht Wien* interroga o TJUE sobre se um candidato – quer diretamente, quer indiretamente, ou seja, através da via judicial ou das autoridades de controlo – pode obter informações sobre outros solicitantes (ainda que num formato pseudonimizado) de forma a averiguar a exatidão do processo preditivo dos modelos de *scoring*. Cf. SEBASTIÃO BARROS VALE & GABRIELA ZANFIR-FORTUNA – Automated Decision-Making Under the GDPR: Practical Cases ... *supra*, p. 19. *Vide*, Landesverwaltungsgericht Wien, VGW-101/042/791/2020-44, de 11. Februar 2022.

[940] Cf. PHILIPP HACKER & JAN-HENDRIK PASSOTH – "Varieties of AI Explanations Under the Law ... *supra*, p. 348; DIOGO MORGADO REBELO – "On the way to look at Big Data as an asset for CWA 4.0. ... *supra*, p. 20; DIOGO MORGADO REBELO; CESAR ANALIDE & JOANA COVELO DE ABREU – "O Mercado Único Digital e a '(leigo)ritmia' da pontuação de crédito na era da Inteligência Artificial ... *supra*, pp. 41-42; FEDERICO FERRETTI & DANIELA VANDONE – *op. cit.*, 2019, p. 169; e MARIA IGLESIAS; SHERON SHAMULIA & AMANDA ANDERBERG – Intellectual Property and Artificial Intelligence, A literature review, JRC Technical Report, 2019, pp. 20-21. "*b) Die sogenannte Scoreformel, also die abstrakte Methode der Scorewert- berechnung, ist hingegen nicht mitzuteilen*". Cit. BGH, 28 Januar 2014, *Schufa VI ZR* 156/13, § b), sumário. ["b) A chamada fórmula de *scoring*, ou seja, o método abstrato de cálculo do valor da pontuação, por outro lado, não deve ser comunicado"] – tradução, com as devidas

Protection Commission (DPC, autoridade de controlo irlandesa), publicou um Relatório com uma série de casos de estudo, um dos quais – o nº 29 – que versa sobre as avaliações de solvabilidade. Na circunstância em voga, o banco considerou que o queixoso não tem direito a aceder aos pormenores da estimação, aos algoritmos internos ou até mesmo a quaisquer limiares internos em relação aos quais se baseou a decisão. Argumentou, para o efeito, que tais esclarecimentos, sensíveis ao mercado, são objeto de proteção do banco à luz do Direito de Propriedade Intelectual. Na opinião desta instituição, estas explicações não eram dados pessoais – ilação esta que se contesta, pelo menos, quanto às saídas endógenas. Como resultado desta ponderação, o banco não forneceu ao queixoso quaisquer pormenores sobre o seu *score* nem sobre o cálculo do rendimento líquido disponível, que, para o efeito, fazia parte dos seus critérios de previsão[941].

Quanto a nós, também aqui, se tem em perspetiva que o direito de acesso, previsto no art. 15º do RGPD, não deve, não pode e muito menos tem de prejudicar os direitos e liberdades de terceiros, incluindo o segredo comercial ou a propriedade intelectual e, particularmente, o direito de

adaptações linguísticas. "*Die Beklagte sei entgegen der Auffassung der Klägerin nicht verpflichtet, ihr den Einfluss jedes einzelnen zur Beurteilung des Risikos herangezogenen Datums zu erläutern. Dies würde einer Offenlegung der Formel für die Berech- nung des Scores gleichkommen, an deren Geheimhaltung die Beklagte – auch nach Auffassung des Gesetzgebers – ein überwiegendes schutzwürdiges Inte- resse habe. Das Recht des Betroffenen, über die den Wahrscheinlichkeitsbe- rechnungen zugrunde liegenden Sachverhalte informiert zu werden, werde durch das Erfordernis der Geheimhaltung der Scoreformel begrenzt*". Cit. idem, ibidem, § 10. ["Ao contrário da opinião da autora, a réu não era obrigada a explicar-lhe a influência de cada data set individual utilizado para avaliar o risco. Isto equivaleria a revelar a fórmula de cálculo da pontuação, em cujo segredo o réu – também segundo o legislador – tinha um interesse superior digno de protecção. O direito da pessoa em questão a ser informada sobre os factos em que se baseiam os cálculos de probabilidade é limitado pela exigência de sigilo da fórmula de pontuação"] – tradução, com as devidas adaptações linguísticas. "*Auf der anderen Seite sollte die Scoreformel als Ge- schäftsgeheimnis der Auskunfteien geschützt werden. Dies entspricht auch Sinn und Zweck der Gesetzesnovelle, die einerseits dem Betroffenen zusätzli- che Auskunftsrechte zur Erhöhung der Transparenz geben und andererseits die schutzwürdigen Interessen der Auskunfteien berücksichtigen wollte*". Cit. *idem, ibidem*, § 17. ["Por outro lado, a fórmula de scoring deve ser protegida como segredo comercial das agências bureau. Isto também corresponde ao espírito e ao objetivo da alteração, que por um lado queria dar à pessoa em causa direitos de informação adicionais para aumentar a transparência e por outro lado queria ter em conta os interesses das instituições de crédito ou dos bureaus, que também são dignas de protecção"] – tradução, com as devidas adaptações linguísticas.

[941] Cf. DPC – Case studies. Disponível em https://www.dataprotection.ie/en/dpc-guidance/dpc-case-studies. Consultado a 11 de novembro de 2022.

autor que protege o *software* de *scoring*[942]. Não se renega, contudo, o facto de a prestação de interpretações contrafactuais dever ser atendida para cumprimento dos requisitos de transparência no *scoring* de crédito, pelo menos, nas circunstâncias em que a implementação desta aproximação XAI não pretere, consideravelmente, a exatidão das recomendações.

129. Posto tudo isto, pode atestar-se que as exigências demandadas pelo RGPD – e também, nos dias de hoje, aquelas resultantes do art. 18º, nº 6, al. b) da Proposta de Diretiva, de 30 de junho de 2021 – em sede de transparência e explicabilidade, impõem restrições pouco esclarecedoras quanto às práticas jurídico-engenheirísticas de *scoring* a serem prosseguidas pelos responsáveis pelo tratamento. Por outro lado, num perspetivar *ex ante*, subsistem obrigações genéricas de transparência ao abrigo do art. 12º do RGPD[943]. Por outro, são ainda vagas, ambíguas e indeterminadas as obrigações específicas que podem resultar – se tal suceder, mediante a adoção de um entendimento alternativo – dos direitos de informação e acesso por força dos seus arts. 13º, nº 2, al. f), 14º, nº 2, al. d) e 15º, nº 1, al. h), todos do Regulamento, e em relação às quais os responsáveis padecem ainda de descortinar como providenciar aos titulares, tanto *by design* como *by default*, esclarecimentos acerca da "lógica subjacente, bem como a importância e as consequências previstas"[944].

[942] Cf. Sandra Wachter; Brent Mittelstadt & Luciano Floridi – "Why a Right to Explanation of Automated Decision-Making Does Not Exist in the General Data Protection Regulation ... *supra*, p. 87.

[943] Aliás, se perspetivada a obrigação de explicação como um corolário de transparência decorrente, por um lado, do direito (ou antes, da proibição genérica) vertida no art. 22º, e por outro, do princípio previsto no art. 5º, nº 1, al. a), ambos do RGPD, pode dar-se o caso de a cominação casuistica de coimas, em consonância ou tal-qual prevista no art. 83º, nº 5, als. a) e b), poder traduzir uma preterição inadmissível do princípio do *non bis in idem*, consagrado no art. 29º e aplicável em matéria Contraordenacional por força do art. 32º, nº 10, ambos da CRP.

[944] Cf. Sebastião Barros Vale & Gabriela Zanfir-Fortuna – Automated Decision-Making Under the GDPR: Practical Cases ... *supra*, p. 20. A este propósito, as autoridades de controlo tendem a interpretar esta querela no sentido de as incumbências específicas de transparência deverem sujeitar os responsáveis à prestação de uma explicação *ex post* individualizada acerca do sentido da decisão de aceitação ou rejeição. Se tal entendimento for perfilhado pelo TJUE, então as instituições de crédito ou sociedades financeiras passarão a ter de elaborar uma listagem das categorias específicas de dados pessoais impregnados nos modelos de *scoring*, bem como terão de determinar, via interpretação ou explicação – com as respetivas repercussões ao nível da exatidão que estes pressupostos acarretam -, aquelas

De facto, pelas asserções, *supra*, pode concluir-se, em matérias de XAI, o *law-technology lag* patenteia uma complexidade tal que só uma confluência pluridisciplinar de entre investigadores académicos da área do direito, da ética, da psicologia da tomada de decisão e da informática poderá proporcionar a determinação mais pragmática desta – por enquanto, quimérica – medida adequada. Espera-se, pelo menos, que o TJUE possa vir a clarificar a interpretação deste quesito em futuras decisões[945]. Mais ainda, salvo melhor entendimento, deverá fazê-lo não em contornos de conveniência axiológico-normativa, antes por referências ao estado de arte engenheirístico da XAI. Porque esta não é uma matéria de 'preto ou branco'. Dir-se-á, em suma: também em matérias de XAI, melhor legislador europeu e nacional, precisa-se.

12.3. Contestabilidade da Avaliação de Solvabilidade

130. Envolvendo a avaliação de solvabilidade a utilização de mecanismos de *scoring* à escala 4.0., ao titular dos dados é-lhe reconhecida ainda a possibilidade de exprimir o seu ponto de vista, contestar a avaliação de solvabilidade e a própria decisão – nos termos do art. 22º, nº 3 do RGPD, do art. 9º, nº 2 da CPDHED, também à luz do sugerido no art. 18º, nº 6, al. c) da Proposta de Diretiva, relativa aos créditos aos consumidores, de 30 de junho de 2021.

Para o efeito, o exercício efetivo desta contestabilidade suporia – porque tal não ainda sucede – a assunção indeclinável de três pressupostos. Em primeiro lugar, o titular deve ter a perceção consciente em como está sujeito a uma decisão tomada exclusivamente com base no tratamento automatizado. Em segundo lugar, este sujeito passivo na relação preliminar jusconsumerista terá de compreender, em contornos minimamente

variáveis das entradas que predominaram nas saídas induzidas. Em qualquer das circunstâncias, excluem deste âmbito, alusivo à autodeterminação informativa, tanto explicações técnico-matemáticas, como o acesso a algoritmos, aos modelos ou até mesmo a informações detalhadas sobre os sistemas informáticos de IA maturados e colocados em serviço. Cf. *idem, ibidem*, com as devidas adaptações temáticas. Aliás, para a autoridade de controlo norueguesa (*Datatilsynet*), este último conglomerado de informações não é, *per si*, reconduzível ao enquadramento daquilo que se entende ser dado pessoal, à luz do RGPD. Cf. Datatilsynet – Artificial Intelligence and privacy ... *supra*, p. 19.

945 Cf. Philipp Hacker & Jan-Hendrik Passoth – "Varieties of AI Explanations Under the Law ... *supra*, p. 350.

holísticos, objetiváveis e realistas, os efeitos – quer positivos, quer negativos –, que uma definição do seu perfil em termos de solvência vindoura possa acarretar, na medida em que a aceitação ou rejeição automatizada de um pedido de empréstimo, além de interferir na sua esfera jurídica, fá-lo-á outrossim significativamente de forma similar. Este circunstancialismo acoplado terá de estar também à ciência deste quanto aos potenciais efeitos da discriminação de grupos que a tipologia de tratamento em larga escala carreia. Por último – de suma preponderância – a aptidão para a contestabilidade suporia – o que ainda não sucede – um entendimento suficiente acerca da lógica geral (quanto mais, concreta e rastreável) que preside ao funcionamento dos *software* de DM e ML alocados a tarefas como o *scoring* do crédito ao consumo[946].

Neste contexto, pode asseverar-se, pelo menos, que a imposição da intervenção humana proporciona, pelo menos, aos titulares uma salvaguarda adicional traduzível na possibilidade de estes poderem contestar a decisão, pugnando por decisões *override* abonatórias caso considerem que algumas caraterísticas atributivas iniciais, ou até outras conjeturas pessoais não mensuradas objetivamente, pudessem reverter o sentido da decisão. Esta é, contudo, uma faculdade de difícil execução, pois que, relembra-se que também em sede de contratação no crédito ao consumo, segundo o art. 18º, nº 4 da Proposta de Diretiva, só será disponibilizado o crédito se o resultado da avaliação de solvabilidade indicar o provável cumprimento integral e tempestivo das obrigações a que o consumidor passará a estar adstrito (ou até, sendo o caso de crédito rotativo, de aumento das quantias mutuadas).

12.4. Lealdade no RGPD: a '*Firewall*' da Discriminação na Modelização?

131. O *scoring* baseado na IA suscita desafios acrescidos na determinação daquelas classificações de solvência que, direta ou indiretamente, podem

[946] Cf. Acórdão do Tribunal de Justiça da União Europeia, de 21 de junho de 2022, Processo C-817/19, *Ligue des droits humains vs. Conseil des ministres*, §§195-196, com as devidas adaptações temática; CEPD & AEPD – Parecer conjunto 5/2021 sobre a proposta de regulamento do Parlamento Europeu e do Conselho que estabelece regras harmonizadas em matéria de inteligência artificial (Regulamento Inteligência Artificial), de 18 de junho, de 2021, p. 22, §72; e Diogo Morgado Rebelo; Cesar Analide & Joana Covelo de Abreu – "O Mercado Único Digital e a '(leigo)ritmia' da pontuação de crédito na era da Inteligência Artificial ... *supra*, pp. 51-52.

consubstanciar uma preterição dos cânones principiológicos da não discriminação[947]. Os candidatos a crédito, por princípio, podem antecipar que experienciarão tratamentos significativamente desiguais[948]. Quando automatizada, a discriminação perpetrada em larga escala pelos sistemas de IA é abstrata, não intuitiva, subtil e intangível[949].

Desde logo se pode afiançar que o apuramento casuístico de práticas ilícitas não pode mais resultar tão-somente de critérios dados à intuição humana ou ao senso comum do intérprete-aplicador, antes devendo apoiar-se

[947] Cf. considerando 25 da Proposta de Diretiva e considerando 71 do RGPD; CEPD – Opinion 11/2021 on the Proposal for a Directive on consumer credits ... *supra*, p. 10, §33; SANDRA WACHTER & BRENT MITTELSTADT – "A Right to Reasonable Inferences ... *supra*, p. 573. *Vide*, AEPD – Requisitos para Auditórias de Tratamientos que invlyan IA, Enero 2021, p. 36-37; e *idem* – Adecuación al RGPD de tratamientos que incorporan Inteligencia Artificial. Uma introducción, Febrero de 2020, p. 30; CNIL – How Can Humans Keep Upper Hand? The ethical matters raised by algorithms and artificial intelligence, Report on the public debate led by the French data protection authority, December 2017, pp. 31-34; e ainda, *supra*, mais uma vez, para uma aproximação concetual aos conceitos de discriminação direta e indireta, art. 200º do TFUE, no 2º, nº 2, als. a) e b) da Diretiva (UE) 2000/78/CE, do Conselho, de 27 de novembro, e art. 2º, nº 2, als. a) e b) da Diretiva (UE) 2000/43/CE, do Conselho, de 29 de junho. Para os devidos, efeitos, consideram-se abrangidas na discriminação a que este subtópico se refere todas as formas direta ou indireta que esta possa assumir, sendo, por conseguinte, mais ampla do que aquela prevista no art. 6º da Proposta de Diretiva, de 30 de junho de 2021. Assim, as cautelas que deverão ser tomadas por parte dos responsáveis reportarão, por um lado, tanto àquelas práticas que promovam enviesamentos diretos, conducentes à exclusão de determinados candidatos em razão do género (entre outros fatores, como a raça, o sexo, a nacionalidade, a localidade, etc.), como, por outro, aquelas indutoras, indireta e implicitamente, da maior probabilidade de médicos serem aceites, a título exemplificativo. *Vide*, com as devidas adaptações temáticas, ALEXANDER BABUTA & MARION OSWAL – Data analytics and algorithmic bias in policing ... *supra*, pp. 9-10; e ALEXANDRA CHOULDECHAVA – "Fair Predictive with Disparate Impact: A Study of Bias in Recidivism Predictions". In: *Big Data*, vol. 5, no. 2, 2017, pp. 153-163.

[948] Cf. SANDRA WACHTER; BRENT MITTELSTADT & CHRIS RUSSEL – "Why fairness cannot be automated? Bridging the gap between EU non-discrimination law and AI". In: *Computer Law & Security Review*, vol. 41, 2021, p. 5.

[949] Cf. SANDRA WACHTER – "Affinity Profiling and Discrimination by Association in Online Behavioral Advertising". In: *Berkeley Technology Law Journal*, vol. 35, no. 367, 2020, p. 403; SANDRA WACHTER & BRENT MITTELSTADT – "A Right to Reasonable Inferences ... *supra*, p. 497; BRENT MITTELSTADT [*Et al.*] – "The ethics of algorithms: Mapping the debate". In: *Big Data & Society*, vol. 3, no. 2, 2016, pp. 8-9 e p. 12; e TAL ZARSKY – "The Trouble with Algorithmic Decisions: An Analytic Road Map to Examine Efficiency and Fairness in Automated & Opaque. Decision Making". In: *Science, Technology & Human Values*, vol. 41, no. 1, 2016, pp. 129-130.

em evidências estatísticas[950]. Tal sucede porquanto, atualmente, também em talhas como o *scoring*, a tecnologia preditiva se encontra habilitada a processar grandes conjuntos de dados e neles, em contornos de maior ou menor opacidade, correlacionar padrões não intuitivos ao ser humano[951], alguns (senão mesmo a maioria) dos quais indutores de discriminação implícita (a melhor ver, do tipo indireto)[952].

Ora, todas estas particularidades, por si só, dificultam não só a deteção ou a identificação de enviesamentos discriminatórios– contanto, frequentemente, os consumidores desfavorecidos não se apercebem que no-lo são –, como a prova destas condutas é difícil ou até mesmo quase impossível de concretizar[953].

[950] Cf. Sandra Wachter; Brent Mittelstadt & Chris Russel – "Why fairness cannot be automated? ... *supra*, pp. 5-6. As decisões baseadas em técnicas de IA refletem tão-somente, em maior escala, o mundo tendencioso tal como ele é. Cf. Thomas Hellström; Virginia Dignum & Susa Bensch – Bias in Machine Learning: What is it Good for?, *arXiv*, 2020, s.p.. A igualdade consubstancia um conceito mais socioétnico, enquadrável juridicamente, do que propriamente estatístico. Cf. *ult. loc. cit.* Até certo ponto, alguns enviesamentos são benéficos, pois permitem melhor compreender e apreender o comportamento futuro dos consumidores – claro está, quando não discriminatórios, direta ou indiretamente. Um SSD no *scoring* de crédito não funciona de forma anormal. É objetivo (ou, pelo menos, objetivável). As aprovações de empréstimos implicam frequentemente o tratamento diferenciado de diferentes grupos de candidatos, desde que delas não ressaltem preterições do princípio da igualde, à luz da dignidade da pessoa humana. Tal ocorre porque as ferramentas de *scoring* são configuradas para aceitar alguns clientes e rejeitar outros. Geralmente, pode conceber-se como razoável a política de um banco em não aprovar pedidos de empréstimo por pessoas com um rendimento escasso abaixo do patamar *x* ou *y*. Em contraponto, mesmo num perspetivar técnico, não será eticamente entendível rejeitar pessoas com base em atributos sensíveis, como o sexo, a etnia, a nacionalidade ou até o próprio local de residência. Cf. *ult. loc. cit.*, adaptado.

[951] Cf. Kate Crowford – The Hidden Biases in Big Data, Harvard Business Review, April 2013; e Batya Friedman & Helen Nissenbaum – "Bias in computer systems". In: *ACM Transactions on Information Systems*, vol. 14, no. 3, 1996, pp. 333-334 e p. 347. *Vide*, Luciano Floridi – "The search for small patterns in big data". In: *The philosophers' Magazine*, no. 59, 2012, pp. 17-18.

[952] Pode epitomar-se que "a discriminação indireta (...) centra-se nos efeitos de normas, critérios e práticas que podem não ser primacialmente discriminatórios (como se aplicam a todos), mas têm uma repercussão diferenciada nos indivíduos de grupos protegidos". Cit. Dolores Taramundi – "Discrimination by Machine-Based Decisions ... *supra*, p. 77. Não se concentra em saber se as categorias preditoras – as entradas – tiveram uma influência preponderante nas saídas extraídas dos modelos de aprendizagem, antes nos efeitos práticos que a decisão tomada à escala *machine-made* teve em certos grupos. Cf. *idem, ibidem*, p. 78.

[953] Portanto, saber onde ou como indagar e obter provas que possam exortar práticas de discriminação, sobretudo a indireta, é de difícil concretização. Por um lado, o tratamento

Em todo o caso, "sempre que uma disposição, critério ou prática aparentemente neutra coloque [um grande número de] pessoas (...) numa situação de desvantagem comparativamente com outras (...)"[954], o tratamento diferenciado aqui subentendido só será conforme ao desiderato da lealdade na proteção de dados[955] quando (ou se) justificado "por um obje-

significativamente diferenciado que, nesta égide, se invoca não é experienciado conscientemente pelos candidatos e, por outro, o acesso à informação ou aos recursos para poder contestar é, muitas vezes, limitado por parte dos responsáveis. Estes sujeitos ativos procuram acautelar-se, as mais das vezes, disponibilizando ao consumidor final tão-somente informações mínimas. Fazem-no, essencialmente, por duas ordens de razão: em primeiro lugar, como salvaguarda do segredo de negócio; em segundo, para olvidarem serem sujeito a litígios resultantes da cristalização da autodeterminação informativa na esfera do titular dos dados. Cf. DOLORES TARAMUNDI – "Discrimination by Machine-Based Decisions ... *supra*, p. 79; SANDRA WACHTER; BRENT MITTELSTADT & CHRIS RUSSEL – "Why fairness cannot be automated? ... *supra*, pp. 5-6; e SANDRA WACHTER – "Affinity Profiling and Discrimination by Association ... *supra*, p. 406; SANDRA WACHTER; BRENT MITTELSTADT & CHRIS RUSSEL – "Counterfactual Explanations without Opening the Black Box" ... *supra*, p. 871; SANDRA WACHTER; BRENT MITTELSTADT & LUCIANO FLORIDI – "Why a Right to Explanation of Automated Decision-Making Does Not Exist in the General Data Protection Regulation ... *supra*, p. 90; e BRENT MITTELSTADT – "Auditing for Transparency in Content Personalization Systems". In: *International Journal of Communication*, vol. 10, no. 12, 2016, p. 4995; e JENNA BURREL – "How the machine 'thinks': Understanding opacity in machine learning algorithms ... *supra*, p. 5.

[954] Cit. art. 2º, nº 2, als. a) e b) da Diretiva (UE) 2000/78/CE, do Conselho, de 27 de novembro, e do art. 2º, nº 2, als. a) e b) da Diretiva (UE) 2000/43/CE, do Conselho, de 29 de junho.

[955] Na senda de Sandra Wachter, Brent Mittelstadt e Chris Russel, também nesta obra o conceito ou enunciado principiológico da lealdade reporta ao conjunto de métricas engenheirísticas passíveis de serem impregnadas nos estágios de modelização para prevenir que determinados enviesamentos nos conjuntos de dados, tanto das entradas, como das saídas, induzam injustificadamente efeitos discriminatórios do tipo indireto sobre determinados grupos de candidatos. Assim, a opção por este alinhamento olvida perspetivar a lealdade tão-somente como um conceito jurídico, substantivamente polissémico e vago mormente em sede de proteção de dados –ou seja, também concernente à licitude e à transparência devidas na relação de interesses proporcionais que deve coexistir entre o poder do responsável pelo tratamento e os direitos do titular dos dados, respetivamente. Para o efeito, só uma confluência de saberes plúrimos – i.e., da engenharia, por um lado, e do direito, por outro – poderá surtir alguma eficácia das políticas de antidiscriminação já instituídas. Cf. SANDRA WACHTER; BRENT MITTELSTADT & CHRIS RUSSEL – "Why fairness cannot be automated? ... *supra*, p. 3; e GIANCLAUDIO MALGIERI – "The concept of fairness in the GDPR: a linguistic and contextual interpretation". In: *Proceedings of the 2020 Conference on fairness, accountability, and transparency*, 2020, pp. 156-159 e p. 163. *Vide*, num perspetivar engenheirístico, acerca das métricas passíveis de serem impregnadas para mensuração e mitigação do enviesamento automatizado, ALEJANDRO ARRIETA [*Et al.*] – "Explainable Artificial Intelligence (XAI):

tivo legítimo (...) e os meios utilizados para o alcançar sejam adequados e necessários"[956]. A este respeito, a jurisprudência do TJUE – a propósito da discriminação em razão do género no âmbito laboral – tem concretizado o entendimento a partir do qual o juízo de proporcionalidade aqui implícito se subsumirá às operações de tratamento, a título de exceção de licitude, quando verificados 'três passos'. Assim, o interesse subjacente, além de justificado (ou legítimo), deve ser ainda apropriado e necessário[957]. À primeira vista, parece poder considerar-se que a avaliação de solvabilidade via *scoring* baseado na IA, por um lado, não só se compagina com o interesse das entidades mutuantes em reaver o capital emprestado, como, por outro, é defensável pugnar-se existir uma adequação entre o meio, tecnologia de IA, e o fim respetivo, i.e., a promoção da concessão de crédito responsável[958]. Quanto ao quesito da necessidade, crê-se que basta às entidades financiadoras fazerem uso de preditores menos tendenciosos e sensíveis para conseguirem fundamentar que a utilização de um deter-

Concepts, taxonomies, opportunities and challenges toward responsible AI ... *supra*, pp. 104-105; SANJIV DAS [*Et al.*] – "Fairness Measures for Machine Learning in Finance". In: *The Journal of Financial Data Science*, vol. 3, no. 4, 2021, pp. 33-64; TILL SPEICHER [*Et al.*] – "A Unified Approach to Quantifying Algorithmic Unfairness: Measuring Individual & Group Unfairness via Inequality Indices". In: *KDD' 18: Proceedings of the 24th ACM SIGKDD International Conference on Knowledge Discovery & Data Mining*, 2018, pp. 2239-2248; e MORIZ HARDT; ERIC PRICE & NATI SREBRO – "Equality of opportunity in supervised learning". In: *Advances in neural information processing Systems*, no 29, 2016, pp. 3315-3323.

[956] Cit. art. 2º, nº 2, als. a) e b) da Diretiva (UE) 2000/78/CE, do Conselho, de 27 de novembro, e do art. 2º, nº 2, als. a) e b) da Diretiva (UE) 2000/43/CE, do Conselho, de 29 de junho.

[957] Cf. DOLORES TARAMUNDI – "Discrimination by Machine-Based Decisions ... *supra*, p. 80. *Vide*, quanto à tópica da discriminação do sexo em razão do género em sede de Direito Laboral: Acórdão do Tribunal de Justiça da União Europeia, de 14 de setembro de 1999, Processo C- 249/97, *Gabriele Gruber vs. Silhouette International Schmied GmbH & Co. KG*, § 25; Acórdão do Tribunal de Justiça da União Europeia, de 2 outubro de 1997, Processo C-1/95, *Hellen Gerster vs. Freistaat Bayern*, §30; Acórdão do Tribunal de Justiça da União Europeia, de 15 de dezembro de 1994, Processo C-399/92, *Stadt Lengerich vs. Angelika Helmig, Waltraud Schmidt vs. Deutsche Angestellten-Krankenkasse, Elke Herzog vs. Arbeiter-Samariter-Bund Landverband Hamburg eV, Dagmar Lange vs. Bundesknappschaft Bochum, Angelika Kussfeld vs. Firma Detlef Bogdol GmbH e Ursula Ludewig vs. Kreis Segeberg*, §§ 23-26 e §32; e Acórdão do Tribunal de Justiça da União Europeia, de 24 de fevereiro de 1994, Processo C-343/92, *M. A. Roks, esposa de De Weerd e outros vs. a Bestuur van de Bedrijfsvereniging voor de Gezondheid, Geestelijke en Maatschappelijke Belangen e outros*, § 36.

[958] Cf. PHILIPP HACKER – "Teaching fairness to artificial intelligence: Existing and novel strategies against algorithmic discrimination under EU law": In: *Common Market Law Review*, vol. 58, no. 4, 2018, pp. 1161-1162.

minado modelo numa aplicação de *scoring* se afigurara impreterível e que um outro menos prejudicial não fora possível gerar[959]. E deverão fazê-lo tanto durante todo o ciclo de conceção do *software* como após a sua colocação em serviço[960].

Em 2018, a Agência de Direitos Fundamentais da União Europeia (ADFUE) sugeriu a adoção de medidas tendentes a mitigar os efeitos da discriminação algorítmica. Com efeito, além das equipas responsáveis deverem não só apurar a qualidade dos conjuntos de dados nas entradas, têm que zelar ainda por uma maior transparência escrutável das várias fases de modelização, o que farão nos termos das avaliações de impacto e dos procedimentos de manutenção e monitorização periódicos[961].

Em todo o caso, no ano de 2019, Talia Gillis tentou demonstrar que a direção dos decisores políticos para resolver a tensão entre os regimes vigentes e os avanços tecnológicos não é promissora. Segundo a autora, tal como os métodos tradicionais de *scoring* de opinião já não são viáveis, também o tradicional escrutínio dos conjuntos de dados já não é exequível em grandes cenários de dados. Tal sucede na medida em que as tendências descritivas – portanto, indutoras de discriminação indireta – serão sempre inerentes à informação de outras classes. De acordo com a autora, o órgão legiferante deve, em vez disso, aplicar testes estatísticos para exa-

[959] Cf. Dolores Taramundi – "Discrimination by Machine-Based Decisions ... *supra*, p. 80.

[960] Cf. Alejandro Arrieta [*Et al.*] – "Explainable Artificial Intelligence (XAI): Concepts, taxonomies, opportunities and challenges toward responsible AI ... *supra*, p. 104; Sanjiv Das [*Et al.*] – "Fairness Measures for Machine Learning in Finance ... *supra*, pp. 33-64. Também o preconceito induzido pelo codificador, possivelmente alavancado durante os procedimentos de rotulagem manual, poderá ser reportado, por vezes, como inadequado. Cf. Cf. Diogo Morgado Rebelo – "'On the way to look at Big Data as an asset for CWA 4.0. ... *supra*, p. 18; e Thomas Hellström; Virginia Dignum & Susa Bensch – Bias in Machine Learning: What is it Good for? ... *supra*, s.p.

[961] Cf. Alessandra Silveira & Pedro Froufe – "Do mercado interno à cidadania de direitos ... *supra*, pp. 12-13; e AEDF – #BigData: Discrimination in data-supported decision making, May 2018, pp. 6-10. Sem prescindir, também relativamente aos bens jurídicos transparência e lealdade, respetivamente, aplicar-se-ão, *mutatis mutandis*, as asserções que evidenciam um *trade-off*, caso em que uma maior explicabilidade de um modelo pode, como contraponto, pressupor uma preterição do mitigar de alguns enviesamentos em sede de discriminação indireta. Cf. Dolores Taramundi – "Discrimination by Machine-Based Decisions ... *supra*, p. 80; Raphaële Xenidis & Linda Senden – "EU non-discrimination law in the era of artificial intelligence ... *supra*, p. 182; e Philipp Hacker – "Teaching fairness to artificial intelligence ... *supra*, p. 1161.

minar quando os resultados produzidos pelo algoritmo são inadmissíveis, por exemplo, no caso de *scoring* de crédito, verificando se dentro do mesmo grupo (*cluster*) de consumidores se verificam discrepâncias de tratamento preponderantes que devam de ser sinalizadas[962].

Afinal, trata-se de uma questão de perspetiva. O apuramento de práticas discriminatórias deve ser ajuizado caso a caso, em razão de métricas que mensurem, com níveis de fiabilidade satisfatórios, o impacto diferenciado, estatisticamente significativo, que determinados tratamentos têm sobre determinados grupos de candidatos a crédito[963].

Face ao exposto, duas indagações são, desde já, passíveis de serem propaladas. Em primeiro lugar, a introdução de mecanismos de IA no *scoring*

[962] Cf. Talia Gillis – The Input Fallacy, *Minnesota Law Review*, 2021, pp. 78-79; e *idem* – False Dreams of Algorithmic Fairness, 2019, p. 86.

[963] Já no ano de 2021, Sandra Wachter, Brent Mittelstadt e Chris Russel socorreram-se do conceito de Disparidade Demográfica Condicional na qualidade de métrica ou padrão referencial. Segundo os autores, devido à natureza díspar da discriminação algorítmica e humana, as exigências da UE primam pela contextualização intuitiva em demasia, não computável, *hoc sensu*. Grosso modo, e para a hipótese do *scoring* de crédito em particular, a métrica a que se aludiu – a Disparidade Condicional – traduz a média ponderada das disparidades demográficas para cada um dos subgrupos de candidatos em avaliação, suputando se as classes menos favorecidas possuem efetivamente maior proporção de rejeição (negativa) relativamente às candidaturas aceites (positiva). Se tal suceder, então as combinações executadas com recurso a sistemas de IA evidenciam discriminação algorítmica ilícita. *Vide*. Na sequência desta investigação, os autores desenvolveram o *software SageMaker Clarify*, que fornece à equipa incumbida da conceção uma maior visibilidade sobre os conjuntos de treino, assim como modelos que executam, além da identificação e limitação dos vieses, explicações acerca das previsões autonomamente perquiridas. Cf. Sandra Wachter; Brent Mittelstadt & Chris Russel – "Why fairness cannot be automated? ... *supra*, pp. 24-27; e Amazon SageMaker Clarify – Detete vieses em modelos de ML e entenda as previsões de modelos. Disponível em https://aws.amazon.com/pt/sagemaker/clarify/. Consultado a 22 de abril de 2022. Em 2019, Mireille Hildebrandt sugeriu a praticabilidade de uma abordagem técnica agonística para os modelos de ML enquanto núcleo central para uma integração mais viável de aplicações orientadas para os dados. Para o autor, uma forma de proteger o núcleo central da privacidade e proteção de dados dos efeitos discriminatórios seria exigir, *in casu*, às instituições financiadoras que explorem e possibilitem formas alternativas concomitantes de modelização do mesmo evento ou aplicação. Estas estimações suporiam uma transmutação da pressuposição assente numa aprendizagem automática agnóstica – movida pela objetividade numérica dos sistemas – para um teste agonístico concomitante e comprovativo em como os *bias* exortados são coadunáveis com a *Rule of Law* ou antes, pelo contrário, se deverão ser reportados como incorretos, injustos ou espúrios. Cf. Mireille Hildebrandt – "Privacy as protection of the incomputable self: from agnostic to agonistic machine learning" ... *supra*, p. 106.

do crédito ao consumo despoletara há muito tempo dificuldades acrescidas face à necessidade de tutela efetiva da posição dos membros de grupos não necessariamente desfavorecidos, a título *prima facie*. Neste campo, novas e contraintuitivas *proxies* intermedeiam comummente a maior desproteção de determinadas caraterísticas, inviabilizando, ou pelo menos, dificultando muito a deteção de (quanto mais a condenação dos responsáveis por) práticas de *scoring* indutoras de uma disparidade indireta e estatisticamente significativa[964]. Consequentemente, o âmbito do princípio da lealdade na proteção de dados e, a montante, das próprias políticas anti discriminatórias, precisam de ser revistos urgentemente, sob pena de, mais uma vez, cair-se em impraticabilidades. Sucede que as disparidades tuteláveis, por esta via, ultrapassam hoje – e sobretudo à escala *Big Data Analytics* – o núcleo das caraterísticas iniciais que membros de grupos legalmente protegidos, e normalmente desfavorecidos, compartilham. Para isso, novos padrões indutivamente correlacionados, em orlas de maior ou menor opacidade algorítmico-modelar, indutoras de discriminação do tipo indireto – não legitimáveis, não adequadas ou desnecessárias – carecem de ser identificados[965]. Aliás, são precisamente estas limitações epistémicas, técnicas ou jurídicas que têm conduzido à necessidade de institucionalização da figura do "provedor dos algoritmos" (*algorithm ombudsman*), a par da institucionalização de uma autoridade reguladora para o setor da IA com atribuições de controlo e monitorização[966].

[964] Cf., com as devidas adaptações temáticas, *idem, ibidem*, p. 76; BERT HEINRICHS – "Discrimination in the age of artificial intelligence". In: *AI & Society*, vol. 37, 2020, p. 151; SANDRA WACHTER; BRENT MITTELSTADT & CHRIS RUSSEL – "Why fairness cannot be automated? ... *supra*, p. 6; ANUPAM DATTA [*Et al.*] – "Proxy Discrimination in Data-Driven Systems", arXiv, July 2017, pp. 1-3; SOLON BAROCAS & ANDREW SELBST – "Big Data's Disparate Impact". In: *Californica Law Review*, vol. 104, no. 671, 2016, pp. 691-692; e PAULA BODDINGTON – "Big Data, Small Talk: Lessons from the Ethical Practices of Interpersonal Communities for the Management of Biomedical Big Data". In: *The Ethics of Biomedical Big Data, Law, Governance and Technology Series* (eds. Brent Mittelstadt and Luciano Floridi), vol 29, Cham, Springer, 2016, pp. 282-282.

[965] Cf. DIOGO MORGADO REBELO & CESAR ANALIDE – Football 4.0.: A Privacy-Fairer Sporting Discipline ... *supra*; e SANDRA WACHTER & BRENT MITTELSTADT – "A Right to Reasonable Inferences ... *supra*, p. 575.

[966] Cf. ANA ALVES LEAL – "Aspetos jurídicos da análise de dados na Internet (*big data analytics*) ... *supra*, p. 142, § 33; MARGOT KAMINSKI – "The Right to Explanation, Explained ... *supra*, p. 205; e SANDRA WACHTER; BRENT MITTELSTADT & LUCIANO FLORIDI – "Why a Right to Explanation of Automated Decision-Making Does Not Exist in the General Data

Por ora, da lealdade à não discriminação, corrobora-se o facto de os modelos de estimação serem, *a priori*, utilizados no *scoring* de crédito ao consumo para prever o mundo da futura adimplência tal como ele é ou será, não devendo, por esse motivo, ser considerados, *ab ovo*, como um problema em si mesmo[967]. Tanto que, feitas as contas, diante de toda esta sinfonia inacabada do Direito dos Livros, sempre se poderá contra-argumentar que mesmo um sistema algorítmico-modelar tendencioso pode ser mais justo e menos arbitrário do que um decisor humano[968].

13. Críticas ao RGPD: em especial, a obsolescência desta regulação face aos fenómenos IA e *Big Data*

132. Ainda que a tópica das novas tecnologias tenha sido um dos principais motores impulsionadores da reforma do regime europeu sobre a proteção de dados pessoais, são várias as insuficiências e críticas que, quanto à matéria de decisões individuais automatizadas, têm sido apontadas ao RGPD. Além das falhas detetáveis numa visão global, é evidente, *prima facie*, o desajustamento e a desadequação do regime em vigor (e, também, daquele proposto na Diretiva, a 30 de junho de 2021) para uma regulação eficaz das do *scoring* baseado na IA, desencadeado habitualmente à escala do *Big Data*.

Tanto o RGPD, assim como os arts. 12º e 18º da Proposta de Diretiva, não só não dão quaisquer respostas engenheirísticas aos desafios éticos e da psicologia da tomada de decisão, como, por maioria de razão, se prevê serem inapropriadas as 'prerrogativas' deles constantes face a vindouros (senão já atuais) reptos pragmáticos[969]. O regime aqui aplicado não acompanha as exigências que demarcam a mudança de uma sociedade 'antropocêntrica' para uma outra, 'maquinocêntrica'. Hoje, a decisão no crédito já

Protection Regulation ... *supra*, p. 98. *Vide*, ANDREW TUTT – "An FDA for algorithm". In: *Administrative Law Review*, no 60, 2017, pp. 83-122.

[967] Cf. DIOGO MORGADO REBELO – "On the way to look at Big Data as an asset for CWA 4.0. ... *supra*, p. 17.

[968] Cf. Giovanni Sartor– The impact of the General Data Protection Regulation (GDPR) on artificial intelligence ... *supra*, p. 22; Michelle Lee & Luciano Floridi – "Algorithmic fairness in mortgage lending ... *supra*, p. 168; e Christopher Kuner [*Et al.*] – "Machine Learning with personal data: is data protection law smart enough to meet the challenge?". In: *International Data Privacy Law*, vol. 7, no. 1, 2017, p. 2.

[969] Cf. ANA ALVES LEAL – "Aspetos jurídicos da análise de dados na Internet (*big data analytics*) ... *supra*, p. 154, § 38.

não está tão-só dependente da superintendência do analista, interveniente humano, mas também passa, cada vez mais, para o *software* em si mesmo. A sociedade monocausal doutrora é cada vez mais tendencialmente multicausal. Talvez, como se referiu anteriormente, sobretudo em matérias de transparência, se deva transmutar a idiossincrasia da 'explicabilidade' para a opacidade 'interpretável' à luz de contrafactualidades.

Apesar de tudo, no essencial, aquiesce-se o fato de a Proposta de Diretiva ter primado pela institucionalização de um regime próprio a transpor no crédito ao consumo, aplicável às operações de *scoring*. Estas críticas têm por base a constatação de que a IA, mercê do seu *modus operandi* autónomo e dos postulados velocidade, variedade, veracidade, valor e variabilidade que o *Big Data* sobre os quais opera, põem de facto em causa sobretudo a compressão de dois quadros principiológicos clássicos em sede do regime da proteção de dados pessoais, como sejam, por vezes, o princípio da limitação das finalidades e a minimização dos dados, consagrados, respetivamente, no art. 5º, nº 1, als. b) e c) do RGPD[970]. Basta, para o efeito, pensar-se que a recolha em larga escala, do maior número possível de dados (de crédito)– e que, aprioristicamente, aprovisionam a melhor exatidão das previsões – gerados a partir das mais diversas fontes e suportes, imbricam quase sempre em processos de decisão (exclusivamente) automatizados e, *a posteriori*, na reutilização dessas mesmas induções para finalidades diferentes daquelas que hajam norteado a divulgação (i.e., em publicidade personalizada e na concretização de vendas cruzadas). Face ao exposto, não se compreende a subsunção de tamanhas especificidades num regime nuclear e manifestamente desajustado à captação e tratamento em larga escala de dados pessoais[971]. Mais uma vez se considera que melhor seria a Proposta de Regulamento relativo à IA ter revogado o regime do art. 22º do RGPD.

133. Por outro lado, também os desideratos de uma melhor prospeção e previsão da solvabilidade futura são tão mais colocados em causa na medida em que aos titulares dos dados recusados lhes é reconhecido, *ex post*, o possível exercício do direito ao apagamento, nos termos do art.

[970] Cf. *idem, ibidem*, pp. 183-187, §§ 50-52 e pp. 188-190, §§ 53-54; e Datatilsynet – Artificial Intelligence and privacy ... *supra*, pp. 16-18 e pp. 18-19.

[971] Cf. *ult. loc. cit.*

17º, nº 1, als. a) ou b) do RGPD[972]. Tal sucede na medida em que os dados pessoais objeto de recolha e ulterior indução autónoma deixam, efetivamente, de ser necessários para a consecução da finalidade prevista, i.e., a avaliação de solvabilidade[973]. Contudo, não podem deixar de ser assinaladas, relativamente à efetivação de um tal direito, mais uma vez, alguns óbices técnicos que podem conduzir, em última instância, mais uma vez, à sua impraticabilidade[974]. Aliada a esta circunstância, também esta sujei-

[972] *Vide*, ANA ALVES LEAL – "Aspetos jurídicos da análise de dados na Internet (big data analytics) ... *supra*, pp. 144-146, § 34, anotações em rodapé nºs 149 e 158; FRANCISCO ARGA E LIMA & MATEUS DE CARVALHO – "O Direito ao Apagamento de Dados como Realidade Global". In: *Anuário da Proteção de Dados* (coord. Francisco Pereira Coutinho e Graça Canto Moniz), Lisboa, CEDIS, 2019, pp. 55-85; e GT. Art. 29º – Diretrizes para a execução do Acórdão do Tribunal de Justiça da União Europeia no Processo C-131/12, Google Spain Sl E Google Inc. contra Agencia Española de Protección de Datos (AEPD) e Mario Costeja González [WP 225], adotadas em 26 de novembro de 2014, acerca do Acórdão do Tribunal de Justiça da União Europeia, de 13 de maio de 2014, Processo C-131/12, *Google Spain, Google Inc. vs. Agencia Española de Protección de Datos, Mario Costeja González.*

[973] *Vide*, JOEL ALVES – O Novo Modelo de Proteção de Dados Pessoais Europeu – Da Heteroregulação à Autorregulação Publicamente Regulada, Coimbra, Almedina, 2021, pp. 62-64; ANA ALVES LEAL – "Aspetos jurídicos da análise de dados na Internet (big data analytics) ... *supra*, pp. 148-149, § 36; e ALEXANDRE SOUSA PINHEIRO [*Et al.*] – *op. cit.*, 2018, pp. 365-371.

[974] Quando os titulares dos dados solicitam que a sua informação pessoal – tanto aquela introduzida nas entradas, com as induções perquiridas – seja apagada, isto equivale a requerer que as instituições de crédito esqueçam o conhecimento inferido, gerador de entropia nos modelos previamente maturados. Não obstante, a consecução desta metáfora, apesar de ser concebível hipoteticamente como sendo de fácil concretização para as mentes humanas autopáticas, é extremamente complexa – ou sequer, quase que inexequível – quando em causa está a execução de programas aprendizes em ambientes inteligentes, sobretudo aqueles de feição não estática. Em particular, a praticabilidade de um 'Direito a Ser Esquecido' em sistemas de *Data Warehouse* – cuja manutenção requererá esforços adicionais de operacionalização e reversão eficientes, auditorias e monitorização constantes, assim como o armazenamento e apagamento de múltiplas cópias de segurança – é praticamente nula. Destes requisitos ressalta a ideia de que cada registo, tanto das entradas como das saídas, não só é adicionado à BD correspondente num *point* específico do sistema de ficheiros, como em vários locais dentro dos mecanismos internos dos sistemas de *Data Warehouse* – os *Data Marts* -, considerando também as respetivas réplicas e cópias de segurança (*backups*) efetuadas. Além de complexa a nível operacional, o apagamento do conjunto de dados – não dos modelos, aponte-se, estes que não são tidos como dados pessoais em si mesmo – é deveres dispendioso em termos de tempo e recursos alocados. Ademais, quando o Direito dos Livros peleja pela eliminação permanente de todos os conjuntos de dados passíveis de serem indexados, direta ou indiretamente, à pessoa do titular, todas as combinações que hajam conduzido ao fluxo de informação até ao conhecimento devem ser removidas e substituídas em consonância com as boas práticas de

ção, traduzível na obrigação de apagamento, tanto das entradas, como das saídas endógenas, repercutir-se-á decerto em *missings* observacionais cuja preponderância comprometerá acentuadamente os níveis de exatidão dos sistemas. Também aqui, o Direito dos Livros prioriza a efetivação desta posição jurídica ativa de vantagem em detrimento, quer dos interesses económicos das instituições de crédito ou de determinadas sociedades financeiras, quer de outros titulares que possivelmente beneficiariam de avaliações de solvabilidade com redutos preditivos mais exatos. De qualquer forma, indagações científicas publicadas recentemente têm evidenciado que o recurso a dados sintéticos – i.e., artificialmente gerados[975]–, além de poder reforçar a confiança e a segurança da informação, tanto explicativa como endógena – pode colmatar a falta de registos observacionais mormente no âmbito do *scoring* comportamental[976].

134. Como se depreende, são incontestáveis as dificuldades que os responsáveis (conjuntos) pelo tratamento se defrontam quanto à prestação *privacy-friendly* de serviços de crédito ao consumo, em especial, no que concerne ao *compliance* dos deveres de intervenção humana, transparência e explicação. Quando se socorram de técnicas de *scoring* baseadas em tecnologias como a IA, um responsável (conjunto) questionar-se-á: -como ou quando intervir e quais as informações que devem ser providencia-

transformação de *missings* – v. desenvolvimentos, *supra*, Capítulo II. Ora, sem mais, dir-se-á ser exacerbada esta idiossincrasia em operações *scoring* que operam sobretudo à escala *Big Data*, pois que dela dificilmente não redundará a afetação das propriedades confidencialidade, integridade, disponibilidade e autenticidade das BDs e, consecutivamente, a acuidade das estimações alvitradas. Cf. TIAGO SÉRGIO CABRAL – "Forgetful AI ... *supra*, pp. 383-388; e EDUARD VILLARONGA; PETER KIESEBERG & TIFFANY LI – "Human forget, machines remember: Artificial Intelligence and the Right to Be Forgotten". In: *Computer Law & Security Review*, vol. 34, no. 2, 2018, pp. 308-310.

[975] Cf. FERNANDO LUCINI – "The Real Deal About Synthetic Data". In: *MIT Sloan Management Review*, vol. 63, no. 1, 2021, p. 1.

[976] *Vide*, RICARDO MUÑOZ-CANCINO; CRISTIÁN BRAVO; SEBASTIÁN RÍOS & MANUEL GRAÑA – "Assessment of Creditworthiness Models Privacy-Preserving Training with Synthetic Data". In: *Hybrid Artificial Intelligent Systems. HAIS 2022. Lecture Notes in Computer Science* (coor. *Et al.*), vol 13469, Cham Springer, 2022, pp. 375-384; e SAMUEL ASSEFA; DANIAL DERVOVIC; MAHMOUD MAHFOUZ; ROBERT TILLMAN; PRASHANT REDDY & MANUELA VELOSO – "Generating synthetic data in finance: opportunities, challenges and pitfalls". In: *ICAIF '20: Proceedings of the First ACM International Conference on AI in Finance*, no. 44, 2020, pp. 1-8.

das, numa linguagem clara e simples, a titulares com conhecimentos técnico-científicos medianos – se tal suceder – e literacia financeira e digital manifestamente diminutas? Por um lado, o *logos* que subjaz aos métodos preditivos não permite, nem ao analista de crédito intrometer-se sem mais no processo de tomada de decisão tendencial ou exclusivamente automatizada – mesmo num momento *ex post* – nem, por outro, o titular dos dados compreenderá o processo lógico-difuso que preside à 'causalidade' subjacente – embora, muitas vezes, opaca – das entradas às saídas. Tanto que, até para efeitos do que se consideram ser explicações adequadas, nos termos do art. 12º da Proposta de Diretiva, o seu considerando 39 coíbe a prestação de quaisquer contrafactualidades a título de recomendações interpretativas.

E se estes desvios patológicos, típicos do *Law in Books,* se afiguram problemáticos, também as soluções consagradas pelo legislador europeu – designadamente, nos termos do art. 22º, nº 3 do RGPD, replicados, no essencial, pelo art. 18º, nº 6, als. a) a c) da Proposta de Diretiva – desarmam, a fim ao cabo, becos jus-interpretativos e pragmáticos sem qualquer pano de fundo exequível à vista. Não nos esqueçamos que, de acordo com a atual e celerada *artis legis,* qualquer preterição do quimérico 'direito' previsto no art. 22º do RGPD – porque de uma lhana proibição geral se trata – sujeitará o tecido empresarial da Banca à aplicação de coimas assoladoras, a melhor ver, até 20 000 000, 00 €, ou no caso de uma empresa, até 4% do seu volume de negócios anual a nível mundial[977]. Receia-se, também aqui, que os financiadores sejam incapazes de compreender, na *praxis* corrente, quais as medidas técnicas e organizativas adequadas às garantias consignadas aos titulares-candidatos[978].

De uma vez por todas, é preciso compreender que a eficácia do regime aplicável às decisões automatizadas não depende tão-só de quem as for-

[977] Cf. art. 83º, n. º 5, al. b) do RGPD. A este respeito, refira-se ainda que José Lobo Moutinho e David Silva Ramalho colocam sérias dúvidas acerca da admissibilidade da revogação tácita das normas legais nacionais em matéria contraordenacional em benefício da aplicação direta. Cf. José Lobo Moutinho & David Silva Ramalho – "Notas sobre o Regime Sancionatório da Proposta de Regulamento Geral sobre Proteção de Dados do Parlamento Europeu e do Conselho". In: *Forum de Proteção de Dados,* nº 1, 2015, p. 26, *cit in* Maria De Sousa Simões – *O Regime Sancionatório da Proteção de Dados Pessoais: Paradigma ou Paradoxo?,* Dissertação de Mestrado, Braga: Universidade do Minho, 2019, p. 120 e p. 146.

[978] Cf. art. 32º do RGPD; e Diogo Morgado Rebelo; Cesar Analide & Joana Covelo de Abreu – "O Mercado Único Digital e a '(leigo)ritmia' da pontuação de crédito na era da Inteligência Artificial ... *supra,* pp. 48-51.

mula, pois que, também (e sobretudo hoje) em matéria contraordenacional na proteção de dados se imporão aos responsáveis pelo tratamento o brocardo latino de *ignorantia iuris non excusat*. Até agora, o regime em vigor, aplicável às decisões automatizadas, introduz mais incertezas. Não é suficiente. Carece, urgentemente, de ser revisto, tanto a nível europeu como internamente.

14. Reflexões acerca da Inconstitucionalidade

135. É consabido, observado que seja o princípio do primado da UE com efeito direto, que os dados pessoais, *lato sensu*, são objeto de tutela jusfundamental relativa, por força do art. 16º do TFUE e do art. 8º da CDFUE, ambos conjugados e interpretados à luz do considerando 4 do RGPD[979].

Em particular, às decisões individuais e exclusivamente automatizadas aplica-se o regime previsto no art. 22º do RGPD, *supra*. Já a *norma normata* consagra uma proteção de pendor *norma normarum*[980] ao bem jurídico[981] proteção de dados pessoais no seu artigo 35º, integrando-o no catálogo de direitos, liberdades e garantias, conforme ao elenco do Capítulo I do seu Título II. O nº 2 deste, sob epígrafe "Utilização Informática", estabelece que "a lei define o conceito de dados pessoais, bem como as condições aplicáveis ao seu tratamento automatizado (...)". Quanto à natureza, este comando supralegal (ou antes, constitucional) postula a necessidade de se efetuar uma *interpositio legislatoris* para a concretização do conteúdo essencial deste que é um corolário do direito fundamental, devendo, por isso, ser qualificado como sendo do tipo precetivo não exequível por si mesmo[982].

979 *Vide*, para mais desenvolvimentos acerca do princípio do primado da UE, já *ante* enunciado, ALESSANDRA SILVEIRA – *Princípios de Direito da União Europeia – Doutrina e Jurisprudência*, 2º ed. atualizada e ampliada, Lisboa: Quid Juris?, 2011, pp. 129-140.

980 Os preceitos constitucionais podem ser perspetivados enquanto *norma normarum* – i.e., meras regras superiores para a produção de outras – ou como *norma normata* – normas diretamente reguladoras das relações jurídico-materiais. Cf. RAQUEL BRÍZIDA CASTRO – *As Omissões Normativas Inconstitucionais no Direito Constitucional Português*, Coimbra, Almedina, 2012, p. 82 e p. 141.

981 Bens jurídicos jusfundamentais são "(...) aqueles que a Constituição e a ordem constitucional elegeram como particularmente valiosos e expressamente consideram como dignos de especial reconhecimento e proteção (...)". Cit. JOSÉ GOMES CANOTILHO & VITAL MOREIRA – *Fundamentos da Constituição*, Coimbra, Coimbra Editora, 1991, p. 136.

982 "Quer as normas programáticas quer as normas precetivas não exequíveis por si mesmas caraterizam-se pela relevância específica do tempo, por uma conexa autolimitação e pela

Ainda de relevo para a tópica das decisões automatizadas é o art. 9º, nº 1 da Lei nº 27/2021, de 17 de maio, da CEPDHED[983]. Segundo este número:

> "A utilização da [IA] deve ser orientada pelo respeito dos direitos fundamentais, garantindo um justo equilíbrio entre os princípios da explicabilidade, da segurança, da transparência e da responsabilidade, que atenda às circunstâncias de cada caso concreto e estabeleça processos destinados a evitar quaisquer preconceitos e formas de discriminação".

Ora, é precisamente à luz do enquadramento do regime vertido no RGPD, em especial o seu art. 22º – aplicável diretamente na ordem interna, por força do art. 8º, nº 4 da CRP e do art. 288º do TFUE – e também do art. 9º, nº 1 da CPDHED, que se discorrem considerações acerca da inconstitucionalidade por omissão[984] parcial da determinação das condições aplicáveis ao tratamento automatizado na IA e, consequentemente,

necessidade de concretização, e não só de regulamentação legislativa. Separam-se, no entanto, por as normas precetivas não exequíveis por si mesmas postularem apenas a intervenção do legislador, atualizando-as ou tornando-as efetivas, e as normas programáticas exigirem mais do que isso, exigirem não só a lei como providências administrativas e operações materiais. As normas não exequíveis por si mesmas precetivas dependem apenas de fatores jurídicos e de decisões políticas; as normas programáticas dependem ainda (e sobretudo) de fatores económicos e sociais. Daí o maior grau de liberdade do legislador perante as normas programáticas (...): somente terão de ser concretizadas quando se verificarem os pressupostos de facto que tal permitam, a apreciar pelo órgão legislativo. (...). Nas normas não exequíveis precetivas aos comandos constitucionais acrescem as normas legislativas; e nas normas não exequíveis por si mesmas programáticas tem ainda de se dar uma terceira instância – a instância política, administrativa e material, única com virtualidade de modificar as situações e os circunstancialismos económicos, sociais e culturais subjacentes à Constituição". Cit. JORGE MIRANDA – *Curso de Direito Constitucional: Normas Constitucionais. Direitos Fundamentais. Atividade Constitucional do Estado. Fiscalização de Constitucionalidade*, 2ª ed., Lisboa, Universidade Católica Editora, 2020, p. 24. Cf., ainda acerca da distinção entre normas programáticas e precetivas, não exequíveis por si mesmas, RAQUEL BRÍZIDA CASTRO – *op. cit.*, 2012, pp. 96-97; e MARCELO REBELO DE SOUSA – *Direito Constitucional: Introdução à Teoria da Constituição*, Lisboa, Livraria Cruz Braga, 1979, pp. 97-98.

[983] Recorde-se, abreviação referente à Carta Portuguesa de Direitos Humanos na Era Digital.

[984] Já em 1989, o Tribunal Constitucional pronunciou-se sobre a omissão da concretização legislativa do conceito de dados pessoais: "remetendo o nº 4 para a lei a definição do conceito de dados pessoais, é evidente a *necessidade da mediação legislativa ou interpositio legislatoris*, expressa no nº 4, para definir o conceito de dados pessoais, a fim de tornar plenamente exequível a garantia constante do nº 2". Cit. Acórdão do Tribunal Constitucional nº 182/89, de 1 de fevereiro, Processo nº 298/87, Relator Juiz Conselheiro Mário de Brito.

a preterição do princípio do sentido restritivo, proporcional e obliterado do conteúdo essencial que deve subjazer à iniciativa privada, prevista no art. 61º, Capítulo I, Título III, da CRP, enquanto direito económico, em consequência da não verificação dos pressupostos da legalidade contraordenacional, à luz do art. 29º, aplicável por remissão implícita do art. 32º, nº 10, todos da CRP[985].

14.1. A Omissão Legislativa Inconstitucional das "Condições Aplicáveis ao Tratamento Automatizado"

136. Desde logo se adverte para um 'pequeno-grande' desacerto de matriz orgânica, concernente à preterição da base legal que subjaz ao princípio da reserva de lei. Não se compreende como uma normação como aquela que resulta do art. 9º da CPDHED não foi aprovada ao abrigo da reserva relativa da AR, segundo o art. 165º, nº 1, al. b) da CRP, e não com base no art. 161º, al. c) desta, tal como plasmado no introito preambular deste ato normativo, a CPDHED[986]. Em causa está, inequivocamente, a determinabilidade jusfundamental de um elemento constitutivo essencial ou nuclear do regime sobre a proteção de dados pessoais, ou seja, a regulação das condições aplicáveis ao tratamento automatizado.

137. Adiante, cabe notar que, no regime da omissão legislativa inconstitucional, o controlo exercido com base no art. 283º da CRP concretiza, de um ponto de vista material, uma "conceção positiva do princípio da constitucionalidade, que impele o legislador para a defesa ativa da Constituição"[987]. De acordo com este comando supralegal, tanto o Presidente da República como o Provedor de Justiça podem suscitar ao Tribunal Constitucional (TC) a apreciação e a verificação do não cumprimento dos

[985] Cf. Efigénia Marques – "Em casa portuguesa" da Inteligência Artificial há "espeto de pau inconstitucional", Jornal O Interior, 18 de setembro de 2021. Considerando que os ditames da legalidade, na vertente de lei escrita, prévia, certa e estrita (art. 29º, nºs 2, 3 e 4 da CRP) e da proibição do *ne bis in idem* (art. 29º, nº 5 da CRP) se aplicam em sede de contraordenações, cf. Nuno Brandão – *Crimes e contra-ordenações: da cisão à convergência material: ensaio para uma compreensão da relação entre o direito penal e o direito contra-ordenacional*, 1ª ed., Coimbra, Coimbra Editora, 2016, pp. 883-884.

[986] Cf. art. 112º, nº 1 da CRP, nos termos do qual "são atos legislativos as leis, os decretos-leis e os decretos legislativos regionais".

[987] Cit. Jorge Pereira da Silva – *Dever de legislar e protecção jurisdicional contra omissões legislativas*, Lisboa: Universidade Católica Editora, 2003, p. 145.

preceitos constitucionais por "omissão das medidas legislativas necessárias para [os] tornar exequíveis" [988]. Essencialmente, segundo Raquel Brízida Castro, num quadro de controlo abstrato ou objetivo, são duas as incumbências dos juízes constitucionais, a saber: "(a) examinar se determinada norma constitucional carece de mediação legislativa para ser aplicada; [e] (b) verificar se essa medida legislativa existe e é suficiente, adequada e exequível" [989]. Caso a resposta ao primeiro requisito seja afirmativa e, relativamente ao segundo, negativa, então haverá inconstitucionalidade por omissão[990]. Já Maria Lúcia Amaral, no Acórdão do TC nº 166/2010, de 28 de abril, afirma que:

> "Poderá considerar-se que existe um deficit inconstitucional de protecção (ou de prestação normativa), quando as entidades sobre as quais recai o dever de proteger adotam medidas insuficientes para garantir a protecção adequada às posições jusfundamentais em causa, sendo que tal sucede sempre que se verificar um duplo teste: (i) (...) que a protecção não satisfaz as exigências mínimas de eficiência que são requeridas pelas posições referidas; [e] (ii) cumulativamente, (...) que tal não é imposto por um relevante interesse público, constitucionalmente tutelado"[991].

138. A propósito, a omissão passível de ser invocada resulta do não cumprimento parcial[992] da "exigência constitucional de ação"[993] que o art. 35º,

[988] "O Tribunal Constitucional é o tribunal ao qual compete especificamente administrar a justiça em matérias de natureza jurídico-constitucional". Cit. art. 221º da CRP. "(...) A existência (...) de uma recomendação do Provedor de Justiça aos órgãos legislativos pode constituir um indício [de] omissão". Cit. Raquel Brízida Castro – *op. cit.*, 2012, p. 102. Cf. Jorge Miranda – *Direitos Fundamentais*, 3ª ed., revista e atualizada, Coimbra, Almedina, 2020, p. 440.

[989] Cit. Raquel Brízida Castro – *Contributo para uma teoria material das omissões legislativas inconstitucionais*, Dissertação de Mestrado, Lisboa, Faculdade de Direito da Universidade de Lisboa, 2003, p. 48, *cit. in*. Raquel Brízida Castro – *op. cit.*, 2012, p. 107.

[990] Cf. *ult. loc. cit.*

[991] Cit. Acórdão do Tribunal Constitucional nº 166/2010, de 28 de abril, Processo nº 1206/2007, 3ª Secção, Relatora Juíza Conselheira Maria Lúcia Amaral.

[992] Nas palavras de José Gomes Canotilho, omissões parciais ou relativas são aquelas "(...) derivadas de os atos legislativos concretizadores de imposições legiferantes favorecerem certos grupos ou situações, esquecendo outros grupos e outras situações que preenchem os mesmos pressupostos de facto. Esta concretização incompleta tanto pode resultar de uma intenção deliberada do legislador em conceder vantagens só a certos grupos ou contemplar certas situações, violando o princípio da igualdade e cometendo uma 'inconstitucionalidade por ação', como derivar apenas de uma de uma incompleta apreciação das situações de facto,

nº 2 expressamente coloca ao legislador nacional[994]. E fá-lo a título prescritivo, não meramente permissivo[995]. Mais, estando em causa um direito fundamental, aplicável diretamente segundo o art. 18º, nº 1, "a Constituição determina que o intérprete entenda o silêncio [ou antes, a imperfeição] do legislador como uma lacuna normativo-inconstitucional[996], em nome da

mas sem que haja o propósito de arbitrária e unilateralmente se favorecerem só certos grupos ou situações. Precisamente por isso, a *omissão legislativa* existe quando o legislador não cumpre ou cumpre incompletamente o dever constitucional de emanar normas destinadas a atuar as imposições estabelecidas na Constituição". Cit. José Gomes Canotilho – *Direito Constitucional e Teoria da Constituição*, 7ª ed., reimpressão, Coimbra, Almedina, 2021, pp. 1035-1036.

993 Cit. *idem, ibidem*, p. 1034.

994 Cf. *idem, ibidem*, pp. 1034-1035; José Gomes Canotilho & Vital Moreira – *Constituição da República Portuguesa Anotada*, Vol. IV, 4ª ed., Coimbra, Coimbra Editora, 2007, p. 990; e Jorge Miranda – *Curso ..., op. cit.*, 2020, pp. 125-127.; e Jorge Miranda – *Direitos ..., op. cit.*, 2020, p. 346.

995 Para Jorge Miranda, "são pressupostos ou requisitos de funcionamento do instituto: a) que o não cumprimento da Constituição derive da violação de certa e determinada norma; b) que se trate de norma constitucional não exequível por si mesma; c) que se trate de norma não exequível prescritiva e não meramente permissiva; d) que, nas circunstâncias concretas da prática legislativa, faltem as medidas legislativas necessárias para tornar exequível aquela norma". Cit. Raquel Brízida Castro – *op. cit.*, 2012, p. 93, de Jorge Miranda – *Manual de Direito Constitucional* – Inconstitucionalidade e Garantia da Constituição, Tomo VI, 3ª ed., Coimbra, Coimbra Editora, 2008, pp. 318-319; e *idem* – *Manual de Direito Constitucional* – Constituição, Tomo II, 3ª ed., Coimbra, Coimbra Editora, 1991, p. 518. Segundo o autor, "a existência de omissões juridicamente relevantes (...) verifica-se sempre que perante uma obrigação de *facere*, e mandando, direta ou indiretamente, a norma reguladora de certa relação ou situação praticar certo ato ou certa atividade nas condições que estabelece, o destinatário não o faça, não o faça nos termos exigidos, não o faça em tempo útil, e a esse comportamento se liguem consequências mais ou menos adequadas. Entre todas as omissões, sobressaem as omissões legislativas, devido à relação imediata do legislador com a Constituição". Cit. Jorge Miranda – *Curso ..., op. cit.*, 2020, p. 302.

996 Segundo Raquel Brízida Castro, "o conceito de lacuna é mais abrangente do que o de omissão legislativa inconstitucional. A omissão representa o incumprimento de uma obrigação. A lacuna pode envolver situações em que não existe uma obrigação de legislar. Com efeito, em ambos os conceitos falta uma norma que deveria existir. Mas enquanto no caso da lacuna, a afirmação da sua existência é, geralmente, afastada sempre que se possa concluir que a completude é conforme à intenção do legislador (constituinte ou ordinário), no caso da omissão, essa incompletude é contrária a um dever jurídico-constitucional que cabe ao legislador cumprir. Ou seja, no conceito de omissão, releva a vinculação do legislador às normas constitucionais e o dever do legislador de as tornar exequíveis, cuja não consideração parece pressuposta na lacuna. O conceito de lacuna é, pois, construído entre um 'espaço de livre direito' e a liberdade de conformação do legislador. Onde existe essa liberdade, não existe lacuna, mas pode existir omissão". Cit. Raquel Brízida Castro – *op. cit.*, 2012, p. 129. Segundo Jorge Miranda, "as

[sua] eficácia"[997]. Nestas matérias, "o princípio da aplicação imediata não envolve apenas o dever de respeito. Também (...) requer o cumprimento imediato dos deveres de proteção do Estado"[998]".

Com efeito, em termos metodológicos, no caso *sub judice*, importa, *prima facie*, apurar se se verifica a omissão parcial das condições aplicáveis ao tratamento automatizado para só depois se averiguar se esta insuficiência põe ou não em causa o exercício de algumas dimensões essenciais do direito à proteção de dados pessoais. Constata-se, desde logo, que ao desacerto orgânico assinalado acrescem razões imperiosas de indeterminação e até de inexequibilidade do acervo regulatório como um todo, que redundam, *in fine*, numa manifesta insuficiência da atuação pública que seria indispensável à salvaguarda de aspetos nucleares, pelo menos, do regime da proteção de dados[999].

Relativamente às decisões automatizadas a que se refere o art. 22º do RGPD, além das incertezas quanto à natureza proibitiva do regime e da difícil interpretação lógico-subsuntiva ao reduto daquela que é ou não uma exclusiva automatização decisória, subsistem um conjunto de dúvidas às quais os responsáveis pelo tratamento terão de dar cumprimento mesmo sem cognoscerem quais os meios (técnicos e jurídicos) mais aptos ou sem sequer se encontrarem clarificadas quais as medidas técnicas e organizativas adequadas para aprovisionar o exercício das salvaguardas adequadas a que o art. 22º, nº 3 do RGPD alude – em contornos excessivamente indeterminados, refira-se. A este respeito, importava, acima de tudo, mais do que tudo e sobretudo, esclarecer os destinatários destas prescrições, no

lacunas são situações constitucionalmente relevantes não previstas. As omissões legislativas reportam-se a situações previstas, mas a que faltam as estatuições adequadas a uma plena efetivação das respetivas normas no programa ordenador global da Constituição. As lacunas são detetadas pelo intérprete e pelos órgãos de aplicação do Direito. As omissões, se podem | ser por eles também detetadas, só podem ser verificadas especificamente pelos órgãos de fiscalização da inconstitucionalidade por omissão". Cit. Jorge Miranda – *Curso ...*, *op. cit.*, 2020, p. 302. Para o autor, "um bem melindroso papel cabe à interpretação ao discernir e qualificar, caso a caso, as diferentes situações e ao propor soluções idóneas, tendo sempre em conta a mutável realidade constitucional". Cit. *idem, ibidem*, p. 36.

[997] Cit. Raquel Brízida Castro – *op. cit.*, 2012, p. 115.

[998] Cit. Jorge Miranda – *Curso ...*, *op. cit.*, 2020, p. 129; e José Vieira de Andrade – *Os Direitos Fundamentais na Constituição Portuguesa de 1976*, 6ª ed., Coimbra, Almedina, 2019, pp. 142-143.

[999] Cf. José Vieira de Andrade – *op. cit.*, 2019, pp. 142-143.

prisma legiferante, acerca de um conjunto de questões, suscitadas pelo RGPD como um todo, de cuja resposta se encontra dependente o efetivo cumprimento dos requisitos da legalidade, nos termos do art. 2º do Decreto-Lei nº 433/82, de 27 de outubro, na sua redação atual, este que institui o regime geral do ilícito de mera ordenação social (RGIMOS)[1000], como sejam:

- É possível externalizar (quase *in toto*) o *core* de uma decisão algorítmica para o *software* de IA – com um nível de automação 6, 7 ou 8 – nas circunstâncias em que se apure que a operação executada pelo sistema é tão mais exata e eficiente quanto inexista uma qualquer interferência humana, ou verificando-se esta, que resulte numa mera atuação 'carimbadora'?
- Existe no RGPD a cristalização de uma verdadeira obrigação de explicação? Em caso de resposta afirmativa, devem os responsáveis pelo tratamento providenciar interpretações contrafactuais (mais tangíveis) ou globais (mais técnicas e úteis aquando do treino dos modelos) aos titulares? Quais as especificidades 'engenheirísticas' que têm de ser atendidas face à necessária salvaguarda dos segredos de negócio?
- São as "garantias adequadas" que o art. 22º, nº 3 do RGPD sopesa elementos circunstanciais diretivos do regime proibitivo ou lhanos direitos que os titulares podem invocar dada a potencial preterição do art. 83º, nº 2, al. b) do RGPD?
- Existe alguma hierarquia axiológico-normativa que deva ser atendida quanto aos enunciados principiológicos consagrados no art. 5º, nº 1, als. a) a f) do RGPD? Mais: considerando o incontornável *trade-off* entre os postulados transparência, exatidão e segurança, alguma destas normas-fim do art. 5º, nº 1, als. a), d) e f) deverá ser priorizada?
- A existir um 'direito' à explicação, este deve ser assumido como um corolário do princípio da transparência? Se sim, não haverá a violação do princípio do *ne bis in idem* dado que esta garantia adequada pode ser imputada aos responsáveis, cumulativamente, enquanto

1000 "Só será punido como contraordenação o facto descrito e declarado passível de coima por lei anterior ao momento da sua prática". Cit. art. 2º do Regime Geral do Ilícito de Mera Ordenação Social.

violação do princípio previsto no art. 5º, nº 1, al. a) e do 'direito' (ou antes, da proibição) consagrada no art. 22º do RGPD, ambos por aplicação cumulativa do art. 83º, nº 2, als. a) e b) do mesmo ato europeu?

Aliás, considerando que a Proposta de Regulamento relativo à IA, no Título XII, não revoga – pelo menos, até então – o regime do RGPD, nomeadamente no articulado que contende com a tomada de decisões individuais e exclusivamente automatizadas, estas insuficiências, aprioristicamente, não só podem ser invocadas antes como depois da aprovação deste, i.e., salvo alterações futuras do projeto inicial. Tanto assim é que até então não se prevê qualquer resposta ao *trade-off* a perscrutar de entre os valores transparência, supervisão humana e explicação, previstos, respetivamente, nos arts. 13º, 14º e 15º desta. Em particular, o emprego do termo "interpretar", na versão originária do art. 13º, nº 1, no atual art. 14º, nº 4, al. c) e no considerando 47 desta Proposta, à luz da necessária interpretação sistemática dos atos juscomunitários, suscita(rá) querelas adicionais sobre a existência de um direito à 'interpretação'. Afinal, no cômputo do ato de balizar aquilo que deve ser entendido como "explicações adequadas", segundo o RGPD, pode assumir-se ou não a prestação de recomendações contrafactuais personalizadas? Certo é que o trilho europeísta parece vir a abnegar a prestação deste tipo de informações no crédito ao consumo, conforme à interpretação do art. 12º da Proposta de Diretiva, de 30 de junho de 2021, à luz do seu considerando 39. Será a *ratio* desta proibição autopática? Não pode um titular querer perceber, a título contrafactual, quais os comportamentos ou os esforços que terá de envidar no sentido de reverter o sentido – *outcome* – da decisão?

A nível interno, o art. 9º, nº 1 da CPDHED – que se nos afigura ser mais um preceito 'constitucional' do tipo programático (i.e., uma norma-fim ou norma-tarefa)[1001], sem qualquer fundamentação no direito a que

[1001] "Segundo as diferentes orientações doutrinais, as normas programáticas definem-se: ou por serem de aplicação diferida, e não de aplicação ou execução imediata; ou por prescreverem obrigações de resultado, não obrigações de meios; ou, mais do que comandos-regra, por explicitarem comandos valores; ou por conferirem 'elasticidade' ao ordenamento constitucional; ou por terem como destinatário primacial – embora não único – o legislador; a cuja opção fica a ponderação do tempo e dos meios em que vêm a ser revestidas de plena eficácia (e, por isso, só através de lei adquirirem determinabilidade; ou por terem um conteúdo que,

a sua concretização se destina, pelo menos, formalmente – corporiza um 'beco sem saída' legiferante que exorta preocupações exasperantes acerca das condições restritivas aplicáveis aos processos de tratamento automatizado. A melhor ver:

– Nos termos do art. 16º, nº 1 da CRP, "os direitos fundamentais consagrados [nesta] não excluem quaisquer outros constantes das leis e das regras aplicáveis de direito internacional"[1002]. Em todo o caso, deixa-se o seguinte repto: não deveria uma regulação como esta – precisamente pelos traços mais programáticos nela exteriorizados, o que nos leva a considerar o equívoco do legislador nacional quanto à sua competência ou reserva – ser efetuada ao nível de uma revisão constitucional, nos termos dos arts. 284º e ss. da Constituição? Neste aspeto, deixa-se já vincada a nossa posição. Acompanha-se, *mutatis mutandis,* a posição perfilhada por Raquel Brízida Castro a propósito das lacunas constitucionais inconstitucionais lesivas de direitos fundamentais, segundo a qual "(...) há matérias que não podem ficar sujeitas às contingências das maiorias parlamentares, razão pela qual se impõem ao legislador de revisão constitucional"[1003].

para além de um mínimo, depende das opções próprias do legislador ordinário, ao qual deve entender delegado um poder de conformação autónoma". Cit. Jorge Miranda – *Curso ..., op. cit.*, 2020, p. 22. "A positividade jurídico-constitucional das normas programáticas significa fundamentalmente: (1) – Vinculação do legislador, de forma permanente, à sua realização (*imposição constitucional*). (2) Como *diretivas materiais permanentes*, elas vinculam *positivamente* todos os órgãos concretizadores, devendo estes tomá-las em consideração em qualquer dos momentos da atividade concretizadora (legislação, execução, jurisdição). (3) Vinculação, na qualidade de limites materiais negativos, justificando a eventual censura, sob a forma de inconstitucionalidade, em relação aos atos que as contrariam". Cit. José Gomes Canotilho – *op. cit.*, 2021, pp. 1176-1177.

[1002] Esta ressalva *normarum* "(...) traduz não apenas o acolhimento dos direitos já dotados de reconhecimento infraconstitucional, mas também uma expressa abertura aos que vierem a encontrar sedimentação no futuro (...) na lei interna. Trata-se de uma cláusula de abertura a novos direitos, reveladora do caráter não fechado e não taxativo do elenco constitucional dos direitos fundamentais". Cit. Gomes Canotilho & Vital Moreira – *op. cit.*, 1991, p. 116.

[1003] Cit. Raquel Brízida Castro – *op. cit.*, 2012, p. 134. "(...) *Los derechos fundamentales son posiciones tan importantes que su otorgamiento o no otorgamiento no puede quedar en manos de la simple mayoría parlamentaria*", cit. Robert Alexy – *La Teoria de los Derechos Fundamentales*, Madrid, *Centro De Estudios Constitucionales, 1993* (versão traduzida), p. 432

- Qual a necessidade de enfatizar que "a utilização da [IA] deve ser orientada pelo respeito dos direitos fundamentais"? Não é essa já uma exigência material transversal ao uso de qualquer tecnologia ou à aprovação de uma lei restritiva? Não será tautológico replicar esta exigência em lei própria? Por outras palavras, não será já a Constituição verdadeira *norma normata*, sobretudo em matérias como esta, a dos direitos, liberdades e garantias?
- Este preceito, a melhor ver, o art. 9º, nº 1 da CPDHED, concretiza direitos fundamentais *per si*, ou antes, princípios norteadores e, até certo ponto, somente garantísticos da colocação em serviço de sistemas de IA conformes, dentro dos possíveis, às dimensões de princípio que subjazem à dignidade da pessoa humana (v. art. 1º da CRP)?
- É a explicabilidade um princípio autónomo da transparência[1004]?
- Como conciliar a aplicação das técnicas de retro-engenharia, para garantir a explicação, com os segredos de negócio e os métodos criptográficos em matérias de cibersegurança?
- Em que consiste a discriminação algorítmica do tipo indireto com relevância ou assento constitucional? Quais os juízos que permitem aferir o impacto ou o tratamento diferenciado, desde que juridicamente relevante e atentatório da igualdade, de um determinado grupo significativo de pessoas?
- Quais os critérios de imputação, tanto quanto ao nexo causal como em termos de culpa, que devem ser atendidos em matéria de responsabilidade, civil e criminal? Sumariamente, muitas vezes nem sequer se consegue identificar o agente. Logo, em relação a esta, não são passíveis de serem formulados quaisquer juízos de culpa. E mesmo encontrando-se este, será difícil apurar a causa concreta do dano. Talvez tudo isto nos obrigue a repensar o instituto da responsabilidade.

[1004] A mesma questão decorre do ponto 1.3. da Recomendação do Conselho sobre Inteligência Artificial, de 21 maio de 2019, da OCDE, segundo a qual "*AI Actors should commit to transparency and responsible disclosure regarding AI systems. To this end, they should provide meaningful information, appropriate to the context, and consistent with the state of art: i. to foster a general understanding of AI systems; ii.to make stakeholders aware of their interactions with AI systems, including in the workplace; iii.to enable those affected by an AI system to understand the outcome, and; iv.to enable those adversely affected by an AI system to challenge its outcome based on plain and easy-to-understand information on the factors, and the logic that served as the basis for the prediction, recommendation or decision*".

- Quais as métricas ou as medidas técnicas e organizativas que devem ser implementadas durantes os vários ciclos de conceção, maturação, ou até mesmo aquando da colocação em serviço dos sistemas de IA?

Como se depreende:

> "(...) A totalidade dos *obstáculos jurídicos* em torno dos critérios que determinam a informação passível de ser utilizada pelos responsáveis pelo tratamento de dados pessoais apenas serão integralmente resolvidos na presença de normas setoriais [mais] específicas [e determinadas]. Estas, por conseguinte, devem ser [mais] claras e completas, recorrer a critérios sólidos, bem definidos tecnicamente. Devem sobretudo (...) auxiliar na determinação daquelas *classes* de megadados que podem ser utilizados nas entradas dos modelos (os *inputs*) em função das saídas (os *outputs*), para o melhor desempenho [informativo] de uma determinada tarefa (o *outcome*). Sem que com isto, se queira alguma vez batalhar por *abdicar* da neutralidade tecnológica exigível em ambientes concorrenciais como este"[1005].

Particularmente, em matérias como esta – de direitos de direitos, liberdades e garantias – acrescerá à exigência de ação ou exequibilidade prevista expressamente no art. 35º, nº 2, uma dimensão de ilicitude subjetiva, traduzível na afetação dos bens jurídicos ou corolários constitucionalmente tutelados[1006]. No *scoring* do crédito ao consumo baseado na IA, em causa está, como interesse geral relevante, digno de tutela constitucional, *hoc sensu*, além da determinação dos aspetos centrais do direito à proteção sobre dados pessoais, nos termos do art. 35º da CRP – sendo esta uma tarefa fundamental do Estado, à luz do art. 9º al. b) desta – a consecução do direito dos candidatos "à qualidade dos bens e serviços consumidos, à formação e informação, à proteção (...) dos seus interesses económicos", tal como resulta do art. 60º da CRP. A montante, devem ainda ser consideradas as dimensões de princípio que contendem, direta ou indiretamente, com a dignidade da pessoa humana (v. art. 1º da CRP), nomeadamente a

[1005] Cit. DIOGO MORGADO REBELO – Parábola inconstitucional para o ser artificial ... *supra*, §§12-13 e § 15.

[1006] Cit. RAQUEL BRÍZIDA CASTRO – *op. cit.*, 2012, p. 147. Cf. *idem, ibidem*, p. 153 e p. 155; JORGE MIRANDA – *Curso ...*, *op. cit.*, 2020, p. 302; e JORGE PEREIRA DA SILVA – *op. cit.*, 2003, p. 412.

necessidade de fazer face aos efeitos de discriminação indireta que a colocação em serviço destas tecnologias pode exponenciar (v. art. 13º da CRP).

Pelo dito, antevê-se ser impreterível efetuar uma normação mais clarificadora, precisamente para a concretização do interesse público aqui implícito, constitucionalmente tutelado em vários dos direitos aqui referidos. O regime vigente e aplicável, já hoje – em particular, no âmbito da avaliação de solvabilidade no crédito baseado na IA –, a fim ao cabo, parece-se com um eletrão. Corresponde não mais do que a um conjunto de 'partículas' ético-legais com carga negativa apriorística que nenhum responsável pelo tratamento percebe como cumprir ou mitigar, porque até nem é conhecida qual a forma engenheirística (e, mais grave, axiológico-normativa) de conciliar as suas concretas componentes. Este 'quebra-cabeças' proibitivo 'conduz' os *data brokers* a becos sancionatórios sem qualquer cobertura de legalidade à vista. Parece-nos, portanto, que o primado da UE (e as políticas 'inovadoras' que pelos seus órgãos têm vindo a ser seguidas), bem como o próprio art. 9º da CPDHED, são insuficientes, indeterminados e desajustados para regular fenómenos como as decisões automatizadas baseadas na IA. O grau de indeterminabilidade do regime, mesmo de um ponto de vista engenheirístico, é tal que não se garante aos destinatários da normação (sejam eles, os titulares dos dados, sejam os responsáveis pelo tratamento) um conhecimento preciso, exato (e, se se quiser, tempestivo) dos critérios legais subsumíveis[1007].

Temos, assim sendo, em perspetiva que será (e já foi) um erro ceder à tentação de subestimar a necessidade de desenvolvimento ou concretização por normas-regra ou ato legislativo próprio, baseado no art. 35º, nº 2 da CRP, os postulados explicação, segurança e supervisão humana. Basta, para o efeito, recordar que a Lei nº 58/2019, de 8 de agosto, que assegura a execução do RGPD na ordem interna, optara por não clarificar os aspetos fulcrais, *supra*, que determinariam, com a completude e o rigor científico exigíveis, as "condições aplicáveis ao tratamento automatizado".

Em última instância, as regras comunitárias, ao nível interno, podem mesmo ser integradas no duplo sentido do conceito de "patologia constitucional"[1008]. Por um lado, enquanto lacunas constitucionais heterónomas, resultam do não cumprimento parcial do comando constitucio-

[1007] Cf. Jorge Miranda – *Direitos...*, *op. cit.*, 2020, p. 487.
[1008] Cf. José Gomes Canotilho – *op. cit.*, 2021, p. 1235.

nal previsto no art. 35º, nº 2 da CRP, aquando da execução do art. 22º do RGPD[1009]. Por outro, são verdadeiras integrações corretivas, assentes na "ideia de a regulamentação constitucional ser, do ponto de vista político, incompleta, errada ou carecida de melhoramento"[1010].

139. Quanto ao sentido de oportunidade, o RGPD aplica-se no ordenamento jurídico português desde o dia 25 de maio de 2018, segundo o seu art. 99º. Por isso, não procederão os argumentos que consideram inexistir omissão, dado que a inércia do poder legislativo não se verifica há muito tempo[1011], embora, também neste aspeto, pelejemos pela assunção da posição defendida por José Gomes Canotilho.

> Para o autor, "a inconstitucionalidade da omissão legislativa não se conexiona necessariamente com os *prazos ou tempos* dentro dos quais deveria ter havido a *interpositio* legiferante necessária para tornar exequíveis os preceitos constitucionais. (...) Na hipótese de omissões derivadas do não cumprimento de *imposições constitucionais,* os 'momentos' decisivos para a verificação da existência da inconstitucionalidade são mais a *importância e indispensabilidade da mediação legislativa* para dar operatividade prática às normas constitucionais do que a fixação de eventuais limites *ad quem*"[1012].

[1009] Cf. *ult. loc. cit.*

[1010] Cit. *ult. loc. cit.*

[1011] Cit. Carlos Blanco de Morais – *Justiça Constitucional,* Tomo II, 2ª ed., Coimbra, Coimbra Editora, 2011, p. 535, considerando que o elemento temporal é um "(...) pressuposto implícito e omnipresente, com caráter relevante no julgamento deste tipo de inconstitucionalidade e devidamente representado pela Justiça Constitucional portuguesa"; e Fernández Rodriguez – "La inconstitucionalidade por Omision, Teoría General. Derecho Comparado: El caso español". In: *Revista Española de Derecho Constitucional,* no. 58, 2000, p. 375, segundo o qual "*la falta de desarrollo por parte del Poder Legislativo, durante un tiempo excesivamente largo, de aquellas normas constitucionales de obligatorio y concreto desarrollo, de forma tal que se impide su eficaz aplicación*".

[1012] Cit. José Gomes Canotilho – *op. cit.,* 2021, p. 1235. Em sentido contrário, considerando o juízo de oportunidade em razão do tempo como um elemento fulcral para a apreciação da inconstitucionalidade por omissão: "(...) nenhuma omissão pode ser descrita em abstrato, mas somente em concreto, balizada em determinados fatos, estes de sinal positivo. (...). O legislador não só podia como devia ter emitido a norma legal, diante de determinadas circunstâncias ou situações em que se colocou ou foi colocado (...)". Cit. Jorge Miranda – *Manual ..., op. cit.,* 1991, pp. 322-323, *cit. in* Raquel Brízida Castro – *op. cit.,* 2012, pp. 101-102.

140. Propala-se, em súmula, que para se apurar a inconstitucionalidade por omissão legal nas decisões automatizadas, basta socorrermo-nos, *mutatis mutandis*, à esquematização proposta por Raquel Brízida Castro em 2012[1013]:

> Era, é e será do legislador ordinário a incumbência de fazer jus ao "dever de atualização [dada a importância e indispensabilidade da mediação legislativa] das normas constitucionais, que encontra fundamento em fenómenos tão naturais como os da evolução da sociedade e o da busca constante do aperfeiçoamento do sistema jurídico. Uma vez emitida uma lei que confere exequibilidade a uma norma constitucional, o legislador ainda não cumpriu o seu dever. O direito quer regular os problemas sociais: se mudam as questões, mudam as respostas" [1014]. O Direito Constitucional desta era digital terá de ser "um sistema aberto e é essa caraterística que lhe confere eficácia social e aptidão para regular uma sociedade em constante mutação. Se o legislador se revela inapto para acompanhar esse fenómeno ou para reagir, na medida adequada, aos avanços dos sistemas jurídicos, essa atitude refletir-se-á necessariamente em leis inadequadas"[1015].

Face ao antedito, pode sumular-se que a exequibilidade das condições aplicáveis ao tratamento automatizado, às quais o art. 35º, nº 2 se refere expressamente, terá de ser conseguida através de atos normativos existentes e válidos. Não passa, certamente, pela adoção de medidas legislativas futuras ou eventuais e insuficientemente determinísticas quanto ao núcleo dos direitos fundamentais em jogo[1016]. Certo é, para já, que a incompleta concretização das "condições aplicáveis ao tratamento automatizado" – verdadeiro polo aglutinador, à roda do qual gravitam inúmeras operações à luz do RGPD – dificulta ou torna mesmo inoperacionais, nalguns ou até mesmo na maioria das decisões tomadas à escala *machine-made*, os comandos proibitivos contidos nos vários preceitos aludidos.

[1013] *Vide*, Raquel Brízida Castro – *op. cit.*, 2012, pp. 108-115.

[1014] Cit. *idem, ibidem*, p. 109.

[1015] Cit. *ult. loc. cit.*

[1016] Cit. *ult. loc. cit.*, anotação em rodapé nº 365.

14.2. Conflito de Direitos

14.2.1. Liberdade de Iniciativa Privada (Art. 61º, nº 1 da CRP): uma Dimensão de Princípio 'Análoga' aos Direitos, Liberdades e Garantias?

141. Ao nível europeu, a iniciativa privada não encontra – pelo menos, até aos dias de hoje-, qualquer sem-par proteção na CDFUE, além da regra do seu art. 16º. Já internamente, encontra-se prevista no art. 61º da 'Constituição Económica', a CRP, conforme ao Título III do seu Capítulo II. A sua consagração enquanto direito fundamental corresponde "ao desenvolvimento de um processo gradual que, partindo da originária indistinção [face ao direito de propriedade, previsto no art. 62º], chega a uma progressiva diferenciação tanto estrutural como funcional [deste]"[1017]. Em consonância com o teor programático do seu nº 1, este bem jurídico – ou, pelo menos, por agora, interesse constitucionalmente relevante -, "(...) exerce-se livremente nos quadros definidos pela Constituição e pela lei e tendo em conta o interesse geral"[1018].

Inobstante, no ordenamento jurídico português, só a Lei nº 88-A/97, de 25 de julho, com a última alteração introduzida pela Lei nº 35/2013, de 11 de junho, regula, direta e expressamente, o acesso da iniciativa económica privada a determinadas atividades, sendo, por conseguinte, exígua a sua concretização, tanto comunitária como infraconstitucional.

Quanto à sua natureza, sendo do tipo negativo-defensiva, este direito fundamental *sui generis* – i.e., de matriz pessoal e de feição económica – tem que ver também com o estatuto socioeconómico e a autonomia da pessoa humana na qualidade de empresário[1019]. Encontra-se, portanto, na sua natureza híbrida uma dimensão de princípio indiretamente relacionada com o princípio da dignidade da pessoa humana. Tal aceção foi concretizada, em particular, pelo TC nos Acórdãos nº 76/85, 392/89 e 75/13, *infra*.

[1017] António Baldassarre – "Le ideologie costituzionali dei diritti di liberta". In: *Democrazia e Diritto*, 2, 1976, XVI, *cit in.* Ana Prata – *A Tutela Constitucional da Autonomia Privada*, reimp. da edição de 1982, Coimbra, Almedina, 2017, p. 187.

[1018] "As normas que consagram direitos económicos, sociais e culturais são quase todas normas programáticas (...). Cit. Jorge Miranda – *Manual de Direito Constitucional. Direitos Fundamentais*, Tomo IV, 2ª ed. revista e atualizada, 2000, p. 351; *vide*, acerca da qualificação das normas constitucionais enquanto programáticas, suprarreferido, Jorge Miranda – *Curso ..., op. cit.*, 2020, p. 22.

[1019] Cf. José Gomes Canotilho – *op. cit.*, 2021, p. 403; e José Gomes Canotilho & Vital Moreira – *op. cit.*, 1991, p. 114.

"A liberdade de iniciativa privada tem um duplo sentido. Consiste, por um lado, na liberdade de iniciar uma atividade económica (direito à empresa, liberdade de criação de empresa) e, por outro lado, na liberdade de gestão e atividade da empresa (liberdade de empresa, liberdade do empresário)"[1020]. Por outras palavras, "(...) *vem* a traduzir-se num direito à livre criação de empresas e no direito, bem assim, de as gerir com autonomia, ou seja, sem interferências externas"[1021]. "Tal direito fundamental compreende, em si mesmo, uma 'vertente decisório/impulsiva', que resulta na faculdade de formação da vontade de prosseguir determinada atividade económica e de lhe dar início, e uma 'vertente organizativa', que pressupõe a liberdade de determinar o modo de organização e de funcionamento da referida atividade económica"[1022].

Daqui ressalta claro que a *norma normata* estabelece aos empresários promotores e prestadores de serviços à escala IA um direito fundamental, uma situação ativa que cristaliza nestes uma faculdade de agirem ou de exigirem uma intervenção (não desproporcional) por parte do Estado[1023]. Este direito económico envolve um vetor negativo carente de medidas de proteção com trato defensivo ou negativo. O art. 61º, nº 1 da Constituição traduz, assim sendo, muito mais do que um sentido organizatório objetivo, típico das meras garantias institucionais[1024]. A iniciativa privada encontra-se, portanto, outrossim dependente de uma atribuição ou de uma atividade, também ela, em si mesma, de matriz pessoal e constitucionalmente protegida[1025].

[1020] Cit. Acórdão do Tribunal Constitucional nº 76/85, de 6 de maio, Processo nº 72/84, Relator Juiz Conselheiro Monteiro Diniz.

[1021] Cit. Acórdão do Tribunal Constitucional nº 392/89, de 14 de setembro, Processo nº 200/88, 2ª Secção, Juiz Conselheiro Messias Bento.

[1022] Cit. Acórdão do Tribunal Constitucional nº 75/13, de 31 de janeiro, Processo nº 550/11, Relatora Juíza Conselheira Ana Guerra Martins.

[1023] "Têm por conteúdo positivo o direito de decidir, por si, agir e por conteúdo negativo não sofrer o sujeito interferência, impedimentos ou constrangimentos". Cit. Jorge Miranda – *Direitos ..., op. cit.*, 2020, p. 113, acerca das dimensões da dignidade nos direitos de liberdade.

[1024] "Ao garantir aqui a iniciativa económica privada (...), a Constituição considera-a seguramente (...) como um direito fundamental (e não apenas como um princípio objetivo da organização económica) (...)". Cit. Acórdão do Tribunal Constitucional nº 199/2005, de 19 de abril, Processo nº 117/04, 2ª Secção, Relator Juiz Conselheiro Benjamin Rodrigues.

[1025] Cf., acerca da distinção entre direito fundamental e garantia institucional, Jorge Miranda – *Direitos ..., op. cit.*, 2020, pp 99-102.

Com efeito, crê-se que, não obstante a sua inserção sistemática encontrar-se fora do elenco dos direitos, liberdades e garantias, a dimensão da autonomia privada aqui implícita– esta que, aliás, apresenta uma ligação, ainda que inferior, ao princípio da dignidade da pessoa humana[1026]– deve beneficiar da aplicabilidade direta, desde logo, por força daquela que se pugna aqui ser a sua natureza análoga, tal-qual resultante do art. 17º da CRP[1027]. Para o efeito, apesar de ser difícil enquadrar, com toda a certeza, quais destas posições usufruem de uma tutela jusfundamental equiparável às dos direitos, liberdades e garantias[1028], certo é que, tanto os direitos de liberdade *stricto sensu* – onde se insere a proteção de dados pessoais, *supra* – como este económico, acabam por se inserir numa mesma unidade axiológica e sistemática da ordem jurídico-constitucional como um todo. E se, por um lado, como afirma Jorge Miranda, não é a dimensão negativa ou esta a vertente da liberdade que carateriza especificamente um direito econó-

[1026] "A Lei Fundamental de 1976 vem salientar que os direitos, liberdades e garantias respeitam, primeiro que tudo, ao *ser* da pessoa e não ao *ter*; que a liberdade prima sobre a propriedade; que a proteção que a pessoa como titular de bens possa merecer na vida económica se oferece secundária face à proteção do seu *ser*; e que pode a proteção do *ser* de todas as pessoas exigir a diminuição do *ter* de algumas das pessoas". Cit. *idem, ibidem,* p. 253.

[1027] "Os direitos de natureza análoga são os direitos que, embora não referidos no catálogo dos direitos, liberdades e garantias, beneficiam de um regime jurídico constitucional idêntico ao destes. Os direitos de natureza análoga (...) podem encontrar-se entre os direitos económicos, sociais e culturais (...)". Cit. JOSÉ GOMES CANOTILHO – *op. cit.,* 2021, p. 405. Quanto à natureza análoga da iniciativa privada, transcreve-se o seguinte excerto do Acórdão do Tribunal Constitucional nº 75/13, de 31 de janeiro, ... *supra*: segundo o qual "só a parcela (...) que corresponda a um dever de abstenção do Estado face àquela livre conformação do indivíduo (ou da pessoa coletiva) é que beneficia do regime específico dos 'direitos, liberdades e garantias', ficando assim sujeito à reserva legislativa parlamentar fixada pela al. b) do nº 1 do art. 165º, da CRP". Cf., ainda a favor da qualificação da dimensão de liberdade deste direito como sendo de natureza análoga, Acórdão do Tribunal Constitucional nº 199/2005, de 19 de abril ... *supra*; Acórdão do Tribunal Constitucional nº 289/04, de 31 de janeiro, Processo nº 578/99, 27 de abril, Relator Juiz Conselheiro Paulo Mota Pinto; MARCELO REBELO DE SOUSA & JOSÉ DE MELO ALEXANDRINO – *Constituição da República Portuguesa Anotada,* Lisboa, Lex, Lisboa, 2000, pp. 94-95; e Parecer da Comissão da Revolução, nº 32/82, de 19 de fevereiro, de 16 de setembro. In *Pareceres,* XXI, *cit. in.* JORGE MIRANDA – *Direitos ...op. cit.,* 2020, p. 284. Contra: *idem, ibidem,* p. 254, afirmando expressamente que "também a iniciativa económica privada (art. 61º, nº 1) – correspondente à anterior liberdade de comércio e indústria – não se situa a par dos direitos, liberdades e garantias do título II e, no texto inicial da Constituição, nem sequer constava da Parte I, vinha apenas na parte III".

[1028] Cf. *idem, ibidem,* p. 284

mico como este[1029], por outro, pode sempre contra-argumentar-se que só uma tutela reforçada como aquela que resulta da força jurídica própria da reserva de lei e do sentido restritivo do art. 18º, nºs 2 e 3, *ex vi* do art. 17º, ambos da CRP, pode efetivar o equilíbrio efetivo, a concordância prática (sempre que possível) entre a proteção de dados, a legalidade do art. 2º do RGIMOS e a iniciativa privada, mais uma vez, aqui induzida como garante do princípio da autonomia privada e da liberdade empresarial quando em causa está a tomada de decisões automatizadas, baseadas na IA.

14.2.2. Natureza Definitiva do Regime: Limitações ao Uso da IA e a Restrição Implícita (Legalmente Omissiva) à Liberdade de Iniciativa Privada

142. O art. 22º do RGPD e o art. 9º, nº 1 da CPDHED incidem sobre dois bens jurídicos objetivos, ambos constitucionalmente tutelados enquanto dimensões de princípio – uma deles análoga, *supra*-, relativas à aplicação da força jurídica do regime dos direitos, liberdades e garantias, prevista no art. 18º da CRP. Tem-se em perspetiva, por um lado, a concretização (ou antes, mais precisamente, *in casu*, a limitação imanente) das condições aplicáveis ao tratamento automatizado de dados pessoais e, a montante, de um ponto de vista material, a própria afetação (dito de outro modo, a restrição) à liberdade de iniciativa privada que a aplicabilidade prática e definitiva do uso da IA suscita, tanto à luz do RGPD, como da própria CPDHED.

Certo é – até pelos 'pecados capitais', ou riscos que utilização da IA acarreta, *supra* – que o regime subsumível a análises preditivas como o *scoring* de crédito envolve, pela negativa, tanto a fixação dos limites imanentes, de índole maioritariamente procedimental, como das restrições impróprias à liberdade de iniciativa privada. Nesta última circunstância, aferir-se-ão excessos de intervenção estatal mesmo considerando-se a consecução dos interesses gerais gerias concernentes à não discriminação e à necessidade de se pugnar por uma tutela efetiva da posição assimétrica em que o consumidor se encontra investido, tal como resulta, direta ou indiretamente, da conjugação dos arts. 61º, nº 1 e 81º, al. f), com os arts. 13º e 60º, todos da CRP, *supra*[1030].

[1029] Cf. *idem, ibidem*, p. 286.

[1030] Cf. *idem, ibidem*, p. 476; e Acórdão do Tribunal Constitucional nº 187/2001, de 2 de maio, Processo nº 120/95, Relator Juiz Conselheiro Paulo Mota Pinto, com as devidas adaptações temáticas.

143. Como se assinalou anteriormente, é insuficiente a determinação, a nível prescritivo, das condições aplicáveis ao tratamento automatizado – resultado, tanto do efeito direto do art. 22º do RGPD, como do comando-tarefa vertido no art. 9º da CPDHED. De facto, esta atuação por parte da Assembleia da República – ou antes, a insuficiência ou a inadequação desta – representa, de um ponto de vista jurídico-constitucional, mais uma limitação imanente do que uma concretização dos pressupostos subsumíveis ao processamento autónomo de dados pessoais. É uma limitação imanente porque circunscreve – *prima facie*, em contornos auxéticos, incertos ou até pouco rigorosos cientificamente – o modo como os responsáveis (conjuntos) pelo tratamento podem executar ou exteriorizar conteúdos, previsões ou recomendações. Compreende, grosso modo, todas os elementos que descrevem o conteúdo natural de um 'direito' ao uso da IA na proteção de dados – sejam eles, a intervenção humana, a transparência, a responsabilização e a não discriminação – como se estivesse sozinho, à margem dos demais direitos e das outras realidades normativas[1031]. Logo, este regime, como um todo, está mais relacionado com a delimitação da extensão objetiva do direito em si mesmo, ainda que finalisticamente orientado, do que com a concretização, compressão ou amputação das faculdades que esta posição jurídica ativa comporta na prática[1032].

144. Já quanto à consideração do suprarreferido acervo normativo como restritivo do direito ou liberdade à iniciativa económica privada, importa, numa primeira análise, dissociar o *Tatsbestand* (i.e., o âmbito normativo ou potencial) do conteúdo real que se acopla, para, só numa fase seguinte, se perceber porque é que estas regras devem ter, na orla constitucional

[1031] Cf. Jorge Miranda – *Direitos ..., op. cit.*, 2020, p. 394.

[1032] Cf. *idem, ibidem*, pp. 396-397. Mais uma vez se reitera a ideia que o faz em contornos programáticos, ou seja, além das (quiméricas) garantias adequadas a que o art. 22º, nº 3 se refere, estabelece o art. 9º, nº 1 que "a utilização da [IA] deve ser orientada pelo respeito dos direitos fundamentais, garantindo um justo equilíbrio entre os princípios da explicabilidade, da segurança, da transparência e da responsabilidade, que atenda às circunstâncias de cada caso concreto e estabeleça processos destinados a evitar quaisquer preconceitos e formas de discriminação". O regime vigente não concretiza um único critério estatístico, métrica ou técnica passível de ser aplicável para adimplir a este tipo de normas-fim, asserção esta passível de desembocar, como vimos, numa inconstitucionalidade por omissão de medida legal.

interna, o sentido impróprio de 'lei' restritiva, mediata e implícita, e não concretizadora[1033]. Ora, na esteira de José Gomes Canotilho:

> "Os direitos consideram-se direitos *prima facie* e não direitos definitivos, dependendo a sua radicação subjetiva definitiva da ponderação e da concordância feita em face de determinadas circunstâncias concretas. O *Tatsbestand* (o domínio normativo) de um direito é também sempre, em primeiro lugar, 'um domínio potencial', só se tornando um domínio *atual,* (...) averiguadas as condições concretamente existentes (...)"[1034].

A este respeito, a norma constitucional do art. 61º, nº 1 remete para a lei a definição dos quadros nos quais se exerce a liberdade de iniciativa económica privada. Trata-se de uma previsão de reserva de conformação do âmbito potencial do próprio direito fundamental direcionada ao legislador ordinário. Como tal, os poderes de concretização do conteúdo deste são *a priori,* mais amplos[1035]. De qualquer forma, mesmo relativamente a normas programáticas como esta, o regime vigente e aplicável às decisões automatizadas não se destina, de modo algum, a regular a vertente liberdade, quer de criação, quer da própria gestão das empresas que operam no mercado da IA[1036]. Indiretamente, o teor proibitivo das normas aplicáveis

[1033] As restrições mediatas não são impostas, quer direta, quer expressamente pelo texto constitucional. Cf. *idem, ibidem,* p. 478. Já as restrições implícitas, "derivadas (...) da necessidade de salvaguardar outros 'interesses constitucionalmente protegidos', (...) [fundamentam-se], não em preceitos avulsos, mas sim em princípios constitucionais paralelos aos que alicerçam as restrições expressas". Cit. *idem, ibidem,* p. 481.

[1034] Cit. José Gomes Canotilho – *op. cit.,* 2021, p. 1273.

[1035] Cf. Acórdão do Tribunal Constitucional nº 187/2001 ... *supra;* e Acórdão do Tribunal Constitucional nº 328/94, de 31 de janeiro, Processo nº 641/92, 2ª Secção, Relator Juiz Conselheiro Bravo Serra.

[1036] Cf., acerca da distinção entre regulamentação ou concretização legislativa, por um lado, e das restrições, por outro, Jorge Miranda – *Direitos ..., op. cit.,* 2020, p. 398, segundo o qual: "uma coisa é a *regulamentação* ou preenchimento ou desenvolvimento legislativo (ou, porventura, convencional) do conteúdo do direito; outra coisa é a *restrição* ou diminuição ou compressão desse conteúdo. Uma coisa é regulamentar, por (...) razões de certeza jurídica, de clarificação ou de delimitação de direitos; outra coisa é restringir com vista a certos e determinados objetivos constitucionais. A regulamentação pode conduzir à ampliação dos direitos com base da cláusula aberta do art. 16º, nº 1; nunca pode reverter, sob pena de desvio do poder legislativo, em restrição (...). Muito menos se confunde a restrição com a concretização legislativa, destinada a conferir, total ou parcialmente, exequibilidade a normas constitucionais não exequíveis por si mesmas. Ao contrário da restrição, esta prende-se (...)

às decisões automatizadas, ao nível interno, repercute-se, isso sim, numa restrição ao exercício do direito ou à liberdade de empresa.

> "A conversão de um direito *prima facie* em direito definitivo poderá, (...) ser objeto de lei restritiva, que, nos casos autorizados pela Constituição, [é] um primeiro instrumento de resolução de conflitos" [1037]. "Situado no contexto de ordem constitucional, qualquer direito sofre o influxo dos valores e interesses que esta prossegue, dos deveres que consagra e dos princípios institucionais que objetiva. (...) Ora, desses deveres e desses princípios podem derivar *restrições,* ou sejam, amputações ou compressões de faculdades em maior ou menor escala (...)" [1038].

Então, também relativamente a preceitos com esta natureza são subsumíveis leis restritivas, no sentido impróprio que ora se lhe consigna ou apura. Tal sucede, desde logo, contanto a restrição material *sub judice,* além de poder não ser proporcional ou irrazoável, *infra,* não se funda nas regras e princípios constitucionais e não designa expressamente os direitos em conflito ou os preceitos em que repousa a sua definitividade[1039]. Também os desacertos omissivos *ante* apurados, *supra,* em clara preterição do princípio da legalidade e da proibição do *ne bis in idem* em matéria contraordenacional (art. 29º, nºs 2,3, 4 e 5 da CRP), são suscetíveis de aniquilar por completo a 'sobrevivência' do tecido empresarial de pequena e média dimensão, *infra.* É esta a verdadeira radicação subjetiva e definitiva do direito fundamental à empresa, resultante da ponderação e da concordância feita entre as dimensões de liberdade deste e as normas relativas às decisões automatizadas. Logo, a sua definitividade redunda em conjeturas concretas refletidas numa completa frustração da competitividade e dinâmica empresarial com escopo IA.

à liberdade, maior ou menor, de conformação do legislador (sempre exigida, quando se trate de normas programáticas, pela abertura da Constituição a diferentes alternativas políticas, em regime democrático pluralista".

1037 Cit. José Gomes Canotilho – *op. cit.,* 2021, p. 1273.

1038 Cit. Jorge Miranda – *Direitos ...op. cit.,* 2020, pp. 394-395.

1039 Cf. *idem, ibidem,* p. 486.

14.2.3. Incumbências do Estado decorrentes da 'Constituição Económica': uma Omissão constitucionalmente Relevante?

145. Mais uma vez, embora num âmbito diferente – quanto à liberdade de iniciativa privada -, se reitera que o grau de determinabilidade da lei é tão exíguo, *supra*, que não se garante aos destinatários da normação (agora, sobretudo aos responsáveis pelo tratamento) um conhecimento preciso, exato e tempestivo dos critérios legais que o texto constitucional determina expressamente serem da incumbência do legislador [1040]. Em última instância, ao omitir parcialmente as condições aplicáveis ao tratamento automatizado de dados, o Estado pode mesmo não ter feito jus a três das suas incumbências decorrentes da 'Constituição Económica'. A saber, em setores de atividade como a IA, são ainda desígnios do órgão legiferante os deveres de, respetivamente:

- "assegurar o funcionamento eficiente dos mercados, de modo a garantir a equilibrada concorrência entre as empresas, a contrariar as formas de organização monopolistas e a reprimir os abusos de posição dominante e outras práticas lesivas do interesse geral"[1041];
- "criar os instrumentos jurídicos e técnicos necessários ao planeamento democrático do desenvolvimento económico"[1042]; e
- incentivar a atividade empresarial, em particular das pequenas e médias empresas geradoras de emprego[1043].

Importa, contudo, apurar se se verifica ou não a omissão, constitucionalmente relevante, das medidas necessárias a efetivar a liberdade de iniciativa privada. De facto, na conjuntura atual a maior parte dos beneficiários da IA são empresas privadas, sobretudo grandes multinacionais que 'monopolizam' o mercado dos dados. Só estas dispõem de capital próprio para suportar as coimas 'draconianas' que o RGPD estatui, mais uma vez, em contornos de omissão constitucionalmente relevante. Coloca-se então a seguinte questão: haverá – por de entre a miríade regulatória indeterminada e intrinsecamente proibitiva-, algum 'nicho' de mercado para que, num futuro vindouro, empresas tecnológicas de pequena e média dimen-

[1040] Cf. *idem, ibidem*, p. 487.

[1041] Cit. art. 81º, al. f) da CRP.

[1042] Cit. art. 81º, al. j) da CRP.

[1043] Cf. art. 86º, nº 1, conjugado com o art. 100º, al. d) da *norma normata*.

são augurem atingir níveis de competitividade semelhantes aos das *Giant Tech*? Previu o legislador um regime destinado a assegurar o funcionamento mais eficiente deste mercado? Não será a legalidade do RGIMOS um instrumento técnico-jurídico necessário ao correto planeamento democrático do desenvolvimento económico? Concorda-se com Jorge Miranda quando este afirma "(...) as normas que consagram direitos económicos, sociais e culturais são quase todas normas programáticas, e a inconstitucionalidade por omissão é a sua violação mais caraterística"[1044]. Não obstante, em nosso entender, tal controlo não é passível de ser verificado na circunstância *sub judice*. A afetação do bem jurídico em voga resulta, não da omissão ou da falta de concretização legal da posição jusfundamental, antes da preterição da legalidade do ilícito contraordenacional. Consequentemente, de seguida, verifica-se ser impreterível analisar se num futuro próximo é possível ou não que o TC possa decretar a inconstitucionalidade pela circunstância, também ela, pessoal e análoga, da restrição implícita e injustificada à liberdade de empresa, *infra*.

14.2.4. Preterição do Sentido Restritivo

146. A CDFUE consagra no seu art. 8º, nº 1, que "todas as pessoas têm direito à proteção dos dados de caráter pessoal que lhes digam respeito". Tutela similar resulta do art. 16º do TFUE. Já o considerando 4 do RGPD concretiza o seu caráter relativo. Quer isto dizer que a proteção de dados pessoais não é absoluta. Pode ser objeto de atos restritivos. Deve ser considerada "em relação à sua função na sociedade" e equilibrada "com outros direitos fundamentais, em conformidade com o princípio da proporcionalidade".

147. Da mesma natureza relativa partilha a liberdade de iniciativa privada, programaticamente consagrada no art. 61º, nº 1 da CRP, *supra*, tal como concretizado pela jurisprudência constitucional, entre outros, no Acórdão nº 392/89, de 14 de setembro, segundo o qual:

> "Não significa (...) que seja um direito 'absoluto', cujo conteúdo esteja determinado 'naturalmente'. Para além de ter de conviver com outros direitos e de, logo por aí, haver de sofrer limitações, a iniciativa económica pri-

[1044] Jorge Miranda – *op. cit.*, 2000, p. 351.

vada tem uma função social a cumprir: há-de ser 'instrumento de progresso coletivo'"[1045].

148. Quanto à força jurídica dos direitos e princípios consagrados na CDFUE, este ato europeu primário preceitua, no seu art. 52º, nº 1, que:

> "Qualquer restrição ao exercício dos direitos e liberdades reconhecidos pela presente Carta deve ser prevista por lei e respeitar o conteúdo essencial (...). Na observância do princípio da proporcionalidade, essas restrições só podem ser introduzidas se forem necessárias e corresponderem efetivamente a objetivos de interesse geral reconhecidos pela União, ou à necessidade de proteção dos direitos e liberdades de terceiros".

De qualquer forma, "respeitar os direitos, observar os princípios e promover a sua aplicação, de acordo com as respetivas competências" da UE, tal-qual previsto no art. 51º, nº 1, *in fine*, da Carta, não pressupõe ou sequer poderá alguma vez assentir a ablação completa e incompreensível de todos aqueles que diligenciem envidar esforços em prestar serviços relacionados com a IA[1046]. Como se intui, a ponderação ou o juízo de proporcionalidade aqui subjacente não pode mais resultar tão-somente do Direito da UE, pois que este consagra uma tutela exígua relativa à liberdade de iniciativa privada. Afinal, o balancear dos interesses constitucionalmente conflituantes deverá de ser efetuado, dentro do quadro juscomunitário de valoração possível e inalienável sobre a proteção de dados e da não discriminação, à 'revelia' do próprio princípio do primado e do efeito direto.[1047]

Também aqui, já não mais pode valer o brocardo a partir do qual se eleva (e, consequentemente, se sobrevaloriza) a dimensão europeísta do Direito Comunitário ao todo da soberania nacional. Hoje, não mais é (nem pode voltar a ser) pelo facto de o Direito da UE não 'querer', que os engenheiros não podem 'sonhar' e as grandes 'obras concorrenciais' podem ficar por 'nascer'.

[1045] Cit. Acórdão do Tribunal Constitucional nº 392/89, de 14 de setembro ... *supra*. Cf., no mesmo sentido, Acórdão do Tribunal Constitucional nº 75/13, de 31 de janeiro ... *supra*; e Acórdão do Tribunal Constitucional nº 76/85, de 6 de maio, ... *supra*.

[1046] Cit. Diogo Morgado Rebelo – A engenharia do Direito, não artificial ... *supra*.

[1047] "O princípio da proporcionalidade, a nível da União Europeia, não tem necessariamente a mesma densidade e o mesmo sentido que lhe é reconhecido no direito interno. Internamente, o princípio da proporcionalidade tem dignidade constitucional e constitui um subprincípio densificador do princípio do Estado de direito democrático (...)". Cit. Miguel Gorjão-Henriques, Miguel – *Direito da União - História, Direito, Cidadania, Mercado Interno e Concorrência*, 9ª ed.,Coimbra, Almedina, reimpressão, 2022, p. 347.

149. Em causa está, internamente, um conflito de direitos jusfundamentais em sentido estrito – i.e., duas posições de vantagem, dois destinatários diferentes[1048]-, em relação ao qual não ressaltam (nem tal podia acontecer) soluções apriorísticas.

> Apenas cabe indicar [os] pontos de partida [metodológicos]: 1º) Discernir os bens jurídicos subjacentes à luz do princípio da dignidade da pessoa humana; 2º) Aproveitar todas as virtualidades hermenêuticas de harmonização de regras e de princípios; 3º) Atender às circunstâncias do caso para aí proceder à concordância prática ou à ponderação; 4º) Considerar os efeitos da solução quer no âmbito dos factos quer no do sistema jurídico em geral; e 5º) Quando haja conflitos que envolvam restrições de direitos, devem ser solucionados à luz do art. 18º nºs 2 e 3"[1049].

Ora, a colisão suscitada vivifica-se em abstrato entre:

(a) Por um lado, a determinação (parcialmente omissiva) das condições aplicáveis ao tratamento automatizado de dados , decorrentes, do art. 35º, nº 2 da CRP – *in casu,* consignados aos titulares respetivos; e,
(b) Por outro, a liberdade de iniciativa económica privada, da parte dos responsáveis pelo tratamento, nos termos do art. 61º, nº 1, aliada à preterição da exigência de legalidade nos ilícitos contraordenacionais correspondentes, tal como resulta do art. 83º, nº 5, als. a) e b) do RGPD, do art. 2º do RGIMOS e do art. 29º, nºs 2,3,4 e 5, *ex vi* do art. 32º, nº 10, estes últimos da *norma normata, supra.*

Com efeito, em primeiro lugar, resulta do art. 18º, nº 2 da CRP, respetivamente, que:

> "Só [a lei] pode restringir direitos, liberdades e garantias nos casos expressamente previstos na Constituição, devendo as restrições limita-se ao estritamente necessário para salvaguardar outros direitos ou interesses constitucionalmente protegidos".

1048 Cf., com as devidas adaptações temáticas, José Gomes Canotilho & Vital Moreira – *op. cit.,* 1991, p. 135.
1049 Cit. Jorge Miranda – *Direitos ..., op. cit.,* 2020, pp. 401-402; e *idem – Curso ..., op. cit.,* 2020, p. 133.

Daqui decorre que uma nova normação –como a resultante do art. 22º do RGPD e do art. 9º, nº 1 da CPDHED – não pode atingir de forma intolerável os interesses e as legítimas expetativas dos responsáveis pelo tratamento, tanto no que contende com a dimensão de liberdade do direito à iniciativa privada jurídico-constitucionalmente tutelável (nos termos do art. 61º da CRP, à luz do art. 18º, nºs 2 e 3, este último, *in fine,* desta *norma normarum*) como na vertente da legalidade do ilícito contraordenacional (em consonância com o art. 29º, *ex vi* do art. 32º, nº 10, ambos da CRP). É este (ou deveria ser este) o cerne do Estado de Direito Democrático na era digital, "aquele em que interagem o princípio da maioria e a garantia dos direitos fundamentais mediatizada pelo controlo da constitucionalidade"[1050]. Nestas matérias, o legislador deve então procurar, em sede de novas políticas legiferantes, um equilíbrio entre o direito, liberdade e garantia (ou seja, a proteção de dados pessoais) e o outro de feição económica (i.e., a liberdade de empresa ou iniciativa privada), que beneficia da mesma força de regime por analogia, e que se vê afetado *a priori* pela preterição das exigências de lei escrita, prévia, certa e estrita[1051]. Ora, tratando-se de um conflito entre duas dimensões de princípio concernentes ao regime dos direitos, liberdades e garantias – ambas passíveis de serem sujeitas a reserva de lei restritiva, desde logo, atendendo à sua natureza relativa-, "o legislador pode fazer ingerências ou limitar o exercício [destas] na medida necessária, estabelecendo, de forma proporcionada, a concordância prática entre ambos"[1052].

Face ao antedito, o solucionar deste impasse requer o recurso às dimensões ou subprincípios por detrás da ideia ou teste de proporcionalidade – por enquanto, tão-só conatural às relações entre pessoas[1053], como sejam: (1) – a adequação; (2) a necessidade; e (3) a proibição do excesso[1054].

[1050] Cit. *idem, ibidem*, p. 127, adaptado à matéria das decisões automatizadas na IA.

[1051] Cf. Jorge Miranda – *Direitos ..., op. cit.*, 2020, p. 385, com os ajustes à tópica *sub judice.*

[1052] Cit. José Gomes Canotilho & Vital Moreira – *op. cit.*, 1991, p. 137. "O peso de um direito (pressupondo que não é absoluto) é o poder para suportar a competição com outros direitos (...) A proporcionalidade, neste contexto, significa uma relação entre duas grandezas variáveis e, concretamente aquela que melhor corresponda a uma tarefa de otimização, não uma relação entre um 'objetivo' constante e um ou mais meios variáveis (...)". Cit. Jorge Miranda – *Direitos ..., op. cit.*, 2020, p. 485, anotação em rodapé nº 1212.

[1053] Cf. Jorge Miranda – *Curso ..., op. cit.*, 2020, p. 120.

[1054] *Vide,* Cf. Laura Nunes Vicente – O Princípio da Proporcionalidade: Uma Nova Abordagem em Tempos de Pluralismo, Prémio Doutor Marnoco e Sousa, Instituto Ivrídico da

Quanto ao balanceamento jusfundamental de interesses contrastantes, Jorge Miranda afirma que:

> "O juízo a emitir não se reconduz então a algo de meramente cognoscitivo. Trata-se, sim, de uma funcionalidade teleológica ou axiológica e não de qualquer funcionalidade (...) semântica" [1055]. "A intervenção legislativa, dependente de certa e determinada conjuntura política, económica e social, tem de prosseguir um fim assumido ou suscetível de ser assumido pela consciência jurídica geral; a medida ou a solução adotada deve ser adequada a esse fim; ela deve ser a mais adequada possível, a necessária, excluindo outras alternativas; não deve ser excessivamente gravosa no contexto do sistema e nunca vulnerando o conteúdo essencial de qualquer direito fundamental; nem deve ser tal que razoavelmente os cidadãos não contassem que ela viesse a ser tomada. (...) Importa atender às pessoas que são afetadas pela medida legislativa e o maior ou menor peso ou custo que sobre elas recai"[1056].

(1) Quanto à primeira exigência, a da adequação, dir-se-á que a consagração de incumbências sonegadamente proibitivas, aliadas a salvaguardas adequadas – à luz do atual estado ou *praxis* engenheirística, indeterminadas e constitucionalmente omissivas -, e a inexistência de critérios legais ou de métricas estatísticas cristalizadoras de uma maior certeza jurídica (o meio), aplicáveis às decisões automatizadas, não se revelam, em abstrato, enquanto meios idóneos ou aptos, nem a mitigar os efeitos discriminatórios, quanto mais a conferir exequibilidade à transparência ou à explicação em sede de autodeterminação informativa (os fins)[1057];

Faculdade de Direito da Universidade de Coimbra, 2014, pp. 23-33; Pedro Machete & Teresa Violante – "O Princípio da Proporcionalidade e da Razoabilidade na Jurisprudência Constitucional, também em relação com a Jurisprudência dos Tribunais Europeus". In: *XV Conferência Trilateral dos Tribunais Constitucionais de Espanha, Itália e Portugal*, Roma, 2013, pp. 27-29. Estes subprincípios são aplicados por ordem lógica. Devem relacionar-se "entre si segundo uma regra de precedência do mais abstrato perante o mais concreto, ou mais próximo (pelo seu conteúdo) da necessária avaliação das circunstâncias específicas do caso da vida que se aprecia". Cit. Acórdão do Tribunal Constitucional nº 632/2008, de 28 de dezembro, Processo nº, 977/2008, Relatora Juíza Conselheira Maria Lúcia Amaral. Cf., no mesmo sentido, Jorge Miranda – *Direitos ..., op. cit.*, 2020, p. 340, anotação em rodapé nº 827.

[1055] Cit. Jorge Miranda – *Curso ..., op. cit.*, 2020, p. 121.

[1056] Cit. *idem, ibidem*, pp. 127-128.

[1057] Cf. Vitalino Canas – *O Princípio da Proibição do Excesso na Conformação e no Controlo de Atos Legislativos*, Teses de Doutoramento, Coimbra, Almedina, 2017, p. 577; e Acórdão do

sem prescindir, ainda que "a formulação de um juízo negativo acerca da adequação [prejudique] logicamente a necessidade de aplicação dos outros testes"[1058]

(2) Quando se sujeitam estas normas à prova de necessidade ou exigibilidade, é dúbio considerar-se que inexistem quaisquer outras alternativas consideravelmente menos interferentes e que não prometeriam uma intensidade de satisfação muito superior[1059]. A este respeito, facilmente se comprova que uma teoria do direito à tomada de decisões *machine-made, ab ovo,* traduzida no uso apriorístico, razoável e lógico-inferencial dos sistemas de IA, ainda que concretizado com algumas exceções de regime – atendendo às várias finalidades previstas –, viabilizaria alcançar *performances* e interações mais exatas (ou até, mais seguras) com os utilizadores finais. Tanto assim é que:

a. são vagarosos os progressos vivificados em sede da quimérica explicação ou interpretação algorítmico-modelar, para efeitos de autodeterminação informativa – necessidade material;

Tribunal Constitucional nº 632/2008, de 28 de dezembro ... *supra.* "Pressuposta a legitimidade do fim consignado na norma, a *idoneidade ou adequação* traduz-se na propositura de um meio adequado à sua prossecução. Perante um bem juridicamente protegido, a intervenção ou a providência a adotar pelo órgão competente tem de se achar em correspondência com ele". Cit. Jorge Miranda – *Direitos ..., op. cit.,* 2020, p. 339; e *Curso ..., op. cit.,* 2020, p. 121. "(...) A determinação da relação entre uma (...) medida, ou as suas alternativas, e o grau de consecução de um determinado objetivo envolve, por vezes, avaliações complexas, no próprio plano empírico (social e económico). É de tal avaliação complexa que pode, porém, depender a resposta à questão de saber se uma medida é adequada a determinada finalidade". Cit. Acórdão do Tribunal Constitucional nº 187/2001, de 2 de maio, ... *supra.*

[1058] Cit. Acórdão do Tribunal Constitucional nº 632/2008, de 28 de dezembro ... *supra.*

[1059] "A *necessidade ou exigibilidade* do meio significa que é ele, entre os que poderiam ser escolhidos *in abstracto,* aquele que melhor satisfaz *in concreto* – com menos custos nuns casos e mais benefícios noutros – a realização do fim; e, por isso, tal a providência, a decisão a ser tomada". Cit. Jorge Miranda – *Direitos ..., op. cit.,* 2020, p. 339; e *Curso ..., op. cit.,* 2020, p. 121. "Também conhecido por necessidade de escolha do meio mais benigno, [é] este um exame mais 'fino', ou mais próximo das especificidades do caso concreto: através dele se avalia a existência – ou inexistência –, na situação da vida, de várias possibilidades (igualmente idóneas) para a realização do fim pretendido, de forma que se saiba se, in casu, foi escolhida, como devia, a possibilidade mais benigna ou menos onerosa para os particulares". Cit. Acórdão do Tribunal Constitucional nº 632/2008, de 28 de dezembro ... *supra.* Cf. Vitalino Canas – *op. cit.,* 2017, p. 605; e Acórdão do Tribunal Constitucional nº 187/2001, de 2 de maio, ... *supra.*

b. não é exequível, mesmo às inteligências mais prodigiosas, tanto armazenar como supervisionar Peta/Exa-bytes de informação em operações aritmético-computacionais com níveis de controlo satisfatórios (ou antes, suficientes) em ambientes computacionais de alto desempenho – alguns deles, paralelos e mesmo já *quantum* – não rastreáveis e, por vezes, insuscetíveis mesmo de lhes serem impregnadas técnicas de engenharia reversa – necessidade temporal;
c. um lhano direito, e não uma proibição sonegada enquanto posição jurídica ativa de vantagem, afigurar-se-ia ser a medida menos lesiva ou menos onerosa possível para os consumidores – atualmente, internautas-, os quais as mais das vezes nem sequer se apercebem estarem investidos na posição de titular dos dados pessoais, atento o fenómeno iliteracia digital e financeira do cidadão médio – necessidade pessoal; e, por último,
d. em contornos relativos ao hiato transmissão à escala *Big Data Analytics*, o axioma velocidade expõe incomensuráveis taxas de transmissão por segundo (*bits/s*), de entre diferentes pontos geográficos, alguns mesmo transfronteiriços – necessidade espacial; e

embora se conceba prejudicada a inevitabilidade de recurso ao último teste,

(3) Segue-se a análise com a ponderação da proporcionalidade *stricto sensu* ou justa medida, enunciado subprincípiológico este que prima (ou, pelo menos, deveria pelejar) pela razoabilidade das medidas ou dos interesses conflituantes em jogo[1060]. A este propósito, são

[1060] A dimensão de proporcionalidade *stricto sensu* ou justa medida, nas palavras de Jorge Miranda, "implica que o órgão proceda a uma correta avaliação da providência em termos quantitativos, e não só qualitativos, de tal sorte que ela não fique aquém ou além do que importa para se alcançar o resultado devido, nem mais, nem menos". Cit. Cit. Jorge Miranda – *Direitos ...*, *op. cit.*, 2020, pp. 339-340; e *Curso ...*, *op. cit.*, 2020, p. 121. Nela, "valoram-se e contrapõem-se "os efeitos positivos (...) e os (...) negativos com aqueles colidentes, [através da] mediação de um *tertium comparationis* que permita estabelecer uma relação ordinal de mais/menos (ou maior ou menor ou igual entre importância daqueles efeitos)". Cit. Vitalino Canas – *op. cit.*, 2017, p. 795.

evidentes os perigos e abusos típicos decorrentes de uma discricionariedade desproporcional e irrazoável, expressa a título contraordenacional, embora quase como se de uma sanção pecuniária de matriz penal materialmente se trate[1061]. Os responsáveis pelo tratamento não se encontram de modo algum (sejam eles, analistas de crédito, economistas, juízes, advogados, engenheiros informáticos ou até psicólogos) capazes de depreender os elementos essenciais que suportam a licitude ou o *compliance* de uma operação de tratamento de dados pessoais, sem (ou até mesmo) após a aprovação e entrada em vigor do Regulamento relativo à IA. É aqui, portanto, dentro do paternalismo exacerbado subjacente aos múltiplos interesses axiológico-normativos, que a doutrina (júris) perita do Direito da IA pode autonomizar um subprincípio, dentro ou ainda na vertente da proibição de excesso – a razoabilidade[1062]. Assim, uma solução legiferante do (ou para um) melhor Direito e Tecnologia da IA, ainda que pressuponha *ab ovo* o ajuizamento de uma confiança previamente tutelável pode, deve ou até tem de ser exclusivamente aquilatada através do balanceamento razoável dos interesses públicos prosseguidos (a *ratio* hipotética da medida) e os interesses privados das empresas (para o propósito, quase sempre desproporcionalmente desfavorecidos pela sua adoção).

150. A inconstitucionalidade por preterição de um direito como este não se verifica apenas quando o seu conteúdo essencial é obliterado. Basta que seja desproporcional. Ou seja, pode ocorrer de igual modo, quando

[1061] Cf. Maria De Sousa Simões – *op. cit.*, 2019, p. 120.

[1062] "O princípio da razoabilidade surge relacionado com o princípio da proporcionalidade em sentido estrito, e orienta-se para a avaliação da razoabilidade da imposição na perspetiva das suas consequências na esfera pessoal daquele que é afetado. Nesse plano, a questão não se coloca na adequação da gravidade do sacrifício imposto em relação à importância ou premência da realização dos fins prosseguidos, mas na circunstância de ocorrer uma afetação inadmissível ou intolerável do ponto de vista de quem a sofre e por razões atinentes à sua subjetividade". Cit. Acórdão do Tribunal Constitucional nº 413/2014, de 30 de maio, Processos nºs 14/2014; 47/2014 e 137/2014, Relator Juiz Conselheiro Carlos Cadilha. Há "inconstitucionalidade (...) sempre que a quantidade ou qualidade dos encargos impostos excede o que é legitimamente tolerável pela liberdade e autonomia pessoal em Estado de Direito". Cit. Jorge Reis Novais – *Os Princípios Constitucionais Estruturantes da República Portuguesa*, Coimbra, Coimbra Editora, 2004, p. 190, *cit. in.* Acórdão do Tribunal Constitucional nº 413/2014, de 30 de maio ... *supra*.

uma faculdade nele abrangida ou até uma incumbência por ele imposta seja desproporcionalmente afetada[1063]. De qualquer forma, releva perceber até que ponto o regime das decisões automatizadas diminui "a extensão e o alcance do conteúdo essencial de preceitos constitucionais" como a iniciativa privada. Tal pressuposto (ou força jurídica) resulta do art. 18º, nº 3 da CRP.

Assinala-se, desde logo, que são de rejeitar as teses relativistas, pois confundem a ideia de proporcionalidade com o conteúdo essencial, dimensões estas que se entrecruzam, mas que não se sobrepõem[1064].

E porque 'balizar' por palavras o conteúdo essencial da iniciativa privada é um "trabalho interpretativo aparentemente dos mais árduos e melindrosos"[1065], cabe, ainda a título prolegómeno, concetualizar esta terminologia, genericamente, para só numa fase ulterior se aludir ao teor consignável a esta posição jusfundamental, insuscetível de ser alienada por lei restritiva, *hoc sensu*.

> O conteúdo essencial de um preceito ou direito "(...) vem a ser a faculdade ou o acervo de faculdades atribuídas em razão de um bem jurídico relevante, quer dizer, uma realidade antropológica que, no sistema constitucional de valores, merece garantia e proteção frente ao poder político e a qualquer outra manifestação de poder. (...) Conteúdo essencial tem de ser entendido como um limite absoluto correspondente à finalidade ou ao valor que justifica o direito"[1066]. "Pode, acaso, a lei não retirar toda a utilidade ao direito e, não obstante, afetar o seu conteúdo essencial, por subverter ou inverter o bem jurídico protegido. O conteúdo essencial tem de se radicar na Constituição, e não na lei – porque (mais uma vez) é a lei que deve ser interpretada de acordo com a Constituição, e não a Constituição de acordo com a lei"[1067].

[1063] Cf. JORGE MIRANDA – *Direitos ..., op. cit.,* 2020, p. 393, genericamente.

[1064] Cf. *idem, ibidem,* p. 390. *Vide,* JORGE PEREIRA DA SILVA – "Interdição de proteção insuficiente, proporcionalidade e conteúdo essencial": In: *Estudos em Homenagem ao Prof. Doutor Jorge Miranda, Direito Constitucional e Justiça Constitucional,* Obra Coletiva II, Coimbra, Coimbra Editora, 2012, pp. 201 e ss. Em sentido contrário, parecendo relativizar a dimensão do conteúdo essencial, RAQUEL BRÍZIDA CASTRO – *op. cit.,* 2012, p. 232; e JOSÉ GOMES CANOTILHO & VITAL MOREIRA – *op. cit.,* 2007, p. 395.

[1065] Cit. *idem, ibidem,* p. 389, com as devidas adaptações temáticas.

[1066] Cit. *idem, ibidem,* p. 132 e p. 390.

[1067] Cit. *idem, ibidem,* p. 133.

In casu, como é intuível, o conteúdo essencial da liberdade de empresa não é algo que possa ser descrito em si, por si, em abstrato, uma vez por todas e para todas as circunstâncias em que se insere a sua definitividade. Pode, deve (ou até tem que) ser compatibilizado com a sua função na sociedade contemporânea.

Tendo esta linha de raciocínio em perspetiva – aquando da regulação, internamente, por um lado, e da transposição ou execução de atos juscomunitários- , por outro, torna-se imprescindível que se considerem as condições de uma economia mista e as políticas a partir das quais as incumbências do Estado se realizam, à luz do próprio texto e da jurisprudência constitucional.

> "Significa [tudo] isto que os operadores económicos privados podem reivindicar um espaço para o exercício da sua atividade, não podendo a lei suprimi-lo ou reduzi-lo em termos de remeter o sector de atividade económica privada para uma posição insignificante, nem podendo, bem assim, impor-lhe condicionamentos ou restrições que tornem o seu exercício particularmente oneroso"[1068].

Destarte, por mais que uma restrição arbitrária – como esta *sub judice* – consubstancie um índice relativamente seguro da ofensa do núcleo 'intocável' da iniciativa privada, há-de coexistir no desenvolvimento da cultura cívica e constitucional de hoje, desta novel era digital – imbricável, diretamente, na economia dos dados – algo que confira à liberdade de empresa uma dimensão tipológica, de feição *normata,* dissociável dos demais preceitos.

É inadiável ser necessário melhor assegurar uma orla de legalidade que possibilite aos responsáveis pelo tratamento afirmar com segurança e certeza que se encontram presentes no regime das decisões automatizadas os "instrumentos jurídicos e técnicos necessários ao planeamento democrático do desenvolvimento económico", que assegurem "o reforço da inovação (...) tecnológica" e o "funcionamento eficiente do mercado [do crédito ao consumo], de modo a garantir a equilibrada concorrência" e a incentivar "a atividade empresarial, em particular das pequenas e médias empresas"[1069].

[1068] Cit. Acórdão do Tribunal Constitucional nº 392/89, de 14 de setembro ... *supra.*

[1069] Cit. arts. 81º, als. f) e j), art. 86º e art. 100º, al. b), todos da CRP.

Por outras palavras, é preciso restringir o *imperium* estatal e assegurar o respeito da liberdade de cada empresário, o 'substrato humano' que está por detrás das pessoas jurídicas com escopo funcional de IA. Estas, por conseguinte, devem passar a ser destinatárias de comandos-regras, que, mais tarde ou mais cedo, se esperam vir a ser concretizados, em contornos de maior determinabilidade, por lei escrita, prévia, certa e estrita.

14.2.5. Sinopse Conclusiva acerca da Inconstitucionalidade do Regime

151. Internamente, as condições aplicáveis ao tratamento automatizado na IA não satisfazem as exigências legais de ação que a própria Constituição incumbe ao legislador ordinário no art. 35º, nº 2.

Já num segundo plano de análise, o cotejo de entre os bens jurídicos dados pessoais, cristalizados na esfera jurídica dos titulares respetivos, e a liberdade de iniciativa privada, por parte dos responsáveis – em razão da violação dos ditames da legalidade do Direito Contraordenacional – inculca(rá) qualquer intérprete-aplicador a considerar a desproporcionalidade e a afetação do conteúdo essencial do bem jurídico 'liberdade de iniciativa económica privada' das normas plasmadas, tanto no art. 22º do RGPD, como no art. 9º, nº 1 da CPDHED. Tal ocorre sem que se anule a própria hierarquia valorativa dos direitos, liberdades e garantias.

Se aplicadas as coimas previstas no art. 83º, nº 5, als. a) e b) do RGPD, o desacerto normativo apurado, *supra,* irrazoável ou destruidor será diante a maioria do tecido empresarial, sobretudo o de pequena e média dimensão, que até então não prenuncia como operacionalizar, tanto *by design* como *by default,* os processos de *compliance* em qualquer tecnologia inteligente com matriz megadados pessoais"[1070].

É, então, o aniquilamento total da liberdade de empresa que não pode, em nosso entender, ser havido como constitucionalmente válido.

15. Declaração de Princípios: um Futuro Possível para Regular o *Scoring*

152. É inegável: cada vez mais os modelos de DM e ML decidem – em contornos exclusivamente automatizados – quem obtém os montantes do crédito ao consumo, ou, sendo o caso, quais as pessoas singulares em relação às quais é aprovado um aumento das quantias mutuadas.

[1070] Cit. DIOGO MORGADO REBELO – Parábola inconstitucional para o ser artificial ... *supra,* §§12-13 e § 15.

Urge, por conseguinte, discutir todas as questões abordadas nesta unidade capitular sem quaisquer maniqueísmos ou reservas mentais monodisciplinares. Os regimes jurídicos devem, de uma vez por todas, fomentar a conciliação necessária entre o reforço de entre a maior competitividade ou flexibilidade das empresas, potenciais mutuários, e a tutela efetiva dos dados pessoais dos consumidores.

> Trata-se, na esteira de Alessandra Silveira e Pedro Froufe, *mutatis mutandis,* "de uma conciliação difícil e necessariamente dependente de circunstâncias casuísticas. Isto é, uma equação que almeja otimizar uma cultura de cidadania de direitos (de reserva da privacidade e de domínio dos dados de cada um) sem impedir a implantação crescente da economia digital)"[1071].

É verdade que "nem todos os impactos da [IA] são facilmente reguláveis ou traduzíveis normativamente – e por isso a regulamentação tradicional [exortada, tanto pelo art. 22º do RGPD, como pelo art. 18º, nº 6, als. a) a c) da Proposta de Diretiva, de 30 de junho de 2021 ou até nos arts. 13º a 15º da Proposta de Regulamento relativo à IA] pode não funcionar"[1072]. Não se julga, contudo, que o maior problema da revolução digital em tarefas como a avaliação de solvabilidade seja o risco de regulação excessiva, de massas, antes pelo contrário. E pese embora a imprevisibilidade ou volatilidade deste setor em particular, o despertar das 'princesas adormecidas' – como sejam, o RGPD e a Proposta de Diretiva, de 30 de junho de 2021 ou até a Proposta de Regulamento relativo à IA– exorta, apesar das suas inúmeras imperfeições, alguns dos elementos centrais de uma reforma que reflete (ainda que em contornos excessivamente paternalistas e inconstitucionais) preocupações acrescidas em matéria de proteção de dados pessoais[1073].

153. Deste último capítulo decorre, e é já bem evidente, que se recusa liminarmente o recurso a regimes insuflados (ou antes, 'inflamados') por valores morais autopáticos. Compartilha-se a posição pelejada por aqueles

[1071] Cit. Alessandra Silveira & Pedro Froufe – "Do mercado interno à cidadania de direitos ... *supra,* p. 9.

[1072] Cit. *idem, ibidem,* p. 12.

[1073] Cf. com as devidas adaptações temáticas, *idem, ibidem,* p. 7 e p. 9, respetivamente.

que afirmam que a existência de normas sobre direitos fundamentais no universo jurídico "é independente da sua fundamentação moral e prevalece sobre esta"[1074]. Tanto assim é que se, por um lado, haverá que ter sensibilidade aos argumentos que olham para os riscos elevados da IA, em contraponto, também é impreterível reconhecer-se a insuficiência dos ditames, também eles deveras indeterminados, da própria ética. A premissa que se segue, vertida na declaração de princípios, *infra,* encontra os seus fundamentos nas palavras de Diogo Freitas do Amaral, no Manual de Introdução ao Direito, relativamente ao saber da engenharia, entre outras, enquanto fonte *juris cognoscendi.*

> "(...) Se uma norma jurídica de conteúdo técnico só pode ser entendida e 'decifrada' por intermédio do contributo decisivo de uma certa ciência, esta torna-se um meio necessário do *conhecimento* do Direito, e não apenas da sua *aplicação.* É para compreender e explicar essas normas jurídicas – e não apenas para aplicá-las – que se torna imperativo o recurso às ciências auxiliares do Direito. Estas auxiliam a revelá-lo, e não somente a aplicá-lo"[1075].

154. Assim, para cristalizar a maior confiança das partes interessadas e aprimorar o teor reflexivo desta discussão, propõe-se a reformulação da política europeísta (ou até, nacional, no ato de transposição) por referência aos seguintes axiomas ou à declaração pessoal de princípios, tomado por referência ao estado de arte engenheirístico.

> *1 – A todos os potenciais mutuantes deve ser garantido o direito ao uso razoável da Inteligência Artificial para avaliação da solvabilidade dos candidatos a crédito. O regime deve aplicar-se a todas as situações que envolvam a definição automatizada do perfil de solvência dos consumidores;*

[1074] Cf. Carlos Blanco de Morais – *op. cit.*, 2011, p. 519. "Direito e Moral são ordens normativas separadas e distintas, independentes entre si, sem que qualquer delas possa reivindicar supremacia sobre a outra. (...) Nem a Moral está subordinada ao Direito, nem este depende daquela; ambos os sistemas são independentes, cada um na sua esfera própria – o que não quer dizer que o Direito não possa incorporar no seu domínio regras morais. Pode fazê-lo, mas também pode impor normas jurídicas contrárias à Moral ou, pelo menos, a uma certa moral tradicional em dado país". Cit. Diogo Freitas do Amaral – *Manual de Introdução ao Direito,* (col. Ravi Afonso Pereira), vol. I, Coimbra, Almedina, 2017, p. 103.

[1075] Cit. Diogo Freitas do Amaral – *op. cit.*, 2017, p. 558.

2 – Tanto os dados recolhidos como as inferências são dados pessoais;

3 – Estas práticas são necessárias à celebração e execução de um contrato de crédito ao consumo entre o titular dos dados pessoais e o responsável pelo tratamento;

4 – O tratamento dos dados pessoais de crédito não pode ser realizado de uma forma incompatível com a avaliação de solvabilidade, nomeadamente em publicidade personalizada ou vendas cruzadas, entre outras;

5 – O disposto no número anterior não deve ser aplicado se o titular dos dados pessoais tiver prestado consentimento livre, específico e informado, no contexto de uma declaração escrita que lhe seja apresentada de uma forma que distinga claramente essas outras finalidades, e se o tratamento for necessário para o efeito dos interesses legítimos prosseguidos pelo responsável pelo tratamento ou por terceiros;

6 – Podem ser objeto de recolha, além das categorias financeiras e comportamentais tradicionais, as informações sociodemográficas e laborais indicadas na ficha de Informação normalizada europeia em matéria de crédito a consumidores, enquadradas pela legislação em vigor e com cobertura e detalhe informativo adequados para fundamentar a avaliação, com exceção daquelas pertencentes a classes protegidas ou indutoras de discriminação do tipo direto. O tratamento é ainda lícito em relação a preditores alternativos se o titular dos dados pessoais tiver dado o consentimento explícito, incluindo, para o efeito, os dados existentes nas plataformas de redes socias e excluindo os dados de saúde;

7 – Os processos inferenciais abrangidos nesta declaração de princípios são confiáveis quando:

a) Sejam objeto de um tratamento leal, na senda do princípio da igualdade;
b) Obedeçam aos princípios razoáveis da explicabilidade;
c) Tratados de uma forma que garanta a sua segurança;
d) Suscetíveis de recurso e auditáveis;
e) Baseados numa intervenção humana corretiva.

8 – Relativamente à faculdade a que se refere o alínea a) do número 7 desta declaração de princípios, a conceção ou o uso de modelos de Inteligência Artificial deve evitar quaisquer formas de discriminação indireta, designadamente sempre que um ou mais atributos das entradas ou das saídas, critério ou prática computacional aparen-

temente neutra coloque uma pessoa ou grupo de pessoas numa situação de desvantagem por motivos não indexáveis à sua capacidade financeira, presente ou previsivelmente futura, designadamente em comparação com outra pessoa ou grupo de pessoas, a não ser que tal seja objetivamente justificado por um objetivo legítimo e que os meios utilizados para o alcançar sejam adequados e necessários;

9 *– Nas circunstâncias referidas no número anterior, independentemente das métricas utilizadas nas operações de avaliação e monitorização das previsões, a mensuração da disparidade no resultado dos grupos desproporcionalmente mais afetados pelas recusas deve corresponder a não mais de 80 por cento;*

10 *– Ao titular dos dados pessoais deve ser reconhecido o direito à interpretação ou sugestão contrafactual, relativamente aos pedidos aceites e rejeitados, respetivamente, nos termos da alínea b) do número 7 desta declaração de princípios;*

11 *– O responsável pelo tratamento deve adotar ainda as medidas técnicas de proteção contra o tratamento não autorizado ou ilícito e contra a sua perda, destruição ou danificação acidental, de forma a assegurar a faculdade estabelecida na alínea c) do número 7 da presente declaração de princípios;*

12 *– Para efeitos da presente declaração, a noção de controlo humano deve ser orientada tão-só para o diagnóstico suplementar e para a gestão de falhas em tempo útil. Em relação a extes sistemas Inteligência Artificial, devem ser apurados níveis de exatidão melhor do que a execução da mesma tarefa pelo ser humano;*

13 *– Ao abrigo da presente declaração, o responsável pelo tratamento, individualmente ou em conjunto, aplica, segundo uma ordem de precedência, as medidas adequadas, previstas no número sete desta declaração de princípios, para salvaguardar os direitos e liberdades e legítimos interesses do titular dos dados pessoais;*

14 *– As recomendações extraídas dos sistemas de Inteligência Artificial devem ser comunicadas aos interessados, sendo suscetíveis de recurso e auditáveis;*

15 *– A equipa responsável pela conceção e desenvolvimento do modelo de aprendizagem pode e deve, em sede de auditorias internas ou externas, optar pela utilização de técnicas de explicabilidade globais, desde que não comprometam consideravelmente a fiabilidade das estimações;*

***16** – A avaliação de solvabilidade está sujeita a avaliações de impacto e conformidade antes da implementação no mercado ou da colocação em serviço dos sistemas de Inteligência Artificial;*

***17** – As faculdades enunciadas no número 7 devem ser balanceadas com a necessidade de as estimações serem as mais exatas e atualizadas possíveis, atendo ao atual estado de arte engenheirístico;*

***18** – As obrigações decorrentes dos direitos previstos nos números anteriores são extensíveis à pessoa singular ou coletiva, ou agência subcontratada para realizar a avaliação de solvabilidade;*

***19** – O encarregado da proteção de dados, para efeitos de avaliação de solvabilidade, baseada na Inteligência Artificial, é designado com base nas suas qualidades profissionais e, em especial, nos seus conhecimentos especializados no domínio do direito, da psicologia da tomada de decisão, ética e das práticas de proteção de dados, bem como na sua capacidade para desempenhar as funções referidas no artigo 39º do RGPD;*

***20** – O não cumprimento do disposto no presente artigo, imputável ao responsável pelo tratamento ou ao subcontratante, está sujeita a coimas até 5.000,00 € ou, no caso de empresa, até 1 % do seu volume de negócios anual a nível mundial correspondente ao exercício financeiro anterior.*

155. Nesta sinfonia inacabada, relativa ao 'assombro – IA' na avaliação de solvabilidade, o valor dos dados deve centrar-se, cada vez mais, tanto nas pessoas como nas instituições[1076].Talvez a solução transitória deva perpassar ora, além da retificação de alguns pontos do regime e da revogação da proibição geral vertida no art. 22º do RGPD – que, para efeitos do objeto de estudo, se pelejara consagrar na qualidade de direito à inferência razoável – pela aprovação de políticas educativas conducentes a uma maior literacia e autonomia digital nos vários quadrantes sociais, tal como resultantes, em especial, no caso do crédito ao consumo, do art. 34º, nº 1,

[1076] "É por isso que o sucesso ou o fracasso de uma empresa – e em última análise, de todo um mercado ou de uma economia – depende cada vez mais da qualidade dos seus algoritmos de aprendizagem. E estes, por sua vez, dependem dos nossos dados: quanto mais dados tiverem, mais aprendem". Cit. ALESSANDRA SILVEIRA & PEDRO FROUFE – "Do mercado interno à cidadania de direitos ... *supra*, p. 10.

da Proposta de Diretiva, de 30 de junho de 2021. Decerto, o melhor trilho a seguir em termos de política setorial traçar-se-á através de uma melhor infoliteracia, benéfica tanto para o quem responsável (conjunto) pelo tratamento de dados de crédito – atualmente, inapto a desvendar, em termos técnicos, as suas incumbências relativas ao acervo de garantias adequadas – como para os próprios (ciber)consumidores, titulares dos dados – então saturados de expressões técnico-jurídicas que em nada os auxiliam a efetivar uma compreensão singela e holística, tanto da lógica concreta subjacente, como das consequências de discriminação de grupos que esta tipologia de tratamento pode fomentar. Importa sobretudo conscientizar os consumidores para que façam as suas escolhas individuais, aderindo às ofertas públicas no crédito ao consumo, em razão dos dados pessoais necessários – e, também, de outros, que queiram consciente e livremente partilhar – neste que é um procedimento pré-negocial (ou de execução) contratual. Só assim poderão, a curto ou médio prazo, ser tomadas e garantidas as medidas adequadas que, por ora, em contornos quiméricos, salvaguardam os seus direitos, liberdades e interesses legítimos. A melhor ver, só estando reunidas as matrizes de uma efetiva autodeterminação informativa, poderá o titular encontrar-se habilitado a manifestar o seu ponto de vista e, querendo, contestar a decisão de recusa[1077].

156. Feitas as contas, parece que as políticas europeias para a IA são implementadas por razões de maniqueísmo antropocêntrico, para não dizer autopáticas ou de conveniência axiológica-normativa. A Europa já está (e estará) bastante atrasada em relação a países como os Estados Unidos e a China. Certo é que os sistemas jurídicos são diferentes, assim como os níveis de proteção aos cidadãos. Propõe-se, neste semblante, começar-se a centrar o foco em proporcionar um ordenamento seguro, mas sem entorpecer o desenvolvimento, a implementação ou a colocação em serviço dos sistemas de IA. O dilema aqui subjacente, se se quiser, tem que ver com os fins a que tem de obedecer o desenvolvimento destes sistemas, ou seja, por um lado, proporcionar ética aos particulares e, por outro, conformar uma maior certeza jurídica aos empresários, então destinatários

[1077] Cf. Diogo Morgado Rebelo; Cesar Analide & Joana Covelo de Abreu – "O Mercado Único Digital e a '(leigo)ritmia' da pontuação de crédito na era da Inteligência Artificial ... *supra*, p. 52.

de comandos-regra inexoravelmente proibitivos. Porque também eles têm (já hoje) de cognoscer quais são as regras do jogo.

Por agora, ainda não é Direito, e muito menos será Direito da IA, todo aquele conjunto de normas que, embora condizentes teoricamente com a dignidade da pessoa humana, impliquem na prática a preterição da legalidade contraordenacional e, a montante, a obstaculização do crescimento da indústria da IA, já para não se falar da abnegação completa do mundo de agentes ou sistemas paralelos que se aproxima. Em particular, quanto à proteção de dados nas decisões automatizadas, o *ius constituto* ainda não é *prius, nem posterius,* não pode ser dado ao antropocentrismo, muito menos só exigência de solução ética senciente pré-adquirida. Não está no princípio do Direito dos Livros, muito menos no fim moral (e consciente) que comummente se lhes consigna.

CONCLUSÃO

157. As decisões automatizadas via *scoring* no crédito ao consumo, sobretudo as baseadas na IA, evidenciam uma complexidade tal que é impossível serem perspetivadas tendo como base apenas uma lente estritamente jurígena – nada eclética, refira-se. A partir daqui verifica-se ser impreterível que uma das principais fontes de *juris cognoscendi*, para o melhor enquadramento da obra resida, precisamente, no ampliar multidisciplinar da perspetiva de investigação.

158. *Prima facie*, os anos 90 do século transato marcaram o período micro da história do *scoring* de crédito em que a avaliação de solvabilidade radicara na implementação de análises estatísticas multivariadas baseadas em tecnologias como a IA. Tratamentos em larga escala desta índole reconduzem-se, grosso modo, à recolha, modelização preditiva e ulterior classificação bipartida, com recurso a multíplices variáveis explicativas, dos candidatos quanto à propensão endógena de solvência dos créditos contraídos.

São já inúmeros os óbices jurídicos que colocam reservas ao uso de tecnologias como a IA em operações como a previsão da capacidade creditícia. Além destas análises não assegurarem a correção plena da informação induzida – porquanto não suputam no todo equacional, quer variáveis macroeconómicas, quer indicadores imprevisíveis ou até riscos morais – os modelos de aprendizagem daqui derivados não se encontram habilitados, *per si*, ao tratamento neutro e objetivo do conhecimento preditivo, conduzindo, em última instância, à indução de saídas não intuitivas, parciais e indutoras da discriminação de grupos. Como se não bastasse, a definição do perfil quanto à solvência de um candidato pode, *inclusive*, surtir um efeito descontextualizado decorrente da impetuosa estandardização de padrões e hábitos de consumo, a tal ponto de aos consumidores (ciber) lhes poder imposta uma identidade expropriada ou heteroconstituída. Também o raciocínio difuso das correlações intermédias assenta as mais das vezes em análises preditivas *Black Box* que radicam numa colossal opacidade decisória e ténue transparência algorítmica.

Em todo o caso, apesar de serem consignados todos estes 'pecados' à exclusiva automatização do *scoring*, apurou-se que o uso de *software* baseado em IA substitui com vantagem os métodos tradicionais de julgamento, também eles enviesados e, muitas vezes, sem qualquer corroboração empírica. A sua implementação no mercado do crédito ao consumo viabiliza, em primeiro lugar, o tratamento mais rápido e menos dispendioso das informações de crédito. Com isto, torna-se possível minorar encargos com pesadas estruturas de recursos humanos. E porque operam em ambiente *Big Data*, a incomensurável multidimensionalidade das amostras atualizadas em tempo real proporciona a definição de verdadeiros *Curriculum Vitae* financeiros que guarnecem o consumidor com recomendações mais fiáveis acerca do sentido de decisão.

159. Pode, portanto, epitomar-se que as várias tipologias de *scoring* traduzem, então, métricas que avaliam a capacidade de uma pessoa singular numa classificação final (*score*) resultante da soma de pontuações parcelares atribuídas àquele sujeito que se candidata pela primeira vez (sendo este, o seu escopo de atribuição) ou a clientes fidelizadas aos quais lhe haja sido concedido empréstimo (rotativo) e que pretendam um aumento do montante mutuado (subsumindo-se aqui, para os devidos efeitos, a abordagem comportamental). Só a combinação das modalidades *ante* enunciadas – eventualmente, fazendo uso das verificações nas agências de *bureau* – possibilitará uma monitorização periódica (e, consequentemente, mais atualizada e fiável) do risco de carteiras de crédito compostas por milhares de candidatos.

Ora, partindo da pressuposição de que cada aproximação executa a tarefa em apreço segundo ou a partir de diferentes premissas, não deverá priorizar-se a utilização de uma só em detrimento de outra, por mais que umas possam ressaltar serem mais abrangentes e eficientes.

Importa aqui assinalar, contudo, a hermética da inferência dos recusados que preside à conceção de modelos, mormente os de matriz comportamental. Sucede que, relativamente a pedidos de empréstimos rejeitados, as instituições financiadoras possuirão, *maxime,* as caraterísticas que os consumidores hajam preenchido nos formulários de adesão, *missings* observacionais estes que poderão influenciar em maior ou menor monta a exatidão ou a confiança depositada nas averiguações efetuadas. Face a este constrangimento, atinente à insuficiência da informação comportamental, afigura-se que recurso a modelos duais (ou até, mais recentemente, a dados sintéticos) pode conformar uma segmentação matricial dos clientes mais correta em função do seu perfil de risco, nesse sentido, auxiliando melhor a tomada de decisão acerca de políticas de *hedging* para ulteriores titularizações ou desinvestimentos.

160. É, pois, enquanto tarefa preditiva vulgarmente enquadrada nos paradigmas supervisionados de DM e ML, que a classificação no *scoring* de crédito viabiliza inferir indutivamente a pertença dos conjuntos iniciais dentro das classes pré-determinadas traduzíveis na aceitação ou rejeição.

Atualmente, o armazenamento de grandes conjuntos nos *Data Marts* dos sistemas de *Data Warehouse* revela ser, cada vez mais, para os casos-tipo do *scoring*, um aspeto crítico inter-relacionado com os fluxos de informação no conspecto da pirâmide DIKW. Poderia aprioristicamente considerar-se que o maior volume, a maior diversidade, aliados, claro está, à melhor qualidade e à maior transparência das propriedades atributivas a computar nas entradas, culminaria decerto na aferição de recomendações exclusivamente automatizadas com maior exatidão nas saídas, o que nem sempre sucede.

Quanto à profundidade em termos de quantidade e diversidade das fontes de megadados, ajuizou-se – pese embora a divergência de perspetivas ao nível da UE – que às instituições financiadoras e aos *bureaus* de crédito deve-lhes ser legitimada a faculdade de poderem incorporar nas suas BDs, tanto dados de crédito positivos como negativos. Com esta maior amplitude da informação sairá, muito provavelmente, beneficiada a qualidade dos modelos de previsão, sendo certo que, aquando da conceção destes, as equipas responsáveis deverão primar por obstar ao máximo a ocorrência de problemas como aqueles que decorrem da multicolinearidade, do sobreajustamento e, também, sinalizarem valores extremos que possam desvirtuar todo o processo.

Daqui pode afiançar-se que: independentemente da fonte tradicional ou alternativa de recolha e do seu suporte, a proliferação de megadados despoleta, em contramão, dificuldades acrescidas nos estágios de conceção e pré-processamento profícuo dos modelos de estimação. Claro está, a melhor operacionalização dos modelos de aprendizagem, em talhas como esta, a do *scoring*, será apurada tanto quanto mais os modelos forem simples, robustos, adaptáveis, de fácil controlo ou utilização e abrangentes acerca das variáveis críticas a suputar.

Feitas as contas, afinal, a resposta à questão – suscitada no introito da presente obra e no Capítulo II – acerca do que determina, tanto em número como em espécie, a categorização – ou melhor, em jargão informático, a rotulagem – de um candidato na qualidade de 'bom' ou 'mau' pagador tem de ser casuística. A determinação dos preditores predominantes, sem se descurar o custo e tempo requerido, advém de um processo de colaboração em equipa quanto aos parâmetros disponíveis cuja qualidade e número melhor se ajustarão concretamente à tarefa computacional. Não subsiste, portanto, uma única e melhor forma de preparar a modelização. Nem tampouco são consensuais, tanto as fontes de recolha, como um *cutoff* ótimo ou até a multidimensionalidade da amostra necessária para a certificação dos métodos impregnados, pois estes elementos (ou os resultados derivados) diferirão de entre as várias instituições credoras e defronte a conjuntura financeira de cada país.

Por outras palavras, arrojado será apontar, ainda que em contornos meramente teoréticos, uma só técnica de previsão ótima em operações como o *scoring* no crédito ao consumo. Certo é que a opção pelo(s) método(s) paramétricos e não paramétricos de previsão depende da mensuração de uma panóplia de métricas de cuja maturação TRL os *software* se encontram sujeitos, como sejam, o grau de acerto dos resultados, a simplicidade e rapidez do processamento, bem como a interpretação e a impreterível avaliação crítica da predominância de determinadas variáveis explicativas em detrimento de outras. Do ponto de vista de aplicação teórico-prática, algumas abordagens alternativas primam pela aplicação de aproximações híbridas ou conjuntas. Em todo o caso, crê-se ainda ter siso proveitoso salientar nas conclusões algumas das valências que técnicas não paramétricas como as AD, as RNA e as AG providenciam em talhas como a avaliação de solvabilidade:

- As primeiras – as AD – porque visam combinar variáveis alfanuméricas em conjunto, tanto contínuas como categóricas, denotam a capacidade de serem alocadas mais em tarefas como a seleção de atributos;

- As RNA exteriorizam um maior rigor na classificação quando equiparadas com as aproximações ADI e RLO. Tal sucede porque este método em particular arroga especiais valias na identificação ou modelização de combinações complexas e não linearizadas estabelecidas entre múltiplos preditores. Em contraponto, o seu *modus operandi* não é tão coadunável com as exigências de autodeterminação informativa em sede de transparência ou explicabilidade;
- Já os AG, porque visam a otimização estocástica, concorrerão em segundo plano para a identificação de soluções alternativas simultâneas e interpretações contrafactuais aquando do apuramento do risco.

Ainda que suficientemente maturados, quando disponibilizados no mercado ou colocados em serviço, estes métodos não dispensam a monitorização contínua dos modelos auto-gerados, de forma que se identifiquem atempadamente eventuais incorreções e se proceda aos reajustes respetivos.

161. No plano jurídico-contratual, enquadrado o âmbito subjetivo e material do regime vigente, fez-se uma breve resenha dos traços gerais decorrentes da Proposta de Diretiva, relativa aos créditos aos consumidores, de 30 de junho de 2021. Esta surgiu, em traços gerais, para fazer jus às novéis tendências de financiamento colaborativo e à concessão rápida de crédito em linha. No atual panorama (ciber) da revolução digital, a manutenção dos hábitos de consumo encontra-se efetivamente subordinada à celebração de contratos entre as instituições de crédito ou sociedades financeiras – algumas das quais com matriz *FinTech* – e os consumidores, estes que são crescentemente firmados em ambiente de comércio eletrónico.

162. Aquando do aprofundar prolegómeno das questões gerais relativas ao *iter* que preside maioritariamente à fase pré-contratual deste negócio jurídico, surgiu, desde logo, um impasse concernente à qualificação da FINE enquanto proposta contratual ou, em alternativa, convite a contratar. A este respeito, é precisamente pelo facto de os potenciais credores, mesmo quando entregue o exemplar do clausulado sob formato FINE, manterem ainda a liberdade de, consoante o resultado da avaliação de solvabilidade, tomarem a decisão de contratar ou não, que a forma publicidade aqui subjacente deve entender-se como um mero convite à apresentação de pro-

postas. Efetivamente, neste semblante, o anunciante encontra-se à espera de propostas de adesão e reserva para si a direito de as rejeitar, *in casu*, por exemplo, se suspeitar da solvabilidade dos consumidores. Portanto, a proposta contratual concretiza-se pelo (ciber)consumidor-proponente, tendo este que se sujeitar as mais das vezes às CCG pré-estabelecidas pelo financiador e, tão-somente, *in fine*, sinalizada que seja a sua solvência, é que o potencial credor sindica e declara à contraparte o sinalagma volitivo traduzível na comunicação da decisão de aceitação.

163. Atualmente, a concretização de um contrato de crédito ao consumo pode ser conformada, tanto presencialmente, como em linha.

Em ambiente de comércio eletrónico direto, faz-se frequentemente uso de técnicas de IA via objetos programáticos ou agentes de *software* para melhor explorar a solvabilidade. Todavia, a prática corrente exibe ainda uma concreta interação entre o prestador de serviços e o ciberconsumidor aderente. Pelo dito, a figura híbrida a que esta contratação eletrónica reporta é do tipo interpessoal e interativo.

Quanto às formalidades, apesar de se considerar que o potencial credor cumpriu os requisitos de informação previstos se tiver fornecido a FINE, devidamente preenchida, em ambiente de comércio eletrónico direto as cautelas a tomar pelo prestador são (ou, pelo menos, deveriam ser) acrescidas. Por isso, em concretização desta exigência procedimental, o RJCDFEC demanda, a título de garantia adicional, a confirmação "expressa e consciente" do ciberconsumidor por meio da "ativação de um botão ou função semelhante.

Em sede de aplicação do RJCE, invocou-se a necessidade de se pugnar por uma interpretação *contra legem* do seu art. 29º, nº 2, dado que o prescindir-se do envio do aviso de receção preteriria o direito ao arrependimento que subsiste na esfera jurídica do consumidor ciber. Aliás, é precisamente porque só neste período pré-contratual o internauta tomará conhecimento inequívoco da instituição quanto ao encontro de vontades que, nos contratos de crédito ao consumo em linha, a doutrina do duplo clique deve, salvo melhor entendimento, prevalecer enquanto condição legal de eficácia da adesão. Nestes termos, indagou-se que, na *praxis*, a eficácia do crédito dependente da confirmação do ciberconsumidor, embora este trâmite ou ato não deva ser assumindo como um dever-ser legal a que este último se encontra adstrito.

164. De qualquer modo, seja concretizado em linha ou presencialmente, impenderá na esfera jurídica da entidade financiadora, não o ónus, antes o dever imperativo de averiguar se o (ciber)consumidor reúne as condições potenciais para cumprir integral e tempestivamente as obrigações a contrair, o que farão ambos reciprocamente nos termos e para efeitos coadunáveis com o princípio da concessão de crédito responsável e prevenção do sobre-endividamento.

No atual estado de arte, a avaliação de solvabilidade – concretizada pelos mecanismos de *scoring* e, as mais das vezes, baseada na IA – apresenta-se como a condição *sine qua non* do encontro de vontades nesta modalidade de empréstimo. A este respeito, apesar de o BP ter determinado, no Aviso nº 4/2017, de 20 de setembro, os procedimentos e critérios mínimos que deverão ser observados pelas entidades habilitadas a exercer, a título profissional, a atribuição de crédito ao consumo, estas não ficam, mesmo assim, destituídas da faculdade de obterem, tanto junto da sua clientela como de fontes externas, informações adicionais, elencadas ou não no texto do próprio aviso, que julguem ser necessárias, suficientes e adequadas para a prossecução desta finalidade prevista. Tal autonomia, resultado da regulação deficitária, gera incertezas aos destinatários da medida macroprudencial.

Face a tudo isto, a ilação a retirar do regime vigente até então é a de que a totalidade dos dissídios interpretativos que balizam os critérios explicativos passíveis de serem utilizados pelas instituições financiadoras apenas serão resolvidos diante a aprovação de normas setoriais mais específicas e determinadas que aprovisionem, com maior clareza, como articular os dados com as categoriais e as finalidades correspondentes.

165. Sem prescindir, em domínios como o *scoring* de crédito, não podia deixar de relevar a proibição geral de sujeição à tomada de decisões individuais e exclusivamente com base no tratamento automatizado, incluindo a definição de perfis, que produza efeitos na esfera jurídica do titular-consumidor ou que o afete significativamente de forma similar, regime este que se encontra previsto em especial no art. 22º do RGPD.

166. Em termos subjetivos, nas coordenadas gerais, considerou-se que na relação jusconsumerista do crédito, a instituição de crédito ou determinada sociedade financeira, na medida em que exerça autonomamente – ainda que em conjunto com a sua 'empresa-mãe' ou até com as agências

bureau – uma influência determinante sobre a forma como se processa o tratamento de dados, alguns (ou a maioria) dos quais de matriz sensível, assumirá a posição de responsável (conjunta).

167. Ora, quanto ao teor proibitivo do regime, apurara-se que o instituto previsto no (ou pelo) art. 22º do RGPD é uma mentira técnica. Sonega a falsa natureza de uma posição jurídica ativa de vantagem. Este preceito, grosso modo, vincula coercitivamente e a título de *fictio iuris*, tanto os titulares-candidatos, como o responsável (conjunto), reciprocamente e *ab ovo*, à proibição geral de serem sujeitos a decisões maioritariamente *machine-made*. O RGPD vivifica, portanto, um normativo proibitivo – excessiva e desproporcionalmente protecionista ou paternalista – que aduz prevalecer os alegados interesses dos titulares em não serem submetidos a este tipo de tratamentos em detrimento de quaisquer outros, mormente aquele concernente à liberdade de iniciativa económica que qualquer instituição financiadora possa vaticinar. E fá-lo por defeito no seu art. 22º, nº 1, desconsiderando *in toto* a possível volição de os titulares em pretenderem sujeitar-se a este tipo de tratamentos.

Relativamente aos pressupostos de subsunção à *ante* enunciada proibição, na senda do que deve ser entendido por exclusiva automatização, atendeu-se à complexidade do *software* e às condicionantes neurocientíficas postuladas pela teoria do controlo homem-máquina. Assim, considerando, o limitado poder de processamento cognitivo da informação, a instabilidade dos níveis de atenção, a intervenção excessivamente complacente do analista, bem como o efeito de halo que neste se pode verificar – concluiu-se que o recurso a mecanismos de *scoring* cai (ou, pelo menos devia encontrar-se, abrangidos), regra geral, dentro do regime previsto no (ou pelo) art. 22º do RGPD. Porque as técnicas de DM e ML se encontram habilitadas a executarem milhares de combinações não só de atuais candidatos como de anteriores aplicações, numa dimensão meta impercetível, não monitorizável, e muito menos rastreável manualmente em tempo real, qualquer interrupção do processo causal por parte de um especialista humano traduzir-se-á, as mais das vezes, e mais ainda no estado de arte, numa mera atuação *rubber-stamping*.

168. Já a licitude destas operações de tratamento subsumiu-se, em primeiro lugar, relativamente às caraterísticas iniciais financeiras e comportamentais tradicionais, dado o seu teor sensível, à exceção relativa a motivos

de interesse público relevante, conforme ao art. 9º, nº 2, al. g), *ex vi* do art. 22º, nº 4, ambos do RGPD. Em segundo lugar, para alguns dos preditores sociodemográficos – i.e., excluindo as variáveis indutoras de discriminação direta, como sejam, o sexo, a nacionalidade, ou até o local de residência habitual – está em causa a estrita necessidade de os financiadores terem acesso a todo um conjunto de informações que lhes permitam avaliar, com níveis fidedignos, a capacidade futura de o consumidor solver os créditos contraídos, aplicando-se, nesse sentido, a exceção prevista no art. 22º, nº 2, al. a) do RGPD. Quanto aos dados em bloco, típicos do fenómeno *Big Data,* não se concebeu, *prima facie,* lícito o tratamento, nem à luz da estrita necessidade, nem à luz de um consentimento livre e informado, para os devidos efeitos, assumindo-se a possível (e frequente) invalidade deste pela não cristalização de uma lhana autodeterminação informativa na esfera jurídica do titular dos dados. E em relação àqueles dados existentes nas plataformas de redes sociais e aos dados de saúde, o considerando 47 da Proposta de Diretiva, de 30 de junho de 2021, é claro quanto à exclusão liminar destas variáveis. Considerou-se, contudo, no ponto 6 da declaração de princípios, que o tratamento de dados das redes sociais pode ser lícito se o titular tiver prestado consentimento explícito.

169. Não se podia, de forma alguma, olvidar tecer considerações sobre os lhanos direitos implícitos ao regime. As salvaguardas 'adequadas' a que o art. 22º, nº 3 do RGPD alude, são quase reproduzidas no art. 18º, nº 6, als. a) a c) da Proposta de Diretiva, de 30 de junho de 2021. Epitomizam todo um conjunto de (quiméricas) garantias adequadas para salvaguardar os direitos, liberdades e interesses legítimos do titular dos dados pessoais, para os devidos efeitos, também (ciber)consumidor. Destarte, quando um titular é sujeito à definição do seu perfil solvente com recurso a tecnologias de IA, os Estados-Membros deverão, aprioristicamente, implementar, ora sim, três posições jurídicas ativas de vantagem, como sejam:

(i.) solicitar intervenção humana *ex post*;
(ii.) obter uma explicação clara acerca do procedimento de avaliação da solvabilidade à escala da IA; e bem assim,
(iii.) na sequência da concretização dos anteriores, poderão estes sujeitos passivos da relação jusadministrativista e jusconsumerista sindicar para si a contestabilidade do sentido da decisão.

Quanto ao primeiro requisito (i.), crê-se, seguindo a linha de raciocínio de Giovanni Sartor, que uma intervenção humana *ex post,* no atual estado *law-technology lag,* poderá ser redundante e disfuncional, caso em que melhor seria externalizar (quase *in toto*) o desempenho deste tipo de tarefas, essencialmente computacionais ou de nível de automação 6 ou 7, para o *software* de *scoring* em si mesmo.

Já relativamente às exigências de transparência ou de explicação (ii.), granjeou-se a necessidade de alguns juristas começarem a 'navegar' em áreas para-transversais *a poiesis* jurídica nunca dantes investigadas. Se, por um lado – até certo ponto – se concebe exequível transmitir, *ex ante,* ao titular, tanto a lógica difusa inerente à indução em larga escala, como a importância do *scoring* para a prevenção do sobre-endividamento, por outro, Fábio Silva e Cesar Analide, em 2011, conjeturaram um tipo de resposta engenheirística que proporciona aos candidatos interpretações ou sugestões contrafactuais, mas em relação às quais as políticas europeístas já colocam alguns entraves. A melhor ver, no que concerne às explicações adequadas a que se refere o art. 12º da Proposta de Diretiva enunciada – e em relação às quais não se depreende se estas devem de ser prestadas antes, depois ou após a avaliação de solvabilidade – o seu considerando 39 obsta a que sejam prestadas quaisquer recomendações. Melhor legislador europeu e nacional, precisa-se.

Ainda a respeito da transparência, importa perceber que a aplicação de técnicas de retro-engenharia XAI comportam todas elas um *trade-off* de entre os bens jurídicos transparência e exatidão. Aliada a esta condicionante técnica, também não se pode descurar os direitos de propriedade intelectual que as instituições possuem sobre as fórmulas, as políticas internas de gestão para o crédito, os métodos e instrumentos de conceção do *software* ou até sobre compilações de informação financeira, os quais são frequentemente objeto de tutela via segredo comercial, propriedade industrial e proteção anti concorrencial.

Face a todas estas condicionantes, prediz-se ser de difícil concretização a contestabilidade (iii.) de toda e qualquer recomendação.

170. Sem prescindir, a colocação em serviço de sistemas de IA para o *scoring* do crédito ao consumo, como assinalado anteriormente, tem despoletado óbices face à pretensa tutela efetiva da posição em que se encontram investidos membros de grupos não necessariamente desfavorecidos,

frequentemente alvo de discriminação indireta, não intuitiva, abstrata e perpetrada em larga escala. Face a esta dilemática, concluiu-se que âmbito do princípio da lealdade na proteção de dados, e também, da própria regulação aplicável em sede de não discriminação, precisam de ser ajustados. Para a consecução de desideratos legiferantes mais eficazes, novos padrões processados, mesmo em orlas de elevada opacidade algorítmica, carecem de ser sinalizados. Tal como resulta do ponto 9 da declaração de princípios:

> *"independentemente das métricas utilizadas nas operações de avaliação e monitorização das previsões, a mensuração da disparidade no resultado dos grupos desproporcionalmente mais afetados pelas recusas deve corresponder a não mais de 80 por cento".*

É irrefutável: os modelos de estimação não fazem mais do que prever o mundo da futura adimplência tal como ele já é ou será. Diante a auxese plasmada no Direito dos Livros, parece que sempre se poderá contra-argumentar que um decisor tendencioso à escala *machine-made* é mais justo e menos arbitrário do que o analista de crédito.

171. Neste diapasão, afiguram-se serem manifestos e evidentes tanto o desajustamento como a desadequação do regime em vigor (e, outrossim, daquele proposto a 30 de junho de 2021) para uma regulação eficaz de operações como o *scoring* baseados em tecnologias de ponta como a IA. Além dos núcleos problemáticos atinentes à limitação das finalidades e à minimização de dados, o *logos* inferencial não viabiliza, nem ao analista de crédito intervir sem mais no processo de tomada de decisão automatizada, nem ao titular dos dados compreender – numa linguagem clara e acessível à sua infoliteracia-, o processo causal que articulara as entradas às saídas correspondentes.

Todos estes óbices [(lei)go]rítmicos despoletaram a necessidade de ajuizar, internamente, a possível inconstitucionalidade por omissão parcial das "condições aplicáveis ao tratamento automatizado" – programática e expressamente previstas no art. 35º, nº 2 da *norma normata* -, e consequentemente, a preterição do cânone da razoabilidade, resultante tanto do art. 22º do RGPD, como do art. 9º, nº 1 da CPDHED, dada a não conformação com os ditames do princípio da legalidade contraordenacional. Todo este emaranhado abstrato traduz um raciocínio, a fim ao cabo, desproporcionalmente destruidor do tecido empresarial de pequena e média dimensão.

Por todas estas razões, nesta dissertação pugnou-se a emenda deste preceito, via revogação, no Título XII da Proposta de Regulamento relativo à IA, sugerindo-se, em alternativa, a adoção do conglomerado de princípios enumerados na declaração final e a opção por uma hermenêutica (por ora, ab-rogante) que convola uma interpretação alternativa desta lhana proibição geral num direito à inferência razoável. Porque não é, não pode, nem tem que ser Direito da IA, todas aquelas normas que conduzam à abnegação e ao entorpecimento do novo mundo de agentes paralelos que se aproxima. As políticas europeias são maniqueístas, monodisciplinares. Baseadas numa moral autopática, recusam a insuficiência de campos como a ética. São dadas (e muito) à conveniência axiológico-normativa de monopolização das tarefas de *compliance* nos 'seres' formados em direito, esquecendo o papel que os engenheiros e as pessoas formadas em psicologia das organizações podem desempenhar em todo este processo.

Num enjeito de sinopse opinativa, feitas as contas, não se coibiu, para já, de forma alguma, afiançar-se que todos estes desvios patológicos, típicos da *Law in Books*, desarmam *na praxis* becos jus-interpretativos exasperantes (e desproporcionais) sem qualquer pano de fundo de legalidade viável à vista.

REFERÊNCIAS BIBLIOGRÁFICAS

Abdou, Hussein – *Credit scoring models for Egyptian banks. neural nets and genetic programming versus conventional techniques*, PhD Thesis, UK, University of Plymouth, 2009. Disponível em http://hdl.handle.net/10026.1/379. Consultado a 8 de janeiro de 2022.

Abdou, Hussein & Ponton. John – "Credit scoring, statistical techniques and evaluation criteria: a review of the literature". In: *Intelligent Systems in Accounting and Management*, vol. 18, 2011 (pp. 59-88).

Abdou, Hussein; Pointon, John & El-Masry, Ahmed – "Neural nets versus conventional techniques in credit scoring in Egyptian banking". In: *Expert Systems with Applications*, vol. 35, no. 3, 2008 (pp. 1275-1292).

Adams, Niall; Hand, David & Till, Robert – "Mining for classes and patterns in behavioural data". In: *Journal of the Operational Research Society*, vol. 52, no. 9, 2001 (pp. 1017-1024).

AEPD – Requisitos para Auditórias de Tratamientos que invlyan IA, Enero 2021. Disponível em https://www.aepd.es/sites/default/files/2021-01/requisitos-auditorias-tratamientos-incluyan-ia.pdf. Consultado a 15 de outubro de 2022.

— Adecuación al RGPD de tratamientos que incorporan Inteligencia Artificial. Uma introducción, Febrero de 2020. Disponível em https://www.aepd.es/sites/default/files/2020-02/adecuacion-rgpd-ia.pdf. Consultado a 15 de outubro de 2022.

Agência Europeia dos Direitos Fundamentais – #BigData: Discrimination in data-supported decision making, May 2018. Disponível em. Consultado a 28 de maio de 2022.

AI100 – Gathering Strenght, Gathering Storms, Study Panel Report, Stanford University, 2021. Disponível em https://ai100.stanford.edu/gathering-strength-gathering-storms-one-hundred-year-study-artificial-intelligence-ai100-2021-study. Consultado a 12 de janeiro de 2022.

Akerlof, George – "The Market for 'Lemons': Quality Uncertainty and the Market Mechanisms". In: *The Quarterly Journal of Economics*, vol. 84, no. 3, 1970 (pp. 488-500).

Alcácer, Luís – *O Diabo no Mundo Quântico*, 1ª ed, Lisboa, Gradiva, Publicações, S.A., 2013.

Alcarva, Paulo – *Banca 4.0. Revolução Digital: Fintechs, blockchain, criptomoedas, robo-advisors e crowdfunding*, Coimbra, Actual Editora, 2018.

ALIEVY, Farid – Review of the Consumer Credit Directive, BEUC Position Paper, April 2019. Disponível em https://www.beuc.eu/publications/beuc-x-2019-019_review _of_the_consumer_credit_directive.pdf. Consultado a 14 de março de 2022.

ALMADA, Marco – Human intervention in automated decision-making: Toward the construction of contestable systems, ICAIL, 2019. Disponível em https://ssrn.com/abstract=3264189. Consultado a 12 de abril de 2022.

ALMAS, David – Banco de Portugal não é suficiente como central de informação sobre créditos, Jornal Eletrónico Observador, 20 de setembro de 2016. Disponível em https://observador.pt/especiais/sergio-pereira-banco-de-portugal-nao-e-suficiente-co mo-central-de-informacao-sobre-creditos/. Consultado a 17 de janeiro de 2022.

ALMEIDA, Carlos Ferreira de – *Contratos I: Conceito. Fontes. Formação,* 7ª ed., Coimbra, Almedina, 2022.

— *Contratos,* vol. II, Coimbra, Almedina, 4ª ed, 2016.

ALMEIDA, José Moitinho de – "A Celebração à Distância do Contrato de Seguro". In: *Actualidad Jurídica Uría Menéndez,* nº 18, 2007 (pp. 9-26).

ALPAYDIN, Ethem – *Machine Learning: the new AI,* Cambridge, MA, The MIT Press Essential Knowledge Series, 2016.

AL-RUBAIE, Mohammad & CHANG, Morris – "Privacy Preserving Machine Learning: Threats and Solutions". In: *IEEE,* 2018 (pp. 1-17)

ALTMAN, Edwards & HALDEMAN, Robert – "Corporate Credit Scoring Models: Approaches and Standards for Successful Implementation". In: *NYU Working Paper,* FIN.95-001, 1995 (pp. 1-28).

ALVES, Joel – *O Novo Modelo de Proteção de Dados Pessoais Europeu – Da Heterorregulação à Autorregulação Publicamente Regulada,* Coimbra, Almedina, 2021.

ALVES, Hugo Ramos – "*Smart contracts:* entre a tradição e a inovação". Inn: *FinTech II* (coord. António Menezes Cordeiro, Ana Perestrelo de Oliveira e Diogo Pereira Duarte), Coimbra, Almedina, 2019 (pp. 181-216).

ALVES, Patrícia Pinto – "Os contratos de adesão: verdadeiras cláusulas contratuais gerais". In: *Julgar Online,* março de 2021 (pp. 1-19).

ALVES, Paula Ribeiro – *Contrato de Seguro à Distância,* Coimbra, Almedina, 2009.

AMARAL, Diogo Freitas do – *Manual de Introdução ao Direito,* (col. Ravi Afonso Pereira), vol. I, Coimbra, Almedina, 2017.

AMARAL, Diogo Freitas e PIÇARRA, Nuno – "O Tratado de Lisboa e o Princípio do Primado da União Europeia: Uma Evolução na Continuidade. In: *Revista de Direito Público,* nº 1, Janeiro/Junho, Coimbra, Almedina, 2009 (pp. 187-222).

Amazon SageMaker Clarify – Detete vieses em modelos de ML e entenda as previsões de modelos. Disponível em https://aws.amazon.com/pt/sagemaker/clarify/. Consultado a 22 de abril de 2022.

ANALIDE, Cesar & MORGADO REBELO, Diogo – Controlo Homem-Máquina nas Decisões Automatizadas da IA, Instituto de Inovação Legal e Tecnológica em Português (INOV@LEGAL], 8 de março de 2021. Disponível em https://inovalegal.org/ controlo-homem-maquina-nas-decisoes-automatizadas-da-ia/. Consultado a 5 de março de 2022.

— Football 4.0.: A Privacy-Fairer Sporting Discipline, RAILS Blog, 17 February 2021. Disponível em https://blog.ai-laws.org/football-4-0-a-privacy-fairer-sporting-discipline/. Consultado a 13 de abril de 2022.

— "A new AI power play for Winners in the Employment Relationship of Professional Football – How Lawful is Artificial Intelligence to the Upcoming Portuguese 'Big Data Ball Championship". In: *Artificial Intelligence & Robots*, E. Tec Yearbook, Centro de Investigação em Justiça e Governação (JusGov), Escola de Direito, Universidade do Minho, 2020 (pp. 171-202).

— "A Inteligência Artificial na era *data-driven:* a lógica *fuzzy* das aproximações *soft computing* e a proibição de sujeição a decisões tomadas exclusivamente com base na exploração e prospeção de dados pessoais". In: *Forum de Proteção de Dados*, nº 6, 2019 (pp. 61-91).

ANDERSON, Raymond – *The Credit Scoring Toolkit: Theory and Practice for Retail Credit Risk Management and Decision Automation*, New York, Oxford University Press, 2007.

ANDRADE, Francisco Pacheco de – "Análise Crítica de alguns aspetos da Proposta de Regulamento Europeu para a Inteligência Artificial". In: *Inteligência Artificial e Robótica: Desafios para o Direito do Século XXI* (coord. Eva Sónia Moreira da Silva e Pedro Miguel Freitas), Coimbra, GESTLEGAL, 2022 (pp. 329-337).

— "Contratação Eletrónica". In: *Direito dos Contratos*, E-book, CEJ, Coleção de Formação Contínua nº 8, 2017. Disponível em https://elearning.cej.mj.pt/course/view.php?id=304. Consultado a 20 de abril de 2022.

— Contratação Eletrónica, Comunicação da apresentação na ação de formação "Temas de Direito Processual Civil" no Centro de Estudos Judiciários, 8 de janeiro de 2015. Disponível https://elearning.cej.mj.pt/course/view.php?id=304. Consultado a 30 de março de 2022.

— *Da Contratação Electrónica – em particular, da Contratação Electrónica Inter-sistémica Inteligente,* Tese de Doutoramento, Braga, Universidade do Minho, 2008. Disponível em http://hdl.handle.net/1822/10175. Consultado a 26 de fevereiro de 2022.

ANDRADE, Francisco Pacheco de, SILVA & Marina – "O Documento Electrónico: suporte e formato". In: *Revista da Ordem dos Advogados (ROA) Online,* Ano 81, vols. III-IV, julho/dezembro de 2021, pp. 599-614. Disponível em https://portal.oa.pt/media/134334/francisco-andrade.pdf. Consultado a 20 de maio de 2021.

ANDRADE, Francisco Pacheco de; MOREIRA, Teresa; BUNDIN, Mikhail & MARTYNOV, Aleksei – "EDI for Consumers, Personal Assistants and Ambient Intelligence – The Right to be Forgotten". In: *Personal Assistants: Emerging Computational Technlogies* (eds. Angelo Costa, Vicente Julian and Paulo Novais), vol. 132, Cham, Springer, 2018 (pp. 199-207).

ANDRADE, José Vieira de – *Os Direitos Fundamentais na Constituição Portuguesa de 1976,* 6ª ed., Coimbra, Almedina, 2019, pp. 142-143.

ANDRADE, Manuel Domingos de – *Teoria Geral da Relação Jurídica: Facto Jurídico, em especial Negócio Jurídico,* Coimbra, Almedina, 7ª reimpressão, 1992.

ANTÃO, Paulo & LACERDA, Ana – "Avaliação dos Requisitos de Capital sob Basileia II: o caso português". In: *Relatório de Estabilidade Financeira,* Banco de Portugal, Parte II, 2008, pp. 207-228. Disponível em https://www.bportugal.pt/sites/default/files/anexos/papers/ar200803_p.pdf. Consultado a 20 de dezembro de 2021.

ANTUNES, José Engrácia – *Direito do Consumo,* Coimbra, Almedina, 2019.

— "Dos Contratos de Consumo em Especial". In: *Revista da Ordem dos Advogados (ROA),* nº 78, 2018 (pp. 125-190).

— *Direito dos Contratos Comerciais,* Coimbra, Almedina, 2009.

ARMSTRONG, J. Scott – "Findings from evidence-based forecasting: Methods for reducing forecasting error". In: *International Journal of Forecasting,* vol. 22, no. 3, 2006 (pp. 583-598).

ARRIETA, Alejandro; DÍAS-RODRGUEZ, Natalia; SER, Javier Del; BARBADO, Alberto; GARCIA, Salvador; GIL-LOPEZ, Sergio; MOLINA, Daniel; BENJAMINS, Richard; CHATILA, Raja & HERRERA, Francisco – "Explainable Artificial Intelligence (XAI): Concepts, taxonomies, opportunities and challenges toward responsible AI". In: *Fusion,* vol. 58, 2020 (pp. 82-115).

ASCENSÃO, José de Oliveira – "Contratação Eletrónica". In: *Direito da Sociedade da Informação,* vol. IV (coord. Associação Portuguesa do Direito Intelectual), Coimbra: Coimbra Editora, 2003 (pp. 43-68).

— "Bases para uma Transposição da Directriz nº 00/31, de 8 de junho (Comércio Electrónico)". In. *Revista da Faculdade de Direito de Lisboa,* vol. XLIV, nºs 1 e 2, 2003 (pp. 215-252).

— *Teoria Geral: Acções e Factos Jurídicos,* 2ª ed., vol. II, 2003.

ASHOFTEH, Afshin & BRAVO, Jorge – "A conservative approach for online credit scoring". In: *Expert Systems with Applications,* vol. 176, 2021 (pp. 1-16).

ASMARE, Erkie & BEGASHAW, Andualen – "Review on parametric and nonparametric methods of efficiency analysis". In: *Biostatistics and Bioinformatics,* vol. 2, no. 2, 2018 (pp. 1-7).

ASSEFA, Samuel; DERVOVIC, Danial; MAHFOUZ, Mahmoud; TILLMAN, Robert; REDDY, Prashant & VELOSO, Manuela – "Generating synthetic data in finance: opportunities, challenges and pitfalls". In: ICAIF '20: Proceedings of the First ACM International Conference on AI in Finance, no. 44, 2020 (pp. 1-8).

AVERY, Robert, BOSTIC, Raphael, CALEM, Paul e CONNER, Glenn – "Credit Scoring: Statistical Issues and Evidence from Credit-Bureau files". In: *Real Estate Economics,* vol. 28, no. 3, 2003 (pp. 523-547).

— Credit risk, credit scoring and the performance of home mortgages". In: *Fed. Res. Bull,* vol. 82, 1996 (pp. 621-648).

AYRES, Gabriela & WEI, Wei – Credit Scoring Model Applications: Testing Multinoomial Targets, Örebro University School of Business, Örebro, 2014. Disponível em https: //www.diva-portal.org/smash/get/diva2:732307/FULLTEXT01.pdf. Consultado a 5 de fevereiro de 2022.

BACK, Barbro, LAITINEN, Teija, SERE, Kaisa e WEZEL, Michiel van – Choosing bankruptcy predictors using discriminant analysis, logit analysis, and genetic algorithms, Turku Centre for Computer Science, Research Centre Group of Computational Intelligence for Business, Technical Report no. 40, 1996. Disponível em https: //dl.acm.org/doi/10.5555/893339. Consultado a 11 de fevereiro de 2022.

BAESENS, Bart; GESTEL, Tony Van; STEPANOVA, Maria; VANTHIENEN, Jan – "Neural network survival analysis for personal loan data". In: *Journal of the Operational Research Society,* vol. 56, no. 9, 2005 (pp. 1089-1098).

BAINBRIDGE, Lisanne – "Ironies of automation". In: *Automatica,* vol. 19, no. 6, 1983 (pp. 775-779).

BALMER, Nigel; PLEASENCE, Pascoe; BUCK, Alexy & WALKER, Heather – "Worried sick: the experience of debt problems and their relationship with health, illness, and disability". In: *Social Policy and Society*, vol. 5, no. 1 (pp. 39-51).

BANASIK, John; CROOK, Jonathan & THOMAS, Lyn – "Sample selection bias in credit scoring models". In: *Journal of Operational Research*, vol. 54, no. 8, 2003 (pp. 822-832).

Banco Credibom, S.A. – Querm somos. Disponível em https://www.credibom.pt/institucional/quem-somos/. Consultado a 17 de janeiro de 2022.

Bank Policy Institute – The Future of Credit Underwriting: Artificial Intelligence and its role in consumer credit, Artificial Intelligence White Paper, September 2019. Disponível em https://bpi.com/wp-content/uploads/2019/09/BPI-Artificial-Intelligence-Discussion-Draft-The-Future-of-Credit-Underwriting.pdf. Consultado a 18 de janeiro de 2022.

BARATA, Roberto – "Complexity of EU law in the domestic implementing process". In: *The Theory and Practice of Legislation*, vol. 2, no. 3, 2014 (pp. 293-308).

BARBOSA, Mafalda Miranda – "Proteção e comercialização de dados: comentário às reflexões de Henrique Sousa Antunes sobre o tema". In: *Católika Talks / 2, Direito e Tecnologia* [em linha] (coord. Elsa Vaz Sequeira, Lisboa, Universidade Católica Editora, 2021, p. 63.

— "Proteção de Dados e Direitos de Personalidade: Uma Relação de Interioridade Constitutiva. Os Beneficiários da Proteção e a Responsabilidade Civil". In: *AB INSTANTIA, Revista do Instituto do Conhecimento – Abreu Advogados*, ano V, nº 7, Coimbra, Almedina, 2017 (pp. 13-47).

BARBOSA, Sandra & FÉLIX, Sara – "Algorithms and the GDPR: An analysis of article 22". In: *Anuário da Proteção de Dados*, (coord. Francisco Pereira Coutinho e Graça Canto Moniz), Lisboa, CEDIS, 2021 (pp. 67-93).

BAROCAS, Solon & SELBST, Andrew – "Big Data's Disparate Impact". In: *Californica Law Review*, vol. 104, no. 671, 2016 (pp. 671-732).

BARROS, John & STATEN, Michael – "The Value of Comprehensive Credit Reports: Lessons from the U.S. Experience". In: *Credit Reporting Systems and the International Economy* (ed. Margaret Miller), Cambridge MA, The MIT Press, 2003 (pp. 273-310).

BARROS, João Pedro Leite – "Os Contratos de Consume Celebrados pela Internet: Um Estudo de Direito Comparado Luso-Brasileiro". In: *Estudos de Direito do Consumo*, vol. V (coord. Rui Paulo de Mascarenhas Ataíde e Carlos Lacerda Barata), Lisboa, AAFDL Editora, 2017 (pp. 493-549).

BABUTA, Alexander & OSWAL, Marion – Data analytics and algorithmic bias in policing, The Royal United States Institute for Defence and Security Studies, 2019. Disponível em https://core.ac.uk/download/pdf/228158737.pdf. Consultado a 14 de outubro de 2022.

BATHAEE, Yavar – "The Artificial Intelligence Black Box and The Failure of Intent and Causation". In: *Harvard Journal of Law & Technology*, vol. 31, no 2, 2018 (pp. 889-938).

BATISTA, António Sarmento – *Credit Scoring – Uma Ferramenta de Gestão Financeira*, 1ª ed., Porto, Vida Económica Grupo Editorial, 2012.

— *Credit Scoring: Uma Metodologia de Gestão para a Prevenção e Redução do Crédito Malparado*, Tese de Doutoramento, Lisboa: ISCTE, 2009. Disponível em http://hdl.handle.net/10071/14584. Consultado a 24 de janeiro de 2022.

BAYAMLIOĞLU, Emre – *Transparency of Automated Decision in the GDPR: An Attempt for Systematisation*, Tilburg Institute for Law, Technology, and Society, January 2018. Disponível em https://ssrn.com/abstract=3097653. Consultado a 12 de abril de 2022.

BEARS, Paul; BECK, Richard & SPIEGEL, Susan – *Consumer Lending*, 7th ed., USA: American Bankers Association, 2013.

BENER, Abdulbari & LOVRIC, Miodrag – "Variance". In: *International Encyclopedia of Statistical Science* (eds. Miodrag Lovric), Berling, Heidelberg, Springer, 2011 (pp. 1640-1642).

BERGER, Allen & UDELL, Gregory – "Relationship Lending and Lines of Credit in Small Firm Finance". In: *Journal of Business*, vol. 68, no. 3, 1995 (pp. 351-381).

BERNARDES, Maria Fernandes – *Dever de Avaliar a Solvabilidade do Consumidor no Crédito ao Consumo e no Crédito à Habitação*, Dissertação de Mestrado, Lisboa, Faculdade de Direito da Universidade Nova de Lisboa, 2018. Disponível em http://hdl.handle.net/10362/54956. Consultado a 11 de março de 2021.

BERNARDO, João Marques – "A Cláusula de Reserva de Propriedade a Favor do Financiador". In: *Estudos de Direito do Consumo*, vol. V, 2017 (pp. 395-408).

BIJAK, Katarzyna & THOMAS, Lyn – "Does segmentation always improve model performance in credit scoring?". In: *Expert Systems with Applications*, vol. 39, no. 3, 2012 (pp. 2433-2442)

BLÖCHLINGER, Andreas & LEIPPOLD, Markus – "Economic benefit of powerful credit scoring". In *Journal of Banking and Finance*, vol. 30, no. 3, 2006 (pp. 851-873).

BLOUSTEIN, Edward – "Privacy as an aspect of human dignity: an answer to Dean Prosser". In: *Philosophical Dimensions of Privacy: An Anthology* (ed. Ferdinand David Shoeman), Cambridge UK, Cambridge University Press, 2009 (pp. 156-202).

BODDINGTON, Paula – "Big Data, Small Talk: Lessons from the Ethical Practices of Interpersonal Communities for the Management of Biomedical Big Data". In: *The Ethics of Biomedical Big Data, Law, Governance and Technology Series* (eds. Brent Mittelstadt and Luciano Floridi), vol 29, Cham, Springer, 2016 (pp. 277-305).

BONILLA, María; OLMEDA, Ignacio & PUERTAS, Rosa – "Modelos Paramétricos y no Paramétricos en Problemas de Credit Scoring". In: *Revista Española de Financiación y Contabilidad*, vol. 32, n. 118, 2003 (pp. 833-864).

BORGESIUS, Frederik – "Singling out people without knowing their names–Behavioural targeting, pseudonymous data, and the new Data Protection Regulation". In: *Computer Law & Security Review*, vol. 32, no. 2, 2016 (pp. 256-271)

BP – Evolução dos novos créditos, 2022. Disponível em https://clientebancario.bportugal.pt/evolucao-dos-novos-creditos. Consultado a 30 de junho de 2022.

— Medida Macroprudencial no Âmbito do Crédito Concedido a Consumidores, 1 de fevereiro de 2018. Disponível em https://www.bportugal.pt/sites/default/files/2018 _doclimites_pt.pdf. Consultado a 15 de março de 2022.

— Banco de Portugal aplica medida macroprudencial aos novos créditos à habitação e ao consumo, 1 de fevereiro de 2018. Disponível em https://www.bportugal.pt/comunicado/banco-de-portugal-aplica-medida-macroprudencial-aos-novos-creditos-habitacao-e-ao-consumo. Consultado a 12 de março de 2022.

BRAGA, Maria Matos – Caraterização Teórica e Aplicação da Análise Discriminante, Monografia apresentada para a obtenção do grau de Bacherel em Estatística, Porto Alegre, 2003. Disponível em http://hdl.handle.net/10183/131340. Consultado a 11 de fevereiro de 2022.

BRANDÃO, Nuno – *Crimes e contra-ordenações: da cisão à convergência material: ensaio para uma compreensão da relação entre o direito penal e o direito contra-ordenacional*, 1ª ed., Coimbra, Coimbra Editora, 2016.

BRAUCHER, Jean – Theories of Overindebtedness. Interaction of Structure and Culture, Theoretical Inquiries in the Law, Arizona Legal Studies Discussion Paper, no. 06-04, 2006. Disponível em https://ssrn.com/abstract=826006. Consultado a 11 de março de 2022.

BREALEY, Richard; MYERS, Stwart & ALLEN, Franklin – *Principles of Corporate Finance*, 10th ed., New York, McGraw-Hill/Irwin, 2011, p. 588

BREIA, Arménio; MATA, Mário Nuno & PEREIRA, Vítor Manuel – *Análise Económica e Financeira*, Sintra, Rei dos Livros, 2014.

BREIMAN, Leo – "Bagging predictions". In: *Machine Learning*, vol. 24, no. 2, 1996 (pp. 123-140).

Britannica – Mean, Median, Mode. Disponível em https://www.britannica.com/science/mean-median-and-mode. Consultado a 17 de maio de 2022.

BRKAN, Maja – "Do algorithms rule the world? Algorithmic decision-making and data protection in the Framework of the GDPR and beyond". In: *International Journal of Law and Information Technology*, vol. 27, no. 2, 2019 (pp. 91-121).

BROEDERS, Dennis; SCHRIJVERS, Erik; SLOOT, Bart van der; BRAKER, Rosamunde van; HOOG, Josta de & BALLIN, Ernst– "Big Data and security policies: Towards a framework for regulating the phases of analytics and use of Big Data". In: *Computer Law & Security Review*, vol. 33, no. 3, 2017 (pp. 309-323).

BRUCKNER, Matthew – "The Promise and Perils of Algorithmic Lenders". In: *Chicago-kent Law Review*, vol. 93, no. 1, 2018 (pp. 3-60)

BÜCKER, Michael; SZEPANNEK, Gero; GOSIEWSKA, Alicja & BIECEK, Przemyslaw – "Transparency, auditability, and explainability of machine learning models in credit scoring. In: *Journal of the Operational Research Society*, vol. 73, no. 1, 2022 (pp. 70-91).

BUNN, Derek & WRIGHT, George – "Interaction of Judgmental and Statistical Forecasting Methods: issues & Analysis". In: *Management Science*, vol. 37, no. 5, 1991 (pp. 501-518).

BURDEAU, Edwige & KINTZLER, Etienne – "Assessing the use of Google Trends to predict credit developments". In: *61st ISI World Statistics Congress, Marrakech, Morocco*, 2017 (pp. 1-6).

BURREL, Jenna – "How the machine 'thinks': Understanding opacity in machine learning algorithms". In: *Big Data & Society*, vol. 3, no. 1, 2016 (pp. 1-12).

BYGRAVE, Lee – "Article 22. Automated individual decision-making, including profiling". In: *The EU General Data Protection Regulation (GDPR) – A Commentary*, 1st ed. (eds. Christopher Kuner, Lee Bygrave and Christopher Docksey), Oxford, UK, Oxford University Press, 2020 (pp. 522-542).

— "Automated Profiling: Minding the Machine – Article 15 of the EC Data Protection Directive and Automated Profiling". In: *Computer Law & Security Review*, vol. 17, no. 1, 2001 (pp. 17-24).

CABRAL, Tiago Sérgio – "AI and the Right to Explanation: Three Legal Bases under the GDPR". In: *Data Protection and Privacy – Data Protection and Artificial Intelli-*

gence, London, Hart Publishing, 2021 (pp. 39-55).

— "Forgetful AI: AI and the Right to Erasure under the GDPR". In: *European Data Protection Law Review*, vol. 6, no. 3, 2020 (pp. 378-389).

— *AI Regulation in the European Union: Democratic Trends, Current Instruments and Future Iniciatives*, Master's Thesis, Braga, University of Minho, Law School, 2019. Disponível em http://hdl.handle.net/1822/74323. Consultado a 12 de janeiro de 2022.

CAIXEIRO, Francisco Falcão – Infrastructure and Machine Learning for Credit Scoring, IST, 2018, pp. 1-10. Disponível em https://fenix.tecnico.ulisboa.pt/cursos/merc/dissertacao/283828618790157. Consultado a 18 de janeiro de 2022.

CALVÃO, Filipa Urbano – "O direito fundamental à proteção dos dados pessoais e a privacidade 40 anos depois". In: *Jornadas nos Quarenta anos da Constituição da República Portuguesa* (coord. Manuel Afonso Vaz, Catarina Sarmento, Luís Heleno Terrinha e Pedro Coutinho, Impacto e Evolução), Porto, Universidade Católica Editora, 2017 (pp. 87-101).

— "A Proteção de dados pessoais na internet: desenvolvimentos recentes". In: *Revista de Direito Intelectual*, nº 2, 2015 (pp. 67-94). Disponível em http://hdl.handle.net/10400.14/20396. Consultado a 9 de abril de 2022.

CAMPOS, Diogo Leite de – "Locação Financeira (leasing)". In: *Revista da Ordem dos Advogados (ROA) Online*, Ano 62, nº 3, vol. III, 2002. Disponível em https://portal.oa.pt/publicacoes/revista-da-ordem-dos-advogados-roa/ano-2002/ano-62-vol-iii-dez-2002/artigos-doutrinais/diogo-leite-de-campos-locacao-financeira-leasing-e-locacao/. Consultado a 18 de maio de 2015.

CANAS, Vitalino – *O Princípio da Proibição do Excesso na Conformação e no Controlo de Atos Legislativos*, Teses de Doutoramento, Coimbra, Almedina, 2017.

CANOTILHO, José Gomes – *Direito Constitucional e Teoria da Constituição*, 7ª ed., reimpressão, Coimbra, Almedina, 2021.

CANOTILHO, José Gomes & MOREIRA, Vital – *Constituição da República Portuguesa Anotada*, Vol. IV, 4ª ed., Coimbra, Coimbra Editora, 2007, p. 990.

— *Fundamentos da Constituição*, Coimbra, Coimbra Editora, 1991.

CAPON, Noel – "Credit scoring systems: A critical analysis". In. *Journal of Marketing*, vol. 46, n. º 2, 1982 (pp. 82-91).

CARABANTES, Manuel – "Black-box artificial intelligence: an epistemological and critical analysis". In: *AI & Society*, vol. 35, no. 2, 2019 (pp. 309-317).

CARNEIRO, Davide; SILVA, Fábio; GUIMARÃES, Miguel; SOUSA, Daniel & NOVAIS, Paulo – "Explainable Intelligent Environments". In: *Ambient Intelligence – Software and Applications, 11th International Symposium on Ambient Intelligence* (eds. Paulo Novais, Gianni Vercelli, Josep Larriba-Pey, Francisco Herrera and Pablo Chamoso), Cham, Springer, 2020 (pp. 34-43).

CARTWRIGHT, Peter – *Banks, Consumers and Regulation*, Portland, Hart Publishing, 2004.

CARVALHAL, Ana – *Os contratos de crédito ao consumo e o sobreendividamento dos consumidores*, Dissertação de Mestrado, Braga, Universidade do Minho, Law School, 2015. Disponível em http://hdl.handle.net/1822/38563. Consultado a 14 de março de 2022.

CARVALHO DAS NEVES, João – *Análise e Relato Financeiro: Uma visão integrada de gestão*, Alfragide, Texto Editora, 2014.

Carvalho, Jorge Morais – *Manual de Direito do Consumo*, 7ª ed. Coimbra, Almedina, 2021.

— "O Direito Português dos Contratos Eletrónicos". In: *Res Severa Verum Gaudium – Revista Científica dos Estudantes de Direito da UFRGS*, vol. 3, nº 2, 2018 (pp. 68-92).

— *Os Limites à Liberdade Contratual*, Coimbra, Almedina, 2016.

— *Os Contratos de Consumo: Reflexão sobre a Autonomia Privada no Direito de Consumo*, Tese de Doutoramento, Lisboa, Faculdade de Direito da Universidade Nova de Lisboa, 2011. Disponível em https://run.unl.pt/bitstream/10362/6196/1/Carvalho_2011.pdf. Consultado a 15 de março de 2022.

— "Comércio Electrónico e Protecção dos Consumidores". In: *Themis – Revista da Faculdade de Direito da Universidade Nova de Lisboa*, Ano VII, nº 13, 2006 (pp. 42-62).

Carvalho, Paulo Viegas de – *Fundamentos da Gestão de Crédito*, 1ª ed., Lisboa, Edições Sílabo, 2009.

Casey, Bryan; Farhangi, Ashkan & Vogl, Roland – "Rethinking Explainable Machines: The GDPR's 'Right to Explanations' Debate and the Rise of Algorithmic Audits in Enterprise". In: *Berkeley Technology Law Journal*, vol. 34, no. 145, 2019 (pp. 145-189).

Castelvecchi, Davide – "The Black Boxes of AI". In: *Nature*, vol. 538, October 2016 (pp. 20-23).

Castelo, Higina Orvalho – "Crédito ao Consumo e Diversidade de Tipos Contratuais". In *Direito ao Consumo – E-Book*, Centro de Estudos Judiciários, 2014, pp. 103-112. Disponível em https://ptdocz.com/doc/577910/ebook---centro-de--estudos-judiciários. Consultado a 8 de março de 2022.

Castro, Catarina Sarmento e – "40 anos de 'Utilização da Informática' – o artigo 35º da Constituição da República Portuguesa". In: *ePública – Revista Eletrónica de Direito*, vol. 3, nº 3, 2016 (pp. 43-66).

— "Artigo 8º". In: *Carta dos Direitos Fundamentais da União Europeia* (coord. Alessandra Silveira e Mariana Canotilho), Coimbra, Almedina, 2013 (pp. 120-128).

— "Os ficheiros de crédito e a protecção de dados pessoais". In: *Boletim da Faculdade de Direito*, vol. 78, Coimbra: Universidade de Coimbra, 2002 (pp. 475-511).

Castro, Mário Gabriel de – "Direito dos Contratos – Contrato Electrónico de Consumo". In: *Estudos de Direito do Consumidor*, nº 8, Centro de Direito do Consumo, Coimbra: Faculdade de Direito da Universidade de Coimbra, 2006/2007 (pp. 559-615).

Castro, Raquel Brízida – *As Omissões Normativas Inconstitucionais no Direito Constitucional Português*, Coimbra, Almedina, 2012.

Casu, Barbara; Girardone, Claudia & Molyneux, Philip – *Introduction to Banking*, Edinburgh, UK, Pearson Education Limited, 2006.

CBSB – International Convergence of Capital Measurement and Capital Standards: A Revised Framework, Basel, Switzerland: Bank for International Settlements, 2004. Disponível em. Consultado a 18 de janeiro de 2022.

— Implementation of Basel II: Practical Considerations, Basel, Switzerland: Bank for International Settlements, 2004. Disponível em https://www.bis.org/publ/bcbs109.pdf. Consultado a 18 de janeiro de 2022.

CEPD – Orientações 07/2020, sobre os conceitos de responsável pelo tratamento e subcontratante no RGPD [Versão 2.0], adotadas em 7 de julho de 2021. Disponível em https://edpb.europa.eu/our--work-tools/our-documents/guidelines/

guidelines-07202 0-concepts-controller-and-processor-gdpr_pt. Consultado a 11 de abril de 2022.

— Opinion 11/2021 on the Proposal for a Directive on consumer credits, of 26 August 2021. Disponível em https://edps.europa.eu/system/files/2021-08/opinion_consumercredit-final_en.pdf. Consultado a 13 de março de 2022.

— Diretrizes 05/2020 sobre o consentimento ao abrigo do Regulamento 2016/679 (Versão 1.1), adotada a 4 de maio de 2020. Disponível em https://edpb.europa.eu/sites/default/files/files/file1/edpb_guidelines_202005_consent_pt.pdf. Consultado a 6 de março de 2022.

— Assessing the necessity of measures that limit the fundamental right to the protection of personal data: A Toolkit, of 11 April 2017. Disponível em https://edps.europa.eu/sites/edp/files/publication/17-04-11_necessity_toolkit_en_0.pdf. Consultado a 14 de março de 2022.

CEPD & AEPD – Parecer conjunto 5/2021 sobre a proposta de regulamento do Parlamento Europeu e do Conselho que estabelece regras harmonizadas em matéria de inteligência artificial (Regulamento Inteligência Artificial), de 18 de junho, de 2021. Disponível em https://edpb.europa.eu/system/files/2021-10/edpb-edps_joint_opinion_ai_regulation_pt.pdf. Consultado a 15 de outubro de 2022.

Cetelem – A Marca do BNP Paribas Personal Finance. Disponível em https://www.cetelem.pt/sobre-o-cetelem. Consultado a 17 de janeiro de 2022.

Chen, Chaofan; Lin, Kangcheng; Rudin, Cynthia; Shaposhnik, Yaron; Wang, Sija & Wang, Tong – An interpretable model with globally consistent explanations for credit risk, arXiv, November 2018, pp. 1-10. Disponível em https://arxiv.org/pdf /1811.12615.pdf. Consultado a 19 de abril de 2022.

Chen, Fei-Long & Li, Feng-Chia – "Combination of feature selection approaches with SVM in credit scoring". In: *Expert Systems with Applications*, vol. 37, no. 7, 2010 (pp. 4902-4909).

Chen, Hu-Chen & Huang, Shi-Hsien – "Credit scoring and rejected instances reassigning through evolutionary computation techniques". In: *Expert Systems with Applications*, vol. 24, no. 4, 2003 (pp. 433-441).

Chen, Hugh; Lundberg, Scott & Lee , Su-In – "Explaining models by propagating Shapley values of local components". In: *Explainable AI in Healthcare and Medicine*, Cham, Springer, Cham, 2021 (pp. 261-270).

Chen, Min; Miao, Yiming & Humar, Iztok – *OPNET IoT Simulation*, Singapore, Springer Nature, 2019.

Cheney, Julia – Alternative data and its use in credit scoring thin-and no-file consumers, FRB of Philadelphia-Payment Cards Center Discussion Paper, 2008. Disponível em https://dx.doi.org/10.2139 /ssrn.1160283. Consultado a 13 de fevereiro de 2022.

Chi, Bo-Wen & Hsu, Chiun-Chinch – "An hybrid approach to integrate genet algorithm into dual scoring model in enhancing the performance of credit scoring models". In: *Expert Systems with Applications*, vol. 39, 2012 (pp. 2650-2661).

Chijoriga, Marcelina – "Application of multiple discriminant analysis (MDA) as a credit scoring and risk assessment model". In: *Journal of Emerging Markets*, vol. 6, no. 2, 2011 (pp. 132-147).

Chiou, Monolis; Hawes, Nick & Stoklin, Rustam – Mixed-Initiative Variable Autonomy for Remotely Operated mobile Robots, arXiv, 2019, pp. 1-26. Disponível em https://arxiv.org/pdf/1911.04848.pdf. Consultado a 14 de abril de 2022.

Chopra, Sahiba – "Current Regulatory Challenges in Consumer Credit Scoring Using Alternative Data-Driven Technologies". In: *Vanderbilt Journal of Entertainment & Technology Law*, vol. 23, no. 3, 2021 (pp. 625-648).

Chouldechava, Alexandra – "Fair Predictive with Disparate Impact: A Study of Bias in Recidivism Predictions". In: *Big Data*, vol. 5, no. 2, 2017 (pp. 153-163).

CNIL – How Can Humans Keep Upper Hand? The ethical matters raised by algorithms and artificial intelligence, Report on the public debate led by the French data protection authority, December 2017. Disponível em https://www.cnil.fr/sites/default/files/atoms/files/cnil_rapport_ai_gb_web.pdf. Consultado a 15 de outubro de 2022.

Cofidis Portugal – Conheça a Cofidis. Disponível em https://www.cofidis.pt/quem-somos/cofidis-portugal. Consultado a 17 de janeiro de 2022.

Cohen, Julie – "What Privacy is for?". In: *Harvard Law Review*, vol. 126, n.º 7, 2013 (pp. 1904-1933).

Comissão das Comunidades Europeias – Comunicação dirigida ao Conselho Europeu da Primavera, Impulsionar a Retoma Europeia (COM(2009) 114 final, de 4 de março de 2009. Disponível em https://eur-lex.europa.eu/legal-content/PT/TXT/PDF/?uri=CELEX:52009DC0114&from=EN. Consultado a 11 de março de 2022.

— Report on the operation of Directive 87/10/ECC for the approximation of the laws, regulations and administrative provisions for the Member States concerning consumer credit (COM (95) 117 final), de 11 de maio de 1995. Disponível em https://eur-lex.europa.eu/legal-content/EN/TXT/PDF/?uri=CELEX:51995DC0117&from=DE. Consultado a 12 de março de 2022.

Comissão Europeia – Evolution of Directive 2008/48/EC, Final Report, Directorate-General for Justice and Consumers, February 2020. Disponível em https://op.europa.eu/pt/publication-detail/-/publication/e2a5882a-7d65-11eb-9ac9-01aa75ed71a1. Consultado a 12 de março de 2022.

— Mapping of national approaches in relation to creditworthiness assessment under Directive 2008/48/CE on credit agreements for consumers, Consumer Protection in Financial Services, 2018. Disponível em https://ec.europa.eu/info/sites/default/files/mapping_national_approaches_creditworthiness_assessment.pdf. Consultado a 2 de abril de 2022.

— Study on the role of digitalisation and innovation in creating a true single market for retail financial services and insurance (FISMA/2015/075D), February 2016. Disponível em http://publications.europa.eu/resource/cellar/52d291a0-c3be-4b84-9a6a-42b2399d24dd.0001.01/DOC_1. Consultado a 13 de março de 2022.

— Public Consultation on Responsible Lending and Borrowing in the EU, Brussels, 15 June 2009. Disponível em https://www.mfsa.mt/wp-content/uploads/2019/08/2009 0616-Consultation-on-Responsible-Lending-Borrowing-in-the-EU.pdf. Consultado a 20 de abril de 2022 [Versão em inglês].

Comparato, Guido – "The Design of Consumer and Mortgage Credit Law in the European System". In: *Consumer Debt and Social Exclusion in Europe* (eds. Hans-

-W. Micklitz and Irina Domurath), London, UK, Routledge, 2015 (pp. 9-26).

Comunicação da Comissão ao Parlamento Europeu, ao Conselho, ao Banco Central Europeu, ao Comité Económico e Social Europeu e ao Comité das Regiões – Plano de Ação para a Tecnologia Financeira: rumo a um setor financeiro europeu mais competitivo e inovador [COM(2018) 109 final], de 8 de agosto de 2018. Disponível em https://eur-lex.europa.eu/resource.html?uri=cellar:6793c578-22e6-11e8-ac73-01aa75ed71a1.0013.02/DOC_1&format=PDF. Consultado a 4 de janeiro de 2022.

— Inteligência Artificial para a Europa [COM(2018) 237 final], de 25 de agosto de 2018,. Disponível em https://eur-lex.europa.eu/legal-content/PT/TXT/?uri=CELEX %3A52018DC0237. Consultado a 5 de janeiro de 2022.

— Para uma economia dos dados próspera [COM(2014) 442 final], de 2 de julho de 2014. Disponível em https://eur-lex.europa.eu/legal-content/pt/TXT/?uri=CELEX %3A52014DC0442. Consultado a 15 de dezembro de 2021.

Comunicação do Parlamento Europeu, do Conselho da União Europeia e da Comissão das Comunidades Europeias – Acordo Institucional "Legislar Melhor" (2003/c 321/01), de 31 de dezembro de 2003. Disponível em https://eur-lex.europa.eu/legal-content/PT/TXT/PDF/?uri=CELEX:32003Q1231(01)&from=EN. Consultado a 6 de março de 2022.

Cordeiro, António Barreto Menezes – "Dados Pessoais: Conceito, Extensão e Limites". In: *Revista de Direito Civil*, nº 2, 2018 (pp. 297-321).

Cordeiro, António Menezes – *Tratado de Direito Civil: Introdução, Fontes do Direito, Interpretação das Leis no Tempo, Doutrina Geral*, vol. I, 4º ed, reimpressão, Coimbra, Almedina, 2021.

— *Direito Bancário*, 6ª ed., Coimbra, Almedina, 2016.

— *Tratado de Direito Civil: Parte Geral – Negócio Jurídico: Formação, Conteúdo e Interpretação, Vícios da Vontade, Ineficácia e invalidades*, vol. II, 5ª ed., Coimbra, Almedina, 2012.

Cordeiro, Paula – Particulares podem ter notas de crédito, Diário de Notícias, 8 de junho de 2007. Disponível em https://www.dn.pt/arquivo/2007/particulares-podem-ter-notas-no-credito-658981.html. Consultado a 29 de janeiro de 2022.

Cormen, Thomas; Leiserson, Charles; Rivest, Ronald & Stein, Clifford – *Introduction to Algorithms*, 3rd ed., Cambridge, MA, The MIT Press, 2009.

Correia, Miguel Pupo – "Comércio Electrónico: Forma e Segurança". In: *Direito da Sociedade da Informação* (coord. Instituto Jurídico da Comunicação), Coimbra, Coimbra Editora, 1999 (pp. 223-258).

Cortez, Paulo & Neves, José, Redes Neuronais Artificiais – Apontamentos à Disciplina de Sistemas Inteligentes, 2000. Disponível em http://hdl.handle.net/1822/158. Consultado a 18 de fevereiro de 2022.

Costa, Ernesto & Simões, Anabela – *Inteligência Artificial: Fundamentos e Aplicações*, 3ª ed., Lisboa, FCA – Editora de Informática, 2011.

Craven, Mark – *Extracting Comprehensible Models from Trained Neural Networks*, PhD Thesis, USA – University of Wisconsis – Madison, 1996, p. 2.

CreditVidya – Privacy Policy, Information of the End-Users We Collect from Your Use of our Services. Disponível em https://creditvidya.com/privacy-policy. Consultado a 19 de janeiro de 2022.

Credit Sesame – Credit Sesame Privacy Policy, last updated on January 21, 2021. Disponível em https://www.creditsesame.com/about/privacy-policy/. Consultado a 19 de janeiro de 2022.

Cristofaro, Emiliano de – An Overview of Privacy in Machine Learning, Alan Turing Institute, 2020, pp. 1-12. Disponível em https://arxiv.org/abs/2005.08679. Consultado a 6 de janeiro de 2022.

Crosman, Penny – This lender is using AI to make loans through social media, American Banker, December 28, 2017. Disponível em https://www.americanbanker.com/news/this-lender-is-using-ai-to-make-loans-through-social-media. Consultado a 5 de janeiro de 2021.

Crowford, Kate – The Hidden Biases in Big Data, Harvard Business Review, April 2013. Disponível em https://hbr.org/2013/04/the-hidden-biases-in-big-data. Consultado a 14 de outubro de 2022.

Cruz, José – Crédito *Scoring,* InforBanca, Revista do IFB, 1996, pp. 4-7. Disponível em https://ifb.pt/wp-content/uploads/2018/05/IFB-InforBanca_028.pdf. Consultado a 4 de março de 2021.

Cummings, Mary – "Automation Bias in Intelligent Time Critical Decision Support Systems". In: *Decision-Making in Aviation,* 1st. ed., London: Routledge, 2017 (pp. 289-294).

Curaan, John; Druckman, Karen; Tscheulin, T & Westmark, Henrik – Regulation of Credit Information Companie, Belgium, Canada (Ontario), France, Germany, Sweden, United Kingdom, February 2018. Disponível em https://www.isdc.ch/media/1508/e-2018-04-17-142-regulation-of-credit-information-companies.pdf. Consultado a 11 de abril de 2022.

Damásio, António – *A Estranha Ordem das Coisas – A Vida, os Sentimentos e as Culturas Humanas* (trad. Luís Oliveira Santos e João Quina), 1ª ed., Lisboa, Temas e Debates, 2017.

Das, Sanjiv; Donini, Michele; Gelman, Jason; Haas, Kevin; Hardt, Mila; Katzman, Jared; Kethapadi, Krishnaram; Larroy, Pedro; Yilmag, Pinar & Zafar, Muhammad– "Fairness Measures for Machine Learning in Finance". In: *The Journal of Financial Data Science,* vol. 3, no. 4, 2021, pp. 33-64.

Datatilsynet – Artificial Intelligence and privacy, Report 2018. Disponível em https: //www.datatilsynet.no/globalassets/global/english/ai-and-privacy.pdf. Consultado a 12 de janeiro de 2022.

Datta, Anupan; Fredrikson, Matt; Ko, Gihyuk; Mardziel, Piotr & Sen, Shayak – "Proxy Discrimination in Data-Driven Systems", arXiv, July 2017, pp. 1-14. Disponível em https://arxiv.org/pdf/1707.08120.pdf. Consultado a 15 de outubro de 2022.

Delpas, Clara; Derriano, Luc; Groison, David; Harbonn, Jacques; Ikonicoff, Roman; Lhuissier, Hervé & Pénel, Henri-Piere – *O mundo digital* (trad.), Lisboa, Círculo de Leitores, 2005.

Demajo, Lara; Vella, Vince & Dingli, Alexiei – "Explainable AI for Interpreting Credit Scoring". In: *ACITY, DPPR, VLSI, WeST, DSA, CNDC, IoTE, AIAA, NLPTA, CS & IT – CSCP,* 2020 (pp. 185-203).

Dermoncourt, Frank – Introduction to Fuzzy Logic, Lecture Notes, Department of Informatics, Cambridge, MA, Massachusetts Institute of Technology, 2013. Disponível em http://aisii.azc.uam.mx/mcbc/Cursos/IntCompt/Lectura15.pdf. Consultado a 15 de dezembro de 2021.

DESAI, Vijay; CROOK, Jonathan & OVERSTREET JR., George – "A comparison of neural networks and linear scoring models in the credit union environment". In: *European Journal of Operational Research,* vol. 95, no. 1, 1996 (pp. 24-37).

DHRURANDAR, Amit; IYENGAR, Vijay; LUSS, Ronnny & SHANMUGAN, Karthikeyan – "A Formal Framework to Characterize Interpretability of Procedures", arXiv, July 2017, pp. 1-7. Disponível em https://arxiv.org/pdf/1707.03886.pdf. Consultado a 10 de outubro de 2022.

DIAMOND, Douglas – "Monitoring and Reputation: The Choice between Bank Loans and Directly Placed Debt". In: *Journal of Political Economy,* vol. 99, no. 4, 1991 (pp. 689-721)

Direção-Geral da Justiça e dos Consumidores da Comissão Europeia – Evaluation of Directive 2008/48/EC on credit agréments for consumers, Final Report, February 2020. Disponível em https://ec.europa.eu/info/sites/default/files/ccd_evaluation_final_report_2020.pdf. Consultado a 13 de março de 2022.

DJEUNDJE, Viani; CROOK, Jonathan; COLABRESE, Raffaella & HAMID, Mona – "Enhancing credit scoring with alternative data". In: *Expert Systems with Applications,* vol. 163, 2021 (pp. 1-12).

DOMINGOS, Pedro – *The master algorithm: how the quest for the ultimate learning machine will remake our world,* New York, Basic Books, 2015, pp, 2015.

DOSILOVIC, Filip Karlo; BRCI, Mario & HLUPIC, Nikica – "Explainable artificial intelligence: a survey". In: *Proceedings 2018 41st International Convention on Information and Communication Technology, Electronics and Microelectronics,* MIPRO 2018 (pp. 210-215).

DPC – Case studies. Disponível em https://www.dataprotection.ie/en/dpc-guidance/dpc-case-studies. Consultado a 11 de novembro de 2022.

DU, Mengnan; LIU, Ninghao & HU, Xia – "Techniques for Interpretable Machine Learning – Uncovering the mysterious ways machine learning models make decisions", vol. 63, no. 1, 2020 (pp. 68-77).

DUA, Dhree & GRAFF, Casey – Statlog (Australian Credit Approval) Data Set, UCI Machine Learning Repository, Irvine, University of California, School of Information and Computer Science, 2020. Disponível em http://archive.ics.uci.edu/ml/datasets/Statlog+%28Australian+Credit+Approval%29. Consultado a 14 de janeiro de 2021.

— Statlog (German Credit Data) Data Set, UCI Machine Learning Repository, Irvine, CA, University of California, School of Information and Computer Science, 2020. Disponível em http://archive.ics.uci.edu/ml/datasets/Statlog+%28German+Credit+Data%29. Consultado a 14 de janeiro de 2021.

— Japanese Credit Screening Data Set, UCI Machine Learning Repository, Irvine, CA, University of California, School of Information and Computer Science, 2020. Disponível em http://archive.ics.uci.edu/ml/datasets/Japanese+Credit+Screening. Consultado a 14 de janeiro de 2021.

DUARTE, Paulo – "O Direito do Consumidor ao Cumprimento Antecipado nos Contratos de Concessão de Crédito". In: *Liber Amicorum Mário Frota – A Causa dos Direitos dos Consumidores,* Coimbra, Almedina, 2012 (p. 409-437).

— "A Posição Jurídica do Consumidor na Compra e Venda Financiada: Confronto entre o Regime em Vigor (RJCC) e o Anteprojeto do Código do Consumidor (AntpCCons)". In: *Estudos de Direito do Consumidor,* nº 7, 2005 (pp. 379-408)

— "Algumas Questões sobre o ALD". In: *Estudos de Direito do Consumidor*, nº 3, 2001 (pp. 301-327).

DURAND, David – *Risk Elements in Consumer Instalment Financing: Technical Edition*, New York, National Bureau of Economy Research, 1941.

EBA – Orientações sobre a concessão e a monitorização de empréstimos [EBA/GL/2020/06], adotadas em 29 de maio de 2020. Disponível em https: //www.eba.europa.eu/regulation-and-policy/credit-risk/guidelines-on-loan-origination-and-monitoring. Consultado a 1 de fevereiro de 2022.

EBERS, Martin – "Regulating AI and Robotics". In: *Algorithms and Law* (eds. Martin Ebers e Susana Navas), Cambridge, UK, Cambridge University Press, 2020 (pp. 37-99).

EDWARDS, Harold – *Linear Algebra*, Boston, Springer + Business Media, LLC, 1995.

EDWARDS, Lilian & VEALE, Michael – "Slave to the algorihm? Why a 'right to an explanation' is probably not the remedy you are looking for". In: *Duke Law and Technology Review*, 2017 (pp. 18-84).

EISENBEIS, Robert – "Problems in applying discriminant analysis in credit scoring models". In: *Journal of Banking & Finance*, vol. 2, no. 3, 1978 (pp. 205-219).

— "Pitfalls in the Application of Discriminant Analysis in Business, Finance, and Economics". In: *The Journal of Finance*, vol. 32, no. 3, 1977 (pp. 875-900).

EL-MASRY, L-MASRY, Mohamed – Machine Learning Approach for Credit Score Analysis, Working Paper submitted in partial fulfilment of the requirements for the degree in Statistics and Information Management specialized in Risk Management and Analysis, NOVA Lisbon, Information Management School, 2019. Disponível em https: //run.unl.pt/bitstream/10362/62427/4/TEGI0439.pdf. Consultado a 9 de fevereiro de 2022.

EMEL, Ahmet Burak; ORAL, Muhitten; REISMAN, Arnold & YOLALAN, Reha – "A credit scoring approach for the commercial banking sector". In: *Socio-Economic Planning Sciences*, vol. 37, no. 2, 2003 (pp. 103-123).

ENGELHARDT, Tristam – "Privacy and Limited Democracy: The Moral Centrality of Persons". In: *The Right to Privacy* (ed. Ellen Frankel Paul), Social Philosophy & Policy Center, Cambridge, Cambridge University Press, 2000 (pp. 120-140).

ENISA – Securing Machine Learning Algorithms, December 2021, Disponível em https://www.enisa.europa.eu/publications/securing-machine-learning-algorithms. Consultado a 6 de janeiro de 2022.

EPSTEIN, Richard – "Deconstruting Privacy: And Putting It Back Together Again". In: *The Right to Privacy* (ed. Ellen Frankel Paul), Social Philosophy & Policy Center, Cambridge, UK, Cambridge University Press, 2000 (pp. 1-24).

Equifax, Inc. – Terms of Use, last revised July 14, 2020. Disponível em https: //www.equifax.com/terms/. Consultado a 16 de janeiro de 2022.

Equifax Portugal – Credinformações Bureau. Disponível em https://www.equifax.pt/business/corporations/credit_bureau/. Consultado a 17 de janeiro de 2022

ESCHOOLZ, Stefanie & DJABBARPOUR, Jonathan – "Big Data and Scoring in the Financial Sector". In: *Big Data in Context: Legal, Social and Technological Insights* (eds. Thomas Hoeren and Barbara Kolany-Raiser), Cham, Springer, 2018 (pp. 63-70).

EVERITT, B. & SKRONDAL, A. – *The Cambridge Dictionary of Statistics*, Cambridge, UK, Cambridge University Press, 2010.

Executive Office of the President Obama – Big Data: A Report on Algorithmic Systems, Opportunity, and Civil Rights, May 2016. Disponível em https://obamawhitehouse.archives.gov/sites/default/files/microsites/ostp/2016_0504_data_discrimination.pdf. Consultado a 5 de janeiro de 2022.

Experian PLC – Experian Terms and Conditions ("Terms and Conditions"), 2018. Disponível em https://www.experian.co.uk/content/dam/marketing/uki/uk/en/pdf/legal-information/experian-long-form-terms-and-conditions-v4.4.pdf. Consultado a 16 de janeiro de 2022.

FALCÃO, José; CASAL, Fernando; OLIVEIRA, António de & CUNHA, Paulo – *Noções Gerais de Direito*, 1ª ed., Vila Nova de Gaia, Calendário de Letras, 2014.

FDIC – Credit Card Mannual, Scoring and Modelling, Section VIII, last updated on 30 April, 2007. Disponível em https://www.fdic.gov/regulations/examinations/credit_card/pdf_version/ch8.pdf. Consultado a 21 de janeiro de 2021.

FERNANDES, Luís Carvalho – *Teoria Geral do Direito Civil*, vol. II, 5ª ed, 2ª reimpressão, revista e atualizada, Lisboa, Universidade Católica Editora, 2017.

FERNANDES, Sophie – "Artigo 7º". In: *Carta dos Direitos Fundamentais da União Europeia Comentada* (coord. Alessandra Silveira e Mariana Canotilho), Coimbra, Almedina, 2013 (pp.103-119).

FERNANDEZ, Alberto; HERRERA, Francisco; CORDON, Oscar; DEL JESUS, Maria & MARCELLONI, Francesco – "Evolutionary Fuzzy Systems for Explainable Artificial Intelligence: Why, Where, What for, and Where to?". In: *IEEE Computational Intelligence Magazine*, vol. 14, no. 1, 2019 (pp. 69-81).

FERREIRA, Afonso José – "Profiling e algoritmos autónomos: um verdadeiro direito de não sujeição?". In: *Anuário da Proteção de Dados 2018* (coord. Francisco Pereira Coutinho e Graça Canto Moniz), Lisboa, CEDIS, 2018 (pp. 35-43).

FERREIRA, Domingos – *Finanças Tóxicas e Crises*, Sintra, Rei dos Livros, 2014.

FERRETTI, Federico – The Never-Ending European Credit Data Mess, BEUC Position Paper, October 2017. Disponível em https://www.beuc.eu/press-media/news-events/never-ending-credit-data-mess-new-study-out. Consultado a 15 de dezembro de 2021.

— "The 'Credit Scoring Pandemic' and the European Vaccine: Making Sense of EU Data Protection Legislation". In: *Journal of Information, Law & Technology*, vol. 1, 2009 (pp. 1-24).

— *The Law and Consumer Credit Information in the European Community: The Regulation of Credit Information Systems*, New York, Routledge-Cavendish, 2008.

FERRETTI, Federico & VANDONE, Daniela – *Personal Debt in Europe: the EU financial market and consumer insolvency*, Cambridge, UK, Cambridge University Press, 2019.

FESTAS, David Oliveira – "A Contratação Eletrónica Automatizada". In: *Direito da Sociedade da Informação*, vol. VI (coord. Associação Portuguesa do Direito Intelectual), Coimbra, Coimbra Editora, 2006 (pp. 411-461).

FICO – Frequently asked questions about FICO® score: FICO® score, The score lender use, Open Access Credit Education, FICO® Score, 2013-2018. Disponível em https://www.ficoscore.com/ficoscore/pdf/Frequently-Asked-Questions-About-FICO -Scores.pdf. Consultado a 8 de janeiro de 2022.

First Access Visa Credit Card – Privacy Policy, Section 1. Information We Collect, revised January 5, 2022. Disponível em https://firstaccess.creditcard/privacy.aspx. Consultado a 19 de janeiro de 2021.

Floridi, Luciano – "The search for small patterns in big data". In: *The philosophers' Magazine*, no. 59, 2012 (pp. 17-18).

— *The Philosophy of Information*, New York, Oxford University Press, 2011.

Fontainhas, Emília Golim – *Dos Testemunhos de Conexão no Quadro Legislativo Europeu da Proteção de Dados – Em particular do consentimento para a sua utilização*, Dissertação de Mestrado: Braga, Universidade do Minho, Escola de Direito, 2013. Disponível em https://hdl.handle.net/1822/34325. Consultado a 17 de maio de 2022.

Fontainhas, Emília Golim; Andrade, Francisco Pacheco de & Almeida, José Bacelar – "Do consentimento para a utilização de testemunhos de conexão (cookies)". In: *Scientia Ivridica*, Tomo LXV, nº 341, 2016 (pp. 173-206).

FRA – *Handbook on European data protection law*, 2018.

Frade, Catarina – Um perfil dos sobreendividados em Portugal, Observatório do Endividamento dos Consumidores, Centro de Estudos Sociais da Universidade de Coimbra (POCTI/JUR/40069/2001), 2008. Disponível em https://oec.ces.uc.pt/pdf/relatorio_proj_regulacao_consumo.pdf. Consultado a 21 de março de 2022.

— Desemprego e Sobreendividamento dos Consumidores: Contornos de uma Ligação Perigosa, Relatório Final, Projeto Desemprego e Endividamento das Famílias, Centro de Estudos Sociais da Faculdade de Economia da Universidade de Coimbra (PIQS/ECO/50119), 2003. Disponível em https://oec.ces.uc.pt/biblioteca/pdf/relatorio_desemprego_sobreendividamento.pdf. Consultado a 21 de março de 2022.

Franceschi, Alberto de – "The EU Digital Single Market Strategy in Light of the Consumer Rights Directive: The "Button Solution" for Internet Cost Traps and the Need for a More Systematic Approach". In: *EuCML – Journal of European Consumer and Market Law*, no. 4, 2015 (pp. 144-148).

Freedman, Seth & Jin, Ginger Zhe – "The information value of online networks: Lessons from peer-to-peer lending". In: *International Journal of Industrial Organization*, vol. 51, 2017 (pp. 185-222).

Friedman, Batya & Nissenbaum, Helen – "Bias in computer systems". In: *ACM Transactions on Information Systems*, vol. 14, no. 3, 1996 (pp. 330-347).

FriendlyScore – Privacy Policy, Information We May Collect and Process about You, no. 4. Disponível em https://friendlyscore.com/page/privacy-policy. Consultado a 19 de janeiro de 2022.

FRS – Supervisory Guidance on Model Risk Management, Board of Governors of the Federal Reserve System Office of the Comptroller of the Currency [SL Letter 11-7], April 2011, pp. 1-21. Disponível em https://www.federalreserve.gov/supervisionreg/srletters/sr1107a1.pdf. Consultado a 20 de dezembro de 2021.

FSUG – Responsible consumer credit lending, FSUG opinion and recommendations for the review of the Consumer Credit Directive, European Commission, 2019. Disponível em https://ec.europa.eu/info/sites/default/files/business_economy_euro/banking_and_finance/documents/fsug-opinions-190408-responsible-consumer-credit-le nding_en.pdf. Consultado a 20 de março de 2022.

Funding Circle – Privacy Policy, How and When We Collect Your Information and What We Collect. Disponível em https://www.fundingcircle.com/uk/legal/privacy-policy/. Consultado a 19 de janeiro de 2022.

Gardener, Stephen – "Building the data warehouse". In: *Communications of the ACM*, vol. 41, no. 9, 1998 (pp. 52-69).

Gautrais, Vincent; Lemyre, Pierre-Paul; Chassigneux, Cynthia; Azzabi, Sofian; Weitzel, Barbara; Roussos, Alexia; Parisien, Serge; Benykhlef, Karim & Trudel, Pierre – "La formation des contrats em ligne". In: *Guide juridique du commerçant électronique* (ed. Éric Labbé, Daniel Poulin, François Jacquot et Jen-François Bourque), Thémis, 2003 (p. 143-164).

Geraldes, Luís Roquette & Cardoso, Francisca Seara – "Uma revolução chamada *crowdfunding*". In: *IV Congresso de Direito das Sociedades em Revista*, Lisboa, Almedina, 2016 (pp. 493-512).

Géron, Aurélien – *Hands-on Machine Learning with Scikit-Learn, Keras and Tensorflow: Concepts, Tools, and Techniques to Build Intelligent Systems*, 2nd ed., Canada, O'Reilly, 2019.

Gil, Elena – *Big data, privacidad y protección de datos*, Accésit en el Premio de Investigación de 2015, Protección de Datos Personales, Madrid, Agencia Española de Protección de Datos, 2016.

Gillis, Talia – "The Input Fallacy". In: *Minnesota Law Review*, 2021 (pp. 1-86).

— False Dreams of Algorithmic Fairness, 2019 (pp. 1-101). Disponível em https://scholar.harvard.edu/files/gillis/files/gillis_jmp_191101.pdf. Consultado a 18 de abril de 2022.

Gleicher, Michael – "A Framework for Considering Comprehensibility in Modeling". In: *Big Data*, vol. 4, no. 2, 2016 (pp. 75-88).

Goetghebuer, Julie – "AI and Creditworthiness Assessments: The Tale of Credit Scoring and Consumer Protection. A Story with a Happy Ending?". In: *Artificial Intelligence and the Law* (coord. Jan De Bruyne and Cedric Vanleenhove), Belgium: Intersentia, 2021 (pp. 429-450).

Goldberg, David – *Genetic Algorithms in Search, Optimization & Machine Learning*, Boston, MA, Addison-Wesley Publishing Company, 1989.

Gomes, Francisca Resende – "O conteúdo do direito fundamental à proteção de dados à luz do novo Regulamento Geral de Proteção de Dados: em especial, a problemática do controlo das decisões automatizadas". In: *Anuário da Proteção de Dados* (coord. Francisco Pereira Coutinho e Graça Canto Moniz), Lisboa, CEDIS, 2020 (pp. 105-117).

Gomes, Manuel Januário da Costa – *Contratos Comerciais*, Coimbra, Almedina, reimpressão, 2013.

Goodman, Bryce & Flaxman, Seth – "EU Regulations on Algorithmic Decision-Making and a 'Right to Explanation'. In: *AI Magazine*, vol. 38, no. 3, 2016 (pp. 50-57).

Gorjão-Henriques, Miguel – *Direito da União – História, Direito, Cidadania, Mercado Interno e Concorrência*, 9ª ed.,Coimbra, Almedina, reimpressão, 2022.

Gouveia, Feliz, *Fundamentos de Bases de Dados*, 1º ed. imp., Lisboa, FCA – Editora de Informática, 2014.

Gouveia, Luís Borges – Modelos de Governação na Sociedade da Informação, Estudo Associação para a Promoção e Desenvolvimento da Sociedade de Informação (APDSI), Lisboa, 2009. Disponível em http://hdl.handle.net/10284/1018. Consultado a 2 de fevereiro de 2022.

GOUVEIA, Luís Borges & RANITO, João – *Sistemas de Informação de Apoio à Gestão*, Porto, SPI – Sociedade Portuguesa de Informação, 2004.

GPAN IA – A Definition of AI: Main Capabilities and Scientific Disciplines, European Commission, of 8 April 2019. Disponível em https://ec.europa.eu/futurium/en/system/files/ged/ai_hleg_definition_of_ai_18_december_1.pdf. Consultado a 15 de dezembro de 2021.

— Orientações Éticas para uma IA de Confiança, 8 de abril de 2019. Disponível em https://op.europa.eu/pt/publication-detail/-/publication/d3988569-0434-11ea-8c1f-0 1aa75ed71a1/language-pt. Consultado a 15 de abril de 2022.

GRATH, Rory Mc; COSTABELLO, Luca; VAN, Chau; SWEENEY, Paul; KAMIAB; Farbid, SHEN, Zhao & LECUE, Freddy – Interpretable Credit Application With Counterfactual Explanations, NIPS 2018 – Workshop on Challenges and Opportunities for AI in Financial Services: the Impact of Fairness, Explainability, Accuracy, and Privacy, Montreal, Canada, HAL Open Science, 2018, pp. 1-9. Disponível em https://hal.inria.fr/hal-01934915/file/1811.05245.pdf. Consultado a 19 de abril de 2022.

GREENE, William – "Sample selection in credit-scoring models". In: *Japan and the World Economy*, vol. 10, no. 3, 1998 (pp. 299-316).

GT Art. 29º – Orientações sobre as decisões automatizadas e a definição de perfis para efeitos do Regulamento 2016/679 [WP251rev.01], adotadas em 3 de outubro de 2017, revista e adotada em 6 de fevereiro de 2018. Disponível em https://ec.europa.eu/newsroom/article29/items/612053. Consultado a 5 de março de 2022.

— Orientações relativas à Avaliação de Impacto sobre a Proteção de Dados (AIPD) e que determinam se o tratamento é «suscetível de resultar num elevado risco» para efeitos do Regulamento (UE) 2016/679 [WP 248 rev.01], anotadas em 4 de abril de 2017, revistas e atualizadas pela última vez em 4 de outubro de 2017. Disponível em https://www.cnpd.pt/media/f0ide5i0/aipd_wp248rev-01_pt.pdf. Consultado a 25 de maio de 2022.

— Diretrizes para a execução do Acórdão do Tribunal de Justiça da União Europeia no Processo C-131/12, Google Spain Sl E Google Inc. contra Agencia Española de Protección de Datos (AEPD) e Mario Costeja González [WP 225], adotadas em 26 de novembro de 2014. Disponível em https://ec.europa.eu/newsroom/article29/items /667236/en. Consultado a 17 de outubro de 2022.

— Parecer 8/2014, sobre os recentes desenvolvimentos na Internet das Coisas, adotado em 16 de setembro de 2014 [WP 223]. Disponível em https://www.gpdp.gov.mo /uploadfile/2016/0831/20160831044805583.pdf. Consultado a 16 de janeiro de 2022.

— Parecer 05/2014, sobre as técnicas de anonimização [GT216], adotado em 10 de abril de 2014. Disponível em https://www.gpdp.gov.mo/uploadfile/2016/0831/2016083 1042518381.pdf. Consultado a 10 de abril de 2022.

— Parecer 06/2014, sobre o conceito de interesses legítimos do responsável pelo tratamento dos dados na aceção da Diretiva (UE) 95/46/CE, [WP 217], adotado em 9 de abril de 2014. Disponível em https://www.gpdp.gov.mo/uploadfile/2015/0803 /20150803050042662.pdf. Consultado a 12 de abril de 2022.

— Parecer 3/2013, sobre a limitação da finalidade, adotado em 2 de abril de 2013 [WP 203]. Disponível em https://www.gpdp.gov.mo/uploadfile/2017/0127/20170127113421380.pdf. Consultado em 15 de dezembro de 2021.

— Parecer 1/2008 sobre questões de proteção dos dados ligadas aos motores de pesquisa [WP 148], adotado em 4 de abril de 2008. Disponível em https://www.gpdp.gov .mo/uploadfile/others/wp148_pt.pdf. Consultado a 10 de abril de 2022.

— Working Document on Blacklists, adopted on 3 de October 2002 [WP65]. [Versão em inglês]. Disponível em https://ec.europa.eu/justice/article-29/documentation/opinion-recommendation/files/2002/wp65_en.pdf. Consultado a 16 de janeiro de 2022.

Guidotti, Ricardo; Monreale, Anna; Ruggieri, Salvatore; Turini, Franco, Giannotti, Fosca & Pedreschi, Dino – "A survey of methods for explaining black box models". In: *ACM computing surveys (CSUR)*, vol. 51, no. 5, 2018 (pp. 93.1 – 93:42)

Guimarães, Maria Raquel – "Algumas Considerações sobre o Aviso nº 11/2001 do Banco de Portugal, de 20 de Novembro, Relativo aos Cartões de Crédito e de Débito". In: *Revista da Faculdade de Direito da Universidade do Porto*, Ano I, 2004 (pp. 247-276).

Gunning, David & Aha, David – "*DARPA's Explainable Artificial Intelligence Program*". In: *AI Magazine*, vol. 40, no. 2, 2019 (pp. 44-58).

Gunning, David; Stefik, Mark; Choi, Jaesik; Miller, Timothy; Stumpt, Simone & Yang, Guang-Zhong – "XAI—Explainable artificial intelligence". In: *Science robotics*, vol. 4, no. 37, 2019, eaay7120

Gup, Benton; Kolari James & Fraser, Donald – *Commercial banking: the management of risk*, New York, John Wiley & Sons, Inc, 2005.

Gupta, Sakshi – SpringBoard, Blog Data Science, October 6, 2021. Disponível em https://www.springboard.com/blog/data-science/regression-vs-classification/. Consultado a 23 de outubro de 2022.

Gutwirth, Serge & Hert, Paul de – "Regulating Profiling in a Democratic Constitutional State". In: *Profiling the European citizen* (eds. Mireille Hildebrandt and Serge Gutwirth), Dordrecht, Springer, 2008 (pp. 271-193).

Ha, Taehyun; Lee, Sangwon & Kim, Sangyeon – "Designing explainability of an artificial intelligence system" In: *Proceedings of the Technology, Mind, and Society.* 2018 (p. 1).

Hacker, Philipp – "Teaching fairness to artificial intelligence: Existing and novel strategies against algorithmic discrimination under EU law": In: *Common Market Law Review*, vol. 58, no. 4, 2018 (pp. 1143-1185).

Hacker, Philipp & Passoth, Jan-Hendrik – "Varieties of AI Explanations Under the Law. From the GDPR to the AIA and Beyond". In: *International Workshop on Extending Explainable AI Beyond Deep Models and Classifiers*. Springer, Cham, 2022 (pp. 343-373).

Hair, Joseph – "Multivariate Data Analysis: An Overview". In: *International Encyclopedia of Statistical Science* (eds. Miodrag Lovric), Berling, Heidelberg, Springer, 2011 (pp. 904-907).

Hamon, Ronan; Jumklewitz, Henrik & Sanchez, Ignatio – Robustness and Explainability of Artificial Intelligence, EUR 30040 EN, Publications Office of the European Union, Luxembourg, 2020. Disponível em https://publications.jrc.ec.europa.eu/repository/handle/JRC119336. Consultado a 11 de outubro de 2022.

HAN, Jiawei & KAMBER, Micheline – *Data Mining: Concepts and Techniques*, 2nd ed., San Francisco, The Morgan Kaufmann Series in Data Management Systems, 2006.

HAND, David – "Modelling consumer credit risk". In: *IMA Journal of Management Mathematics*, vol. 12, no. 2, 2001 (pp. 139-155).

HAND, David & JACKA, Saul – *Statistics in Finance*, 1st. ed., New York, Wiley, 1998.

HAND, David & KELLY, Mark – "Superscorecards". In: *IMA Journal of Management Mathematics*, vol. 13, no. 4, 2002 (pp. 273-281).

HAND, David; SOHN, So Young & KIM, Yooseong – "Optimal bipartite scorecards". In: *Expert Systems with Applications*, vol. 29, no. 3, 2005 (pp. 684-690).

HAND, David & HENLEY, William – "Statistical classification methods in consumer credit scoring: a review". In: *Journal of the Royal Society, Series A (Statistics in Society)*, vol. 160, no. 3, 1997 (pp. 523-541).

— "Can reject inference ever work?". In: *IMA Journal of Management Mathematics*, vol. 5, no. 1, 1993 (pp. 45-55).

HAND, David & ZHOY, F. – "Evaluating models for classifying customers in retail banking collections". In: *Journal of the Operational Research Society*, vol. 61, no. 10, 2010, pp. 1540-1547)

HARDT, Moriz; PRICE, Eric & SREBRO, Nati – "Equality of opportunity in supervised learning". In: *Advances in neural information processing Systems*, no 29, 2016 (pp. 3315-3323).

HAYKIN, Simon – *Neural Networks with Learning Machines*, 3rd ed., New Jersey, Pearson Education Inc., 2009.

HEFFERNAN, Shelag – *Modern Banking*, West Sussex, John Wiley & Sons, Inc.., 2005.

HEINRICHS, Bert – "Discrimination in the age of artificial intelligence". In: *AI & Society*, vol. 37, 2020 (pp. 143-154).

HELLISTRÖM, Thomas; DIGNUM, Virginia & BENSCH, Suna – Bias in Machine Learning: What is it Good for?, arXiv, 2020, s.p. Disponível em https://arxiv.org /pdf/2004 .00686.pdf. Consultado a 18 de abril de 2022.

HENDRY, David & CLEMENTS, Michael – "Economic forecasting: some lessons from recent research". In: *Economic Modelling*, vol. 20, no. 2, 2003 (pp. 301-329).

HENLEY, William – *Statistical aspects of credit scoring*, PhD Thesis, The Open University, 1995. Disponível em http://oro.open.ac.uk/57441/1/DX184766.pdf. Consultado a 9 de fevereiro de 2022.

HERNANDEZ, Manuel & TORETO, Maximo -"Parametric versus nonparametric methods in risk scoring: an application to microcredit". In: *Empirical Economics*, vol. 46, no. 3, 2014 (pp. 1057-1079).

HERT, Paul De & GUTWIRTH, Serge – "Data protection in the case law of Strasbourg and Luxemburg: Constitutionalisation in action". In: *Reinventing data protection?*, (eds. Serge Gutwirth, Yves Poullet, Paul De Hert, Cécile de Terwangne and Sjaak Nouwt) Dordrecht, Springer, 2009 (pp. 3-44).

HILDEBRANDT, Mireille – "Privacy as protection of the incomputable self: from agnostic to agonistic machine learning". In: *Theoretical Inquiries in Law*, vol. 20, no. 1, 2019 (pp. 83-121).

— "Defining Profiling: A New Type of Knowledge?". In: *Profiling the European Citizen* (eds. Mireille Hildebrandt and Serge Gutwirth), Dordrecht, Springer, 2008 (pp. 17-45).

HILL, Manuela Magalhães & HILL, Andrew – *Investigação por Questionário*, 2.ª ed, Lisboa, Edições Sílabo, 2005.

HOMEM, Mariana Carvalho – "A Formação dos Contratos no Comércio Electrónico". In: *Revista Eletrónica de Direito*, nº 1, 2013 (pp. 1-49).

HÖRSTER, Heinrich Ewald & SILVA, Eva Sónia Moreira da – *A Parte Geral do Código Civil Português*, 2ª ed. totalmente revista e atualizada, Coimbra, Almedina, 2019.

HSIA, David – "Credit Scoring and the Equal Credit Opportunity Act". In: *Hastings Law Journal*, vol. 30. no. 2, 1078 (pp. 371-448).

HUI, Lai; LI, Shuai & ZOUGFANG, Zhou -"The Model and Empirical Research of Application Scoring based on Data Mining Methods". In: *Procedia Computer Science*, vol. 17, 2013 (pp. 911-918).

HURLEY, Mikella & ADEBAYO, Julius -"Credit Scoring in the Era of Big Data". In: *Yale Journal of Law & Technology*, vol. 148, 2016 (pp. 148-216).

ICO – Findings from ICO, Review visits to credit reference agencies, September 2014. Disponível em https://ico.org.uk/media/action-weve-taken/audits-and--advisory-visits/1042574/outcomes--report-credit-reference-agencies.pdf. Consultado a 11 de abril de 2022.

IFC – Credit Reporting Knowledge Guide, World Bank, Washington DC, 2012. Disponível em https://openknowledge.worldbank.org/handle/10986/21545. Consultado a 27 de janeiro de 2022.

IGLESIAS, Maria; SKhamulia, Sheron & ANDERBERG, Amanda – Intellectual Property and Artificial Intelligence, A literature review, JRC Technical Report, Luxembourg, 2019. Disponível em https://publications.jrc.ec.europa.eu/repository/handle/JRC119 102. Consultado a 19 de abril de 2022.

INMAN, William – "The data warehouse and data mining". In: *Communications of the ACM*, vol. 39, no. 11, 1996 (pp. 49-59).

JACOBSON, Tom & ROSZBACH, Kasper -"Bank lending policy, credit scoring and value-at-risk". In: *Journal of Banking and Finance*, vol. 7, no. 4 (pp. 615-633).

JAGTIANI, Julapa & LEMIEUX, Catherine – "The roles of alternative data and machine learning in fintech lending: evidence from LendingClub consumer platform". In: *Financial Management*, vol. 48, no. 4, 2019 (pp. 1009-1029).

JAGTIANI, Julapa; KOLARI, James; LEMIEUX, Catharine & SHIN, Hwan – Predicting Inadequate Capitalizations: Early Warning for Bank Supervision, Emerging Issues (S&R 2000-10R), 'E.U.A' Supervision and Regulation Department, Federal Reserve Bank of Chicago, 2000. Disponível em https://citeseerx.ist.psu.edu/viewdoc/download?doi=10.1.1.112.9859&rep=rep1&type=pdf. Consultado a 4 de março de 2022.

JANSSEN, Heleen – "An approach for a fundamental rights impact assessment to automated decision-making". In: *International Data Privacy Law*, vol. 10, no. 1, 2020 (pp. 76-106).

JENSEN, Herbert – "Using Neural Networks for Credit Scoring". In: *Managerial Finance*, 1992 (pp. 15-26).

JOHNSON, Richard William – "Legal, social and economic issues in implementing scoring in the United States". In: *Readings in Credit Scoring: Foundations, developments, and aims* (cord. Lyn Thomas, David Edelman & Jonathan Crook), New York, Oxford University Press, 2004 (pp. 5-16).

JONE, Mega Lela – "The right to a human in the loop: Political constructions of computer automation and personhood". In: *Social Studies of Science*, vol. 47, no. 2, 2017 (pp. 216-239).

KALTOFEN, Daniel; PAUL, Stephen & STEIN, Stefan – Retail Loans and Basel II: Using Portfolio Segmentation to Reduce Capital Requirements, ECRI

Research Report, no. 8, 2006. Disponível em http://aei.pitt.edu/9427/. Consultado a 3 de março de 2022.

KAMARINOU, Dimitra; MILLARD, Christopher & SINGH, Jatinder – Machine Learning with Personal Data, Legal Studies Research Paper 247, Queen Mary University of London, 2016. Disponível em https://ssrn.com/abstract=2865811. Consultado a 12 de abril de 2022.

KAMINSKI, Margot – "The Right to Explanation, Explained". In: *Berkeley Technology Law Review*, vol. 34, no. 189, 2019 (pp. 189-218).

KAMP, Meike; KÖFFER, Barbara & MEINTS, Martin -"Profiling of Customers and Consumers-Customer Loyalty Programmes and Scoring Practices". In: *Profiling the European Citizen* (eds. Mireille Hildebrandt and Serge Gutwirth), Dordrecht, Springer, 2008 (p. 201-213).

KANG, Jerry & BUCHNER, Benedikt – "Privacy in Atlantis". In: *Harvard Journal of Law & Technology*, vol. 18, no. 1, 2004 (pp. 229-267).

KAPLAN, Jerry – *Artificial Intelligence: What Everyone Needs to Know*, Oxford, Oxford University Press, 2016.

KAZIENKO, Przemyslaw; LUGHOFER, Edwin & TRAWINSKI, Bogdan – "Hybrid and ensemble techniques in soft computing: recent advances and emerging trends". In: *Editorial on the special issue, Soft Computing*, vol. 19, no. 12, 2015 (pp. 3353-3355).

KENNEDY, Kenneth – *Credit Scoring Using Machine Learning*, PhD Thesis, Dublin Institute of Technology, School of Computing, 2013. Disponível em https://arrow.tudublin.ie/cgi/viewcontent.cgi?article=1138&context=sciendoc. Consultado a 9 de fevereiro de 2022.

KENYON, Andrew & RICHARDSON, Megan – "New dimensions in privacy: Communications technologies, media practices and law". In: *New Dimensions of Privacy Law – International and Comparative Perspectives*, Cambridge, UK, Cambridge University Press, 2006 (pp. 1-10).

KILBORN, Jason – Expert Recommendations and the Evolution of European Best Practices for the treatment of Overindebtedness, 1984-2010, 2010. Disponível em https://dx.doi.org/10.2139 / ssrn.1663108. Consultado a 11 de março de 2022.

KIM, Yoon Seong & SOHN, So Young – "Managing loan customers using misclassification patterns of credit scoring". In: *Expert Systems with Applications*, vol. 26, no. 4, 2004 (pp. 567-573).

KING, Brett – *Bank 4.0, Banking Everywhere, Never at a Bank*, New Jersey, John Wiley & Sons, Inc., 2018.

KISSINGER, Henry; SCHMIDT, Eric & HUTTENLOCHER, Daniel – *A Era da Inteligência Artificial*, 1ª ed. (trad.), Alfragide. Publicações Dom Quixote, 2021.

KLIMAS, Tadas & VAICIUKAIT, Jurate – "The Law of Recitals in European Community Legislation". In: *ISLA Journal of International & Comparative Law*, vol. 15, no. 1, 2008 (pp. 61-93).

KNUTSON, Melissa – Credit Scoring Approaches, Guidelines, The World Bank Group, 2019. Disponível em https://thedocs.worldbank.org/en/doc/935891585869698451-0130022020/CREDIT-SCORING-APPROACHES-GUIDELINES-FINAL-WEB. Consultado a 18 de janeiro de 2022.

KOKOTT, Juliane & SOBOTTA, Christoph – "The distinction between privacy and data protection in the jurisprudence of the CJEU and the ECtHR". In: *Interna-*

tional Data Privacy Law, vol. 3, no. 4, 2013 (pp. 222-228).

Koops, Bert-Jaap – "The trouble with European Data Protection Law". In: *International Data Privacy Law*, vol. 4, no. 4, 2014 (pp. 205-261).

Korff, Douwe – New Challenges to Data Protection Study, Data Protection Laws in the EU: The Difficulties in Meeting the Challenges Posed by Global Social and Technical Developments, Working Paper no. 2, European Commission DG Justice, Freedom, and Security Report, 2010. Disponível em https://papers.ssrn.com/sol3/papers.cfm?abstract_id=1638949. Consultado a 20 de março de 2022.

Koza, John – *Genetic Programming: On the Programming of Computers by Means of Natural Selection*, Cambridge, MA, The MIT Press, 1992.

Kraft, Holger; Kroisandt, Gerald & Müller, Marlene – Assessing the discriminatory power of credit scores, SFB 373 Discussion Paper, 2002. Disponível em https: //www.econstor.eu/handle/10419/65361. Consultado a 1 de março de 2022.

Kunner, Christopher; Svantesson, Dan; Cate, Fred; Lynskey, Orla & Millard, Christopher – "Machine Learning with personal data: is data protection law smart enough to meet the challenge?". In: *International Data Privacy Law*, vol. 17, no 1, 2017 (pp. 1-2).

Laborda, Juan & Ryoo, Seyong – "Feature Selection in a Credit Scoring Model". In: *Mathematics*, vol. 9, no. 7, 2021 (pp. 1-22).

Lachaud, Eric – "The General Data Protection Regulation and the rise of certification as a regulatory instrument". In. *Computer Law & Security Review*, vol. 34, no. 2, 2018 (pp. 244-256).

Lan, Yu; Janssens, Davy; Chen, Guoqing & Wets, Geert – "Improving association classification by incorporating novel interestingness measures". In: *Expert Systems with Applications*, vol. 31, no. 1 (pp. 184-192).

Larisma, Susana – Contratação Electrónica, O Comércio Electrónico em Portugal – O Quadro Legal e o Negócio, Lisboa, Anacom, 2004, pp. 157-170. Disponível em https://www.anacom.pt/render.jsp?contentId=718378. Consultado a 24 de março de 2022.

Leal, Ana Alves – "Aspetos jurídicos da análise de dados na Internet (*big data analytics*) nos setores bancário e financeiro: proteção de dados pessoais e deveres de informação". In: *Fintech: desafios da tecnologia financeira* (coord. António Meneses Cordeiro, Ana Perestrelo de Oliveira & Diogo Pereira Duarte), 2ª ed., Coimbra, Almedina, 2019 (pp. 89-220).

Lee, Michelle & Floridi, Luciano – "Algorithmic fairness in mortgage lending: from absolute conditions to relational trade-offs". In: *Minds and Machines*, vol. 31, pp. 165-191.

Leenes, Ronald – "Do they know me? Deconstructing identifiability". In: *University of Ottawa Law and Technology Journal*, vol. 4, no. 1-2, 2008 (pp. 131-161).

Leenes, Ronald & Conca, Silvia de – "Artificial Intelligence and Privacy – AI enters the house through the Cloud". In: *Research Handbook on the Law of Artificial Intelligence* (eds. Woodrow Barfield and Ugo Pagallo), Massachusetts, Edward Elgar Publishing Limited, 2018 (pp. 280-236).

Lee, Tian-Shyung & Chen, I-Fei – "A two-stage hybrid credit scoring model using artificial neural networks and multivariate adaptive regression splines. In: *Expert Systems with Applications*, vol. 28, no. 4, 2005 (pp. 743-752).

LEE, Tian-Shyung; CHIU, Chi-Chou; LU, Chi-Jie & CHEN, I-Fei – "Credit scoring using the hybrid neural discriminant techniques". In: *Expert Systems with Applications,* vol. 23, no. 3, 2002 (pp. 245-254).

LEITÃO, Adelaide Menezes – "Comércio Eletrónico e Direito do Consumo". In: *Liber amicorum Mário Frota,* Coimbra, Almedina, 2012 (pp. 31-39).

LEITÃO, Luís Menezes – *Direito das Obrigações: Contratos em Especial,* vol. III, 14ª ed., Coimbra, Almedina, 2021.

— "Os testemunhos de conexão (cookies)". In: *Estudos de Homenagem da Faculdade de Direito de Lisboa ao Professor Doutor Inocêncio Galvão Telles, 90 Anos,* Coimbra, Almedina, 2007 (pp. 719-748).

Lending Club – Privacy Policy, adopted on Februry 1, 2021. Disponível em https://www.lendingclub.com/legal/privacy-policy. Consultado a 19 de janeiro de 2022.

LESLIE, David – Understanding artificial intelligence: a guide for the responsible design and implementation of AI systems in the public sector, The Alan Turing Institute, 2019. Disponível em https://www.turing.ac.uk/sites/default/files/2019-08/understanding_artificial_intelligence_ethics_and_safety.pdf. Consultado a 15 de março de 2022.

LESSMANN, Stefan; BAESENS, Bart; SEOW, Hsin-Vonn & THOMAS, Lyn – "Benchmarking state-of-the-art classification algorithms for credit scoring". In. *Journal of the Operational Research Society,* vol. 54, no. 6, 2003 (pp. 627-635).

LEVY, Karen – "Relational Big Data". In: *Stanford Law Review Online,* vol. 66, no. 73, 2013 (pp. 73-79).

LI, Xiao-lin & ZHANG, Yu – "An overview of personal credit scoring: techniques and future work". In: *International Journal of Intelligence Science,* vol. 2, 2012, (pp. 181-189).

LIM, Michael & SOHN, So – "Cluster-based dynamic scoring model". In: *Expert Systems with Applications,* vol. 32, no 2 (pp. 427-431).

LIMA, Francisco Arga e – Prescrição e Cláusulas Abusivas – A Propósito do Acórdão Profi Credit Slovakia, NOVA Consumer Lab, 2021. Disponível em https://novaconsumerlab.novalaw.unl.pt/prescricao-e-clausulas-abusivas-a-proposito-do-acordao-pr ofi-credit-slovakia/. Consultado a 20 de maio de 2022.

LIMA, Francisco Arga e & CARVALHO, Mateus de – "O Direito ao Apagamento de Dados como Realidade Global". In: *Anuário da Proteção de Dados* (coord. Francisco Pereira Coutinho e Graça Canto Moniz), Lisboa, CEDIS, 2019 (pp. 55-85).

LinddoEFL – Scoring, Approve more people with less risk using digital and behavioral data. Disponível em https://lenddoefl.com/scoring. Consultado a 19 de janeiro de 2022.

LING, Yun; CAO, Qiuyan & ZHANG, Hua -"Credit Scoring Using Multi-Kernel Support Vector Machines and Chaos Particle Swarm Optimization". In: *International Journal of Computational Intelligence and Applications,* vol. 11, no. 3, 2012 (pp. 1250019-1 – 1250019-13).

LINNA, Tuula – "Cross-Border Debt Adjustment, Open Questions in European Insolvency Proceedings". In: *International Insolvency Review,* vol. 23, no. 1, 2014 (pp. 20-39)

LITTLE, Roderick & RUBIN, Donald – *Statistical Analysis with Missing Data,* 2nd ed., New Jersey, John Wiley & Sons, Inc., 2002.

LIU, Huan; HUSSAIN, Farhold; FAN, Chew; DASH, Manoranjan – "Discretization: an enabling technique". In: *Data Mining and Knowledge Discovery*, vol. 6, no. 4, 2002 (pp. 393-423).

Loos, Marco – Full Harmonisation as a Regulatory Concept and its Consequences for the National Orders: The Example of the Consumer Rights Directive, Centre for the Study of European Contract Law, Working Paper Series, no. 3, 2010. Disponível em https://ssrn.com/abstract=1639436. Consultado a 11 de março de 2022.

Loures, Bernardo da Rocha – *Os Contornos do Cadastro Negativo de Devedores no Sistema Jurídico-Civilista: Uma Análise do Direito ao Bom Nome e ao Crédito em face da Liberdade de Expressão*, Dissertação de Mestrado, Coimbra: Faculdade de Direito da Universidade de Coimbra, 2017. Disponível em http://hdl.handle.net/10316 /84185. Consultado a 29 de janeiro de 2022.

Louzada, Francisco; Ara, Anderson & Fernandes, Guilherme – "Classification methods applied to credit scoring: Systematic review and overall comparison". In: *Surveys in Operations Research and Management Science*, vol. 21, no. 2, 2016 (pp. 117-134).

Lucini, Fernando – "The Real Deal About Synthetic Data". In: *MIT Sloan Management Review*, vol. 63, no. 1, 2021 (pp. 1-4).

Lu, Young; Gu, Bin; Ye, Qiang & Sheng, Zhexiang – Social influence and defaults in peer-to-peer lending networks, Conference on Information Systems and Technology (CIST), White Paper, 2012. Disponível em https://citeseerx.ist.psu.edu/view doc/download?doi=10.1.1.653.1977&rep=rep1&type=pdf. Consultado a 1 de fevereiro de 2022.

Machete, Pedro & Violante, Teresa – "O Princípio da Proporcionalidade e da Razoabilidade na Jurisprudência Constitucional, também em relação com a Jurisprudência dos Tribunais Europeus". In: *XV Conferência Trilateral dos Tribunais Constitucionais de Espanha, Itália e Portugal*, Roma, 2013. Disponível em https://www.academia.edu/22471312/O_princípio_da_proporcionalidade_e_da_razoabilidade_na_jurisprudência_constitucional_também_em_relação_com_a_Jurisprudência_dos_Tribunais_Europeus_Relatório_do_Tribunal_Constitucional_de_Portugal. Consultado a 12 de abril de 2022.

Marques, Efigénia – "Em casa portuguesa" da Inteligência Artificial há "espeto de pau inconstitucional", Jornal O Interior, 18 de setembro de 2021. Disponível em https://ointerior.pt/opiniao/em-casa-portuguesa-da-inteligencia-artificial-ha-espeto-de-pau-inconstitucional/?fbclid=IwAR0d6Q46Km4sIp7OCkoK222Od1wMwM-1S9 7cAexs9i9H1v_DINhaX8yNQOo. Consultado a 21 de maio de 2022.

Mccullagh, Peter – "Regression models for ordinal data". In: *Journal of the Royal Statistical Society, Series B (Methodological)*, vol. 42, no. 2, 1980 (pp. 109-127).

Mcculloch, Warren & Pitts, Walter – "A Logical Calculus of the Ideas Immanent in Nervous Activity". In: *Bulletin of Mathematical Biophysics*, vol. 5, no. 4 (pp. 115-133).

McDermid, John; Jia, Yan; Porter, Zoe & Habli, Ibrahim – "Artificial intelligence explainability: the technical and ethical dimensions". In: *Philosophical Transactions Royal Society A.*, no. 379:20200363, 2021 (pp. 1-18).

Machado, João Batista – *Introdução ao Direito e ao Discurso Legitimador*, 18ª Reimpressão, Coimbra, Almedina, 2010.

Maddala, Gangadharrao – *Limited-dependent and qualitative variables*, Cambridge, UK, Cambridge University Press, 1986.

MADJOUR, Oualid – *La Responsabilité Civile du Banquier Dispensatur de Crédit: Étude de Droit Comparé Français-algérien,* Thése de Doctorate en Droit Privé, Lyon, 2009. Disponível em https://scd-resnum.univ-lyon3.fr/out/theses/2009_out_madjour_o.pdf. Consultado a 20 de março de 2022.

MAKUCH, William – "Scoring Applications". In: *Handbook of Credit Scoring* (cord. Elizabeth Mays), Chicago, Glenlake Publishing, 2001 (pp. 1-21).

MALGIERI, Gianclaudio – "The concept of fairness in the GDPR: a linguistic and contextual interpretation". In: *Proceedings of the 2020 Conference on fairness, accountability, and transparency,* 2020 (pp. 154-166).

— "Automated decision-making in the EU Member States: The right to explanation and other 'suitable safeguards' in the national legislations'". In: *Computer Law and Security Review,* vol. 35, no. 5, 2019 (pp. 1-26).

MALGIERI, Gianclaudio & COMANDÉ, Giovanni – "Why a Right to Legibility of Automated Decision-Making Exists". In: *International Data Privacy Law,* vol. 7, no. 4, 2017 (pp. 243-265).

MALHOTRA, Rashmi & MALHOTRA, D. K. – "Evaluating consumer loans using neural networks". In: *Omega,* vol. 31, no. 2, 2003 (pp. 83-96).

MANTELERO, Alessandro – "From Group Privacy to Collective Privacy: Towards a New Dimension of Privacy and Data Protection in the Big Data Era". In: *Group Privacy* (eds. Linnet Taylor, Luciano Floridi e Bart van der Sloot), Cham, Springer, 2017 (pp. 139-158).

MANTELERO, Alessandro – "Personal data for decisional purposes in the age of analytics: from individual to collective dimension of data protection". In: *Computer Law & Security Review,* vol. 32, no. 2, 2016 (pp. 228-255).

MARQUÉS, A.; GARCÍA, Vicent & SÁNCHEZ, José Salvador – "Two-level classifier ensembles for credit risk assessment". In: *Expert Systems with Applications,* vol. 39, no. 92, 2012 (pp. 10916-10922).

MARTIN, Daniel – "Early warning of bank failure: A logit regression approach". In: *Journal of Banking & Finance,* vol. 1, no. 3, 1977 (pp. 249-276).

MARTINEZ, Pedro Romano – "Celebração de Contratos à Distância e o Novo Regime do Contrato de Seguro". In: *Revista de Direito e Estudos Sociais,* Ano 40, nºs 3 e 4, Coimbra, Almedina, 2009 (pp. 85-116).

MASSENO, Manuel David – "Como a União Europeia procura proteger os cidadãos--consumidores em ambiente de Big Data". In: *Revista Eletrónica do Curso de Direito da UFSM,* v. 14, nº 3, 2019 (pp. 1-27).

MATOS, José de – *Dicionário de Informática e Novas Tecnologias,* 3º ed. aumentada, Lisboa, FCA – Editora de Informática, 2009.

MAYER-SCHÖNBERGER, Viktor – "Generational Development of Data Protection in Europe". In: *Technology and Privacy: The New Landscape* (eds. Philip Agre and Marc Rotenberg), Cambridge, MA, The MIT Press, 1997 (pp. 219-241).

MENDOZA, Isak & BYGRAVE, Lee A. – "The Right Not to be Subject to Automated Decisions Based on Profiling". In: *EU Internet Law* (eds. Tatiana-Eleni Synodinou, Philippe Jougleux, Christiana Markou e Thalia Prastitou), Cham, Springer, 2017 (pp. 77-98).

MESQUITA, Euclides de – "A Ficção No Direito". In: *Revista da Faculdade de Direito UFPR,* vol. 11, 1968 (pp. 146-160).

MESTER, Loretta – "What's the point of credit scoring?". In: *Business Review*, Federal Reserve Bank of Philadelphia, 1997 (pp. 3-16).

METHNANI, Leila; TUBELLA, Andrea; DIGNUM, Virginia & THEODOROU, Andreas – "Let Me Take Over: Variable Autonomy for Meaningful Human Control". In: *Frontiers in Artificial Intelligence*, vol. 4, article no 737072, 2021 (pp 1-10).

METZ, Rainer – "Scoring: new legislation in Germany". In: *Journal of Consumer Policy*, vol. 35, 2012 (pp. 297-305).

MIERZWINSKI, Ed & CHESTER, Jeff – "Selling Customers, Not Lists: The New World of Digital Decision-Making and the role of the Fair Credit Reporting Act". In: *Suffolk UL Rev.*, vol. 54, no. 3, 2013 (pp. 845-880).

MILLER, Margaret – "Credit reporting systems around the globe: the state of the art in public credit registries and private credit reporting firms". In: *Credit reporting systems and the international economy* (ed. Margaret Miler), Cambridge, MA, The MIT Press, 2003 (pp. 25-79).

MINGERS, John & WHITE, Leroy – "A review of the recent contribution of systems thinking to operational research and management science". In: *European Journal of the Operational Science*, vol. 207, no 3, 2010 (pp. 1147-1161).

MIRANDA, Jorge – *Direitos Fundamentais*, 3ª ed, revista e atualizada, Coimbra, Almedina, 2020.

— *Curso de Direito Constitucional: Normas Constitucionais. Direitos Fundamentais. Atividade Constitucional do Estado. Fiscalização de Constitucionalidade*, 2ª ed., Lisboa, Universidade Católica Editora, 2020.

— *Manual de Direito Constitucional. Direitos Fundamentais*, Tomo IV, 2ª ed. revista e atualizada, 2000.

MITTELSTADT, Brent – "From individual to group privacy in big data analytics". In: *Philosophy and Technology*, vol. 30, 2017 (pp. 475-494).

MITTELSTADT, Brent – "Auditing for Transparency in Content Personalization Systems". In: *International Journal of Communication*, vol. 10, no. 12, 2016 (pp. 4991-5002).

MITTELSTADT, Brent; ALLO, Patrick; TADDIO, Mariarosaria; WACHTER, Sandra & FLORIDI, Luciano – "The ethics of algorithms: Mapping the debate". In: *Big Data & Society*, vol. 3, no. 2, 2016 (pp. 1-21).

MONIZ PEREIRA, Luís & LOPES, António – *Máquinas Éticas: Da Moral da Máquina à Maquinaria Moral*, 1ª ed., Caparica, NOVA.FCT Editorial, 2020.

Monitor Deloitte – The Future of Credit: a European perspective, 2019. Consultado a 10 de dezembro de 2021. Disponível em https://www2.deloitte.com/content/dam/Deloitte/uk/Documents/financial-services/deloitte-uk-mastercard-the-future-of--credit-a-european-perspective-2019--report-digital-updated.pdf. Consultado a 19 de dezembro de 2021.

MONTAVON, Grégoire; SAMEK, Wojciech & MÜLLER, Klaus-Robert – "Methods for interpreting and understanding deep neural networks". In: *Digital Signal Processing*, vol. 73, 2018 (pp. 1-15).

MONTEIRO, António Pinto – "Contratos de Adesão/Cláusulas Contratuais Gerais". In: *Estudos de Direito do Consumidor*, vol. 3, nº 1, 2001 (pp. 131-163).

— "Contratos de Adesão– O Regime Jurídico das Cláusulas Contratuais Gerais, instituído pelo D.L. nº 446/85, de 25 de outubro". In: *Revista da Ordem dos Advogados (ROA) Online*, nº 46, 1986 (pp. 733-769).

MORAIS, Carlos Blanco de – *Justiça Constitucional*, Tomo II, 2ª ed., Coimbra, Coimbra Editora, 2011

MORAIS, Fernando de Gravato – *Manual da Locação Financeira,* 2ª ed., Coimbra, Almedina, 2011.

— *Crédito a Consumidores,* Coimbra, Almedina, 2009.

— *Contratos de Crédito ao Consumo,* Coimbra, Almedina, 2007.

— "União de Contratos de Crédito e de Venda para Consumo: Situação Atual e Novos Rumos". In: *Estudos de Direito do Consumidor,* nº 7, 2005 (pp. 279-313).

— "Do Regime Jurídico de Crédito ao Consumo". In: *Scientia Ivridica,* vol. XLIX, nºs 286/288, 2000 (pp. 375-411).

MORGADO REBELO, Diogo – "'On the way to look at Big Data as an asset for CWA 4.0' – EU Right to Suggestion of an IDSS MAS-based Scoring Case Study in Consumer Credit". In: *JusGov Research Paper Series,* no. 3, 2021 (pp. 3-24).

— Parábola inconstitucional para o "ser" artificial, Jornal Eletrónico Observador, 3 de agosto de 2021. Disponível em https://observador.pt/opiniao/parabola-inconstitucional-para-o-ser-artificial/. Consultado a 17 de janeiro de 2021.

— A engenharia do Direito, não artificial, Jornal Eletrónico Observador, 22 de março de 2021. Disponível em https://observador.pt/opiniao/a-engenharia-do-direito-nao-artificial/. Consultado a 5 de março de 2022

— "Do Cripto-esquema Homomórfico para a Classificação de Solvabilidade no Crédito ao Consumo à Engenharia do Direito, não Artificial: Homomorfismo Criptográfico num (ou para um) Sistema Multi-Agentício: Quid Juris? In: *SSRN,* 2021 (pp. 1-18).

MORGADO REBELO, Diogo; ANALIDE, Cesar & ABREU, Joana Covelo de – "O Mercado Único Digital e a '(leigo) ritmia' da pontuação de crédito na era da Inteligência Artificial". In: *Revista de Direito e Tecnologia,* vol. 2, no. 1, 2019 (pp. 1-69).

MOURA, Ana Ribeiro – *Resolução pelo comprador ou pelo dono da obra e seus efeitos na esfera do locatário financeiro,* Dissertação de Mestrado, Braga, Universidade do Minho, Escola de Direito, 2018. Disponível em https://hdl.handle.net/1822/68672. Consultado a 18 de maio de 2015.

MOURA, Carlos – "FinTech e regulação no mercado bancário". In: *Fintech: desafios da tecnologia financeira* (coord. António Meneses Cordeiro, Ana Perestrelo de Oliveira & Diogo Pereira Duarte), 2º ed., Coimbra, Almedina, 2019 (pp. 21-32).

MOUTINHO, José Lobo & RAMALHO, David Silva – "Notas sobre o Regime Sancionatório da Proposta de Regulamento Geral sobre Proteção de Dados do Parlamento Europeu e do Conselho". In: *Forum de Proteção de Dados,* n. º 1, 2015 (pp. 18-33).

MUES, Christophe; BAESENS, Bart; FILES, Craig & VANTHIENEN, Jan – "Decision diagrams in machine learning: an empirical study on real-life credit-risk data". In: *Expert Systems with Applications,* vol. 27, no. 2, 2004 (pp. 257-264).

MUÑOZ-CANCINO, Ricardo; BRAVO, Cristián; RÍOS, Sebastián & GRAÑA, Manuel – "Assessment of Creditworthiness Models Privacy-Preserving Training with Synthetic Data". In: *Hybrid Artificial Intelligent Systems. HAIS 2022. Lecture Notes in Computer Science* (coor. *Et al.*), vol 13469, Cham Springer, 2022 (pp. 375-384).

MYERS, James & FOROT, Edward – "The development of numerical credit evaluation systems". In: *Journal of the American Statistical Association,* vol. 58, n. º 303, 1963 (pp. 799-806).

NAMIC – Credit-Based Insurance Scoring: Separating Facts From Fallacies, Policy

Briefing, 2009. Disponível em https://content.naic.org/sites/default/files/inline-files/committees_c_090430_hearing_attachments_Alldredge_NAMIC.pdf. Comsultado a 7 de janeiro de 2022.

Neapolitan, Richard & Jiang, Xia – *Artificial Intelligence: With an Introduction to Machine Learning,* 2nd ed., Boca Raton, CRC Press, 2018.

NICOLAS II – Friendly Score. Using Social Data to Build Credit Profiles, Digital Innovation and Transformation, MBA Students Perspectives, Harvard Business School, April 5, 2017. Disponível em https://digital.hbs.edu/platform-digit/submission/friendly-score-using-social-data-to-build-credit-profiles/. Consultado a 18 de janeiro de 2022.

NOVA SBE & ASFAC – Impacto do Crédito ao Consumo na Economia Portuguesa, Relatório Final, 2019. Disponível em https://www.asfac.pt/documentos/impacto_do_credito_ao_consumo_na_economia_portuguesa.pdf. Consultado a 9 de março de 2022.

Novais, Jorge Reis – *Os Princípios Constitucionais Estruturantes da República Portuguesa,* Coimbra, Coimbra Editora, 2004.

Novais, Paulo & Freitas, Pedro Miguel – Inteligência Artificial e regulação de algoritmos, Diálogos União Europeia, Brasil, 30 de maio de 2018. Consultado a 10 de dezembro de 2021. Acessível em https://www.indexlaw.org/index.php/rdb/article/view/6752. Consultado a 19 de dezembro de 2021.

NYSFS – Report on Apple Card Investigation, March 2021. Disponível em https://www.dfs.ny.gov/system/files/documents/2021/03/rpt_202103_apple_card_in vestigation.pdf. Consultado a 4 de janeiro de 2022.

Office of the Data Protection Ombudsman – The Data Protection Ombudsman ordered Svea Ekonomi to correct its practices in the processing of personal data, April 1, 2019. Disponível em https://tietosuoja.fi/en/-/tietosuojavaltuutettu-maarasi-svea-ekonomin-korjaamaan-kaytantojaan-henkilotietojen-kasittelyssa. Consultado a 25 de maio de 2022.

Ohm, Paul – "Broken Promises of Privacy: Responding to the Surprising Failure of Anonymization". In: *University of Colorado Law Review,* vol. 57, no. 9-12, 2010 (pp. 1701-1777).

Olegario, Rowena – "Credit Reporting Agencies: A Historical Perspective". In: *Credit Reporting Systems and the International Economy* (ed. Margaret Miller), Cambridge, MA, The MIT Press, 2003 (pp. 115-159).

Oliver, Robert – "Financial performance measures in credit scoring". In: *EURO Journal on Decision Processes,* vol. 1, no. 3-4, 2013 (pp. 169-.185).

Oliveira, Ana Rita – *A contratação eletrónica: as cláusulas contratuais gerais (em especial, nas transações realizadas via Internet e outros* desafios), Dissertação de Mestrado, Coimbra, Faculdade de Direito da Universidade de Coimbra, 2016. Disponível em http://hdl.handle.net/10316/42817. Consultado a 31 de março de 2022.

Oliveira, Arlindo – *Inteligência Artificial,* Lisboa: Fundação Francisco Manuel dos Santos, 2019, p. 72.

— *Mentes Digitais: A Ciência Redefinindo a Humanidade,* 2º ed. (trad.), Lisboa, IST Press, 2018.

Oliveira, Daniela – *A Credit Scoring Model for the Portuguese Private Clients,* MSc. Internship Report, Porto, Faculty of Economics, University of Porto, 2018.

Disponível em https://hdl.handle.net/10216/117067. Consultado a 8 de janeiro de 2022.

OLIVEIRA, Elsa Dias – "Tutela do Consumidor na Internet". In: *Direito da Sociedade da Informação,* vol. V (coord. Associação Portuguesa do Direito Intelectual), Coimbra Editora, Coimbra, 2004 (pp. 335-358).

— *A Proteção dos Consumidores nos Contratos Celebrados através da Internet,* Coimbra, Almedina, 2002.

OLIVEIRA, Madalena Perestrelo de – "As recentes tendências da FinTech: disruptivas e colaborativas". In: *Fintech: desafios da tecnologia financeira* (coord. António Meneses Cordeiro, Ana Perestrelo de Oliveira & Diogo Pereira Duarte), 2º ed., Coimbra, Almedina, 2019 (pp. 71-81).

— "Definição de perfis e decisões individuais automatizadas no Regulamento Geral sobre Proteção de Dados". In. *FinTech II: novos estudos sobre tecnologia financeira* (coord. António Meneses Cordeiro, Ana Perestrelo de Oliveira e Diogo Pereira Duarte), Coimbra, Almedina, 2019 (pp. 61-88).

OLIVEIRA, Nuno Manuel Pinto – "Responsabilidade pelo corte de crédito". In: *Revista de Direito Comercial,* 2018 (pp. 855-918)

— *Princípios de Direito dos Contratos,* Coimbra, Coimbra Editora, 2011.

OLSZAK, Celina & ZIEMBA, Ewa – "Business intelligence in the holistic infrastructure development supporting decision making in organisations". In: *Interdisciplinary Journal of Information, Knowledge, and Management,* vol. 1, 2006 (pp. 47-58).

O'NEIL, Cathy – *Weapons of Math Destruction, How Big Data Increases Inequality and Threatens Democracy,* 1st ed., New York, Crown Publishers, 2016.

ONG, Chorng-Shyong; HUANG; Jih-Jeng & TZANG, Gwo-Hshiung – "Building credit scoring models using genetic programming". In: *Expert Systems with Applications,* vol. 29, no. 1, 2005 (pp. 41-49).

OOSTVEEN, Manon – "Identificability and the applicability of data protection to big data". In: *International Data Privacy Law,* vol. 6, no. 4, 2016 (pp. 299-309).

ORGLER, Yar – "A Credit Scoring Model for Commercial Loans". In: *Journal of Money, Crredit and Banking,* vol. 2, no. 4, 1970 (pp. 435-445).

PACKIN, Nizan Geslevich & LEV-ARETZ, Yafit -"Learning algorithms and discrimination". *In: Research Handbook on the Law of Artificial Intelligence* (eds. Woodrow Barfield and Ugo Pagallo), Massachusetts: Edward Elgar Publishing Limited, 2018 (pp. 88-111).

PAISSANT, Gilles – *Défense et Illustration du Droit de la Consommation,* Paris, LexisNexis, 2015.

PALEOLOGO, Giuseppe; ELISSEEFF, André & ANTONINI, Gianluca – "Subagging for credit scoring models". In: *European Journal of Operational Research,* vol. 201, no. 2, 2010 (pp. 490-499).

PALMER, Alfonso; JIMÉNEZ, Rafael & GERVILLA, Elena – "Data mining: Machine learning and statistical techniques". In*: Knowledge-Oriented Applications in Data Mining* (ed. Prof. Kimito Funatsu), 2011 (pp. 373-396).

PARASURAMAN, Raja & MANZEY, Dietrich – "Complacency and Bias in Human Use of Automation: An Attentional Integration". In: *Human Factors: The Journal of the Human Factors and Ergonomics Society,* 2010 (pp. 381-410).

PARASURAMAN, Raja; SHERIDAN, Thomas & WICKENS, Christopher – "A Model for Types and Levels of Human Interaction with Automnation". In: *IEEE Tran-*

sactions on Systems, Man, and Cybernetics – Part A. Systems and Humans, vol. 30, no. 3, 2000 (pp. 286-297).

Parecer do Comité Económico e Social Europeu sobre proposta de diretiva do Parlamento Europeu e do Conselho relativa aos créditos aos consumidores (COM(2021) 347 final — 2021/0171 (COD)), de 4 de março de 2022. Disponível em https://eur-lex.europa.eu/legal-content/PT/TXT/PDF%20/?uri=CELEX:52021AE3601&from=EN. Consultado a 13 de março de 2022.

— Defesa dos Consumidores e gestão adequada do sobre-endividamento para prevenir a exclusão social (2014/C311/06), de 29 de abril de 2014. Disponível em https://eur-lex.europa.eu/legal-content/EN/TXT/?uri=CELEX%3A52014AE0791. Consultado a 11 de março de 2021.

Pareschi, Remo & Palma, Stefano – *Inteligência artificial. Poderá a tecnologia substituir o pensamento humano?* (trad.), Lisboa, Atlântico Press, 2019.

Parlamento Europeu – Understanding algorithmic decision-making: Opportunities and challenges, European Parliamentary Reserach Service, March 2019. Disponível em https://www.europarl.europa.eu/RegData/etudes/STUD/2019/624261/EPRS_STU(2 019)624261_EN.pdf. Consultado a 15 de abril de 2022.

— Relatório sobre as implicações dos grandes volumes de dados nos direitos fundamentais: privacidade, proteção de dados, não discriminação, segurança e aplicação da lei [2016/2225(INI)], de 20 de fevereiro de 2017. Disponível em https://www.europarl.europa.eu/doceo/document/A-8-2017-0044_PT.pdf. Consultado a 4 de janeiro de 2022.

— Relatório sobre a proposta de regulamento do Parlamento Europeu e do Conselho relativo à proteção das pessoas singulares no que diz respeito ao tratamento de dados pessoais e à livre circulação desses dados (regulamento geral de proteção de dados) (COM(2012)0011 - C7-0025/2012 - 2012/0011(COD)) [A7.040272013, de 21 de novembro de 2013. Disponível em https://www.europarl.europa.eu/doceo/document/A-7-2013-0402_PT.pdf. Consultado a 12 de abril de 2022.

— Responsible Lending, Barriers to Competition, Directorate-General for Internal Policies [IP/A/ECON/ST/2011-5], of July 2011. Disponível em https://www.learlab.com/wp-content/uploads/2016/03/20110714att24080en_1315990980.pdf. Consultado a 16 de janeiro de 2022.

Pasquale, Frank – *The Black Box Society: The Secret Algorithms that Control Money and Information*, Cambridge, MA, Harvard University Press, 2015.

Passa, Jérôme – "Commerce Electronique et Protection du Consommateur". In: *Recueil Le Dalloz – Cahier Droit des Affairs*, Ano 179, n. º 6, 2002 (pp. 555-564).

Pazouki, Kayvan; Forbes, Neil; Norman, Rosemary & Woodward, Michael – "Investigation on the impact of human-automation interaction in maritime operations". In. *Ocean Engineering*, vol. 153, 2018 (pp. 297-304).

Pendyala, Vishnu – *Veracity of Big Data: Machine Learning and Other Approaches to Verifying Truthfulness*, Berkeley, CA, Apress, 2018.

Pereira, Alexandre Dias – "A Via Electrónica da Negociação (Alguns Aspectos)": In: *Estudos de Direito do Consumidor*, nº 8, Centro de Direito do Consumo, Coimbra Faculdade de Direito da Universidade de Coimbra, 2006/2007 (pp. 275-290).

— "Comércio Electrónico e Consumidor". In: *Estudos de Direito do Consumidor*, nº 6,

Centro de Direito do Consumo, Coimbra, Faculdade de Direito da Universidade de Coimbra, 2004 (pp. 341-400).

— "A Proteção do Consumidor no Quadro da Diretiva de Comércio Electrónico". In: *Estudos de Direito do Consumidor*, nº 2, Centro de Direito do Consumo, Coimbra, Faculdade de Direito da Universidade de Coimbra, 2000 (pp. 43-140).

— *Comércio Eletrónico na Sociedade da Informação: Da Segurança Técnica à Confiança Jurídica*, Coimbra, Almedina, 1999.

PEREIRA, Ana – *O Incumprimento do Contrato de Crédito ao Consumo pelo Consumidor*, Dissertação de Mestrado, Lisboa, Faculdade de Direito da Universidade Nova de Lisboa, 2015. Disponível em http://hdl.handle.net/10362/16399. Consultado a 15 de março de 2022.

PEREIRA, Patrícia Alves – *O Acordo de Basileia II – Gestão do Risco Operacional*, Dissertação de Mestrado, Porto, Instituto Superior de Contabilidade e Administração do Porto, 2015. Disponível em https://recipp.ipp.pt/bitstream/10400.22/7825/1/Patricia_Pereira_CF_2015%20%28versão%20revista%29.pdf. Consultado a 20 de dezembro de 2021.

PINHEIRO, Alexandre Sousa; COELHO, Cristina; DUARTE, Tatiana; GONÇALVES, Carlos & GONÇALVES, Catarina – *Comentário ao Regulamento Geral de Proteção de Dados*, Coimbra, Almedina, 2018.

PINTO, Alexandre Mota – "Venda de Bens de Consumo e Garantias – O Direito Vivido nos Tribunais". In: *I Congresso de Direito do Consumo*, Coimbra, Almedina, 2016 (pp. 189-209).

PINTO, Carlos Mota – *Teoria Geral do Direito Civil*, 5ª ed., Coimbra, GESTLEGAL, 2020.

PINTO, Paulo Mota – Protecção Da Vida Privada Na Jurisprudência Do Tribunal Constitucional, Jurisprudência Do Tribunal Constitucional, Nº 10, pp. 1-27. Disponível em http://www.tribunalconstitucional.pt/tc/conteudo/files/textos/textos0202035.pdf. Consultado A 1 de outubro de 2022.

PIZARRO, Sebastião Nóbrega – *Comércio Eletrónico: Contratos Electrónicos e Informáticos*, Coimbra, Almedina, 2005.

POWELL, Andrew; MYLENKO, Nataliya; MILLER, Margaret & MAJNONI, Giovanni – Improving Credit Information, Bank Regulation and Supervision: On the Role and Design of Public Credit Registries, World Bank Policy Research, Working Paper 3443, of November 2003. Disponível em https://openknowledge.worldbank.org/handle/10986/14194. Consultado a 27 de janeiro de 2022.

PRATA, Ana – *Contratos de Adesão e Cláusulas Contratuais Gerais*, 2ª ed., Coimbra, Almedina, 2021.

— *A Tutela Constitucional da Autonomia Privada*, reimp. da edição de 1982, Coimbra, Almedina, 2017.

— *Dicionário Jurídico, Livro I – Direito civil, processo civil, organização judiciária*, 5ª ed, atual. e aument. (col. Jorge Morais Carvalho), Almedina, Coimbra, 2008.

PRAVEEN, Shagufa & SHANDRA, Umesh – "Influence of Structured, Semi-Structured, Unstructured data on various models". In: *International Journal of Scientific and Engineering Research*, vol. 8, no. 12, 2020 (pp., 67-69).

PRESS, S. James & WILSON, Sandra – "Choosing Between Logistic Regression and Discriminant Analysis". In: *Journal of the American Statistical Association*, vol. 73, no. 364, 1978 (pp. 699-705).

Prêt d'Union – Legal Notice and Privacy. Disponível em https://en.pretapousser.com/pages/mentions-legales-et-politique-de-protection-des-donnees-personnelles. Consultado a 19 de janeiro de 2022.

Privacy International – Fintech's dirty little secret? Lenddo, Facebook and the challenge of identity, October 23, 2018. Disponível em https://privacyinternational.org/long-read/2323/fintechs-dirty-little-secret-lenddo-facebook-and-challenge-identity. Consultado a 19 de janeiro de 2022.

Provost, Foster & Fawcett, Tom – "Data Science and its relationship to Big Data and Data-Driven Decision-Making". In: *Big Data*, vol. 1, no. 1, 2013 (pp. 51-59).

Putten, Jake van der – *Man versus Machine in Automated decision-making*, MSc. Dissertation, Leiden, Master of Laws, Law & Technology, 2017. Disponível em http://arno.uvt.nl/show.cgi?fid=143977. Consultado a 6 de março de 2022.

Qin, Zheng – *Introduction to E-commerce*, New York, Springer-Verlag Berlin Heidelberg, 2009.

Rachels, James – "Privacy is Important". In: *Philosophy and Public Affairs*, vol. 4, no. 4, 1975 (pp. 323-333).

Ramsay, Iain – "Between Neo-Liberalism and the Social Market. Approaches to Debt Adjustment and Consumer Insolvency in the EU". In: *Journal of Consumer Policy*, no. 25, 2012 (pp. 421-441).

___*Consumer Law and Policy: Text and Materials on Regulating Consumer Markets*, 2nd ed., UK, Hart Publishing, 2012.

Raso, Filippo; Hilligoss, Hannah; Krishnamurthy, Vivek; Bavitz, Christopher & Levin, Kim – Artificial Intelligence & Human Rights: Opportunities and risks, Berkman Klein Center for Internet & Society, Harvard University, 2018. Disponível em https://dash.harvard.edu/handle/1/38021439. Consultado a 4 de janeiro de 2021.

Rebelo, Fernanda Neves – "O Direito e Livre Resolução no Quadro Geral do Regime Jurídico da Proteção do Consumidor". In: *Nos 20 Anos do Código das Sociedades Comerciais – Homenagem aos Profs. Doutores A. Ferrer Correia, Orlando de Carvalho e Vasco Lobo Xavier*, vol. II, Coimbra, Coimbra Editora, 2007 (pp. 571-617).

Rezác, Martin & Recác, Frantisek – "How to measure the quality of credit scoring models". In: Czech Journal of Economics and Finance, vol. 61, 2011 (pp. 486-507).

Ribeiro, Marco; Singh, Sameer & Guestrin, Carlos – "Why should i trust you? Explaining the predictions of any classifier". In: *Proceedings of the 22nd ACM SIGKDD International Conference on Knowledge Discovery and Data Mining*, 2016 (pp. 1135-1144).

Ribeiro, Pedro Joaquim – *Dados Bancários Enquanto Dados Sensíveis*, Dissertação de Mestrado, Porto, Faculdade de Direito da Universidade do Porto, 2011. Disponível em https://repositorio-aberto.up.pt/bitstream/10216/69754/2/24849.pdf. Consultado a 1 de outubro de 2022.

Riestra, Amparo – Credit Bureaus in Today's Credit Markets, ECRI, Research Report, no. 4, 2002. Disponível em http://aei.pitt.edu/9431/2/9431.pdf. Consultado a 29 de janeiro de 2022.

Roberts, Ryan – *Machine Learning: The Ultimate Beginners Guide for Neural Networks, Algorithms, Random Forests and Decision Trees Made Simple*, 2017.

Rocha, Manuel Lopes; Marques, Ana Margarida & Lencastre, André – *Guia da Lei do Comércio Electrónico*, Lisboa: Centro Atlântico, 2004.

Rodrigues, António Menezes – "O crédito ao consumo e o endividamento". In: *Impactum Coimbra University Press*, 2000 (pp. 57-63).

RODRIGUEZ, Fernández – "La inconstitucionalidade por Omision, Teoría General. Derecho Comparado: El caso español". In: *Revista Española de Derecho Constitucional*, no. 58, 2000 (pp. 375-379)

ROKACH, Lios & MOIMON, Odedm – "Supervised Learning". In: *Data Mining and Knowledge Discovery Handbook* (eds. Oded Maimon and Lios Rokach), Boston, MA, Springer, 2010 (pp. 133-147).

ROPPO, Enzo – *O Contrato* (trad. Ana Coimbra e Manuel Januário da Costa Gomes), Coimbra, Almedina, 2009.

ROSENBERG, Eric & GLEIT, Alan – "Quantitative Methods in Credit Management: A Survey". In: *Operations Research*, vol. 42, no. 4., 1994 (pp. 589-613).

ROUVROY, Antoinette & POULLET, Yves – "The right to informational self-determination and the value of self-development: Reassessing the importance of privacy for democracy". In: *Reinventing data protection?* (eds. Serge Gutwirth, Yves Poullet, Paul De Hert, Cécile de Terwangne and Sjaak Nouwt) Dordrecht, Springer, 2009 (pp. 45-76).

RUBINSTEIN, Ira – "Big data: the end of privacy or a new beginning?". In: *International Data Privacy Law*, vol.3, no. 2, 2013 (pp. 74-87).

RUDIN, Cynthia – "Stop explaining black box machine Learning models for high stakes decisions and use interpretable models instead". In: *Nature Machine Learning*, vol. 1, no. 5, 2019 (pp. 206-215).

RUDIN, Cynthia; CHEN, Chaofan; CHEN, Zhi; HUANG, Hayang; SEMENOVA, Lesia & ZHONG, Chudi – Interpretable machine learning: Fundamental principles and 10 grand challenges, Statistics Survey, 2022, pp. 1-85. Disponível em https://projecteuclid.org/journals/statistics-surveys/volume-16/issue-none/Interpretable-machine-learning-Fundamental-principles-and-10-grand-challenges/10.1214/21-SS133.full. Consultado a 19 de abril de 2022.

RUMELHART, David; GEOFREY, Hinton & WILLIAMS, Ronald – "Learning Representations by Back-Propagating Errors". In: *Nature*, no. 5 (6088), 1986, pp. 533-536).

RUSSEL, Stuart & NORVIG, Peter – *Artificial Intelligence: A Modern Approach*, 3rd ed. New Jersey, Pearson Education Inc., 2010.

SADATRASOUL, Seyed Mahdi; GHOLAMIAM, Mohammad; SIAMI, Mohammad & HAJIMOHAMMADI, Zeynab – "Credit scoring in banks and financial institutions via data mining techniques: A literature review". In: *Journal of AI and Data Mining*, vol. 1, no. 2, 2013 (pp. 119-129)

SALAZAR, Cláudia Moreira – *Crédito Responsável e Dever de Avaliação da Solvabilidade do Consumidor*, Dissertação de Mestrado, Porto, Universidade Católica Portuguesa, Escola de Direito, 2012. Disponível em https://repositorio.ucp.pt/bitstream/10400.14/16056/1/tese2_convertido.pdf. Consultado a 11 de março de 2022.

SANCHO, Diana – "Automated Decision-Making under Article 22 GDPR – Towards a More Substantial Regime for Solely Automated Decision-Making". In: *Algorithms and Law* (eds. Martin Ebers e Susana Navas), Cambridge, UK, Cambridge University Press, 2020 (pp. 136-156).

SANDLER, Andrew & JENSEN, Kirk – "Disparate Impact in Fair Lending: A Theory without a Basis & the Law of Unintended Consequences". In: *Banking & Financial Services*, 2014 (pp. 1-11).

SANTOS, Maribel Yasmina & RAMOS, Isabel – *Business Intelligence: da Informação ao Conhecimento*, Lisboa, FCA – Editora de Informática, 2017.

SARLIJA, Natasa; BENSIC, Mirta & ZAKIC-SUSAC, Marijana – "Comparison procedure of predicting the time default in behavioural scoring". In: *Expert Systems with Applications*, vol. 36, no. 5, 2009 (pp. 8778-8788).

SARMENTO, António Rodrigues – *Experimentação e avaliação de modelos para um problema de atribuição de Crédito,* Dissertação de Mestrado, Porto, Faculdade de Economia da Universidade do Porto, 2005. Disponível em http://hdl.handle.net/10216/7407. Consultado a 17 de maio de 2022.

SARTOR, Giovanni – The impact of the General Data Protection Regulation (GDPR) on artificial intelligence, EPRS Study, June 2020. Disponível em https://www.europarl.europa.eu/thinktank/en/document/EPRS_STU(2020)641530. Consultado a 11 de janeiro de 2021.

SCHAPIRE, Robert – "The strength of weak learnability". In: *Machine Learning,* vol. 24, no. 2, 1990 (pp. 197-227).

SCHMON, Christoph – Automated Decision-Making and Artificial Intelligence – A Consumer Perspective, BEUC Position Paper, June 2018. Disponível em https://www.beuc.eu/sites/default/files/publications/beuc-x-2018-058_automated_ decision_making_and_artificial_intelligence.pdf. Consultado a 15 de abril de 2022.

SCHUFA- Scoring Bei Der Schufa: Das Score-Verfahren Erklärt. Disponível em https://www.schufa.de/ueber-uns/scoring-daten/scoring-schufa/. Consultado a 21 de maio de 2022.

SELBST, Andrew & POWLES, Julia – "Meaningful Information and the Right to Explanation". In: *International Data Privacy Law,* vol. 7, no. 4, 2017 (pp. 233-242).

SENGUAPTA, Rajadep & BHARDWAG, Geetesz – "Credit Scoring and Loan Default". In: *The International Review of Finance,* vol. 15, no. 2, 2015 (p.139-167).

SETH, Anil – *O Cérebro em 30 Segundos: 50 Temas Fascinantes da Neurociência, Cada Um Explicado em Meio Minuto* (trad. Paula Caetano), Lisboa, Jacarandá, 2018.

SIDDIQI, Naeem – *Credit Risk Scorecards: Developing and Implementing Intelligent Credit Scoring,* New Jersey, John Wiley & Sons, Inc., 2006.

SILVA, Delminda de Assunção Costa Sousa e – "Contratos à Distância – o Ciberconsumidor". In: *Estudos de Direito do Consumidor,* nº 5, Centro de Direito do Consumo, Coimbra, Faculdade de Direito da Universidade de Coimbra, 2003 (pp. 423-456).

SILVA, Fábio – *Credit Scoring as an Asset for Decision Making in Intelligent Decision Support Systems,* Master's Thesis, Braga, University of Minho, School of Engineering, 2011. Disponível em . Consultado a 18 de dezembro de 2021.

SILVA, Fábio & ANALIDE, Cesar – "Information asset analysis: credit scoring and credit suggestion". In: *International Journal of Electronic Business,* vol. 9, no. 3 (pp. 202-207).

SILVA, João Calvão da – *Banca, Bolsa e Seguros, Direito Europeu e Português, Parte Geral,* Tomo I, Parte Geral, 5ª ed., Coimbra, Almedina, 2017.

— *Direito Bancário,* Coimbra, Almedina, 2001.

SILVA, Jorge Pereira da – "Interdição de proteção insuficiente, proporcionalidade e conteúdo essencial": In: *Estudos em Homenagem ao Prof. Doutor Jorge Miranda, Direito Constitucional e Justiça Constitucional,* Obra Coletiva II, Coimbra, Coimbra Editora, 2012 (pp. 185-210).

— *Dever de legislar e protecção jurisdicional contra omissões legislativas,* Lisboa: Universidade Católica Editora, 2003.

SILVA, Paula Costa e – "Lição". In: *Lei de Comércio Electrónico: Anotada,* Gabinete de Política Legislativa e de Planeamento do Ministério da Justiça, Coimbra, Coimbra Editora, 2005 (pp. 181-189).

— "A contratação automatizada". In: *Direito da Sociedade da Informação,* vol. IV (coord. Associação Portuguesa do Direito Intelectual) Coimbra, Coimbra Editora, 2003 (pp. 289-305).

— "Transferência Eletrónica de Dados: A Formação dos Contratos". In: *Direito da Sociedade da Informação* (coord. Instituto Jurídico da Comunicação), Coimbra, Coimbra Editora, 1999 (pp. 201-228).

SILVEIRA, Alessandra – *Princípios de Direito da União Europeia – Doutrina e Jurisprudência,* 2º ed. atualizada e ampliada, Lisboa, Quid Juris?, 2011.

SILVEIRA, Alessandra & FROUFE, Pedro – "Do mercado interno à cidadania de direitos: a proteção de dados pessoais como a questão jusfundamental identittária dos nossos tempos". In: *Unio – EU Law Journal,* vol. 4, no. 2, 2018 (pp. 4-20).

SIMÕES, Maria de Sousa – *O Regime Sancionatório da Proteção de Dados Pessoais: Paradigma ou Paradoxo?,* Dissertação de Mestrado, Braga, Universidade do Minho, Escola de Direito, 2019. Disponível em https://hdl.handle.net/1822/64010. Consultado a 21 de maio de 2022.

Simple Linear Regression Tutorial for Machine Learning, Machine Learning Mastery, Making Developers Awesome at Machine Learning. Disponível em https://machinelearningmastery.com/simple-linear-regression-tutorial-for-machine-learning/. Consultado a 9 de fevereiro de 2022.

SINGER, Maxine – "Thoughts of a Non-millenarian". In: *Bulletin of the American Academy of Arts and Sciences,* vol. 51, no. 2, 1997 (pp. 36-51).

SIO, Filipo Santoni de & HOVEN, Jeroen van den – "Meaningful Human Control over Autonomous Systems: A Philosophical Account". In: *Frontiers in Robotics and AI,* vol. 5, no. 15, 2018 (pp. 1-14).

SOUSA, Gabriela Machado – Regressão Logística aplicada a análise de risco de crédito, Trabalho de Investigação, Brasil, 2018. Disponível em https://imef.furg.br/images/stories/Monografias/Matematica_aplicada/2018/2018_Gabriela.pdf. Consultado a 10 de fevereiro de 2022.

SOUSA, Marcelo Rebelo de – *Direito Constitucional: Introdução à Teoria da Constituição,* Lisboa, Livraria Cruz Braga, 1979.

SOUSA, Marcelo Rebelo de & ALEXANDRINO, José de Melo – *Constituição da República Portuguesa Anotada,* Lisboa, Lex, Lisboa, 2000

SOUSA, Maria Rocha; GAMA, João & BANDRÃO, Elísio – "A new dynamic modeling framework for credit risk assessment". In: *Expert Systems with Applications,* vol. 45, 2016 (pp. 341-351).

— "Introducing Time-Changing Economies into Credit Scoring". In: *FEP Working Papers,* no. 503, November 2013.

SPEICHER, Till; HEIDARI, Hoda; GRGIC-HACLA, Nina; GUMMADI, Krishna; SINGLA, Adish; WELLER, Adrian & ZAFAR, Muhammed – "A Unified Approach to Quantifying Algorithmic Unfairness: Measuring Individual & Group Unfairness via Inequality Indices". In: *KDD' 18: Proceedings of the 24th ACM SIGKDD International Conference on Knowledge Discovery & Data Mining,* 2018 (pp. 2239-2248).

SPUCHLÁKOVA, Erika; VALASKOVÁ, Katarína & ADAMKA, Peter – "The Credit Risk and its Measurement, Hedging and Monitoring". In: *Procedia Economics and Finance,* vol. 24, 2015 (pp. 675-681).

STANTON, Thomas – Credit and Loan Scoring Tools for Improved Management of Federal Credit Programs, The PricewaterhouseCoopers Endowment for The Business of Government, Grant Report, 2019. Disponível em https://www.businessofgovernment.org/sites/default/files/Credit.pdf. Consultado a 1 de janeiro de 2021.

STATEN, Tweede Kamer der -Generaal – Regels met betrekking tot het consumentenkrediet (Wet op het consumentenkrediet), no. 19785, Vergaderjaar 1986-1987. Consultado a 12 de março de 2022.

STECKING, Ralf & SCHEBESCH, Klaus – "Variable Subset Selection for Credit Scoring with Support Vector Machines". In: *Operations Research Proceedings 2005* (eds. Hans-Drietrich Haasis, Herbet Kopfer and Jörn Schönberg), Berlin, Heidelberg, Springer, 2005 (pp. 251-256).

STEENACKERS A. & GOOVAERTS, Marc – "A credit scoring model for personal loans". In: *Insurance: Mathematics and Economics,* vol. 8, no. 1, 1989 (pp. 31-34).

STENGEL, Geri – How One Woman is Changing Business Lending in Africa, Forbes, January 14, 2015. Disponível em https://www.forbes.com/sites/geristengel/2015/01/14/how-one-woman-is-changing-business-lending-in-africa/?sh=77375 deb28d7. Consultado a 5 de janeiro de 2021.

STIGLITZ, Joseph & WEISS, Andrew – "Credit Rationing in Markets with Imperfect Information". In: *The American Economic Review,* vol. 71, no. 3, 1981 (pp. 393-410).

STRÜMHOLM, Stig – Right of Privacy and Rights of the Personality: A Comparative Survey, Working Paper prepared for the Nordic Conferencee on privacy organized by the International Commission of Jurists, Stockholm, May 1967. Disponível em https://www.icj.org/wp-content/uploads/1967/06/right-to-privacy-working-paper-pu blication-1967-eng.pdf. Consultado a 5 de abril de 2022.

ŠUŠTERŠIČ, Maja; MRAMOR, Dušan & ZUPANC, Jure – "Consumer credit scoring models with limited data. In: *Expert Systems with Applications,* vol. 36, no. 1(3), 2009 (pp. 4736-4744).

SWARBRICK, Brad – *Multivariate Data Analysis for Dummies,* CAMO Software Special Edition, West Sussex, UK, John Wiley & Sons Inc., 2012.

SY, Bon & GUPTA, Arjun – *Information-statistical data mining: Warehouse integration with examples of Oracle basics,* New York, Springer, 2004.

TAYLOR, Bernard – *Introduction to Management Science,* 12th ed., Edinburgh, Pearson Education Limited, 2016.

TAYLOR, Linnet; FLORIDI, Luciano & SLOOT, Bart van der – "Introduction: A New Perspective on Privacy". In: *Group Privacy* (eds. Linnet Taylor, Luciano Floridi e Bart van der Sloot), Cham, Springer, 2017 (pp. 1-12).

The World Bank Group – Financial Inclusion, Overview, Context, 2022. Disponível em https://www.worldbank.org/en/topic/financialinclusion/overview#1. Consultado a 18 de janeiro de 2022.

— Doing Business 2020, Comparing Business Regulation in 190 Economies, Study, 2020. Disponível em https://www.doingbusiness.org/en/doingbusiness. Consultado a 27 de janeiro de 2022

— Disruptive Technologies in the Credit Information Sharing Industry: Developments and Implications, Finance Competitiveness & Innovation Global Practice, FinTech Note: no. 3, 2019. Disponível em https://documents.worldbank.org/

en/publication /documents-reports/documentdetail/587611557814694439/disruptive-technologies-in-the-credit-information-sharing-industry-developments-and-implications. Consultado a 27 de Janeiro de 2022.

The World Bank Group & CGAP – Data Protection and Privacy for Alternative Data, GPFT – FCPL Sub-group Discussion Paper, Draft, 2018. Disponível em https://www.gpfi.org/sites/gpfi/files/documents/Data_Protection_and_Privacy_for_ Alternative_Data_WBG.pdf. Consultado a 19 de janeiro de 2022.

Theobald, Oliver – *Machine Learning for Absolute Beginners*, 2nd ed., 2017.

Thomas, Lyn; Edelman, David & Crock, Jonathan – *Credit Scoring and Its Applications: Monographs on Mathematical Modeling and Computation*, 2nd ed., Philadelphia PA, Society for Industrial and Applied Mathematics, 2002.

Thomas, Lyn; Ho, Joseph & Scherer, William – "Time will tell: behavioural scoring and the dynamics of consumer credit assessment". In: *IMA Journal of Management Mathematics*, vol. 12, no. 1, 2001 (pp. 89-103).

Thompson, Paul – "Bank lending and environment: policies and opportunities". In: *International Journal of Bank Marketing*, vol. 16, no. 6, 1998 (pp. 243-252).

Thouvenin, Florent; Früh, Alfred & Henseler, Simon– "Article 22 GDPR on Automated Individual Decision-Making: Prohibition?". In: *European Data Protection Law Review*, vol. 8, no. 2, 2022 (pp. 183-198).

TransUnion CIBIL Limited – Business Product & Technical Support Privacy Notice, Version: 1.4, adopted on February 10, 2021. Disponível em https://www.transunion.co.uk/legal/privacy-centre. Consultado a 16 de janeiro de 2022.

Trazzi, Michaël & Yampolskiy, Roman – Building safer AGI by introducing artificial stupidity, 2018. Disponível em https://arxiv.org/pdf/1808.03644.pdf. Consultado a 15 de abril de 2022.

Trusting Social – Privacy Policy, January 1, 2020. Disponível em https://trustingsocial.com/privacy-policy. Consultado a 19 de janeiro de 2021.

Turner, Michael; Walker, Patrick & Dusek, Katrina – New to credit from alternative data, PERC Results and Solutions, 2009. Disponível em https://www.perc.net/publications/new-credit-alternative-data/. Consultado a 1 de fevereiro de 2022.

Tutt, Andrew – "An FDA for algorithm". In: *Administrative Law Review*, no 60, 2017, pp. 83-122.

Twigg-flesner, Christian – "Introduction: Key Features of European Union private law". In: *The Cambridge Companion to European Union Private Law* (ed. Christian Twigg-Flesner), Cambridge, UK, Cambridge University Press, 2010 (pp. 1-19).

Twigg-flesner, Christian & Metcalfe, Daniel – "The proposed Consumer Credit Directive – less hast, more thought?". In: *European Review of Contract Law*, no. 3, 2009 (pp. 368-391).

UNCITRAL – UNCITRAL Model Law on Electronic Commerce Guide to Enactment, 1996 with additional article 5 bis as adopted in 1998. Disponível em https://uncitral.un.org/sites/uncitral.un.org/files/media-documents/uncitral/en/19-04970_ebook. pdf. Consultado a 25 de março de 2022.

underwrite.ai – Frequently Asked Questions. Disponível em https://www.underwrite.ai/faq.html. Consultado a 19 de janeiro de 2021.

UNIBANCO – Unicre, Instituição Financeira de Crédito, S.A. – Cartões de Crédito e Soluções de Crédito. Disponível em https://www.unibanco.pt. Consultado a 17 de janeiro de 2022.

Universo™ – Perguntas Frequentes. Disponível em https://universo.pt/perguntas-frequentes/?cat=financiamento&sub=credito-universo#o-que-e-o-credito-universo. Consultado a 26 de maio de 2022.

Upstart – Upstart Privacy Policy and Notice, adopted on May 12, 2021. Disponível em https://www.upstart.com/privacy_policy. Consultado a 19 de janeiro de 2021.

Vale, Sebastião Barros & Zanfir- Fortuna, Gabriela – Automated Decision-Making Under the GDPR: Practical Cases from Courts and Data Protection Authorities, The Future Privacy Forum, May 2022. Disponível em https://fpf.org/wp-content/uploads/2022/05/FPF-ADM-Report-R2-singles.pdf. Consultado a 24 de maio de 2022.

Vandone, Daniela – *Consumer Credit in Europe: Risks and Opportunities of a Dynamic Industry,* Heidelberg, Physica-Verlag, 2009.

Vasconcelos, Joana – "Emissão de Cartões de Crédito". In: *Estudos do Instituto de Direito do Consumo,* vol. I, Faculdade de Direito, Universidade de Coimbra, 2002 (pp. 165-183).

Vasconcelos, José – *Credit Scoring: O Risco de Crédito e o seu Impacto nos Custos de Financiamento – O Caso Português,* Dissertação de Mestrado, Lisboa, ISCAL, 2017. Disponível em http://hdl.handle.net/10400.21/7235. Consultado a 11 de março de 2022.

Vasconcelos, Pedro Pais de & Vasconcelos, Pedro Leitão Pais de – *Teoria Geral do Direito Civil,* 9ª ed, Coimbra, Almedina, 2022.

Vaz, Teresa Anselmo & Paínho, Ana Rita – "A proteção de dados pessoais e os intermediários de crédito". In: *Direito dos Valores Mobiliários* (ed. Instituto dos Valores Mobiliários), vol. X, Coimbra, Coimbra Editora (pp. 593-623).

Veale, Michael & Edwards, Lilian – "Clarity, surprises, and further questions in the Article 29 Working Party Draft guidance on automated decision-making and profiling". In: *Computer Law & Security Review,* vol. 34, no. 2, 2018 (pp. 398-404)

Venâncio, Pedro Dias – *A Tutela Jurídica do Formato de Ficheiro Eletrónico,* Tese de Doutoramento, Braga, Universidade do Minho, Escola de Direito, 2013. Disponível em http://hdl.handle.net/1822/35678. Consultado a 18 de janeiro de 2022.

— "O Contrato Electrónico e o Momento da Sua Conclusão". In: *MaiaJurídica,* Ano IV, nº 2, 2006, pp. 61-76.

Veronese, Alexandre; Silveira, Alessandra & Lemos, Amanda – "Artificial intelligence, Digital Single Market and the proposal of a right to fair and reasonable inferences: a legal issue between ethics and techniques". In: *UNIO – EU Law Journal,* vol. 5, no. 2, 2019 (pp. 75-91)

Verstraeten, Geert & Poel, Dirk van den -"The impact of sample bias on consumer credit scoring performance and profitability": In: *Journal of Operational Research,* vol. 56, no. 8, 2005 (pp. 981-992).

— "Quantifying Credit Scoring Performance". In: *Conference Working Paper,* Belgium: Ghent University, 2003 (pp. 315-326).

Vicent, Laura Nunes – *O Princípio da Proporcionalidade: Uma Nova Abordagem em Tempos de Pluralismo,* Prémio Doutor Marnoco e Sousa, Instituto Ivrídico da

Faculdade de Direito da Universidade de Coimbra, 2014.

VILLANI, Cédric – For a Meaningful Artificial Intelligence: Towards a French and European Strategy, 2018. Disponível em https://www.aiforhumanity.fr/pdfs/MissionVillani_Report_ENG-VF.pdf. Consultado a 12 de janeiro de 2022.

VILLANUEVA, Julian & HANSSENS, Dominique – *Customer Equity: Measurement, Management and Research Opportunities*, Foundations and Trends ® in Marketing, Boston, New Publishers Inc., 2007.

VILLARONGA, Eduard; KIESEBERG, Peter & LI, Tiffany – "Human forget, machines remember: Artificial Intelligence and the Right to Be Forgotten". In: *Computer Law & Security Review*, vol. 34, no. 2, 2018 (pp. 304-313).

VOJTEK, Martin & KOÂNDRA, Evïen – "Credit Scoring Methods". In: *Czech Journal of Economics and Finance (Finance a úvěr)*, vol. 56, no. 3-4, 2006 (pp. 152-167).

WACHTER, Sandra – "Affinity Profiling and Discrimination by Association in Online Behavioral Advertising". In: *Berkeley Technology Law Journal*, vol. 35, no. 367, 2020 (pp. 367-430).

WACHTER, Sandra & MITTELSTADT, Brent – "A Right to Reasonable Inferences: Re-Thinking Data Protection Law in the Age of Big Data and AI". In: *Columbia Business Law Review*, no. 2, 2019 (pp. 494-620).

WACHTER, Sandra; MITTELSTADT, Brent & FLORIDI, Luciano – "Why a Right to Explanation of Automated Decision-Making Does Not Exist in the General Data Protection Regulation". In: *International Data Privacy Law*, vol. 7, no. 2, 2017 (pp. 76-99).

WACHTER, Sandra; MITTELSTADT, Brent & RUSSEL, Chris – "Why fairness cannot be automated? Bridging the gap between EU non-discrimination law and AI". In: *Computer Law & Security Review*, vol. 41, 2021 (pp. 1-31).

— "Counterfactual Explanations without Opening the Black Box". In: *Harvard Journal of Law & Technology*, vol. 31, no. 2, 2018 (pp. 841-887).

WANG, Gang; MA, Jian; HUANG, Lihua & XU, Kaiquan – "Two credit scoring models based on dual strategy ensemble trees": In: *Knowledge-Based Systems*, vol. 26, 2012 (pp. 61-68).

WARREN, Samuel & BRANDEIS, Louis – "Right to Privacy". In: *Harvard Law Journal*, vol. 4, no. 5, 1890 (pp. 193-220).

WEATHERILL, Stephen – "Competence and European private law". In: *The Cambridge Companion to European Union Private Law* (ed. Christian Twigg-Flesner), Cambridge, UK, Cambridge University Press, 2010 (pp. 58-69).

WEI, Yanhao; YILDIRIM, Pinar; BULTE, Christophe & DELLAROCAS, Chrysanthos – "Credit scoring using social network data". In: *Marketing Science*, vol. 35, no. 2, 2016 (pp. 234-258).

WEST, David – "Neural network credit scoring models". In: *Computers & Operations Research*, vol. 27, no11-12, 2000 (pp. 1131-1152).

WIGINTON, John – "A Note on the Comparison of Logit and Discriminant Models of Consumer Credit Behaviour". In: *The Journal of Financial and Quantitative Analysis*, vol. 15, no. 3, 1980 (pp. 757-770).

WICKENS, Christopher – "Designing for situation awareness and trust in automation". In: *IFAC Proceedings Volumes*, vol. 28, no. 23, 1995 (pp. 365-370).

WiZink Bank, S.A.U. Portugal – Sobre nós. Disponível em https://www.wizink.pt/public/sobre-nos. Consultado a 29 de janeiro de 2022.

Wo, Wei-wen – "Improving Classification Accuracy and Causal Knowledge for Better Credit Decisions". In: *International Journal of Neural Systems,* vol. 21, no. 4, 2011 (pp. 297-309).

Wooldridge, Michael – *An Introduction to Multiagent Systems,* 2nd ed. New Jersey, John Wiley & Sons, Inc., 2009.

Wooldridge, Michael & Jennings, Nicholas – "Intelligent agentes: theory and practice". In: *The Knowledge Engineering Review,* vol. 10, no. 2, 1995 (pp. 115-152).

Won, Chaehwan; Kim, Jinhwa & Bae, Jae – "Using genetic algorithm-based knowledge refinement for dividend policy forecasting". In: *Expert Systems with Applications,* vol. 39, no. 18, 2012 (pp. 13472-13479).

Wu, Xindong & KUMAR, Vipin – *Top Ten Algorithms in Data Mining,* Boca Raton, Chapman & Hall/CRC, 2009.

Xenidis, Raphaële & Senden, Linda – "EU non-discrimination law in the era of artificial intelligence: Mapping the challenges of algorithmic discrimination". In: *General Principles of EU law and the EU Digital Order,* Kluwer Law International, 2020 (pp. 151-182).

Yap, Bee Wah; Ong, Seng Huat & Hussain, Nor Huselina – "Using data mining to improve credit worthiness via credit scoring models". In: *Expert Systems with Applications,* vol. 38, no. 10 (pp. 13274-13283).

Yobas, Mumine; Crook, Jonathan & Ross, Peter – "Credit scoring using neural and evolutionary techniques". In: *IMA Journal of Management Mathematics,* vol. 11, no. 2, 2000 (pp. 111-125).

Younited Credit – Quem somos? Disponível em https://pt.younited-credit.com/quem-somos. Consultado a 23 de março de 2022.

Zarsky, Tal– "The Trouble with Algorithmic Decisions: An Analytic Road Map to Examine Efficiency and Fairness in Automated & Opaque. Decision Making". In: *Science, Technology & Human Values,* vol. 41, no. 1, 2016 (pp. 118-132).

Zerilli, John; Knott, Alistair; Maclaurin, James & Gavaghan, Colin – "Algorithmic Decision-Making and the Control Problem". In: *Minds and Machines,* 2019 (pp. 555-578).

ZestAI – Privacy Policy, last updated on January 21, 2020. Disponível em https://www.zest.ai/privacy-policy. Consultado a 19 de janeiro de 2021.

Zhou, Ying; Uddin, Mohammad; Habib, Tabassum; Chi, Guotai & Yuan, Kunpeng -"Feature selection in credit risk modeling: an international evidence". In: *Economic-Ekonumiska Istraživanja,* 2020 (pp. 1-31).

Zhu, Hui; Berling, Peter, & Overstreed, G. -"A study in the combination of two consumer credit scores". In: *Journal of the Operational Research Society,* vol. 52, no. 9, 2001 (pp. 974-980).

Ziegel, Jacob -"Facts on the Ground and Reconciliation of Divergent Consumer Insolvency Philosophies". In: *Theoretical Inquiries in Law,* vol. 7, no. 2 (pp. 299-321).

Zopa – Zopa Privacy Note, adopted on March 26, 2021. Disponível em https://www.zopa.com/privacy-notice#privacy. Consultado a 19 de janeiro de 2022.

ENQUADRAMENTO JURÍDICO

Acordo Interinstitucional de 22 de dezembro de 1998, sobre as diretrizes comuns em matéria de qualidade de redação da legislação comunitária.

Aviso BP nº 4/2017, de 20 de setembro, que estabelece procedimentos e critérios a observar na avaliação da solvabilidade dos consumidores pelas entidades habilitadas a exercer, a título profissional, a atividade de concessão de crédito em Portugal.

BP, Recomendação do Banco de Portugal no Âmbito dos Novos Contratos de Crédito Celebrados com Consumidores, Versão consolidada com as alterações resultantes da Alteração à Recomendação, aplicável a partir do dia 1 de outubro de 2020.

— Carta-circular nº 45/2011/DSC, de 28 de julho de 2011, relativa às Boas práticas a observar pelas instituições de crédito no âmbito da sua atuação no mercado de crédito aos consumidores

Bundesdatenschutzgesetz vom 30. Juni 2017 (BGBl. I S. 2097), das durch Artikel 10 des Gesetzes vom 23. Juni 2021 (BGBl. I S. 1858) geändert worden ist [Lei Federal sobre a proteção de Dados Alemã, de 30 de junho de 2017 na redação que lhe foi dada pelo artigo 10º da Lei de 23 de Junho de 2021 (BGBl. I p. 1858).

Carta dos Direitos Fundamentais da União Europeia (2016/C 202/02), publicada no Jornal Oficial da União Europeia em 7 de junho de 2016.

Codice in Materia di Protezione del Dati Personali, Decreto legislativo 30 giugno 2003, n. 196, texto coordinato e aggiornato con le modifiche e integrazioni introdotte del Decreto legislativo 10 agosto 2018, n. 101 (Código de Proteção de Dados Pessoais Italiano, aprovado pelo Decreto Legislativo nº 196 de 30 de junho de 2003, na redação atualizada, contendo alterações e aditamentos introduzidos pelo Decreto Legislativo nº 101, de 10 de agosto de 2018)

Código Civil, aprovado pelo Decreto-Lei 47/344, de 25 de novembro de 1966.

Convenção Europeia dos Direitos do Homem de 4 de novembro de 1950 (contemplando as modificações introduzidas pelos Protocolos nºs 11, 14 e 15, acompanhado do Protocolo adicional e dos Protocolos nºs 4, 6, 7, 12, 13 e 16).

Constituição da República Portuguesa (CRP), aprovada a 25 de abril de 1974.

Convenção 108 do Conselho da Europa para a Proteção das Pessoas Singulares no que diz respeito ao Tratamento Automatizado de Dados Pessoais, de 28 de janeiro de 1981.

Decreto-Lei nº 12/2021, de 9 de fevereiro, que: a) assegura a execução na ordem jurídica interna do Regulamento (UE) 910/2014 do Parlamento Europeu e do Conselho, de 23 de julho de 2014, relativo à identificação eletrónica e aos serviços de confiança para as transações eletrónicas no mercado (Regulamento); e b) regula a validade, eficácia e valor probatório dos documentos eletrónicos, o reconhecimento e aceitação, na ordem jurídica portuguesa, dos meios de identificação eletrónica de pessoas singulares e coletivas e prevê as normas aplicáveis ao Sistema de Certificação Eletrónica do Estado – Infraestrutura de Chaves Públicas (SCEE)", que revogou o Decreto-Lei nº 290-D/99, de 2 de agosto.

Decreto-Lei nº 81-C/2017, de 7 de julho, que aprova o regime jurídico que estabelece os requisitos de acesso e de exercício da atividade de intermediário de crédito e da prestação de serviços de consultoria, transpondo parcialmente a Diretiva 2014/17/UE.

Decreto-Lei nº 24/2014, de 14 de fevereiro, que transpõe a Diretiva nº 2011/83/UE do Parlamento Europeu e do Conselho, de 25 de outubro de 2011, relativa aos contratos celebrados à distância e fora do estabelecimento comercial.

Decreto-Lei nº 133/2009, e 2 de junho, que procede à transposição para a ordem jurídica interna a Diretiva nº 2008/48/CE, do Parlamento Europeu e do Conselho, de 23 de abril, relativa a contratos de crédito aos consumidores, com a última alteração introduzida pela Lei nº 57/2020, de 28 de agosto.

Decreto-Lei nº 204/2008, de 14 de outubro, que aprova, no uso da autorização legislativa concedida pela Lei nº 15/2008, de 18 de março, o regime jurídico relativo à Central de Responsabilidades de Crédito (CRC).

Decreto-Lei nº 95/2006, de 29 de maio, que estabelece o regime jurídico aplicável aos contratos à distância relativos a serviços financeiros celebrados com consumidores, transpondo a Diretiva 2002/65/CE, do Parlamento Europeu e do Conselho, de 23 de setembro, relativa à comercialização à distância de serviços financeiros prestados a consumidores, com a última alteração introduzida pela Decreto-Lei nº 242/2021, de 7 de novembro.

Decreto-Lei nº 7/2004, de 7 de janeiro, que, no uso da autorização legislativa concedida pela Lei nº 7/2003, de 9 de Maio, transpõe para a ordem jurídica nacional a Diretiva nº 2000/31/CE, do Parlamento Europeu e do Conselho, de 8 de Junho de 2000, relativa a certos aspetos legais dos serviços da sociedade de informação, em especial do comércio eletrónico, no mercado interno.

Decreto-Lei nº 149/95, de 24 de junho, que altera o regime jurídico do contrato de locação financeira, com a última alteração introduzida pelo Decreto-Lei nº 30/2008, de 25 de fevereiro.

Decreto-Lei nº 298/92, de 31 de dezembro, que aprova o Regime Geral das Instituições de Crédito e Sociedades Financeiras.

Decreto-Lei nº 359/91, de 21 de setembro, que estabelece normas relativas ao crédito ao consumo e transpõe para a ordem jurídica interna as Diretivas 87/102/CEE, de 22 de Dezembro de 1986 e 90/88/CEE, de 22 de Fevereiro de 1990 [Revogado].

Decreto-Lei nº 446/85, de 25 de outubro, que institui o Regime Jurídico das Cláusulas Contratuais Gerais, com última alteração aprovada pelo Decreto-Lei nº 108/2021, de 7 de dezembro.

Decreto-Lei nº 433/82, de 27 de outubro, este que institui no ordenamento jurídico português o regime geral do ilícito de mera ordenação social, na sua redação atual.

Diretiva (UE) 2008/48/CE do Parlamento Europeu e do Conselho, de 23 de abril, relativa a contratos de crédito aos consumidores e que revoga a Diretiva 97/102/CEE.

Diretiva (UE) 2004/113/CE, do Conselho, de 13 de dezembro, que aplica o princípio de igualdade de tratamento entre homens e mulheres no acesso a bens e serviços e seu fornecimento.

Diretiva (UE) 2000/78/CE, do Conselho, de 27 de novembro, que estabelece um quadro geral de igualdade de tratamento no emprego e na atividade profissional.

Diretiva (EU) 2000/43/CE, do Conselho, de 29 de junho, que aplica o princípio da igualdade de tratamento entre pessoas sem distinção de origem racial ou étnica.

Diretiva (UE) 2000/31/CE, do Parlamento Europeu e do Conselho, de 8 de junho de 2000, relativa a certos aspetos legais dos serviços da sociedade de informação, em especial do comércio eletrónico, no mercado interno.

Diretiva (UE) 95/46/CE do Parlamento Europeu e do Conselho, de 24 de outubro, relativa à proteção das pessoas singulares no que diz respeito ao tratamento de dados pessoais e à livre circulação desses dados [Revogada].

Diretiva (UE) 87/102/CEE, de 22 de dezembro de 1986, relativa à aproximação das disposições legislativas, regulamentares e administrativas dos Estados-Membros relativas ao crédito ao consumo [Revogada].

Diretiva (UE) 90/88/CEE, de 22 de fevereiro, que alterou a Diretiva 87/102/CEE, relativa à aproximação das disposições legislativas, regulamentares e administrativas dos Estados-Membros relativas ao crédito ao consumo [Revogada].

Instrução BP nº 27/2020, de 26 de novembro, que visa regulamentar a organização e gestão pelo Banco de Portugal da Base de Dados de Contas, nomeadamente dando cumprimento ao mandato regulamentar previsto no nº 13 do artigo 81º-A do RGICSF, e revoga a Instrução do Banco de Portugal nº 7/2011, de 15 de abril.

Instrução BP nº 17/2018, de 27 de agosto, que aprova o Regulamento da Central de Responsabilidades de Crédito.

Lei nº 27/2021, de 17 de maio, que aprovou a Carta Portuguesa de Direitos Humanos na Era Digital.

Lei nº 58/2019, de 8 de agosto, que assegura a execução, na ordem jurídica nacional, do Regulamento (UE) 2016/679 do Parlamento e do Conselho, de 27 de abril de 2016, relativo à proteção das pessoas singulares no que diz respeito ao tratamento de dados pessoais e à livre circulação desses dados.

Lei nº 49/2018, de 14 de agosto, que cria o regime jurídico do maior acompanhado, eliminando os institutos da interdição e da inabilitação, previstos no Código Civil, aprovado pelo Decreto-Lei 47/344, de 25 de novembro de 1966.

Lei nº 14/2008 de 12 de março, que proíbe e sanciona a discriminação em função do sexo no acesso a bens e serviços e seu fornecimento, transpondo para a ordem jurídica interna a Directiva nº 2004/113/CE, do Conselho, de 13 de Dezembro.

Lei nº 67/98, de 26 de outubro, Lei da Proteção de Dados [Revogada].

Lei nº 88-A/97, de 25 de julho, que regula o acesso da iniciativa económica privada a determinadas atividades económicas.

Lei nº 24/96, de 31 de julho, que estabelece o regime legal aplicável à defesa dos consumidores [Redação originária da Lei de Defesa do Consumidor].

Loi fedérale sur le crédit à la consommation du 23 mars 2001 [Lei Suiça sobre o crédito ao consumo, aprovada em 2001].

Loi relative au crédit à la consommation, du 12 juin 1991 [Lei Belga, Revogada].

Loi nº 78-17, du 6 Janvier 1978, relative à l'informatique, aux fichiers et aux libertés.

Proposta de Diretiva do Parlamento Europeu e do Conselho, relativa aos créditos aos consumidores (COM(2021) 347 final — 2021/0171 (COD)), de 30 de junho de 2021. Disponível em https://eur-lex.europa.eu/resource.html?uri=cellar:2df39e27-da3e-11eb-895a-01aa75ed71a1.0010.02/DOC_1&format=PDF. Consultado a 18 de maio de 2022.

Proposta de Regulamento do Parlamento Europeu e do Conselho que estabelece regras harmonizadas em matéria de Inteligência Artificial (Regulamento Inteligência Artificial) e altera determinados atos legislativos da União, de 21 de abril de 2021. Disponível em https://eur-lex.europa.eu/legal-content/PT/TXT/PDF/?uri=CELEX:52021PC0206&from=PT. Consultado a 31 de julho de 2022.

Recomendação do Conselho sobre Inteligência Artificial, de 21 maio de 2019, da OCDE. Disponível em https://legalinstruments.oecd.org/en/instruments/OECD-LEGAL-044 9. Consultado a 1 de novembro de 2022.

Regulamento (UE) 2016/679 do Parlamento Europeu e do Conselho, de 27 de abril de 2016, relativo à proteção das pessoas singulares no que diz respeito ao tratamento de dados pessoais e à livre circulação desses dados e que revoga a Diretiva 95/46/CE (Regulamento Geral sobre a Proteção de Dados).

Regulamento (UE) 575/2013, do Parlamento Europeu e do Conselho, de 26 de junho de 2013, relativo aos requisitos prudenciais para as instituições de crédito e para as empresas de investimento e que altera o Regulamento (UE) 648/2012 (redação atual).

Resolução do Conselho da UE (C-92/1), de 14 de abril de 1975, relativa a um programa preliminar da Comunidade Económica Europeia para uma política de proteção de informação. Disponível em https://eur-lex.europa.eu/legal-content/PT/TXT/PDF /?uri=CELEX:31975Y0425(01)&from=ES. Consultado a 12 de março de 2022.

Resolução A/RES/40/71, de 11 de dezembro de 1985, Relatório da Comissão das Nações Unidas para o Direito Comercial Internacional.

Tratado sobre o Funcionamento da União Europeia (C-202/529), publicado no Jornal Oficial da União Europeia em 7 de junho de 2016.

Wet op het consumentenkrediet, Hoofdstuk, van 4 juli 1990 [Lei do Crédito ao Consumo Holandesa]

JURISPRUDÊNCIA

Acórdãos do Tribunal Europeu dos Direitos Humanos

- de 24 de abril de 2018, Processo nº 62357/14, *Benedik vs. Slovenia;*
- de 22 de dezembro de 2015, Processo nº 28601/11, *Affaire G.S.B. vs. Suisse;*
- de 7 de julho de 2015, Processo nº 280057/12, *Case of M.N. and Others vs San Marino.*

Acórdãos do Tribunal de Justiça da União Europeia

- de 21 de junho de 2022, Processo C-817/19, *Ligue des droits humains vs. Conseil des ministres.* ECLI:EU:C:2022:491;
- de 22 de abril de 2021, Processo C-485/19, *LH vs. Profi Credit Slovakia s.r.o.* ECLI:EU:C:2021:313;
- de 6 de Junho de 2019, Processo C-58/18, *Michel Schyns vs Belfius Bank* SA. ECLI:EU:C:2019:467;
- de 8 de dezembro de 2016, Processo C-127/15, *Verein für Konsumenteinformation vs. INKU Inkasso GmbH.* ECLI:EU:C:2016:934;
- 18 de dezembro de 2014, Processo C-449/13, *CA Consumer Finance AS vs. Ingrid Bakkaus.* ECLI:EU:C:2014:2464;
- de 13 de maio de 2014, Processo C-131/12, *Google Spain, Google Inc. vs. Agencia Española de Protección de Datos, Mario Costeja González.* ECLI:EU:C:2014:317;
- de 27 de março de 2014, Processo C-565/12, *LCL Le Crédit Lyonnais SA v Fesih Kalhan.* ECLI:EU:C:2014:190;
- de 9 de novembro de 2010, Processo C-404/92 P, *Volker und Markus Schecke.* ECLI:EU:C:1994:361;
- de 25 de abril de 2002, Processo C-183/00, *María Victoria González Sánchez vs Medicina Asturiana AS.* ECLI:EU:C:2002:255;
- de 19 de novembro de 1998, Processo C-162/97, *Helsingborgs tingsrätt vs. Gunnar Nilsson, Per Olov Hageigren, Solweig Arrborn.* ECLI:EU: C:1998:554;
- de 14 de setembro de 1999, Processo C- 249/97, *Gabriele Gruber vs. Silhouette International Schmied GmbH & Co. KG.* ECLI:EU:C:1999:405;
- de 2 outubro de 1997, Processo C-1/95, *Hellen Gerster vs. Freistaat Bayer.* ECLI:EU:C:1997:452;
- de 15 de dezembro de 1994, Processo C-399/92, *Stadt Lengerich vs. Angelika Helmig, Waltraud Schmidt vs. Deutsche Angestellten-Krankenkasse, Elke Herzog vs. Arbeiter-Samariter-Bund Landverband Hamburg eV, Dagmar Lange vs. Bundesknappschaft Bochum, Angelika Kussfeld vs.*

Firma Detlef Bogdol GmbH e Ursula Ludewig vs. Kreis Segeberg. ECLI:EU:C :1994:415;

— de 24 de fevereiro de 1994, Processo C-343/92, *M. A. Roks, esposa de De Weerd e outros vs. a Bestuur van de Bedrijfsvereniging voor de Gezondheid, Geestelijke en Maatschappelijke Belangen e outros.* ECLI:EU:C:1994:71;

— de 13 de julho de 1989, Processo C-215/88, *Casa Fleischhandels-GmbH vs. Bundesanstalt für landwirtschaftliche Marktordnung.* ECLI:EU: C:1989:331;

— Pedido de decisão prejudicial, Processo C-634/21, *Land Hessen vs. Schufa.* Disponível em https://curia.europa.eu/juris/showPdf.jsf?text=&docid=250522&pageIndex=0& doclang=PT&mode=req&dir=&occ=first&part=1&cid=1437922. Consultado a 31 de julho de 2022.

Acórdãos do Tribunal Constitucional

— nº 413/2014, de 30 de maio, Processos nºs 14/2014; 47/2014 e 137/2014, Relator Juiz Conselheiro Carlos Cadilha;

— nº 75/13, de 31 de janeiro, Processo nº 550/11, Relatora Juíza Conselheira Ana Guerra Martins;

— nº 166/2010, de 28 de abril, Processo nº 1206/2007, 3ª Secção, Relatora Juíza Conselheira Maria Lúcia Amaral;

— nº 632/2008, de 28 de dezembro, Processo n,º, 977/2008, Relatora Juíza Conselheira Maria Lúcia Amaral;

— nº 442/2007, de 30 de março, Processo nº 815709, Relator Juiz Conselheiro Joaquim de Sousa Ribeiro;

— nº 199/2005, de 19 de abril, Processo nº 117/04, 2ª Secção, Relator Juiz Conselheiro Benjamin Rodrigues;

— nº 289/04, de 31 de janeiro, Processo nº 578/99, 27 de abril, Relator Juiz Conselheiro Paulo Mota Pinto;

— nº 187/2001, de 2 de maio, Processo nº 120/95, Relator Juiz Conselheiro Paulo Mota Pinto;

— nº 355/97, de 7 de maio, Processo nº 182/97, Relator Juiz Conselheiro Tavares da Costa;

— nº 278/95, de 31 de maio, Processo nº 510/91, Relatora Juiz Conselheiro Alves Correia;

— nº 328/94, de 31 de janeiro, Processo nº 641/92, 2º Secção, Relator Juiz Conselheiro Bravo Serra;

— nº 392/89, de 14 de setembro, Processo nº 200/88, 2ª Secção, Juiz Conselheiro Messias Bento;

— nº 182/89, de 1 de fevereiro, Processo nº 298/87, Relator Juiz Conselheiro Mário de Brito;

— nº 76/85, de 6 de maio, Processo nº 72/84, Relator Juiz Conselheiro Monteiro Diniz.

Acórdãos do Supremo Tribunal de Justiça

— de 27 de Setembro de 2017, Processo nº 07B2212, Relator Juiz Conselheiro Santos Bernardino;

— de 4 de junho de 2015, Processo nº 319/06.7TVLSB.L2.S1, Relator Juiz Conselheiro Oliveira Vasconcelos;

— de 30 de setembro de 2014, Processo nº 844/09.8TVLSB.L1.S1, Relatora Juíza Conselheira Maria Clara Sottomayor;

— de 27 de outubro de 2011, Processo nº 2279/07.8TBOVR.C1.S1, Relator Juiz Conselheiro Oliveira Vasconcelos;

— de 28 de abril de 2009, Juiz Conselheiro Fonseca Ramos, Processo nº 2/09.1YF2SB.

Acórdãos do Tribunal da Relação de Coimbra

— de 14 de março de 2017, Processo nº 1043/08.1TBFIG-A.C1, Relator Juiz Desembargador Falcão de Magalhães;

— de 8 de março de 2016, Processo nº 934/15.8T8LMG.C1, Relatora Juíza Desembargadora Sílvia Pires;

— de 17 de dezembro de 2014, Processo nº 4435/13.0TBLRA.C1, Juiz Desembargador Freitas Neto;
— de 27 de fevereiro de 2008, Processo nº 1377/07.2TBGRD, Relator Juiz Desembargador Fernando Ventura;
— de 26 de fevereiro de 2008, Processo nº 295/06.6TBCNT.C1, Relator Juiz Desembargador Teles Pereira.

Acórdão do Tribunal da Relação de Évora
— de 26 de fevereiro de 2015, Processo nº 175/14.0TBBJA.E1, Relator Juiz Desembargador Abrantes Mendes.

Acórdãos do Tribunal da Relação de Guimarães
— de 2 de maio de 2016, Processo nº 1854/14.9TBGMR.G1, Relator Juiz Desembargador Jorge Seabra;
— de 10 de março de 2016, Processo nº 338/07.6TBAMR.G1, Relator Juíza Desembargadora Maria Amália Santos;
— de 12 de novembro de 2013, Processo nº 1939/10.0TBFAF-A.G1, Relator Juiz Desembargador António Santos.

Acórdãos do Tribunal da Relação de Lisboa
— de 21 de abril de 2016, Processo nº 187/14.5TBTVD.L1-2, Relator Juiz Desembargador Jorge Leal;
— 10 de fevereiro de 2015, Processo nº 2360/13.4TBOER.L1-1, Relator Juiz Desembargador Manuel Marques;
— de 23 de outubro de 2014, Processo nº 85/10.1TBMTJ-A.L1-8, Relator Juíza Desembargadora Carla Mendes;
— de 12 de agosto de 2013, Processo nº 3225/12.2YXLSB-2, Relator Juiz Desembargador Pedro Martins;
— de 7 de novembro de 2013, Processo nº 558/13.4TBTVR.L1-6, Relator Juíza Desembargadora Maria Teresa Pardal;
— de 7 de novembro de 2013, Processo nº 844/09.8TVLSB.L1.6, Relator Juiz Desembargador Gilberto Jorge.

Acórdãos do Tribunal da Relação do Porto
— de 10 de outubro de 2016, Processo nº 2548/14.0TBVNG-D.P1, Relatora Juíza Desembargadora Isabel de São Pedro Soeiro;
— de 22 de setembro de 2009, Processo nº 0827382, Relator Juiz Desembargador Marques de Castilho.

Outras jurisdições
— *BGH, 28 Januar 2014, Schufa VI ZR 156/13.*
— *Conseil Contitutionnel, Décision n. 2014-690 DC du 13 mars 2014.*
— *Landesverwaltungsgericht Wien*, VGW-101/042/791/2020-44, de 11. Februar 2022.
— *Rechtbank Den Haag*, van 5 februari 2020, Federatie Nederlandse Vakbeweging te Utrecht vs. Staat der Nederlander zetelende te Den Haag.

DECISÕES DAS AUTORIDADES DE CONTROLO

ACH – ΑΠΟΦΑΣΗ 51/2021(Τμήμα) 51/2021, της 19ης Νοεμβρίου 2021. Disponível em https://www.dpa.gr/sites/default/files/2021-12/51_2021anonym.pdf. Consultado a 24 de maio de 2022.

AEPD, Procedimiento Nº: PS/00500/2020, de 21 de Octubre de 2021. Disponível em https: //www.aepd.es/es/documento/ps-00500-2020.pdf. Consultado a 26 de maio de 2022.

AEPD – Procedimiento Nº: PS/00477/2019, de 13 de Enero de 2021. Consultado a 25 de maio de 2022.

CNPD – Deliberação 622/2021, de 11 de maio. Disponível em https://www.cnpd.pt/decisoes/deliberacoes/. Consultado a 26 de maio de 2022.

CNPD – Parecer nº 22/2016, de 5 de julho, Processo nº 9180/2016. Consultado a 26 de maio de 2022.

Persónuvernd – Vinnsla Creditinfo Lánstrausts hf. á persónuupplýsingum í tengslum við gerð lánshæfismats og aðgangs- og upplýsingaréttur vegna gerðar skýrslna um lánshæfismat, Mál nr.2020010592, frá 22 September. Disponível em https://www.personuvernd.is/urlausnir/vinnsla-creditinfo-lanstrausts-hf.-a-personuu pplysingum-i--tengslum-vid-gerd-lanshaefismats--og-adgangs-og-upplysingarettur. Consultado a 26 de maio de 2022

ÍNDICE DE TABELAS

ÍNDICE DE FIGURAS

ÍNDICE GERAL